四川水利
改革与发展

主 编

林 凌 王道延

副主编

刘立彬 刘世庆

社会科学文献出版社

SOCIAL SCIENCES ACADEMIC PRESS (CHINA)

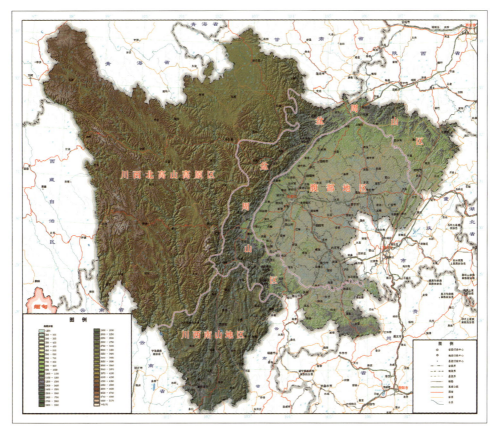

四川省地势示意图

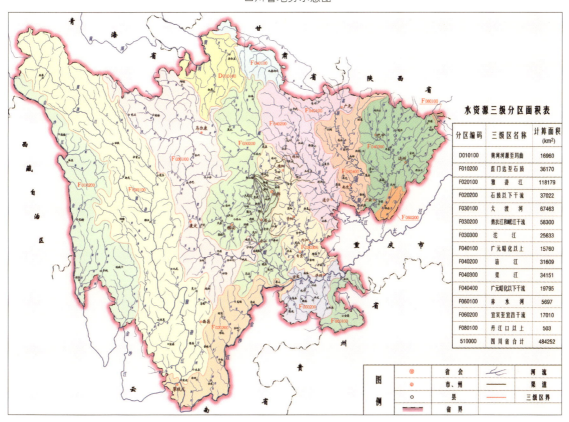

水资源三级分区面积表

分区编码	三级区名称	计算面积(km²)
D010100	黄河河源至玛曲	16960
F010200	直门达至石鼓	36170
F020100	雅砻江	118179
F020200	石鼓以下干流	37022
F030100	大渡河	67463
F030200	青衣江和岷江干流	58300
F030300	沱江	25633
F040100	广元昭化以上	15760
F040200	涪江	31609
F040300	渠江	34151
F040400	广元昭化以下干流	19795
F060100	赤水河	5697
F060200	宜宾至宜昌干流	17010
F080100	丹江口以上	503
510000	四川省合计	484252

四川省水系示意图

四川省都江堰水利工程取水枢纽总布置

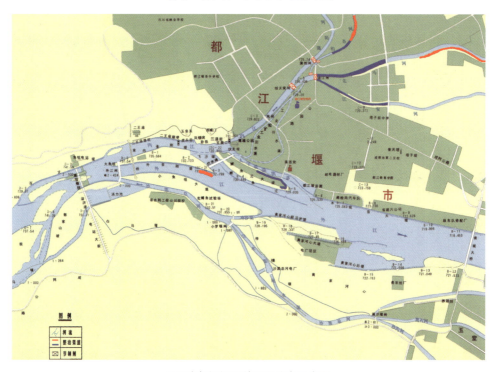

四川省都江堰渠首工程分布示意图

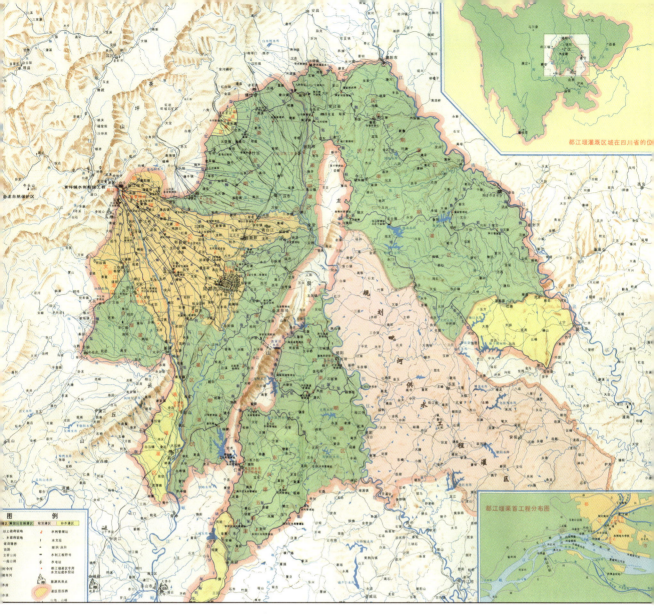

四川省都江堰灌区总体规划布置示意图

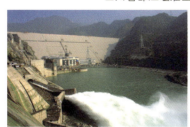

岷江控制性调蓄工程紫坪铺水库枢纽大坝

都江堰鲁班水库大坝

都江堰三岔水库大坝

都江堰黑龙滩水库大坝

嘉陵江升钟水库大坝

安宁河大桥水库大坝、溢洪道

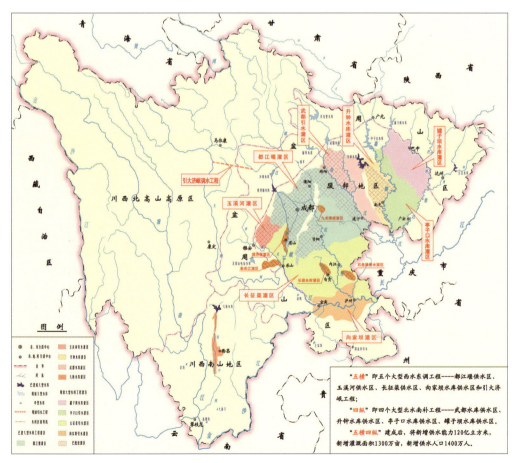

四川省丘陵腹部地区水利工程"五横四纵"布置示意图

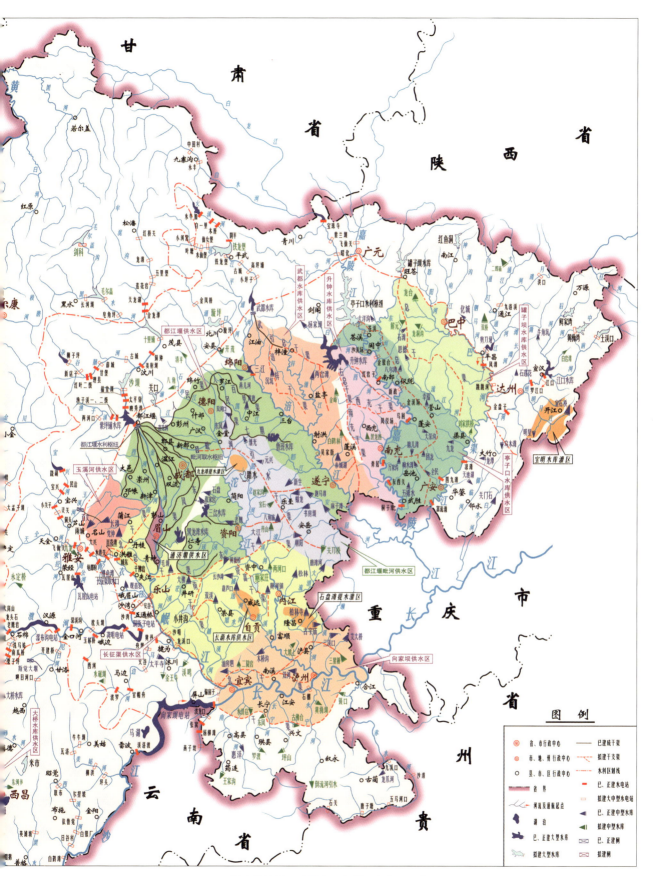

四川省盆地地区及盆周山区水利工程布置示意图

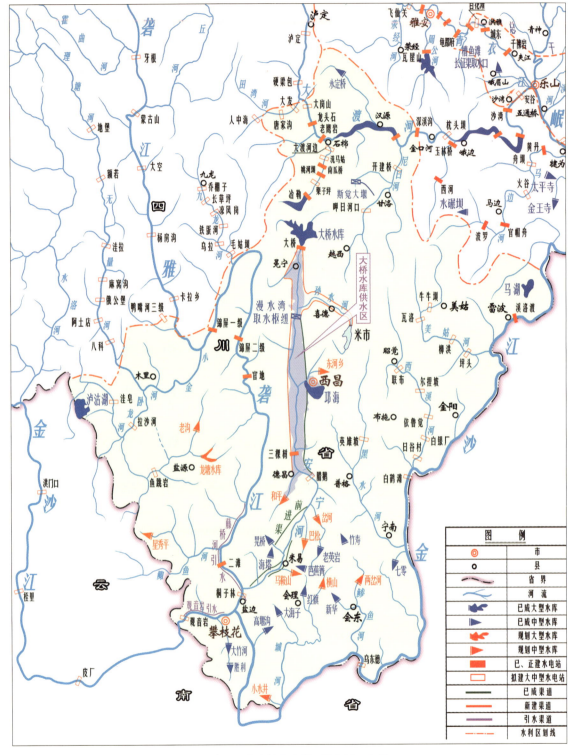

四川省川西南山地区水利工程布置示意图

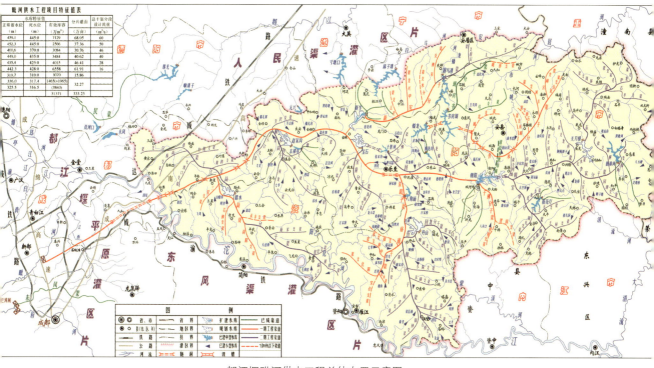

都江堰毗河供水工程总体布置示意图

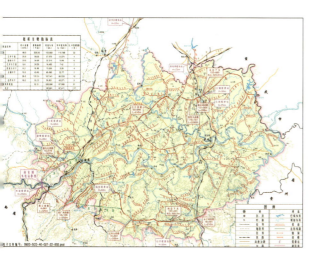

向家坝水电站灌区规划示意图

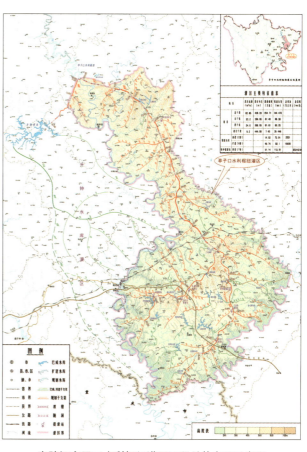

嘉陵江亭子口水利枢纽灌区工程总体布置示意图

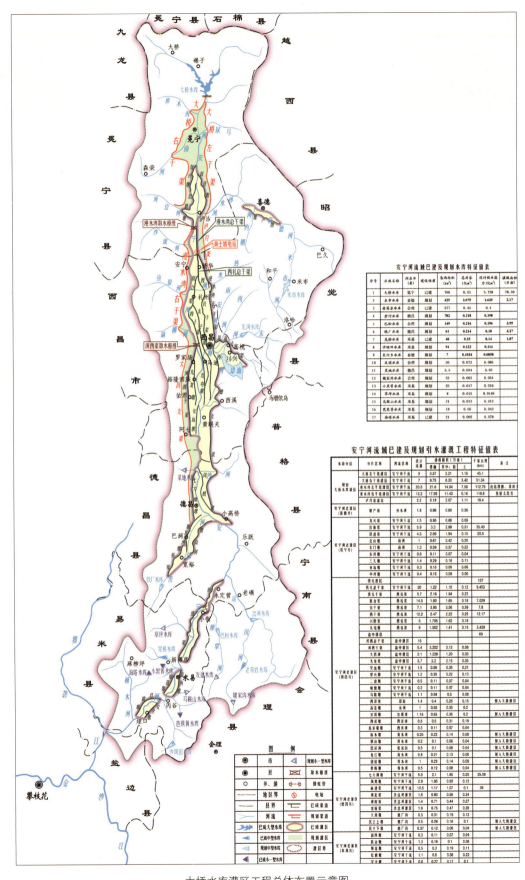

大桥水库灌区工程总体布置示意图

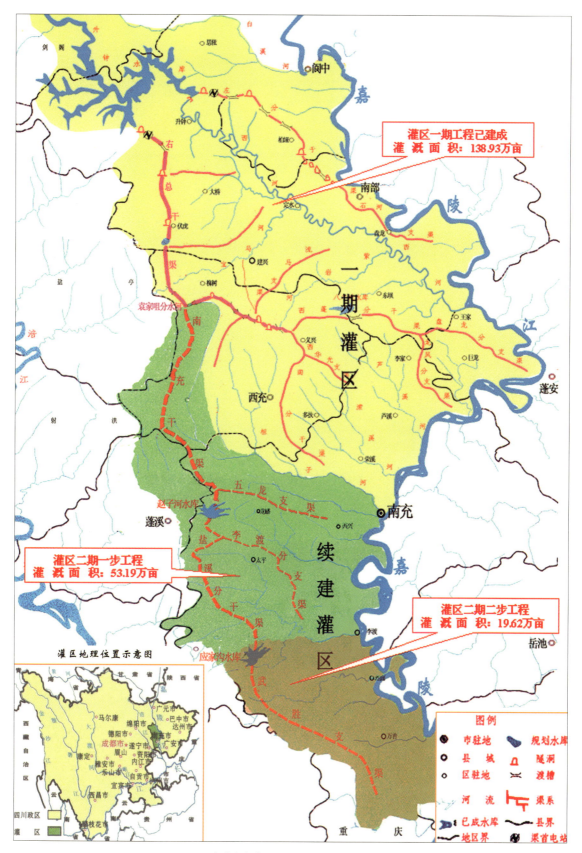

升钟水库灌区工程总体布置示意图

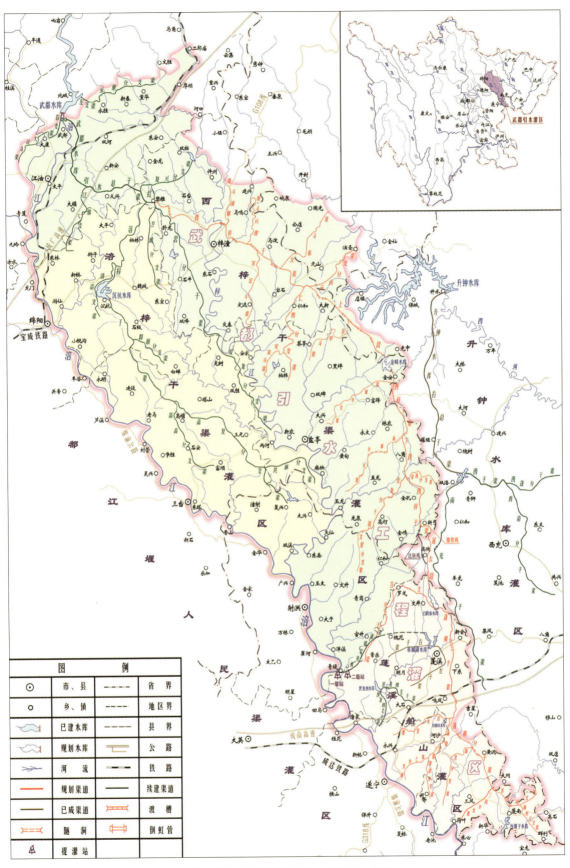

武都水库水利枢纽灌区工程总体布置示意图

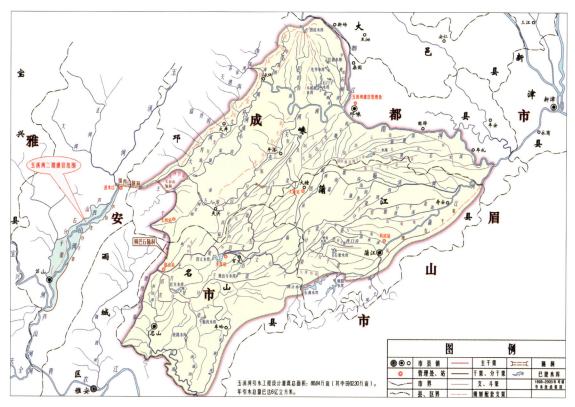

玉溪河引水工程灌区工程总体布置示意图

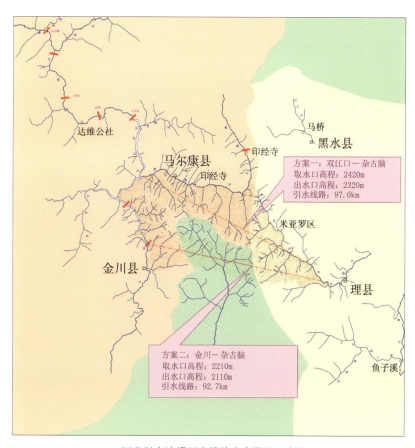

四川省引大济岷引水线路方案平面示意图

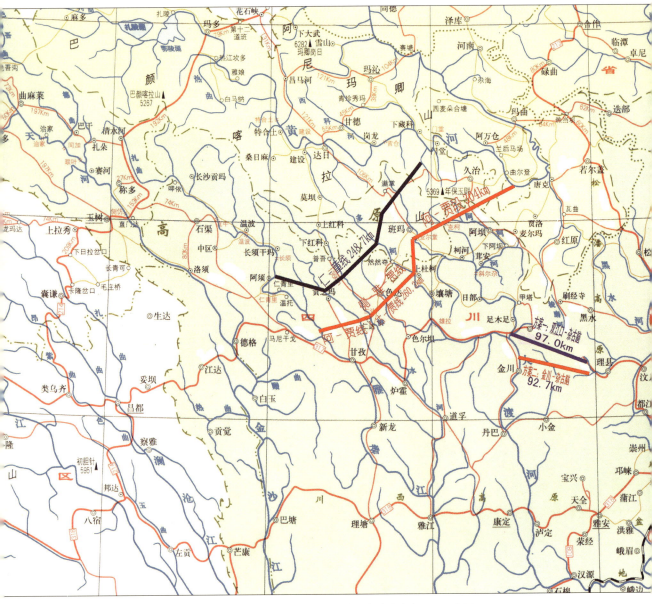

四川省引大济岷与南水北调西线引水线路方案平面示意图

建设中的武都水库枢纽工程效果图

建设中的向家坝电站枢纽工程效果图

建设中的亭子口水利枢纽工程效果图

目　　录

第一篇　水资源开发与总体战略

第二篇　制约因素与主要任务

第三篇　水利发展与改革举措

绪论：对中国水情和国家
治水方略的再认识

2010年12月31日，中共中央、国务院发布了《关于加快水利改革发展的决定》，半年之后，党中央、国务院又于2011年7月6日至9日，在北京召开了中央水利工作会议，会议作出了贯彻落实中央、国务院关于水利改革发展决定的具体部署。一个中央决定，一次中央会议，一系列新的理念和政策举措出台，一大批水利工程启动和民生水利提上重要日程，标志着中国水利建设已上升到国家战略，进入了一个以科学发展观为指导的水利改革和跨越式发展新时期。

四川是经济大省、人口大省、水资源大省，但水利事业的改革与发展却较落后。为了贯彻落实党中央、国务院的决定，尽快改变四川水利工作的面貌，四川省老科技工作者协会，决定组织老科协的专家，编写一部水利专著，书名定为《四川水利改革与发展》，由社会科学文献出版社出版。

其实，老科协的专家对四川水问题的研究，早在研究南水北调西线工程时就开始了。西线工程位于四川青藏高原甘孜、阿坝州，是长江的源头地带。那里地质构造复杂、地震频繁，生态环境恶劣，特别是因气候变化，冰川融化，水量减少，根本满足不了西线工程的需要。为此，老科协专家们主动出版了《南水北调西线工程备忘录》一书，对工程上马提出质疑。老科协又专门上书中国工程院转报国务院温家宝总理，请求关注四川老专家的建议。后来国务院常委会终于做出了暂停工作的决策。在这个过程中，我们深深感到，仅研究西线工程本身是很不够的，必须全面研究四川的水情和全国的水情，提出我们优化配置水资源的建议。2007年2月6日，湖南一位气象学家和研究降水科学的专家雷立雄先生给我寄来一份高水平的论文。当时正值重庆、四川大旱之后，他在论文中除了赞同我们提出的对南水北调西线工程方案的意见外，特别根据我国数千年来气候变化的历史，结合现今全球气候变化的趋势，对四川与重庆将出现干旱周期作了详尽分析。论文指出："总体上，重庆、四川属气候变化的敏感区，是我国高温伏旱的主要频发区，高温干旱的易发区。""随全球升温大趋势，重庆、川东必定会出现更严重的干旱。""四川盆地复现这种气候，当是全球变暖于我国不利方面的主要影响之一，目前尚未引起最起码的研究。"这些预警式的观点，引起我们的关注。因此，我把这篇论文转报给蒋巨峰省长，并写了一封信，建议省委省政府尽快组织有关部门进行研究，提出对策。同时我又把这篇论文转报给当时的重庆市委书记汪洋同志。省委省政府对此高度重视，立即批示有关部门开展调查研究并提出对策。经过省气象局老专家的研究分析，得出与雷立群相似的结论。为了从根本上解决四川的兴水利、除水害问题，四川省委省政府在 2008 年发出关于发展四川水利的一号文件，成为全国首创。2008年四川发生汶川特大地震之后，山洪、泥石流连年爆发，西南地区旱情连连发生，这使我们对研究四川水利的改革发展感到更加紧迫。

这本书是由我策划的，并和王道延一起担任主编，两位专家刘立彬、刘世庆担任副主编。但当出版之际，我又感到，我们对全国的水情和四川的水情仍然认识不足，特别对党中央、国务院《关于加快水利改革发展的决定》还理解不深。因此，我又重改了序言，重点阐发了我对中国水情和水战略的再认识。

学习和贯彻落实党中央、国务院决定，我认为必须有三个再认识，采取十项水措施。

一　对水的基本秉性和功能的再认识

在地球上，人类从上古洪荒时代开始就和水打着交道。他们不知道自己和万物的生命来自水，但知道人离开水就不能生存，知道水是上天借雨和雪把水提供给人类的。所以在干旱时就向上天的龙王祈求降水，以维持生存。但他们又非常怕水，洪水咆哮而来，不但破坏人类的生存条件。而且夺取生命。因此，古代帝王都把治水作为第一要务。治水由堵到疏是一大进步。大禹为治水，"三过其门而不入"，为百姓拥戴，当了"皇帝"，开启了中国"家天下"时代。

在茹毛饮血时期，人类有一个从吃肉喝血到饮水的过程。进入农耕时代，不但知道维持人的生存要喝水，而且种粮解决温饱也要水。从此水的功能就根植于农耕。这个观念一直延续到现在。饮水、灌溉都是解决人类生存问题，治理水患也是解决人类生存问题。所以水不仅是"生命之源"，而且是生命之"续"。这时水的动力禀赋被人类发现，水的运输功能在江河流域开始发展起来。

到了工业化时代，水的作用进入工业、交通运输业。蒸汽机产生，水成了动力的重要来源。水的原料功能、循环功能、冷却功能、排污功能，大大发挥出来，水成了基本的生产要素。水运、火车运输成了主要运输方式。进入城市化时代，人口向城市集聚，城市公共设施（如住房、饮用水、排污水、环境用水等）大幅度增加，为供排水需要的地下和地上工程，规模越来越大，水成了工业和城市发展根本。

水不仅成为农业、工业、城市不可缺少的要素，而且成为农村面源污染、城市工业、生活水污染、医院水污染的承载体，使江河饮用水源、灌溉水源成为影响生态环境、居民健康、土壤污染的源头，农作物和蔬菜变得有害。

以上这些情况说明，水的禀赋和功能，已经不仅是饮用、灌溉，而大大扩展到全局了。中央决定中说：水是"生命之源，生产之要，生态之基"，讲的是"三生"。胡锦涛同志在 2011 年清华大学百年校庆期间视察时说："过去我们常讲水利是农业的命脉，现在水利的重要性远远超出农业领域，还关系到经济安全、生态安全、国家安全，关系到国家经济社会发展全局"，讲的是"全局"。他们讲的多深刻啊！然而我们许多人的认识还停留在老概念上。我们必须认真学习，把对水的认识提高到当代的高度和深度。

二 对中国水情的再认识

中国是世界水资源大国，也是人口大国，又是水旱灾害频发的国家。中国的水情具有以下三个特点。

一是水资源总量多，人均占有量低。我国多年平均年降水量在 6 万亿立方米左右，其中约有 3.2 万亿立方米通过土壤蒸发和植物散发又回到了大气中，余下的约有 2.8 万亿立方米形成了地表水和地下水[①]，它们构成我国拥有的淡水资源总量，居世界第 6 位。但因人口达 13 亿以上，人均水资源占有量不到 2100 立方米，仅为世界平均水平的 28%；耕地亩均水资源占有量 1400 立方米，约为世界平均水平的一半。实际上，全国 2.8 万立方米水资源中，可利用量仅为 8140 亿立方米，而目前我国供水量已达 6000 亿立方米左右。随着人口的增长、全球气候变化的影响，人均水资源占有量和可供应量均呈下降趋势[②]。与此同时，经济社会的发展，工业化、城镇化水平的提高，人民生活的改善，生态环境需水量大幅增加，供需矛盾日益突出。长此以往，我国有可能发生水资源危机。

二是水资源时空分布不均，南多北少，夏多冬少。从水资源空间分布来看，南方水多、北方水少，东部水多、西部水少，山区水多、平原水少。全国年降水量的分布，由东南的 3000 毫米以上，逐步向西北递减至少于 50 毫米，差距达 60 倍。北方地区（长江流域以北）面积占全国 64%，人口约占全国的 46%，耕地占全国 60%，GDP 占全国 44%，而水资源仅占全国的 19%。其中黄河、淮河、海河流域 GDP 约占全国的 1/3，而水资源量仅占全国的 7%，是我国水资源供需矛盾最为尖锐的地区[③]。从水资源时间分布来看，我国降水时间分配呈现明显的雨热同期，基本上是夏秋多、冬春少。每年 5～10 月降水达到全年降水量的 80%，而其他时期降

① 汪恕诚：《解决中国水资源短缺问题的根本出路》，《学习时报》2008 年 2 月 13 日。
② 水利部副部长矫勇介绍当前水利形势和水利"十二五"规划情况，中国政府网，2011 年 10 月 12 日。
③ 水利部总规划师周学文《我国水利建设现状、问题及对策》，中国人大网，2011 年 3 月 23 日。

水量仅占 20%。

三是旱灾、洪涝等灾害发生频繁。我国水资源量中大约有 2/3 是洪水径流量，形成江河的汛期洪水和非汛期的枯水，水资源时间分布不均，容易造成春旱夏涝，黄河、长江、淮河等大江大河，虽经多年治理，仍不安全，可能造成大量的自然灾害和经济损失。四川虽然是水资源大省，既有天府之国之誉，又有千河之省之称，但水资源并不像人们想象的那样丰沛，尤其是时空分布不均，水旱灾害频繁发生。进入工业化以来，原始森林累遭乱砍滥伐，造成严重水土流失；工业、农业、生活用水排放管理无序，造成河流严重污染，一些地区居民生活用水不保。2006 年大旱和 2008 年汶川大地震以来，灾害尤其严重。

现在看，这三大特点越来越鲜明，而且呈加重之势，并且出现了新的特点。

（一）气候变化带来的新挑战

气候变化对我国水资源状况产生重大影响，对当前水利形势产生新挑战。自 20 世纪 80 年代以来，我国水资源状况发生改变，北方黄河、淮河、海河、辽河流域水资源总量减少 13%，其中海河流域减少 25%；而南方地区径流和水资源总量增加，增幅接近 5%。极端暴雨发生频率和防汛水位都高出很多，带来水利建设的新挑战[1]。据统计，近 20 年来，由于极端天气事件的增加，洪涝灾害也频繁出现，其导致的直接经济损失就高达 2.58 万亿元，约占同期 GDP 的 1.5%，而美国仅占 0.22%[2]。许多专家预测，这种被称为"北旱南涝"的现象是中国水资源分布的特点。

但进入 21 世纪，特别是 2004 年以来，中国水情出现颠倒性变化。"北旱南涝"转为"北涝南旱"。中新网记者崔筝在 2013 年 1 月 17 日发表的《为何南涝北旱变成了北涝南旱》的报道中说，多位国家气象部门的专家则指出，1978 年以来，中国华北、西北地区进入了一个 20～30 年的降水偏少周期，而南方则降水偏多，公众称之为"南涝北旱"。专家们研究认为，2004 年前后，上述周期基本结束，北方降水开始增多，而南方则将减少，这一周期也可能持续 20 年至 30 年。2020 年前后，北方降水可能达到峰值，之后会减少，而南方则会相反。崔筝的报道引起世界关注，美国《纽约时报》全文译载。

国家气候中心向财新记者提供的资料，明确显示了这一颠倒现象。资料说明，近年来，华北地区年降水量明显增多，2003～2012 年的 10 年中，华北地区仅有两年降水量少于常年，其余八年则偏多。北方的特大暴雨近年来连连发生。2011 年 6 月和 7 月，北京两次发生大暴雨。2012 年 7 月 21 日，一场有气象记录以来的最大大暴雨袭击北京，首都多处成泽国，77 人被确认在这场暴雨中遇难。这场雨灾引发举国震惊，

---

[1] 王卉：《"气候变化对水资源影响"完成专家评议》，科学网，2008 年 02 月 27 日。
[2] 水利部总规划师周学文《我国水利建设现状、问题及对策》，中国人大网，2011 年 3 月 23 日。

全球关注。2012 年 8 月，天津也迎来特大暴雨，一时也成泽国。与这些大暴雨伴随的，是近年华北、西北地区被连连刷新的降水量（包括雨、雪、雹等）偏多记录。

跨越长江，则是另一番景象。进入 21 世纪的十数年间，长江流域已经多次出现严重的干旱和河道低水位过程。早在 2006 年，长江流域就曾出现大旱。全流域不少断面出现百年一遇的低水位，重庆、四川、鄱阳湖、洞庭湖等地区都出现历年罕见的干旱。2007 年、2009 年和 2011 年，长江流域均发生较大规模旱情。根据西南几省的记载，四川的年降水在 1991 年后的 13 年中有 10 年偏少，自 2003 年后的六年中，2006 年发生特大干旱，连续六年降水偏少；贵州在 2009～2011 年连续三年大旱，云南 2009～2012 年则是连续四年大旱。有专家认为，"北涝南旱"称为"北涝西南旱"更符合实际。

对这个问题的回答，国内有两派意见。一派认为，"北旱南涝"是长周期倾向，现在出现的"北涝南旱"，是小周期波动，不会改变南方水多、北方水少的格局。一派认为"北旱南涝转为北涝南旱"是一个长周期的初始。现在还没有形成共识，但事实确实存在。与此同时，据国家有关部门报告：青藏高原的长江源头，冰川大面积融化，金沙江、雅砻江、大渡河水量日减。上述中国水情发生的颠倒性变化，如果成为长周期趋势，中国该如何应对？特别是如何应对西南的旱情和北方的涝情。正在实施的南水北调工程又如何处置？为此，有关部门必须做出预案。这个问题启示我们，在新的气候变化形势下，研究水情必须和研究气象结合起来，治水必须和气候变化周期结合起来，必须与应对极端天气结合起来。四川甘孜、阿坝处在青藏高原，曾经是南水北调西线工程规划方案所在之地。虽然经过反对已停工五年，但仍有蠢蠢欲动之势。这是很危险的，中央政府必须做出停建的决定，防止引起无法挽救的灾害。

（二）工业化、城镇化加速发展，水资源供需矛盾加剧

当前我国正处在工业化和城镇化加速发展时期，水资源的保障和供排水设施的建设，面临严重挑战。根据我国水资源现状，全国用水总量中约 62% 为农业用水，工业服务业、居民用水等总量仅 2280 亿立方米。由于供水不足，全国 668 座城市中有 400 余座供水不足，严重缺水的就有 110 座，多年平均缺水量 536 亿立方米。改革开放以后，我国工业用水从 1980 年的 457 亿立方米，增加到 2004 年的 1229 亿立方米，增加了 1.7 倍；城镇生活用水从 1980 年的 68 亿立方米，提高到 2004 年的 361 亿立方米，增加了 4 倍多[①]。全国地下水超采区数量已从 20 世纪 80 年代初的 56 个地区发展 2010 年的 400 多个地区，超采区面积从 8.7 万平方公里扩展到 19 万平方公里，年均超采量 215 亿立方米，引起地面下沉、水质变硬、海水倒灌等严重

---

① 汪恕诚：《解决中国水资源短缺问题的根本出路》，《学习时报》2008 年 2 月 13 日。

生态问题。再从另外一个角度估算，以每人每个月 5 立方米用水计算，中国 7 亿城市人口，每年的生活用水量是 420 亿立方米。按照工业用水量占城市用水量 2/3 计算（网上数据），一年城市总用水量为 1260 亿立方米。一个三峡水库的库容才 393 亿立方米，城市一年用水量接近 3 个三峡库容量。城市和工业用水基本上都是抽取地下水，一年从地下抽取 3 个三峡库容的水量，对地下水是毁灭性的抽取。

2011 年我国城市化率是 51.3%，城镇人口为 6.9 亿人。到 2020 年，城市化率将达到 63% 左右，城镇人口可能在 9 亿上下。按上述数据估算，9 亿城镇人口每年生活用水量将达到 540 亿立方米。按照工业用水占城市用水量 2/3 计算，一年城市总用水量将达到 1600 亿立方米，相当于 4 个三峡库区的库容。这么多的水从哪里来？新增水源从哪里来？供水设施建多少？同时还要把这些用过的污水排出去，把天上下下来的雨水排出去，排水设施要建多少？排出去的水是污水，要把被污染的水变成中水，回收利用，要建多少污水处理厂？这样一算账，数字就更大了。投资来源，一是政府，二是企业，三是居民。在这个环节，因为水有了自己的价值和价格，成为一种特殊的商品，就可以进入市场买卖。投资问题一部分可以依靠市场解决。但这里的关键不在每立方米水多少钱，而在这些水资源从哪里来？把地下水抽上来用？据统计，全国地下水超采区域 300 多个，面积达 19 万平方公里，严重超采面积达 7.2 万平方公里，全国许多城市已成为缺水城市。有人认为制约中国城市化的是住房问题，这有一定道理，但从根本上说，水才是中国城市化的最重要的制约因素。要实现中国的工业化和城市化，必须在水上大做文章：一要限制城市用水总量，二要限制企业和居民家庭用量，三要高价用水。行政手段和经济手段一起用，促进城市节约用水。

（三）经济社会发展与水生态环境破坏矛盾突出，急需治理

我国的工业和城市一向是沿江、沿河、沿湖布局，这是全世界的共同规律。在工业化初期阶段，为了单方面追求经济效益，罔顾工业污染对环境造成的损害，90% 以上的工业企业污水和生活污水都采用直接排放进入江河湖泊的方式。据统计，全国 2004 年污水排放量 482 亿吨[1]，化学需氧量排放量为 1339 万吨，超过水环境容量 67%；氨氮（NH3－N）排放量为 133 万吨，超过水环境容量 90%。

在农业方面，过去使用有机肥，现在则基本用化肥和农药，土壤受到严重侵蚀，形成农村的"面源污染"。这些污染物流入江河，又成为水污染。从水土保持的角度看，全国水土流失面积 356 万平方公里，占国土总面积的 37%；每年平均土壤侵蚀量高达 45 亿吨，损失耕地约 100 万亩[2]；全国湖泊面积与 20 世纪 50 年代相

---

[1]　2004 年全国污水排放总量，国家环保总局的统计为 482 亿吨，水利部的统计为 680 亿吨。
[2]　《我国水土流失面积占国土面积 37%》，《人民日报》2009 年 7 月 30 日。

比减少了 1.49 万平方公里，约占总面积的 15%。

经过多年的治理，我国水环境得到了一定的改善，但从全国水质来看，情况仍然不容乐观：我国的水质达到 I 类水、II 类水、III 类水标准的大约有 60%，平均只能达到 III 类水，还有 40% 的水是 IV 类或者更恶劣的水[①]。2010 年全国水功能区达标率仅为 47.4%。滇池、太湖等湖水破坏和污染的治理，国家投入大量资金，但效果不甚明显。中国经济社会发展带来的水生态破坏，损失严重，长此下去，可能发生重大水污染事态，引发社会动荡，急需治理。在这方面，政府要履行诺言，承担责任，坚决执法，监督企业和农村依法排污治污。

（四）农田水利建设滞后，威胁国家粮食安全

我国是农业大国，农业生产影响到国家的粮食安全，也关系着国家的命脉。新中国成立 60 多年来，我国水库从 1200 多座增加到 8.72 万座，总库容从约 200 亿立方米增加到 7064 亿立方米，年供水能力大大提高，总体上保障了人民生活和经济发展的用水需求。但目前国内农田水利多建于 20 世纪 50 年代到 70 年代，水利工程老化失修现象严重，大型灌区骨干工程损毁率达 40%，从而引起有效灌溉面积减少 300 万亩左右；农田水利建设在"两工"时代结束以后，农民投工减少，水利建设投入不足，全国半数以上农田"靠天吃饭"；农田水利设施基础薄弱，农田抗旱能力弱，近 10 年全国年均旱涝受灾面积 5.1 亿亩，约占耕地面积的 28%；农业灌溉用水有效利用系数为 0.5，远低于 0.7 ~ 0.8 的世界先进水平。近年来，我国粮食连续九年丰收，但进口粮食仍然占相当比重。中国早就声明："谁来养活中国？自己养活自己！"，但在现行体制下，农村无法实现现代化、规模化经营，农民缺乏生产商品粮的积极性，粮食安全仍然存在现实威胁。必须把城镇化和农业现代化结合起来，进行农村体制改革。核心是解决土地所有制问题，让农民工能够带着自己的法定财产权进城，让留在农村的农民通过土地交易，打破破碎的农户土地所有形态，实现规模化、现代化经营。

农民饮水安全问题仍然严峻。2011 年全国农村仍有 3.2 亿人饮水不安全。而在南非国家最穷的贫民窟，每一户人家都有自来水供应。农村饮水安全问题影响农民基本生活需求，亟待解决。

三　对中国水战略的再认识

国务院的决定，是一个以科学发展观为指导，总结我国历史经验，运用当代国内外研究和实践的新成果，对我国水战略的高度概括和总结。这是我国水战略的一

[①]　水利部副部长矫勇介绍当前水利形势和水利"十二五"规划情况，中国政府网，2011 年 10 月 12 日。

个具有科学意义的表述。我经过学习、思考，对决定提出的水战略有了一些粗浅的再认识。

第一，从一般水的意义提升到"三生"水（生命之源、生产之要、生态之基）的战略高度，使人们对水的重要性的认识上了一个高大台阶。水不仅是人的生命之源，而且是陆地、海洋、动物、植物及其他物质生命之源，世界万物生命之源，发展变迁之源。要维持和发展生命的多样性，人类就要利用各种生产要素，进行生产劳动，创造各种产品和财富。而在各种生产要素中，除人类本身这个基本要素外，水是第一个也是基本要素。这个要素具有天然性、可持续性、不需要加工性、任意使用性。任何生产活动都无法离开它。破坏了水，就破坏了生命，就破坏了生产，破坏人类本身，破坏了世界万物。因此保护水的纯洁性，保护水生态的安全性，就成了水战略的根本。这就是水是"生态之基"的要义。我认为深刻认识、时时牢记水的"三生"性，是执行水战略的首要任务。

第二，从单一的水利是农业的命脉的意义提升到"经济安全、生态安全、国家安全"，关系到经济社会发展"全局"的战略高度，使人们对水的功能的认识，从一个单一的地位上升到一个宏观高度、全局高度的地位。这个认识的变化与经济社会发展的阶段性密切相关。用水利对农业的意义解释水的重要，是农耕时代的重要认识，也是现代应重视的认识，不可忽视。但从当代世界的变化和进步看，这种观点的局限性就太大了。因为水的用途已经拓展到"三生"的高深而广泛无限的领域，对水情和气候的关注已成为全世界的事情、联合国的重要事情、国家间谈判合作的重要内容。因此，对水问题的观察、研究和治理，要有国家视野、国际视野、地球视野、全局视野、长远视野、子孙万代视野，我们的思想要从小天地中解放出来。

第三，从居民日常生产生活的自然性提升到公益性、基础性、战略性高度，使人们认识到水问题已经不是一个个人或家庭可以担当的事情，而是关系到一个国家广大人民群众切身利益的社会事业，是一个重大的民生问题，是社会公共服务事业中带有基础性、战略性的事业，因而它必须是公益性事业、主要由政府公共财政承担的事业。中央倡导"民生水利"，我们应当把水的供排和安全包括在社会公共服务体系和链条之中。

第四，从中国水资源短缺的实际出发，中央提出建设节水型社会的战略是很正确的。以色列在这方面作出了榜样，值得我们学习。中国缺水严重，长期看更加严重，而且水环境破坏的恢复和保护，也需要相当长的时间。因此，中国应对水短缺和水污染，还应实行另外两大战略。一是水保护战略。水是生命之源，必须长期保护它的清洁安全，让所有水源都能成为长期保持达标的水源。二是水聚集战略。水是一个国家的自然资源，它有可持续性，但也有人类不可能操纵和制约的变化性。

水资源的短缺很难通过进口补充。从战略上讲，国家必须保持水资源的稳定性，只能增，不能减。为此，应采取聚水和增水的措施。中国年均降水总量约 6.188 万亿立方米，但能聚集起来成为资源和能够使用的水不知占多大比例，我估计是相当低的。如果能采取一些聚集雨水的措施，就可以提高我国水资源的份额。这三条能实行好，我国水资源的短缺状况就可得到改善，就可避免水危机的发生。

四　实施"十水"举措

就我国水情和特点，建议实施一系列战略举措，我把它归纳为"十水"。

第一是调水。我国水资源分布不均，全国是南北不均，有的省份是东西不均。从长远看，国家和地方都要有一个科学的水资源总体布局，而且要对水资源布局不断优化，解决不均衡问题。我国隋炀帝时代建的南北大运河，就是古代调水的典范。现在我国正在建设的南水北调东、中线工程，可以构成我国三纵四横的水资源均衡布局，是当代的重大举措。水的均衡分布和发展是由水的"三生"性质决定的。青海一些地方无水源，但有许多人住在那里，苦苦求生，调水又不能解决，国家就采取移民措施。花再多的钱，也要移民。要大规模的跨流域调水，必须有科学的设计，不要埋下后患。南水北调西线工程地处青藏高原，地形复杂，地震频繁，环境恶劣，水源不足，反对者众，已经停建五年。这样的工程就不应上马。

第二是蓄水。建水库蓄水，这是我国传统而有效的方法。1950 ~ 1970 年代，我们依靠农民的积极性，投工投劳，建成大中水库 8.75 万多座，小水库、堰塘等不计其数，它们成为农田灌溉和城市水源。北京密云水库是世界驰名的水塔，东江水库是大陆保障香港用水的圣地。但自 20 世纪 80 年代以来，农民投工投劳政策停止，国家投入严重不足，旧水库年久失修，新水库建设不多。有些地方虽修了水库，但未修渠道。水库作为我国农田灌溉和城市供水主渠道，作用远远没有发挥。这无疑是一个失误。水库是我国水资源优化配置的重要形式，不但要有大量资金投入，还需要占用土地。为保护水源地不受污染，还要限制那里的工业发展。这些都需要有合理的补偿政策。如东江水库上游是广东河源市。为了保障水不受污染，政府就不准河源发展工业，导致居民收入远低于其他市县，被迫上告广东省人民代表大会，要求对全市补偿。2010 年中央决定作出后，全国兴起建设水利工程高潮，水库建设进入新时期。各地应把水库合理布点作为优化水资源布局的重要举措，要制定修建水库的配套政策，在修建中，要拨足资金，水库和渠道一起上，建成就能用。建议恢复农民投工投劳制度和补偿制度，调动政府和农民两个积极性。

第三是增水。我国水资源量低于世界水平，人均仅为世界平均的 1/3，这是一个大弱点。但这个状况不是不能改变的，而且必须改变。我国年降水量约为 6.188

万亿立方米，但能转化为水资源的比例不大。应采取聚水措施，把雨水尽可能聚集成为可利用的水资源。近几年来，全国许多地方在干旱时期采取人工降雨措施，成效可观。今后随着科技的进步，人工降雨可能是一条增水途径。污水转化为中水重复利用，量也很大，也是一个增水措施。建议国家制定一个增水目标，各地也要有个目标，水资源量只能增，不能减。增水还有一条重要渠道，就是植树造林，保持水土。据专家测算，"一亩天然森林可截留住一半左右降雨量；蓄水能力相当于一个蓄水量为100万立方米的水库。"树的蓄水和水库的蓄水有本质的区别。树的蓄水能够起到调节环境的作用，在水多的时候，根部周围的土壤过饱和吸水后，能够减少洪涝的发生；而在干旱时，根部周围积蓄的水分又能过度释放，减少干旱的发生，水库则没有这个能力，水库的水就那么多，干旱时，水库的水也少，洪涝时，水库的水也多。调节作用正好相反。解决中国水资源短缺，必须要利用树对环境中水平衡的良好调节作用这个特性。因为树不但能调节环境中的水平衡，而且，更重要的是，树的这种调节作用是自然的，不需要人去看护或者再付出其他的劳动等等①。

第四是治水。干旱和洪涝灾害在古代一直是帝王的心腹大患，至今仍是我国政府的心腹大患。治理洪涝灾害几乎成为每年汛期各级政府的繁重任务。经过多年的治理，大江大河的洪涝已大大减少，但由于气候变化，近年来干旱、洪涝，两个矛盾的极端气象在长江中下游地区接连上演。从农田龟裂、堰塘见底、人畜干渴转为暴雨肆虐、房屋损毁、洪涝成灾，旱涝并存，十分尴尬②。加上近年来我国处于地震活跃期，地震带来的暴雨、泥石流灾害，连续多年发生。城市水灾、大气灾害过去发生甚少，现在已日渐频繁。由于小流域基本没有治理，近年来发生的洪涝灾害80%以上在小流域。小流域的治理已成为当务之急。从我国制度来看，防灾已成体系，而且各级政府都逐步建立起"预警"机制和"预案"制度，但治理行动，远远落后。我们要深刻认识防治水灾害的严重性、长期性、突发性，既要时刻准备，又要采取根治措施，如小流域治理、城市水患治理，就应有计划地采取措施，使之不再发生。

第五是净水。水污染已成为我国的重大灾害。从全国看几乎无河不污，农村的小河沟，由于面源污染，也成了污水沟。这种严重局面还在发展。水污染是由工业污染、城市生活用水污染、农村面源污染未经过达标治理而排放到江河造成的。水污染关系人民生命和身体健康，是一个重大民生问题，各级政府必须在政治思想引导、严格执法下，采取有效措施，开展治污行动。工业污染要就地治理，达标后，

---

① 宁磊：《中国水危机解决方案》，强国论坛，http：//bbs1.people.com.cn/postDetail.do？id=105036264。
② 《水资源短缺仍是可持续发展的瓶颈》，《光明日报》2011年7月8日。

循环利用或排放，无法治理的企业，坚决关停。生活用水要建设与生活供水独立的污水排放、治理和循环利用系统。污水治理后，居民还可循环再用。农村面源污染治理是一个难题。可考虑分段建立污水处理池，分段集中处理。治污、净水是一个长期复杂的事业，而非一般的、一时的工作。这是对我们过去工作失误的惩罚，也是建设蓝天清水世界的光荣责任。政府要设置专门的机构来执行这项重大民生任务。实行治污工程要有强大的资金支持和技术支撑。治污之时，可能出现资金拮据、成本上升、GDP下降等现象，应认识到这是我们过去失误带来的后果，应该今天来承担的补偿。此外，各级政府特别是沿江河政府，都要制定江河纳污的红线，严格检查惩处。

第六是节水。建设节水型社会是中央提出的一个战略目标。我国是一个水资源短缺的国家，增水重要，节水更重要。用水的浪费，已成为一个习惯而普遍的现象。这种习惯不加以改变，将变成一种灾难。因此，我们要在全社会兴起节水行动，把节水提到社会道德的高度，让节水成为大人小孩每个人的行动，把用水指标规定到每个企业、每种产品，把灌溉用水指标规定到农村每个社区，把生活用水指标规定到每个家庭。用水一定要收费，农业灌溉用水也要收费。收费对鼓励节水是一个重要杠杆。水价实行双轨制。在指标范围内平价收费，超过标准的高价收费。节水有很强的技术性，政府应采取招标政策，鼓励节水技术的发明创造。节水技术和设备的使用，国家可给予价格补贴，利于推广。工业用水和生活用水的重复使用是节水的一个重大举措。2005年，一篇报道称，大连工业水重复利用率已达80%，生活用水的重复利用率达到58%。以大连为例分析全国用水，如果在全国都使用循环水系统，每年节约的用水量可达915亿立方米，比两个三峡库容还要多很多。而正在建设的南水北调工程，规划的总调水规模（包括西线）不过448亿立方米。由此可见，城市建立循环水系统和利用循环水的重要性。有了这个系统，就可对城市洗浴、洗车、餐馆、宾馆等用水大户强制性使用循环水，对家庭冲厕所用水也可用同样的办法。这里运用价格杠杆同样可以起到促进作用。

第七是权水。即划分水权用水。我国水资源短缺，但没有水权概念，所有水都是国家的，全国人民一起吃"国家水"的大锅饭，导致水资源的严重浪费。20世纪90年代，水利部开始进行水资源管理体制改革试验，2000年浙江东阳和义乌之间的有偿转让用水权取得了重要突破，开创了我国水权改革的先河。东阳、义乌两市山水相连，但东阳富水，义乌缺水。经过多次协商，2000年11月24日两市签订了有偿转让部分水资源使用权的协议，义乌市以2亿元的价格一次性购买东阳市横锦水库每年4999.9万立方米水的永久使用权。这一案例启示人们，在中国这个水资源短缺而又分布不均的国家，把全国江河流域和水库之水，按行政区分解水权，有的可以分解到省，有的可分解到市，有的可分解到县。在分权境内的河流、水库之水属该行政区政府所有，水污染治理、水灾害防范、水利设施建设等由该行政区负责，行政区之间可以进行水权有偿交易，可以大大调动地方的治水、管水的积极性。黄河上游目前实行的是国家给各省区分配使用指标，各省区内部自己分配，各省区之间经过协商也可进行指标调剂。以上这些方法虽显粗犷，但都是创新之举，对我国的水权改革将起重要作用。

第八是买水。用水要通过有价买卖，不能无偿使用。水的"三生"性质，决定了水不是商品。但经过加工的水，却具有了商品性。如生活用自来水，水源水不是商品，但经过水源开发、水厂加工、管道运输，直至用户使用之水，就具有了商品性。工业用水、农业用水、服务业用水，同样都有了商品性。水有了商品性就有了价值和价格，就可进入市场买卖。因此水务企业与用户之间实际是一种买卖关系。但是水的"三生"特性，即生活、生产、生态须臾都离不开的特性，又制约了市场价值规律的作用，因此，水价就成了一个群众关注的重大问题。为了解决我国水资源短缺和需求不断增长的矛盾，我们必须实行用水收费制度。用水收费，可以改变用水户的用水习惯，塑造人们的"水意识"，保护和节约水资源。通过工业收水费的改革，2010 年，我国万元 GDP 用水量 191 立方米（2005 年可比价），比上年减少 8.8%；万元工业增加值用水量 105 立方米（2005 年可比价），比上年减少 9.8%[1]。可见价格杠杆的作用有多大！农业灌溉收费是难度比较大的环节，但绝对不能取消，取消了，就改变不了农村漫灌的习惯，水的浪费不知要增加多少。所以宁肯政府给予困难户补贴，也要保持收费制度。城市居民收费关键是收费多少的问题。这个问题可以通过市民听证会协商，利用公共财政补贴来逐步解决。

第九是造水。世界上主要是缺淡水。中东很多国家的石油富集但淡水资源短缺，它们已用改海水为淡水的科学方法，解决了缺水问题，但成本较高。我国有渤海、黄海、东海、南海，海岸线有一万多公里，海域面积有 299.7 万平方公里。在沿海地区把海水改造为淡水，是一个取之不尽的源泉。现在的问题在于技术和成本。从科技发展的角度看，这个问题是可以解决的。成本进一步降低也是可能的。相信再过数十年，我们就能用海水来解决我国的缺水问题。我们应积极朝这个方向努力。

第十是管水。我国水情如此复杂，要把这件事情办好，需要有一个科学的体制进行管理。这个体制要由三个要点构成：一是以"三生"为内涵的正确的思想指导，二是统一管理和分权管理相结合的组织架构，三是政府和市场相结合的运行机制。"三生"为内涵的指导思想，就是以民生为本，以经济建设为中心，以优异的生态环境为保障。统一管理与分权管理结合，就是政府管水组织架构要统分结合。

---

① 水利部办公厅：《中华人民共和国水利部公报》2011 年第 3 期（总第 17 期）。

要强化城乡水资源统一管理，对城乡供水、水资源综合利用、水环境治理和防洪排涝等实行统筹规划、协调发展，促进水资源优化配置。同时按行政区域划分水权区，在水权区范围内实施各自的管理职能。政府和市场结合，就是在管理机制上同时发挥"两只手"的作用，即把政府这只有形之手和市场这只无形之手结合起来推进水资源的流动，而以政府这只手为主。要实现这三点，就要对现行体制进行改革和创新。根据党中央和国务院的决定，我认为，体制改革的重点包括以下几个方面：一是建立水利投入的稳定增长机制，把水利作为公共财政投入的重点领域；同时要吸纳社会资金进入水利建设领域，允许农民建设小型水利设施，自主经营。二是实行最严格的水资源管理制度，建立三条红线制度（水资源开发利用控制红线、确立用水效率控制红线、确立水功能区限制纳污红线）违者进行严格制裁。三是研究和推进水权改革，逐步在全国形成水权管理体系，把加强管理与水权利益结合起来。四是积极引进市场机制，推进水市场的形成和水价改革，充分发挥水价的调节作用，大力促进节约用水和产业结构的调整。工业服务业实行超额累计进加价制度，拉高耗水行业与其他行业的水价差距稳步推行阶梯式水价制度。五是建立健全水法规体系，推进依法治水。六是大力推进水文气象的结合，加强水文气象基础设施建设，扩大覆盖面，优化网站布局，开展水文和气象相结合的科研工作，加快应急机动检测能力建设，积极应对气候变化的影响。现在我国正处在地震活跃期，要加强水文、气象、地震三方面的合作。

第一篇

水资源开发与总体战略

第一章 四川省情和水情

一 四川省情

(一) 自然地理

四川省位于我国西南部，地处长江上游，是青藏高原与长江中下游平原之间的过渡带，东邻重庆，南接云南、贵州，西靠西藏，北连青海、甘肃、陕西等省，地理坐标介于东经97°21′~108°31′，北纬26°3′~34°19′之间，东西长1075km，南北宽921km，全省辖区面积48.43万km²①，占全国国土总面积的5.1%，居第5位。其中属长江流域46.73万km²，占全省辖区面积的96.5%，属黄河流域1.7万km²，占全省辖区面积的3.5%。

1. 地形地貌

全省位于我国青藏高原和长江中下游平原的过渡带，地貌东西差异大，地形复杂多样，高低悬殊，西高东低。按地形地貌大致以岷山、龙门山、大相岭、大凉山为界，可分为东西两大部分，西部为高原、山地区，海拔多在3500m以上；东部为盆地区，海拔多在1000~2000m。以山地为主，丘陵次之，平原较少。其中山地占77.1%，丘陵占12.9%，平原占5.3%，高原占4.7%。按水资源分布特征、开发利用条件和经济社会发展水平，东部四川盆地区划分为盆地腹部区（分为平原和丘陵两个亚区）和盆周山区，西部高山高原区（分为川西南山地区和川西北高山高原区）。

东部四川盆地是我国四大盆地之一，面积约18.11万km²，盆周高山环绕，海拔多在1000~2000m，山势向盆地倾斜，盆地地势起伏平缓，从西北向东南倾斜，海拔750~220m。盆地区大体可分为三部分：盆地西部龙门山与龙泉山之间为青衣江、岷江及沱江上游支流河流冲积扇连接而成的成都平原，面积约2.1万km²，其间河渠密布，都江堰水利工程使之成为"水旱从人、不知饥馑"的"天府之国"；盆地中部龙泉山和华蓥山之间为丘陵区，海拔一般在500m以下，相对高差在200m以内，是全省最大的农业区；盆地东部介于华蓥山以东至盆缘之间为一系列东北西

---

① 全省辖区面积48.43万km²，为全国水资源综合规划、全国平衡统一采用数，折合土地面积7.26亿亩，四川省常用48.5万km²。

南走向的平行岭谷区，坝丘镶嵌。东部盆地区平原占 10.2%，丘陵占 53%，山地占 36.8% 。

西部为高山高原区，其中北部称川西北高山高原区，面积约 24.13 万 km²，山岭重叠，地势由西北向东南倾斜。属青藏高原东部延伸部分，海拔在 3500 ~ 4500m，切割轻微，地势平缓、起伏不大，为岭缓谷宽的丘状高原地貌。

南部称川西南山地区，面积约 6.18 万 km²，山高谷深，山河相间，自东向西依次为岷山、岷江、邛崃山、大渡河、大雪山、雅砻江、沙鲁里山和金沙江，是我国横断山脉的北翼部分，山体呈南北走向排列，河谷深切，岭谷高差由北向南逐渐增大，可达 1000 ~ 3000m，自然景观垂直变化明显。

2. 地质

四川大地构造具有明显的两分性、过渡时期性及发展演化的阶段性。大致以龙门山—盐源一线为界，东部为相对稳定的扬子准地台区，西部为相对活动的松潘—甘孜地槽系，其北侧及西侧尚跨越秦岭地槽系及三江地槽系，台与槽的接触带为典型构造过渡带。四川省地质构造类型多，相互关系也错综复杂。四川省位于我国南北地震带中段，是一个多地震的省份之一，主要断裂带有鲜水河地震带、安宁河则木河地震带、松潘地震带、龙门山地震带、名山—马边—永善地震带等。根据《中国地震动参数区划图》 （GB 18306—2001），四川省地震动峰值加速度为 0.05 ~ 0.3g，相应地震基本烈度介于Ⅵ ~ Ⅸ之间。在 20 世纪内曾发生过 1933 年迭溪 7.5 级、1976 年松潘小河 7.2 级及 1979 年炉霍 7.9 级等大地震，对地质环境及人类生存造成了巨大的危害。2008 年 5 月 12 日汶川 8 级特大地震更是给人类社会造成巨大的损失。

境内出露地层差异较大。西部以浅变质砂、板岩为主，其次为火成岩、碳酸盐岩及碎屑岩，第四系松散地层分布零星；东部盆地腹部区以红色碎屑岩建造的河湖相沉积的砂、泥岩为主，俗称"红层"；盆地中部的成都平原堆积有很厚的第四系冲、洪、冰水堆积的松散地层；东部盆周山区多以碳酸盐岩、变质岩、火成岩、碎屑岩为主，第四系松散地层分布零星。

四川西部，褶皱紧密，断裂及活动性断裂较发育，地震频繁，主要环境地质问题是地震、滑坡、泥石流，其次是冻土和草地沙化。东部盆周山区，岩层褶皱平缓，断裂较少，未发生过巨大的地震灾害，主要环境地质问题是滑坡、崩塌、泥石流及岩溶塌陷。东部盆地腹部区，岩层水平，褶皱宽阔舒缓，断裂稀少，未见中强震发生，主要环境地质问题是水土流失。

3. 气象

四川省属暖湿的亚热带东南季风和干湿季分明的亚热带西南季风交替影响地区。根据水热条件和光照条件的差异，结合各地区的主要季风特征，全省可分为三

大气候区：四川盆地中亚热带气候区、川西南山地半湿润气候区和川西北高原温带
—寒带气候区。

　　四川盆地区气候的主要特点：冬暖、春干、夏热、秋雨，阴天多、日照少、雨
量丰沛、无霜期长，多年平均气温14℃～18℃，长江河谷一带最高可超过18℃，
外围山地在15℃左右。冬季最冷月（1月）平均气温为4℃～8℃，雨雪少、云雾
多。春季气温回升快，夏季炎热期长，降水集中，多暴雨、雷电。盛夏常出现连晴
高温天气，7月平均气温为25℃～29℃，极端最高气温可达40℃以上，伏旱频发，
而盆地西部则多暴雨，易成洪涝，"东旱西涝"是常见的气候特点。秋季气温下降
快，多连绵阴雨，持续时间长。盆地区的另一气候特点是湿度大，云雾多，日照
少，年平均相对湿度为70%～80%，全年日照时数为可照时数的20%～30%，本
区宜于农、林、牧、副、渔等各业的综合发展。

　　川西南山地区为干湿季分明的亚热带西南季风气候。气候干燥，云雾少，日照
强，冬不冷，夏不热，春秋温爽，干湿季分明。由于山高谷低和北高南低的地势影
响，气候垂直差异和南北差异较明显，年平均气温为4℃～10℃，气温年差较小，
日差较大，偏南河谷地区年均气温为12℃～15℃。其中金沙江河谷地区高达20℃，
极端最高气温在40℃左右。1月份平均气温也在10℃以上。全年基本无冬，霜雪少
见，日照时数在2000h以上，具有良好的光热条件，宜于发展亚热带、热带作物。

　　川西北高原区，就纬度而言属亚热带，但由于地势高亢，山体巨大，原面辽
阔，呈高寒气候类型，具有气候寒冷、干燥少雨、辐射强、日照多、温差大、云雾
少、冰雹多、冬季漫长，无明显四季之分，气候变幻莫测等特点。最冷月平均气温
为-11.3℃～6.3℃，最热月平均气温一般在14℃左右，总热量少，生长季短。这
种气候条件，适宜牦牛、藏系羊的生长。

　　全省多年平均降水总量4739.86亿 m^3（折算成降水深978.8mm），但降水时空
分布极不均匀，主要表现为地区差异和年际年内变化大，大量的降水都以洪水的形
式集中流走。全省虽然降雨量还算丰沛，但降雨季节和农作物需水季节错位，降雨
时空分布不均，年际变化大，以致干旱频繁发生，危害严重。全省几乎年年有不同
程度的冬干、春旱、夏旱和伏旱发生，成为影响农业生产、人民生活的第一大自然
灾害。又由于区域性暴雨的发生，常造成较大范围的洪涝灾害，成为四川省第二大
自然灾害。而人口密集、工农业发达、用水量集中的盆地丘陵区，降水、径流量均
偏少，水资源严重不足，加之日趋严重的城市污水、工业废水、农药、化肥等对水
体污染，更加剧了盆地丘陵区水资源的供需矛盾。

4. 河流

　　四川省河流众多，号称"千河之省"，流域面积大于 $50km^2$ 的河流有2987条，
大于 $100km^2$ 的河流有1422条，其中大于 $200km^2$ 的中小河流有689条，大于

1000km² 的河流有 158 条，大于 5000km² 的河流有 31 条，大于 10000km² 的河流有 21 条。除川西北的白河、黑河注入黄河外，其余均属长江水系。在长江水系中，除川东北边境的汉江支流任河直接流出境外，其余全部都从四周汇入长江。由西向东主要河流有金沙江、雅砻江、安宁河、大渡河、青衣江、岷江、沱江、涪江、嘉陵江、渠江等。

金沙江为长江上游干流，其上游称通天河，流经青海、西藏、云南、四川 4 省（自治区），四川省内流域面积 7.32 万 km²，沿江分布的大中城市有攀枝花、宜宾。

雅砻江是金沙江最大的支流，发源于巴颜喀拉山南麓，由北至南纵贯整个高原地区，在攀枝花汇入金沙江，四川省内流域面积 11.82 万 km²，流域内主要城镇有甘孜、盐边等。

安宁河为雅砻江一级支流，发源于冕宁北部的阳落雪山，于盐边县桐子林镇汇入雅砻江。流域面积 1.12 万 km²，干流长 303km，安宁河谷是四川省第二大河谷平原，流域内主要城镇有冕宁、西昌、德昌、米易等。

大渡河为岷江的一级支流，发源于四川、青海交界处的果洛山，于乐山市市中区汇入岷江，四川省内流域面积 6.75 万 km²，流域内主要城镇有马尔康、泸定、汉源等。

青衣江为大渡河的一级支流，发源于宝兴县巴朗山南麓，在乐山市市中区与大渡河相汇注入岷江，流域面积 1.38 万 km²，是著名的暴雨区。流域内主要城市有雅安、洪雅等。

岷江为长江上游重要的一级支流，发源于岷山南麓，流经松潘、茂汶等县，于都江堰进入成都平原，在宜宾市翠屏区注入长江，四川省内流域面积 4.45 万 km²，流域内主要城镇有都江堰、成都、眉山、乐山等。

沱江为长江的一级支流，发源于盆地西北边缘的九顶山，至绵竹市进入成都平原，于泸州市江阳区注入长江，四川省内流域面积 2.56 万 km²，流域内分布的主要城市有德阳、金堂、简阳、资阳、资中、内江、自贡、富顺等。

涪江为嘉陵江的一级支流，发源于松潘县境内，经绵阳至遂宁市三新乡出境流入重庆市潼南县，至合川市汇入嘉陵江，四川省内流域面积 3.16 万 km²。流域内分布的主要城市有江油、绵阳、三台、射洪、遂宁等。

嘉陵江为长江上游一级支流，发源于陕西省秦岭山地，流经甘肃再入陕西后进入四川境内，至武胜县进入重庆市，在合川市汇集渠江、涪江后于重庆市注入长江，四川省内流域面积 3.56 万 km²。域内分布的主要城市有广元、阆中、南部、南充。

渠江为嘉陵江一级支流，发源于大巴山南麓，流经广安，在新民河口附近出川进入重庆市合川境内汇入嘉陵江，四川省内流域面积 3.42 万 km²，流域内分布的主要城市有达州、巴中、平昌、渠县、广安。

长江上游干流其上游为金沙江，流经四川、云南、贵州、重庆至湖北，四川省境内流域面积 2.27 万 km²，流域内主要城市有宜宾、泸州。

四川省流域面积在 10000km² 以上的河流有 21 条，大部分河流分布在长江北岸。流域面积在 10000km² 以上河流概况见表 1－1。

表 1－1　四川省流域面积 10000km² 以上河流概况

河　　流	流域面积 （km²）	长度 （km）	平均坡降 （‰）	多年平均流量 （m³/s）	多年平均年径流量（亿 m³）
长江	1800000	6397	1.04	29227	9217.00
金沙江	498453	2293	1.4	4655	1468.04
水洛河	13971	321	9.4	194	61.18
松麦河（定曲河）	12163	230	12	179	56.45
雅砻江	128444	1535	2.1	1636	515.79
鲜水河	19338	541	2.5	202	63.7
理塘河（无量河）	19114	516	5.9	268	84.52
安宁河	11150	303	10.1	231	72.85
横江	14781	307	6.8	296	93.35
大渡河	90700	1155	2.4	1570	495.12
绰斯甲（杜柯）河	16064	401	4.2	178	56.13
青衣江	13793	289	13.3	543	171.24
岷江	135840	735	3.9	2741	864.28
沱江	27840	702	4	454	143.17
涪江	36400	679	5.5	550	173.45
嘉陵江	160000	1120	0.3	2166	682.94
白龙江	31808	576	5.6	397	125.2
渠江	39220	666	2.2	694	218.86
州河	11180	306	5.2	225	70.96
赤水河	20440	460	0.9	309	97.45
黄河	16960	165	3.64	150	47.48

5. 湖泊、湿地

受地质构造的影响，省内湖泊、沼泽及冰川多分布于西部高山高原区。据统计全省各类湖泊总面积 377.4km²，面积 1km² 以上湖泊 30 个，多属构造断裂湖泊，其中面积 10km² 以上湖泊 2 个，分别为泸沽湖（面积 351.6km²）和邛海

（面积 26.9km²），蓄水量在 3.0 亿 m³ 以上的有泸沽湖、马湖和邛海 3 个，另外，还有叠溪海子、新路海、天池湖、龙池湖、江池湖、江错湖、长海等湖泊。其中除邛海、龙池湖、泸沽湖、马湖等已开发或正在开发外，其余的均未进行开发。

川西北高原的阿坝、红原和若尔盖之间，面积约 1 万 km²，为若尔盖高原盆地，海拔一般在 3400m 以上，相对高差不大，阶地宽广，地形低陷，河流众多，沼泽发育，是我国第二大沼泽湿地——若尔盖高原沼泽湿地。

据统计全省有沼泽湿地面积 3422.98km²，其中若尔盖沼泽湿地 2980.79km²，占沼泽湿地面积的 87.1%。

（二）社会经济

1. 人口

2010 年四川省辖 18 个市、3 个自治州，共 181 个县（市、区）、2585 个乡、1821 个镇，总户数 3014.3 万户，统计总人口 9001.3 万人（指户籍人口，下同），农业人口 6646.1 万人，非农业人口 2355.2 万人；其中城镇人口 3231 万人，城市化率为 40.18%（按常住人口 8041.8 万人计）。全省平均人口密度 166 人/km²。盆地腹部区平均人口密度 631 人/km²，盆周山区平均人口密度 171 人/km²；西部高原高山区，平均人口密度 27.4 人/km²。四川省人口密度最高的是成都，为 950 人/km²，若尔盖、红原草地最低，每平方公里还不到 7 人。

2. 土地利用

根据《土地利用现状分类》GB/T 21010—2007，2007 年四川省有国土耕地 8925.2 万亩，占总土地的 12.3%；园地 1085.95 万亩，占总土地的 1.5%；林地 28749.6 万亩，占总土地的 39.6%；牧草地 22798.45 万亩，占总土地的 31.4%；城市工矿居民点用地 1977.74 万亩，占总土地的 2.7%；交通用地 194.88 万亩，占总土地的 0.3%；其他用地 3602.42 万亩，占总土地的 4.9%；未利用土地 5310.84 万亩，占总土地的 7.3%。

3. 国内生产总值

2010 年国内生产总值 17185.5 亿元，其中第一产业增加值 2482.9 亿元，第二产业增加值 8854 亿元（其中工业 7431.5 亿元），第三产业增加值 6118 亿元，人均国内生产总值 21182 元。国内生产总值居全国第 8 位，人均国内生产总值为全国人均 29762 元的 71.2%，一、二、三产业比值为 14.4：50.5：35.1。

4. 农业

四川是一个农业大省，耕地面积位居全国第 6 位，是我国重要的粮食、油料、生猪生产基地，是全国三大林区和五大牧区之一。2010 年全省主要农产品和产值位居全国前列，农作物总播种面积 14969 万亩，粮食总产量达 3222.9 万 t，油料 268.5 万 t，棉花 1.4 万 t，肉类 656.6 万 t（来自：《2011 中国统计摘要》，中国统计出版社）。农业总产值位居全国各省（直辖市、自治区）第 5 位，粮食生产居全国第 5 位。但由于人口众多，农产品人均占有量却大多低于全国平均水平，农业总产值人均亦较低。除粮食、肉类人均占有量分别比全国高 20.94kg 和 21.43kg 外，其余农产品人均均低于全国平均水平，人均农业总产值 5075 元，比全国低 99 元，农民人均纯收入 5140 元，为全国平均的 86.8%。与全国相比，四川农业整体发展水平相对较低（见表 1-2）。

表 1-2　四川省与全国 2010 年主要国民经济指标比较

项　目	人口（万人）	GDP（亿元）	人均 GDP（元）	地方财政收入（亿元）	粮食总产量（万 t）	肉类产量（万 t）	城乡居民人均收入（元）	农民人均纯收入（元）
全　国	133972	397983	29762	40609.8	54647.7	7925.8	19109	5919
四川省	8042	17185.5	21182	1134.9	3222.9	656.6	15461	5140
位　次	3	8	23	10	5	2	23	21

资料来源：《2011 年四川省统计年鉴》，《2011 中国统计摘要》。

5. 工业

四川是国家重要建设地区之一，工业发展很快，已成为国家重要的综合性工业基地之一。2010 年全省工业增加值达 7431.5 亿元，2000～2010 年国内生产总值（按 1978 年可比价计算）平均增长速度为 12.4%，居全国各省（自治区、直辖市）的第 8 位。工业产品中仅钢、水泥、白酒、原盐、电视机、化肥、发电设备等在全国具有一定的优势。经济发展总量在全国处于靠前的位置，但人均指标却处于全国靠后的位次，属欠发达省份。四川省分行政区主要经济社会指标，详见表 1-3。

省内经济社会发展很不平衡，盆地腹部区土地面积占全省的 22.8%，但该区人口却占全省的 77.3%，耕地占全省的 71.1%，GDP 占全省的 81.8%，粮食占全省的 76.2%，财政收入占全省的 78.9%，说明盆地腹部区是全省经济社会的重心。

盆地腹部区中的平原区土地面积仅占全省的 4.3%，但人口确为全省的 17.9%，耕地为全省的 12.4%，GDP 为全省的 37.8%，粮食为全省的 12.6%，说明平原区经济社会在全省占有极为重要的地位，亦是四川省的政治、经济、文化中心，省会成都市就坐落在平原区。四川省按地貌分区，主要经济社会指标，详见表 1-4。

表1-3 2010年四川省分行政区主要社会经济指标

市（州）	辖区面积（万m²）	县（市、区）	乡镇数	总户数（万户）	户籍总人口（万人）	其中：农业人口（万人）	非农业人口（万人）	常住人口（万人）	城镇化率（%）
全省	48.43	181	4406	3041.3	9001.3	6646.1	2355.2	8041.8	40.18
成都市	1.21	19	223	430.7	1149.1	498.2	650.9	1404.8	65.51
自贡市	0.44	6	96	104.2	326	220.6	105.4	267.9	41.02
攀枝花市	0.74	5	44	34.8	111.3	51.9	59.4	121.4	60.1
泸州市	1.22	7	128	144.4	502.3	410.5	91.8	421.8	38.8
德阳市	0.6	6	120	145.7	389.2	285.8	103.4	361.6	41.32
绵阳市	2.02	9	277	191.5	541.9	396.5	145.4	461.4	39.85
广元市	1.62	7	230	109.1	310.9	242.5	68.4	248.4	32.98
遂宁市	0.53	5	112	130	381.4	295.2	86.2	325.2	38.38
内江市	0.54	5	111	150.6	425.5	337	88.5	370.3	39.36
乐山市	1.29	11	211	125.2	353.4	245.8	107.6	323.6	39.48
南充市	1.26	9	402	255.7	751.7	586.8	164.9	627.9	35.91
眉山市	0.72	6	128	122.3	349.1	258.1	91	295	34.11
宜宾市	1.33	10	175	166.6	539	438.1	100.9	447.2	38
广安市	0.64	5	172	153.9	466.1	384	82.1	320.5	29.07
达州市	1.66	7	310	234.4	685.5	556.5	129	546.8	32.71
雅安市	1.51	8	148	53.1	154.9	117.4	37.5	150.7	34.62
巴中市	1.23	4	188	123.5	388	319.8	68.2	328.4	29.31
资阳市	0.8	4	171	173.7	501.1	421.3	79.8	366.5	32.73
阿坝州	8.24	13	223	27.3	89.9	69.7	20.2	89.9	30.1
甘孜州	14.82	18	325	27.4	106.1	89.9	16.2	109.2	20.53
凉山州	6.01	17	612	137.2	478.9	420.5	58.4	453.3	27.52

市（州）	地区生产总值（亿元）	第一产业增加值（亿元）	第二产业增加值（亿元）	第三产业增加值（亿元）	标准耕地面积（万亩）	统计耕地面积（万亩）	其中：田（万亩）	人均生产总值（元）	财政收入（万元）	农民人均纯收入（元）	粮食总产（万kg）
全省	17185.5	2482.9	8854	6118	8925.18	6016.07	3143.73	21182	11348647	5139.5	3222904
成都市	5551.33	285.09	2480.9	2785.34	636.1	534.81	407.66	41253	5269408	8205	250288

续表

市（州）	地区生产总值（亿元）	第一产值（亿元）	第二产值（亿元）	第三产值（亿元）	标准耕地面积（万亩）	统计耕地面积（万亩）	其中：田	人均生产总值（元）	财政收入（万元）	农民人均纯收入（元）	粮食总产（万kg）
自贡市	647.73	84.68	370.84	192.21	284.31	201.96	127.83	23613	218360	5762.2	118945
攀枝花市	523.99	21.49	386.63	115.87	75.99	60.06	24.54	43959	387841	6292.5	20054
泸州市	714.79	108.81	403.71	202.27	567.51	314.19	222.78	16698	475888	5388.5	186167
德阳市	921.27	152.39	532.72	236.16	366.52	277.49	182.55	25335	457976	6485.8	180633
绵阳市	960.22	166.49	468.27	325.46	610.28	420.87	191.34	20053	452057	5940	208759
广元市	321.87	76.52	125.67	119.68	494.85	249.12	106.97	12313	167267	4035.5	128317
遂宁市	495.23	109.39	254.69	131.15	391.28	231.81	86.01	14498	177685	5389.9	148101
内江市	690.28	112.39	419.53	158.36	381.1	246.62	130.04	18022	203856	5503.8	142231
乐山市	743.92	100.08	442.45	201.39	336.34	225.32	132.80	22490	457695	5613	102678
南充市	827.82	201.62	401.57	224.63	673.81	451.10	219.68	13212	322564	4814.3	293848
眉山市	552.25	103.8	303.31	145.14	361.28	256.79	176.63	18586	246863	5942.5	156738
宜宾市	870.85	133.84	519.21	217.8	698.16	365.13	224.93	19499	556465	5609.7	204915
广安市	537.22	109.91	259.25	168.06	431.19	260.16	185.49	15588	212785	5377.2	177453
达州市	819.2	194.99	409.59	214.62	640.68	451.89	263.52	14623	305924	5084	265359
雅安市	286.54	49.97	157.83	78.74	150.97	81.96	41.16	18881	156522	5180.8	46357
巴中市	280.91	81.65	94.97	104.29	350.72	229.19	143.39	8717	78160	3847.2	160046
资阳市	657.9	151.81	348.4	157.69	610.02	405.12	157.07	16644	244679	5552.1	210615
阿坝州	132.76	25.13	58.53	49.1	107.32	89.39	0.02	14662	166682	3741.2	15564
甘孜州	122.83	28.77	44.92	49.14	136.56	136.22	1.04	11659	163047	2743.8	17347
凉山州	784.19	172.06	371.05	241.08	620.19	526.89	118.34	17560	626923	4565.4	190381

注：表中耕地 6016 万亩指统计部门公布的统计数（习惯亩），而国土部门的 8925.2 万亩耕地数为标准亩（1 亩≈667m²）。

资料来源：《2011 年四川省统计年鉴》。

表 1－4   2010 年四川省按地貌分区主要经济社会指标

地貌分区	全 省	盆地腹部区	盆地腹部区中		盆周山区	川西南山地区	川西北高原高山区
			成都平原区	丘陵地区			
县（市、区）数	—	95	27	68	31	24	31
辖区面积（万 m²）	48.43	11.02	2.10	8.92	7.09	6.18	24.13
乡（镇）数	4406	2395	397	1998	759	690	562
户籍总人口（万人）	9001.3	6958.3	1608.8	5349.5	1212.4	629.6	201
其中：农业人口	6646.1	5001	768.9	4232.1	975.5	504.6	164.9
非农业人口	2355.2	1957.2	839.9	1117.3	236.9	125	36.1
地区生产总值（亿元）	17185.48	14056.17	6505.07	7551.10	1487.24	1380.25	261.82
第一产业增加值（亿元）	2482.89	1924.93	432.08	1492.85	298.09	204.45	55.42
第二产业增加值（亿元）	8672.18	6999.86	2737.71	4262.15	761.39	801.70	109.23
其中：工业（亿元）	7431.45	5948.10	2307.48	3640.62	696.18	713.14	74.03
第三产业增加值（亿元）	6030.41	5131.38	3088.91	2042.47	427.76	374.10	97.17
人均生产总值（元）	21182	22437	45251	15800	13730	24538	14580
标准耕地面积（万亩）	8925.18	6333.85	1105.29	5228.56	1602.81	731.01	257.52
财政收入（亿元）	1134.86	895.91	556.09	339.82	98.91	111.06	28.97
农作物播种面积（万亩）	14968.97	11087.80	1660.98	9426.82	2358.68	1226.62	295.86
粮食总产（万 t）	3222.90	2454.83	405.42	2049.41	508.61	221.59	37.88
其中：稻谷（万 t）	1541.89	1286.97	320.51	966.46	185.08	69.64	0.19
小麦（万 t）	558.2	470.8	82.58	388.2	62.81	22.11	2.48

二 水资源及水环境状况

（一）水资源量

水资源是人类赖以生存且不可替代的基础性的自然资源和战略性的经济资源，是地球上一切生物赖以生存和发展不可替代的物质基础，是生态系统最活跃的控制性要素。水是生命之源、生产之要、生态之基。在人类历史发展的进程中，贯穿着与频繁发生的洪旱灾害的顽强斗争，兴水利、除水害，事关人类生存、经济发展和社会进步，是治国安邦的大事，治水是人类社会永恒的主题。

水资源是指水循环中年复一年能够不断更新，能够为人类经济社会和生态环境所利用的天然淡水资源。其补给来源主要为大气降水，赋存形式主要为地表水、地下水和土壤水。地表水资源和地下水资源可通过水循环年复一年地更新。

水资源的基本特性表现为：一是水资源具有水文和气象的本质，既有一定的因

果性、周期性、循环性、有限性和不均匀性，又带有一定的随机性；二是水资源具
有利害两重性、不可替代性和环境特性。

1. 降水

根据全省气象、水文站 1956～2000 年[①]，共 23401 站年资料统计分析，全省多
年平均降水深 978.8mm，折合年降水总量为 4739.86 亿 m^3，多年平均降水量超
1000mm 的市（州）有 12 个，雅安市为 1546.6mm，居全省之首，甘孜州降水量为
788.6mm，居全省末位，总体上讲，四川属于降水较丰沛的地区。

按全国水资源分区[②]，四川分属长江、黄河两个一级区；其下又分为长江流域
一级区的金沙江石鼓以上、金沙江石鼓以下、岷沱江、嘉陵江、长江干流宜宾—宜
昌段、汉江和黄河龙羊峡以上 7 个二级区；二级区以下又分为金沙江石鼓以上的直
门达至石鼓、金沙江石鼓以下的干流、雅砻江；岷沱江的大渡河、青衣江及岷江干
流、沱江；嘉陵江的广元昭化以上、涪江、渠江、广元昭化以下；长江干流宜宾至
宜昌的赤水河、宜宾至宜昌干流；汉江的丹江口以上和黄河龙羊峡以上的玛曲以上
共 14 个三级区。按四川水资源三级区统计，降水深青衣江、岷江干流为 1258mm，
长江宜宾至宜昌干流河段 1128mm，渠江 1191mm，赤水河 1064mm，涪江 1025mm，
沱江 1012mm，大渡河 1006mm，金沙江石鼓以下段 997mm，嘉陵江 820mm，雅砻
江 858mm，金沙江石鼓以上段 728mm，最小为黄河流域片 702mm。四川省各市
（州）多年平均降水量见表 1－5。

表 1－5　1956～2000 年四川省各市州多年平均降水量

行　政　区	计算面积（km^2）	多年平均降水深（mm）	多年平均降水量（亿 m^3）
四　川　省	484252	978.8	4739.86
成　都　市	12072	1223.6	147.71
自　贡　市	4380	1004.3	43.99
攀枝花市	7446	1102.9	82.12
泸　州　市	12241	1101.9	134.88
德　阳　市	5981	1045	62.5
绵　阳　市	20244	1082.4	219.12
广　元　市	16227	1032.5	167.54

① 全国水资源综合规划统一采用（1956～2000 年）同步水文系列分析。
② 水资源分区：按全国水资源综合规划统一要求，根据水资源条件，生态环境状况与经济社会发展状况不
同。为便于按流域和行政区域进行水资源调配和管理，按照流域和行政区域水资源特点，将四川省划分
为 2 个水资源一级区；在一级区的基础上，按基本保持河流水系完整性的原则，划分为 7 个水资源二级
区；结合流域分区与行政区，进一步划分为 14 个水资源三级区。

行　政　区	计算面积（km²）	多年平均降水深（mm）	多年平均降水量（亿 m³）
遂 宁 市	5330	863	46
内 江 市	5418	982.6	53.24
乐 山 市	12893	1457.7	187.94
南 充 市	12590	999.6	125.85
眉 山 市	7231	1364.6	98.67
宜 宾 市	13282	1117.2	148.39
广 安 市	6358	1061.8	67.51
达 州 市	16556	1248.3	206.67
雅 安 市	15059	1546.6	232.9
巴 中 市	12312	1189.2	146.41
资 阳 市	7945	854.5	67.89
阿 坝 州	82409	811.8	669
甘 孜 州	148222	788.6	1168.88
凉 山 州	60056	1103.5	662.72

资料来源：《四川省水资源综合规划报告》。

　　四川省年降水量的分布趋势是盆周高于盆中，盆周山地一般为 1000～2000mm，盆地西缘山地形成一个 1400～2400mm 的弧形高值带，其中大相岭高值中心尤为突出，达到 2500mm 余，居全省之冠，而盆地底部一般为 800～1000mm；西部高原大体是自东南向西北递减，变化于 2400～500mm 之间，但高原西南角的得荣附近金沙江河谷仅 300mm 余。

　　降水量的地区分布与气候及地形、地貌紧密相关。山地与盆地、山岭与河谷、迎风坡与背风坡所产生的增减雨效应十分明显。如盆缘山地，尤其是盆地西缘，由于大山体对暖湿气流的抬升冷凝作用，多地形雨，以致形成降水高值区，多年平均年降水量达 1200～2500mm，而盆地腹部由于气流下沉增温，降水量减少，仅 800～1200mm。岷江上游河谷、流沙河、大渡河上游河谷等背风河谷则具有明显的焚风效应，降水特少，其低值中心仅 500～800mm。四川省西南部山地之所以形成许多高低值中心相间分布的复杂状况，也是由于峰峦重叠、河流深切、岭谷相间、迂回交错的复杂地形影响，降水量的空间分布变化甚大所致。西北部高原因远离海洋，经高山阻隔，气流之水汽含量锐减，故降水稀少；又因高原面较完整，地势平缓，降水量的地区差别和垂直变化都不大。

　　四川省三大暴雨区，即峨眉山暴雨区，其多年平均年降水量一般为 1400～2500mm；龙门山暴雨区，其多年平均年降水量一般为 1400～2500mm；大巴山暴雨区，其多年平均年降水量一般为 1400 ~ 2000mm。

四川省降水量的年内分配极不均匀，大部分地区年降水量的 70% ~ 90% 集中在 5 ~ 10 月，其余月份降水很少。由于四川省地域辽阔，气候差异很大，因此各地区降水量的年内分配也不一致。连续最大的 4 个月降水量占年降水量百分率由东向西递增，即由东部边缘的 55% 递增到西部边缘的 80%，乡城、稻城、得荣等地高达 88% ~ 89%。其中，通江—南充—泸州一线以东为 55% ~ 60%；阿坝—康定—宁南一线以东为 60% ~ 70%，嘉陵江上游（江口以上）、涪江上中游、沱江上中游、岷江中游及青衣江为 70% ~ 80%；阿坝—康定—宁南一线以西为 70% ~ 90%。在长江上游干流河段的大部、岷江上游汶川至镇江关段，连续最大的 4 个月降水量出现月份为 5 ~ 8 月，其余地区为 6 ~ 9 月。

四川省降水年际变化较大，大部分地区最大年降水量与最小年降水量的比值在 2.0 以上，局部地区甚至达到 7.0，全省一般在 1.5 ~ 5.1 之间。年降水变差系数在四川省境内有一个高值中心、两个次高值中心和一个低值中心。高值中心在盆地北部，包括渠江洛坝至上两之间，嘉陵江阆中以上及涪江富驿至马角坝，自中心区向东、西、南递减，直达盆缘山地。两个次高值中心，一个在金沙江河谷的巴塘至奔子栏之间，另一个在西昌市，中心 Cv 值（变差系数）都为 0.25。低值中心在邛崃山脉中段硗碛附近，大渡河上中游、雅砻江上游一带均为低值区。

2. 蒸发

水面蒸发量是当地蒸发能力的指标。从 1980 ~ 2000 年多年平均水面蒸发量等值线图看出四川省蒸发量变化在 500 ~ 1400mm，由川东向川西递增。东部的变化在 500 ~ 700mm，盆中低于盆周。年蒸发量达 700mm 以上的地区有：盆中的成都、金堂、广汉及简阳、中江、北川一带，盆南的珙县、古蔺一带，盆北山地的广元、剑阁、南江、万源一带，大致趋势由盆西北向盆东南递减；500mm 的低值区在眉山、夹江一带和川东大竹一带。大竹的新生站多年平均水面蒸发量仅 444.7mm，是全省的最低值。西部变化在 700 ~ 1400mm，南部大于北部。蒸发量在 1200 ~ 1400mm 的地区有小金、丹巴、木里、盐源、盐边、德昌、攀枝花一带。小金的年蒸发量为 1484.1mm，是省内蒸发能力最强的地区，西部高原的低区在贡嘎山附近及高原北部的石渠、壤塘以北地区，年蒸发量在 800mm 以下。

年水面蒸发的年内变化，主要受气温、湿度及风速的影响。冬季气温低，蒸发小，最小月平均蒸发值一般出现在 1 月或 12 月，以 12 月出现的机会最多。夏秋季气温高，蒸发大，最大月平均蒸发值出现时间及年内分配各地略有差异。雅砻江流域、大渡河流域及安宁河河谷最大月蒸发值出现在 5 月，其余各流域最大月平均蒸发值出现在 8 月。

四川省干旱指数（一般以年蒸发能力和年降水量之比来表示）的变化范围为 0.3~3.12。茶坪山、夹金山、大相岭以东，除中江、简阳一带干旱指数为 1.0 外，其余整个东部地区，干旱指数均小于 1.0，降水量大于蒸发量，属于湿润地区，其中部分山区如都江堰、夹江、峨眉、乐山、石棉、天全、雅安、崇州等地，降水丰沛，干旱指数小于 0.5，属于十分湿润的地区。西部高原地区的干旱指数均在 1~3 之间，部分河谷地区如丹巴、乡城干旱指数大于 3。

四川省 1956~2000 年陆地蒸发量的变化范围为 300~700mm，总的分布趋势是：东部盆地为 500~700mm，西部高原为 300~500mm，盆地丘陵区由 500~700mm 向盆周山区递减至 400~500mm，其中成都平原为 500~600mm，蒸发量为 700mm 的高值中心出现在嘉陵江区的南部、阆中、仪陇、平昌一带。西部高原南北也有差异，川西南部山区由 400~500mm 向川西北高原减至 300~400mm，川西南部山区的安宁河谷由 600mm 向四周山区减小到 500mm。蒸发量为 300mm 最小值出现在甘孜西北的高原区。

3. 地表水资源量

地表水资源量指河流、湖泊、冰川等地表水体中由当地降水形成的，可以逐年更新的动态水量，用河川径流量表示。1956~2000 年全省多年平均地表水资源量为 2614.5 亿 m^3，相应径流深[①]为 539.9mm，占长江流域地表水资源量的 26.5%。阿坝州、甘孜州、凉山州 3 个民族自治州及攀枝花市位于四川省西部高山高原，地广人稀，面积为 30.31 万 km^2，占全省面积的 62.6%，多年平均地表水资源量 1497.6 亿 m^3，占全省的 57.3%。其余 17 个市位于四川盆地腹部和盆周边缘山区，人口密集，经济发达，面积为 18.31 万 km^2，占全省面积的 37.8%，多年平均地表水资源量 1116.9 万 m^3，占全省的 42.7%。建制市中多年平均水资源量居前 3 位的是雅安市、乐山市和绵阳市。四川省地表水资源量以降水补给为主。由于四川省地域辽阔、地势高低悬殊、地形地貌多样、气候条件差异甚大、地质土壤植被条件不一，受降水时空分布不均匀和产、汇流条件的影响，地表水资源量地区差异和年际变化非常大。单位面积产水量最大的是地处小相岭的青衣江和岷江干流，其值为 137.3 万 m^3/km^2，折算为多年平均径流深 1373mm，最小的是地处盆地腹部的涪江流域遂宁市，其值为 21.0 万 m^3/km^2，折算为多年平均径流深 210mm。

四川省水资源分区径流深分布见图 1-1。地表径流是径流深与区域面积的乘积，四川省各市、州地表径流量见图 1-2。

---

① 径流深指由降水形成的地表水体，用单位面积上的水深毫米数表示。

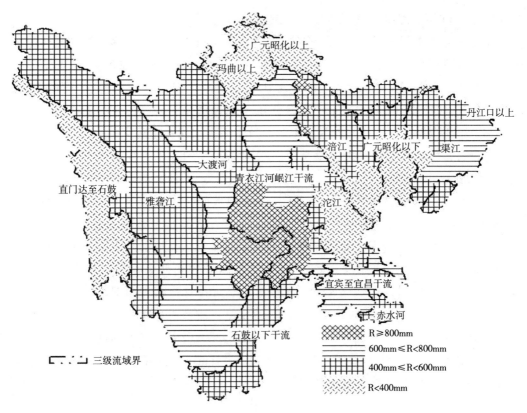

图1-1　四川省流域三级区多年平均径流深分布

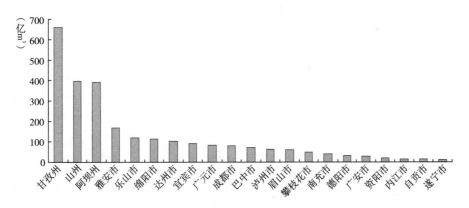

图1-2　四川省各市、州地表径流量分布

4. 地下水资源量

四川省区域地质条件差异悬殊，地下水主要为孔隙水、裂隙水、岩溶水等。川西北高原区广泛分布沼泽湿地的孔隙潜水、孔隙水和裂隙水；川西南山地区主要为岩溶水及孔隙水，以裂隙水分布普遍，但富水地段不多；盆地成都平原多孔隙水，盆中丘陵多红层裂隙水，盆周山地多岩溶水。

把地下水总补给量（或总排泄量）作为地下水资源量，全省多年平均地下水资源量为 616.35 亿 m^3，平均 12.73 万 $m^3/km^2 \cdot a$。其中长江流域 605.23 亿 m^3，平均 12.97 万 $m^3/km^2 \cdot a$。由于地表水和地下水互相转化，河川径流中包含一部分地下水排泄量，地下水补给量中又有一部分来源于地表水体的入渗，故不能将地表水资源量和地下水资源量直接相加作为水资源总量，而应扣除互相转化的重复计算量。计算结果全省多年平均地下水资源量与地表水资源量间的重复计算量为 615.19 亿 m^3，其中长江流域 604.09 亿 m^3。

由于降水分布全省差异很大，地下水资源模数的分布也差异很大。四川盆地西部和西南部的盆缘山区为 30 万～50 万 $m^3/km^2 \cdot a$，是全省地下水最丰富的地区；盆地内部丘陵地区（遂宁、资阳一带）地下水资源模数一般都小于 5 万 $m^3/km^2 \cdot a$，是全省最贫乏的地区。地下水资源分布总体是盆周和川西南山地区地下水资源丰富，盆地丘陵区和川西北高原区地下水相对贫乏。对盆地而言西部多于东部，全省大部分区域地下水资源量在 7 万～13 万 m^3/km^2，成都平原为 42.6 万 m^3/km^2，居全省之冠。地下水资源模数分布特点是扇顶最大，向扇中、扇前逐渐减小。平原区降水入渗补给模数最大（扇顶，砂土）35 万 $m^3/km^2 \cdot a$，最小（扇前，黏土）14 万 $m^3/km^2 \cdot a$。模数从扇顶至扇前逐渐减小。

5. 水资源总量

水资源总量是指当地降水形成的地表和地下产水总量（不含境外来水量），即地表产流量与降水入渗补给地下水量之和。扣除两者之间互相转化的重复计算量。水资源总量用下式计算：

$$W = Rs + Pr = R + Pr - Rg$$

式中：W 为水资源总量；Rs 为地表水径流量（河川径流量与河川基流量之差值）；Pr 为降水入渗补给量（山丘区用地下水总排泄量替代）；R 为河川径流量（地表水资源量）；Rg 为河川基流量。

四川省水资源总量的计算，统一到近期下垫面条件的 1956～2000 年水资源总量系列。全省多年平均水资源总量 2615.69 亿 m^3，为降雨量的 55.0%，即平均每平方公里产水量为 55 万 m^3。其中多年平均地表水资源量 2614.54 亿 m^3，平原地下水资源量（潜水蒸发量）1.15 亿 m^3。

另外，全省有入境水 1317.89 亿 m^3，其中金沙江 1031.82 亿 m^3、岷沱江 32.53 亿 m^3、嘉陵江 157.31 亿 m^3、长江干流四川段 77.4 亿 m^3、汉江 18.83 亿 m^3。

全省有出境水 3859.10 亿 m^3，其中黄河 47.48 亿 m^3、金沙江 415.86 亿 m^3、嘉陵江 638.4 亿 m^3、长江干流 2734.59 亿 m^3、汉江 22.77 亿 m^3。

（1）流域水系水资源总量

四川省有 2 个一级区、7 个二级区和 14 个三级区，水资源分区多年平均水资源总量统计见附表 1-1。

四川属长江流域水资源总量为 2568.21 亿 m^3，占全省水资源总量的 98.2%，每平方公里产水量 55.0 万 m^3，属黄河流域水资源总量 47.48 亿 m^3，占全省水资源总量的 1.8%，每平方公里产水量 28 万 m^3。

按河流划分金沙江 907.98 亿 m^3（含雅砻江 576.49 亿 m^3），占全省的 34.7%；岷沱江 1027.82 亿 m^3（含大渡河 449.21 亿 m^3、沱江 104.22 亿 m^3），占全省的 39.3%；嘉陵江 496.48 亿 m^3（含涪江 152.56 亿 m^3、渠江 193.23 亿 m^3），占全省的 18.9%；赤水河 24.14 亿 m^3，占全省的 0.9%；长江干流宜宾至宜昌段 107.85 亿 m^3，占全省的 4.2%；汉江 3.94 亿 m^3，占全省的 0.2%；黄河 47.48 亿 m^3，占全省的 1.8%。各流域、水系水资源量见图 1-3。

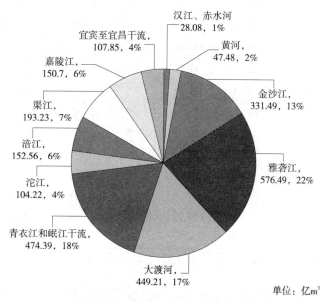

单位：亿m^3

图 1-3 四川省各流域水资源量分布

（2）市、州水资源总量

按全省各市（州）分区多年平均水资源量统计见表 1-6。

表 1-6 四川省市（州）分区多年平均水资源总量统计

市、州行政区	计算面积（km^2）	降水情况		地表径流量（亿 m^3）	地下水资源量（亿 m^3）	地下水重复计算量（亿 m^3）	水资源总量（亿 m^3）	人均、亩均指标	
		降水深（mm）	降水量（亿 m^3）					人均（m^3）	亩均（m^3）
四 川 省	484252	978.8	4739.86	2614.54	616.35	615.20	2615.69	2906	4348

续表

市、州行政区	计算面积（km²）	降水情况		地表径流量（亿 m³）	地下水资源量（亿 m³）	地下水重复计算量（亿 m³）	水资源总量（亿 m³）	人均、亩均指标	
		降水深（mm）	降水量（亿 m³）					人均（m³）	亩均（m³）
成 都 市	12072	1223.6	147.71	79.60	28.00	27.19	80.41	700	1504
自 贡 市	4380	1004.3	43.99	14.79	3.03	3.03	14.79	454	732
攀枝花市	7446	1102.9	82.12	48.20	7.91	7.91	48.20	4331	8025
泸 州 市	12241	1101.9	134.88	61.58	13.13	13.13	61.58	1226	1960
德 阳 市	5981	1045	62.50	30.36	12.01	11.69	30.68	788	1106
绵 阳 市	20244	1082.4	219.12	114.16	26.98	26.96	114.18	2107	2713
广 元 市	16227	1032.5	167.54	83.85	10.36	10.36	83.85	2697	3366
遂 宁 市	5330	863	46.00	11.35	1.61	1.61	11.35	298	490
内 江 市	5418	982.6	53.24	15.10	2.04	2.04	15.10	355	612
乐 山 市	12893	1457.7	187.94	118.94	29.30	29.30	118.94	3366	5279
南 充 市	12590	999.6	125.85	41.23	6.79	6.79	41.23	548	914
眉 山 市	7231	1364.6	98.67	59.93	13.16	13.16	59.93	1717	2334
宜 宾 市	13282	1117.2	148.39	91.16	19.66	19.66	91.16	1691	2497
广 安 市	6358	1061.8	67.51	29.64	4.24	4.24	29.64	636	1139
达 州 市	16556	1248.3	206.67	103.71	19.51	19.51	103.71	1513	2295
雅 安 市	15059	1546.6	232.90	168.57	46.93	46.93	168.57	10883	20567
巴 中 市	12312	1189.2	146.41	71.68	9.82	9.82	71.68	1847	3128
资 阳 市	7945	854.5	67.89	21.21	3.51	3.51	21.22	423	524
阿 坝 州	82409	811.8	669.00	391.33	81.91	81.91	391.33	43529	43780
甘 孜 州	148222	788.6	1168.88	659.73	181.73	181.73	659.73	62180	48433
凉 山 州	60056	1103.5	662.72	398.41	94.72	94.72	398.41	8319	7562

资料来源：《四川省水资源综合规划报告》《四川省水资源调查评价报告》。

以地级行政区水资源总量排，全省前 3 位次是甘孜州、凉山州和阿坝州，水资源总量分别是 659.73 亿 m³、398.41 亿 m³ 和 391.33 亿 m³；地级市水资源总量排全省前 3 位的是雅安市、乐山市和绵阳市，分别为 168.57 亿 m³、118.94 亿 m³ 和 114.18 亿 m³；而盆地区的广安市 29.64 亿 m³、资阳 21.22 亿 m³、自贡 14.79 亿 m³、内江 15.1 亿 m³、遂宁 11.35 亿 m³ 等市最少。高低最大差达 57 倍（见图 1 - 4）。

3. 按地貌特征分区水资源总量

按四川省地貌划分盆地腹部区人均水资源仅 740m³，其中成都平原区人均水资源 886m³，丘陵地区人均水资源 696m³，盆周山区人均水资源 4635m³，川西南山区人均水资源 6793m³，川西北高原区人均水资源 55291m³（见表 1 - 7）。

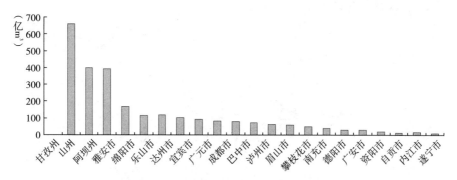

图 1-4 四川省各市、州水资源总量比较

表 1-7 四川省按地貌划分水资源分布

地貌分区	四川合计	盆地腹部区	盆地腹部区中:		盆周山区	川西南山地区	川西北高山高原区
			成都平原区	丘陵地区			
辖区面积（万 km^2）	48.43	11.02	2.10	8.92	7.09	6.18	24.13
水资源量（亿 m^3）	2615.69	514.71	142.52	372.19	561.94	427.70	1111.34
户籍总人口（万人）	9001.3	6958.3	1608.8	5349.5	1212.4	629.6	201
人均水资源量（m^3）	2906	740	886	696	4635	6793	55291

（二）水质

1. 河流水质

省内主要江河岷江、大渡河、青衣江、沱江、涪江、嘉陵江、渠江、安宁河、金沙江、长江上游干流及其主要支流共 6267.4km，2010 年地表水水质现状河流，评价河长 3605km，其中：全年 Ⅰ 类水域河长 29km，约占评价河长的 0.8%，Ⅱ 类水河长 2439km，约占评价河长的 67.7%，Ⅲ 类水河长 603km，约占评价河长的 16.7%，Ⅳ 类水河长 227km，约占评价河长的 6.3%，Ⅴ 类水河长 122km，约占评价河长的 3.4%，劣 Ⅴ 类水河长 185km，约占评价河长的 5.1%（见图 1-5）。在各评价河流中，金沙江及其支流，岷江干流上游，大渡河，青衣江，嘉陵江干流及支流白龙江、东河，渠江干流及支流巴河、南江、通江、流江河，涪江干流及支流，长江干流，任河水质总体较好。岷江部分河段及部分支流、沱江及部分支流、渠江部分支流、长江部分支流水质劣于地表水环境质量Ⅲ类标准。如岷江董村段、彭山段、眉山段、旧大桥段、犍为段，水质为 Ⅳ～Ⅴ 类，岷江府河（锦江）的望江楼、合江亭、金华段水质均为劣 Ⅴ 类；沱江三皇庙段水质为 Ⅴ 类，内江二水厂段水质为 Ⅳ 类，沱江绵远河水质为 Ⅳ 类，沱江釜溪河自贡段水质为 Ⅴ 类，渠江州河肖公庙段水质为 Ⅳ 类。共有 31.5% 的河长受到不同程度的污染，其中近 14.8% 的评价河长污染极为严重，已丧失了水体应有的功能。主要污染物为氨氮、总磷、高锰酸盐指

数、挥发酚、总磷和五日生化需氧量等。

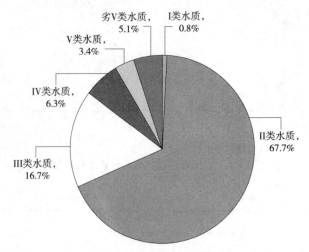

图1-5 四川省河流水质类别分类

2. 湖泊、水库、水源地水质现状评价

2010年参加评价的湖泊有邛海、马湖和泸沽湖，总评价面积60.9km²，其中Ⅱ类标准水域面积为27km²，占评价面积的44.3%，Ⅲ类标准水域面积为33.9km²，占评价面积的55.7%。

在评价的62座水库中，Ⅱ类标准的水库12座，占评价总数的19%，Ⅲ类标准的水库22座，占评价总数的36.5%，Ⅳ类标准的水库14座，占评价总数的22.2%，劣Ⅴ类标准的水库11座，占评价总数的17.5%。Ⅱ类标准的水库有大桥、二滩、胜利、晃桥、黑龙滩、张家岩、沉抗等，劣Ⅴ类的水库有大佛、两河口、黄河镇、鲁斑、红旗、毛坝等。

全省共评价城市饮用水地表水水源地35个，其中全年水质合格比例达80%的有26个，占评价总数的74.3%。

按《国务院关于全国重要江河、湖泊水功能区划（2011~2030年）的批复》，全省共评价水功能区①386个，其中，一级水功能区221个，二级水功能区165个。河流类水功能区82个，水库类水功能区8个，湖泊类水功能区1个。达标52个，达标率为57.1%。

水功能区评价河长4684.6km，达标河长3500.6km，达标率约为74.7%。其

---

① 水功能区划：根据水体的自然特性、人类对水体的影响以及对水资源的需求，对河流不同的水体赋予适当的使用功能，作为管理的依据。分为一级区和二级区，一级区下分保护区、保留区、开发利用区、缓冲区；在水功能一级区划的基础上，根据二级区划分类与指标体系，在开发利用区进一步分为饮用水源区、工业用水区、农业用水区、渔业用水区、景观娱乐用水区共七类水功能二级区。

中，一级区评价河长 4228.4km，达标河长 3317km，达标率约为 78.4%；二级区评价河长 456.2km，达标河长 183.6km，达标率约为 40.2%。

全省共评价城市饮用水地表水水源地 35 个，其中金沙江石鼓以下 5 个，岷沱江区 14 个，嘉陵江区 14 个，宜宾至宜昌 2 个。水源地全年水质合格比例 100% 的有 22 个，占评价总数的 62.9%；达到 80% 的有 26 个，占评价总数的 74.3%。

3. 地下水水质

地下水水质现状评价资料匮缺，据已有监测资料显示，成都平原三个片区综合水质类别均为Ⅲ类，按监测井数目计算，三个片区超标率分别为岷江的成都市 33.3%、沱江的成都市 50.0%、沱江的德阳市 75.0%；按控制面积计算，三个片区超标率分别为岷江的成都市 27.0%、沱江的成都市 41.9%、沱江的德阳市 78.3%。地下水劣质区三个片区均为Ⅵ类，劣质区面积分别为岷江的成都市 792.38km^2、沱江的成都市 502.82km^2、沱江的德阳市 1298.55km^2。达到Ⅳ类标准值的监测项目（超标倍数）三个片区分别为：岷江的成都市为高锰酸盐指数（1.4）、总硬度（0）、沱江的成都市为总硬度（0.2）、氨氮（1.5），沱江的德阳市为氨氮（1.4）、总硬度（0.1）。

三　水资源分布特点

（一）水资源总量相对较丰，但各地人均差异大

四川省多年平均水资源总量为 2615.69 亿 m^3，占全国水资源量的 9.2%，仅次于西藏，居全国各省（自治区、直辖市）地表水资源量的第 2 位，属我国南方丰水区。相应径流深为 539.9mm，径流深低于华东、华南地区，也低于临近的重庆、云南、贵州和湖北，居全国各省（自治区、直辖市）第 15 位。

四川省归属于长江流域的水资源总量为 2568.2 亿 m^3，占全省的 98.2%，占长江流域水资源总量的 25.8%，为长江流域各省（自治区、直辖市）水资源量的第 1 位。

按 2010 年户籍人口计算，四川省人均水资源量 2906m^3，为全国人均水资源量的 1.4 倍，为长江流域人均水资源量的 1.35 倍，但全省人均水资源量只相当世界人均占有量的 40%。

按联合国教科文组织制定的水资源丰歉标准：人均年水资源量大于 3000m^3 为丰水；2000～3000m^3 为轻度缺水；1000～2000m^3 为中度缺水；500～1000m^3 为重度缺水；小于 500m^3 为极度缺水。水利部水资源司提出了中国的水资源紧张标准：人均水资源量 1700～3000m^3 为轻度缺水；1000～1700m^3 为中度缺水；

500～1000m³为重度缺水；小于500m³为极度缺水。按此标准计算，以2010年户籍人口计算，四川省总体上应属于水资源轻度缺水的地区。预测2020年以后四川省人口将超过9000万人，人均水资源量下降到2900m³，未来水资源的形势不容乐观。

但是由于水资源分布不均，省内各市、州人均水资源量差别很大，除甘孜州、阿坝州、凉山州、雅安市、攀枝花市和乐山市人均超过3000m³，达到丰水区的标准外，其他市均属缺水地区。按人均水资源量低于1700m³为用水紧张线衡量，有11个市属此标准。尤以德阳市、成都市、广安市、南充市、自贡市、资阳市、内江市、遂宁市8个市属于人均低于1000m³的重度缺水区，与我国北方黄河、淮河、海滦河缺水地区的指标相当（见表1-8）。

表1-8　四川省各地级行政区人均水资源标准划分

标　准	所属地级行政区
大于3000m³为丰水	甘孜州、阿坝州、凉山州、雅安市、攀枝花市、乐山市
1700～3000m³为轻度缺水	广元市、绵阳市、巴中市、眉山市
1000～1700m³为中度缺水	达州市、泸州市、宜宾市
500～1000m³为重度缺水	德阳市、成都市、广安市、南充市
小于500m³为极度缺水	自贡市、资阳市、内江市、遂宁市

按四川省地貌划分盆地腹部区（含成都平原）人均水资源仅740m³，属人均500～1700m³的重、中度缺水区；盆周山区人均4635m³，川西南山区人均6793m³，川西北高原区人均55291m³，均属于人均大于3000m³的丰水地区。川西北高原区人均水资源量是盆地腹部区的75倍。

全省181个市、县、区，不同程度缺水市、县、区有108个，占59.7%。其中属于人均小于500m³的缺水地区有47个县，占26%，这些市、县、区均位于盆地腹部区；属人均500～1000m³的重度缺水地区有23个县，占12.7%，这些市、县、区大部分位于盆地腹部区；属人均1000～1700m³的中度缺水地区有22个县，占12.2%，这些市、县、区大部分位于盆地腹部区和盆周山区；属人均1700～3000m³的轻度缺水区有16个县，占8.8%，这些市、县、区属盆周山区；属于人均大于3000m³的丰水地区有73个县，占40.3%，这些市、县、区均为川西北高原区和川西南山区和盆周山区。在盆地腹部区、经济发达的市、县、区几乎都是不同程度的缺水地区；而丰水地区县大部分是地广人稀的经济欠发达的边远山区（见表1-9）。

表1-9　四川省县级行政区人均水资源标准划分

单位：%

标　准	所属县级行政区	占总县、市、区比例
小于500m³的极度缺水地区（47个县、市、区）	锦江区、青羊区、金牛区、武侯区、成华区、龙泉驿、青白江、新都、温江、金堂、双流、郫县、新津、自流井、贡井、大安、沿滩、富顺、攀枝花东区、攀枝花西区、江阳区、龙马潭、旌阳、中江、罗江、广汉、涪城、游仙、三台、船山、安居、蓬溪、射洪、大英、内江市中区、东兴、资中、隆昌、顺庆、高坪、广安、岳池、武胜、雁江、安岳、乐至、简阳	26
500～1000m³的重度缺水地区（23个县、市、区）	泸县、盐亭、威远、乐山市中区、五通桥区、嘉陵、南部、营山、蓬安、仪陇、西充、阆中、东坡、仁寿、彭县、翠屏、南溪、江安、华蓥、通川、渠县、巴州区、平昌	12.7
1000～1700m³的中度缺水地区（22个县、市、区）	蒲江、彭州、邛崃、崇州、荣县、纳溪、合江、古蔺、什邡、梓潼、江油、剑阁、苍溪、犍为、井研、夹江、青神、长宁、邻水、达县、开江、大竹	12.2
1700～3000m³的轻度缺水地区（16个县、市、区）	大邑、都江堰、仁和、叙永、绵竹、广元市中区、元坝、峨眉山、丹棱、宜宾县、高县、珙县、筠连、兴文、宣汉、名山	8.8
大于3000m³的丰水地区（73个县、市、区）	米易、盐边、安县、北川、平武、朝天、旺苍、青川、沙湾、金口河、沐川、峨边、马边、洪雅、屏山、万源、雨城、荥经、汉源、石棉、天全、芦山、宝兴、通江、南江、汶川、理县、茂县、松潘、九寨沟、金川、小金、黑水、马尔康、壤塘、阿坝、若尔盖、红原、康定、泸定、丹巴、九龙、雅江、道孚、炉霍、甘孜、新龙、德格、白玉、石渠、色达、理塘、巴塘、乡城、稻城、得荣、西昌、木里、盐源、德昌、会理、会东、宁南、普格、布拖、金阳、昭觉、喜德、冕宁、越西、甘洛、美姑、雷波	40.3

全省不同程度缺水的县（市、区），占县（市、区）总数的59.7%，盆地腹部区成都、自贡、遂宁、内江、资阳等市有47个极度缺水县（市、区），23个重度缺水县（市、区）。四川省水资源总量虽然较丰，但各地人均差异大，形势十分严峻。

（二）水资源的地区分布极不均衡，与人口、土地、生产力布局极不匹配

水资源的年际变化是西部高山高原区小于东部盆地，盆地西缘小于盆地腹部和盆地东部山区。全省平均每平方公里产水量，地区分布极不均匀，年产水的分布情况与年降水的分布基本一致，反映了水资源的自然属性。东部盆地产水量变化趋势是盆地腹部小于盆周，盆地西缘山地大于盆地东部山区。西部高山高原产水量总体

趋势是从南向北递减，由河谷地带向两岸高山递增。年径流变差系数 Cv[①] 值在 0.11 ~ 0.53 之间，最大年水量是最小年水量的 4.8 倍。

年径流深（水资源的地区分布采用径流深表示，为年径流量与对应面积之比）在东部盆地腹部一般为 200 ~ 500mm，盆地腹部的涪江、沱江中游地区不到 300mm，为省内径流低值区，盆地西部鹿头山、青衣江暴雨区为 1000 ~ 1600mm，最大可达 1966mm，是省内径流高值区。盆周山地北缘、南缘和东缘山地为 600 ~ 1600mm；西部高原北纬 30°以北地区为 200 ~ 600mm；以南由于气候条件与下垫面条件错综复杂，无论是山谷、迎风面与背风面，年径流的局部差异显著，如安宁河中游为 500 ~ 700mm，而其上、下游却在 800 ~ 1400mm 之间。径流的地区分布极不均匀，在 210 ~ 1370mm 之间，年径流分区全省划分为 24 个分区，径流深分区最大与最小差 6.5 倍。

径流深空间分布在地区上的极不均匀，反映了水资源的非均衡性和水资源脆弱性。川西北的甘孜、阿坝两州虽然径流深较小，但由于境内面积大，人少耕地少，水资源量十分富裕，人均达 55291m³；川西南山区人均 6793m³；盆周山区人口、耕地虽然较多，但由于径流深较大，水资源相对富裕，人均可达 4635m³；而人口、耕地和工农业最为集中的盆地腹部地区，水资源却是全省最贫乏地区，人均水资源量仅 740m³，属重度缺水区。

全省人均水资源量小于 1000m³ 的有成都、自贡、德阳、遂宁、内江、南充、广安、资阳 8 市。而川中丘陵区工农业发达，人口众多的自贡市、遂宁市、内江市、南充市是四川省水资源的极度缺水区，人均水资源只有 298 ~ 548m³，亩均只有 490 ~ 914m³。全省以遂宁市为最低值，人均只有 298m³，亩均只有 490m³，与我国北方河南、山东水资源水平相当，盆地腹部区的水资源供需矛盾十分突出。水资源在地域上的分布与工农业生产布局极不相匹配，从而更加剧了缺水矛盾，成为制约经济社会可持续发展的重要因素。

盆地腹部区人口、耕地、GDP 分别占全省的 77.3%、71.1% 和 81.8%，而水资源仅占全省的 19.7%；川西北高原区人口、耕地、GDP 分别占全省的 2.2%、4.0% 和 0.015%，水资源却占全省的 42.5%；盆周山区人口、耕地、GDP 分别占全省的 13.5%、14.9% 和 8.6%，水资源占全省的 21.5%；川西南山区人口、耕地、GDP 分到占全省的 7.0%、10.0% 和 8.0%，水资源占全省的 16.4%。这充分说明了水资源的地区分布与人口、土地、生产力布局极不匹配。人口多、生产力布局集中的地方，水资源却很少，而人口少，生产力欠发达的地方水资源反而很多（见图1 - 6）。

---

① 变差系数 Cv：代表年径流量系列年际变化剧烈的程度。

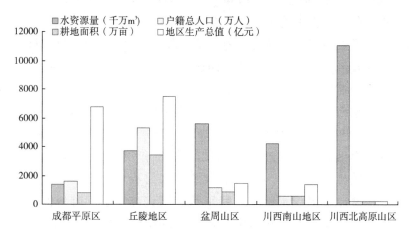

图 1－6　四川省按地貌分区水资源与人口、耕地、GDP 关系

从水资源三级区分区看，沱江人均水资源仅 537m³/人，为全省最低值，而水资源开发利用率高达 33%，是全省水资源开发利用程度最高的地区，亦是四川省最缺水的区域。其次为嘉陵江昭化以下人均水资源 824m³/人；涪江人均水资源为 1259m³/人；渠江人均水资源为 1389m³/人。而金沙江石鼓以上人均水资源为 58929m³/人，为全省最高的区域。

从水资源量与 GDP 关系看，人均水资源与 GDP 有一定的相互关系，甘孜州、阿坝州却是人均水资源高的地区，人均 GDP 发展潜力很大；而人均 GDP 高的成都市、自贡市等，应努力改变人均水资源低的状况。为适应人口、经济增长和社会发展，水资源量的状况极为重要（见图 1－7）。

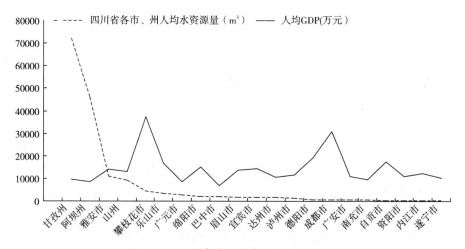

图 1－7　四川省人均水资源与 GDP 关系

（三）水资源的时间分布不均衡，年内年际变化大

径流的年内分配也很不均匀，除主要受降水分配影响之外，还要受下垫面因素再分配和蒸发的影响。因此，径流年内分配与降水年内分配既有相似性，又有一定差异。全省各地月最大径流与最小径流的比值变化在 3～52 倍之间。四川省径流时程变化大体情况是盆地腹部地区变化最大，外围山地及西部高山高原变化较小。盆地东部渠江上游东南季风最先从这里进入，汛期 4～10 月，径流占 60%～80%，其中最大月径流占 25% 左右；春季径流占 25%～35%。而东南季风最后又从这里退出，因此，既有春汛又有秋汛，以致在 11 月份还有较大洪水发生。盆地中、西部汛期为 5～10 月，径流占 60%～70%，其中最大月径流达 30% 以上，春季径流占 15%～25%。但盆地中部少水地区，特别是涪江、沱江中下游地区，汛期在 6～9 月，径流高达 75%～85%，其中最大月径流在 30% 以上，春季径流比重不到 10%。盆西边缘，汛期为 6～10 月。西部高原区，汛期在 6～10 月，径流占 70%～80%，其中最大月径流为 20%～25%，春季径流小于 10%。采用最大、最小年径流比值作为相对变幅的指标反映径流的多年变化。年径流变幅最小的是岷江上游，大渡河上、中游和青衣江，比值为 1.4～2.0；变幅次小的是金沙江，长江南岸区及盆地西缘山麓，比值为 2.0～3.0；变幅较大的渠江中下游、涪江中下游、沱江中下游及嘉陵江，比值达 6.0～10.0。还出现连续 3 年的丰与偏丰或枯与偏枯年。

年际和年内分布不均使可利用的水资源相对较少。水资源的时空分布不均，干旱频繁，季节性缺水严重，同时汛期水资源特别集中，洪涝灾害频发，是造成四川省旱洪灾害严重的主要原因，使四川省成为旱洪灾害严重的省份。

（四）水质总体良好，但局部污染严重，水环境恶化

污染源包括工业、农业、生活三类，主要污染物为化学需氧量、氨氮、石油类、挥发酚、重金属、总氮、总磷、铜、锌、动植物油等。工业污染源具点源污染特征。农业生产中化肥、农药、地膜的广泛使用，造成农业的面源污染，但畜禽、水产养殖业造成的污染更甚。农业源污染物排放中的化学需氧量、总氮、总磷的排放量均为总排放量的主要来源，对水环境的影响不可忽视。

全省流域面积大于 $100km^2$ 的河流有 1422 余条，其中流域面积在 $10000km^2$ 的河流 21 条，目前从总体上讲水质良好，根据《四川省水资源公报（2010 年）》公布的全省水质概况，在金沙江、大渡河、青衣江、岷江、沱江、涪江、嘉陵江、渠江，评价河长为 3605km，水质类别组成分别是：全年 Ⅰ～Ⅲ 类河长 3071km，占评价河长的 85.2%；Ⅳ～Ⅴ 类河长 349km，占 9.7%；劣 Ⅴ 类河长 185km，占 5.1%。在各评价河流中，金沙江及其支流，岷江干流上游，大渡河，青衣江，嘉陵江干流及支流白龙江、白河、东河，渠江干流及支流通江、小通江、流江河，涪江干流及支流、长江干流宜宾至宜昌段、汉江任何水质总体较好，水质类别多为 Ⅱ～Ⅲ 类。

岷江中游河段、岷江部分支流、沱江及其部分支流、渠江的部分支流、长江的部分支流水质劣于地表水环境质量Ⅲ类标准。

年度监测的湖泊水质，水环境Ⅱ类标准的水域面积占 44.3%；达Ⅲ类标准的水域面积占 55.7%。全省在评价的 62 座水库中，Ⅱ类标准的水库 12 座，占评价总数的 19%；Ⅲ类标准的水库 22 座，占评价总数的 36.5%；Ⅳ类标准的水库 14 座，占评价总数的 22.2%；劣Ⅴ类标准的水库 11 座，占评价总数的 17.5%。

据统计，2009 年全省废水排放总量为 26.39 亿 t（不包括火电厂贯流式冷却水）。其中，工业废水排放量占 40.6%，生活污水排放量占 59.4%。化学需氧量（COD）排放量 74.8 万 t，氨氮排放量 6 万 t，全省 90% 的城市虽然与江河相邻，但 73% 的城市污水和 30% 的工业废水未经处理直接排入河流，导致河流水体污染，造成沿江城镇取水困难，而不得不另辟水源。

由于水质变差，使有限的水资源量不断减少，加剧了供用水矛盾。特别是腹部地区的城市附近水体污染更为严重，城市缺水更加突出。

（五）水生态问题不断出现

由于水资源开发利用份额的失调，四川省也存在不同程度的水生态恶化问题。由于引水或梯级河堰的拦蓄，造成局部河段的脱水（断流），如岷江上游梯级引水式电站引水过度，致使河段脱水（断流），为满足工程范围内工农业和城镇生活供水，都江堰枯水期引水过量使金马河局部河段断流；局部地区由于地下水过度开采，出现了降落漏斗；水土流失严重治理任务艰巨；湖泊面积萎缩，如邛海 20 世纪 50 年代初水面积 31km^2，蓄水量 3.2 亿 m^3，到 2000 年水面积萎缩到 26.76km^2，蓄水量减少到 2.78 亿 m^3；湿地因干旱缺水、水土流失、滥垦滥牧、草场萎缩、鼠害虫灾等原因，使草原牧区出现了一系列的水生态和环境问题，造成湿地萎缩、草原沙化，如若尔盖湿地的沙化面积正以每年 11.6% 的速度递增。

四　水资源可利用量估算

（一）地表水可利用量

地表水资源可利用量是以流域为单元，指在可预见的时期内，在统筹考虑河道内生态环境和其他用水的基础上，通过经济合理、技术可行的措施，在流域（或水系）地表水资源量中，可供河道外生活、生产、生态用水的一次性最大水量（不包括回归水的重复利用），是一个流域水资源开发利用的最大控制上限。水资源可利用量以水资源可持续开发利用为前提，水资源的开发利用要对经济社会的发展起促进和保障作用，且又不对生态环境造成破坏。水资源可利用量应扣除不可以被利用和不可能被利用的水量。所谓不可以被利用水量是指不允许利用的水量，以免造成生态环境恶化及被破坏的严重后果即必须满足的河道内生态环境用水量。不可能被利用水量是指受种种因素和条件的限制无法利用的水量，即汛期难于控制利用洪水量，主要包括：超出工程最大调蓄能力和供水能力的洪水量，在可预见时期内受工程经济技术性影响不可能被利用的水量，以及在可预见的时期内超出最大用水需求的水量等。将流域控制站汛期的天然径流量减去流域调蓄和耗用的最大水量，剩余的水量即为汛期难于控制利用下泄洪水量。

按《江河流域规划环境影响评价规范》（sl－2006）关于河道内生态需水量计算方法，采用 Tennant 法可将全年分为多水期和少水期两个时段，根据河道内生态环境状况决定少水期和多水期平均流量百分比指标（见表1－9）。

表1－9　河道内生态需水量计算标准

单位：%

河道内生态环境状况	少水期平均流量	多水期平均流量
最大	200	200
最佳范围	60～100	60～100
很好	40	60
好	30	50
较好	20	40
中	10	30
差	10	10
极差	0～10	0～10

本次按多水期（5～10月）以多年平均径流量的30%，少水期（11月至次年4月）以多年平均径流量的10%，计算河道内生态环境用水量。据1956～2000年各水资源三级区的逐月水资源系列计算其河道内生态环境用水量，全省河道内生态环境用水量为681亿 m³。

四川省汛期出现的时间较长，一般在4～10月，且又分成两个或多个相对集中的高峰期。以4～6月为一汛期时段，7～10月为另一汛期时段，分别分析计算其难于控制利用洪水量。用控制站汛期天然径流系列资料减流域汛期最大调蓄及用水消耗量，得出逐年汛期难于控制利用洪水量，并计算其多年平均值，作为不可能被利用水量。

并考虑各地区现有规划蓄、引水工程在预见期（2030年）区域内调蓄能力，可增加汛期洪水、调入水的一次性利用量。

全省水资源总量为2615.69亿 m³，经计算扣除河道生态基流和不可能利用的洪水，计入预见期内（2030年）区域内调蓄能力、调入水量和过境水利用水量，初步估算全省水资源三级区的水资源可利用量为865.15亿 m³，占水资源总量的33.1%。

按水资源三级区计算成果，各水资源三级区水资源可利用量见附表1－2，以水资源三级区套市，分解到各市、州，并考虑规划引水工程跨流域调水和过境水利用，进行修正得各市、州可利用水量（见表1-10）。

表1-10　四川省各市、州水资源可利用量

单位：亿 m³，%

| 行政区 | 水资源总量 | 水资源可利用量 | | 调整调入、调出（规划） | | 修正后水资源可利用水量 | 修正后占总量的百分比 |
		水资源可利用水量	占总量的百分比	调入	调出		
四 川 省	2615.69	865.15	33.1	126.1	126.1	865.15	33.1
成 都 市	80.41	51.63	64.2	37	—	88.63	110.2
自 贡 市	14.79	11.4	77.1	8.7	—	20.1	135.9
攀枝花市	48.2	26.9	55.8	8.1	—	35	72.6
泸 州 市	61.58	29	47.1	8.2	—	37.2	60.4
德 阳 市	30.68	17.46	56.9	4.6	—	22.06	71.9
绵 阳 市	114.18	66.34	58.1	3	7.8	61.54	53.9
广 元 市	83.85	26.7	31.8	1	13.6	14.1	16.8
遂 宁 市	11.35	10.17	89.6	6	—	16.17	142.5
内 江 市	15.1	11.28	74.7	8.1	1.3	18.08	119.7
乐 山 市	118.94	37.54	31.6	3.4	1	39.94	33.6
南 充 市	41.23	27.65	67.1	9.4	2.7	34.35	83.3
眉 山 市	59.93	33.14	55.3	1.9	—	35.04	58.5
宜 宾 市	91.16	46.82	51.4	9.6	—	56.42	61.9
广 安 市	29.64	16.74	56.5	4.5	—	21.24	71.7
达 州 市	103.71	47.82	46.1	1.6	—	49.42	47.7
雅 安 市	168.57	31.06	18.4	—	20	11.06	6.6
巴 中 市	71.68	33.99	47.4	—	—	33.99	47.4
资 阳 市	21.22	16.64	78.4	11	—	27.64	130.3
阿 坝 州	391.33	101.57	26.0	—	53.6	47.97	12.3
甘 孜 州	659.73	106.87	16.2	—	26.1	80.77	12.2
凉 山 州	398.41	114.43	28.7	—	—	114.43	28.7

| 分区名称 | 水资源总量 | 水资源可利用量 | | 调整调入、调出（规划） | | 修正后水资源可利用水量 |
		水资源可利用水量	占总量的百分比	调入	调出	
四川省	2615.69	865.15	33.1	126.1	126.1	865.15
盆地腹部区	514.71	300.96	58.5	126.1	5.0	422.06
其中：平原区	142.52	83.83	58.8	49.6	—	133.43
丘陵区	372.19	217.13	58.3	76.5	5.0	288.63
盆周山区	561.94	214.42	38.2	—	41.4	173.02
川西南山区	427.7	121.42	28.4	—	—	121.42
川西北高原区	1111.3	228.35	20.5	—	79.7	148.65

从表可知，盆地腹部区由于已建、拟建水利工程较多，水资源可利用量占总水资源的比例较高，但相对于全省水资源可利用总量的比例仍只有34.8%。只有在可预期时期内，兴修了水利工程从盆周山区和川西北高原区调引水量，才能使盆地腹部地区增加可利用水量约126亿 m³，从而满足盆地腹部区的成都、自贡、遂宁、内

江、资阳5市对水资源可利用量的需求。

（二）地下水可开采量

地下水可开采量是指在可预见的时期内，通过经济合理、技术可行的措施，在不引起生态环境恶化条件下允许从含水层中获取的最大水量。四川省大部分为山丘区，地下水绝大部分与地表水重复，不重复量相对很小，仅有平原降雨入渗潜水蒸发量1.15亿 m^3，地下水可开采量与地表水可利用量的不重复量更小，不重复量占水资源可利用量总量的比例甚微。因此，地下水可开采量已计入地表水可利用量之中，故对地下水可开采量不单独进行估算。

四川省开发利用地下水资源具有悠久的历史，全省多年平均地下水可开采资源量为148.94亿 m^3/a。

但是，由于四川省境内地表水资源较丰富，因此除生活饮用外，山丘区大量开采地下水的地区并不多，地下水开采量也不很大。

省境内自贡、遂宁、内江、南充、资阳及广安等市地处川东红层盆地区，地下水资源贫乏，可开采资源量很小，但由于该地区人口较多，人畜饮用开采地下水总量相对较大，开采程度相对较高，达39.14%~66.12%。四川西北部高山高原区的阿坝州、甘孜州，川西南山地区的凉山州、攀枝花市及盆地西部山地的雅安市，地广人稀，工农业相对欠发达，地下水资源虽相对丰富，但开采总量较小，开采程度最低，不足10%。

成都平原是全省地下水最丰富且开采条件最好的地区，有较强的调蓄能力。区内除成都市城区外，平原其他城镇、农村普遍以机井、大口井、民井、压水井抽取地下水，尤以德阳市最为集中。据统计，2010年成都平原地下水实际开采总量9.92亿 m^3，占可开采资源20.06亿 m^3的49.6%。其中工业用水3.35亿 m^3，占33.8%；农灌用水3.92亿 m^3，占39.5%；城镇生活、市政用水1.32亿 m^3，占13.3%；农村人畜用水1.33亿 m^3，占13.4%。

（三）过境水可利用量

上述水资源可利用量是建立在当地水资源概念的基础上，至于过境水可利用量，必须建立在与水利工程的兴建相一致的原则上。有蓄、引、提水工程措施，才有可利用量，没有水利工程就没有可利用量，经计算全省2030年利用过境水和跨流域调水，可利用水量126.1亿 m^3。如都江堰工程引入岷江鱼嘴处过境水，向成都、德阳、绵阳、遂宁、资阳、眉山、乐山7市37个县级行政区提供生活、生产供水60亿~70亿 m^3，2010年实际供水为69.1亿 m^3。武都引水工程引入涪江水量给绵阳、遂宁等市供水，从而提高了区域内人均水资源较低的绵阳、资阳、遂宁等市的水资源可利用量。

目前，引水工程使四川省人均水资源量低于500 m^3的24个县级行政区，可利用量都得到提高了。特别是成都市、德阳市的部分市（县、区），因都江堰工程供水提高更是显著。

附表：

附表1-1 四川省水资源分区多年平均水资源总量统计

水资源分区名称		计算面积（km²）	降水情况		地表径流量（亿 m³）	地下水资源量（亿 m³）	地下水重复计算量（亿 m³）	水资源总量（亿 m³）
			降水深（mm）	降水量（亿 m³）				
四川省		484252	978.8	4739.86	2614.54	616.35	615.20	2615.69
一级区	黄河	16960	702.3	119.11	47.48	11.12	11.12	47.48
	长江	467292	988.8	4620.75	2567.06	605.23	604.08	2568.21
二级区	龙羊峡至玛曲	16960	702.3	119.11	47.48	11.12	11.12	47.48
	金沙江石鼓以上	36170	727.5	263.14	133.99	39.32	39.32	133.99
	金沙江石鼓以下	155201	880.5	1366.59	773.99	194.1	194.1	773.99
	岷沱江	151396	1103.1	1670.12	1026.69	253.86	252.74	1027.82
	嘉陵江	101315	1046.8	1060.56	496.46	91.9	91.87	496.46
	宜宾至宜昌	22707	1116.4	253.51	131.99	25.41	25.41	131.99
	汉江	503	1357	6.83	3.94	0.64	0.64	3.94
三级区	黄河玛曲以上	16960	702.3	119.11	47.48	11.12	11.12	47.48
	直门达至石鼓	36170	727.5	263.14	133.99	39.32	39.32	133.99
	雅砻江	118179	858.3	1014.33	576.49	151.02	151.02	576.49
	石鼓以下干流	37022	951.5	352.26	197.50	43.08	43.08	197.50
	大渡河	67463	1003.6	677.06	449.21	101.5	101.5	449.21
	青衣江和岷江干流	58300	1258.1	733.47	473.80	117.16	116.29	474.39
	沱江	25633	1012.7	259.59	103.68	35.2	34.95	104.22
	广元昭化以上	15760	821.1	129.41	73.44	9.86	9.86	73.44
	涪江	31609	1029.9	325.54	152.53	34.98	34.95	152.56
	渠江	34151	1190.7	406.64	193.23	32.76	32.76	193.23
	广元昭化以下	19795	1005.2	198.98	77.26	14.3	14.3	77.26
	赤水河	5697	1078	61.41	24.14	4.6	4.6	24.14
	宜宾至宜昌干流	17010	1129.3	192.09	107.85	20.81	20.81	107.85
	丹江口以上	503	1357	6.83	3.94	0.64	0.64	3.94

附表 1－2 四川省各水资源三级区水资源可利用量

单位：万 m³

三级区名称	全年	汛初来水(4~6月)	汛期来水(7~10月)	汛初耗水量(4~6月)	汛期耗水量(7~10月)	调蓄能力	汛期不可利用水量	生态基流	可利用水量
玛曲以上	474797	114188	283780	557	216	0	277805	122757	74235
直门达至石鼓	1339903	261953	855616	1175	1605	2155	775208	348188	216507
雅砻江	5764371	975232	3845662	89063	49081	137284	2961914	1514463	1287995
石鼓以下干流	1974958	420157	1202913	72873	44864	160265	710004	506501	758452
大渡河	4492099	1129962	2644747	22465	14490	12370	2580601	1170612	740886
青衣江和岷江干流	4743878	1241542	2727555	170477	135123	408210	1656348	1219708	1867822
沱江	1042187	269120	645027	189723	126471	288099	71969	279080	691138
广元昭化以上	734412	196486	389392	8997	6449	2490	389689	183932	160792
广元昭化以下	772569	182689	516571	71860	46716	206152	143095	213936	415537
涪江	1525584	545510	744862	133319	72765	242177	239817	401028	884738
渠江	1932260	512060	1196380	113836	81897	334437	460574	517743	953942
赤水河	241440	82214	104078	8872	8023	13837	86219	58684	96537
宜宾至宜昌干流	1078462	307171	548355	70053	44333	86964	316100	266560	495802
丹江口以上	39404	11188	22333	50	67	97	23152	10086	6165
四川省	26156325	6249471	15727271	953323	632099	1894537	10692496	6813278	8651549

第二章　水资源开发利用现状及存在问题

一　水利建设在四川省经济发展中的地位与作用

(一) 水资源是生命之源、基础之源

水是生命之源、生产之要、生态之基。水资源是事关国计民生的基础性自然资源和战略性的经济资源，也是生态环境的控制性要素，是地球上一切生物赖以生存和发展的物质基础，是生态系统最活跃的控制性要素，是人类生存与发展的命脉。正如联合国环境与发展大会通过的《21 世纪议程》所说的：水是有限的资源，不仅为维护地球上的一切生命所必需，而且对一切经济部门具有生死攸关的重要意义。据联合国统计，全球 43 个国家的近 7 亿人口经常面临"用水压力"和水资源短缺。约 1/6 的人无清洁饮用水，1/3 的人生活用水困难。有专家说："19 世纪争煤，20 世纪争油，而 21 世纪将是争水。"这不是危言耸听，在中东，水是阿以争端的重要潜在因素。如果说能源安全是当今主要的全球问题之一，那么在气候变暖的背景下，水资源安全将上升到首位。水资源是一个国家综合国力的重要组成部分，国家"十五"计划《纲要》指出，水资源短缺已成为我国国民经济和社会发展的严重制约因素。

中国面临水资源危机。我国人均水资源仅相当于世界人均水平的 1/4，居世界第 109 位，人均水资源仅 $2091m^3$，已被联合国列为第 13 个贫水国家，是世界水资源最紧缺的国家之一。四川省人均水资源 $2906m^3$，虽然比全国高 1.4 倍，但也仅相当于世界人均水平的 40%，从世界的角度看也不丰富。经济增长造成水资源不足和水质恶化的情况日益严重，异常天气会使这一问题雪上加霜。

水利是经济社会发展的重要基础设施和基础的产业，是国民经济支柱之一，水利支撑经济社会的发展，是经济社会可持续发展的重要条件。从长远来看，水资源短缺始终是中国经济社会发展的制约因素。

治水是人类社会永恒的主题，是立国之本，水利是农业的命脉，也是国民经济的命脉。水利兴而天下定，天下定而民心稳。我国是一个治水大国，水利建设历史悠久，历代把除水害、兴水利作为治国安邦的重要措施。城市因水而兴，农业因水而荣，"天府之国"因水而得名，整个社会因水而繁荣昌盛，也因水患而蒙受灾难。"治蜀者，先治水"，历代都把"兴水利、除水害"作为治蜀安邦的

大事。中国能够以占全世界6%的可更新水资源量、9%的耕地解决了占世界22%的人口的吃饭问题，为中国农业生产、粮食安全以及经济社会的稳定发展提供了保障，在于治水。秦昭襄王时期建设的都江堰、西汉末年建设的通济堰、北宋建设的牛头堰、清康熙元年建设的东风堰等水利工程都是四川治水兴蜀的光辉典范。

《中共中央关于制定国民经济和社会发展第十个五年计划建议》明确指出："水资源的可持续利用是我国经济社会发展的战略性问题"。这是基于中国的国情和水情以及经济社会发展趋势得出的科学论断。水利具有基础性、先导性、战略性的突出地位，大力提升水利保障经济社会发展的能力和水平，是在新起点上推进科学发展、建设西部经济发展高地的一项重大任务。目前，四川也和全国一样面临着水资源短缺、水环境与水生态恶化及水灾害四大问题并存的多重危机与挑战。水资源短缺和水环境恶化问题已严重影响着经济社会的可持续发展。四川省主要河流水质均遭不同程度的污染，生态环境的脆弱和水体的污染进一步加剧了部分地区的水资源紧缺。

（二）水利与国民经济发展的关系

水利是国民经济和社会发展的基础设施和基础产业，支撑着四川省国民经济和社会的持续发展，产生了巨大的经济、社会和环境效益。由于水利建设的效益主要体现在巨大的社会效益之中，许多效益是无形的，也是不好量化的，直接的经济效益则体现在其他的行业之中，不如交通、能源、工业等行业那样显著而直接可以量化，因此水利事业常常成为不受重视的（或被忽视的）脆弱的基础产业。长期以来认为水利只是农业的命脉，主要服务对象是农民和农业，未能看到水是一切经济活动的命脉，是人类生存与发展的命脉，人类生存和经济社会的一切活动都离不开水，水并非是取之不尽、用之不竭的。农民是社会的弱势群体，民以食为天，要维持社会的基本稳定，人人都要吃饭，农作物产值低、效益差，不能获取高利润，但它为社会的稳定、人类的生存与发展起到了最基础的作用。社会不应该，也不可能要求农民为水利建设埋单，农民也无力投入大量的资金。因此，水利主要应由政府作为公益事业投入。

研究水利与国民经济的关系显得十分重要，但由于涉及问题多、边界条件复杂，很难得到一个准确、满意的成果，需要有一个探索过程。2000年四川省水利厅组织研究的《四川省水利与国民经济发展定量的关系研究》课题，采取典型调查和利用多种相关资料统计等方法，以新中国成立50年水利总投入按灌溉、防洪、供水、水电、水保等部门产生的经济效益水利分摊后，初步测算得出水利投入与后期效益产出比为1∶4.2，即水利投入1元产生的效益为4.2元，水利效益价值量占国内生产总值的6.2%。说明水利是一个投入小而产出大的基础产业，其效益体现在经济社会各部门的效益上，对国民经济发展能起到足够的影响作用。

地形气候条件决定了我国是一个灌溉大国，没有灌溉就没有农业，灌溉对保障粮食生产稳定具有特殊作用。人民的吃饭问题是天大的事，灌溉发挥了重要作用，灌溉对农业生产和粮食安全保障具有比其他国家更为重要的地位，是提高粮食生产水平的基础和前提。一般灌溉农田的粮食产量要比非灌溉农田的产量高 1 ~ 3 倍，而且越干旱的地区，灌溉增产幅度越大，所以灌溉面积的发展及其供水保证率的提高已越来越成为粮食生产安全的主要影响因素，粮食生产对灌溉存在很大程度的依赖性。但受水资源总量和省财力投入的限制、农业生产经济效益低和灌溉技术落后的影响，灌溉用水面临严重危机。

与过去 20 多年经济社会高速发展相对照，四川省粮食生产没有能够持续增加，反而由于耕地、有效灌面积减少以及受粮食生产比较效益低的影响，粮食总产量也在下降。四川省是全国 13 个粮食主产省之一，粮食的播种面积、总产量常年居全国第 3 位、中国西部第 1 位，四川省粮食消费全国第 3 位。20 世纪 80 年代粮食调出大于调入，近 10 多年来，由于耕地的减少，有效灌溉面积的增加缓慢，虽然粮食的播种面积增长、复种指数提高、单产提高以及种植技术进步，但粮食产量仍未达到 20 世纪 90 年代（1999 年）历史最高水平 367 亿 kg，2010 年为 333.3 亿 kg，需求缺口仍逐年扩大，从总量自给有余转变为口粮自给有余，饲料粮和工业用粮需省外购进才能供需平衡，并且净调入量逐年加大，2007 年外购达到 60.7 亿 kg，为历史最高水平年粮食总产量的 16.5%，人均占有粮食从最高年份 424kg，下降到 2007 年 369kg。1995 ~ 2010 年的统计，人口增加了 840 万人，而全省耕地面积累积净减少了 825 万亩，有效灌面积累积净减少了 349 万亩。我们必须清醒地认识到，四川省保障粮食安全面临着严峻挑战。满足城乡居民尤其是低收入群体的基本生活需要，意义十分重大。可以这样认为，没有水利灌溉就没有现代化的农业，就不可能保证全省粮食安全和人民的吃饭问题。

城乡广大人民的生活和工矿企业的生产也离不开水的可靠供给，随着城市规模的扩大和经济社会发展，城市化进程的推进，城市水资源的供需矛盾不断加剧，已经严重滞后，难以保障城市供水发展需要。由于水资源的地区分布和年内分配极不均匀，加之水环境日益恶化，一部分城市先后出现了水危机。如眉山、自贡、资阳等城市，目前只能挤占农业用水而由水利工程供水，一些城市缺乏应急备用水源。随着西部大开发的逐步推进，经济和社会正在快速发展，城市化进程不断加快，城市用水将急剧增加，而降水的不均匀和用水的不合理及水污染依然存在，随时都可能导致新的水危机发生。因此，必须科学合理地预测水供需趋势，找到实现水供需平衡的出路，才能保障经济和社会的可持速发展。根据城市供用水历史资料分析，随着经济社会的发展和城市化率迅速提高、人口增加，城市工业、生活用水呈递增的趋势。全省工业用水量从 1980 年的 13.9 亿 m^3 增加到 2010 年的 68.2 亿 m^3，年递增率为 5.4%。全省城镇生活用水（不含生态环境用水）由 1980 年的 4.88 万 t 增加到 2010 年的 24.3 万 t，年递增率为 5.5%，是用水量上升最快的用水部门。2010 年 32 个建制市总用水量 17.39 亿 m^3，比 2005 年总用水量 12.67 亿 m^3 增加 4.72 亿 m^3，年均增长 6.5%。其中：居民生活用水年均增长 8.9%；工业用水年均增长 6.5%。与城市规模的扩大和城市生态环境保护重视程度的提高相关，城市水生态环境用水增长较快，2010 年 32 个建制市城市水生态环境用水量比 2000 年增加 0.54 亿 m^3，年均增长 13.7%。自贡为资源性和水质型缺水；内江、达州、绵阳、资阳和眉山等城市为水质型缺水。内江、资阳位于沱江干流中游，眉山处于岷江干流中游，虽然三城市都处于大江大河沿岸，但由于城市所在江段的水质受上游地区经济发展的严重污染，尤其是枯期时段尤为严重，水质为 IV、V 类甚至劣 V 类不能饮用，缺水问题比较突出。德阳、什邡、华蓥、万源、巴中、西昌等城市为工程性和水质型缺水。德阳由于绵远河缺乏调蓄工程，枯水期缺水，主要靠采地下水来满足城市需水，在枯水年地下水位下降，已出现地下水漏斗等地质灾害，且地下水不能满足城市需水要求。水对于保证人类的生存、社会的进步、经济的发展具有不可替代的作用，保障供水安全是关系国计民生的大事。

（三）加快水利建设的紧迫性

20 世纪 80 年代以来，中国处于前所未有的社会变革和飞速发展时期，人口增加，城市化和工业化进程加快，经济总量快速增长，综合国力迅速提升。与此同时，在推进的城市化和工业化过程中，生活、生产、生态用水增长，造成人口与资源矛盾的空前尖锐，产生了十分严重的"资源危机"和"生态环境问题"。在此背景下，必须看到四川省的水问题（水资源、水环境、水生态和水灾害）整体态势异常严峻和复杂，出现了多重危机和挑战。仍受到"水多、水少、水脏"的严重制约，人多水少、水资源时空分布不均是四川省的基本省情。也就是洪水期水多洪涝灾害频繁，枯水期水少干旱缺水严重，仍然是我们的心腹大患，水资源供需矛盾突出仍然是可持续发展的主要瓶颈，农田水利建设滞后仍然是影响农业稳定发展和粮食安全的最大硬伤，水利设施薄弱仍是四川省基础设施的明显短板。四川省主要江河水体遭受不同程度的污染，水质变差，降低了水体的使用功能，已成为地区经济发展的重要制约因素。一方面减少了有限可用的水资源加重了缺水，另一方面对水生态环境造成破坏。随着工业化、城镇化进程加快，全球气候变化影响加大，我国水利面临的形势更趋严峻，增强防灾减灾能力要求越来越迫切，强化水资源节约保护越来越繁重，扭转农业主要"靠天吃饭"局面的任务越来越艰巨，加快水利建设刻不容缓。

现代化建设实践反复证明，加快水利改革发展关系防洪安全、供水安全、粮食安全，关系经济安全、生态安全和国家安全，是一项重大而紧迫的战略任务，是实现全面建设小康社会宏伟目标的重要保证。水利基础设施是水资源支撑经济发展、社会进步的基本调配手段和保障基础。水利是现代农业建设不可或缺的首要条件，是经济社会发展不可替代的基础支撑，是生态环境改善不可分割的保障系统，具有很强的公益性、基础性和战略性。加快水利改革发展，不仅事关农业农村发展，而且事关经济社会发展全局；不仅关系到防洪安全、供水安全、粮食安全，而且关系到经济安全、生态安全、国家安全。要把水利工作摆在党和国家事业发展更加突出的位置，着力加快农田水利建设，推动水利实现跨越式发展。

要清醒认识全省水资源现状与经济社会发展之间的突出矛盾，切实增强加快水利改革发展的积极性和主动性。60年来虽然四川省水利建设取得了很大的成绩，勉强能支撑着经济社会的发展。但是由于长期存在水利投入严重不足、欠账太多，缺乏骨干调蓄水工程，且工程老化、工程性缺水严重等原因，四川省水利建设仍落后于经济发展，落后于兄弟省（市）的水平。致使四川省存在着严重的区域性、季节性缺水及工程性缺水，抗旱能力差，致使农业生产仍处于靠天吃饭的被动局面，自贡等23座中、小城市严重缺水，丘陵区乡镇及一大批旱山村人畜缺水更突出。

由于四川省未建成完善的防洪体系，随着社会财富积累的增加，极端天气频繁出现，洪涝和山洪灾害造成的损失越来越大，加之工业经济发展带来的负面影响，河流水质污染恶化，使本来就有限的区域性水资源可利用量减少，加大缺水程度，存在的防洪安全、供水安全、水生态环境安全问题更加突出。同时，水利发展缺乏有效机制的保障，法律、法规体系不健全，"多龙管水"等，已严重制约着四川省经济社会的全面发展，影响到人民群众的身体健康和社会的稳定。

党的十六大提出了21世纪头20年全面建设小康社会的奋斗目标，四川省要实现"四个跨越"，实现富民强省全面小康的和谐社会，构建我国西部的重要战略高地，建设西部经济强省和长江上游生态屏障，离不开水资源的全面保障。水利、能源、交通等基础设施必须先行。只有夯实水利等基础设施的建设，才能确保防洪安全、供水安全、水生态环境安全，为经济社会的可持续发展提供可靠支撑，用科学的发展观搞好水资源有效、合理配置，加快水利建设是四川省经济社会可持续发展的前提。水利是国民经济和社会发展的重要基础设施，也是加快经济发展方式转变的重要支撑和保障。

随着全球气候变化影响日益明显和四川省工业化、城镇化加速推进，经济社会发展与水资源和水环境承载能力不足的矛盾日益突出，水利基础设施建设滞后的问题更为明显。四川省与全国一样，人多水少、水资源时空分布不均、生产力布局和水土资源不相匹配的基本水情将长期存在，干旱缺水、洪涝灾害、水污染和水土流失等问题依然十分突出。我们必须把科学发展观的基本要求、加快经济发展方式转变的战略部署与治水兴水的实践有机结合起来，科学决策水利发展的历史方位，准确把握水利发展的形势变化，主动应对可能面临的各种挑战，进一步加快水利发展方式转变，在推动传统水利向现代水利、可持续发展水利转变中，迈出新的步伐，取得新的成效。受全球气候变化影响，近年来四川省水资源条件变化加剧，极端天气灾害多发并发，水旱灾害的突发性、异常性、不可预见性日渐突出。在人口增长、城镇化进程加快等背景下，经济社会面对特大灾害的脆弱性日趋显现，提高安全保障水平的难度日趋加大。

四川省人民政府《关于加快水利发展的决定》指出：改革开放以来，四川省水利取得了长足进步，为经济社会发展作出了重要贡献，但仍然存在一些亟待解决的矛盾。水资源时空分布不均，全年70%的降水集中在5～9月，人口耕地集中、生产总值占全省85%的盆地腹部区水资源量仅占全省的22%。水资源开发利用严重滞后，水资源开发利用率不到全国平均水平的1/2，人均库容只有全国平均水平的1/4，骨干工程明显不足。保障能力薄弱，有2800万农村人口饮水不安全、23座城市缺水，人均有效灌面仅为全国平均水平的2/3。抗御自然灾害能力脆弱，平均每年旱洪灾害损失占GDP的3%以上，特别是近年来频繁发生的特大干旱、洪水灾害，给人民群众生命财产安全和经济社会发展造成了巨大损失。水生态环境恶化，水源涵养能力下降，部分中小河流断流，江河湖库水质受到污染，水土流失面积达15.6万 km^2。水安全问题已成为制约经济社会发展的重要瓶颈，成为危及人民群众利益的突出隐患。要牢牢抓住加快水利改革发展的重大机遇，坚定实现水利跨越发展的信心和决心。加快水利发展意义重大，十分紧迫、刻不容缓。

二　水资源开发利用现状

（一）水利建设历程
1. 数千年四川水利，源远流长

四川治水历史悠久，水利事业发展甚早。相传大禹治水，始于四川。《尚书·禹贡》有"岷山导江，东别为沱"的记载。后有古蜀开明治水的故事。在公元前3世纪，蜀郡守李冰引用岷江丰富水源，修建了都江堰，使成都平原一带成为"水旱从人"的"天府之国"。都江堰一开始就是综合利用水利工程，并且灌溉区域日益发展，汉代灌田"万顷"，约合今70万亩；经过唐、宋扩建，元、明更新，至清代已控灌成都平原14个州县，灌溉农田面积达200多万亩。

古代都江堰的成功经验，为四川盆地引水工程提供了借鉴。另一引用岷江水源控灌新津、彭山、眉山的通济堰，始于西汉，盛于唐宋，经中华人民共和国成立后的扩建，灌溉面积成倍发展，达到52万亩。唐代还在盆地内新建和扩建了许多引水工程，如蟇颐堰、鸿化堰、广济堰、云门堰等，至今仍在受益。提水机具除上古的桔槔、戽斗外，龙骨车和筒车很早就用于提灌。继唐宋时期农田水利较大发展之后，至明清时，各类水利设施已广布于盆地之内而且延伸到西部地区的东北缘和东南部。

四川东部盆地丘陵地区，农耕发达，耕地率一般在35%～40%以上。为抗御干旱，早在唐宋以前，已经发展冬囤水田，秋冬蓄水，以待来年插秧。民国时期，四川1亿亩耕地中，冬囤水田达到4000万亩，占全省水田总面积的80%。

自古以来，四川水资源开发形式就有多样化的特点，引、蓄、提三种手段很早就全面运用。东汉时兴建的望川原（今双流牧马山地区）引水工程"结渚陂池"，是最早的引蓄结合。东汉姜诗宅旁泉水（在今德阳），可灌田6顷，至今犹存，是早期开发利用地下水的灌溉工程。冬囤水田则是小小型蓄水工程，龙骨车是最普遍的提水工具。

古代水利工程，结构种类繁多。都江堰有着独特的竹笼卵石结构和羊圈（木笼填石）工程。早期的土堤、土坝已做成梯形断面。现存中江县凯江上明代修建的干砌石"蓑衣坝"，更富有地方特色。至迟在宋代已有用竹、木、石等不同建材构成的渡槽、输水管。明清时期兴建石渡槽、隧洞、水闸、石倒虹管，大都至今仍在运行，清乾隆时涪江堤基设有"铁蜈蚣"，与现代效能如出一辙。

古代工程建设，重在因地制宜，就地取材。水利工程充分利用当地材料，具有经济合理的特点。传统的干砌卵石技术，很早就用于建造拱涵、拱桥和砌护堤岸。古代水利管理方法，亦多因时因地，颇有成效。各地渠堰工程皆有管护和岁修制度，历经千百年未曾间断。早在两汉三国时期，都江堰即设有专管堰务的官员。宋代以来，各处民堰均推举堰长，建立堰簿，按受益田亩多少摊派岁修经费和劳力；用水管理采取轮灌制，并刊碑立约，以资遵行。

四川很早就注意到水情观测和试验。李冰时即曾在都江堰首设立三石人，观察水位消长。《宋史·河渠志》记离堆之址已经有了带有刻度的"水则"，作为水量定量测度的依据，开现代水文测站、水位标尺的先河。清代成都水利同知均按规定时间将都江堰宝瓶口水划逐日上报省督，形成制度。元代都江堰结构改造时，还曾在水沟中做过砌石鱼嘴的模型试验。

古代治水人士亦曾注意技术经验总结和推广。都江堰自古留有治水的"六字诀"、"三字经"、"八字格言"等。清初著作《农书》、《农事说》、《三农纪》等，都讲到水利技术。灌区二王庙道士王来通所编《灌江备考》，是最早的都江堰文献总集。其中记载都江堰的元、明、清历代工程建设、维修、管理的经验，为都江堰发展提供了借鉴。

　　四川 2000 多年水利发展历程，证实了前人"治蜀必先治水"这一特定规律。凡是历史上水利事业发展的时期，也必须是经济繁荣、社会安定的时期。水利事业对巴蜀经济的进步有着十分重要的作用，即所谓"国以民为本，民以食为天"，"食重则农重，农重则水重"。四川水利事业的兴衰过程与政治经济形势的起伏有着同步关系。在治水实践中，历代都出现过一些杰出的治水人物，史载有战国时的李冰，汉代的文翁，唐代的高俭，章仇兼琼，宋代的魏了翁，元代的吉当普，明代的刘之勃，清代的杭爱，民国时的邵从燊以及新中国成立后的王希甫等，都为四川水利事业发展作出了贡献。明清以来，还出现了不少捐俸禄兴工程的官吏，倾家产办水利的士绅。

　　清初大朗和尚苦行募化，创建了灌田 6.8 万亩的大朗堰；道士王来通一生植树数万株，并仿李冰凿崖，建成灌溉青城山麓的长同堰。省内许多大小渠堰，全都凝注着历代仁人志士和人民群众的心血和智慧。

　　四川古代水利事业以农田水利为主体，以引水技术为先行，实行引蓄结合、兴利与除害结合，因时制宜、就地取材、综合利用的原则，从成都平原发展到盆地丘陵区、边缘山区和安宁河河谷，修建了大量的水利工程，发挥抗旱御洪作用，促进四川农业生产和社会经济发展。农田水利建设又带动了治河、水运、水产、水能利用的发展，同时也促进了城市繁荣和轻工业的进步。成都在城市建设时留下的取土坑，改造为蓄水池，早在汉晋时即用以蓄水养鱼，并供城市消防、生活用水。成都锦江盛世可泛舟旅游，战时可操练水兵，更是古代造纸、织锦、印刷等工业水源，促进了成都地区工业的发展。

　　在水利建设和管理的历史长河中，治水先辈累积了丰富的技术经验，成为留传后世的珍贵遗产。因受历史条件的限制，工程建设多凭经验办事，不少古代工程寿命短促，屡兴屡废，且争水纠纷频繁。凡此种种，致使省内水利工程面虽广，量虽多，但保证率低，工程质量差，岁修维护，历年付出的劳动代价很大。

　　辛亥革命以后，引进现代工程技术和建筑材料，四川水利建设有了一定改进。抗战期间四川成为大后方，水利技术人才云集，为发展水利事业提供了条件，曾一度兴起水利建设热潮，新建和重建了许多水利工程。涪江、安宁河等大中河流兴建和改建了一大批引水灌溉渠堰，同时还建成一些河道渠化工程。

　　至 1949 年，全省除都江堰水利工程，灌溉 280 万亩外，无其他骨干灌溉工程，仅有小（二）型水库 2 座，小型引水工程 11310 条，山平塘 189805 座，石河堰 5246 处，机电井 349 口，其他工程 14109 处，合计各类水利工程 22.08 万处，蓄引提能力 33.59 亿 m^3，有效灌溉面积 801.61 万亩，保证灌溉面积 616.87 万亩，有效灌溉面积仅占耕地的 10.7%。

2. 六十年治水兴蜀，成就辉煌

新中国成立后，四川水利事业开创了历史的新纪元。从 1949 年至今，新中国已走过 60 年光辉历程，谱写了民族振兴史上最宏大的发展篇章。国运昌隆，盛世治水。伴随着国家日新月异的巨大变化，四川水利事业也从此迎来千载难逢的历史机遇，绘就了跨越奋进的壮丽画卷。

（1）兴修水利，根除水患，治水历程波澜壮阔

四川是千河之省，治水历史悠久，"历代善治蜀者，均以治水为重"，广大民众更是为治水前赴后继。经过长期实践探索，四川人民积累了丰富的治水经验，先后建成都江堰、通济堰、永济堰等一批水利工程。但就全省而言，由于受历史条件限制，水利基础极其脆弱，工程废多兴少，丘陵和山区灌溉依赖塘堰，平原坝区缺少排涝设施，水利事业步履艰难。时至新中国成立前夕，工程蓄引提水能力仅 33 亿 m^3，有效灌面仅 800 万亩，不到当时全省耕地面积的 10%，其中都江堰灌面 280 万亩。除成都、乐山、自贡、阆中等极少数城市建有一些古老的堤防护岸外，全省没有一段达标堤防。

新中国成立 60 多年来，党和政府十分重视水利事业，全省大规模开展水利建设，掀起一轮又一轮兴水热潮。回顾 60 多年四川水利发展历程，大体上可以划分为 4 个阶段。

第一阶段：积极发展农村中小水利（1949～1966 年）

新中国成立后，百废始兴，农村旧有水利设施得到恢复，兴建了大量中小型水利设施，全省农村水利格局基本形成。1953～1957 年是起步阶段，水利建设由重点除害转为全面兴利、由整治原有工程转为兴修永久性工程、由局部恢复转为总体规划，并有计划、有步骤地发展灌区水利。1958 年中央提出"蓄水为主，小型为主，社队自办为主"的"三为主"水利方针，全省掀起兴修农田水利的热潮。到 1962 年全省有效灌面达 1590 万亩，在 1957 年 1290 万亩基础上增长 23%。1963 年全省掀起兴建石河堰和机电提灌站的热潮，农田灌溉面积进一步增加，1966 年有效灌面达到 1878 万亩。

第二阶段：有计划地发展骨干水利（1967～1977 年）

这一阶段，虽然受到"文革"影响，但水利建设还是取得很大进展，陆续开工了一批效益显著的大中型引蓄水工程。70 年代都江堰开始扩建人民渠 5－7 期、东风渠 5－6 期扩建，引来岷江水三过龙泉山，把都江堰灌区扩大到丘陵地区，开工建设三岔、黑龙滩、鲁班 3 座大型水库和张家岩、石盘、继光等一批中型水库，完建 36 座中型水库，结束了四川无大型水库的历史。1970 年玉溪河引水工程动工兴建，到 70 年代末玉溪河灌区实现灌面 62 万亩，成为四川第二大灌区。同时，还动工建设四川第一大水库——升钟水库，开展武都引水工程、长征渠勘测设计等工

作。1978年全省农田有效灌面达2984万亩。这一时期，地方电力得到较快发展，装机由1100千瓦发展到41.4万千瓦。

第三阶段：大规模开展水利基本建设（1978~1998年）

改革开放后，全省坚持"治水兴蜀"战略，大中小微并举、兴利与除害并重、兴建与挖潜相结合，一大批水利工程相继建成。三台县鲁班水库、南部县升钟水库、凉山州大桥水库3座大型水库和39座中型水库相继建成；升钟灌区一期工程全部完成，武引一期工程干线实现通水；都江堰渠系改造工程全面启动，80年代完成一期工程改扩建任务，随后转入二期改扩建和续建配套。此外，还兴建了大批小微水利设施，整治了一批历史遗留下来的病害工程，灌区配套工程建设稳步推进。到1998年，全省水利工程60万处，有效灌面3570万亩。这一时期，随着改革开放深入推进，水利建设管理体制开始按市场要求建立，水资源统一管理和高效利用提上议事日程，水利事业进入良性发展的新阶段。

第四阶段：全面推进水利发展与改革（1999~2010年）

实施西部大开发以来，发展现代水利、可持续发展水利的治水思路逐步确立，水利规划工作得到加强，水利基础建设投入不断加大，相继开工多项大中型水利工程。紫坪铺水利枢纽作为西部大开发标志性工程于2006年年底建成，2008年大桥灌区一期工程基本建成，武都水库进入攻坚阶段，黄鹿、沉抗等26处中型水利工程开工建设，并逐步建成发挥效益。同时，"98"大洪水后，主要江河和沿江城镇堤防建设加快步伐，防洪能力显著提高，病险水库整治摆上重要日程；注重民生水利，农村饮水问题由饮水解困转入安全饮水建设，水土流失治理全面推进，地方电力和水产业快速发展；水利改革稳步推进，水利投融资、工程管理体制、水务体制等改革取得重大进展。这10年间，水利改革深入推进，体制机制不断完善，发展能力显著提高，四川水利迈入了厚积薄发、加快发展的新阶段。

（2）改善民生，服务发展，治水成果惠泽全川

60多年来，四川水利改善民生、服务发展，治水成效显著，水利发展改革成果惠泽广大人民群众，有力地支撑、保障了全省经济社会的全面协调可持续发展。

据统计，1980~2010年四川省供水量从170.14亿m³增加到249.81亿m³，年均增加2.66亿m³，年均增长率1.29%。生活用水量由19.98亿m³增加到52.69亿m³，占总水量的比例由11.7%提高到17.4%，工业用水由13.95亿m³增加到68.16亿m³，其比例由8.20%提高到27.3%，农业用水量由131.08亿m³增加到132.21亿m³，其比例由77.0%下降到52.9%，年递减率0.01%。可看出工业用水年递增率最高，其次是生活用水，农业用水微增长，供水比例更趋合理。1980~2010年四川省供水量和用水量变化过程见图2-1和图2-2。

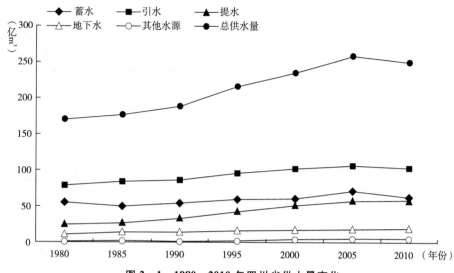

图 2－1　1980～2010 年四川省供水量变化

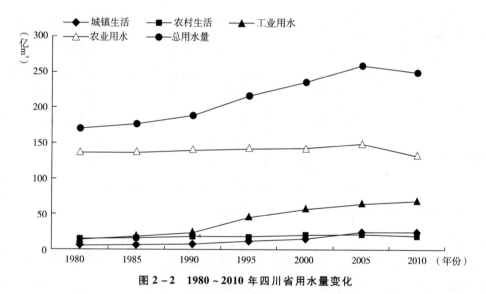

图 2－2　1980～2010 年四川省用水量变化

四川省几个水利建设时期，代表年 1949 年、1960 年、1967 年、1977 年、1978 年、1998 年、2005 年和 2010 年水利设施建设情况统计见表 2－1。

表 2－1　四川省几个代表年水利设施统计

代表年	项目	总数	大型水库	中型水库	小型水库	山平塘	石河堰	引水工程	提水	有效灌面（万亩）	保证灌面（万亩）
1949	数量（处）	220835	—	—	3	189805	5246	11310	11	801.61	616.87
	供水能力（亿 m³）	33.59	—	—	0.01	4.85	0.77	25.86	0.004	—	—

续表

代表年	项目	总数	大型水库	中型水库	小型水库	山平塘	石河堰	引水工程	提水	有效灌面（万亩）	保证灌面（万亩）
1960	数量（处）	390122	—	19	1768	341236	12539	29450	336	1537.94	1185.01
	供水能力（亿 m³）	77.49	—	4.95	8.08	12.66	2.98	47.52	0.204	—	—
1967	数量（处）	447957	—	27	2685	380656	20048	57137	4501	1940.54	1511.37
	供水能力（亿 m³）	95.33	—	6.55	10.66	14.55	5.23	54.36	3.10	—	—
1977	数量（处）	518396	2	58	5418	427549	22471	44669	11831	2767.05	2301.64
	供水能力（亿 m³）	153.14	5.59	12.63	27.58	18.49	7.62	72.32	7.21	—	—
1978	数量（处）	523266	2	64	5973	425627	21416	44274	13703	2983.86	2400.32
	供水能力（亿 m³）	163.37	5.59	14.32	30.40	18.64	7.54	76.86	8.05	—	—
1998	数量（处）	593867	5	93	6506	430191	25203	42168	9.55	3570.22	2475.87
	供水能力（亿 m³）	232.99	28.76	24.03	36.88	19.69	7.92	106.7	8.03	—	—
2005	数量（处）	620671	5	104	6571	434040	82935	43525	29145	3743.1	2586.18
	供水能力（亿 m³）	250.39	28.76	27.72	37.55	20.29	8.29	110.6	17.18	—	—
2010	数量（处）	637677	7	109	6638	433135	29453	44665	30082	3829.67	2635.6
	供水能力（亿 m³）	272.85	45.6	28.81	38.2	20.36	8.84	113.23	14.47	—	—

（3）创新思路，推进实践，治水经验弥足珍贵

新中国成立 60 多年来，全省兴修水利、根治水患，不断完善治水思路，深入推进治水实践，取得了显著的治水成就，积累了宝贵的治水经验，对今后工作有着深刻启示。

一是必须始终坚持"治水兴蜀"战略，不断支撑经济社会的可持续发展。

二是必须始终坚持与时俱进，不断调整完善治水思路。

三是必须始终坚持以人为本，不断满足公众对水利的合理需求。

四是必须始终坚持依法治水，不断完善水法律法规体系。

五是必须始终坚持改革创新，不断增强水利发展动力，改革水费制度、融资渠道。

新中国成立 60 多年来，我们走过了极不平凡的发展历程；继往开来，我们已经站在新的历史起点。当前，四川省正处在"加快西部经济发展高地建设、加快灾

后美好家园建设"的关键时期，随着工业化、城镇化的步伐日益加快，水资源作为基础性自然资源和战略性经济资源，其作用更加突出，地位更加重要。但目前，四川水利仍面临着许多问题：防洪安全保障能力不足，水资源紧缺和用水浪费并存，水污染日趋严重，汶川地震造成的大量震损工程亟待修复。"水"已成为可持续发展的重要制约因素。

（二）开发利用现状

1. 供水设施

（1）蓄水工程

截至 2010 年年末，全省共建成蓄水工程 469342 座（未计入电力部门以发电为主的水库），总供水能力 141.81 亿 m^3。其中：大型水库 7 座，分别是紫坪铺、三岔、黑龙滩、升钟、鲁班、大桥、武都水库，总库容 45.86 亿 m^3，兴利库容 30.26 亿 m^3，总供水能力 45.6 亿 m^3，占蓄水工程总供水能力的 29.2%；中型水库 109 座，总库容 31.66 亿 m^3，兴利库容 20.44 亿 m^3，总供水能力 28.81 亿 m^3；小型水库 6638 座，包括小（Ⅰ）型水库 1022 座、小（Ⅱ）型水库 5616 座，总供水能力 38.2 亿 m^3；塘堰 462588 座（其中：山平塘 433135 座、石河堰 29453 处），总供水能力 29.2 亿 m^3。

（2）引水工程

全省共有各类引水工程 44665 处，总供水能力 113.23 亿 m^3。其中：大型引水工程（引水流量大于 $30m^3/s$）有 8 条，分别是都江堰、通济堰、玉溪河、武都引水、暮颐堰、湔江堰、官宋棚堰和南北堰，年供水能力 64.56 亿 m^3；引水流量在 $10 \sim 30m^3/s$ 的中型渠堰有 18 条，年供水能力 21.09 亿 m^3；其余均为小型引水工程，总供水能力 27.58 亿 m^3。

（3）提水工程

全省已建固定提灌站 30082 处（未包括主要工矿企业提水设备），全部为小型提水工程，总供水能力 14.47 亿 m^3，有效灌面 342 万亩。另外，有属工矿企业自备水源、城镇生活、火电厂自备水源工程等，供水能力为 49.28 亿 m^3。

（4）地下水供水设施

全省地下水利用较少，2010 年统计全省机电井共计 24041 眼，总供水能力 1.76 亿 m^3，有效灌溉面积 4.51 万亩。另有浅层地下水生产井有 365.88 万眼，大部分属农村人畜生活用水的手压井和农村小生产井，现供水能力 18.67 亿 m^3。深层地下水基本上未开发利用，现在利用的主要为优质地下水、矿泉水，共 141 眼，现在利用水量仅 0.10 亿 m^3。

（5）其他水源供水设施

有水轮泵站 63 处，总供水能力 0.16 亿 m^3，有效灌面 5.6 万亩。

未计其他水源供水设施包括污水回用设施及集雨工程等。全省其他水利工程共计 186.61 万处，另有集雨工程 169.62 万处（包括农村人畜供水利用地表水源工程如水池、水窖等在内），年利用水量 4.31 亿 m^3。

全省各类水源供水基础设施 63.77 万处，总供水能力 272.85 亿 m^3（不含自备水源工程）。其中：蓄水工程 141.81 亿 m^3，占 51.9%；引水工程 113.23 亿 m^3，占 41.5%；提水工程 14.47 亿 m^3，占 6.1%；其他水源供水工程 1.42 亿 m^3，占 0.5%。据《四川省水利统计年鉴》2010 年有效灌溉面积为 3829.67 万亩。2010 年全省供水基础设施情况见表 2-2。

表 2-2 2010 年四川省各类水利基础设施统计

单位：处，亿 m^3

工程类型	工程规模	数量	总水量能力	总库容	兴利库容	2010 年实供水
蓄水工程	合计	469342	141.81	141.81	101.16	62.95
	大型	7	45.6	45.6	30.26	10.21
	中型	109	28.81	28.81	20.44	13.14
	小型	6638	38.2	38.2	22.5	21.33
	塘堰	462588	29.2	29.2	27.96	18.27
引水工程	合计	44665	113.23	—	—	102.96
	大型	8	39.62	—	—	46.16
	中型	18	21.09	—	—	16.13
	小型	44639	52.52	—	—	40.67
提水工程	合计	30082	14.47	—	—	8.63
水轮泵	小型	63	0.16	—	—	0.11
机电井	小型	24041	1.76	—	—	0.8
其他工程	小型	69484	1.42	—	—	1.21
合　计	—	637677	272.85	141.81	101.16	176.65

注：未包括工矿企业自备水源设施和大量的集雨工程、水窖等。

资料来源：《2010 四川省水利统计年鉴》。

2010 年各类水源供水基础设施，分行政区、按地貌分区统计见表 2-3、表 2-4 和表 2-5，2010 年四川省地下水、集雨工程供水基础设施统计见附表 2-1。

表 2-3 2010 年四川省分市、州各类水利设施统计

单位：亿 m^3，万亩

| 省、市、州 | 水利工程总合计 | | | |
	处数	总水量能力	有效灌面（其中田）	实供水	2010 年实灌
四 川 省	637677	272.85	3829.67（2916.02）	176.65	3144.62

续表

省、市、州	水利工程总合计				
	处数	总水量能力	有效灌面（其中田）	实供水	2010年实灌
成 都 市	26466	49.63	480.42（415.53）	38.09	473.84
自 贡 市	32613	5.49	120.36（109.85）	3.67	91.08
攀枝花市	7903	6.09	43.17（29.54）	3.43	31.68
泸 州 市	35014	6.46	173.51（169.97）	4.52	138.21
德 阳 市	25302	17.23	223.25（174.74）	18.92	223.25
绵 阳 市	74590	25.58	315.90（240.00）	12.53	219.48
广 元 市	47754	7.06	131.66（105.89）	3.15	83.39
遂 宁 市	19603	7.86	180.63（110.90）	5.36	119.99
内 江 市	35968	8.73	173.30（105.65）	3.02	125.64
乐 山 市	15360	15.58	151.47（135.50）	9.57	129.71
南 充 市	51673	23.20	309.93（213.56）	5.44	238.56
广 安 市	21202	7.87	142.38（135.86）	5.49	107.76
达 川 市	82127	7.86	241.71（209.36）	6.40	173.12
宜 宾 市	28510	6.99	187.25（166.82）	4.83	157.73
雅 安 市	4914	6.22	63.86（53.42）	5.43	54.68
巴 中 市	41099	4.73	114.45（90.74）	2.93	75.45
眉 山 市	28296	23.29	264.33（187.82）	15.57	248.04
资 阳 市	34485	14.14	250.64（148.89）	6.14	211.77
阿 坝 州	7573	1.53	27.65（0）	0.93	21.09
甘 孜 州	5473	6.29	42.11（1.17）	3.62	38.27
凉 山 州	11752	21.02	191.73（110.88）	17.60	172.92

注：表中2010年实供水176.65亿 m³为水利部门工程，未包括其他部门自备水源，包括自备水源为249.81亿 m³。

表2-4　2010年四川省大型水库统计

水库名称	所在水系	所在地区	工程所在地貌分区	控制面积（km²）	坝高（m）	总库容（亿 m³）	兴利库容（亿 m³）	年供水量（亿 m³）	控制灌溉面积（万亩）
紫坪铺水库	岷 江	成都市	边 缘 山 区	22664	156	11.12	7.74	7.74	1134
鲁 班 水 库	涪 江	绵阳市	丘 陵 区	21	68	2.94	2.1	3.65	66
武 都 水 库	涪 江	绵阳市	边 缘 山 区	5807	121.3	5.94	3.55	3.55	286
升 钟 水 库	嘉陵江	南充市	丘 陵 区	1756	79	13.39	6.72	6.72	211.74
大 桥 水 库	金沙江	凉山州	川西南山区	796	93	6.58	5.93	7.75	87.42
黑龙滩水库	岷 江	眉山市	丘 陵 区	185.5	53	3.6	2.36	2.64	121.00
三 岔 水 库	沱 江	资阳市	丘 陵 区	161.25	35.5	2.287	1.858	1.98	93.87

　　按地貌分区，水利设施仍然集中于缺水的盆地腹部区，占总供水量的78.25%（见表2-5和图2-3）。

表 2 - 5　2010 年四川省按地貌分区水利设施统计

地貌分区	四川合计	盆地腹部区	盆地腹部区中		盆周山区	川西南山地区	川西北高山高原区
			成都平原区	丘陵地区			
辖区面积（km²）	48.43	11.02	2.10	8.92	7.09	6.18	24.13
水资源量（亿 m³）	2615.69	514.71	142.52	372.19	561.94	427.70	1111.34
工程处数（万处）	63.77	50.44	7.76	42.68	9.99	1.94	1.40
总水量能力（亿 m³）	272.85	213.49	90.16	123.33	22.33	29.46	7.57
其中：蓄水工程	141.81	117.49	29.71	87.78	12.52	11.61	0.19
引水工程	113.23	80.99	56.85	24.15	8.15	16.87	7.21
提水工程	17.81	15.01	3.61	11.40	1.66	0.97	0.17
2010 年实供水量（亿 m³）	249.81	189.99	72.59	117.40	23.62	29.61	6.59
其中：地表水	224.72	170.45	65.86	104.59	20.67	28.06	5.54
地下水	19.57	17.29	6.50	10.79	1.55	0.42	0.31
其他工程	5.52	2.25	0.23	2.02	1.41	1.13	0.73
有效灌溉面积（万亩）	3829.66	3072.75	774.45	2298.30	433.55	248.51	74.85
其中：田	2916.01	2389.83	705.00	1684.83	373.27	152.39	0.53
旱涝保收面积（万亩）	2635.61	2160.24	654.51	1505.73	286.30	145.16	43.92
总水量能力占全省（%）	100.00	78.25	33.05	45.20	8.18	10.80	2.77
2010 年实供水量占全省（%）	100.00	76.05	29.06	47.00	9.46	11.85	2.64
有效灌溉面积占全省（%）	100.00	80.24	20.22	60.02	11.32	6.49	1.95

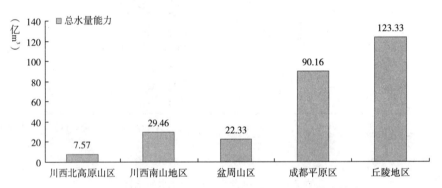

图 2 - 3　2010 年四川省各地貌分区水利工程总供水能力

2. 供水量

全省各类供水工程 2010 年供水量为 249.81 亿 m³（包括自备水源、水利工程供水 230.27 亿 m³），其中地表水源供水量 224.72 亿 m³，占总供水量的 90%；地下水源供水量 19.57 亿 m³，占总供水量的 7.8%；其他水源供水量 5.52 亿 m³，占总供水量的 2.2%。

在地表水源供水 224.72 亿 m³ 中，蓄水工程供水量 62.95 亿 m³，占地表水源供水量的 28%，引水工程供水量 102.96 亿 m³，占地表水源供水量的 45.8%，提水工程供水量 58.81 亿 m³，占地表水源供水量的 26.2%。在地下水源供水 19.57 亿 m³ 中，浅层淡水 19.47 亿 m³，深层承压水 0.1 亿 m³。其他水源供水 5.52 亿 m³ 中，集雨工程（包括蓄水池、水窖等）4.31 亿 m³，其他工程 1.21 亿 m³。

1980～2010 年四川省各类供水基础设施供水量统计见表 2 - 6、图 2 - 4 和图2 - 5。

表 2 - 6　1980～2010 年四川省各类供水基础设施供水量统计

单位：亿 m³

年份	蓄水	引水	提水	地下水	其他水源	总供水量
1980	54.96	78.65	24.68	10.43	1.41	170.14
1985	49.67	84.53	26.86	13.6	1.91	176.59
1990	53.73	86.68	32.87	13.65	1.591	188.53
1995	59.14	95.7	42.9	16.16	2.31	216.13
2000	60.63	102.26	50.97	17.28	4.43	235.56
2005	71.38	106.8	57.77	17.79	5.16	258.9
2010	62.95	102.96	58.81	19.57	5.52	249.81

注：供、用水量除水利部门统计水量外，还包括工矿企业的自备水源。

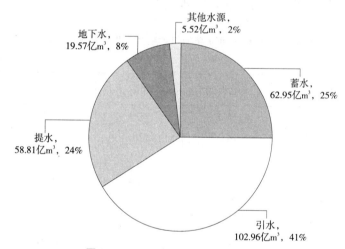

图 2 - 4　2010 年四川省供水量组成

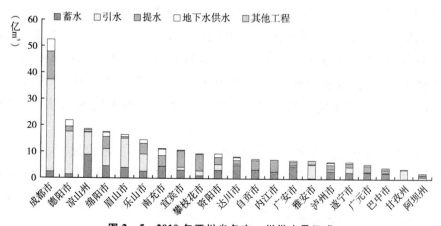

图 2 - 5　2010 年四川省各市、州供水量组成

2010 年四川省各市（州）和按地貌分区供水量统计见附表 2 - 2。

3. 用水量

全省国民经济各行业总用水量从 1980 年的 170.14 亿 m³ 增加到 2010 年的 249.81 亿 m³（包括自备水源），30 年间年递增率为 1.29%。城镇生活用水量从 1980 年的 4.88 亿 m³ 增加到 2010 年的 25.59 亿 m³（包括生态环境用水），年递增率为 6.19%；农村生活用水量从 1980 年的 15.1 亿 m³ 增加到 2010 年的 23.1 亿 m³，年递增率为 1.43%。

工业用水量从 1980 年的 13.9 亿 m³ 增加到 2010 年的 68.2 亿 m³，年递增率为 5.4%。

农业用水量从 1980 年的 136.12 亿 m³ 增加到 2010 年为 132.21 亿 m³，年均递增率为 -0.01%，实现了负增长。

1980 ~ 2010 年四川省生活、生产用水量调查统计见表 2 - 7。

表 2 - 7　1980 ~ 2010 年四川省生活、生产用水量统计

单位：亿 m³

年　份	城镇生活	农村生活	工业	农业	总用水量
1980	4.88	15.1	13.9	136.12	170.14
1985	6.17	16.2	17.8	136.23	176.4
1990	7.6	17.9	23.7	138.94	188.14
1995	11.6	18.4	44.6	141.3	215.9
2000	14.9	20.6	57.2	143	235.7
2005	24.3	21.8	64.1	148.6	258.9
2010	30.2	19.2	68.2	132.21	249.81

2010 年全省总用水量 249.81 亿 m³。用水量的构成为：生活用水 49.4 亿 m³，占总用水的 19.8%，在生活用水中，城镇生活 30.2 亿 m³（包括城镇环境用水 5.94 亿 m³ 和三产业用水），农村生活（含牲畜用水）19.2 亿 m³；生产用水 200.41 亿 m³，占总用水量的 82%，在生产用水中，工业用水 68.2 亿 m³，农业生产 132.21 亿 m³（包括林牧渔用水）。农业用水仍是用水的第一大户（见图 2 - 6）。

全省用水量的分布，与各地市的产业结构、人口、工农业发展水平、生活习惯、环境建设等因素有关。生活、生产用水主要集中在盆地腹部区和人口分布集中的地区；城镇，即成都市、德阳市、绵阳市、乐山市、宜宾市、眉山市、南充市、凉山州等地区，年总用水量在 10 亿 m³ 以上（见图 2 - 7）。

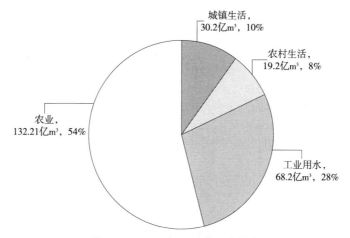

图 2-6 2010 年四川省用水构成

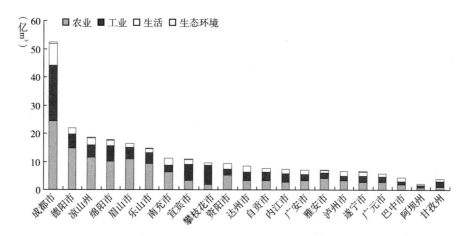

图 2-7 2010 年四川省各市、州用水量组成

2010 年四川省分市（州）和地貌分区用水量统计（见附表 2-3）。

4. 开发利用程度

据 2010 年水资源数量以及供用水分析，四川省水资源开发利用率①为 9.5%，低于全国平均值 21.7%，也低于长江流域的 19.9%，水资源开发利用程度不高，但各市、州及各地貌分区差异很大。其中水资源开发利用率最高的地域是盆地腹部区，达 25.5%，其中丘陵地区达 28%，平原地区为 19.2%；开发利用率最低的地区是盆周山区（4.2%）和川西北高山高原区（5.9%）。从市、州分析遂宁市、自贡市已超过 40% 的警戒线，内江市、资阳市、德阳市和成都市均超过 25%，而甘

——————————

① 水资源开发利用率：指年实际用水量与年均水资源量的比值，反映水利工程对该地区水资源的利用程度，国际公认的流域水资源开发利用警戒线为 30% ~40%。

孜州最低，仅为0.6%（见图2-8和图2-9）。

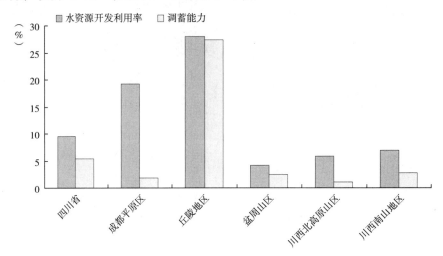

图2-8　四川省各地貌分区水资源开发利用率及调蓄能力

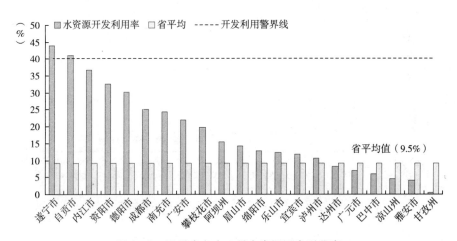

图2-9　四川省各市、州水资源开发利用率

　　从以上分析可看出四川省水资源开发利用率仅9.5%左右，除盆地腹部区的市及沱江和岷江鱼嘴个别河段稍高之外，其他地方均较低，更低于国际公认的流域水资源开发利用40%的警戒线。而目前我国北方江河的水资源开发利用程度早已超过40%以上，如北方地区为50%，淮河流域为45.1%，辽河流域为53%，黄河流域为73.3%，海河流域为134.4%。

　　从对径流的调节能力①来看，四川省各类蓄水工程的总库容为141.18亿 m³，

---

　　①　水资源调蓄能力：指一个区域或流域的蓄水工程的总库容与年均径流的比值，反映水利工程对该地区水资源的调蓄控制能力。

占地表水资源总量的 5.4%，大大低于全国 25.5% 的比例，说明四川省径流调节能力很低，其中盆地腹部区总蓄水能力 104.8 亿 m^3，占全省蓄水能力的 74.2%、调蓄能力 20.37%，其他地区均不到 3%。沱江流域蓄水工程总库容为 25.56 亿 m^3，占地表水资源总量的 24.5%，为全省各三级区中最高值；金沙江、青衣江和岷江干流、雅砻江、大渡河、嘉陵江广元昭化以上、赤水河、汉江以及黄河玛曲以上等径流调节率均不足 4%，对径流的调节能力甚微。

5. 现状用水效率与水平

2010 年四川省人均用水量为 $311m^3$，低于全国人均用水量的 $450m^3$ 和长江流域人均用水量的 $449m^3$；而万元 GDP 用水量为 $145m^3$，与全国人均用水量的 $150m^3$ 和长江流域万元 GDP 用水量的 $144m^3$ 相当；万元工业增加值用水量为 $85m^3$，略低于全国万元工业增加值用水量 $90m^3$ 和长江流域万元工业增加值用水量 $127m^3$，人均用水量在全省地级行政区中以攀枝花最大。而在水资源三级区中以雅砻江最大；万元 GDP 用水量在全省地级行政区中以成都市、泸州市最小，在水资源三级区中以广元昭化以上水资源三级区的最小。

四川省为农业大省，农田灌溉用水量在国民经济各部门中所占比重也较大。2010 年四川省农田灌溉亩均用水量为 $345m^3$，低于全国和长江流域农田灌溉亩均用水量 $421m^3$ 和 $437m^3$ 水平，但省境内各地区气候条件和耕作制度差异较大。全省地级行政区以资阳市亩均灌溉用水量 $254m^3$ 为最低，以攀枝花市亩均灌溉用水量 $954m^3$ 为最高。

四川省城镇居民生活用水指标为 170L/人·d（计入公共设施用水），低于全国城镇居民生活用水指标 193L/人·d，长江流域城镇居民生活用水指标 221L/人·d，攀枝花市及盆地腹部区各市生活用水指标普遍高于其他地区。

（三）水资源在开发利用中存在的主要问题

60 多年来虽然四川省水利建设取得了很大的成绩，但是，目前水利基础设施发展建设和水资源管理水平与全国及兄弟省市相比还存在较大差距。防洪减灾体系还不健全，供水安全保障水平偏低，用水效率和效益不高，水生态环境恶化状况没有根本扭转，按照新时代发展的新要求、新挑战，应从经济社会发展大局的战略高度，系统分析水利发展与改革中的薄弱环节，全面认清水利发展与存在的突出问题和面临的严峻挑战，四川省水资源在开发利用中存在的主要问题有以下几个方面。

1. 防洪减灾能力不足，难以满足民生要求

四川省是千河之省，河流纵横，沿江城镇多，随着城市化进程加快，城市规模日趋扩大，社会财富的积累不断增加，自 20 世纪 80 年代以来水旱灾害的次数越来越多，造成的经济损失也越来越大，确保防洪安全的任务越来越重。四川省有 70% 以上的固定资产、40% 的人口、30% 以上的耕地、60 余座重要城市以及大量重要的国民经济基础设施和工矿企业分布在河流两岸，受洪水威胁严重，每年因洪灾造成的直接经济损失达 10 亿~30 亿元。虽然经过多年大规模防洪工程建设，各流域也建设了一些堤防、护岸等防洪工程，截至 2010 年全省建成各类堤防 4274.41km，其中达标堤防 2158.29km，占已建总长的 50.5%，保护人口 1522.48 万人，耕地 860.45 万亩（见表 2-8）。比 2005 年新增堤防 924.91km，达标堤防率由 36% 上升到 50.5%，取得了很大成绩，在防御洪水中发挥了重要作用，但与确保江河安澜和改善民生的要求相比，仍存在一些突出问题和薄弱环节，洪涝灾害仍是经济社会发展的心腹之患。受财力限制，四川省防洪工程建设进展缓慢，已建防洪工程尚未形成抗洪体系。岷江、沱江、涪江、嘉陵江、渠江及安宁河及主要支流整治任务仍很艰巨。按防洪规划还需建设堤防、护岸 3470km，其中堤防 2348km。

表 2-8　2010 年四川省主要江河累计已建防洪工程建设统计

市、州名称	堤防、护岸长度（km）	其中：达标长度（km）	保护人口（万人）	保护耕地（万亩）
四 川 省	4274.41	2158.29	1522.48	860.45
成 都 市	554.63	206.48	258.33	222.89
自 贡 市	5.08	4.63	13.95	1.50
攀枝花市	48.94	17.31	3.20	2.25
泸 州 市	12.78	12.78	7.05	7.56
德 阳 市	443.77	277.80	203.89	159.21
绵 阳 市	513.21	219.46	162.64	66.36
广 元 市	417.77	217.51	99.23	24.05
遂 宁 市	138.50	120.37	96.01	31.61
内 江 市	9.40	9.40	13.27	1.25
乐 山 市	287.74	83.88	100.38	52.20
南 充 市	96.72	85.14	86.31	24.90
广 安 市	11.40	11.40	13.05	4.70
达 川 市	52.39	13.07	67.93	15.77
宜 宾 市	160.00	109.90	42.01	43.14
雅 安 市	242.38	86.15	63.63	34.91
巴 中 市	39.24	39.09	34.11	12.71
眉 山 市	168.58	127.56	58.98	40.41
资 阳 市	24.75	11.85	32.60	5.10
阿 坝 州	232.78	173.51	24.90	7.04
甘 孜 州	214.71	66.30	12.27	8.36
凉 山 州	599.64	264.70	128.74	95.93

四川防洪建设主要还存在如下几个薄弱环节。

（1）江河综合防洪减灾体系不完善

四川省大江大河综合防洪减灾体系不完善，中小河流工程建设防洪标准偏低，已建堤防达到设计防洪标准长度仅占已建堤防总长度的 50.5%，山洪灾害监测与防御能力薄弱，城镇防洪问题日益突出。位于全省重要江河汇口处的城镇达 60 余座，受财力限制，防洪工程建设进展缓慢，已建防洪工程尚未形成抗洪体系，除个别城市外，绝大多数城市均未形成封闭的防洪堤防，只防冲不防淹。未设防城镇多，且大多数设防城镇防洪标准偏低，需要继续建设堤防形成完善的防洪体系。

四川省中、小河流众多，而中、小河流洪涝灾害损失占整个洪灾损失的比重大，防洪工程建设绝大多数为地方自筹资金，加之山洪灾害及其次生灾害，防治难度更大，成为防洪治理的薄弱环节，制约着防洪抗洪整体综合能力的提升。

（2）主要江河上游缺乏调洪控制性水库

各江河上中游缺乏大中型骨干拦洪水利工程，对洪水没有调蓄控制能力。沱江、渠江等上中游无一座控制性能力的调节骨干水库建成（涪江和嘉陵江正建武都和亭子口水库）；特别是渠江流域的防洪控制水库和成都平原周边山区主要中等河流规划控制性综合利用水库仍未修建，至使洪水难以得到有效控制，增加其中下游的洪灾损失和堤防压力。

渠江由于水系呈扇形，汇流迅速，洪水陡涨陡落，加之该流域洪水具有暴雨历时短、强度高、峰高势猛、过程尖瘦、涨落率大、水位变幅大等特点，洪水具有突发性和易于成灾，常常造成严重的洪灾，给人民生命财产和经济社会发展造成极大的威胁和损失。该流域 2004~2010 年连续几年发生特大洪水，每年洪灾直接损失均高达数亿元，极为惨重，是全省目前防洪形势压力较大的河流，2010 年 7 月渠江洪水仅广安市就造成 110 亿元的直接经济损失，渠江上游急需修建滞洪的控制水库工程。

（3）侵占河道与"三乱"现象严重

城镇经济建设发展很快，侵占河道现象时有发生，降低了河道行洪能力，河道清障工作长期而艰巨，多数城镇未能完全按"三线"水位落实河道管理，"三乱"现象未得到根治，造成洪灾隐患。一些河段由于采砂无序，乱挖乱采，已经威胁到堤防安全。排洪不畅是引起洪涝灾害的重要原因之一。

（4）防汛信息与指挥系统不完善

防汛信息与指挥系统尚未建立健全。近年沿江及重要城镇堤防能力有所增强，但尚未形成防洪体系，加之水文站点、水情监测设施不足，洪水通信预警系统落后，一旦较大洪水发生，难以满足防洪抢险要求。

（5）病险水库急待除险加固

据 2000 年统计，全省病险水库 2866 座，占已成水库总数的 43%，其中：大型 2 座，中型 71 座，小型 2793 座。截至 2010 年年底，已经整治病险水库 2711 座（大型 2 座、中型 59 座、小型 2650 座），经过一、二批病险水库整治，到 2010 年，包括地震灾后重建还有 6 座中型水库、1887 座小型水库急需除险加固。

2. 缺乏骨干调蓄工程，无法抗御干旱、满足经济社会发展对供水增长需要

2010 年全省水资源开发利用率为 9.5%，低于长江流域的 19.9%，更低于全国平均 21.7% 以及人口大省河南、山东、湖南和湖北的水平。年供水量 249.8 亿 m³（包括自备水源），供水水源以地表水为主，供水量 224.72 亿 m³，占总供水量的 90%；地下水供水量 19.57 亿 m³，占 7.8%。在供水方式上以引水渠（堰）供水为主，供水量 102.96 亿 m³，占供水总量的 45.8%；蓄水工程 62.95 亿 m³，占 28%；提水工程 58.81 亿 m³，占 26.2%；地下水 19.57 亿 m³，占 7.8%；其他（含集雨工程、污水处理）5.52 亿 m³，占 2.2%。在供水规模上大型工程供水 56.37 亿 m³，占 22.6%；中型工程供水 29.77 亿 m³，占 11.7%；小型工程供水 164.17 亿 m³，占 65.7%。

全省蓄水工程总水量能力 141.18 亿 m³，水资源调控能力人平仅为 176m³，远小于兄弟省市 240~1750m³ 和全国平均 527m³，更低于发达国家的 3000 多 m³ 水平，显然，这样的水资源调控能力无法支撑一个现代文明社会基本用水需求。

截至 2010 年建成的 6754 座水库（其中大型水库仅 7 座，总库容仅 45.6 亿 m³，中型水库 109 座，总库容仅 28.81 亿 m³）占全国水库总数的 7.8%；水库总库容 112.6 亿 m³，仅占全国水库总库容的 1.7%，位居全国第 18 位，与兄弟省市相比较差距很大。包括山平塘、河堰等小型工程总蓄水容积仅 141.18 亿 m³，蓄水工程调控能力（指蓄水总库容与水资源总量比值的百分数）仅 5.4%，大大低于长江流域的 24.7%，全国的 25.8%，更低于人口大省河南（60%）、山东（76.3%），说明了大中型骨干综合利用调蓄工程少，对径流年际年内的调节能力低。四川省现有有效灌面 3829.7 万亩，耕地的有效灌溉率为 42.9%，与兄弟省份的差距较大，耕地中有效灌溉率排名全国第 19 位，灌面中旱涝保收面积不到耕地的 40%。全省仅建成以供水为主的大型水库 7 处，水库容积占总蓄水容积的 32.2%，大大低于长江流域的 76.5% 和全国的 78.1%。蓄水工程调节能力仅 5.4%；人均调控能力 176m³，均大大低于兄弟省份，这说明对水资源调配能力甚微，大型蓄水工程设施建设严重滞后，不能在时空上有效调配水资源，改变水资源年内不均，实现以丰剂枯，也不可能增加水资源的可利用量（见表 2－9）。

表 2－9   2010 年四川省水利建设与全国及兄弟省份比较

项目名称	四川	黑龙江	河南	山东	湖南	湖北	长江流域	全国
水资源总量（亿 m³）	2615.69	810	669.96	298.14	1765.81	1008.18	9958.3	27716
总供水量（亿 m³）	249.81	325	224.6	222.5	325.2	288	1983.1	6022
有效灌面（万亩）	3829.67	5812.8	7457	8321.7	4238.4	3783.8	24213.75	99528.45

项目名称	四川	黑龙江	河南	山东	湖南	湖北	长江流域	全国
有效灌面占耕地（%）	42.9	32.6	70.5	83.6	88.2	75.4	48	50.1
其中：节水灌面	1876.32	3995.66	2304.96	3397.32	469.02	603.02	6556.02	40970.81
占有效灌面的（%）	49.0	68.7	30.9	40.8	11.1	15.9	27.1	41.2
蓄水工程供水量（亿 m³）	62.11	37.52	30.39	38.89	160.02	139.73	652.41	1761.87
蓄水总容积（亿 m³）	141.18	178.71	402.21	227.62	402.29	992.15	2463.27	7162.43
大型水库（座）	7	26	23	37	26	63	178	552
大水库容积（亿 m³）	45.6	129.53	352.13	129.4	269.48	874.83	1883.67	5594.46
中型水库（座）	109	97	108	214	281	252	1160	3269
中型水库容积	28.81	32.48	30.83	61.91	71.01	71.64	300.85	930.05
水资源开发利用率（%）	9.55	40.12	33.52	74.63	18.42	28.57	19.91	21.73
蓄水占供水（%）	24.9	11.5	13.5	17.5	49.2	48.5	32.9	29.3
蓄水工程调节能力（%）	5.4	22.1	60.0	76.3	22.8	98.4	24.7	25.8
人均调控能力（m³）	176	466	428	237	590	1749	551	527
大型工程占总容积（%）	32.2	72.5	87.5	56.8	67.0	88.2	76.5	78.1
中型工程占总容积（%）	20.4	18.2	7.7	27.2	17.7	7.2	12.2	13.0

注：该表摘自中华人民共和国水利部编《2011 年中国水利统计年鉴》。

　　四川省是干旱频繁发生的地区，几乎年年有不同程度的干旱发生，十年九旱，十旱九灾，给农业生产和人民生活造成严重的灾难。历史的经验已经证明，在抗御干旱灾害愈加频繁，发展趋势难以控制的今天，"大工程抗大旱，小工程只能抗小旱，无工程不抗旱"。2006 年四川省罕见的夏伏旱，就是最好的例子，不少的溪沟断流，中小型水库无水可蓄，塘堰干涸，中小河流上的提水站无水可提，甚至如灌区尚未配套完善的，总库容 13.4 亿 m³ 的升钟水库大型水库，也逼近死水位，几乎无法供水，微型工程更是干涸，不起任何作用。

　　至今，在四川省经济社会中占重要地位的盆地腹部地区 67 个丘陵县，67% 的耕地无灌溉设施，还处于"靠天吃饭"，丰歉受制于天，抗自然灾害能力弱，不能保证粮食安全，饮水安全受到威胁和影响。

　　这充分说明了四川省水利工程供水具有"三为主、二缺乏"的特点，即以地表水供水为主，以引水工程供水为主，以小型工程为主；缺乏骨干水源工程，缺乏调蓄水量工程。因此，必然造成四川省蓄水工程调蓄能力差、供水保证率低、抗御自然灾害的能力脆弱的局面。

3. 现有水利工程老化、年久失修、效益衰减

　　1949 年全省有各类水利工程蓄引提水能力 33.59 亿 m³，有效灌面 801.61 万亩；1980 年蓄引提水能力达到 176.25 亿 m³，有效灌面 3170.4 万亩，年递增率分别为 5.5% 和 4.5%；到 2010 年蓄引提水能力达到 272.85 亿 m³，有效灌面 3829.7 万亩，

年递增率为1.46%和0.63%。说明了四川省20世纪60、70年代前是水利建设发展的高峰期，建设的水利工程蓄引提水能力为现有蓄引提水能力的65%，有效灌面为现有有效灌面的82.8%。而20世纪80年代以后，新增水利蓄引提水能力仅为现有蓄引提水能力的35%，新增有效灌面仅为现有有效灌面的17.2%。水利建设跟不上经济社会发展的需要，甚至于还在吃新中国成立30年的老本，吃都江堰工程的老本（见图2-10）。

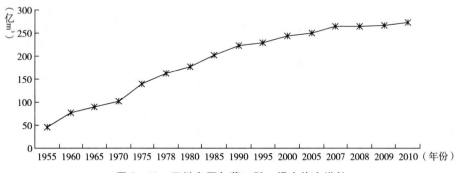

图2-10 四川省历年蓄、引、提水能力增长

以水库为例，据统计全省现有水库6754座，大多数建于20世纪50年代至70年代中期，如现有大型水库7座，有4座建于1980年以前，占大型水库的57%；中型水库109座，有80座建于1980年以前，占中型水库的占73.4%；小（一）型水库1022座中，有889座建于1980年以前，占小（一）型水库的87%；总之20世纪80年代以后建设的大、中、小型水库很少或增加缓慢（见表2-10）。

表2-10 1980年以前与1981~2010年四川省水利建设比较

年　代	项　目	大型水库	中型水库	小型水库	山平塘	石河堰	引水工程	提水	有效灌面（万亩）	蓄引提能力（亿 m³）
1980年以前	数量（处）	4	80	6499	429065	21748	68558	17149	—	—
	供水能力（亿 m³）	22.17	24.01	33.67	19.25	7.71	57.11	12.33	3170.4	176.25
2010年	数量（处）	7	109	6638	433135	29453	44665	30082	3829.7	—
	供水能力（亿 m³）	45.6	28.81	38.2	20.36	8.84	113.23	14.47	—	272.85
差数（2010~1980）	数量（处）	3	29	139	4070	7705	-23893	12933	—	—
	供水能力（亿 m³）	23.43	4.8	4.53	1.11	1.13	56.12	2.14	659.3	96.6
	1980年/2010年（%）	48.6	83.3	88.1	94.5	87.2	50.4	85.2	82.8	64.6

由于水利工程建设年代已久，建设时标准低，遗留问题多，绝大多数已运行了30 多年，许多工程已超过了设计运行期，工程老化、年久失修、建筑物损坏严重、水量损失大、工程效益衰减现象十分普遍。体现在病险水库和有效灌面两方面：经过几年的整治截至 2010 年年底，全省还有震损及病险水库工程 1893 座，其中中型 6 座、小型 1887 座，尚急需除险加固；2010 年有效灌面只有 3829.67 万亩（本年实灌面积 2096.41 万亩），耕地的有效灌溉率为 63.7%（按标准亩为 42.9%），人均有效灌面 0.425 亩，仅为全国人均 0.63 亩的 67.5%。耕地有效灌溉率仍然在全国排第 19 位，远低于全国和长江流域中下游兄弟省份的水平，绝大部分水浇地还"靠天吃饭"。据统计从 1995~2010 年全省有效灌面累计净增加 415.67 万亩，因建设占地等原因减少 349.4 万亩。至 2004 年有效灌面已经处于负增长的局面，2008 年以来有效灌面才开始恢复增长，但人均有效灌面从 1995 年以来长期维持在 0.42 亩的低水平。水利工程老化、效益衰减，水利建设的现状与一个农业大省、人口大省的地位极不适应，严重制约农业生产和社会经济的发展（见图 2-11 和图 2-12）。

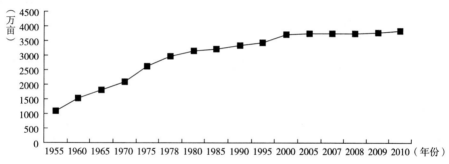

图 2-11 四川省历年有效灌面增长

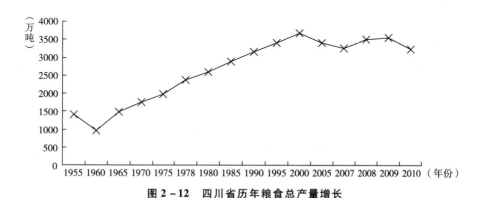

图 2-12 四川省历年粮食总产量增长

4. 水利投入严重不足，欠账太多，基础设施建设严重滞后

四川省在新中国成立初期和 20 世纪 60、70 年代，水利建设成绩斐然。据历年

水利统计年鉴资料统计,当时的水利投入总量虽然不大,但占社会固定资产投入的比例高达10%~52%,但是"六五"以后(1981年以后)水利投入由于物价指数的上涨,虽然水利投入资金绝对值有所增加,可水利投入占国民经济总投入的比例确呈下降趋势,只占固定资产的5%~0.75%(见表2-11和图2-13)。

表2-11 四川省水利基础投入情况统计

单位:亿元,%

年 份	建设时期	固定资产总投资	水利总投资	水利投资占固定资产投资
1950~1952	"恢复时期"	4.33	0.01	0.23
1953~1957	"一五"	26.78	0.98	3.66
1958~1962	"二五"	69.04	3.8	5.50
1963~1965	"调整"	31.68	6.62	20.90
1966~1970	"三五"	129.39	13.62	10.53
1971~1975	"四五"	138.63	36.46	26.30
1976~1980	"五五"	125.28	65	51.88
1981~1985	"六五"	356.34	30.8	8.64
1986~1990	"七五"	726.6	48.02	6.61
1991~1995	"八五"	2219.2	110.33	4.97
1996~2000	"九五"	5562.61	121	2.18
2001~2005	"十五"	11663.34	141.44	1.21
2006~2010	"十一五"	43582.14	326.49	0.75

注:"十一五"期间水利投入未包括"5·12"地震灾后重建投资。

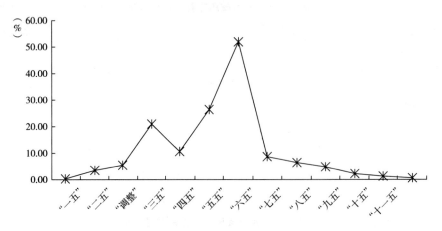

图2-13 四川省水利投资占固定资产投资比较

近10多年来,四川省水利建设除中央投入外,省级水利基建投资一直保持在每年 1.5 亿元左右水平，与经济发展和财政收入增长根本不同步，占全省地方财政预算收入的比例由 1995 年的 1.24% 下降到 2010 年的 0.31%，仅为云南的 1/6、甘肃的 1/3、陕西和广西的 1/2，大大落后于比四川省经济实力差的省份。10 年前的 1.5 亿元的水利基建投入，在今天还值几何？说明了"六五"以来，四川省水利建设投入严重不足，欠账太多。水利的投入在国民经济中要有一个合理的比例，并适当超前，才能满足供水的需求。缺乏稳定的投入保障机制，因而导致水利建设严重滞后于经济社会发展的需要。

由于投入的严重不足，致使全省已建和正建工程配套差，难以发挥应有的抗旱减灾作用。尚有很大部分水利工程未达到工程的设计能力。新中国成立以来全省已建和在建中型水库 117 座。建成 109 座；设计灌面 780 万亩，自 20 世纪 60 年代以来只配套了有效灌面 474.81 万亩，占设计的 60.8%，尚有 271.78 万亩未能配套受益；设计干支渠 16993.5km，只建成了 11431.7km，占设计的 67.3%，尚有 5561.8km 未能建设，2010 年实际有效灌面仅 248 万亩，只占设计灌面的 1/3；在已建渠道中由于标准低、工程老化未衬砌需整治的有 7004km，占已建渠道的 61.3%。在建的 13 座中型水库，虽然枢纽工程大多已建好，但由于建设资金短缺造成输水渠系配套工程无法跟上，建成的渠道只占设计的 11.5%，无法使工程正常发挥应有作用。

据四川省水利水电勘测设计研究院 2007 年编制的《四川省已成灌区渠道配套规划报告》介绍，全省已成大中小灌区合计 16179 处（有效灌面 > 500 亩），设计灌面 4484.1 万亩，有效灌面 3472.1 万亩，未配套灌面 966 万亩。其中已成大型灌区 10 处，设计灌面 1725.63 万亩，有效灌面 1507.8 万亩，未配套灌面 171.8 万亩，占有效灌面的 11.4%；中型灌区 393 处，设计灌面 1127.5 万亩，有效灌面 727.8 万亩，未配套灌面 399.8 万亩，占有效灌面的 54.9%；小型灌区 15776 处，占大中小总数的 96.7%，设计灌面 1630.9 万亩，有效灌面 1236.5 万亩，未配套灌面 394.4 万亩，占有效灌面的 31.9%。说明了中、小灌区配套潜力较大（见表 2 - 12 和图 2 - 14）。

表 2 - 12　全省大中小型灌区配套情况统计

单位：万亩，%

灌区类型	处数	设计灌面	有效灌面	未配套灌面	占有效灌面
大型灌区	10	1725.63	1507.8	171.8	11.39
中型灌区	393	1127.5	727.8	399.8	54.93
小型灌区	15776	1630.9	1236.5	394.4	31.9
全省合计	16179	4484.1	3472.1	966.0	27.82

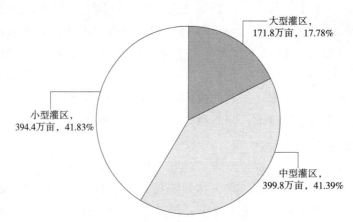

图 2 - 14 四川省大、中、小灌区工程未配套比重

综上所述，由于水利建设投入严重不足，历史欠账太多，致使全省已建和正建工程配套差，不仅难以发挥应有的抗旱减灾与防洪作用，而且只需较小的投入就可使现有水利工程发挥效益。

5. 水生态环境遭破坏，水环境不断恶化，加大了缺水矛盾并影响社会和谐

据 1995 年第二次全国土壤侵蚀遥感调查，全省水土流失面积 22.13 万 km²，占国土面积的 45.75%，占长江上游水土流失面积的 50% 以上，年土壤侵蚀总量近 9.66 亿 t，每年流入长江的泥沙总量的 60%，主要源于四川盆地丘陵区，亦是水土流失平均侵蚀模数最高的地区。从 20 世纪 50 年代至 80 年代，水土流失呈现增长趋势。近年来，经过多年的治理，截至 2010 年累计治理面积达 9.49 万 km²，占水土流失面积的 42.9%，取得一定成绩。对滑坡、泥石流山地灾害治理尚未开展，人为新的水土流失未能得到根本遏制，开发建设对生态环境的压力很大，治理水土流失的形势依然严峻。

由于人地矛盾尖锐，造成土地垦殖过度，林木过伐，森林覆盖下降，湿地减少，草地退化已达 848 万 hm²，占可利用草地面积的 57%，草地沙化面积不断扩大，鼠虫害日益猖獗，生态环境遭到破坏。湿地、内陆滩涂面积萎缩，如安宁河上的淡水湖——邛海，20 世纪 50 年代初湖泊水面积为 31km²，蓄水量约 3.2 亿 m³，到 2000 年湖泊水面积萎缩到 26.76km²，蓄水量减少到 2.78 亿 m³，50 年来水面积累计减少 4.24km²，蓄水量减少 0.524 亿 m³，面积萎缩速度为 0.085km²/年，蓄水量减少速度为 105 万 m³/年。金沙江流域稻城县的兴伊错湖 50 年代初湖泊水面积为 7.5km²，蓄水量约 0.53 亿 m³，到 2000 年湖泊水面积萎缩到 6.1km²，蓄水量减少到 0.42 亿 m³，50 年来水面积累计减少 1.4km²，蓄水量减少 0.11 亿 m³，面积萎缩速度为 0.028km²/年，蓄水量减少速度为 22 万 m³/年。位于青藏高原东麓的若尔盖湿地草原，是中国特有的、世界最大的高原泥炭沼泽型湿地，它被中外专家誉为"中国西部高原之肾"。但是现在这块中国最美丽的湿地，正面临被黄沙吞没的危险，据统计，目前，若尔盖县已经有70万亩草地沙化，另有133.65万亩草地正以每年11.6%的惊人速度沙漠化。

岷江的金马河河段，由于在岷江鱼嘴处，宝瓶口和外江沙黑总河将岷江水量拦引入都江堰灌区，供成都平原和川中丘陵区工农业用水，致使鱼嘴以下至新津金马河段，从1980年以来，枯水时段（12月至次年4月）时有断流发生，断流河段最长32.7km，年断流最长时间约90天，沱江正源绵远河也因官宋棚堰灌溉工程，将河道来水量引走，在1999~2000年川山堰至袁家大桥段约11km河段断流16天。沱江支流阳化河因修建于河上的各级石河堰将枯水期水量拦蓄，供工农业用水使用，自1980年以来，沱江支流阳化河上游乐至县境内河段约10~21km，多次发生断流，年断流最长天数为60~150天。

2010年度对四川省主要河流干流及部分支流的重点河段进行水质评价，主要评价河流包括金沙江（四川段）、大渡河、青衣江、岷江、沱江、嘉陵江、涪江、渠江，评价河长为3605公里，评价标准采用《地表水环境质量标准》（GB 3838—2002）。全年期IV类河长227公里，占6.3%；V类河长122公里，占3.4%；劣V类河长185公里，占5.1%。在各评价河流中，岷江董村段、彭山段、眉山段、旧大桥段、犍为段，水质为IV~V类，岷江府河（锦江）的望江楼、合江亭、金华段水质均为劣V类；沱江三皇庙段水质为V类，内江二水厂段水质为IV类，沱江绵远河水质为IV类，沱江釜溪河自贡段水质为V类，渠江州河肖公庙段水质为IV类。共有31.5%的河长受到不同程度的污染，其中近14.8%的评价河长污染极为严重，已丧失了水体应有的功能。近年，全省每年废污水排放总量约28.7亿~30亿t，加剧了水域污染，特别是腹地区域市附近水体污染更为突出，枯水期大部分河流已失去了水体应有的功能。由于水质变差，使有限的水资源可供水量不断减少或有水不能用，从而加剧了供用水矛盾，特别是腹部地区沿沱江边的主要城市简阳、资阳、资中、内江、富顺，釜溪河的自贡市成为缺水城市。

2009年四川省共排放工业废水10.71亿t，为全省排放总量的40.6%，排放化学需氧量24.5万t，为全省化学需氧量排放总量的32.8%；氨氮1.35万t，为全省氨氮排放总量的22.7%。共排放城市生活污水15.68亿t，为全省污水排放总量的59.4%，居民排放化学需氧量50.25万t，占全省化学需氧量排放总量的77.3%，呈现增长趋势。市州主要城市污水处理率仅74.8%。2009年全省工业固体废弃物产生量为8597万t，其中一般固体废弃物产生量占99%，危险固体废弃物产生量占1.0%，工业固体废物综合利用率57.6%。城市生活垃圾产生量仅32个建制市为656万t，呈上升趋势。这些污染物严重破坏了生态环境，成为面污染的主要来源之一。

　　四川为传统的农业大省，随着城市环境质量的改善和对工业污染源的治理，农村小集镇生活污水和生活垃圾、畜禽养殖、农药、化肥、秸秆焚烧造成的农村环境问题日益突现。全省农村面源污染物入河量已占到污染物总入河量的30%～40%，部分地区达到70%。如化肥使用量从1952年的亩均0.05kg提升到2010年的亩均41.6kg，增长了831倍；农药使用量从1952年的亩均0.004kg提升到2009年的亩均1.04kg，增长了260倍，近年来还呈上升趋势（见图2-15和图2-16）。化肥和农药的过量使用加剧了水体的污染，畜禽渔养殖业的污染已是水库、河流大肠菌群超标的重要原因。农村生活污水和生活垃圾的收集和处理尚处于空白，农村面源污染是"十一五"面临的新问题。城市化进程的加快，城市饮用水水源安全面临水质不断恶化，部分水源地丧失功能。水量不足、保证率不高；安全防护体系和保障措

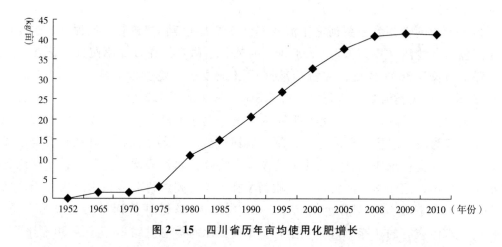

图2-15　四川省历年亩均使用化肥增长

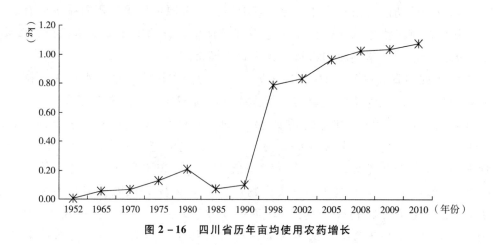

图2-16　四川省历年亩均使用农药增长

施薄弱，水土流失和面源污染严重；地下水遭到污染、超采严重等形势严峻。水生态遭破坏、水环境受污染，致使有限的可用水资源变成了无用水资源，一方面加剧了水资源供需矛盾，另一方面恶化生态环境影响到人水和谐。

同时，水质监测站网严重不足，水质监测手段较为原始、落后，监测设施陈旧、老化，不能满足社会经济不断发展，物质文化生活不断提高对水资源有效保护和科学管理的要求，更不能满足构建和谐社会、保障安全供水对水资源的需要。因此，急需加强水质站网建设，增强水质监测能力。

6. 用水效率和效益低，水资源浪费严重

一方面水资源短缺是四川省社会经济持续发展的心腹之患，另一方面则是用水效率和效益低，水资源浪费比较严重。

农业灌溉仍是第一用水大户，用水量约占全省用水总量的 67.0%，节水潜力较大。由于用水技术落后、管理粗放、输水、用水浪费严重，灌溉水利用率仅 43% 左右，较先进国家低 40 个百分点，水分生产率小于 $1.0kg/m^3$，不到先进国家的 1/2，水量利用率与水分生产率均相对较低。

以都江堰灌区为例，据调查 2000 年现有灌溉水利用系数仅为 0.432，丘陵扩灌区甚至仅有 0.38，水量损失十分严重，在都江堰的年供水量中，就有近 20 亿 m^3 水量在输水过程中通过渠系、渗流、蒸发等损失掉，占都江堰总供水量的 27% 左右。都江堰灌区主要干支渠（设计流量 $1m^3/s$ 以上）渠道有 386 条，总长合计 7442km，其中，20 世纪 90 年代以前已衬砌仅 1428.6km，占应衬砌渠长 4499.3km 的 31.8%。自 1998 年开展续建配套与节水改造近 20 年来，又整治衬砌渠道 916.48km，共计衬砌渠道 2345km，占干支渠总长的 31.5%。尚有 2154.2km。仅此全灌区的灌溉水利用系数由 0.432 提高到 0.463，年增节水能力 6 亿 m^3 以上。另外，都江堰灌区还需改造的斗农渠（末级渠系）渠道 35770 条，共长 35781.34km，其中小于 $1m^3/s$ 渠道 35344 条，长 33859.5km；大于 $1m^3/s$ 渠道 112 条，长 921.5km，需要改造。灌区的渠道改造完成后将使灌区灌溉水利用系数提高到 0.558，输水损失减少 12.33 亿 m^3。都江堰工程灌溉水利用系数每提高一个百分点，将可节水 1 亿 m^3，可见节水的潜力很大。

工业万元增加值用水量 85m^3，GDP 万元用水 134m^3，是发达国家的 10~20 倍，重复利用率为 45% 左右，低于发达国家 35~45 个百分点。节水意识及建设节水城市观念尚未全面形成，全省市、州主要城市自来水普及率 97.2%，自来水管网仅跑、冒、滴、漏的损失率在 15% 以上，水冲公厕比率达 86.8%，节水、污水处理回用及雨水利用还没有推广，与国内先进地区比较差距明显，严重影响了工程供水效益的发挥，节水潜力很大。

根据 2010 年中国水资源公报公布，四川省与全国一些省份主要用水指标比较见表 2-13。从此表可以看出农灌用水、城镇生活用水、工业用水等节水潜力较大。

表 2-13 2010 年四川省与全国一些省份主要用水指标比较

单位：L/d，m³

行政区名称	人均用水量	万元国内生产总值用水量	农田实灌亩均用水量	人均城镇生活用水量	人均农村居民用水量	万元工业增加值用水量
四川	284	134	378	170	67	85
全国	450	150	421	193	83	90
北京	189	25	284	205	207	18
辽宁	330	78	484	180	80	28
上海	560	74	529	295	113	130
浙江	379	73	383	217	151	47
山东	233	57	216	110	71	14
广东	456	102	741	299	129	65
云南	322	204	448	178	67	98
湖南	501	203	482	249	110	142
重庆	301	109	251	243	70	128

资料来源：水利部编《中国水资源公报（2010）》。

7. 水资源管理体制不完善，水资源开发、利用不规范

四川省对水资源的统一管理格局初步形成，但条块分割、"多龙"管理的局面尚未得到根本转变，难于发挥水资源综合利用效益，也不利于对水资源保护。

不断完善水利法制体系对缓解水资源短缺，促进水资源的可持续开发利用具有十分重要的意义，是构成当代中国可持续政策的重要方面。按照新时期的新治水思路，四川省水利管理仍不能适应新时期的要求，存在的问题较多。如水资源的管理法律法规缺乏统筹协调，监督机制不健全；防洪工程管理设施简陋，缺乏先进的监测设施，管理手段也比较落后；水资源统一管理体制尚未完全理顺，市场经济在水资源配置中的基础性作用没有得到充分发挥，水利发展机制不灵活，水管单位良性发展机制尚未形成；水资源保护与水污染治理两者分属水利和环保部门主管，未充分发挥双重领导体制的优势；水资源开发、利用不规范，水土保持项目多部门分散实施，缺乏统筹协调和统一管理，影响治理成效，水土流失预防监督执法力度不强；有的工程项目法人组建不规范，政事企不分，责权不统一，监理行为不规范；水文站网尚需加强和优化调整，水文测报设施仍较落后，水质监测能力严重不足；水利前期工作经费投入不足，缺少项目储备；水利的社会管理意识薄弱，重建轻管现象仍普遍存在；水利的社会服务职能还不到位等。

8. 水电开发带来的流域综合、协调开发问题

全省水力资源理论蕴藏量 10MW 及以上河流共 781 条，水力资源理论蕴藏量 143514.7MW、年发电量 12571.89 亿 kW·h，技术可开发装机容量 126908.7MW、年发电量 6451.6 亿 kW·h，经济可开发装机容量 103270.7MW、年发电量 5232.89 亿 kW·h。其中全省小于 50MW 的农村水能资源技术可开发总量为 20807.05MW，单位面积技术可开发量为 43kW/km^2。由于国民经济的快速发展，水电开发出现了建设高潮，国家、集体、个人均大量投资建设电站，四川省三州地区由于前期工作深度不够及部门之间缺乏协调，少数开发商盲目开发、急功近利，仅从提高发电效益出发，开发电站。资源利用方式单一，不按环保要求保持河道的生态流量，造成下游河道水生态环境严重恶化，以及水资源不能合理调配的问题。如岷江上游河段水力资源较为集中，开发条件较好，利用程度高，但环境问题突出，梯级电站群的建立，改变了岷江上游径流的天然属性，枯水季节，径流分配上的人为影响突出。由于岷江上游水电站多引水式电站或调节能力很低的径流式电站，造成沿江河段江水消失，河床裸露，呈现出人工割裂的破碎情景，同时由于岷江上游环境格外脆弱，地震、滑坡、泥石流等地质灾害频繁发生，造成了河道淤积、河床抬高，给岷江水生动植物造成严重的影响，原水生环境遭到破坏，造成岷江上游近 40 种鱼类濒于灭绝，特别是其中的珍稀鱼类和特种鱼类已经基本消失。河道水环境问题突出，还造成都江堰供水的不稳定，甚至当电站调峰时浪费枯期宝贵的水资源。中游都江堰灌区渠道电站数量较多，电站经济效益较为可观，发电带来的效益降低灌区正常运行成本。但该区域是成都平原经济区发达区域，人均耕地紧张，电站建设会带来一定的占地影响，同时损失部分水头给下游渠系引水造成影响。另外，应协调好综合供水和发电之间的主次秩序关系。不能为了获取平原区水网小水电发电效益，人为增加宝瓶口引水量，对岷江金马河生态环境产生不利影响。

农村水电多为高水头、引水式开发，不仅电站开发施工中会影响到生态环境，电站运行后也造成减（脱）水河段，影响河道生态环境。

总结现在，展望未来，当前及今后一个时期，必须始终坚持科学发展观，始终坚持发展水利、改善民生的工作取向，紧紧抓住灾后重建和扩大内需两大机遇，以规划为龙头，以项目为支撑，坚定不移地加快水利发展，全面提升生活用水、生产用水、生态用水和防洪减灾保障能力，保障和支撑经济社会又好又快发展。水资源合理配置的思路是：一是优先发展民生水利，强化群众用水保障。二是加快发展生产水利，不断满足生产用水需求。三是大力发展安全水利，加强防洪减灾能力建设。四是着力发展生态水利，建设长江上游生态屏障。

60 年发展征尘未洗，新的起点已在脚下。实现四川水利发展新的跨越，使命光荣，任重道远，充满挑战。

附表：

附表 2-1　2010 年四川省地下水、集雨工程供水基础设施统计

| 省、市、州 | 合计（亿 m³） | 浅层地下水 | | | | 深层地下水 | | 集雨工程 | | 其他工程（万 m³） |
		生产井数量（眼）	供水能力（亿 m³）	其中机电井（眼）	供水能力（万 m³）	生产井数量	供水能力（万 m³）	数量（项）	年供水量（万 m³）	
四川省	25.88	3742877	19.47	24041	0.80	167	0.0997	1866070	4.31	1.21
成都市	4.61	879578	4.40	609	0.08	96	0.0761	28453	0.06	0.00
自贡市	0.59	42293	0.58	—	—	—	—	1110	0.01	0.00
攀枝花市	0.26	962	0.09	—	—	—	—	1584	0.11	0.06
泸州市	1.12	45160	0.84	—	—	—	—	27836	0.10	0.17
德阳市	2.87	200025	2.46	8294	0.33	25	0.0054	22680	0.07	0.01
绵阳市	2.02	98220	1.72	511	0.01	—	—	22837	0.28	0.00
广元市	0.65	460	0.40	86	0.03	14	0.011	91624	0.10	0.12
遂宁市	0.40	40714	0.37	1828	0.02	—	—	250	0.01	0.00
内江市	0.10	352	0.03	292	—	—	—	34320	0.07	0.00
乐山市	1.40	868	1.34	147	0.01	—	—	1280	0.03	0.01
南充市	2.89	582071	2.59	10424	0.16	—	—	355306	0.14	0.00
广安市	0.47	344236	0.42	17	—	—	—	13053	0.04	0.01
达川市	1.41	663954	1.12	—	—	—	—	37690	0.13	0.16
宜宾市	0.47	14261	0.29	127	0.05	—	—	18535	0.06	0.07
雅安市	1.49	4629	0.08	—	—	6	0.01	372900	1.40	0.00
巴中市	1.01	1371	0.07	—	—	—	—	139494	0.86	0.08
眉山市	0.93	662246	0.88	34	—	26	0.0057	60365	0.05	0.00
资阳市	1.30	128114	1.17	1393	0.11	—	—	21348	0.02	0.00
阿坝州	0.95	3202	0.24	279	0.01	—	—	312125	0.25	0.46
甘孜州	0.07	190	0.07	—	—	—	—	—	—	0.00
凉山州	0.89	29971	0.31	—	—	—	—	305432	0.52	0.06

附表 2－2　2010 年四川省各类水利设施总供水量统计

单位：亿 m³

| | 合计 | 地表水供水 | | | | 地下水供水 | 其他工程 | 自备水源供水 |
		蓄水	引水	提水	小计			
四川省	249.81	62.95	102.96	9.53	175.44	19.57	5.52	49.28
按行政区分								
成都市	52.38	2.32	34.85	0.92	38.09	4.47	0.06	9.76
自贡市	7.66	3.57	0.00	0.10	3.67	0.58	0.01	3.41
攀枝花市	9.52	1.11	1.93	0.33	3.37	0.09	0.17	5.89
泸州市	6.56	3.09	0.82	0.44	4.35	0.84	0.27	1.10
德阳市	21.96	1.33	16.28	1.30	18.92	2.47	0.08	0.50
绵阳市	17.68	4.49	6.69	1.35	12.53	1.72	0.28	3.14
广元市	5.80	2.36	0.30	0.38	3.04	0.41	0.22	2.14
遂宁市	6.45	2.32	2.27	0.77	5.36	0.37	0.01	0.71
内江市	7.43	2.75	0.00	0.27	3.02	0.03	0.07	4.31
乐山市	14.67	2.61	6.69	0.26	9.56	1.34	0.04	3.73
南充市	11.28	4.71	0.00	0.73	5.44	2.59	0.14	3.11
广安市	7.02	4.98	0.38	0.12	5.48	0.42	0.05	1.07
达川市	8.51	5.18	0.61	0.44	6.24	1.12	0.29	0.86
宜宾市	10.86	3.17	1.17	0.43	4.76	0.29	0.13	5.68
雅安市	6.99	0.26	5.05	0.12	5.43	0.09	1.40	0.06
巴中市	4.41	2.26	0.13	0.09	2.47	0.07	0.94	0.93
眉山市	16.57	4.17	11.09	0.31	15.57	0.88	0.05	0.06
资阳市	9.43	3.32	1.99	0.77	6.08	1.17	0.02	2.16
阿坝州	2.25	0.00	0.79	0.07	0.85	0.24	0.71	0.45
甘孜州	3.82	0.03	3.54	0.05	3.62	0.07	0.00	0.13
凉山州	18.56	8.92	8.38	0.30	17.60	0.31	0.58	0.07
按地貌分区								
四川	249.81	62.95	102.96	9.53	175.44	19.57	5.52	49.28
川西北高原山区	6.59	0.40	4.44	0.13	4.96	0.31	0.73	0.58
川西南山地区	29.61	9.73	11.68	0.66	22.07	0.42	1.13	5.98
盆周山区	23.62	7.36	6.23	0.97	14.56	1.55	1.41	6.11
盆地腹部区	189.99	45.46	80.61	7.77	133.85	17.29	2.25	36.60
成都平原区	72.59	6.41	46.65	2.22	55.29	6.50	0.23	10.58
丘陵地区	117.40	39.05	33.96	5.56	78.56	10.79	2.02	26.03

附表 2 – 3　2010 年四川省分市（州）用水量统计

单位：亿 m³

	用水量				
	农业	工业	生活	生态环境	总用水量
四川省	132.21	68.16	43.5	5.94	249.81
按行政区分					
成都市	25.40	17.54	8.81	0.63	52.38
自贡市	3.32	2.85	1.39	0.1	7.66
攀枝花市	1.93	6.66	0.87	0.06	9.52
泸州市	3.28	1.40	1.75	0.12	6.56
德阳市	15.38	4.16	2.33	0.10	21.96
绵阳市	10.47	4.76	2.30	0.15	17.68
广元市	2.96	1.50	1.28	0.06	5.80
遂宁市	2.86	1.85	1.64	0.11	6.45
内江市	2.94	2.72	1.74	0.03	7.43
乐山市	9.56	3.24	1.81	0.06	14.67
宜宾市	3.54	5.35	1.87	0.10	10.86
南充市	6.58	1.86	2.69	0.15	11.28
达州市	3.50	2.56	2.39	0.06	8.51
雅安市	4.27	1.60	1.04	0.08	6.99
广安市	3.53	1.76	1.70	0.03	7.02
巴中市	1.95	0.75	1.67	0.03	4.41
眉山市	11.43	3.58	1.48	0.08	16.57
资阳市	5.39	1.75	2.21	0.08	9.43
阿坝州	0.72	0.81	0.72	0.00	2.25
甘孜州	1.27	1.60	0.95	0.00	3.82
凉山州	11.93	3.69	2.86	0.08	18.56
按地貌分区					
川西北高原山区	2.49	2.36	1.73	0.00	6.58
川西南山地区	15.27	10.20	3.99	0.16	29.62
盆周山区	12.85	5.87	4.67	0.23	23.62
盆地腹部区	101.60	49.73	33.11	5.55	189.99
成都平原区	42.15	19.25	10.51	0.68	72.59
丘陵地区	59.45	30.48	22.60	4.87	117.40

第三章 四川水资源需求增长与 供给状况预测

一 社会经济发展对水资源需求预测

(一) 未来20年四川社会经济发展概况

自1978年改革开放以来，四川省经济经历了三个重要发展阶段，即探索起步阶段（1987～1990年）、拓展实践阶段（1991～1999年）、蓬勃发展阶段（2000年以后），尤其是"十五"时期的发展，四川省经济建设取得重大成就，社会事业全面发展，各个方面发生深刻巨大变化，经济社会发展进入了一个新阶段。省委、省政府认真贯彻科学发展观，团结率领全省各族人民抓住西部大开发机遇，实施跨越式发展战略，积极推进"三个转变"，与时俱进，开拓创新，艰苦奋斗，经济社会发展取得重大成就，成为改革开放以来四川省发展最快最好的时期之一。

全省国内生产总值从1978年的184.61亿元增加到2010年的17185.48亿元（现价，下同），年均递增率9.98%（按可比价计算，下同），人均生产总值从261元上升至21182元，增长了80.2倍，全省30年来国民经济主要指标见表3-1，各阶段的递增率见表3-2。

表3-1 1978年以来四川省国民经济主要指标统计

年份	总人口（万人）	城镇（万人）	农村（万人）	城镇化率（%）	国内生产总值（亿元）	第一产业（亿元）	第二产业（亿元）	第三产业（亿元）	人均生产总值（元）	有效灌面（万亩）	粮食总产（万吨）
1978	7071.9	784.2	6287.7	11.09	184.61	82.2	65.55	36.86	261	2983.86	2381.78
1980	7154.8	820.4	6334.4	11.47	229.31	101.68	81.05	46.58	320	3170.39	2599.73
1985	7419.3	1005	6414.3	13.55	421.15	172.9	148.11	100.14	570	3230.91	2877.28
1990	7892.5	1195.8	6696.7	15.15	890.95	321.41	312.64	256.9	1136	3338.59	3167.64
1995	8161.2	1801.9	6359.3	22.08	2443.21	662.46	980.91	799.84	3043	3451.42	3395.27
2000	8407.5	2244.8	6162.7	26.7	3928.2	945.58	1433.11	1549.51	4956	3703.51	3568.51
2005	8642.1	2851.89	5790.21	33	7385.11	1481.14	3067.23	2836.74	9060	3743.12	3409.2
2010	9001.3	3231	5770.1	40.18	17185.48	2482.89	8672.18	6030.41	21182	3829.66	3222.9

表 3-2　四川省各阶段主要国民经济指标递增率

单位: %

阶　段	总人口	城镇人口	农村人口	国内生产总值	第一产业	第二产业	第三产业	有效灌面	粮食总产量
1978~1990 年	0.92	3.58	0.53	8.61	5.56	9.94	12.12	0.94	2.45
1991~2000 年	0.63	6.5	-0.83	10.25	5.3	12.03	12.73	1.04	1.2
2001~2010 年	0.68	3.71	0.76	11.5	3.86	15.56	10.5	0.34	-1.03
1978~2010 年	0.73	6.13	0.17	9.98	4.93	12.21	11.74	0.59	0.92

　　2000~2010 年，全省生产总值年均增长 11.5%，2010 年达到 17185.5 亿元，提前实现跨越式发展的第一步战略目标。地方财政一般预算收入达到 1134.9 亿元，在 2000 年基础上翻了五番。经济结构调整取得重要进展，农业基础地位得到巩固和加强，工业化、城镇化进程加快，旅游等服务业发展迅速，三次产业结构由 2000 年的 24.1∶36.5∶39.4 调整为 14.4∶50.5∶35.1，城镇化水平由 2000 年的 26.7% 上升到 40.2%。交通、能源、水利、通信、市政、环保等基础设施建设成绩显著，发展的基础条件进一步改善。长江上游生态屏障建设取得明显成效，累计完成退耕还林 1318.5 万亩，其中"十五"期间完成退耕还林 1018 万亩，退牧还草 3840 万亩，2010 年森林覆盖率达到 34.8%。外经外贸和利用外资规模扩大，经济体制改革不断向纵深推进。市场繁荣，人民生活水平明显提高，2010 年城镇居民人均可支配收入 15461 元，农民人均纯收入达到 5140 元，分别比 2000 年增加 9567 元和 3236 元。科技、教育、文化、卫生等社会事业全面发展。精神文明与民主法制建设得到加强，民族团结，社会稳定。

　　"十一五"时期成绩巨大，2010 年全省人口达到 9001.3 万人（户籍人口，常住人口 8042 万人），城镇化水平达到 40.2%（见表 3-3）。

表 3-3　2000~2010 年四川省经济社会发展情况

指　标	2000 年	2005 年	2010 年	2000~2010 年年均增长率（%）	备　注
总人口（万人）	8407.5	8642.1	9001.3	0.68	
城市人口	2244.8	2851.89	3231	3.71	
农村人口	6162.7	5790.21	6646.1	0.17	
城镇化率（%）	26.7	33	40.2	4.18	
总耕地（万亩）	6519.15	5859	6016.7	-0.8	
田	3375	3121.05	3143.73	-0.7	
有效灌面（万亩）	3703.5	3742.5	3829.66	0.34	
全省生产总值（亿元）	3928.2	7385.11	17185.48	11.5	可比价计算

续表

指　标	2000 年	2005 年	2010 年	2000～2010 年年均增长率（%）	备　注
第一产业	945.58	1481.14	2482.89	3.86	
第二产业	1433.11	3067.23	8672.18	15.6	
工业	1154.46	2527.08	7431.45	16.7	
第三产业	1549.51	2836.74	6030.41	10.5	
人均生产总值（元）	4956	9060	21182	3.7	
全社会固定资产投资总额（亿元）	1404	3477.68	13581.96	25.5	
地方财政一般预算收入（亿元）	233.9	479.5	1134.9	17.1	
粮食生产（万 t）	3568.51	3409.2	3222.9	-1.01	
电力总装机容量（万 kW）	1708.6	2300	4761	9.5	
水电装机容量（万 kW）	1114.3	1499	1899	5.5	
城镇居民人均可支配收入（元）	5894	8386	15461	10.1	
农村居民人均纯收入（元）	1904	2803	5140	10.4	
城镇居民人均住房建筑面积（m²）	21	27	34.74	5.2	
森林覆盖率（%）	24.2	28.98	34.82	3.7	
累计退耕还林（万亩）	300.4	1018	1336.4		

注：1. 表中生产总值是当年价，年均增长由 1978 年可比价计算。全省生产总值"十五"计划目标按 2000 年价格计算是 5890 亿元，表中所列的 6380 亿元是按现价经调整后的数据。

2. 人均指标、城镇化率是由常住人口计算。

抓住机遇，迎接挑战，发挥有利条件，化解矛盾困难，科学系统地谋划好未来的发展，进一步推动四川省开放型经济的加快发展、科学发展、又好又快发展，加快建设西部经济发展高地，关系着全川各族人民群众的福祉，关系着四川省在全国总体经济格局中的地位，关系着四川省全面建设小康社会奋斗目标的实现。

与全国比较，四川省经济总量较大，为全国第 8 位，指标虽然靠前。但人均指标靠后，排在第 24 位，综合竞争力相对较弱，居全国 17 位，仍然处于全国中游水平。四川省经济地区发展不平衡的现象广泛存在，总体上是成都及周边地区明显优于其他区域，而川西北、川西南、盆周经济相对滞后。2010 年盆地腹部区 GDP、第一产业、第二产业、第三产业增加值分别占全省的 71.8%、77.5%、80.7% 和 85.1%。盆地腹部区城市化率已经达到 42.4%，明显高于全省平均水平，占有十分重要的地位（见表 3-4）。

表 3 - 4   2010 年四川省分市、州经济社会发展情况统计

市 (州)	常住人口 (万人)	户籍总人口 (万人)	城镇人口	城镇化率 (%)	地区生产总值 (亿元)	第一产值 (亿元)	第二产值 (亿元)	第三产值 (亿元)	有效灌溉面积 (万亩)	标准耕地面积 (万亩)
四 川 省	8041.8	9001.3	3231.20	40.18	17185.5	2482.89	8672.18	6030.41	3829.66	8925.18
成 都 市	1404.8	1149.1	920.28	65.51	5293.71	297.10	2299.04	2697.57	480.42	636.1
自 贡 市	267.9	326	109.89	41.02	647.73	84.68	370.84	192.21	120.36	284.31
攀枝花市	121.4	111.3	72.96	60.1	523.99	21.49	386.63	115.87	43.17	75.99
泸 州 市	421.8	502.3	163.66	38.8	714.79	108.81	403.71	202.27	173.51	567.51
德 阳 市	361.6	389.2	149.41	41.32	921.27	152.39	532.72	236.16	223.25	366.52
绵 阳 市	461.4	541.9	183.87	39.85	960.22	166.49	468.27	325.46	315.90	610.28
广 元 市	248.4	310.9	81.92	32.98	321.87	76.52	125.67	119.68	131.66	494.85
遂 宁 市	325.2	381.4	124.81	38.38	495.23	109.39	254.69	131.15	180.63	391.28
内 江 市	370.3	425.5	145.75	39.36	690.28	112.39	419.53	158.36	173.30	381.1
乐 山 市	323.6	353.4	127.76	39.48	743.92	100.08	442.45	201.39	151.47	336.34
南 充 市	627.9	751.7	225.48	35.91	827.82	201.62	401.57	224.63	309.93	673.81
眉 山 市	295	349.1	100.62	34.11	552.25	103.8	303.31	145.14	264.33	361.28
宜 宾 市	447.2	539	169.94	38	870.85	133.84	519.21	217.8	187.23	698.16
广 安 市	320.5	466.1	93.17	29.07	537.22	109.91	259.25	168.06	142.38	431.19
达 州 市	546.8	685.5	178.86	32.71	819.2	194.99	409.59	214.62	241.71	640.68
雅 安 市	150.7	154.9	52.17	34.62	286.54	49.97	157.83	78.74	63.86	150.97
巴 中 市	328.4	388	96.25	29.31	280.91	81.65	94.97	104.29	114.45	350.72
资 阳 市	366.5	501.1	119.96	32.73	657.9	151.81	348.4	157.69	250.64	610.02
阿 坝 州	89.9	89.9	27.06	30.1	132.76	25.13	58.53	49.1	27.65	107.32
甘 孜 州	109.2	106.1	22.42	20.53	122.83	28.77	44.92	49.14	42.11	136.56
凉 山 州	453.3	478.9	124.75	27.52	784.19	172.06	371.05	241.08	191.73	620.19

（二）未来 20 年社会经济发展预测

四川省省委、省政府提出奋力推进"四个跨越"（传统农业向现代农业跨越、工业大省向工业强省跨越、旅游资源大省向旅游经济强省跨越、文化资源大省向文化强省跨越）发展，全面落实"奔富裕、求发展、促和谐、树新风"四项任务的构想。经济社会的持续发展，离不了水资源可持续的供给，为做好供水预测，必须首先研究四川省经济社会发展。按照全面建设小康社会的战略部署及科学发展观的要求，四川省在未来 10～20 年经济社会发展总体态势为控制人口增长速度，年均增长速度继续下降，控制在 3‰左右。经济增长将更加注重质量和效益，保持经济又好又快地发展，在提高经济增长质量和效益的基础上，全省生产总值年均增长

10%左右，到 2020 年，地区生产总值在 2000 年的基础上翻两番以上，全面实现小康社会的目标。

按照全面建设小康社会的战略部署及科学发展观的要求，四川省委九届四次全会对全省经济社会发展目标进行了适当调整。到 2020 年，要实现三步走：第一步，到 2010 年，全省生产总值力争达到 15000 亿元，人均生产总值达到 18000 元左右；第二步，到 2015 年，生产总值力争达到 26000 亿元，人均生产总值达到 31000 元左右；第三步，到 2020 年，生产总值力争达到 47000 亿元，人均生产总值达到 55000 元左右。

按照《全国水资源综合规划》需水预测方法和国家发展和改革委员会宏观经济研究院、南京水科院研究院等有关单位提供的国民经济发展预测指标等研究成果，以及《四川省水资源综合规划》预测成果，并结合四川省 2000～2010 年的实际情况进行预测。

基准年为 2010 年，规划水平年为 2020 年和 2030 年。

1. 人口与城镇化

在 2010 年前人口年均增长率将在 4‰左右，总人口约达到 9001 万人，城镇人口约 3231 万人，城镇化率约为 40%；2010～2020 年人口增长率约为 3‰，2020 年总人口约达到 9221 万人，城镇人口约 4426 万人，城镇化率约为 48%；2021～2030 年人口增长率约为 2‰，2030 年总人口约达到 9407 万人，城镇人口约 5268 万人，城镇化率为 56%（见表 3-5）。

表 3-5　四川省人口与城镇化率预测

单位：万人，%

水平年	总人口	城镇人口	农村人口	城镇化率	人口递增率
2000	8407.5	2244.8	6162.7	—	—
2010	9001.3	3231.20	5770.1	40.18	0.5
2020	9221.14	4426.00	4795.14	48.00	0.3
2030	9407.23	5268.00	4139.23	56.00	0.2

2. 经济发展预测

到 2020 年、2030 年四川省国内生产总值分别达到 38855 亿元和 69583 亿元。年均增长率分别为 8.5% 和 6.0%；2020 年、2030 年四川省人均 GDP 将分别达到 4.21 万元和 7.40 万元，到 2020 年实现党的"十六大"提出的全面建设小康社会的宏伟目标。到 2030 年以后将完成工业化的基本任务，工业需水量将进入一个相对稳定期（见表 3-6 和表 3-7）。

表 3-6　四川省国民经济发展预测

单位：亿元

水平年	第一产业	第二产业			第三产业	GDP
		工业	建筑业	小计		
2005	1481	2527	540	3067	2837	7385
2010	2483	7431	1241	8672	6030	17185
2020	3675	17967	2938	20905	14275	38855
2030	5184	31056	5262	36318	28081	69583

表 3-7　四川省国民经济发展年递增率预测

单位：%

水平年	第一产业	第二产业			第三产业	GDP
		工业	建筑业	小计		
2010~2020	4	9.23	9	9.2	9	8.5
2021~2030	3.5	5.6	6	5.7	7	6
2010~2030	3.7	7.41	7.5	7.42	8	7.24

第一产业增加值 2020 年、2030 年分别达到 3675 亿元和 5184 亿元，年均增长率为 4% 和 3.5%。第二产业增加值 2020 年、2030 年分别达到 20905 亿元和 36318 亿元，年均增长率为 9.2% 和 5.7%。第三产业增加值 2020 年、2030 年分别达到 14275 亿元和 28081 亿元，年均增长率为 9.0% 和 7.0%。

2020 年、2030 年三次产业结构由现在的 14.4∶50.5∶35.1 分别调整为 9.5∶53.8∶36.7 和 7.5∶52.2∶40.3。

2020 年、2030 年盆地腹部区的经济总量分别达到 31874 亿元和 57221 亿元，占全省的 82% 和 82.2%；其中成都市将达到 12390 亿元和 22880 亿元，占全省的 31% 和 32.9%。

表 3-8　四川省国民经济产业结构变化预测

单位：%，元

水平年	第一产业	第二产业	第三产业	人均 GDP
2005	20	41.6	38.4	8580
2010	14.4	50.5	35.1	21182
2020	9.5	53.8	36.7	42137
2030	7.5	52.2	40.3	73968

全省各市州国民经济发展预测见附表 3-1。

3. 灌溉面积发展预测

灌溉面积发展包括耕地、园地和草地灌溉面积三部分。至 2010 年四川省粮食产量达到 3222.9 万 t，人均粮食占有量 358kg，未达到粮食安全水平 395kg 的要求，要使人均粮食保持在 420~450kg 的水平，一个重要的途径就是发展有效灌面及旱涝保收面积，1990~2010 年，粮食的年均增长率不到 1.0%，同时要弥补 20 多年来因建设用地等而损失的近 416 万亩有效灌面，预测需要新增有效灌面 1000 万亩以上，使全省有效灌面达到 4750 万亩。因此，如果要保持四川省的粮食自给率，有效灌面必须随人口增长而相应增长。根据四川省的省情，首先是搞好现有灌区的续建、配套和节水改造，提高管理水平，充分发挥现有水利工程的经济效益，在巩固已有灌区的基础上，根据各地区的水土资源条件，结合本地区实际兴建的水源工程，发展灌溉灌面。

2006~2015 年，主要是贯彻执行《四川省"再造一个都江堰灌区"规划纲要》（川办发〔2009〕50 号）新增加灌溉面积任务，包括大、中、小灌区续建配套与节水改造发展新增有效灌溉面积以及"十五"及"十一五"期间正建中型水库二郎庙水库等灌区渠系配套建设，将新增有效灌面 915 万亩。其中大型灌区续建配套新增有效灌面 242 万亩；中型灌区续建配套新增有效灌面 312.3 万亩；小型灌区续建配套新增有效灌面 262.7 万亩，在建中型水库工程 98.1 万亩。

2016~2020 年，主要是继续完成正建大型武都引水二期、升钟二期、大桥灌区二期、毗河一期、向家坝引水工程一期的灌区建设，新建的小井沟、红鱼洞、黄桷坝、大竹河、白岩滩等骨干工程配套，新增有效灌面 292 万亩。

2021~2030 年，继续完成毗河引水工程、向家坝引水工程、亭子口引水工程的新建灌区，开始建设长征渠一期灌区；并在盆周山区、川西南山区和川面北高山高原区建设一批骨干蓄引水工程，如新坝、八角、天星桥等 100 多座大中型水库灌区。新增有效灌面 684 万亩，使有效灌面达到 5634 万亩，占耕地的 63.13%，人均有效灌面从 2005 年的 0.43 亩发展到 0.6 亩。

同时，到 2030 年全省人工牧草基地灌溉面积增加 376 万亩，达到 624 万亩，综上，2030 年四川省总灌溉面积将达到 6760 万亩，其中耕地 5634 万亩，林果地 502 万亩，人工牧草地 624 万亩。与 2010 年比较，共增加灌溉面积 2833 万亩，其中新增有效灌溉面积耕地 1805 万亩、林果地 442 万亩、人工牧草地 586 万亩（见表 3-9）。

表 3-9　四川省灌溉面积发展预测

单位：万亩

水平年	耕地面积	农田有效灌溉面积				灌溉林果地		灌溉人工草场	合计	鱼塘面积
		水田	水浇地	菜田	小计	小计	其中：农田防护林			
2010	8925	3361	270	198	3829	60	5	38	3927	44.0
2020	8752	3749	921	280	4950	447	18	508	5905	67.5
2030	8423	4223	1091	320	5634	502	24	624	6760	80.3

各市、州耕地灌溉面积发展预测见附表 3 - 2。

4. 畜牧业发展预测

四川省是畜牧业大省，生猪等畜禽产品产量长期居全国第一，肉类生产居全国第三位，畜牧业产值占农业总产值比重超过 50%，畜牧业已成为农村经济的支柱产业和农民增收的重要来源。

根据省政府《关于加快发展现代畜牧业的意见》，四川省畜牧业生产能力将显著增强，2020 年肉类、禽蛋、奶类产量年均分别增长 5% 以上。

四川省畜牧业以养殖生猪等小牲畜为主，预计 2030 年四川省大、小牲畜将达到 13530 万头，其中小牲畜 11808 万头（见表 3 - 10）。

表 3 - 10   四川省畜牧业发展预测

单位：万头，%

年份	大牲畜	小牲畜	合计	大牲畜递增率	小牲畜递增率
2005	1253.75	8110.94	9364.69	—	—
2010	1357.31	9487.53	10844.84	1.60	1.40
2020	1544.45	10689.52	12233.97	1.30	1.20
2030	1721.98	11807.88	13529.86	1.10	1.00

各市、州牲畜发展预测见附表 3 - 3。

二　未来 20 年各用水部门需水预测

（一）需水标准

按照建设资源节约型、环境友好型社会的要求，以水资源可持续利用支撑经济社会可持续发展为目标。需水预测首先在"节水"前提下，制定各类需水定额，不同水平年四川省需水水平将有大幅提高，参照水利部水规总院、南京水科院研究院等有关单位提供的国民经济发展预测用水指标等研究成果，2010 年修订的《四川省用水定额》以及全国水资源综合规划有关要求，四川省水资源综合规划定额成果以及 2005 年、2010 年四川省水资源公报实际公布的各行业用水定额，并参考在《水资源综合规划》时分市、州设计的灌溉制度系列等有关成果，拟定各行业平均净需水定额，并考虑用水部门的不同结构、地理、自然环境的差异，采用了不同的净需水定额计算各市州需水量。四川省国民经济各主要行业需水定额见表 3 - 11。

表 3-11　四川省国民经济各主要行业的净需水定额

水平年	生活		生产								第三产业	河道外生态		
			第一产业						第二产业					
	城镇生活	农村生活	P=50%				大牲畜	小牲畜	综合工业	建筑业		绿化	河湖需水	环境卫生
			农田灌溉	林果地	草场	鱼塘								
	(L/人·d)		(m³/亩)				(L/头·d)		(m³/万元)			(m³/hm²)		
2005	120	55	242	83	104	911	30	15	232	22.7	20	2180	13825	1708
2010	128	75	229	77	85	639	35	18	80	13.6	15.3	2170	13716	1712
2020	140	80	218	69	76	543	40	20	70	9.9	11.4	2168	14141	1772
2030	158	90	207	60	70	520	40	20	48	7.6	9.4	2150	14250	1905

（二）需水预测

需水预测按"三生"（生活、生产、生态）需水量进行计算。生活包括城镇生活和农村生活两部分；生产包括第一产业（种植业、林牧渔业）、第二产业（工业和建筑业），第三产业包括（商饮业、服务业等）；生态主要指河道外为维护生态环境功能和生态环境（包括绿化、河湖补水、环境卫生）的需水。而河道内生态需水，在计算水资源可利用水量中已经扣除，此处不再单独计算。

经计算，全省"三生"总净需水量，2010 基准年为 223.29 亿 m³，2020 年、2030 年将分别达到 316.49 亿 m³ 和 365.27 亿 m³（见表 3-12）。

表 3-12　四川省全社会各水平年净需水预测

单位：万 m³

水平年	生活净需水			第一产业净需水			
	城镇人口	农村人口	生活净需水小计	农田灌溉净需水（P=50%）	林牧渔	牲畜	第一产业合计
2010	174726	144233	318958	934388	142482	79673	1156543
2020	246985	136349	383334	1070859	145887	100583	1317328
2030	299154	132614	431768	1152453	149806	111338	1413598

水平年	第二产业净需水			第三产业净需水小计	生产净需水合计	河道外生态需水量	净需水总计
	工业（含火电）	建筑业	第二产业小计				
2010	623756	16983	640739	91849	1889131	24823	2232912
2020	1225562	29030	1254592	177408	2749329	32280	3164943
2030	1466093	39976	1506070	264527	3184194	36725	3652687

再考虑其水量损失，按不同的行业采用不同的水量损失系数（水量利用系数、

管网损失率或灌溉水利用系数）计算各行业、各水平年各市、州毛需水量。

经计算全社会 2010 基准年总毛需水量为 328.44 亿 m^3，需水量为水资源可利用量的 38%，水资源开发利用率为 12.6%；2020 年总毛需水量为 427.46 亿 m^3，需水量为水资源可利用量的 49.4%，水资源开发利用率为 16.4%；2030 年总毛需水量为 476.2 亿 m^3，需水量为水资源可利用量的 55%，水资源开发利用率为 18.2%（见表 3 - 13）。

表 3 - 13　四川省全社会各水平年毛需水预测

单位：万 m^3

水平年	生活毛需水			第一产业毛需水			
	城镇人口	农村人口	生活毛需水小计	农田灌溉毛需水（P = 50%）	林牧渔	牲畜	一产业合计
2010	200834	160259	361093	1832133	163870	88526	2084529
2020	280665	151499	432164	1947016	160288	111759	2219062
2030	332393	147349	479742	1986989	167515	123709	2278213

水平年	第二产业毛需水			第三产业毛需水小计	生产毛需水合计	河道外生态需水量	毛需水总计
	工业（含火电）	建筑业	第二产业小计				
2010	693062	18870	711933	102054	2898516	24823	3284431
2020	1361736	32256	1393991	197120	3810173	32280	4274617
2030	1628992	44418	1673411	293918	4245542	36725	4762009

从表中可见 2010～2020 年水量年递增率为 2.67%，2020～2030 年水量年递增率为 1.08%。需水弹性系数[①] 2010～2020 年为 0.31，2021～2030 年为 0.18。

生活需水量 2010～2030 年年递增率为 1.43%；一产业需水量 2010～2030 年年递增率为 0.44%；二产业需水量 2010～2030 年年递增率为 4.37%；三产业需水量 2010～2030 年年递增率为 5.43%。说明了一产业需水量增长甚微（几乎为零），耕地灌溉面积虽有增长，但靠节水措施的大力推广采用，节约用水量，所以一产业用水量并未增加，换句话说一产业主要靠自身节约用水来发展灌溉面积；而需水量增长较快主要是二、三产业，符合全国、世界的发展趋势。

预测 2010～2030 年各行业需水的比例也将发生明显的变化。一产业（主要是耕地灌溉）需水比例将由 2010 年占总需水的 63.4% 下降为 2030 年占总需水的 47.7%；而二产业需水比例将由 2010 年占总需水的 21.7% 上升为 2030 年占总需水的 35.1%，国民经济各产业的需水量更趋合理（见表 3 - 14）。

---

① 需水弹性系数为总水量增长率与 GDP 增长率的比值。

· 96 ·

表 3 - 14　四川省各水平年毛需水比例预测

单位：%，万 m³

| 水平年 | 各行业需水的总水量比例 | | | | | 总需水 |
	生活	第一产业	第二产业	第三产业	生态	
2010	11.0	63.4	21.7	3.1	0.8	3284431
2020	10.1	52	32.6	4.6	0.7	4274617
2030	10.1	47.7	35.1	6.2	0.9	4762009

四川省全社会各水平年分市、州及各地貌分区毛需水预测见附表 3 - 4。

2010 ~ 2030 年，四川城镇居民生活需水（不包括公共设施）毛定额由 165L/人·d 增加至 174L/人·d，农村居民生活需水毛定额由 76L/人·d 增加至 97L/人·d，工业综合需水毛定额由 259m³/万元下降至 53m³/万元，其中普通工业需水毛定额由 82m³/万元下降至 46m³/万元；P = 50% 耕地综合灌溉由现状基准（以 2010 年作为现状基准年）435m³/亩下降至 357m³/亩；林、牧、渔灌溉需水毛定额均有所下降；另外，建筑业单位面积需水定额以及第三产业万元增加值需水毛定额均合理下降。

从综合用水定额分析，2010 ~ 2030 年，四川省 P = 50% 保证率条件下，万元 GDP 耗水毛定额由现状基准 191m³ 下降至 68m³，人均综合用水量由基准年 365m³ 增加到 2030 年的 506m³，相当于发达国家目前的水平。说明需水预测成果基本符合变化规律，成果基本合理可信。四川省各水平年用需水指标见表 3 - 15。

到 2030 年四川省总需水峰量值为 476.1 亿 m³，较基准年净增 147 亿 m³。

表 3 - 15　四川省各水平年主要各行业毛需水指标统计

水平年	城镇居民生活（L/人·d）	农村居民生活（L/人·d）	综合工业定额（m³/万元）	耕地综合灌溉定额（P = 50%，m³/亩）	万元 GDP 用水（m³）	人均综合用水（m³）
1980	101	65	1168	428	2151	238
1985	114	70	881	460	1384	238
1990	127	74	819	424	1097	239
1995	137	80	546	402	743	265
2000	122	85	436	384	520	280
2005	140	68	259	464	402	345
2010	165	76	85	435	191	365
2020	172	86	67	396	110	464
2030	174	97	46	357	68	506

三　现状供水条件不变情况下的供需矛盾分析

（一）现状供水条件下的一次水量平衡

四川省现状可供水量以 2010 年实际供水量 249.81 亿 m³ 为基础，根据水资源开发利用现状调查,全省各类水利设施供水能力及各企业自备水源(不增加新工程和新供水措施),扣除不合理开发的水量部分和应有的水量损失,分工程类型计算平均年供水,加上自备水源供水量,得出 2010 水平年全省可供水量为 279.26 亿 m³,作为一次水量平衡(现状供水条件下的水量平衡)的依据。

所谓一次水量平衡,也就是在 2010 年(基准年)以现有水利设施及自备水源供水能力与各水平年正常增长的需水要求(考虑按正常的节水措施)组成的各水平年的水量平衡,即所谓"零方案平衡"。为简化平衡工作只作 P = 50% 保证率的代表年来表示。2010 水平年全省可供水量及一次水量平衡计算成果见表 3 - 16。

表 3 - 16　2010 水平年四川省一次水量供需平衡成果

	毛需水总计 (万 m³)	2010 水平年供 水量(亿 m³)	现况缺水 (亿 m³)	现况余水 (亿 m³)	缺水率 (%)
四川省	328.44	279.26	49.18	—	15.0
按行政区分区					
成都市	62.69	55.46	7.22	—	11.5
自贡市	10.14	7.47	2.67	—	26.4
攀枝花市	9.05	11.11	—	2.06	0.0
泸州市	15.39	6.29	9.09	—	59.1
德阳市	20.90	17.46	3.44	—	16.5
绵阳市	21.83	23.32	—	1.48	0.0
广元市	8.61	7.62	0.99	—	11.5
遂宁市	10.61	7.28	3.33	—	31.4
内江市	14.33	10.41	3.93	—	27.4
乐山市	14.27	18.11	—	3.84	0.0
南充市	19.30	16.95	2.36	—	12.2
眉山市	22.79	19.78	3.01	—	13.2
宜宾市	16.94	6.99	9.95	—	58.7
广安市	10.69	11.12	—	0.42	0.0
达州市	18.21	7.30	10.91	—	59.9
雅安市	4.45	4.97	—	0.52	0.0
巴中市	7.92	6.51	1.41	—	17.8
资阳市	15.89	12.53	3.36	—	21.2
阿坝州	2.54	1.85	0.69	—	27.3
甘孜州	2.91	6.13	—	3.22	0.0
凉山州	18.96	20.61	—	1.65	0.0
按地貌分区					
盆地腹部区	257.36	206.02	51.34	—	19.8
成都平原区	87.41	77.45	9.96	—	11.4
丘陵地区	169.95	128.57	41.38	—	24.3
盆周山区	34.82	32.87	1.95	—	5.6
川西南山区	30.61	32.97	—	2.36	0.0
川西北高原区	5.65	7.40	—	1.75	0.0

从一次水量平衡的结果可知，要满足 2010 年（基准年）全省综合毛供水 328.44 亿 m³ 的要求，缺水量为 49.18 亿 m³，缺水率为 15%。按地貌分区以盆地腹部区缺水最为严重，年缺水量 51.34 亿 m³，缺水率达 19.8%，而最缺水区又是盆地腹部区的丘陵地区，年缺水量 41.38 亿 m³，缺水率达 24.3%；盆周山区缺水 1.95 亿 m³，缺水率 5.6%；川西北高原区和川西南山区基本不缺水；川西南山区由于大桥水库未完全配套，水库水量尚有余水。盆地腹部区的成都、自贡、泸州、德阳、绵阳、遂宁、内江、南充、眉山、宜宾、广安、巴中、资阳都存在较为严重缺水，缺水率为 11.5%~59%，均为水利设施不足造成的工程性缺水。而 2010 实际年，全省平均降雨量 943.4mm，比常年减少 3.6%，地表水资源量比常年减少 1.6%，全省缺水比计算值更为严重。

（二）需水预测对供水提出的新任务

用基准年水利设施供水，与各水平年预测的需水量进行的一次水量平衡，反映出了各水平年出现的缺水量。增加供水是经济社会发展对水利建设提出的任务，确保经济社会持续发展。四川省各规划水平年一次水量供需平衡见表 3-17。

表 3-17 四川省各规划水平年一次水量供需平衡成果

单位：亿 m³，%

地貌分区	水平年	毛需水量总计	2010 年可供水量	水量平衡		缺水率
				缺水	余水	
四川省	2010	328.44	279.26	49.18	—	15.0
	2020	427.71	279.26	148.20	—	34.7
	2030	476.09	279.26	196.94	—	41.4
盆地腹部区	2010	257.36	206.02	51.34	—	19.9
	2020	332.80	206.02	126.78	—	38.1
	2030	363.63	206.02	157.61	—	43.3
其中：成都平原区	2010	87.41	77.45	9.96	—	11.4
	2020	111.90	77.45	34.45	—	30.8
	2030	125.54	77.45	48.09	—	38.3
丘陵地区	2010	171.59	128.57	43.02	—	25.1
	2020	220.90	128.57	92.33	—	41.8
	2030	238.09	128.57	109.52	—	46.0
盆周山区	2010	34.82	32.87	1.95	—	5.6
	2020	47.21	32.87	14.34	—	30.4
	2030	50.82	32.87	17.95	—	35.3
川西南山区	2010	30.61	32.97	—	2.36	0.0
	2020	42.24	32.97	9.26	—	21.9
	2030	52.87	32.97	19.90	—	37.6
川西北高原区	2010	5.65	7.40	—	1.75	0.0
	2020	8.09	7.40	0.68	—	8.5
	2030	8.78	7.40	1.38	—	15.7

从表中可见，如果不再进行水利建设新增供水，2020 年全省将缺水 148.2 亿 m³，缺水率上升到 34.7%；2030 年缺水量将达到 196.94 亿 m³，缺水率达 41.4%。而盆地腹部区仍是缺水最严重的地区。

要求 2030 年在现状基础上增加供水能力 196.8 亿 m³，相当于现状供水能力的 72%，是经济社会持续发展对水利建设提出的增加供水量的艰巨任务和严峻挑战，我们必须为此做到未雨绸缪，才能保障全省经济社会的可持续发展。

四 水资源的承载能力是社会经济发展的重要决定因素

（一）水资源承载能力重要性研究

水资源承载能力是决定经济社会发展的重要因素，为此还应进一步研究四川省水资源承载能力和水资源压力情况，复核预测的经济社会发展指标和需水的合理性，研究水资源利用程度和水资源可供水量是否能满足预期的经济社会发展的需求。

水资源承载能力是指当地的水资源，在一定的经济社会发展阶段，在不破坏社会和生态系统时，最大能够支撑国民经济发展（包括工业、农业、社会、人民生活等）的能力。它是一个随社会、经济、科学技术发展而变化的综合指标。水资源可持续利用指在水资源承载能力范围之内，通过水资源合理配置和高效利用，使得区域水资源可以支撑当代人对社会、经济和生态环境发展的用水要求，而且对后代人的用水需求不构成危害的水资源利用方式，水资源利用程度不得超过水资源承载能力。而水资源可利用量是指在水资源可持续利用的前提下，考虑技术上的可行性、经济上的合理性以及生态环境的可承受能力，通过工程措施获得并能利用的一次性水量。寻求有效治理对策，缓解人类活动对水资源和水生态环境的压力，促进水资源的可持续利用，水生态的平衡和良性循环，实视人水和谐。

四川省水资源总量 2615.69 亿 m³，扣除河道生态基流和不可能利用的洪水，计入预见期内（2030 年）区域内调蓄能力、调入水量和过境水可利用水量，初步估算全省各流域水资源可利用量为 865.14 亿 m³，占水资源总量的 33.1%。

为反映其承载能力大小，以水量承载指数表示水量的承载能力。水量承载指数，即可供水量或可利用水资源量与需水量的比值，表示现有可供水资源量对需水量的满足程度，只有当水量承载指数大于 1 时才能保障供水的要求（比值越大越好）。

从利用的总量上看，全省需水按此预测数据计算，预测水资源开发利用率为 18.2%，水量承载指数为 1.82，理论上可以满足全省 2030 水平年预测总需水量 476 亿 m³ 的需要。但是存在水资源可利用量与需水量区域不相适应的情况，盆地腹部区水资源严重不足，未计入调水工程调入水量和过境水利用量，只考虑增加拦蓄当地径流增加水资源利用量，靠全部利用该区可利用水量是不能满足腹部丘陵区用水需求的，而水量承载指数仅为 0.83。在区域内经济社会发达的成都市、自贡市、德阳市、遂宁市、内江市、资阳市 2030 年预测的需水要求，水量承载指数为 0.61 ～ 0.72，小于最低要求 1.0，当地可利用水量不能满足经济社会发展预测水量的需要。除上述地区外的市州水量承载指数均大于 1.0，说明当地可利用水资源量理论上可以满足预测需水的要求（见表 3 - 18）。

表 3 - 18　2030 年四川省各市州预测需水与当地水资源可利用量比较

单位：亿 m³

按行政区或 地貌分区	水资源总量	水资源可利用水量	2030 水平年 总毛需水总计	水量承载指数
四川省	2615.69	865.14	476.09	1.82
按行政区分区				
成都市	80.41	63.63	97.04	0.66
自贡市	14.79	11.4	18.82	0.61
攀枝花市	48.2	26.9	19.27	1.40
泸州市	61.58	29	25.08	1.16
德阳市	30.68	17.45	24.22	0.72
绵阳市	114.18	66.34	28.91	2.29
广元市	83.85	26.7	10.29	2.59
遂宁市	11.35	10.17	15.68	0.65
内江市	15.1	11.28	17.01	0.66
乐山市	118.94	37.54	23.80	1.58
南充市	41.23	27.65	26.71	1.04
眉山市	59.93	33.14	25.07	1.32
宜宾市	91.16	46.82	26.83	1.75
广安市	29.64	16.74	15.00	1.12
达州市	103.71	47.82	23.70	2.02
雅安市	168.57	31.06	6.55	4.75
巴中市	71.68	33.99	9.61	3.54
资阳市	21.22	16.64	24.18	0.69
阿坝州	391.33	89.57	3.86	23.22
甘孜州	659.73	106.87	4.88	21.92
凉山州	398.41	114.43	29.57	3.87
按地貌分区				
盆地腹部区	514.71	300.96	363.63	0.83
成都平原区	142.52	83.83	125.54	0.67
丘陵地区	372.19	217.13	238.09	0.91
盆周山区	561.94	214.42	50.82	4.22
川西南山区	427.70	121.42	52.87	2.30
川西北高原区	1111.34	228.35	8.78	26.01

　　需水预测是依据经济社会发展要求基础计算出的需水量，用此需水量确定需要供水多少，未考虑区域水资源可利用水量能否满足需水要求，即"以需水能力定供水能力"，这是人们的良好愿望，人们的愿望还要受客观条件的制约。因此，应根据各市（州）水资源可承载能力以及相应的可利用水量，检查水资源可利用量能否满足供水的需要。反过来复核各市（州）经济社会是否能按预测目标发展，转变为"以供水能力定经济社会结构"，量水而行，以水定发展，从而建立和健全与水资源承载能力相适应的经济社会结构体系和合理的用水方式。

　　随着科学技术的发展及国家经济实力的增强，开发利用水资源的手段和措施会不断改进或更新，水资源可利用量也会发生变化，如果要满足经济社会发展预测的需水要求，从四川省水资源状况出发必须采取工程措施调节水量，从水资源丰富的西部和盆周调水到盆地腹部区，并使用工程措施增加利用当地径流和过境水，来提高水资源的可利用水量，才能提高盆地腹部区的水量承载指数，满足预测需水要求，否则就必须压缩发展规模或调整产业结构，发展低耗水产业以减轻对水资源需求的压力。

　　初步分析到 2030 年，四川省已建成都江堰、玉溪河、通济堰、武都引水、升钟水库灌区；拟建的毗河引水工程、向家坝引水工程、长征渠、亭子口引水工程（简称"五横四纵"工程）届时建成，能从青衣江、岷江、涪江、嘉陵江、金沙江新增调水和利用过境水约 126.1 亿 m^3 进入盆地腹部区，由于调水工程的实施，改变了水资源可供水量地区的布局。虽然此时四川省水资源可利用量仍将为 865.14 亿 m^3，水量承载指数仍为 1.82，但是腹部丘陵区的水量承载指数提高到 1.45，几乎所有市（州）的水量承载指数均大于 1.0，可基本满足全省预测需水的要求。从表 3 - 19 可知，由于水工程的建设，调整了水量承载指数，甘孜州、阿坝州（已扣除调水）最高为 16.56 和 9.33；德阳、成都（计入调入水量）最低仅 1.0、1.01。按流域计算，以水资源三级区套市，分解到各市、州，并考虑拟建引水工程跨流域调水和采取工程措施增加的过境水，进行修正得出各市、州的可利用水量。

表 3 - 19　2030 年四川省各市州初步供需平衡分析

单位：亿 m^3

按行政区或地貌分区	水资源总量	水资源可利用量				2030 水平年预测总毛需水总计	水量承载指数
		水资源可利用水量	调整调入、调出（规划）		修正后水资源可利用水量		
			调入	调出			
四川省	2615.69	865.14	126.1	126.1	865.14	476.09	1.82
按行政区分区							
成都市	80.41	63.63	34.8	—	98.43	97.04	1.01
自贡市	14.79	11.4	8.7	—	20.1	18.82	1.07

续表

按行政区或地貌分区	水资源总量	水资源可利用量				2030水平年预测总毛需水总计	水量承载指数
		水资源可利用水量	调整调入、调出（规划）		修正后水资源可利用水量		
			调入	调出			
攀枝花市	48.2	26.9	8.1	—	35	19.27	1.82
泸州市	61.58	29	8.2	—	37.2	25.08	1.48
德阳市	30.68	17.45	6.8	—	24.25	24.22	1.00
绵阳市	114.18	66.34	3	7.8	61.54	28.91	2.13
广元市	83.85	26.7	1	13.6	14.1	10.29	1.37
遂宁市	11.35	10.17	6	—	16.17	15.68	1.03
内江市	15.1	11.28	8.1	1.3	18.08	17.01	1.06
乐山市	118.94	37.54	3.4	1	39.94	23.80	1.68
南充市	41.23	27.65	9.4	2.7	34.35	26.71	1.29
眉山市	59.93	33.14	1.9	—	35.04	25.07	1.40
宜宾市	91.16	46.82	9.6	—	56.42	26.83	2.10
广安市	29.64	16.74	4.5	—	21.24	15.00	1.42
达州市	103.71	47.82	1.6	—	49.42	23.70	2.08
雅安市	168.57	31.06	—	20	11.06	6.55	1.69
巴中市	71.68	33.99	—	—	33.99	9.61	3.54
资阳市	21.22	16.64	11	—	27.64	24.18	1.14
阿坝州	391.33	89.57	—	53.6	35.97	3.86	9.33
甘孜州	659.73	106.87	—	26.1	80.77	4.88	16.56
凉山州	398.41	114.43	—	—	114.43	29.57	3.87
按地貌分区							
盆地腹部区	514.71	300.96	126.1	7.8	419.26	363.63	1.15
成都平原区	142.52	83.83	49.6	—	133.43	125.54	1.06
丘陵地区	372.19	217.13	76.5	7.8	285.83	238.09	1.20
盆周山区	561.94	214.42	—	38.6	175.82	50.82	3.46
川西南山区	427.7	121.42	—	—	121.42	52.87	2.30
川西北高原区	1111.34	228.35	—	79.7	114.71	8.78	13.07

通过以上分析可以看出：

第一，从水资源承载能力角度总体上讲，四川省的可利用水量能支撑2030年经济社会发展。初步估算全省水资源可利用量为865.14亿 m^3，占水资源总量的33.1%。而2030年预测总需水量为476亿 m^3，占水资源可利用量的55%，仅占水资源总量的18.2%（四川水资源开发利用率18.2%）。总体上讲，四川省水资源可利用量与2030年国民经济发展预测指标是基本相适应的，是能够确保经济社会发展对水的需要的，发展指标是能够实现的。但由于区域上水资源分布与国民经济社会发展不相匹配，特别是盆地区域内缺乏大中型水库，工程调蓄能力差，存在工程性缺水。如果还不考虑调水、不增加新水源工程，是绝不可能满足各市（州）国民经济 2030 年发展对水源需要的。水资源紧缺的成都市、自贡市、德阳市、遂宁市、内江市、资阳市，经济社会的发展将遭受严重制约。必须在实施跨流域调水，新建必要的调水工程后，才能改变水资源可供水量的区域不均匀分布，经水利工程调蓄后，提高了盆地腹部区的水量承载指数，增加了水资源可利用量，才能够满足国民经济 2030 年发展对水量的需求。否则就只能采取必要措施调整产业结构，发展低耗水产业，降低发展速度。

第二，从水资源供水能力分析，要提高水资源承载能力，必须通过水工程建设来实现供水。解决此问题的办法：一是还要再增加水利工程建设项目和继续实施跨流域调水工程；在调水工程实施范围内还必须适当地兴建一批拦、引当地径流的水利工程，才能改变水资源在地区、时空上的分布不均，为此，必须利用蓄洪补枯增加供水，确保经济社会发展对水资源的需求。二是为缓解水资源供需矛盾，提高用水效率，降低用水指标，减少用水量，放缓需水的增长速度，加快建设节水型经济和节水型社会，实现全面节水。三是经济社会发展必须考虑水资源的承受能力，由于四川省水资源开发利用落后，水利建设欠账太多，调蓄工程不足的现实，特别是盆地区要适度控制地区经济社会发展速度或调整产业结构和经济布局，经济社会的发展要量水而行。四是对于水资源承载能力已经十分紧张的区域，特别是盆地腹部区（又尤其是成都平原），必须进一步开发盆周边缘山区水资源，还必须修建一些骨干调蓄工程，如李家岩、三坝水库，岷江上游十里铺等水库或增辟水源，如"引大济岷"等工程，调引大渡河水量致岷江，调蓄水量进一步提高盆地腹部区的水量承载指数，扩大盆地区水资源可利用量，才能实现盆地腹部区供需平衡，否则将继续制约这些区域的经济社会的可持续发展。

（二）水资源压力初步评估

参照《2007 中国可持续发展战略报告——水：治理与创新》推荐的水压力[①]综合评估意见，从区域尺度上对四川省的水压力进行综合分析和初步定量评估，评价人类经济社会活动对水资源产生影响和冲击的规模和强度，而水压力的大小受自然条件、人口规模、生活质量、经济总量和结构技术条件、污染程度、管理水平、保护力度的影响和制约。由于四川省人口众多，高速的经济增长、加速推进的城市化、长期沿用的粗放型经济增长模式、对其脆弱的水生态环境的影响和压力，造成水资源供需矛盾尖锐，水环境污染严重，水生态失衡，水服务功能急剧下降，水灾害损失加重，已直接或间接地威胁到人体健康和社会经济可持续发展。因此，分析

---

① 水压力是指在一定的自然地理背景和时空条件下，一个地区的人类社会经济活动对其赖以生存和发展的水资源和水生态环境产生的影响和冲击。

和揭示形成不利冲击和影响的原因，对寻求有效的治理对策，缓解或减轻人类活动对水资源和水环境的巨大压力，促进水资源的可持续利用、水生态环境的改善，具有十分重要的意义。

水资源压力主要是指为了满足人类的生存发展需求以及维持整个社会经济活动的正常运行而对水资源产生的数量上的压力。主要分为三个方面：一是庞大的人口生存和发展需求对水资源先天禀赋的压力；二是水资源时空分布的不均衡以及社会经济要素空间组合错位而对水资源所产生的压力；三是人类的水资源开发利用强度、方式、技术和管理水平的不同而产生的水资源开发利用压力。

1. 水资源禀赋压力

从水资源的丰缺程度，即人均水资源量和水资源密度两方面来衡量。

人均水资源量，根据 1993 年国际人口行动（PAI）发表的《持续水：人口和可更新水的供给前景》报告将水资源紧张状况分为四种类型，即人均可更新水资源量大于 1700m³/年为富水、1000～1700m³/年为水紧张、500～1000m³/年为缺水、少于 500m³/年为严重缺水。因此，以人均 1700m³/年作为水资源短缺的标准。

水资源密度压力以每年每平方公里所拥有的可重复使用的淡水资源等于 15 万 m³（相当于年径流深 150mm）作为水资源空间压力的临界标志。从而按推荐的公式分别计算各市、州两个压力指数，然后加权平均得水资源禀赋压力指数。

2. 水资源的组合压力

水资源时空分布的不均衡以及社会经济发展的需求错位不仅加剧了水资源短缺，而且容易引发水资源的供求矛盾。因此，选择人口、GDP、耕地潜在价值来计算各市、州的水与人口、耕地、经济匹配压力指数。水资源组合压力以某市、州人口、耕地、经济占全省的份额与它们相对应的水资源占全省的份额之差来表示。

3. 水资源利用压力

不同地区技术和管理水平的差异，导致水资源的开发强度、利用方式、利用结构、利用效率增长的不同。

水资源开发强度是指某一市、州供水量或用水量与其水资源总量的比值。当用水量与可更新水量与水资源总量的比低于 10% 为低度压力，10%～20% 为轻度压力，20%～40% 为中高度压力，超过 40% 为高度压力。计算规定低于 10%，则认为该地区水资源开发强度压力为 0。

水资源利用结构压力是指各部门或行业用水量占总用水的比例关系，以农业用水比例大小作为水资源结构合理与否以及衡量水资源压力相对大小的标志，按世界上的水平，以农业用水比例 43% 作为计算标准。

水资源生产率压力，即单位用水带来的产值或增加值，以世界先进水平，每立方米水创造的生产率为 28 美元作计算标准。

按上面规定的原则、方法计算的各市州各项指标，计算指数是一个相对数，指数越大说明该区的水压力越大，指数越小说明该区的水压力越小（见表3－20）。

表3－20 四川省各市州的水资源压力指数

按行政区或地貌分区	水资源禀赋压力指数			水资源组合压力指数				水资源利用压力指数				水资源压力指数
	人均水资源压力	水资源密度压力	平均值	水与耕地压力指数	水与经济压力指数	水与人口压力指数	平均值	水资源开发强度压力	水资源利用结构压力	水资源生产率压力	平均值	
四川省	0.000	0.000	0.000	0.000	0.000	0.000	0.000	0.000	0.498	0.927	0.475	0.158
按行政区分区												
成都市	0.685	0.000	0.343	4.053	27.36	9.446	13.62	0.000	0.000	0.835	0.278	4.747
自贡市	0.883	0.000	0.442	2.620	3.132	3.106	2.953	0.283	0.365	0.897	0.515	1.303
攀枝花市	0.000	0.000	0.000	0.000	1.514	0.000	0.505	0.000	0.000	0.955	0.318	0.274
泸州市	0.298	0.000	0.149	4.004	1.488	3.195	2.896	0.000	0.440	0.911	0.451	1.165
德阳市	0.643	0.000	0.321	2.934	5.277	3.252	3.821	0.000	0.947	0.951	0.633	1.592
绵阳市	0.000	0.000	0.000	2.473	2.148	1.776	2.132	0.000	0.849	0.957	0.602	0.911
广元市	0.000	0.000	0.000	2.339	0.000	0.314	0.884	0.000	0.917	0.971	0.629	0.505
遂宁市	1.000	0.000	0.500	3.950	2.430	3.901	3.427	0.717	0.768	0.933	0.806	1.578
内江市	0.960	0.000	0.480	3.693	2.871	4.286	3.617	0.494	0.496	0.921	0.637	1.578
乐山市	0.000	0.000	0.000	0.000	0.000	0.000	0.000	0.000	0.269	0.952	0.407	0.136
南充市	0.812	0.000	0.406	5.973	2.961	6.859	5.265	0.000	0.699	0.934	0.544	2.072
眉山市	0.000	0.000	0.000	1.757	1.001	1.651	1.470	0.000	1.029	0.974	0.668	0.712
宜宾市	0.000	0.000	0.000	4.337	1.490	2.523	2.783	0.000	0.202	0.934	0.379	1.054
广安市	0.750	0.000	0.375	3.698	2.134	4.126	3.319	0.000	0.524	0.911	0.479	1.391
达州市	0.057	0.000	0.029	3.213	0.641	3.443	2.432	0.000	0.362	0.978	0.447	0.969
雅安市	0.000	0.000	0.000	0.000	0.000	0.000	0.000	0.000	0.385	0.932	0.439	0.146
巴中市	0.000	0.000	0.000	1.189	0.000	1.460	0.883	0.000	0.527	0.920	0.482	0.455
资阳市	0.906	0.000	0.453	6.024	2.647	4.846	4.506	0.000	0.639	0.937	0.525	1.828
阿坝州	0.000	0.000	0.000	0.000	0.000	0.000	0.000	0.000	0.091	0.839	0.310	0.103
甘孜州	0.000	0.000	0.000	0.000	0.000	0.000	0.000	0.000	0.657	0.961	0.539	0.180
凉山州	0.000	0.000	0.000	0.000	0.000	0.000	0.000	0.000	1.383	1.000	0.794	0.265
按地貌分区												
盆地腹部区	0.648	0.000	0.324	52.41	62.36	55.23	56.66	0.000	0.471	0.914	0.461	19.15
成都平原区	1.220	0.000	0.610	6.935	32.406	12.424	17.255	0.000	0.380	0.880	0.420	6.095
丘陵地区	1.220	0.000	0.610	45.470	29.952	42.807	39.410	0.000	0.550	0.930	0.493	13.504
盆周山区	0.000	0.000	0.000	0.000	0.000	0.000	0.000	0.000	0.381	0.962	0.448	0.149
川西南山区	0.000	0.000	0.000	0.000	0.000	0.000	0.000	0.000	0.762	0.982	0.581	0.194
川西北高原区	0.000	0.000	0.000	0.000	0.000	0.000	0.000	0.000	0.560	0.924	0.495	0.165

从上述分析可知，成都市水资源压力最大，其指数为4.75，属于全省水资源压力最大的地区，其次是南充市、资阳市、德阳市、遂宁市、内江市、广安市、自贡市、泸州市、宜宾市，压力指数2.07～1.05，属于第二位水资源压力大的地区，而凉山州、甘孜州、阿坝州、雅安市为四川省水资源压力最小的地区，一般压力指数小于0.265。另从区域讲，四川省盆地腹部区水资源压力指数最大为19.15，而其他区域水资源压力均较小。

4. 水压力综合评估

水压力综合评估包括水资源压力、水环境压力和水生态压力。水环境压力指社会经济活动过程中产生的污染物排放到水体和水环境中对水体的各种服务功能产生影响而形成的对水质的污染压力。水环境压力主要来自农业面污染压力指数，来自化肥和农药的使用；点污染压力，主要来自城市工业废水、生活污水排放总量。

水生态压力主要是指人类过度开发利用水资源、挤占生态用水而导致水生态系统平衡和服务功能下降的压力，来自土地退化（水土流失、荒漠化、盐碱化）、水旱灾害、生态用水（水资源过度开采、生态需水、湿地减少等）。用同样的分析方法可计算出水环境与水生态压力指数的相对值，指数越大表示压力越大。

水压力评估在水资源压力指数、水环境压力指数和水生态压力指数的基础上，三者平均得出四川省的水压力综合指数，指数越大表示压力越大（见表3-21）。

表3-21　四川省各市、州的水压力指数

按行政区或地貌分区	水资源压力指数	水环境压力指数	水生态压力指数	水压力综合指数
四川省	0.158	0.417	0.000	0.192
按行政区分区				
成都市	4.747	3.922	0.000	2.890
自贡市	1.303	3.545	0.117	1.655
攀枝花市	0.274	2.342	0.000	0.872
泸州市	1.165	1.828	0.000	0.998
德阳市	1.592	4.933	0.000	2.175
绵阳市	0.911	1.128	0.000	0.680
广元市	0.505	0.040	0.000	0.181
遂宁市	1.578	8.067	0.216	3.287
内江市	1.578	11.846	0.141	4.522
乐山市	0.136	1.972	0.000	0.703
南充市	2.072	4.150	0.000	2.074
眉山市	0.712	1.635	0.000	0.783
宜宾市	1.054	1.990	0.000	1.015

按行政区或地貌分区	水资源压力指数	水环境压力指数	水生态压力	水压力综合指数
广安市	1.391	1.738	0.000	1.043
达州市	0.969	0.878	0.000	0.616
雅安市	0.146	0.000	0.000	0.049
巴中市	0.455	0.000	0.000	0.152
资阳市	1.828	5.032	0.000	2.287
阿坝州	0.103	0.000	0.000	0.034
甘孜州	0.180	0.000	0.000	0.060
凉山州	0.265	0.000	0.000	0.088
按地貌分区				
盆地腹部区	19.150	4.450	0.000	7.867
成都平原区	6.095	2.891	0.000	2.995
丘陵地区	13.504	5.048	0.000	6.184
盆周山区	0.149	0.048	0.000	0.066
川西南山区	0.194	0.000	0.000	0.065
川西北高原区	0.165	0.000	0.000	0.055

从水压力综合指数看，全省平均仅 0.192，说明水压力与水资源压力一样总体是不大的，水压力大排前 10 位的是：内江市、遂宁市、成都市、资阳市、德阳市、南充市、自贡市、广安市、宜宾市、泸州市、攀枝花市，与水资源压力大排前 10 位的市基本一致。同样，从区域讲，四川省盆地腹部区是综合水压力最大的区域。

通过对水资源承载能力、水资源压力指数和水压力指数定性和定量的初步分析，可以初步对四川省各市、州进行水压力的综合评价，并揭示了影响它的根源或原因。水资源压力主要是指为了满足人类的生存发展需求以及维持整个社会经济活动的正常运行而对水资源产生的数量上的压力。水压力综合指标分析与前面水量承载能力指数分析的成果基本一致，再次说明了四川省盆地腹部区及成都、遂宁、德阳、自贡、资阳、内江、南充、广安等市是严重缺水区，是四川省水资源承载能力最小、水综合压力最大的地区。其经济社会发展一定要依据区域水资源的承载能力，"以供定需"、"以供定发展"、"以水调结构"。

（三）社会经济的发展一定要与水资源承载能力相协调

水是人类文明赖以生存和发展的基础，我国是水资源形势非常严峻的国家，四川省虽然水资源总量较丰，但由于时空、地域分布的极不均衡，特别是占全省社会经济发展核心地位的盆地腹部区，与我国北方一样是水资源缺乏的地区，水资源形势异常严峻，对此，我们应有清醒的认识。我们要看到从传统农业社会到现代工业社会，水问题正经历着全面而深刻的变化，承受着水资源、水环境、水生态、水灾害四大问题的多重危机与挑战。

水资源承载能力是决定经济社会发展的重要因素，水资源的可持续承载是保障区域社会经济可持续发展的前提。水资源承载能力是指当地的水资源在一定的经济社会发展阶段，在不破坏社会和生态系统时，最大能够支撑国民经济发展（包括工业、农业、社会、人民生活等）的能力。它是一个随社会、经济、科学技术发展而变化的综合指标。水资源可持续利用指在水资源承载能力范围之内，通过水资源合理配置和高效利用，使得区域水资源可以支撑当代人对社会、经济和生态环境发展的用水要求，而且对后代人的用水需求不构成危害的水资源利用方式，水资源利用程度不得超过水资源承载能力。水资源可利用量是指在水资源可持续利用的前提下，考虑技术上的可行性、经济上的合理性以及生态环境的可承受能力，通过工程措施获得并能利用的一次性水量。寻求有效治理对策，缓解人类活动对水资源和水生态环境的压力，促进水资源的可持续利用，保持水生态的平衡和良性循环，实视人水和谐。

随着社会经济的持续发展，成渝经济区的建设，对水资源配置提出了新的更高的要求。在研究区域经济社会发展时，一是要分析评价本地区水资源条件和水环境状况，分析它的承载能力有多大，量水而行；二是要承认水是经济社会发展的基础和条件，在实施规划时必须优先落实水资源配置，做到供水安全；三是要承认水资源是有限的，工业、农业、城市化的可持续发展必须与水资源的可持续利用相协调，做到有多少水办多少事；四是为了支撑和保障地区经济的可持续发展，水资源的利用必须留有余地，准确把握水利发展的形势变化，主动应对可能面临的各种挑战。

附表 3-1　四川省各市、州国民经济发展预测

单位：亿元

按行政区或地貌分区	水平年	地区生产总值	第一产业增加值	第二产业增加值			第三产业增加值
				小计	工业	建筑业	
四川省	2010	17185	2483	8672	7431	1241	6030
	2020	38856	3675	20906	17968	2938	14275
	2030	69583	5184	36318	31056	5262	28081
按行政区分区							
成都市	2010	5293	297	2299	1826	473	2697
	2020	12390	426	5579	4460	1120	6385
	2030	22880	595	9725	7719	2005	12560
自贡市	2010	648	85	371	340	31	192
	2020	1471	128	888	815	74	455
	2030	2614	182	1537	1405	132	895
攀枝花市	2010	524	21	387	365	22	116
	2020	1246	33	939	887	52	274
	2030	2225	48	1638	1545	93	540
泸州市	2010	715	109	404	377	27	202
	2020	1614	161	974	911	63	479
	2030	2855	229	1684	1571	113	942
德阳市	2010	921	152	533	484	48	236
	2020	2063	221	1282	1168	115	559
	2030	3634	315	2219	2013	205	1100
绵阳市	2010	960	166	468	398	70	325
	2020	2154	249	1135	969	165	770
	2030	3848	365	1968	1672	296	1516
广元市	2010	322	77	126	105	21	120
	2020	694	111	300	251	49	283
	2030	1233	155	520	433	88	557
遂宁市	2010	495	109	255	219	36	131
	2020	1088	165	613	528	85	310
	2030	1908	235	1062	910	152	611
内江市	2010	690	112	420	387	33	158
	2020	1533	165	993	915	78	375
	2030	2688	232	1718	1578	139	737
乐山市	2010	744	100	442	414	28	201
	2020	1700	148	1075	1008	66	477
	2030	3019	207	1874	1755	119	938
南充市	2010	828	202	402	333	69	225
	2020	1791	301	958	796	162	532
	2030	3130	421	1663	1372	291	1046

续表

按行政区或地貌分区	水平年	地区生产总值	第一产业增加值	第二产业增加值			第三产业增加值
				小计	工业	建筑业	
眉山市	2010	552	104	303	268	35	145
	2020	1214	152	718	634	84	344
	2030	2132	213	1244	1094	150	676
宜宾市	2010	871	134	519	477	42	218
	2020	1975	202	1257	1157	100	516
	2030	3477	288	2175	1996	179	1014
广安市	2010	537	110	259	199	60	168
	2020	1186	163	625	483	142	398
	2030	2097	227	1087	834	254	783
达州市	2010	819	195	410	366	43	215
	2020	1772	286	978	875	103	508
	2030	3088	396	1693	1509	184	999
雅安市	2010	287	50	158	135	23	79
	2020	638	75	377	323	54	186
	2030	1126	106	653	557	96	367
巴中市	2010	281	82	95	61	34	104
	2020	595	122	226	147	80	247
	2030	1051	170	395	253	142	486
资阳市	2010	658	152	348	315	33	158
	2020	1448	229	846	767	78	373
	2030	2521	323	1463	1323	140	734
阿坝州	2010	133	25	59	41	18	49
	2020	292	36	139	97	42	116
	2030	521	50	243	168	75	229
甘孜州	2010	123	29	45	29	16	49
	2020	264	42	106	70	36	116
	2030	471	57	185	120	64	229
凉山州	2010	784	172	371	290	81	241
	2020	1728	260	898	707	191	571
	2030	3065	370	1572	1230	342	1123
按地貌分区							
盆地腹部区	2010	14056	1925	7000	5948	1052	5131
	2020	31874	2843	16883	14393	2490	12148
	2030	57221	4002	29322	24863	4459	23897
成都平原区	2010	6505	432	2738	2307	430	3089
	2020	14579	633	6633	5615	1019	7313
	2030	26813	885	11543	9719	1824	14385

按行政区或 地貌分区	水平年	地区 生产总值	第一产业 增加值	第二产业增加值			第三产业 增加值
				小计	工业	建筑业	
丘陵地区	2010	7551	1493	4262	3641	622	2042
	2020	17295	2210	10250	8778	1471	4835
	2030	30408	3117	17779	15144	2635	9512
盆周山区	2010	1487	298	761	696	65	428
	2020	3288	442	1833	1679	154	1013
	2030	5793	630	3171	2895	276	1992
川西南山区	2010	1380	204	802	713	89	374
	2020	3124	309	1930	1720	211	886
	2030	5552	439	3370	2993	377	1742
川西北高原区	2010	262	55	109	74	35	97
	2020	571	81	260	177	83	230
	2030	1016	112	454	305	149	450

附表 3-2　四川省各市、州耕地灌溉面积发展预测

单位：万亩

分　区	2010 年有效 灌溉面积	2015 年有效 灌溉面积	2020 年有效 灌溉面积	2030 年有效 灌溉面积
四川省	3829.66	4658.3	4949.6	5634
按行政区分区				
成都市	480.42	536.2	541.2	554.5
自贡市	120.36	173.3	173.3	238.3
攀枝花市	43.17	56.8	63.3	65.3
泸州市	173.51	216	236.8	300.3
德阳市	223.25	245.7	245.7	250.6
绵阳市	315.90	395.2	427.4	432.4
广元市	131.66	162.6	162.6	172.9
遂宁市	180.63	263.8	301.8	312.7
内江市	173.30	205.8	205.8	213.5
乐山市	151.47	194.9	199.7	268.7
南充市	309.93	393.9	433.5	468.2
眉山市	264.33	312.8	315.4	354.3
宜宾市	187.23	223.9	231.5	319.8
广安市	142.38	176.4	181.5	226
达州市	241.71	278.9	283.4	323.7
雅安市	63.86	74.3	86.8	93.8
巴中市	114.45	130.8	132.5	152.5
资阳市	250.64	298.7	339.8	463.8
阿坝州	27.65	27	27	37
甘孜州	42.11	48	84	84
凉山州	191.73	243.5	276.8	301.8

续表

分区	2010 年有效灌溉面积	2015 年有效灌溉面积	2020 年有效灌溉面积	2030 年有效灌溉面积
按地貌分区				
盆地腹部区	3072.75	3657.9	3792.5	4243.6
成都平原区	774.45	794.4	814.5	814.5
丘陵地区	2298.30	2863.5	3078.5	3429.1
盆周山区	433.55	601.4	678.3	802.6
川西南山区	248.51	318.4	363	451.2
川西北高原区	74.85	80.6	115.8	136.6

附表 3-3　四川省各市、州牲畜发展预测

单位：万头

地区名称	2010 年			2020 年			2030 年		
	大牲畜	小牲畜	合计	大牲畜	小牲畜	合计	大牲畜	小牲畜	合计
四川省	1357.33	9487.54	10844.87	1544.47	10689.52	12233.99	1721.98	11807.88	13529.86
按行政区分区									
成都市	19.91	698.44	718.35	22.65	786.93	809.58	25.26	869.26	894.51
自贡市	5.21	264.25	269.46	5.93	297.73	303.66	6.61	328.88	335.49
攀枝花市	17.42	125.75	143.16	19.82	141.68	161.50	22.10	156.50	178.60
泸州市	41.53	480.65	522.18	47.25	541.54	588.80	52.69	598.20	650.89
德阳市	21.47	384.48	405.94	24.43	433.19	457.61	27.24	478.51	505.74
绵阳市	52.52	472.63	525.14	59.76	532.50	592.26	66.63	588.21	654.84
广元市	43.98	370.19	414.17	50.04	417.09	467.13	55.79	460.73	516.52
遂宁市	11.81	310.33	322.14	13.44	349.64	363.08	14.98	386.22	401.21
内江市	8.33	344.21	352.54	9.47	387.82	397.30	10.56	428.40	438.96
乐山市	32.63	384.83	417.46	37.13	433.58	470.71	41.40	478.94	520.34
南充市	46.74	718.43	765.17	53.18	809.45	862.63	59.29	894.14	953.43
眉山市	15.57	356.52	372.09	17.71	401.69	419.40	19.75	443.71	463.46
宜宾市	46.12	558.62	604.74	52.48	629.40	681.87	58.51	695.24	753.75
广安市	19.09	481.33	500.41	21.72	542.31	564.03	24.21	599.05	623.26
达州市	84.68	670.40	755.08	96.36	755.34	851.69	107.43	834.36	941.79
雅安市	27.68	184.71	212.39	31.50	208.11	239.61	35.12	229.88	265.00
巴中市	78.47	490.58	569.05	89.29	552.73	642.02	99.55	610.56	710.11
资阳市	11.39	665.68	677.07	12.96	750.01	762.97	14.45	828.48	842.93
阿坝州	239.34	184.17	423.51	272.34	207.51	479.84	303.64	229.22	532.86
甘孜州	354.90	202.33	557.22	403.83	227.96	631.79	450.24	251.81	702.05
凉山州	178.57	1139.02	1317.59	203.19	1283.32	1486.51	226.55	1417.58	1644.13
按地貌分区									
盆地腹部区	391.26	6277.26	6668.54	445.20	7072.53	7517.73	496.37	7812.47	8308.84
成都平原区	60.15	965.13	1025.27	68.44	1087.40	1155.84	76.31	1201.16	1277.47
丘陵地区	331.11	5312.13	5643.24	376.76	5985.13	6361.89	420.06	6611.30	7031.37
盆周山区	167.25	1502.25	1669.50	190.30	1692.58	1882.88	212.18	1869.66	2081.83
川西南山区	229.73	1304.76	1534.49	261.40	1470.06	1731.46	291.45	1623.86	1915.31
川西北高原区	569.08	403.27	972.35	647.53	454.36	1101.89	721.96	501.90	1223.85

附表 3-4 四川省全社会各水平年分市、州及各地貌分区毛需水预测

单位：万 m³

按行政区或地貌分区	水平年	生活毛需水			农田灌溉毛需水(P=50%)	第一产业毛需水			第二产业毛需水			第三产业毛需水小计	生产毛需水合计	河道外生态需水量	毛需水总计
		城镇人口	农村人口	生活毛需水小计		林牧渔	牲畜	第一产业合计	工业(含火电)	建筑业	第二产业小计				
四川省	2010	200834	160259	361093	1832133	163870	88526	2084529	693062	18870	711933	102054	2898515	24823	3284431
	2020	280665	151499	432164	1947016	160288	111759	2219062	1361736	32256	1393991	197120	3810173	32280	4274617
	2030	332393	147349	479742	1986989	167515	123709	2278213	1628992	44418	1673411	293918	4245542	36725	4762009
按行政区分区															
成都市	2010	59567	8779	68345	295854	16411	5381	317646	182600	6307	188907	43380	549933	8599	626877
	2020	56403	11347	67750	258943	10693	6750	276386	371630	12442	384071	86549	747007	10767	825524
	2030	67667	8730	76397	239402	10185	7460	257047	471732	16711	488443	136763	882252	11756	970406
自贡市	2010	6962	6135	13097	54099	1422	2003	57525	26421	467	26888	3254	87667	612	101376
	2020	10156	5584	15740	66975	4235	2511	73721	56116	778	56894	5814	136429	759	152928
	2030	12025	5611	17636	82300	4182	2775	89258	70233	1071	71304	9150	169712	897	188246
攀枝花市	2010	5051	1182	6232	30710	10730	1165	42606	38489	411	38899	2256	83761	548	90541
	2020	5612	1354	6966	39924	14073	1471	55467	83797	625	84422	4006	143896	629	151490
	2030	6249	1298	7547	37035	15328	1628	53991	123565	850	124414	6115	184521	672	192740
泸州市	2010	10093	9614	19707	93953	990	4098	99041	30172	443	30615	3510	133166	984	153857
	2020	14804	8885	23690	110736	1905	5159	117801	63773	664	64436	12260	194498	1315	219502
	2030	17208	8902	26110	125609	2597	5707	133913	78550	926	79476	9734	223122	1534	250766
德阳市	2010	9904	7294	17198	134319	8113	3111	145543	40355	759	41114	3898	190556	1231	208984
	2020	15259	5962	21221	117908	6722	3910	128540	77842	1198	79040	7082	214662	1537	237420
	2030	17819	5314	23133	108431	6875	4323	119629	85013	1666	86679	10998	217306	1763	242203
绵阳市	2010	11648	10164	21812	133047	14970	4196	152212	36298	1071	37369	5510	195091	1446	218350
	2020	18517	9204	27721	146237	14432	5289	165958	75399	1691	77090	9784	252832	1755	282307
	2030	21504	8903	30407	133322	14445	5852	153619	85441	2370	87811	15325	256755	1928	289090

续表

按行政区或地貌分区	水平年	生活毛需水 城镇人口	生活毛需水 农村人口	生活毛需水 小计	农田灌溉毛需水（P=50%）	林牧渔	牲畜	第一产业合计	工业（含火电）	第二产业毛需水 建筑业	第二产业毛需水 小计	第三产业毛需水小计	生产毛需水合计	河道外生态需水量	毛需水总计
广元市	2010	4640	6500	11140	51022	7360	3327	61709	9868	344	10213	2229	74150	801	86091
	2020	8165	5665	13830	53485	6713	4195	64393	17562	543	18106	3958	86456	1036	101322
	2030	9643	5633	15276	51198	6763	4642	62603	17786	759	18545	5326	86474	1149	102899
遂宁市	2010	7331	7284	14615	63609	3946	2433	69989	17875	585	18460	2276	90725	792	106132
	2020	10557	7016	17574	86199	4149	3054	93402	35184	923	36107	4041	133550	1115	152239
	2030	12291	7210	19501	80542	4433	3376	88351	40447	1282	41729	5972	136052	1273	156825
内江市	2010	8683	7942	16625	69919	12345	2631	84895	37805	526	38331	2681	125907	818	143350
	2020	13172	7482	20654	72162	8238	3299	83700	62038	848	62886	4761	151347	960	172960
	2030	15027	7289	22316	67365	8313	3646	79324	58744	1215	59958	7457	146739	1084	170139
乐山市	2010	7504	6406	13910	70497	8450	3272	82220	41442	458	41900	3495	127615	1221	142745
	2020	10431	5994	16425	78712	6503	4119	89334	80674	723	81396	6205	176936	1528	194888
	2030	12064	5901	17965	95048	6738	4556	106343	101427	1004	102430	9587	218360	1658	237983
南充市	2010	12865	13872	26737	127790	100	5908	133798	26364	1051	27415	3803	165016	1282	193035
	2020	19624	14133	33757	147926	623	7428	155977	53043	1659	54702	6795	217474	1656	252887
	2030	24328	14068	38396	144027	738	8214	152980	60978	2377	63355	10461	226795	1927	267118
眉山市	2010	6121	7054	13175	164184	18179	2824	185186	25889	565	26454	2457	214097	592	227864
	2020	10677	6151	16828	158301	14542	3545	176388	43707	892	44598	4363	225349	830	243007
	2030	12582	5913	18495	160777	14744	3919	179440	43791	1278	45069	6684	231193	981	250670
宜宾市	2010	9625	9729	19354	79851	11855	4733	96439	47689	705	48394	3872	148705	1356	169415
	2020	16037	8816	24853	90168	9388	5956	105512	93866	1113	94979	6875	207366	1835	234054
	2030	19534	8524	28058	109547	10452	6588	126587	99778	1515	101294	10256	238136	2081	268275
广安市	2010	5511	10587	16099	63493	1023	3785	68301	17724	998	18721	2988	90010	835	106943
	2020	12921	8772	21693	66890	4625	4751	76266	37599	1575	39173	5305	120744	1182	143619
	2030	15136	8742	23878	75168	5240	5252	85660	29190	2199	31389	7653	124702	1463	150043

续表

按行政区或地貌分区	水平年	生活毛需水			第一产业毛需水				第二产业毛需水			第三产业毛需水小计	生产毛需水合计	河道外生态需水量	毛需水总计
		城镇人口	农村人口	生活毛需水小计	农田灌溉毛需水（P=50%）	林牧渔	牲畜	合计	工业（含火电）	建筑业	小计				
达州市	2010	9305	13356	22660	100945	11770	6096	118811	34591	722	35313	3815	157939	1502	182102
	2020	16234	12176	28410	101435	11221	7690	120345	63199	1140	64338	6831	191514	2065	221989
	2030	19632	12491	32123	104032	11091	8510	123633	67443	1531	68974	9884	202490	2435	237048
雅安市	2010	3064	2708	5772	21357	1569	1741	24667	11859	379	12238	1466	38371	375	44518
	2020	4915	2593	7508	23492	1873	2199	27564	21518	598	22116	2604	52284	464	60256
	2030	5760	2610	8369	22924	2150	2434	27507	24738	782	25519	3545	56571	515	65456
巴中市	2010	5694	7691	13385	52253	266	4695	57214	5591	571	6163	1986	65363	464	79212
	2020	8720	7631	16351	52399	484	5932	58814	10589	902	11491	3527	73832	666	90849
	2030	10214	7554	17768	54069	812	6567	61448	10114	1266	11380	4695	77523	852	96142
资阳市	2010	7046	10047	17093	96689	7411	5021	109120	28726	552	29278	2670	141068	708	158869
	2020	12478	10213	22691	112466	6744	6294	125504	51145	871	52017	4812	182332	1106	206129
	2030	14614	10386	24999	137274	6927	6954	151156	55857	1217	57074	7262	215492	1318	241809
阿坝州	2010	1419	1657	3076	6409	6595	4742	17745	3219	307	3526	956	22227	142	25445
	2020	2104	1648	3752	5637	9256	6101	20994	5632	485	6117	1697	28809	181	32742
	2030	2490	1662	4152	6821	10948	6785	24554	6537	695	7232	2414	34199	218	38569
甘孜州	2010	1317	2206	3523	13561	1841	6515	21916	2332	279	2611	957	25484	129	29135
	2020	1911	1973	3885	23022	5771	8400	37193	4024	424	4448	1699	43339	185	47409
	2030	2091	2053	4144	20739	6613	9346	36699	4670	607	5278	2416	44392	225	48761
凉山州	2010	7484	10054	17538	108572	18526	10850	137948	27754	1370	29124	4592	171664	387	189589
	2020	11967	8900	20867	133999	18098	13705	165802	53400	2163	55562	8153	229517	711	251096
	2030	14515	8557	23071	131358	17943	15173	164474	92959	3098	96057	12225	272756	995	296823

续表

按行政区或地貌分区	水平年	生活毛需水			农田灌溉毛需水(P=50%)	第一产业毛需水			第二产业毛需水			第三产业毛需水小计	生产毛需水合计	河道外生态需水量	毛需水总计
		城镇人口	农村人口	生活毛需水小计		林牧渔	牲畜	第一产业合计	工业(含火电)	建筑业	第二产业小计				
按地貌分区															
盆地腹部区	2010	165321	121698	287019	1457355	108250	51378	1616983	554026	17337	571362	94386	2282731	20200	2589950
	2020	229672	113408	343079	1485295	96196	64588	1646079	1123633	27087	1150721	160774	2957574	273315	3327968
	2030	269022	109594	378616	1516144	94923	71420	1682487	1255670	37193	1292863	250974	3226324	31359	3636299
成都平原区	2010	67824	17413	85238	475143	14501	7899	497543	217929	6905	224834	55677	778053	10786	874077
	2020	90966	10187	101153	412170	10898	9930	432998	460280	11090	471370	97501	1001870	15967	1118989
	2030	104557	5687	110244	375921	10728	10981	397630	561545	15200	576745	151841	1126215	18973	1255432
丘陵地区	2010	97497	104284	201781	982212	93750	43478	1119441	336097	10432	346529	38709	1504678	9414	1715873
	2020	138706	103221	241927	1073124	85298	54658	1213081	663353	15997	679351	63273	1955704	11348	2208979
	2030	164464	103908	268372	1140223	84195	60439	1284857	694126	21993	716118	99133	2100109	12387	2380867
盆周山区	2010	20905	22372	43277	197099	20330	13340	230770	61882	1208	63090	8872	302732	2158	348167
	2020	28247	23493	51740	243628	18780	16816	279225	122947	1715	124663	14177	418064	2322	472126
	2030	35677	22759	58436	258640	20030	18607	297277	128648	2396	131044	19035	447356	2378	508170
川西南山区	2010	11814	12544	24358	156949	29001	12786	198736	71314	1749	73064	8036	279836	1954	306148
	2020	18182	11068	29250	191329	32027	16164	239520	136220	2481	138700	12793	391013	2095	422358
	2030	22448	11459	33907	185846	33220	17899	236965	232814	3436	236250	19164	492379	2395	528680
川西北高原区	2010	2795	3644	6439	20729	9177	11022	40928	5840	674	6514	2099	49541	511	56490
	2020	4564	3531	8095	26764	15751	14190	56705	11191	972	12164	3348	72217	548	80860
	2030	5246	3537	8783	26359	18279	15783	60421	11861	1393	13254	4745	78420	593	87796

第四章　水资源合理配置的总体战略

一　合理配置水资源的目标、原则和任务

水资源合理配置就是对水资源的合理分配和科学安排，是指在一定时期内，对一特定流域或区域的水资源，遵循公平公正、高效利用、统筹协调的原则，通过工程与非工程措施，调节水资源的天然时空分布，使其符合需水过程的要求，在各用水部门之间进行科学合理分配，实现水资源的可持续利用，保障社会经济、资源、环境的协调发展，提高水资源的使用效率，协调并满足各用水部门的需水要求。

(一)　水资源配置的必要性

四川省多年平均水资源总量为 2615.69 亿 m³，仅次于西藏居全国第二位，属我国南方丰水区。按 2010 年人口计算，四川省人均水资源量 2906m³，为全国人均水资源量的 1.45 倍，但人均水资源量仅占世界人均水平的 40%，仍属于人多水少的地区。全省 181 个县（市、区），不同程度缺水的有 108 个，占 59.7%。其中属于人均小于 500m³ 的极度缺水地区 47 个县，占 26%；属人均 500 ~ 1000m³ 的重度缺水地区 23 个县，占 12.7%，这些市、县、区大部分位于盆地腹部区。在盆地腹部区、经济发达的县（市、区），几乎都是不同程度的缺水地区。全省人均水资源量小于 1000m³ 的地区有成都、自贡、德阳、遂宁、内江、南充、广安、资阳 8 市。而川中丘陵区工农业发达，人口众多的自贡市、遂宁市、内江市、南充市是四川省水资源的极度缺水区，人均水资源只有 298 ~ 548m³，亩均只有 290 ~ 612m³。全省以遂宁市为最低值，人均只有 298m³，亩均只有 290m³，盆地腹部区的水资源供需矛盾十分突出。水资源在地域上的分布与人口、土地、工农业生产布局极不相匹配，人口多、生产力布局集中的地方，水资源却很少，经济社会发展对水资源的压力巨大，更加剧了四川省供、用水矛盾。水源性缺水、工程性缺水和水质性缺水严重困扰着这些地区，成为经济社会可持续发展的重要制约因素；而人口少，生产力欠发达的四川省西部山区水资源反而偏多，这也为水资源合理配置提供了条件。因此，通过工程措施来改变水资源区域分布不均的格局，是水资源合理配置的主要内容。

径流的年内分配极不均匀，全省各地月最大径流与最小径流的比值变化为 3 ~ 52 倍。汛期为 4 ~ 10 月，径流占 60% ~ 80%，其中最大月径流占 25% 左右；春季

径流占 25%～35%。盆地中、西部汛期为 5～10 月，径流占 60%～70%，其中最大月径流达 30% 以上，春季径流占 15%～25%。盆地中部少水地区，特别是涪、沱江中下游地区，汛期在 6～9 月，径流高达 75%～85%，其中最大月径流在 30% 以上，春季径流比重不到 10%。年际和年内分布不均使可利用的水资源减少。由于水资源的时空分布不均，每年枯水期正值用水高峰期，来水却很少，易造成干旱频繁发生，季节性缺水严重；而同时汛期水又特别集中，致使洪涝灾害频发，使四川省成为旱洪灾害严重的省份，更加大了供水的压力，有必要修建一定数量的大中型水源工程，调蓄径流的年际、年内水量不均，使之符合需水过程的要求。提高水资源利用率，是水资源合理配置的另一重要内容。

由于水资源开发利用的协调管理不力，致使四川省局部地区存在不同程度的水环境恶化问题。2010 年全省主要江河评价河长 3605km，其中，Ⅳ 类河长 227km，占 6.3%；Ⅴ 类河长 122km，占 3.4%；劣 Ⅴ 类河长 185km，占 5.1%，Ⅳ、Ⅴ、劣 Ⅴ 类河长 534km，占 14.8%，虽然河流水质总体良好，但在城镇集中、人口密集的局部河段污染严重，水环境恶化，使水生态环境更加脆弱。局部地区由于地下水过度开采，出现了降落漏斗；水土流失加剧；湖泊面积萎缩，全省 90% 的城市与江河相邻，但 73% 的城市污水和 30% 的工业废水未经处理直接排入河流，导致河流水体污染，致使沿江城镇取水困难，造成四川省水环境压力加大，治理污染有效保护水资源，是水资源配置的又一重要任务。

用水效率、效益低，用水粗放，过度开发和不合理利用水资源现象普遍存在。目前农业灌溉仍是第一用水大户，用水量约占全省用水总量的 52.9%。由于技术落后、管理粗放，输水、用水浪费严重，灌溉水利用率仅 43% 左右，较先进国家低 40 个百分点，水量利用率与水分生产率均相对较低。工业万元增加值用水量 79m³，GDP 万元用水 311m³，是发达国家的 20～40 倍，重复利用率为 73% 左右，低于发达国家 10～20 个百分点。全省市、州主要城市自来水管网，仅跑、冒、滴、漏的损失率在 14% 以上，污水处理回用及雨水利用还刚起步，在节约用水、合理分配、提高水量利用效率方面，任务还十分艰巨。

成渝等经济区产业实力较强，自然资源丰富，城镇化水平较高，人力资源丰富，交通条件较好，经济总量大。随着成渝等经济区工业化、城镇化进程加快，产业结构调整，经济总量持续增加。因此，必须加速建设配置合理、高效利用、安全保障、人水和谐的水利工程体系。

综合所述，为适应四川省国民经济和社会可持续发展，实现水资源的可持续利用，对四川省水资源开发进行合理配置是十分必要的。

（二）水资源配置指导思想

以科学发展观为统领，以可持续发展水利为指导，全面规划，统筹兼顾，标本兼治，综合利用，合理开发，优化配置，全面节约，有效保护，可持续利用。兴利除害结合，开源节流并重，防洪抗旱并举，因地制宜、突出重点，继续巩固和加强水利基础设施建设，强化对涉水事务的社会管理和公共服务，深化水利改革，不断提高水利服务于经济社会发展的综合能力，全面推进节水型社会建设，提高水资源利用效率和效益，妥善处理水利发展与经济社会发展和生态环境保护的关系，以水资源的可持续利用和保障支撑经济社会的可持续发展。

（三）水资源配置的目标

新中国成立以来，四川省城乡供水能力不断提升，对支撑社会经济的发展发挥了重要作用，但亦存在着许多亟待解决的问题，特别是进入 21 世纪，随着工业化、城镇化和农业现代化建设的不断推进，经济社会对水的需求日益增长，加之全球受气候变化的影响，水资源已成为四川省经济社会可持续发展的主要制约因素。为满足各用水部门对水的需求，促进社会经济的可持续发展，保护好生态环境，水资源合理配置的目标是：

第一，正确分析、评价四川省水资源开发利用与生态环境状况的演变规律；

第二，系统分析各水平年水资源的承载能力和水环境的承载能力，科学提出今后各水平年水资源的可利用量；

第三，研究四川省区域（流域）水资源配置格局及开发利用、节约、保护控制指标；

第四，研究水资源合理配置的工程布局；

第五，提出水资源配置管理措施。

通过水资源在时间、空间、数量、质量以及用途上的合理分配，既要满足人口、资源、环境与经济协调发展对水资源在时间、空间、数量和质量上的要求，又要使有限的水资源在保障提高人民生活标准和生活质量上能够获得最大的社会效益，在促进生产经营上能够获得最大的经济效益，在维持生态环境状况上能够获得最大的生态环境效益，同时保障水资源能够在地区间、代际间获得公平的分配，促进水资源的可持续利用。支撑全省经济社会又好又快发展，实现水资源大省向水资源强省跨越，紧紧围绕建设西部经济强省的目标而努力奋斗。

（四）水资源配置原则

贯彻以人为本、人水和谐的理念。遵循资源共享的准则，《中华人民共和国水法》规定，水资源为国家所有，属于"公共资源"，不同地区、不同阶层，乃至不同代际的人们对水资源有共享的权利。本着高效经济的原则，提高水资源的利用效率，统筹协调各用水部门的需求。坚持可持续发展的治水思路，按照构建社会主义和谐社会的要求，全面贯彻国家新时期的治水方针。

1. 坚持公平公正性原则

水是人类生存的生命之源，是社会经济发展和社会进步的生命线，是实现经济社会可持续发展的重要物质基础，水不仅关系到干旱、洪涝、灌溉和环境，还关系到供水安全、粮食安全和国家安全。水资源合理配置就是要实现地区之间、个人之间的公平发展。

均衡发展。水资源具有公益性、公共性。均衡发展的主责在政府，中央政府负责东、中、西部地区，南方、北方地区的社会经济、水资源配置的均衡发展。省级政府负责区内、流域之间、地区之间、县区之间的均衡发展。县政府应负责协调城乡之间的均衡发展。

平衡发展。水资源合理配置应遵循水资源总量平衡原则。实现地区之间平衡，社会经济发展相平衡。水资源区的水量和水质应具备均衡、有余、可调的原则。

公平公正发展。保障城乡居民都享有饮水安全、生产用水以及良好人居环境的基本权利，公平合理地处理区域之间水资源权益关系，承担水资源保护的义务。在水资源的开发、利用、调配中：一是不仅要满足当代社会经济发展和人们的需求，还应考虑后代人们和社会经济发展的需求；二是水源区、输水区、受益区之间应体现均富、合作、互补、平等的关系，应本着公平、公正、合理的原则承担相应的权利、责任、义务；三是水资源合理配置后应能使人们的生活更健康、更有序、更愉悦。不强调公平原则，就会对当代人不公平，生态环境不断恶化，从而对下代人也不公平，永远处于被动、落后、贫困的状态，就会使一部分地区和人们的物质、精神、健康、生命乃至政治生活都不断下降。

2. 坚持人水和谐、以人为本，着力发展民生水利

把坚持以人为本，优先解决涉及群众切身利益的水利保障问题作为配置的出发点。切实搞好关系全局的防洪安全、供水安全、粮食安全和生态安全。要把保障饮水安全作为水利发展的首要任务，要尊重水的自然规律和经济社会发展规律，按照人口、资源、环境与经济社会协调发展的要求，充分考虑水资源承载能力和水环境承载能力，合理开发利用水资源，促进优化经济社会发展布局，妥善处理防洪、水资源开发利用和生态环境保护的关系，减轻人类活动对水的侵害。在防洪方面，注重给洪水以出路，强调约束人类自身行为在防洪减灾中的作用，逐步实现由控制洪水向管理洪水转变。针对防洪体系相对薄弱，继续加强重点城镇防洪工程建设，加速大江大河和重点地区中小河流治理，确保重要保护区的防洪安全；加强病险水库除险加固工程建设，消除病险水库的安全隐患，保障人民群众的生命财产安全。在水资源开发利用方面，把建设节水型社会作为破解我国水资源短缺的战略性措施，不断提高水资源利用效率和效益。在水资源保护和水环境治理方面，以恢复和改善水体功能为目标，强调经济社会发展要与水资源和水环境的承载能力相协调，并在经济社会发展的过程中保护好水资源。在生态建设方面，充分发挥生态自我修复能力，逐步治理与水相关的生态恶化趋势。同时，要高度重视水利、水电、交通、矿山等基础建设中的生态问题，正确认识基本建设与生态保护的关系，科学处理各类工程建设带来的生态问题，保证水利事业可持续发展。

3. 坚持全面统筹协调发展

水资源的合理配置必须坚持全面性、合理性，坚持统筹协调的原则，统筹协调社会经济发展与生态环境保护的要求，合理调配生活、生产和生态用水；统筹考虑现状用水情况与未来用水需求，并适当留有余地，保障水资源的可持续利用。水利发展要兴利除害结合，开源节流并重，防洪抗旱并举。统筹考虑不同流域、区域和城乡经济社会发展的特点和需求、水资源的分布特性。统筹兼顾上下游、干支流、左右岸，水资源开发、利用、节约、保护和防洪排涝等关系，促进区域和城乡协调发展，建立公平合理，利益共享、良性互动的水资源配置格局。考虑水资源条件和城市化、工农业生产力布局、经济结构，合理确定水资源配置发展的目标、速度和规模。要重点考虑不同流域的特点，提出流域水利发展的战略目标和重点；根据四川省盆地腹部区及盆周山区、川西南山地区、川西北高山高原区不同的区域特点，确定相应的水利发展目标、任务和重点；针对现代农业问题和社会主义新农村建设对水利的要求，加大灌区节水改造与续建配套建设，增加农村水利基础设施建设的资金投入，提高农业综合生产能力；同时针对城市化发展的需要，加强城市防洪、供水、污水处理等水务一体化建设和管理。在盆地腹部缺水地区，首先要抓紧中小河流治理，搞好流域内的水资源配置，不能只伸手期望从外地调水。在加强水源调控工程（水库、引水、囤水库等）建设的基础上，有计划、有步骤地建设一批控制性的蓄水、调水工程，调配和管理流域之间的水资源，实现水资源在区域之间的合理配置。

水资源的调配必须有利于生态环境的保护和修复，协调好生活、生产、生态用水。严防河道断流、湖泊湿地干涸、地下水严重下降、土地沙化、植被退化、过度放牧、乱砍滥伐等生态环境继续恶化。通过水资源的全面节约、有效保护、优化配置、合理开发、高效利用、综合治理和科学管理，促进人口、资源、环境与经济发展相协调。坚持兴利除害、开源节流治污并重，坚持以加快骨干工程建设为重点，加大投入力度，以创新体制机制为动力，确保四川省经济社会可持续发展。

4. 坚持资源节约和保护并重

坚持走资源节约、环境友好的可持续发展之路，继续把水资源的有效保护和节约利用放在突出位置，坚持节水为主，治污优先，把多渠道开源、全面推进节水型社会建设作为水利建设的一项长期性任务，转变粗放型的水资源开发利用方式，大力发展循环经济、低碳经济，提高水资源利用效率和效益，改"以需定供"为

"以供定需"。通过建立以经济手段为主的节水机制，发展节水型农业、节水型工业和节水型城市。同时以恢复和改善水体功能为目标，以重要供水水源地保护为重点，加大对水资源的监测、保护力度和对水污染的治理力度，使水环境状况与建设小康社会要求相适应。要坚持把建设节水型社会作为解决省内干旱缺水的战略性、革命性根本措施之一，

5. 坚持高效可持续利用，注重效益

按照节水、降耗、治污、减排的要求，"节水优先、治污为本、多渠道开源"，合理调配水资源，提高水资源循环利用的水平和利用效率，统筹水资源利用的经济效益、社会效益和生态效益的关系，发挥水资源的多种功能。必须对用水进行控制，推广先进的节水措施、节水技术。

坚持扩大能力与巩固提高相结合，注重现有工程挖潜改造，在搞好工程建设的同时，高度重视工程的运行管理，确保工程良性运行，实现水利工程社会效益、经济效益和生态效益的统一。根据经济社会发展对水利的需求，明确不同区域水利发展的重点，处理好重点与一般的关系，合理确定水利建设规模和投资规模，重点加快对续建或在建项目的实施，合理确定重点工程规模。提高水利工程的经济效益、社会效益和环境效益。逐步构建完善的现代水利体系，实施科技兴水战略，促进水资源可持续利用。

6. 坚持水资源利用的综合平衡

必须实行用水总量控制，"以供定需、双向调控"，协调和平衡各地区、各部门的用水要求，综合水量、水质和水生态要求，控制流域内各地区水资源的消耗量不超过流域内水资源可利用量，控制污染物入河总量不超过其水功能区确定的纳污能力，保障水生态环境所需的水量确保生态安全。

（五）水资源配置的任务

水资源的合理配置要依据社会主义市场经济法律、行政、经济以及技术等手段，以流域、区域为单元对水资源通过各种工程与非工程措施在各用水户之间进行合理分配、协调，处理水资源分布与生产力布局的相互关系，为实施可持续发展战略创造有利的水资源条件。调整水资源天然分布，满足经济社会发展对水的需求，同时调整经济社会发展布局，与水资源分布及承载能力相适应。因此，要在抑制需水增长的前提下，保障用水供给；探索水权，进行流域水量分配；协调生活用水、生产用水及环境用水；协调国民经济用水关系，进行各用水户水量配置。其总的任务：一是增强水资源的调控能力，大力兴建蓄水工程，加快调水工程的建设，改变水资源在时空、地区分布不合理的现状；二是合理开发地下水，充分利用多种水源，蓄洪、集雨工程，并使用云中水、回归水以增加各种可利用的水源；三是强化节水，彻底改变粗放的用水方式，不断提高水的利用率和利用效率，加强灌区节水

改造，提高渠系水利用率，积极采用先进节水技术，推进节水工艺改造，调整工矿产业结构和布局，提高工业用水重复利用率；四是加强城市生活节水，强化公共用水管理，加大污水处理力度，逐步扩大中水回用率；五是加强对水源地和生态环境保护，协调好流域、区域生活、生产和生态用水；六是实行最严格的水资源管理制度，建立用水总量控制制度，确立水资源开发利用红线，建立用水效率控制制度，确立用水效率控制红线，建立水功能限制纳污制度，确立水功能区限制纳污红线。

通过水资源合理配置，为建成防洪抗旱减灾体系保障防洪安全；建成水资源合理配置和高效利用体系保障供水安全、粮食安全；构建生态良好的水环境保护体系，确保生态安全；建成有利于水利科学发展的制度体系，深化改革、强化管理、理顺机制，建设现代化、良性运行的水管理体系，建设可靠的、稳定的水资源保障体系。

经初步测算要求 2020 年在 2010 年供水 279.26 亿 m³ 的基础上，新增综合供水量 148.24 亿 m³，达到 427.5 亿 m³，占全省可利用水量的 49.4%。

2030 年再新增供水量 48.7 亿 m³，达到 476.2 亿 m³，占全省可利用水量的 55%，基本满足全省经济社会持续发展对供水的需要（见表 4-1）。

表 4-1　四川省各水平年供水任务

水平年	毛需水总计（亿 m³）	供水量（亿 m³）		总供水量（亿 m³）					灌溉面积（万亩）		
		比 2010 年增加	达到供水量	生活毛需水小计	第一产业	第二产业	第三产业	河道外生态需水量	增加农田灌面	农田灌面达到	达到总灌面
2010	328.5	—	279.26	36.1	208.5	71.2	10.2	2.5	—	3829	3927
2020	427.5	148.24	427.5	43.2	222	139.4	19.7	3.2	1121	4950	5905
2030	476.2	48.7	476.2	48	227.8	167.3	29.4	3.7	684	5634	6760
2010~2030	—	196.94	476.2	48	227.8	167.3	29.4	3.7	1805	5634	6760

二　水利建设的总体目标和任务

（一）治水是人类社会永恒的主题

新中国成立以来，四川省水利建设虽然取得了很大成绩，但也走了不少弯路，20 世纪 50、60 年代，在中央水利建设方向的指导下，四川省水利建设得到高速发展，当今全省 70%~80% 的水利工程都是这个时期建成的，虽然大多是中小型水利工程，还是为四川省经济社会发展作出了贡献。

但是在 20 世纪 60、70 年代执行了"以机电提灌为主"的水利建设方针，没有抓住水源工程建设，放缓了水库工程的建设，错过了大好的发展机遇，落后于兄弟省份的水库建设速度，而去修建机电提灌站，与兄弟省在水源调节能力上差距越来越大。机电提灌只是一种灌溉方式，在未能解决水源的情况下，是无力解决灌溉需水的。历史的经验告诉我们，大力发展机电提灌并不可能解决四川的干旱，反而增加能源消耗，农民增产不增收，20世纪60、70年代建设的机电提灌站大部分已经废弃。

到20世纪90年代，四川省又过分强调了微型水利的作用，再次放慢了调蓄工程的建设速度，满足不了供水的增长需求。虽然微型水利具有投资省、易于发动农民兴建等特点，对解决农户的饮用水困难及发展庭园经济有一定的作用，但抗御大面积的愈加频繁的干旱灾害却无能为力。近年来四川省盆地区连续发生干旱，不少溪沟断流，中小水库无水可蓄，塘堰干涸，中小河流上的提水站无水可提，值得一提的是，总库容达13.4亿 m³的升钟水库为灌溉抗旱供水致使库水位也逼近死水位，几乎无水应急。这说明只有"大工程才能抗大旱，小工程只能抗小旱，无工程不抗旱"，为了积极应对全球气候变化带来的经常性、突发性影响，确保四川省经济社会的可持续发展，必须加强水利建设，并把建设的重心放在骨干调蓄（引水）工程的建设上。

重视水利已成为全社会的共识，水利是国民经济基础产业，应该成为各级政府的行政理念。虽然都认同这个道理，也知道水利是国民经济基础产业，但在抓工作，考虑问题，安排项目，分配建设资金时，还是多注重当前效益和政绩。一场大水后，损失惨重了，才开始真正重视水利，加固水库修建河堤；一次大旱，人无水可饮，地无水可灌，损失惨重时，才知道挖井修渠。灾害来时忙几天，过后又将水利建设搁置一边，三五年不来洪水就逐渐懈怠，投入不继，工程失管失修，无人问及；来年风调雨顺，逐渐懈怠，注意力旁移，如此反复，成为习惯，不足为奇。而建设的劲头，主要集中在能源、交通、工业、城市发展上，甚至不研究区域水资源的承载能力去盲目发展，没有从中真正总结经验教训，痛定思痛，加速抗旱防灾工程建设，更说不上未雨绸缪。把水利工作摆在重要的地位去对待，把水利作为国民经济和社会事业基础的头等大事来抓，把水利建设纳入基础建设的优先地位，首先是理清四川的治水思路，狠抓规划，正确决策，分清主次，分步实施，常抓不懈，持之以恒。要把水利工作作为一种执政行为、一种政治自觉、一项长期性的重要工作摆在政府工作的议事日程。各级领导，特别是一把手应站在新的历史起点和更高层次上，为供水安全、防洪安全、粮食安全、生态安全及提高人民群众生活质量和水平提供有力的水利保障。

（二）坚定地贯彻执行科学的水资源配置的总方针

四川省水资源虽然总量较丰，但具有时空分配严重不均，区域分布与人口、工农业生产布局极不匹配的特点。结合四川省河流水系分布以及地形地质条件，要改变水资源分布存在的问题，使水资源更好地为经济社会可持续发展服务。

第一，要大力修建有足够容积和数量的蓄水工程，提高水量的调控能力，把年内汛期的丰水蓄存起来放在枯水期缺水时使用，改变水资源时空分布不均的问题，即"蓄洪补枯"、"夏水春用"；第二，要采取从多水、丰水地区跨流域调水至盆地腹部缺水地区，解决时空上水资源分布与人口、工农业生产布局不匹配的问题，即"西水东调"、"边水内调"，形成具有四川省特色的水资源配置格局（水资源跨区域的"五横四纵"工程布局）。

根据《中华人民共和国水法》、水利产业政策和中央的治水方针，结合总结四川省几十年水利建设的经验和教训，转型期四川省水资源建设配置的方针是：

第一，坚持全面规划、统筹兼顾，标本兼治，综合治理。实行开发与保护、兴利与除害、开源与节流、防洪与抗旱并重。

第二，统筹考虑水资源开发、利用、治理、配置、节水和保护方面，突出重点，民生优先，注重效益，从全局和系统的观点出发，采取综合措施，使工程建设与水资源合理配置，水环境保护、高效利用和工程管理相结合。

第三，水利建设要以大、中型为主，大、中、小、微相结合；以蓄、引为主，蓄、引、提、防（防止水质污染）相结合；以现有工程配套整治为主，现有工程挖潜配套与新建工程相结合；并鼓励农村集体、农户以各种方式建设和经营小、微型水利设施，解决农村分散农户的饮用水和农田保苗用水。

第四，大幅度提高水的利用率和利用效率，有效保护水资源，实现水资源的开源、节约与保护相结合，建设节水型社会，实现人水和谐。

第五，受水区对调水区进行补贴或对口帮扶，使受水区和调水区同步协调发展。

第六，搞好资源管理，坚持依法管水、科学治水，加强水资源的统一管理。

在一定的时期内，我们要坚定不移地贯彻水资源配置的指导思想、原则、目标、任务和根据历史经验总结的治水方针，不要因领导的变更和其他原因而改变建设的方向，只要坚持不懈地努力下去，四川省的水利建设必将会出现一个蓬勃发展的大好局面，一定能逐步解决好"水"的问题。

三 分区水资源配置的战略构想

从总体上看，四川省总体水资源相对较丰富。从水资源分布特点和条件看，不同区域都存在不同程度的缺水、有水源性缺水、工程性缺水或水质性缺水问题。实施水资源区域性的分配和调节是水资源合理配置的主要途径，对提高水资源配置能力具有极端的重要性。一是解决四川省水资源时空分布不均问题；二是缓解四川省工业化和城镇化，快速发展带来的巨大供水压力；三是应对特大干旱频繁发生的挑战；四是改善重点地区水生态环境和地下水恶化问题。

对于缺水地区应判断其缺水性质，根据社会经济可持续发展的要求，通过各分区水资源供需平衡分析，确定合理的调水规模和相应的工程布局，以满足缺水地区合理的用水需求。

跨流域（区域）调水对调入区来说，是开源措施，但开源必须在节流的前提下进行，这是跨流域（区域）调水的基本原则，调水是对当地水资源的补充，只有实现了当地节水，充分挖掘当地水资源的潜力之后，实施调水才是最经济、最合理的，才可以达到调水量最少而实现的效益最大。

根据四川省国民经济和社会发展布局、水资源分布特点、开发条件以及利用现状、区域社会经济发展的要求，四川省水资源配置总体布局，要立足盆地腹部区，发展盆周山区、川西南山地区和川西北高山高原区。根据各区的社会经济发展状况，水资源条件及开发利用程度，统筹考虑各区域水资源的配置，以保障全省经济社会的可持续发展。

依据全省水资源分布特征、开发利用条件、地形地貌特点以及人口、社会经济发展水平等，将全省分为盆地腹部区（又分为成都平原和丘陵两个亚区）、盆周山区、西部高山高原区（又分为川西南山地区和川西北高山高原区）。全省五大片区主要社会经济指标及水资源、水利建设情况见表4-2和表4-3。

表4-2　2010年四川省分片主要社会经济指标

地貌分区	全　省	盆地腹部区	盆地腹部区		盆周山区	川西南山地区	川西北高山高原区
			成都平原区	丘陵地区			
县（市、区）个数	181	95	27	68	31	24	31
辖区面积（万 m²）	48.43	11.02	2.10	8.92	7.09	6.18	24.13
乡（镇）数	4406	2395	397	1998	759	690	562
户籍总人口（万人）	9001.3	6958.3	1608.8	5349.5	1212.4	629.6	201
农业人口（万人）	6646.1	5001	768.9	4232.1	975.5	504.6	164.9
非农业人口（万人）	2355.2	1957.2	839.9	1117.3	236.9	125	36.1
城镇人口（万人）	3231	2628.3	1036.30	1592.01	363.71	187.72	51.25
城镇化率（%）	40.18	42.39	57.36	36.23	35.51	30.59	25.20
地区生产总值（亿元）	17185.48	14056.17	6505.07	7551.10	1487.24	1380.25	261.82
第一产值（亿元）	2482.89	1924.93	432.08	1492.85	298.09	204.45	55.42
第二产值（亿元）	8672.18	6999.86	2737.71	4262.15	761.39	801.70	109.23
工业（亿元）	7431.45	5948.10	2307.48	3640.62	696.18	713.14	74.03
第三产值（亿元）	6030.41	5131.38	3088.91	2042.47	427.76	374.10	97.17

续表

地貌分区	全 省	盆地腹部区	盆地腹部区		盆周山区	川西南山地区	川西北高山高原区
			成都平原区	丘陵地区			
标准耕地面积（万亩）	8925.18	6333.85	1105.29	5228.56	1602.81	731.01	257.52
财政收入（亿元）	1134.86	895.91	556.09	339.82	98.91	111.06	28.97
粮食播种面积（万亩）	14968.97	11088	1660.98	9426.82	2358.68	1226.62	295.86
粮食总产（万 kg）	3222904	2454826	405421	2049405	508613	221587	37878
有效灌面（万亩）	3829.66	3072.75	774.45	2298.30	433.54	248.52	74.85
人均生产总值（元）	21182	20201	40434	14116	12267	21923	13026
人均耕地（亩）	0.99	0.91	0.69	0.98	1.32	1.16	1.28
人均粮食（kg）	358.0	352.8	252.0	383.1	419.5	351.9	188.4

表 4－3　2010 年四川省分片水资源、水利建设情况

地貌分区	全省	盆地腹部区	盆地腹部区		盆周山区	川西南山地区	川西北高原山区
			成都平原区	丘陵地区			
辖区面积（万 km²）	48.43	11.02	2.10	8.92	7.09	6.18	24.13
水资源量（亿 m³）	2615.69	514.71	142.52	372.19	561.94	427.70	1111.34
可利用水资源量（亿 m³）	865.15	300.96	83.83	217.13	214.42	121.42	228.35
工程处数（万处）	63.77	50.44	7.76	42.68	9.99	1.94	1.40
总水量能力（亿 m³）	272.85	213.49	90.16	123.33	22.33	29.46	7.57
蓄水工程（亿 m³）	141.81	117.49	29.71	87.78	12.52	11.61	0.19
引水工程（亿 m³）	113.23	80.99	56.85	24.15	8.15	16.87	7.21
提水工程（亿 m³）	17.81	15.01	3.61	11.40	1.66	0.97	0.17
2010 年实供水量（亿 m³）	249.81	189.99	72.59	117.40	23.62	29.61	6.59
地表水（亿 m³）	224.72	170.45	65.86	104.59	20.67	28.06	5.54
地下水（亿 m³）	19.57	17.29	6.50	10.79	1.55	0.42	0.31
其他工程（亿 m³）	5.52	2.25	0.23	2.02	1.41	1.13	0.73
有效灌溉面积（万亩）	3829.66	3072.75	774.45	2298.30	433.55	248.51	74.85
田	2916.01	2389.83	705.00	1684.83	373.27	152.39	0.53
旱涝保收面积（万亩）	2635.61	2160.24	654.51	1505.73	286.30	145.16	43.92
总水量能力占全省（%）	100.00	78.25	33.05	45.20	8.18	10.80	2.77
2010 年实供水量（亿 m³）	100.00	76.05	29.06	47.00	9.46	11.85	2.64
有效灌溉面积占全省（%）	100.00	80.24	20.22	60.01	11.32	6.49	1.95
水资源调节控制能力（%）	5.40	20.37	1.90	27.44	2.54	2.71	1.00
水量承载指数	1.82	1.15	1.06	1.20	3.46	2.30	13.07
水压力综合指数	0.19	7.867	2.995	6.184	0.066	0.065	0.055
人均水资源量（m³）	2906	740	886	696	4635	6793	55291
现状水资源开发利用率（%）	9.55	36.91	50.93	31.54	4.20	6.92	0.59
户籍总人口（万人）	9001.3	6958.3	1608.8	5349.5	1212.4	629.6	201

四川省盆地腹部区由于人口众多，经济社会较为发达，水资源总量少，人均水资源量最小，现状水资源开发利用率最高，水资源承载能力不足，水压力综合指数[1]最高，与我国北方诸省相当，当地水资源难以满足经济社会持续发展对供水的需要，除充分合理利用当地水资源外，必须从富水区调水补给，属四川省外调水源补给区；而其他几个区（盆周山区、川西南山地区、川西北高山高原区）人口相对较少，经济社会发展滞后，水资源相对丰富，人均水资源量较丰，现状水资源开发利用率较低，水资源承载能力[2]较大，且水压力综合指数最小，完全可以合理利用当地水资源，满足区域经济社会持续发展对水资源的需求。另外，还可以调出部分水量补给盆地腹部区，是四川省当地径流供水区和水源调出区。

按盆地腹部区、盆周山区、川西南山地区、川西北高山高原区4个区，分别介绍水资源配置意见。

（一）盆地腹部区

盆地腹部区包括青衣江、岷江以东，渠江以西，长江以北至安县、江油、旺苍、巴中一线的盆地腹部平原及丘陵区域。辖区面积11.02万km^2，占全省面积22.8%，是四川省人口众多、土地集中、经济社会最发达的地区，也是经济的核心区，该区涉及成都、自贡、德阳、绵阳、遂宁、南充、内江、广安、资阳、眉山、泸州、宜宾、乐山、雅安、广元和巴中16个市的95个县（市、区），其中平原区27个县（市、市），丘陵区68个县（市、区）。2010年总人口6958.3万人，耕地面积6333.9万亩，GDP 14056亿元，粮食总产2454.8万t，分别占全省的77.3%、71%、81.8%和76.24%。该区地位极为重要，是四川省人口集中、城市化率最高、工农业生产最集中的核心地区，它支撑起四川经济（GDP）的82%、粮食产量的76%，但却是四川省水资源极度匮乏区，水资源仅514.7亿m^3，人均740m^3，相当于全省人均水资源的25.5%，该区可利用水资源仅301亿m^3，其水压力综合指数最高7.9（全省平均0.19），水资源的水量承载指数仍小至1.15（调水工程建成后），现状水资源开发利用率全省最高已达36.9%。在只考虑利用当地径流的前提下，完全无法满足经济社会用水增长的要求，既属于资源性重度缺水区，亦存在工程性和水质性缺水的严重地区。本区是四川省外调水源补给区，必须从水资源丰富的盆周山区和川西北高原区调（引）水（"西水东调"、"北水南补"）来弥补本区水资源之不足,才能实现区域水资源的供需平衡。调水配水前必须遵循"先节水、后调水,先治污、后通水,先环保、后用水"的"三先三后"原则。

该区水资源配置要以水资源的高效利用为核心,以抓节约、抓管理和保护水资源为重点,兴建必要的控制性枢纽工程和骨干水源工程,提高该区的防洪和水资源调蓄能力,同时适当增加当地水资源开发利用率,实施"西水东调、北水南补"的调水方案,才能补充区域水量,实现各水平年的供需平衡,形成以调水工程(都江堰、玉溪河引水、向家坝引水、长征渠引水、武都引水、升钟水库、亭子口引水等工程形成的"五横四纵")布局为骨干,合理利用当地径流,组成"长藤结瓜"的"蓄、引、提"工程与当地"大、中、小"型工程相结合的供水体系,保障该区供水安全。

其工程布局应形成以紫坪铺水库、武都水库、升钟水库、亭子口水库、小井沟水库、关口、罐子坝、李家岩、十里铺水库等大型水库工程为龙头,以调水工程都江堰水利工程、玉溪河引水工程、通济堰工程、武都引水工程、毗河供水工程、向家坝引水工程、长征渠引水工程为主动脉,配合长(沙坝)葫(芦口)、双溪、麻子滩、全民、天池湖、五排、书房坝、关刀桥、金峰、白鹤林等180多座中型水库为骨干,并辅以众多的小、微型水利工程组成的多水源、多工程"长藤结瓜"、"蓄、引、提"相结合的供水网络,保障区域供水安全。

"五横四纵"指已建的都江堰水利工程和玉溪河引水工程,规划的向家坝引水工程、长征渠引水工程以及正建的武都引水工程、升钟灌区工程,规划的亭子口灌区工程、罐子坝灌区工程以及引大济岷工程的城乡供水网络骨架,以保障区域的供水安全。

经预测,该区 2030 年综合毛需水 363.6 亿 m^3,在 2010 年供水 206 亿 m^3 的基础上,2030 年可新增水量 141 亿 m^3,达到 347 亿 m^3,其中当地径流新增水量 43 亿 m^3,外区调入水量 98 亿 m^3,缺水率从现状 20.5% 下降到 4.6%,可基本实现水平年的供需平衡。

本区范围较大,根据区域位置,以青衣江、岷江、沱江、涪江、嘉陵江、渠江流域分布状况和骨干水源补水工程布局,又将该区域划分为几大亚区,即岷涪长地区、嘉涪地区嘉渠地区和岷青、江南及渠东地区(岷江以西,长江南岸及渠江左岸等丘陵地区)(见表 4 - 4)。

表 4 - 4　2010 年四川省盆地区分片主要社会经济指标统计

地貌分区	盆地腹部区	岷涪长地区	嘉涪地区	嘉渠地区	岷青、江南及渠东地区
县(市、区)	95	55	12	12	16
辖区面积(万 m^2)	11.02	5.36	1.58	1.88	2.20

续表

地貌分区	盆地腹部区	岷涪长地区	嘉涪地区	嘉渠地区	岷青、江南及渠东地区
水资源量（亿 m³）	514.71	246.40	46.47	79.59	142.25
乡（镇）数	2395	1066	414	507	408
户籍总人口（万人）	6958.3	3913.75	845.51	1151.70	1047.35
农业人口（万人）	5001	2602.62	646.47	929.30	822.62
非农业人口（万人）	1957.2	1311.02	199.04	222.41	224.73
地区生产总值（万元）	14056.17	10116.77	1116.89	1150.98	1671.52
第一产值（万元）	1924.93	1079.82	242.42	283.36	319.33
第二产值（万元）	6999.86	5039.87	540.65	530.31	889.03
工业（万元）	5948.10	4385.26	454.22	429.48	679.14
第三产值（万元）	5131.38	3997.09	333.82	337.32	463.16
人均生产总值（元）	22437	52011	14786	11186	17863
标准耕地面积（万亩）	6333.85	3592.02	844.08	973.20	924.55
财政收入（万元）	895.91	506.54	30.75	29.15	329.48
粮食播种面积（万亩）	11087.80	4094.01	1052.57	1266.13	4675.09
粮食总产（万 kg）	2454826	1306737	330980	400500	416609
水利工程处数	504378	246639	78337	102606	76796
总水量能力（万 m³）	2134924	1273012	345099	183808	333005
有效灌溉面积（万亩）	3072.75	1814.79	421.78	386.29	449.90
田（万亩）	2389.83	1381.71	279.53	320.17	408.42
旱涝保收（万亩）	2160.24	1304.26	272.30	258.39	325.29
本年实供水量	1213900	758596	112966	101078	241260
人均水资源量（m³）	740.00	630	550	691	1358
人均生产总值（元）	20201	25849	13210	9994	15959
人均耕地（亩）	0.99	0.92	1.00	0.85	0.88
人均粮食（kg）	358.0	334	391	348	398

注：岷青、江南及渠东地区的16个县、市包括邛崃、蒲江、丹棱、夹江、犍为、名山、纳溪、翠屏、长宁、高县、兴文、宣汉、开江、大竹、邻水、华蓥市等的部分地区。

1. 岷涪长地区

岷涪长地区西起青衣江、岷江中下游，东界涪江，南抵长江，北至安县、都江堰一线，即岷江（包括青衣江）、涪江、长江之间的区域。主要包括成都、德阳、绵阳、遂宁、内江、资阳、乐山、宜宾、自贡、泸州、雅安等55个市（县、区），辖区面积5.36万 km²。2010年，人口3913.8万人，耕地面积3592.02万亩，GDP

为 10116.77 亿元，粮食产量 1306.7 万 t；分别占全省的 34.7%、43.4%、58.9% 和 40.5%。经济社会指标占全省的 40% 以上，人均 GDP 为 25849 元，居全省第一。该区是四川省主要商品粮基地，工农业生产的中心地区，又是工矿企业集中的区域，四川的精华之地。但是本区水资源总量仅 246.4 亿 m^3，人均 630m^3，为全省人均 2906m^3 的 21.7%，仅相当于我国北方的水平，属重度缺水区。该区当地水资源根本无法满足经济社会持续发展供水的需要，是四川省最严重的缺水区，该区虽然水利建设历史悠久、成绩巨大，历来依赖于闻名于世的都江堰水利工程，调、引岷江上游入境水源，供给本区上中部的平原、丘陵区用水，使之成为"水旱从人、不知饥馑"的"天府之国"。但由于人口、城市集中，城市化进程快，需水量大，供需水量矛盾十分突出，是四川省供需矛盾最大的地区，已成为制约经济社会发展的"瓶颈"。

因此，在补水方案上，要充分重视各水源的来水情况，分布高程、距供水区的远近以及取水后对下游综合用水的影响，选择多水源、多工程"长藤结瓜"引蓄结合的办法，解决区域供水。以岷江水源为主的都江堰水利工程（含都江堰工程的扩灌毗河供水工程）解决该区的上部和中部区域；以青衣江水源的长征渠引水工程及金沙江向家坝水库引水工程解决该区的下半部区域的供水要求。

（1）以岷江供水为主的水源工程

岷江位于该区西部，水量丰沛，地理条件优越，鱼嘴处入境水量年平均（1959～2010 年）为 144.25 亿 m^3，是四川省最大的供水区（都江堰灌区）的主力水源；而沱江干流水源有限，为与岷江联通的不闭合河流，沱江干流金堂赵镇处约 1/3 的水来自岷江（沱江干流三皇庙水文站处多年平均径流量 78.2 亿 m^3），且水位低、河水遭受污染，只能作为辅助水源使用。

该区上部的大部分农田灌溉和成都市等城市供水已由都江堰、玉溪河、通济堰等工程基本解决。都江堰已实现有效灌面 1035 万亩（包括补水的通济堰灌区），玉溪河已实现有效灌面 62 万亩，通济堰已实现有效灌面 51.99 万亩；今后的主要任务是通过灌区续建配套与节水改造，完成东风渠 5 期扩灌井研灌区、东风渠 6 期简资干渠灌区、人民渠 7 期扩灌大英灌区建设，提高灌溉水利用系数和水量利用效率，早日达到都江堰近期（2015 年）设计灌面 1134 万亩、玉溪河引水工程 86.64 万亩和通济堰 57.09 万亩的目标，可新增有效灌面 133.74 万亩，并可利用农灌节约水量增加成都、德阳等城市生活、工业供水，改善成都市城市生态用水。

利用紫坪铺水库调节作用、宝瓶口引入余水等多余水量，新建毗河供水工程，解决涪、沱江之间严重缺水的川中丘陵老旱区的水源问题，使简阳、乐至、安岳、雁江、安居等县（区）摆脱生活、生产长期缺水的困境，并发展灌面 333.23 万亩，其中新增有效灌面 201.34 万亩，使都江堰最终规模灌溉面积发展到 1467 万亩。都江堰工程现状多年平均引入岷江水量 101 亿 m^3，在满足供水区综合用水后，内江尚有余水 33.3 亿 m^3；在紫坪铺水库正常运行时，都江堰内外江可引入水量 118.62 亿 m^3，生态环境用水 45m^3/s（其中金马河 15m^3/s，府南河 20～25m^3/s），基本可满足 2030 年供水需求。内江尚有可利用水量 30 多亿 m^3，加之紫坪铺水库为灌区发展预留的 2.2 亿 m^3 调节水量，毗河供水区需供水 12 亿 m^3 是有保证的。考虑各种因素及投资，为安全稳妥和降低投资强度，毗河供水工程分两期实施，近期建设一期工程，设计引水流量 22m^3/s，年引水量 4.32 亿 m^3，解决乐至、安岳、安居城乡供水，并发展灌溉面积 125 万亩。

岷涪长地区上中部以岷江水源都江堰水利工程为主导，配合玉溪河等大、中、小型工程以及规划实施的岷江上游主要为发电修建的狮子坪、毛尔盖、剑科，拟建十里铺水库；岷江及沱江支流上规划的李家岩、三坝、关口、清平、八角等大、中型等骨干水源工程，增加调蓄水量，减轻都江堰枯水期供水压力，增加调蓄能力减轻供水压力。上述工程相继建成发挥作用后，岷涪长地区上中部的供水将得到基本解决。

（2）以青衣江、金沙江供水为主的水源工程

解决岷涪长下半部分的工农业和城镇生活用水，有青衣江、大渡河、金沙江、岷江、沱江、涪江等多水源可供选择。而青衣江地处该区西部，水量丰沛，洪雅县槽渔滩处的多年平均径流量为 154 亿 m^3，现在水资源开发利用率仅 5%，预计到 2030 年满足本流域供水，青衣江水资源开发利用程度也只达到 7.1%，为本区较为理想的主要水源。金沙江水量更为丰富，向家坝电站站址处多年平均流量 4570m^3/s，年径流量 1440 亿 m^3，水资源开发利用除发电用水和少量的城乡生产、生活用水外，其他用水很少。目前向家坝电站正在建设，向家坝引水工程引水隧洞已开工建设，渠首高程可控制长征渠引水工程下部位置较低的地区。由青衣江水源加金沙江水源可控制都江堰供水区以下地区。金沙江向家坝引水工程与青衣江长征渠引水工程，与灌区范围内的小井沟水库与双溪水库，长沙坝葫芦口水库和石盘滩提水工程配合灌区内利用当地径流的众多中、小水利工程形成的供水网络，可控制岷涪长地区下部分地区，可从根本上解决该区生活、生产和生态供水问题，是本区水源的最佳组合方案。

金沙江向家坝水电站引水工程控制宜宾、泸州、自贡的部分地区，总干渠首取水高程为 370.00m，年毛引水量 17.82 亿 m^3。灌溉面积 348.85 万亩，新增灌面 166.18 万亩，其中耕地 295.05 万亩，园地 53.80 万亩，为 143 个城镇（其中 8 座县城）和 50.94 万农村人口的生产生活供水；同时向自贡城区、内江市（包括内江和隆昌）城区补水。该工程布置南北两条总干渠，北总干渠控制岷涪长地区下部，渠首设计流量 98.0m^3/s，总长 122.68km，设计灌溉面积 228.02 万亩，设计灌溉面

积中耕地 193.78 万亩，园地 34.24 万亩，并通过邱场分干渠向自贡城区和内江市城区补水，通过嘉明支渠向内江市隆昌县城区补水。北干渠毛供水 13.54 亿 m^3，其中，向自贡市城区补充生产生活用水 0.82 亿 m^3，内江市城区补充生产生活用水 1.21 亿 m^3（包括内江城区 0.97 亿 m^3 和隆昌县 0.24 亿 m^3）。南总干渠灌长江以南耕地，渠首设计流量 38m^3/s，总长 107.34km，设计灌溉面积 120.83 万亩，设计灌溉面积中耕地 101.27 万亩，果园地 19.56 万亩。

小井沟水库 2015 年动工建设，2030 年前建成，可向自贡市城区供水 1.24 亿 m^3，灌溉农田 15.21 万亩，新增灌面 9.74 万亩。

长征渠引水工程，取水口位于青衣江中游洪雅县槽渔滩处，取水高程 516.4m，渠首设计流量 130m^3/s，年毛引水量 30 亿 m^3。灌溉耕地 643 万亩，其中新增灌面 380 万亩，并可向灌区城镇供水和解决农村人畜饮水问题，该工程计划在 2020 年前后动工建设。

岷涪长地区以调入岷江、青衣江、金沙江水源的横向补（供）水，同时配合灌区众多的利用当地径流新建的蓄、引、提水利工程，组成的供水网络。在规划实现后，基本解决区内各需水部门的供水要求。

2. 嘉涪地区

该区西起涪江，东界嘉陵江，北至江油、梓潼、阆中一线的三角地带，区内以浅丘为主，而北部有部分深丘地形，辖区面积 1.58 万 km^2，主要包括绵阳、遂宁、南充、广安等市 12 个县（市、区），2010 年人口 846 万人，耕地面积 844 万亩，GDP 为 1117 亿元，粮食产量 331 万 t，分别占全省的 9.4%、9.5%、6.5% 和 9.9%。本区水资源总量仅 46.5 亿 m^3，人均 550m^3，为全省人均的 18.9%，居全省人均水资源量倒数第一，该区是四川省粮食经济作物的主产区之一，区内虽然已建有不少水利工程，但多系小型工程，供水保证率低，抗旱能力弱，由于当地水资源不足，为满足工农业和生活需水要求，必须从水资源富裕地区调水补济。

根据这个地区的自然地理条件及水源分布特点，水利工程布局是已建成的升钟水库，正建的武都水库两座大型水库北水南补（两纵），分别控制嘉陵江左、右两侧地区，配合大量的中、小型水利工程拦、引、蓄当地径流，组成"长藤结瓜"的供水网络，解决该区域供水问题。

升钟水库位于嘉陵江支流西河，集水面积 1756km²，多年平均来水量 5.18 亿 m^3，总库容 13.39 亿 m^3，有效库容 6.72 亿 m^3，控灌南充、广安、广元等市耕地 211.74 万亩，分两期建设。一期工程已实现灌面 138.93 万亩，余下灌面为二期 72.81 万亩正进行建设。由于升钟水库水源不足，拟由嘉陵江亭子口水利枢纽取水的嘉右干渠工程补水，多年平均补水量 0.8 亿 m^3。

武都水利工程由武都水库和武都引水工程组成，武都水库（正建）位于涪江上游距江油武都镇 4km 摸银洞处，水库总库容 5.54 亿 m³，有效库容 3.54 亿 m³。武都引水工程位于坝址下游灯笼桥处，渠首设计流量 60m³/s，通过武都水库调节，控制绵阳、遂宁、广元等市，设计灌面 286.3 万亩，其中一期 126.98 万亩已基本建成，二期 105.32 万亩及扩灌蓬船灌区 54.1 万亩，正进行前期工作，拟 2020 年前动工建设。

3. 嘉渠地区

该区北界阆中、仪陇、平昌一线以南，嘉陵江、渠江之间的三角地带，辖区面积 1.88 万 km²，主要包括南充、广安、达州、巴中等市 12 个县（市、区），2010 年人口 1151.7 万人，耕地面积 973.2 万亩，GDP1151 亿元，粮食产量 401 万 t，分别占全省的 12.8%、10.9%、6.7% 和 12.4%。是四川省粮食经济作物主产区之一。本区水资源总量仅 79.59 亿 m³，人均 691m³。目前，虽然兴建了不少水利工程，但多数系小型工程，灌溉保证程度低，抗御干旱能力弱，当地水源不足，需调水补济。

根据该地自然条件和水系分布特点，拟以亭子口水利工程和罐子坝水库供水，以流江河为界，将本区分为两个自然片，左岸由罐子坝水库供水，右岸由亭子口水库供水。结合区内利用当地径流兴建的中、小型水利工程，形成供水网络，从而满足规划水平年前（2030 年）预测的生活、生产和环境用水需求，为社会经济发展服务。

亭子口水利枢纽位于苍溪县城以北 16km 嘉陵江干流亭子口处。控制流域面积 62550km²，多年平均流量 608m³/s，多年平均径流量 192 亿 m³，总库容 40.67 亿 m³，有效库容 17.32 亿 m³，枢纽电站装机容量 100 万 kW，多年平均年发电量 31.35 亿 kWh。供水区范围涉及四川省广元、南充、广安、达州 4 个市的 12 个县（市、区），总耕地面积 350.50 万亩，设计灌溉面积 292.14 万亩。现在总人口 616.04 万人（其中城镇 157.68 万人）。全灌区 2030 年平均工农业净需水总量 16.82 亿 m³，其中灌溉需水量 7.76 亿 m³，工业生活净需水 8.26 亿 m³，并向升钟水库补水 0.80 亿 m³，利用当地径流 4.06 亿 m³，自备水源供水 4.54 亿 m³，需亭子口水利枢纽水库提供净水量 8.22 亿 m³（其中灌溉 4.99 亿 m³，二、三产业 2.35 亿 m³，城乡生活 1.27 亿 m³），毛供水量 12.61 亿 m³。

罐子坝水库位于旺苍县城以北 7km 的嘉陵江支流东河立溪处，控制流域面积 2633km²，多年平均径流量 20.9 亿 m³，总库容 5.65 亿 m³，有效库容 3.85 亿 m³，灌溉流江河左岸苍溪、旺苍、巴中、南江、达县、渠县、仪陇、营山、阆中等 10 县 212.4 万亩耕地，年供水量约 9.5 亿 m³，可满足灌区生活、生产和环境用水需求。

结合区内利用当地径流兴建的中、小水利工程，形成供水网络，从而满足规划

2030 水平年预测的生活、生产和生态用水要求，为社会经济可持续发展服务。

4. 岷青、江南及渠东地区

包括岷江西岸、长江南岸及渠江左岸丘陵地区，该区较为零星分散，辖区面积 1.99 万 km²，主要包括成都、乐山、宜宾、达州等市 16 个县（市、区）的部分地区，2010 年人口 1047.4 万人，耕地面积 924.6 万亩，GDP 为 1671.5 亿元，粮食产量 416.6 万 t，分别占全省的 11.6%、10.4%、9.7% 和 12.9%。本区水资源总量 142.3 亿 m³，人均 1358m³，是盆地腹部区相对人均水资源较高的区域，也是四川省粮食经济作物主产区之一。目前，虽然兴建了不少水利工程，但多数系小型工程，灌溉保证程度低，抗御干旱能力弱，当地水源虽然比其他相邻区域多一些，但开发难度较大，部分地区仍需调水补济。

根据这个地区的自然地理条件及水源分布特点，基本确定水利工程布局是由已建玉溪河引水工程和拟建的长征渠引水工程解决岷江右岸岷青地区的供水；由拟建的向家坝引水工程解决长江南岸丘陵区的生活、工农业补水问题；渠江左岸地区则由当地中小型水利工程（如宝石桥水库、龙潭水库、关门石水库等）组成的分散供水网络，满足供水需求。

解决盆地腹部区大型已建、拟建水源工程，已建、正建、拟建骨干大型引、提水利工程和正建及拟建骨干中型水利工程统计见附表 4-1 至附表 4-4。

（二）盆周山区

盆周山区辖区面积 7.09 万 km²，占全省面积的 14.6%，该区位于盆地腹部区四周山区，涉及泸州、绵阳、广元、巴中、达州、宜宾、乐山、雅安、眉山的 31 个县（市、区）。2010 年总人口 1212.4 万人，耕地 1602.8 万亩，GDP 为 1487 亿元，粮食产量 508.6 万 t，分别占全省的 13.5%、18%、8.6% 和 15.8%，水资源量 561.9 亿 m³，占全省 21.5%，人均水资源量 4639m³，该区可利用水资源 214.4 亿 m³，2010 年水资源的水量承载指数仅为 3.46（调水后），水压力综合指数 0.066 较全省平均小，现在水资源开发利用率仅为 4.2%。该区是四川省人口、耕地仅次于盆地腹部区、经济发展相对滞后的地区，人均 GDP 仅 12267 元，相当于全省人均 GDP 的 58%，但该区位于四川省主要江河上游，是著名的暴雨区和次多雨地带，围绕盆地腹部区构成一个富水圈，属于水资源较为丰富地区。水资源除可满足本区生活、生产持续发展用水需要外，有富裕的水资源可调入盆地腹部区，属于四川省水资源的调出区。该区地形变化较大，耕地相对分散，长期以来水利建设滞后，缺乏蓄水工程，属工程性缺水的地区之一。

该区水资源的配置，依靠自身的水资源条件，以水资源的综合开发、利用和保护为重点，根据本区的自然地理条件，城镇布局和工农业发展需求和生态环境状况，结合水源条件，因地制宜地以中、小型蓄水工程为主，以"蓄、引、提"等多种供水方式，形成集中与分散相结合的供水体系。

其工程布局是在北部盆周山区、城镇和耕地相对集中的地方、主要江河上游利用有利地形条件，兴建具有调蓄能力的大、中型调节水库（如南江红鱼洞、万源黄角湾、通江九浴溪水库等 19 座），调节水量，削减洪峰，并积极发展灌溉、城镇供水；同时利用盆周山区与盆地过渡地带等有利地形条件，兴建一批大型骨干水源工程（如紫坪铺水库、武都水库、亭子口水库等）向盆地腹部地区调水。在西部和南部盆周山区，根据工农业布局和城镇分布状况，结合地形条件兴建一批骨干中型工程（如平昌县牛角坑、双桥，峨眉山市观音岩，兴文县新坝，万源市寨子河，通江县二郎庙、湾滩河，合江县锁口，筠连县王家沟，沐川县金王寺，叙永县倒流河引水，古蔺县龙爪河、观文，雨城区九龙等水库和铜头引水工程），提高水量调节能力，集中与分散相结合，满足生活、生产供水的合理要求，推动该区经济社会持续发展。对分散的旱片死角旱山村，兴建必要的小、微型工程，补充农村人畜用水和保苗水水源。在开发盆周山区水资源的同时，要注意防治山地灾害和水土流失，并保护水源地，促进盆周山区社会经济的可持续发展。

经预测，该区 2030 年综合毛需水 50.8 亿 m^3，在 2010 年供水 32.87 亿 m^3 的基础上，预计到 2030 年可新增水量 15.87 亿 m^3，达到 48.74 亿 m^3，可基本实现水平年的供需平衡。

盆周山区规划骨干水利工程统计见附表 4-4 至附表 4-6。

（三）川西南山地区

川西南山地区辖区面积 6.18 万 km^2，占全省面积的 12.8%，该区位于四川省西南部的横断山区，涉及攀枝花市、凉山州、甘孜州、雅安市的 24 个县（市、区）。2010 年总人口 629.6 万人，耕地面积 731 万亩，GDP 为 1380 亿元，粮食产量 221.6 万 t，分别占全省的 7%、8.2%、8% 和 6.9%。区域水资源量 561.9 亿 m^3，占全省 21.5%，人均 6793m^3，该区可利用水资源 121.4 亿 m^3，水资源的水量承载指数仅为 2.3，水压力综合指数仅为 0.065，至 2010 年本区开发利用水资源仅 29.6 亿 m^3，现在水资源开发利用率仅为 6.9%，属于水资源较为丰富地区，水资源能够满足生活、生产和生态环境的需要。是四川省水资源富集地区，金沙江、安宁河干流河谷，属干热两季气候，光热资源十分优越，具有发展立体农业的自然条件，安宁河河谷平坝是四川省的第二大平原，是全国优质、高产、高效、低耗农业示范区和优质粮食、热带水果、全国优质烤烟、甘蔗、生猪、早市蔬菜、花卉的生产基地；区内自然资源和矿藏资源十分丰富，特别是矿产资源品种多、埋藏浅、储量大、品位高，开采条件好，是四川省钒钛钢铁、有色金属冶炼和水电建设基地。这里是四川省经济发展后劲大的地区，但是水利建设滞后，工程性缺水仍十分严重，属工程性缺水的地区，尤其缺乏水资源调蓄工程，现有水资源调节控制能力仅

1.1%，无法抗御干旱的季节性缺水，严重制约了地区工农业生产优势的发挥。

本区水资源的配置是修建大、中型骨干蓄水工程和小型蓄、引水工程，解决严重干旱季节性缺水，在合理开发的同时，注意加强治理保护。水利建设应以大、中型调节水库和中、小型蓄、引水工程相结合的集中与分散的供水体系为主。

其工程布局是建成安宁河河谷以大桥水库灌区配套工程为中心（川西南山地区"一纵工程"），大桥水库（已成）、米市水库调节径流，以安宁河干流为输水主动脉，配合两岸众多的引水渠为支动脉组成的供水网络，为农田灌溉、城乡供水提供水源。

金沙江干热河谷地区，以中型骨干蓄、引水工程为主体（如跃进、胜利、大竹河、新华水库、竹寿水库、龙塘水库、横山水库、大海子水库、观音岩引水工程等），配合众多小型蓄、引水工程，形成相对集中的供水系统，为干热河谷农田提供灌溉水源和城镇生活、生产用水。在雅砻江下游河段结合发电兴建具有一定调蓄能力的水库和引水工程，配合众多小型蓄、引水工程，形成集中与分散相结合的供水系统，为城镇生活和工业供水。大小凉山地区，由于耕地相对分散，工程建设条件相对较差，宜发展林业、牧业，在耕地相对集中的地方，结合自然条件考虑，宜发展非灌溉农业，对旱片死角、贫困山区、修建水利工程难度较大的地方，宜发展小（微）型蓄、引水工程，为人畜和保苗提供水源。

该区在兴建水利工程的同时，应注意与能源、交通建设，农业生产基地的建设协调发展，同时注意水土保持、山地灾害防治和水环境保护。

经预测，该区 2030 年综合毛需水 52.9 亿 m^3，在 2010 年供水 33 亿 m^3 的基础上，2030 年可新增水量 17 亿 m^3，达到 50 亿 m^3，可基本实现水平年的供需平衡。

川西南山区已建、规划骨干水源水利工程统计见附表 4-7 和附表 4-8。

（四）川西北高山高原区

川西北高山高原区辖区面积 24.13 万 km^2，占全省面积的 49.8%，该区位于四川西北部高原地区，涉及甘孜州、阿坝州、凉山州的 31 个县（市、区）。2010 年总人口 201 万人，耕地面积 240 万亩，GDP 为 261.8 亿元，粮食产量 37.9 万 t，分别占全省的 2.2%、2.7%、1.5% 和 1.2%，水资源量 111.31 亿 m^3，占全省 42.5%，人均 55291m^3，该区可利用水资源 228.4 亿 m^3，水资源的水量承载指数仅 13.1，水资源压力指数 0.055，为全省最小，至 2010 年本区开发利用水资源仅 6.6 亿 m^3，现在水资源开发利用率仅为 0.59%，全省最低，属于水资源最为丰富地区。该区是四川省民族地区，土地面积和水资源占全省近一半，但由于地处高海拔，地广人稀，气候寒冷，耕地分散，发展灌溉较为困难，但该区是我国五大牧区之一，是水资源的调出区和水源的重点保护区。

该区水资源配置主要以解决饮水安全为主，其次是发展饲草料基地和开发一些自然地理条件好的农副业基地的灌溉，促进草畜产品向商品性经济发展并增加高原山区特色农副产品；开发水电，实现以电代燃料；注意生态治理和修复，保护湿地和生态环境，减少水土流失和输入江河泥沙量，保护四川省主要江河金沙江、雅砻江、大渡河、岷江以及黄河上游的水环境，预防和减少山地灾害的发生。

其工程布局是在河谷区和海拔相对较低地区、耕地草地相对较为集中的地区发展农田灌溉和饲料饲草基地灌溉，兴建引水和蓄水工程（如新建白松、茨巫引水工程、玛依河引水、打火沟引水、洛须引水、力曲河引水、尼错引水、若果朗引水、脚梭两河引水等水利工程），解决农田和饲草料基地的灌溉。加强天然林保护，实施退耕还林（还草），治理"三化"草地，实现坡耕地梯地（田）化，提高蓄水保土功能，治理水土流失，防治滑坡、泥石流等山地灾害的发生。在红原、若尔盖地区注意加强林湿地和沼泽地保护。保护好长江、黄河上游水源地，建设长江上游生态屏障。

经预测，该区 2030 年综合毛需水 8.78 亿 m^3，在 2010 年供水 4.5 亿 m^3 的基础上，2030 年可新增水量 4.7 亿 m^3，达到 9.2 亿 m^3，可实现水平年的供需平衡。

该区水资源丰富，现在开发利用率全省最低，地理位置条件有利，海拔高，又是三江（金沙江、雅砻江、大渡河）源头地区，已成为四川省现在和将来外调水源的调出区，是国家规划水资源配置"南水北调"西线工程"四横三纵"总体布局和四川省"引大济岷"调水工程的重要调水水源地。

按照国家"南水北调"的总体安排推荐方案，西线方案规划从三条河调水 170 亿 m^3，其中从四川省境内调水 80 亿 m^3，过境水 90 亿 m^3。大渡河、雅砻江上游 6 条支流调水 40 亿 m^3 为第一期工程，雅砻江干流调水 50 亿 m^3 为第二期工程，金沙江调水 80 亿 m^3 为第三期工程。西线工程一期工程将从雅砻江水系 3 支流和大渡河水系 4 支流调水 80 亿 m^3，其中将从大渡河上游调水 23.5 亿 m^3。在大渡河调水中，将从支流色曲的洛若坝址断面调水 2.5 亿 m^3，杜柯河珠安达坝址断面调水 10.0 亿 m^3，玛柯河霍那坝址断面调水 7.5 亿 m^3 以及阿柯河克柯坝址断面调水 3.5 亿 m^3。

四川省"引大济岷"工程初步规划，要解决全省最大的都江堰供水区，即成都平原和岷涪长地区上部川中丘陵区远期缺水，改善岷江、沱江生态环境用水，确保盆地腹部区特别是成都市经济社会可持续发展对水的需要，必须从大渡河干流金川河段调水 22 亿 m^3 至岷江干流鱼嘴河段，通过都江堰工程补充盆地腹部区水资源的不足。这是事关四川省经济核心区、成渝经济区社会经济发展的大事。

因此，南水北调西线方案的研究，一是要充分考虑"引大济岷"工程还将调引 20 亿 ~30 亿 m^3 水量的要求，二是要在引水河段下游留够生态环境枯水期 20% 水量、丰水期 40% 的水量的基流要求，三是考虑对下游四川大渡河水电基地发电的影响问题。应研究协调两个调水方案的相互关系，特别是在大渡河上游支流调水的

"南水北调"一期工程，对"引大济岷"引水的影响问题，保证两个重大引水工程均能双赢。

川西北高原区在建、拟建骨干水源水利工程统计见附表4-9。

四 重大水利工程分期实施安排意见

(一) 分期实施意见

结合四川省实际情况和经济社会发展对水的需求和建设资金投入情况，前期工作开展情况、工程难易以及轻重缓急等因素，建议四川省水利工程建设做如下安排。

第一，继续完成全省12处大型灌区的续建配套与节水改造。它们是都江堰灌区、玉溪河灌区、通济堰灌区、长葫水库灌区、九龙滩提水灌区、石盘滩提水灌区、武都引水一期灌区、升钟水库一期灌区、乐山青衣江灌区、达州宝明水库灌区、凉山州安宁河沿河灌区、自贡小双水库灌区。

第二，继续完成6座中型水库、1887座小型病险水库的除险加固建设。

第三，开展全省333处中型灌区（1万~30万亩）和8211处小型灌区（1万亩以下）的续建配套与节水改造的建设。

第四，加快在建20座大、中型水利工程的建设。其中大型工程3个（亭子口水利枢纽工程、武都水库枢纽工程、大桥水库灌区一期工程），中型工程17个（邻水县关门石水库、乡城县玛依河水利工程、峨眉山市观音岩水库、平昌县牛角坑水库、大竹县龙潭水库、蓬溪县黑龙凼水库、会东新华水库、高县惠泽水库、华蓥市天池湖水库、古蔺县龙爪河水利工程、丹棱县党仲水库、涪城区燕儿河水库、得荣县白松茨巫水利工程、汉源县永定桥水库、甘洛县斯觉大堰水利工程、通江县二郎庙水库、会理县大海子水利工程）。

第五，加快正、拟建大中型水利工程建设。其中有列入省政府重点项目（大型）的小井沟水利工程、武引二期灌区、升钟二期灌区、毗河供水一期、向家坝灌区一期、红鱼洞水库、大桥水库二期灌区、亭子口灌区一期、龙塘水库共9个大型工程，纳入国家中型水库建设规划项目的有七一水库扩建、双桥、黄桷坝、大竹河、九龙、金王寺、王家沟、解元、白岩滩、关刀桥共10个中型水库工程，纳入省农业上台阶规划的项目有锁口、开茂、九龙潭、刘家拱桥、寨子河、新坝、东风水库扩建、倒流河引水、打火沟引水、洛须引水、力曲河引水、顺河堰引水、水碾坝引水共13个，地方较积极有一定前期工作基础的项目有龚家堰、天星桥、湾潭河、龙塘、老沟、马鞍山水库、铜头引水、易日河引水、巴楚河引水、赠科翻身渠引水共10个中型工程。

进一步完成一期未完成的建设任务,力争新建一批拟建大、中型骨干工程,力争实现新增供水 116 亿 m³,新增有效灌面 976 万亩(包括草地、林果园地 480 万亩),基本改变四川省水利建设的落后面貌,形成盆地区"五横四纵"格局和盆周山区、川西南山地区集中与分散相结合的供水网络,确保全省经济社会的可持续发展。

主要项目有:①继续完成一期建设未完成的工程项目。②新上马建设向家坝引水二期工程、亭子口引水二期工程、武都引水蓬船灌区、毗河引水二期工程、大桥水库三期工程的灌区配套建设。③建设长征渠引水工程和罐子坝水库及灌区工程。④新建米市、李家岩、土溪口、鲜家湾等大型水库以及一批山区中型蓄水工程有狸狐洞、三星桥、姜家桥、三仙湖、观音、两河口、穆家沟、永丰、溪鸣、双峡湖、古佛台、观文、坪山、湾滩河等几十座水库。

抓好重点项目的前期勘测、设计工作。按照"建设一个、设计两个、规划四个"来安排,作好项目储备。目前,四川省骨干水源工程的勘测设计跟不上形式发展的需要,影响申报国家立项,应尽快改变这种被动局面。增加前期工作经费的投入是非常必要的,这是水利建设有序顺利进行的必须保证。其中,长征渠是四川省重要的调水工程,曾在 20 世纪 70 年代做过规划,当时规划设计灌面 1400 万亩,随着时代的变迁,30 年来该工程控制供水区情况也发生了较大变化。一是重庆市直辖后原规划 384.35 万亩划出;二是向家坝引水工程替代原南干渠 219.58 万亩;三是毗河供水工程替代资阳市 114.42 万亩;四是已进入都江堰东风渠 5 期并研扩灌 14.87 万亩及已划为长葫水库和石盘滩提水两个大型灌区 67.98 万亩,因此长征渠供水区实际只剩下乐山、宜宾、自贡、内江、资阳市灌面约 643 万亩;五是原规划灌区内工业、城乡生活供水考虑不足;六是青衣江上游修建了大型水库瓦屋山和跷碛水库,正在建设锅浪跷水库,青衣江调蓄工程增加,取水口处水源条件发生了变化。因此,必须尽快启动长征渠引水工程的前期工作,重新论证工程合理范围、规模。

罐子坝水库是解决嘉渠地区供水的重要水源工程,曾于 20 世纪 70 年代做过一些前期勘测、规划工作,但 40 年来社会经济情况、建设条件也发生了很大变化,应尽早开展前期工作,进一步做好技术经济论证,重新确定工程规模。

积极准备做好"引大济岷"工程的前期工作,为"引大济岷"工程早日上马创造条件,彻底解决成都市、成都平原和川中丘陵区远期的缺水问题。岷江上游河段鱼嘴处,承担了四川省最大、最重要的都江堰供水区的供水任务,已成为全省水资源开发利用程度最高、用水负担最重、供用水矛盾最突出的河段,已成为四川腹地区乃至全省社会经济可持续发展的关键。要解决远期供水区成都平原和川中丘陵区缺水问题,就必须研究岷江鱼嘴河段的补水问题。"引大济岷"是补充岷江上游供水区水资源不足的最好方案，而该河段补充水源的根本出路在于调引邻近大渡河丰富水量，"西水东调引大济岷"是比较现实而可靠的方案。因此，建议尽快开展"引大济岷"工程规划，分析调水对大渡河干流下游梯级电量影响及补偿措施，对怎样引水及引水时段、引入岷江水量怎样调蓄使用、引水与"南水北调"西线方案关系、引水对大渡河引水下游区的影响、引水线路条件、工程建设条件、施工建设可行性等具体问题进行认真研究，做到未雨绸缪。

按照国家"南水北调"的总体安排推荐方案，西线工程一期工程将从大渡河上游调水 23.5 亿 m³。大渡河支流中，将从色曲的洛若坝址断面调水 2.5 亿 m³，从杜柯河珠安达坝址断面调水 10.0 亿 m³，从玛柯河霍那坝址断面调水 7.5 亿 m³以及从阿柯河克柯坝址断面调水 3.5 亿 m³。调水量分别占该河段天然径流量 4.12 亿 m³、14.45 亿 m³、11.08 亿 m³ 和 6.06 亿 m³ 的 60.7%、69.2%、67.7% 和 57.8%。

鉴于调水区在四川省"引大济岷"工程取水口的上游，将影响到"引大济岷"工程的取水，为确保"引大济岷"工程的实施，建议：一是西线方案在各引水处引水量，不宜超过国际公认合理的取水量占引水断面水量的 40% 的上限，否则将影响调水河段下游供水和生态环境；二是修建调蓄工程多引洪期水，不引枯期水或少引枯期水，特别是杜柯河、玛柯河、阿柯河不引用枯期水量，减少枯期对下游的影响；三是进一步论证西线调水对调出区的影响以及补救措施。

解决四川省水资源合理配置的骨干调水工程是"五横五纵"工程，即盆地腹部区"五横四纵"工程加川西南山地区的"一纵"工程，工程主要特性见表 4-6。

（二）"十二五"期间安排意见

1. 四川省水利发展的主要目标

第一，2015 年前基本完成"再造一个都江堰灌区"建设任务，新增和恢复蓄引提水能力 70 亿 m³，新增有效灌溉面积 1000 万亩；到 2020 年再新增有效灌溉面积 1000 万亩。积极开展试点，建成一批实现"全域灌溉"的县（市、区）和水利现代化灌区示范片。

第二，解决农村 2150 万人饮水不安全问题，新增地电装机容量 150 万 kW，2015 年水产品年产量达到 120 万 t。

第三，基本消除现有病险水库隐患；提高主要江河和重点中小河流重要河段的防洪能力，完成山洪灾害防治县级非工程措施，县级以上城市基本达到防洪标准；全省洪涝灾害年均直接经济损失占同期 GDP 的比重降低到 1.1% 以下。

第四，提高水资源利用效率和效益，灌溉用水有效利用系数提高到 0.45，新增节水灌溉面积 1310 万亩；万元地区生产总值用水量降低到 120m³ 以下。水功能区主要水质指标达标率提高到 75%，新增治理水土流失面积 18000km²。

第五，水法规体系不断完善，水行政综合执法能力显著提升，全社会水法治意识进一步增强。最严格的水资源管理制度初步建立，水利投入稳定增长机制进一步完善，水利工程良性运行与管护机制基本形成，有利于水资源节约和合理配置的水价形成机制基本建立。水利科技创新水平明显提升，水文服务能力和水利信息化水平进一步提高，水利人才队伍不断壮大，基层水利服务体系基本建立，水利公共服务能力显著增强。

表 4 - 5　四川省"十二五"规划主要指标

序号	指　标	"十一五"完成情况	"十二五"规划目标	备注
1	新增蓄引提水能力（亿 m^3）	23	70（含恢复）	预期性
2	解决农村饮水安全人口（万人）	1609	2150	约束性
3	新增有效灌溉面积（万亩）	236	1000	预期性
4	新增节水灌溉面积（万亩）	489	1310	预期性
5	灌溉用水有效利用系数	[0.41]	[0.45]	预期性
6	万元 GDP 用水量（m^3）	[136]	[120]	预期性
7	洪涝灾害年均损失率（%）	(1.15)	(1.1)	预期性
8	新增治理水土流失面积（km^2）	11207	18000	预期性
9	水功能区主要水质指标达标率（%）	[68]	[75]	预期性
10	新增地电装机容量（万 kW）	440	150	预期性
11	水产品年产量（万 t）	[105]	[120]	预期性

注：指标带（）为 5 年平均值，带 [] 为"十一五"或"十二五"末达到数，其余为 5 年总数。

2. 水利建设主要任务

实现"十二五"水利发展目标，必须全面加快水利基础设施建设，促进"全域灌溉"和水利现代化灌区的全力推进，切实增强水利保障能力。

（1）水资源配置工程

第一，大中型水源工程。尽快建成小井沟水利工程、二郎庙水库、白岩滩水库等在建工程，开工建设武引二期灌区、毗河供水一期、升钟灌区二期、向家坝灌区一期、龙塘水库、寨子河水库、开茂水库等一批大中型工程，提高水资源调蓄能力和供水保障能力。积极推进大桥灌区二期、武引蓬船灌区、亭子口灌区一期、李家岩水库、东林寺水库等项目前期工作，适时开工。加强全省水资源配置研究，比如长征渠灌区、引大（渡河）济岷（江）等。

第二，小型水库和引提水工程。根据《西南五省（自治区、直辖市）重点水源工程近期建设规划》，加强小型水库、引提水工程和连通工程建设，提高蓄引提水能力。

第三，城市第二水源和抗旱应急水源工程。加强城市（城镇）第二水源工程建设，加快建设山坪塘、石河堰、应急井等抗旱应急水源工程，提高应对干旱和供水安全突发事件的能力。

第四，天府新区水资源配置。加快岷江上游水源工程建设，加强紫坪铺水利枢纽和都江堰灌区运行调度管理，促进第二水源工程建设，整治加固输水通道，建设水厂及供水管道工程，强力推进节水型社会建设，为天府新区提供水资源保障。

（2）农村水利工程

第一，农村饮水安全工程。加快实施农村饮水安全工程，2015年前全面解决农村2150万人饮水安全问题[①]。积极推进农村集中供水工程建设，在有条件的地方大力发展城乡水务一体化，形成城乡连通的供水网络，到2015年农村自来水普及率达到70%。

第二，已成灌区续建配套和灌排泵站更新改造。加快推进已成灌区续建配套与节水改造工程，到2015年基本完成都江堰、玉溪河、长葫、通济堰、升钟一期、武引一期、九龙滩、石盘滩、青衣江、安宁河、宝明11个大型灌区和8000多个中小型灌区的续建配套与节水改造，在彭州市、德阳市旌阳区、什邡市、广汉市积极推进水利现代化灌区示范项目，充分发挥工程效益。完成佛爷岩、石盘滩等大型泵站更新改造，启动中小型泵站更新改造，恢复或提高灌溉排涝能力。

第三，小型农田水利工程。以推进小型农田水利重点县建设为重点，完善小型农田水利设施。建设"五小水利"工程（小塘坝、小水池、小水窖、小泵站、小水渠）和旱山村雨水集蓄利用工程，为建设高标准农田提供水源保障。实施管道输水灌溉、喷灌和微灌等高效节水灌溉工程，新增高效节水灌溉面积200万亩。在甘孜州、阿坝州、凉山州推进牧区水利建设，新增饲草料地节水灌溉面积100万亩。加快邛崃、丹棱、罗江、喜德等15个县（市）的16个水利血防项目建设，到2015年达到血吸虫病传播控制（或阻断）标准。

第四，农村水电工程。加大农村水电建设力度，建成三台、昭觉、长宁等27个水电新农村电气化县。在甘孜、阿坝、凉山、雅安、泸州、乐山、达州、绵阳8

---

① 根据2004年普查结果，全省农村饮水不安全人口为3144万人，当时纳入全国规划2422万人，有722万人未纳入。"十一五"期间，纳入全国规划的2422万人，已解决1609万人，剩余813万人未解决；四川省水利厅向水利部多次汇报，水利部同意将原规划外的722万人纳入全国规划，另外同意将四川省解决牧民定居、包虫病、大骨节病等藏区专项工程新增的66万人和近年来因地震、山洪地质灾害、水源及水质变化等新增的549万人纳入国家规划。因此四川省"十二五"期间要解决农村2150万人饮水安全问题。

市（州）52 个县实施小水电代燃料工程，解决 11.27 万农户生活用能问题。对 1995 年以前建成的部分符合条件的农村水电站实施增效扩容改造。新增地电装机容量 150 万千瓦。

第五，水产养殖工程。加快水产健康养殖步伐，改扩建 22 个水产原良种场，完成 50 万亩标准化稻田生态养鱼示范、40 个农业部健康养殖示范场生态修复、5 万亩优势水产品健康养殖示范基地建设。加强渔业支撑能力建设，完成 75 个县级水生动物防疫站及 24 个质检功能扩能、11 个县级农产品质检站建设。推进水产产业化，培育 100 个水产龙头企业，新增渔业经济组织 500 个，推广"龙头企业 + 基地 + 渔民"、"专业合作组织 + 基地 + 渔民"等组织模式，提高渔业的组织化程度。完成 1 个省级、20 个县级水产技术推广站建设。加强渔业执法管理和水生生物资源养护工作。

第六，农村河道综合整治。按照"河畅水清、岸绿景美、功能健全、人水和谐"的要求，率先在河网密集、人口稠密、排水不畅、水污染严重的地区，结合社会主义新农村建设，通过河道疏浚、岸坡整治、水系连通、生态修复等措施，开展农村河道综合整治。

（3）流域防洪减灾工程

统筹流域防洪减灾，以城市防洪排涝为重点，坚持"上蓄下泄"相结合，加强防洪薄弱环节建设，着力完善防洪减灾体系，切实增强抵御水旱灾害能力，保障人民群众生命财产安全。

第一，流域控制性工程。抓紧实施《四川省渠江流域防洪规划》中防洪效益好、见效快、增强抗旱能力的项目，2012 年力争开工南江县红鱼洞、宣汉县土溪口 2 座水库和广安城区白塔至谢家院子卡口拓宽工程，加快实施巴中市、达州市、广安市城区和平昌县、南江县、通江县、渠县、宣汉县、万源市、岳池县、华蓥市城区以及三汇镇等重点河段堤防护岸工程；2013 年力争开工万源市固军、巴州区黄石盘、平昌县江家口 3 座水库；2014 年力争开工通江县青峪口水库；"十二五"期间基本完成县级以上城市、近年来受灾严重的乡镇堤防工程建设，完成已纳入《全国重点地区中小河流近期治理建设规划》内的中小河流治理，治理完成已纳入《全国山洪地质灾害防治专项规划（水利部分）》内的 15 条山洪沟（处于重点防治区），基本完成非工程措施建设。尽快建成嘉陵江亭子口水利枢纽、涪江武都水库等在建工程；尽早开工安宁河米市水库。增强对江河洪水的调控能力，提高防洪抗旱能力。

第二，病险水库（水闸）除险加固。2012 年年底前完成国家规划内 149 座小（一）型病险水库除险加固；2013 年年底前完成 1738 座小（二）型、近年来新出现的 6 座中型病险水库和 23 座大中型病险水闸除险加固任务，消除安全隐患，发挥工程效益。

第三，主要江河治理。根据流域防洪规划和相关河流规划，对长江上游干流、岷江、沱江、涪江、嘉陵江、渠江、雅砻江、南广河、白河、黑河及 3000km² 以上的主要支流，通过加高加固和新建堤防、疏浚河道、拓宽卡口断面等措施进行综合治理，提高行洪能力。"十二五"期间建设堤防 400km。

第四，重点中小河流治理。加快实施《全国重点地区中小河流近期治理建设规划》，对流域面积在 200～3000km² 的中小河流的重要河段进行治理。2015 年前完成纳入国家规划的 325 条中小河流重要河段治理任务（其中 2012 年前完成 185条），综合治理河长 2000km。

第五，山洪灾害防治。尽快在山洪灾害频发地区（特别是地震重灾区）建成以监测、通信、预警指挥及群测群防体系等非工程措施为主，非工程措施与工程措施相结合的山洪灾害防治体系。2015 年年底前完成 128 个县的山洪灾害防治县级非工程措施建设，对重点防治区的 131 条山洪沟进行治理。科学安排生活生产设施，合理避让山洪灾害风险。

（4）水土保持工程

第一，水土保持重点工程。坚持治理与修复相结合，加强水土流失综合治理。加快推进国家农业综合开发水土保持项目、中央预算内投资水土保持项目、省级财政水土保持项目等水土保持重点工程建设，开展以坡耕地改造、经果林建设、小型水利水保工程等为重点的小流域综合治理，减少水土流失，改善生态环境和群众生产生活条件。积极拓展水土保持服务新领域，结合水源地保护、城乡环境治理，大力开展生态清洁型小流域建设，加强自然水系和人工水系两侧水土保持林建设。实施湖泊、湿地生态修复工程。到 2015 年水利行业新增治理水土流失面积 6000km²。

第二，其他水土流失治理工程。充分发挥各部门治理水土流失的积极性，进一步加强退耕还林（草）、土地治理和岩溶地区石漠化治理等生态工程建设，注重生态建设与经济发展的有机结合，加快水土流失治理步伐。到 2015 年其他部门和社会力量新增治理水土流失面积 12000km²。

（5）节水型社会建设

全面推进节水型社会建设，加快用水结构调整和用水方式转变，按照"三化"同步的要求，积极推广先进节水技术，大力推进农业、工业、城镇节水，抓紧启动节水型社会重点县（市、区）建设；积极稳妥推进水价改革；以水源地保护和综合治理为重点，加强水资源节约保护。不断提高用水效率和效益。

（6）发展能力建设

加强水文基础设施建设；加强水利管理和发展能力建设；以资源整合、信息共享为重点，加强水利信息化建设。

第一，水文设施和水资源管理系统建设。加强现有重要测报站点技术改造，提高水文测报能力和水事管理的技术支撑能力。加强中小河流水文监测系统建设，充实水文站网、巡测基地和应急机动监测队，提高对中小河流及山洪灾害易发区的水文监测能力。加强重要江河湖库及地下水的水质、水环境监测，提高应对突发水事件的应急响应能力。加强水文基础技术平台建设，提高综合业务处理能力。加强水源地、取水户取水与排水、入河排污口计量监控设施建设，积极推进重要饮用水水源地、规模以上取水户在线监测设施建设，开展覆盖市（州）、连接中央的全省水资源管理信息系统建设。

第二，防汛抗旱能力建设。开展国家防汛抗旱指挥系统二期工程建设，构建科学、高效、安全的防汛抗旱决策支撑体系。建立市（州）、县级之间的防汛抗旱数据传输系统，加强信息共享，建立市（州）防汛抗旱预警联动指挥机制，初步实现全省防汛抗旱指挥的科学化、标准化、智能化管理。建立洪水风险管理制度，制定完善各类防洪预案；加强基层防汛抗旱组织体系和防汛办能力建设；加强防汛抗旱物资储备、防灾避灾知识宣传培训和防汛演练。完善水库工情、水情、雨情监测手段，加快水库报警通信设施建设。加强抗旱服务组织体系及抗旱设施设备建设。

第三，水土保持监测与监督管理能力建设。健全全省水土保持监测机构，完善水土流失监测点、滑坡泥石流预警点；加强已成监测站（点）的升级改造，提升监测能力。初步建成覆盖全省的水土保持监测网络体系。加强水土保持监督能力建设，加大工作力度，建设项目水土保持方案申报率、实施率、验收率分别达到90%、80%和70%。

第四，水利科技基础平台建设。建设水利科研中心实验室、多层次试验基地、新技术推广示范基地，完善科研设施设备。加强重大水利科技问题研究，积极推广先进实用成果，提高水利科技创新水平。

第五，其他建设。加强水利信息化基础平台建设，建立完善水利规划计划管理信息系统、水利工程建设管理信息系统、中小型水库及小型农田水利管理信息系统、农村饮水安全管理信息系统、农村机电提灌工程管理信息系统、省级水利信息化综合运行和保障系统、水利信息专网网络以及省级水利数据中心（一期）。加强水政监察队伍和执法能力建设，加强河道采砂管理、水利工程质量和安全监督管理能力建设。加强四川水利职业技术学院和省水产学校建设，完善教学质量保障体系。

表 4-6　四川省解决盆地腹部区大型调水水源工程（五横四纵）统计

序号	工程名称	类型	性质	工程地点	水源	引水流量（m³/s）	干支渠长（km）	设计灌溉面积（万亩）合计	设计灌溉面积（万亩）已建成	供水人口（万人）	多年平均毛供水量（亿m³）小计	多年平均毛供水量（亿m³）灌溉	多年平均毛供水量（亿m³）城乡生活	备注
1	都江堰灌区	引水	已建	都江堰市	岷江	600	10943	1467	1030	1145	80.6	49.11	31.49	含毗河供水工程
	附：毗河供水工程	引水	项建	新 都 区	都江堰	60	1682	333.2	—	448.75	13.04	6.86	6.18	
2	玉溪河引水	引水	已建	芦 山 县	玉溪河	34	955	86.64	63.45	15.64	3	2.28	0.72	
3	向家坝灌区	引水	规划	屏 山 县	金沙江	128	16725	371.78	—	241	17.82	10.66	7.16	
4	长征渠引水	引水	规划	洪 雅 县	青衣江	150	13700	643	—	250	28.7	21.5	7.2	
5	引大济岷工程	引水	规划	小 金 县	大渡河	157	97	—	—	—	22	—	22	向岷江补水
6	武都引水工程	引水	正建	江 油 市	涪江	110	1046	282.65	127	154.92	4.71	2.62	2.09	含蓬船扩灌区
7	升钟水库	蓄水	已建	南 部 县	嘉陵江西河	60	326	211.74	138.9	84.1	3.04	2.65	0.39	
8	亭子口灌区	引水	规划	苍 溪 县	嘉陵江	100	1371	292.14	—	140.19	16.82	8.56	8.26	
9	罐子坝水库	蓄水	规划	旺 苍 县	嘉陵江东河	45	641	212.4	—	125	7.5	5.69	1.81	
10	大桥水库灌区工程	蓄引	正建	冕宁县等	安宁河	51	390.1	87.42	30.2	50.25	12.96	6.36	6.6	水库补水 5.48 亿 m³
	合　计	—	—	—	—	—	46195	3654.77	1389.2	2206.25	196.96	109.36	87.6	

附表：

附表 4－1 四川省解决盆地腹部大型已建、正建、拟建大型水利工程统计

序号	工程名称	建设性质	水源	所在地	总库容（万 m³）	有效库容（万 m³）	设计灌溉面积（万亩）合计	已建成	新增灌面（万亩）	供水人口（万人）	多年平均毛供水量（万 m³）	备注
1	升钟水库	已建	西河	南部县	133900	67200	211.74	138.93	142.5	84.1	30400	—
2	紫坪铺水库	已建	岷江	都江堰	111200	77400	1467	1030	—	—	132300	都江堰配套
3	黑龙滩水库	已建	都江堰	仁寿县	36000	23600	174.94	81.9	—	—	23600	都江堰配套
4	鲁班水库	已建	都江堰	三台县	27800	21500	64.35	68.07	—	—	21000	都江堰配套
5	三岔水库	已建	都江堰	简阳市	22900	18450	120.25	—	1.27	—	18500	都江堰配套
6	长、葫水库	已建	金遂河	威远县	12075	8270	32.45	30.09	—	80	8200	—
7	宝石桥水库	已建	州河	开江县	10070	8500	30.66	11.7	—	15	5023	—
8	武都水库	正建	涪江	江油市	59400	35500	286.4	126.98	—	—	35500	武都引水配套
9	亭子口水库	正建	嘉陵江	苍溪县	406700	173200	292.14	—	168.9	181.7	126100	—
10	小井沟水库	正建	越溪河	荣县	16600	11100	15.21	—	9.74	86.5	17100	—
11	关口水库	规划	湔江	彭州市	39340	34610	25.05	—	7.45	40	41200	—
12	李家岩	规划	西河	崇州市	18400	15000	6.2	—	3	—	25000	—
13	三坝水库	规划	斜江	大邑县	18900	15900	41.76	—	1.32	—	21500	—
14	罐子坝水库	规划	东河	旺苍县	56500	38500	212.4	—	112.5	125	95000	—
15	土溪口水库	规划	渠江前河	宣汉县	17410	10504	10.4	—	5.74	9.8	2278	调洪 0.9 亿 m³
16	江家口水库	规划	渠江渐滩河	平昌县	17034	15081	5.22	—	3.76	3.2	1889	调洪 1.52 亿 m³
17	黄石盘水库	规划	恩阳河	平昌县	16631	8369	2.45	—	1.3	4	—	调洪 0.93 亿 m³
18	兰草水库	规划	南江河	平昌县	22751	11400	1.28	—	0.92	1.16	—	调洪 0.48 亿 m³

附表 4-2 四川省盆地腹部区已建、正建、拟建骨干大型引、提水利工程统计

序号	工程名称	建设性质	水源	所在地	引水流量（m³/s）	设计灌溉面积（万亩）合计	已建成	新增灌面（万亩）	供水人口（万人）	多年平均毛供水量（亿 m³）	备注
1	都江堰灌区	已建	岷江	成都	600	1467	1030	89.1	696.24	80.6	含通济堰、毗河灌面
2	通济堰	已建	岷江、南河	眉山	48	57.09	51.99	5.1	—	—	—
3	玉溪河引水	已建	玉溪河	雅安	34	86.64	63.45	15.1	15.64	3	—
4	九龙滩提水	已建	沱江	成都	5.6	34.54	30.35	1.93	2.66	0.78	—
5	石盘滩提水	已建	沱江	内江	5	35.53	31.83	1.93	13.11	0.92	—
6	青衣江乐山灌区	已建	青衣江	乐山	37.5	35.77	28.57	3.24	24	7.55	—
7	武都引水	正建	涪江	绵阳	110	286.4	126.98	67.2	67.56	3.97	—
8	武都引水扩灌	规划	涪江	遂宁	12.5	54.14	—	30	87.36	0.74	蓬船灌区
9	毗河供水工程	项建	岷江	成都	60	333.2	—	201.3	448.75	13.04	—
10	亭子口灌区	规划	嘉陵江	广元	98	292.14	—	168.9	140.19	12.58	—
11	向家坝灌区	规划	金沙江	宜宾	128	348.85	—	166.18	241	18.08	—
12	长征渠引水	规划	青衣江	眉山	150	643.5	—	380.4	250	28.7	—
13	宝明灌区	规划	渠江	达州	14.35	30.66	12.84	17.82	57.7	1.26	—

附表4－3　四川省盆地腹部区已建中型水利工程统计

序号	地市州	县级行政区	工程名称	总库容（万 m³）	兴利库容（万 m³）	年供水量（万 m³）	供水人口（万人）	灌溉面积（万亩）	建成年份
1	成都市	金堂县	红旗水库	1127	950	428	20	10	1982
2	成都市	蒲江县	长滩水库	2706	1710	3691	—	0.5	1957
3	成都市	彭州市	莲花洞水库	1538	372	2000	3.2	0.71	1972
4	成都市	崇州市	向阳水库	1293	654	654	15.06	19.6	1996
5	自贡市	荣县	双溪水库	5800	4380	2000	45	9	1975
6	自贡市	富顺县	木桥沟水库	2970	1310	2200	0.15	3.16	1977
7	泸州市	纳溪区	马庙水库	1450	1040	1100	4	10.27	1958
8	泸州市	泸县	三溪口	2510	2359	1408	0.5	3.02	1981
9	泸州市	泸县	艾大桥	1164	936	611	2.3	14.15	1975
10	德阳市	中江县	继光水库	9820	9114	4500	1.1	2.54	1978
11	德阳市	中江县	响滩子水库	2222	1904	620	1	8.3	1973
12	德阳市	中江县	双河口水库	2016	1440	450	2.3	0.98	1994
13	德阳市	中江县	元兴水库	1353	897	380	1.2	12.6	1959
14	德阳市	中江县	黄鹿水库	2350	1100	800	3	1.72	2006
15	绵阳市	涪城区	上游水库	1050	591	625	—	3.5	1979
16	绵阳市	三台县	团结水库	2210	2000	1200	—	0.3	1975
17	绵阳市	三台县	红旗埝水库	3777	1015	45	10.53	3.21	1993
18	绵阳市	盐亭县	两岔滩水库	3550	2293	1200	—	2.68	1958
19	绵阳市	安县	白水湖水库	1672	1340	1800	0.18	4.8	1958
20	绵阳市	梓潼县	东方红水库	2060	1375	1375	2	3.1	1976
21	绵阳市	江油市	战旗水库	1269	799	490	—	2.38	1973
22	绵阳市	江油市	八一水库	1188	831	280	1.4	14.4	1979
23	遂宁市	安居区	麻子滩	8216	5107	2500	1.5	1.6	1961
24	遂宁市	安居区	跑马滩	3200	976	480	1	3.14	1905
25	遂宁市	安居区	新生	1500	952	942	13	7.06	1977
26	遂宁市	蓬溪县	赤城湖水库	3435	2745	3706	5	5.11	2005
27	遂宁市	蓬溪县	黑龙凼水库	1674	938	1032	5	2.9	1973
28	遂宁市	大英县	寸塘口水库	1288	988	1480	1.2	2.69	1977
29	遂宁市	大英县	星花水库	1198	930	550	1.8	2.9	1978
30	遂宁市	大英县	五五水库	1700	871	420	5	3.2	1971
31	内江市	内江市中区	黄河镇水库	1450	800	765	0.1	2.01	1960
32	内江市	东兴区	团结水库	1125	354	312	0.6	2.23	1975
33	内江市	东兴区	松林水库	1453	565	524	3	1.89	1971
34	内江市	威远县	长沙坝水库	4475	3030	2564	11	32.45	1979
35	内江市	威远县	葫芦口水库	7600	5240	4436	4.3	5.78	1984
36	内江市	资中县	龙江水库	2540	1536	1538	3.6	7.93	1963

续表

序号	地市州	县级行政区	工程名称	总库容（万 m³）	兴利库容（万 m³）	年供水量（万 m³）	供水人口（万人）	灌溉面积（万亩）	建成年份
37	内江市	资中县	黄板桥水库	1420	670	893	10.5	12.25	1979
38	内江市	隆昌县	古宇庙水库	5594	3966	2600	10.5	0.78	1958
39	内江市	隆昌县	柏林寺水库	1020	360	590	0.1	3.7	1970
40	乐山市	乐山市中区	高中水库	1609	1352	862	—	4.2	1974
41	乐山市	犍为县	新店水库	2601	1287	1287	4.49	3.2	1974
42	乐山市	犍为县	三岔河水库	1443	704	704	4.49	3.2	1991
43	乐山市	犍为县	太平寺水库	1278	522	522	7.6	3.5	2005
44	乐山市	井研县	大佛水库	5510	3650	680	—	3.26	1979
45	乐山市	井研县	毛坝水库	1721	757	665	0.3	2.29	1974
46	乐山市	井研县	红星水库	1048	795	602	3.5	2.05	1960
47	南充市	高坪区	磨尔滩水库	1120	790	670	—	6.99	1969
48	南充市	南部县	八尔滩	1750	595	1201	12	7.2	1978
49	南充市	营山县	幸福水库	3761	2536	2160	12.5	3.02	1978
50	南充市	蓬安县	大深沟水库	1051	500	522	—	2	1984
51	南充市	仪陇县	思德水库	4170	2034	1470	0.3	1.18	1970
52	南充市	西充县	红旗水库	1100	542	330	—	8.16	1984
53	南充市	阆中市	石滩水库	3157	1352	1055	—	1.35	1974
54	眉山市	东坡区	两河口	1590	1129	1060	—	12.29	1978
55	眉山市	仁寿县	李家沟水库	1221	1120	1120	—	2.66	1974
56	眉山市	仁寿县	洪峰水库	1250	722	722	1.5	2.5	1983
57	眉山市	丹棱县	梅弯水库	1015	722	570	3.5	3.03	1987
58	眉山市	青神县	复兴水库	1747	1225	1200	—	2.56	1977
59	眉山市	青神县	官厅水库	1290	1141	1000	0.5	1.36	2005
60	宜宾市	翠屏区	油房坳水库	1430	930	930	1.5	2.58	1986
61	宜宾市	南溪县	马耳岩水库	1765	990	800	0.5	5.43	2005
62	宜宾市	高县	郝家村水库	1835	1173	990	—	12.6	1975
63	广安市	广安区	全民水库	9052	4007	2650	9.1	3.1	1958
64	广安市	广安区	七一水库	2477	1340	1500	12	6.2	1960
65	广安市	岳池县	响水滩水库	2048	1470	2334	1.6	8	1960
66	广安市	岳池县	大高滩水库	3765	3090	2607	2.5	5.8	1960
67	广安市	岳池县	回龙水库	1954	1173	1929	2.3	4	1981
68	广安市	岳池县	万家沟水库	1790	1217	1347	—	6.4	1981
69	广安市	武胜县	五排水库	5215	3115	1427	5	5.4	1987
70	广安市	邻水县	万秀桥水库	2328	1290	1677	8.5	12.88	2003
71	广安市	华蓥市	天池湖水库	5030	2558	4933	10.4	19.9	2002
72	达州市	开江县	宝石桥水库	10070	7200	7500	0.12	0.61	1985

续表

序号	地市州	县级行政区	工程名称	总库容（万 m³）	兴利库容（万 m³）	年供水量（万 m³）	供水人口（万人）	灌溉面积（万亩）	建成年份
73	达州市	通川区	石莲花水库	1033	675	660	0.8	3.07	1958
74	达州市	达县	明星水库	1953	1159	1195	1.2	4.99	1979
75	达州市	达县	沙滩河水库	2790	2170	2431	3.6	2.78	1979
76	达州市	宣汉县	忠心水库	1255	1090	913	12	10.5	1960
77	达州市	大竹县	乌木滩水库	5310	3450	5400	—	4.04	1961
78	达州市	大竹县	同心桥水库	2700	1175	1540	0.6	3.75	1958
79	达州市	渠县	柏林水库	2086	1473	1224	24	5.35	1964
80	资阳市	雁江区	老鹰	3670	1380	2200	1	0.78	1973
81	资阳市	雁江区	双石桥	1059	855	255	13	11.84	1978
82	资阳市	安岳县	书房坝	6960	3882	2360	8	8.07	1979
83	资阳市	安岳县	磨滩河	3275	1635	995	15	5.34	1976
84	资阳市	安岳县	朝阳	2700	880	750	1.2	2.52	1973
85	资阳市	安岳县	报花厅	1320	864	516	—	0.4	1959
86	资阳市	乐至县	蟠龙河水库	4000	2060	1132	—	1.1	1972
87	资阳市	乐至县	东禅寺水库	1075	428	19	0.8	0.57	1969
88	资阳市	乐至县	棉花沟水库	1175	529	29	3.512	15.83	1977
89	资阳市	简阳市	石盘水库	6960	5238	3268	14.87	9.54	1970
90	资阳市	简阳市	张家岩水库	1445	1300	3240	—	—	1970

附表 4－4 四川省解决盆地腹部区正建及拟建骨干中型水利工程统计

序号	工程名称	建设性质	水源	所在地	总库容（万 m³）	有效库容（万 m³）	灌溉面积（万亩）	其中新增灌面（万亩）	供水人口（万人）	多年平均毛供水量（万 m³）
1	燕儿河水库	在建	涪江安昌河	涪城区	2070	1317	7.5	3.74	2.5	1638
2	党仲水库扩建	在建	安溪河	丹棱县	1191	1089	5	1.20	1.8	762
3	惠泽水库	在建	南广河	高县	2085	1497	6.4	5.61	8.5	4447
4	关门石水库	在建	芭蕉河	邻水县	2319	1830	6.03	6.03	15	2379
5	天池湖水库	在建	渠江	华蓥市	5030	2558	13.5	10.77	8.5	4933
6	龙潭水库	在建	东柳河	大竹县	2186	1560	6.5	4.27	3.2	1560
7	牛角坑水库	在建	渠江	平昌县	1934	1765	7.17	4.12	5.8	1466
8	黄桷坝水库	在建	长江	纳溪区	3105	2618	10.56	10.56	1.20	4000
9	双桥水库	在建	渠江龙潭溪河	平昌县	1784	1575	5.73	3.59	11.88	1465
10	白岩滩水库	在建	州河	宣汉县	6557	5363	29.80	16.40	12.8	6608
11	刘家拱桥水库	在建	渠江冷水河	渠县	1497	1180	6.70	4.55	14.42	2100
12	关刀桥水库	在建	涪江龙台河	安岳县	6170	4400	15.86	11.23	26.8	5303

续表

序号	工程名称	建设性质	水源	所在地	总库容（万m³）	有效库容（万m³）	灌溉面积（万亩）	其中新增灌面（万亩）	供水人口（万人）	多年平均毛供水量（万m³）
13	九龙潭水库	在建	多扶河	西充县	1222	990	0.00	0.00	8.8	1500
14	解元水库	在建	构溪河	阆中市	2899	1291	3.98	3.12	0	1000
15	开茂水库	在建	苏保河	北川县	2533	1776	10.43	4.76	27.6	7457
16	七一水库改建	规划	渠江肖溪河	广安区	2787	2355	9.25	5.05	1.5	1480
17	天星桥水库	规划	渠江巴河	巴州区	1640	1246	3.86	2.91	10	1246
18	金峰水库	规划	嘉陵江水系	盐亭县	9680	6800	65.00	60.00	42	7400
19	八角水库	规划	沱江	什邡市	1260	1220	4.20	—	15	1520
20	华强沟水库	规划	绵远河	旌阳区	4173	3364	1.54	1.08	0.46	30
21	东风水库扩建	规划	沱江清溪河	金堂县	2610	2050	11.57	5.04	50	3519
22	三仙湖水库	规划	白安河	安居区	1385	971	5.20	3.30	24	1444
23	清平水库	规划	绵远河	绵竹市	9984	8900	19.64	12.7	50	23000
24	狸狐洞水库	规划	岷江溜根河	自流井区	1436	1208	3.00	3.00	21.5	1200
25	高峒水库	规划	沱江河	富顺县	1400	1250	0.50	0.50	64.5	650
26	双河水库扩建	规划	沱江	江阳区	1600	1200	3.05	2.00	41.00	1200
27	三星桥水库	规划	大鹿溪	泸县	1400	1200	2.80	2.10	5	1000
28	里程滩水库扩建	规划	沱江水系	泸县	1203	785	3.60	2.40	3.6	785
29	姜家桥水库	规划	沱江寿丰河	旌阳区	2900	2249	4.20	2.70	20	2200
30	石泉水库	规划	沱江石泉河	中江县	1267	1020	5.50	4.50	6.00	1020
31	祠堂湾水库	规划	涪江	三台县	2615	2443	2.52	—	30	800
32	张家沟水库	规划	岷江	三台县	1320	1293	15.77	6.30	1.9	1200
33	红岩水库	规划	涪江石鸡河	梓潼县	5220	4440	9.82	0.72	0.76	4440
34	沉水水库	规划	涪江	江油市	2644	2016	5.27	1.10	6	1613
35	梓桐沟水库	规划	涪江	船山区	1100	800	3.90	2.40	13.8	800
36	观音水库	规划	白安河	安居区	1550	1070	7.50	5.40	7	1485
37	白鹤林水库	规划	涪江左岸	蓬溪县	9830	8009	54.14	30.02	12	7610
38	祥风寨水库	规划	郪江	大英县	1960	1858	3.90	2.60	10	4450
39	双合水库	规划	观音沟	五通桥区	1200	800	4.12	3.38	—	800
40	乌龙沱水库	规划	乌龙河	内江市中区	2710	1000	6.70	6.20	2.5	2200
41	联合水库	规划	小青流河	东兴区	1860	700	3.10	2.10	0.75	500
42	富溪水库	规划	富溪河	东兴区	2100	1700	5.10	5.10	2.15	1300
43	大石包水库	规划	威远河	威远县	1124	832	6.79	3.61	11.85	738
44	羊叉沟	规划	沱江坬河	威远县	1026	811	5.30	3.00	—	750
45	两河口	规划	蒙溪河	资中县	8700	5270	9.70	7.18	61.51	5200
46	太阳河	规划	沱江太阳河	资中县	1100	700	2	2	—	720
47	铜马桥	规划	沱江小濛溪河	资中县	1600	900	4.5	4.5	—	860

续表

序号	工程名称	建设性质	水源	所在地	总库容（万 m³）	有效库容（万 m³）	灌溉面积（万亩）	其中新增灌面（万亩）	供水人口（万人）	多年平均毛供水量（万 m³）
48	黑水凼水库	规划	渔箭河	隆昌县	1103	747	5.76	5.11	3.7	1483
49	月咡坝水库扩建	规划	安乐河	犍为县	1580	1150	3.23	2.79	11	1264
50	永丰水库	规划	芦溪河	顺庆区	2365	1348	4.55	1.52	2.85	1078
51	赵子河水库	规划	曲水河	嘉陵区	2232	1390	6.95	6.95	0	1738
52	龙滩子水库	规划	龙滩河	南部县	4800	2860	4.22	4.22	2	1100
53	金鸡沟水库	规划	石膏桥河	营山县	1490	962	4.10	2.90	1.2	950
54	九龙水库	规划	九龙沟	蓬安县	2260	1580	3.70	2.20	1.125	705
55	油房沟水库	规划	渠江水系	仪陇县	1298	920	4.70	2.80	24	1985
56	穆家沟水库	规划	鲫江河	东坡区	1300	1086	4.20	2.60	15.6	1600
57	黄连埂扩建	规划	盘鳌河	东坡区	1370	1170	2.10	0.80	0.8	1020
58	葫芦坝水库	规划	思蒙河支流	东坡区	3700	3580	7.97	7.10	4.2	3000
59	寨子山水库	规划	思蒙河支流	青神县	1300	650	1.90	1.10	—	600
60	双马水库	规划	岷江越溪河	仁寿县	1708	1378	5.75	2.86	13.25	1190
61	裤芦坝水库	规划	沱江绛溪河	仁寿县	1505	1065	4.20	2.40	6.86	814
62	龚家堰扩建	规划	岷江王店河	彭山县	1092	863	5.00	4.50	11.93	1584
63	双溪水库	规划	青衣江五村河	洪雅县	2300	2100	3.60	1.50	11	1980
64	黑滩子水库	规划	安溪河	丹棱县	1210	1060	4.18	2.23	0	1000
65	蟠龙湖水库	规划	越溪河支流	宜宾县	1400	880	4.00	4.00	3.5	1150
66	溪鸣水库	规划	龙溪河	宜宾县	4650	1800	10.73	8.13	—	2000
67	龙滚滩水库	规划	黄沙河	南溪县	1480	1282	8.43	8.43	3	2529
68	龙滩水库	规划	渠江龙滩河	广安区	3400	3120	10.97	10.97	1.5	2743
69	龙孔寨水库	规划	渠江消溪河	广安区	2036	1752	6.00	6.00	1.1	1560
70	花桥水库扩建	规划	渠江东滩河	广安区	2350	2030	5.44	4.02	9	566
71	文昌寨水库	规划	渠江新民河	岳池县	2600	2095	4.70	4.70	0	1076
72	回龙水库扩建	规划	渠江西溪河	岳池县	4300	3446	5.80	2.90	0.1	1275
73	大力水库扩建	规划	嘉陵江长滩寺河	岳池县	1800	1284	2.95	1.71	0.5	1195
74	应家沟水库	规划	嘉陵江走马河	武胜县	1327	1063	8.83	5.06	2.97	1063
75	红星水库扩建	规划	嘉陵江长滩寺河	武胜县	1363	978	6.68	4.10	2.77	842
76	向阳桥水库	规划	长江芭蕉河	邻水县	2546	1900	6.05	6.05	9.29	2470
77	板桥水库	规划	渠江华蓥河	华蓥市	1100	688	2.00	1.20	6	680
78	猫儿沟水库	规划	渠江华蓥河	华蓥市	3500	2800	8.00	5.50	6	2800
79	双河口水库	规划	渠江州河	通川区	3120	1910	3.00	3.00	5.2	1900
80	斑竹沟水库	规划	州河明月江	达县	1760	1380	5.61	5.61	2.9	1310
81	响水滩	规划	渠江任市河	开江县	1091	870	1.65	1.65	3.5	859
82	土地滩水库	规划	州河铜钵河	大竹县	4400	2795	5.80	5.80	25	3800

续表

序号	工程名称	建设性质	水源	所在地	总库容（万 m³）	有效库容（万 m³）	灌溉面积（万亩）	其中新增灌面（万亩）	供水人口（万人）	多年平均毛供水量（万 m³）
83	干沟河水库	规划	渠江清江河	巴州区	4600	3800	5.60	4.80	10	3800
84	马家河水库	规划	渠江恩阳河	巴州区	2600	1800	5.20	3.80	8	1800
85	青龙嘴水库	规划	巴河支流清江河	巴州区	3000	2300	6.00	5.20	6	2300
86	望京水库	规划	渠江袁家河	平昌县	4000	3260	18.00	12.00	4.5	3000
87	丹山水库	规划	沱江水系	雁江区	1200	800	3.40	2.80	23	800
88	四合水库扩建	规划	沱江水系	雁江区	1060	775	2.60	1.50	6	1000
89	赵家沟水库	规划	沱江阳化河	乐至县	4615	4213	37.40	21.40	16	4200
90	古佛台水库	规划	长宁河红桥河	江安县	2316	2022	1422	2.5	4.74	4.74
91	二龙滩水库	规划	南广河二夹河	高县	1360	861	750	8.0	5.6	4.1

附表 4－5　四川省盆周山区已建中型水利工程统计

序号	地市州	县级行政区划	工程名称	总库容（万 m³）	兴利库容（万 m³）	年供水量（万 m³）	供水人口（万人）	灌溉面积（万亩）	建成时间
1	广元市	元坝区	紫云水库	1326	1258	405	0.6	2.5	1983
2	广元市	元坝区	工农水库	1237	1037	750	2.5	3.2	1980
3	广元市	剑阁县	杨家坝水库	2640	1865	364	5	5.62	1999
4	广元市	剑阁县	龙王潭水库	2360	1850	150	3	0.3	1996
5	广元市	苍溪县	白桥水库	1440	832	240	1.2	2.27	1991
6	广元市	苍溪县	闫家沟水库	1013	668	200	—	0.85	1980
7	广元市	苍溪县	文家角水库	1040	748	207	1	4.2	1972
8	眉山市	洪雅县	总岗山水库	3186	2554	1200	2	3.02	1960
9	巴中市	巴州区	化成水库	6565	2869	2100	—	1.41	1967
10	巴中市	南江县	玉堂水库	2100	1007	1000	0.3	5.1	1986
11	巴中市	平昌县	友谊水库	1786	1475	520	—	3	1971

附表 4－6　四川省盆周山区拟建骨干水源工程统计

序号	工程名称	建设性质	水源	所在地	集雨面积（km²）	总库容（万 m³）	兴利库容（万 m³）	设计供水能力（万 m³）	供水人口（万人）	设计灌面（万亩）	其中：新增灌面（万亩）
1	黄桷湾水库	规划	渠江中河	万源市	312	12100	5800	1584	9.2	7.8	4.62
2	鲜家湾水库	规划	渠江后河	万源市	488	13634	8018	1204	5.8	6.2	3.19
3	红鱼洞水库	规划	渠江南江	南江县	561	15700	10746	20000	31.65	40.96	35.76

续表

序号	工程名称	建设性质	水源	所在地	集雨面积（km²）	总库容（万 m³）	兴利库容（万 m³）	设计供水能力（万 m³）	供水人口（万人）	设计灌面（万亩）	其中：新增灌面（万亩）
4	九浴溪水库	规划	渠江大通江	通江县	4295	26000	15400	635	6	2.6	1.87
5	高桥水库	规划	渠江神谭溪	南江县	1197	15509	11248	—	—	—	—
6	青屹口水库	规划	小通江	通江县	1278	18050	9325	—	2.62	3.88	2.53
7	泥溪水库	规划	大通江	通江县	1891	16547	11286	—	2.7	2.11	1.69
8	固军水库	规划	州河	万源市	617	14703	9174	—	4.35	7.61	4.35
9	大洋沟水库	在建	大洋沟河	苍溪县	25.4	1000	600	700	0.6	4.56	2.58
10	龙爪河引水	在建	赤水河龙爪河	古蔺县	46.2	600	500	2400	10	6.47	5.23
11	观音岩水库	在建	粗石河	峨眉山	18.7	1500	1300	1200	4.7	7.95	1.85
12	二郎庙水库	在建	大通江	通江县	28.5	1300	1100	1500	1.5	10.26	5.8
13	倒流河工程	新建	赤水河倒流河	叙永县	229.8	2400	1320	1300	2.72	6.78	6.35
14	王家沟水库	在建	南广河巡司河	筠连县	23.7	1170	1105	3662	12.34	12.58	10.08
15	金王寺水库	在建	沐卷河	沐川县	38.2	2106	1586	14000	4.87	5.28	3.94
16	寨子河	在建	后河	万源市	20.3	1175	953	1127	8.9	1.94	1.87
17	锁口水库	在建	沙溪河	合江县	48	2411	1972	2881	19.5	12.01	7.45
18	九龙水库	在建	青衣江晏场河	雨城区	28.7	1713	1205	1351	2.2	5.27	4.86
19	铜头引水	在建	青衣江	雨城区	3057	—	—	7143	6.7	9.82	8.1
20	湾潭河水库	规划	渠江大通江河	通江县	28.4	1188	1005	1200	3	6.97	3.25
21	案家沟水库	规划	渠江小通江河	通江县	46.4	2600	2200	2300	4	6	4.12
22	草庙子水库	规划	渠江巴河	通江县	23	2100	1800	1900	4	4.5	2.94
23	大河坝水库	新建	渠江大通江	通江县	594	4200	2900	2900	2	2.8	1.82
24	卡门水库	新建	渠江檬坝河	通江县	949	3300	2200	2200	1.5	1.2	0.78
25	青浴口水库	新建	渠江小通江	通江县	1278	8300	5500	5500	2	3.8	2.48
26	皇柏林水库	规划	南江河	南江县	694	3100	1100	1017	1.75	2.5	1.9
27	沙溪水库	规划	岩门河	屏山县	24.1	1670	1100	1000	5	5.7	4.2
28	马蹄山水库	规划	岷江真溪河	屏山县	—	1100	835	1650	2.3	6	6
29	李家梁	规划	喜神河	万源市	27	1018	765	2602	2.3	3.42	2.91
30	扬义水库	规划	南广河	珙县	28	1300	1150	1725	4.5	4.45	3.5
31	漂水岩水库	规划	长江洛甫河	珙县	—	1100	1050	1575	15	0	—
32	雷家河水库	规划	南河支流	利州区	—	1200	1100	900	30.3	3.5	3
33	大寨水库	规划	嘉陵江支流	元坝区	16.5	1100	1000	1000	0.9	1.89	1.22
34	大寨水库	规划	嘉陵江支流	元坝区	16.5	1219	1097	988	0.3	3.29	2.8
35	三岔河水库	规划	嘉陵江支流	元坝区	34	1107	996	896	0.3	2.988	2.5398
36	双峡湖水库	规划	潜溪河流域	朝天区	20.4	1500	900	850	4.1	1.3	1
37	万家峡水库	规划	嘉陵江东河	旺苍县	—	1536	1022	800	0.8	1	1
38	禾丰水库	规划	嘉陵江	剑阁县	31.5	2450	1920	1350	4.8	5.48	4.02

续表

序号	工程名称	建设性质	水源	所在地	集雨面积（km²）	总库容（万m³）	兴利库容（万m³）	设计供水能力（万m³）	供水人口（万人）	设计灌面（万亩）	其中：新增灌面（万亩）
39	乐园水库	规划	插江河	苍溪县	16	1462	1050	1000	2.2	4.6	4.6
40	观文水库	规划	赤水河菜板河	古蔺县	26	1362	1311	1500	2.5	5.83	2.65
41	新坝水库	规划	永宁河上游	兴文县	50.8	3319	2876	3059	23	15.06	12.79
42	坪山水库	规划	永宁河上游	兴文县	39.62	2380	2020	4050	5.7	8.46	8.19
43	箭杆岭水库	规划	陇西河	雨城区	17.9	1100	945	820	—	6.38	3.65
44	和平水库	规划	恩阳河	南江县	400	9666	4422	—	3.1	2.81	1.85

附表4-7 四川省川西南山区已建、规划骨干水库工程统计

序号	工程名称	建设性质	所在县（市）	集雨面积（km²）	坝高（m）	总库容（万m³）	兴利库容（万m³）	设计供水能力（万m³）	供水人口（万人）	设计灌面（万亩）	新增灌面（万亩）
1	大桥水库	已建	冕宁县	796	93	65800	59300	110000	—	87.42	49
2	胜利水库	已建	仁和区	183.3	58	2128	1470	1250	2	4.43	2.55
3	跃进水库	已建	仁和区	78.3	30.5	1463	949	940	1.7	1.28	1.1
4	晃桥水库	已建	米易县	46.2	68.2	1894	1700	2000	1.5	4.02	3.13
5	高堰沟水库	已建	盐边县	31.55	49.6	1260	930	900	1.45	6.25	5.18
6	马湖水库	已建	雷波县	106	13.3	3330	3330	3000	—	1.20	1.2
7	竹寿水库	已建	宁南县	69	30.22	1130	880	2068	—	3.50	3.2
8	红旗水库	已建	会理县	7.84	37.3	1240	1000	2200	7.57	3.50	3.5
9	七零水库	已建	宁南县	39	42	1389	982	980	—	2.00	1.5
10	新华水库	已建	会东县	55	66.5	2210	1762	2000	—	8.04	5.81
11	永定桥水库	在建	汉源县	142.7	114	0.23	0.14	0.43	13.5	10.21	5.1
12	大海子水库	在建	会理县	102.3	53.7	2295	1692	1480	—	5.43	3.82
13	大竹河水库	在建	仁和区	102	61	1129	994	1200	3.55	3.54	2.16
14	米市水库	规划	喜德县	445	108	19780	15740	25000	5	19.9	18
15	龙塘水库	规划	盐源县	240	63	13900	13000	19800	10	31	27
16	马鞍山水库	规划	米易县	37.8	67.4	1125	920	2000	—	5.7	4.2
17	星秀坪水库	规划	盐边县	97.4	41.8	1260	1230	1500	—	5.22	3.76
18	莫洛槽水库	规划	盐边县	3.65	68	1610	1474	1450	0.3	3.1	1.6
19	梅子箐水库	规划扩建	西区	5.9	67.5	2117	1931	1850	0.81	4.03	3.29
20	海塔水库	规划扩建	米易县	21	20	1200	1050	1010	—	3.55	2.75
21	横山水库	规划	会理县	96.2	54	3834	2519	3370	—	4	1.6
22	巴松水库	规划	会理县	149	55	2160	1960	1850	—	3.95	2.05
23	小水井水库	规划	会理县	64.5	38.2	1164	950	1920	—	3.15	1.63
24	东河水库	规划	西昌市	194	101.5	2046	1246	2292	20	1.35	0.5
25	岔河水库	规划	德昌县	769	45	2180	1980	1500	—	0.65	0.4
26	和平水库	规划	德昌县	61	77	2140	1800	2350	0.78	3.69	2.98
27	两岔河水库	规划	会东县	565	84	8400	6280	—	—	1	1
28	老沟水库	规划	盐源县	53.2	—	2328	2128	4466	2.25	4.95	3.6

附表 4－8　四川省川西南山区已建、规划骨干引水工程统计

序号	工程名称	建设性质	所在县（市）	引水流量（m³/s）	设计供水能力（万 m³）	供水人口（万人）	设计灌面（万亩）	新增灌面（万亩）
1	安宁河沿河已成灌区	已建	冕宁等县	85	25000	15	48.02	12.34
2	流沙河沿河灌区	已建	汉源县	9.5	3850	5	5.79	—
3	野牛坪堰	已建	会东县	2.5	1620	0.3	1.13	—
4	甘塘大堰	已建	盐源县	1.2	1555	1	1.2	—
5	梅雨大堰	已建	盐源县	1.2	1886	0.8	1.2	—
6	石洞堰	已建	盐源县	1.6	2074	1.2	1.6	—
7	牛角湾大堰	已建	布拖县	7.6	1385	0.53	3.6	—
8	东风堰	已建	金阳县	1.01	1037	1.52	2.06	—
9	新河堰	已建	越西县	1	2839	1.6	1.3	—
10	红旗堰	已建	石棉县	1.2	1000	1.4	2.5	—
11	云川大堰灌区	已建	盐边县	2.69	3486	0.2	1.08	—
12	大桥灌区一期	在建	凉山州	20.5	17500	16.1	21.6	15.6
13	斯觉大堰	在建	甘洛县	2.65	4000	1.87	5.35	3.95
14	大桥灌区二期	规划	凉山州	27	1.75	20.3	27.34	20.92
15	观音岩引水工程	规划	西区	20	35000	115	—	
16	藤桥河引水工程	规划	盐边县	1.5	3594	12	6.08	5.24

注：安宁河沿河已成灌区包括凉山州、攀枝花市引水渠30余条，其中万亩以上11条。

附表 4－9　四川省川西北高原区在建、规划骨干水源工程统计

序号	灌区名称	建设性质	所在地	设计灌面（万亩）	其中新增灌面（万亩）	供水人口（万人）	年引水量（万 m³）
1	玛依河引水	在建	甘孜乡城	5.30	3.86	3.5	15000
2	白松茨巫工程	在建	得荣县	5.05	5.05	1.1	1300
3	洛须引水工程	拟建	石渠县	5.92	5.92	1.23	2000
4	打火沟水利工程	拟建	甘孜县	6.68	6.50	0.85	2500
5	凤南土水利工程	规划	茂县	7.00	3.00	2.8	1080
6	坪江红燕水利工程	规划	松潘县	4.00	3.80	2.4	620
7	撒瓦脚水库	规划	金川县	1.10	1.10	1.23	396
8	西里寨水库	规划	金川县	1.32	1.32	1.23	475
9	崇化水利工程	规划	金川县	6.30	4.20	2.3	1010
10	抚美达日水利工程	规划	小金县	5.30	1.50	2.7	860
11	西尔芦色水利工程	规划	黑水县	6.00	6.00	2.3	920
12	脚梭两河水利工程	规划	马尔康县	5.70	5.70	2.3	910
13	若果朗水利工程	规划	阿坝县	5.00	5.00	1.65	850
14	铁布巴西水利工程	规划	若尔盖县	4.20	4.20	1.92	750
15	力曲河引水工程	规划	康定县	15.72	7.86	1.92	3148
16	顺河堰工程	规划	泸定县	5.38	3.71	2.69	1197
17	小金河灌区工程	规划	丹巴县	2.70	1.85	0.7	691
18	太平桥引水堰	规划	丹巴县	0.40	0.32	0	249
19	尼措灌渠	规划	道孚县	6.20	3.50	0.3	1955
20	赠科翻身渠	规划	白玉县	2.52	2.30	0.2309	2450
21	巴楚河水利工程	规划	巴塘县	5.10	3.90	3.4	3880

第五章 加强重大水利工程建设，
解决工程性缺水问题

一 抓好水资源调蓄工程建设是四川省
水资源合理配置的重点

（一）提高水资源调控能力的重要性

2010 年 12 月 31 日中央一号文件下发了《中共中央国务院关于加快水利改革发展的决定》，指出水是生命之源、生产之要、生态之基。兴水利、除水害，事关人类生存、经济发展、社会进步，历来是治国安邦的大事。促进经济长期平稳较快发展和社会和谐稳定，夺取全面建设小康社会新胜利，必须下决心加快水利发展，切实增强水利支撑保障能力，实现水资源可持续利用。近年来我国频繁发生的严重水旱灾害，造成重大生命财产损失，暴露出农田水利等基础设施十分薄弱，必须大力加强水利建设。

《四川省人民政府关于加快水利发展的决定》提出四川省加快水利建设的主要目标。到 2020 年，四川省水利建设要形成稳妥可靠的防洪减灾体系、节水高效的供水体系、生态良好的水环境体系、协调发展的水利产业体系，建成水利强省。为此，必须要建成一批重点骨干工程，供水能力提高到 420 亿立方米，水资源开发利用率由 10% 提高到 16%。保障城乡居民饮水，解决 2800 万农村人口饮水不安全、23 座城市缺水问题。完成现有病险水库除险加固，病险率控制在 5% 以下。完成"六江一河"重点河段堤防建设，使沿江河城镇达到防洪标准。新增有效灌面 2300 万亩，建设高标准基本农田 2200 万亩。新增治理水土流失面积 8 万 km^2，江河湖库水质基本达标，水环境明显改善。这两个《决定》提出了加快水利发展的总体要求和四川省今后 20 年加快水源工程建设、提高对水资源调控能力的任务。

全省位于东亚季风区，季风是四川气候形成的基本因素，四川又是季风现象最为复杂的地区，处于多种季风环流的过渡地带。冬季既有来自西伯利亚的寒冷而干燥的偏北季风，又有源于南亚次大陆的干热气团的影响；夏季既有印度洋季风系统的影响，又受东亚季风系统的支配。季风来临的早迟、强弱的差异，造成年际四川气候的异常。从而造成四川省降水、径流的年际、年内分配不均匀，汛期 5~10 月，径流占 70%~85%，其中最大月径流占 20%~30%；枯期为 11 月至次年 4 月，径流占 15%~30%。雨热同季但不同时，年际和年内分布不均使可利用的水资源减少，是造成四川省旱洪灾害严重的主要原因之一，干旱频繁，季节性缺水严重，同时汛期又洪涝灾害严重。洪旱灾害历来是四川省最严重的自然灾害。形成"水多成灾、水少为患、水脏贻害"，也就是需要水时水少，不需要水时水多这一基本水情特征。

四川省各类气象灾害中，以干旱危害居首位，一年四季均有不同程度的干旱灾害发生。历代有记载的全省范围干旱灾害共 60 多年次，其中全省性大旱 18 次。1950~2007 年，除 1950、1954、1967 年缺资料外，其余年份都有不同程度的干旱灾害发生。大范围、长时期的干旱 5~10 年就会出现一次。春旱出现在 3、4 月份，常影响小春作物的扬花结实及早稻播种；夏旱常出现在 5、6 月，它不但会影响中稻、玉米、红苕的适时栽插，也对早稻的扬花抽穗和春玉米的授粉不利；伏旱常发生在 7、8 月水稻等大春作物的需水关键期，给农业、农村经济造成损失最大，是各类干旱中给农业生产造成损失最大的旱种。旱洪（涝）灾害具有一定的交替性规律，或是先旱后涝，涝后又旱；或是先涝后旱，旱后又涝；或是西旱东涝，或是东干西涝，交错为害，对农业生产危害更大，损失更重。

一般来说，盆地西部成都平原一带是春夏旱高发区，盆地东部是伏旱的高发区，平原、丘陵区干旱灾害重于高原、高山地区，东部盆地干旱灾害重于西部高原，盆地东部重于盆地西部，严重旱区主要分布在盆中丘陵区。春旱重灾区在龙泉山东侧的金堂、龙泉驿、仁寿、荣县及安宁河谷的米易、德昌、西昌及仁和一带。夏旱重旱区主要分布在梓潼、盐亭、三台、中江、剑阁、元坝、简阳、乐至、安岳、威远一带。伏旱重灾区分布在达州、广安、南充、巴中等区域。冬干严重区域为广元、通江。总之四川盆地区是严重干旱发生风险最高的地区，主要包括中江、三台、盐亭、射洪、乐至、安岳、安居、船山、简阳等市县。1950~2007 年，除 1967 年未见干旱灾害记录外，其余年份中每年都有不同程度的干旱灾害发生，干旱出现的季节，除 1950、1954、1967、1973 年缺资料外，春旱发生的频率为 65.5%，夏旱发生的频率为 76.4%，伏旱发生的频率为 80%，而多以春夏、夏伏或春夏伏连旱的形式出现频率达 74%（见表 5-1）。

表 5-1　新中国成立以来干旱灾害类型统计

年份	干旱类型			全年	年份	干旱类型			全年
	春旱	夏旱	伏旱			春旱	夏旱	伏旱	
1950	轻干，干旱类型无记载			轻	1952	轻	中	—	轻
1951	—	—	轻	轻	1953	—	—	轻	轻

年份	干旱类型			全年	年份	干旱类型			全年
	春旱	夏旱	伏旱			春旱	夏旱	伏旱	
1954	轻干，干旱类型无记载			轻	1981	轻	轻	轻	轻
1955	轻	轻	—	轻	1982	—	轻	轻	轻
1956	轻	轻	—	轻	1983	轻	轻	轻	轻
1957	轻	轻	轻	轻	1984	重	轻	—	轻
1958	—	—	轻	轻	1985	—	轻	重	中
1959	轻	中	特	特	1986	轻	轻	重	中
1960	中	中	重	中	1987	重	重	—	重
1961	特	重	重	重	1988	重	特	特	特
1962	中	轻	轻	轻	1989	—	—	轻	轻
1963	轻	中	轻	中	1990	—	中	中	轻
1964	—	—	重	轻	1991	中	中	中	中
1965	—	轻	—	轻	1992	中	轻	重	中
1966	中	特	轻	特	1993	轻	特	轻	重
1967	缺资料				1994	—	特	特	特
1968	重	重	—	重	1995	重	—	—	轻
1969	重	重	轻	重	1996	—	中	—	轻
1970	轻	轻	轻	轻	1997	—	中	重	中
1971	—	—	重	轻	1998	特	轻	—	重
1972	—	—	重	轻	1999	重	轻	轻	重
1973	轻干，干旱类型无记载			轻	2000	中	特	重	重
1974	—	—	重	中	2001	特	特	特	特
1975	—	—	重	轻	2002	轻	—	重	中
1976	—	—	重	中	2003	重	轻	轻	中
1977	中	重	轻	重	2004	轻	—	轻	轻
1978	重	特	重	特	2005	轻	轻	轻	轻
1979	轻	特	轻	特	2006	中	重	特	特
1980	轻	轻	轻	轻	2007	中	中	轻	轻

四川省干旱具有以下特征。第一，分布范围广。从分布年代来看，在1961、1966、1972、1976、1979、1985、1988、1990、1991、1994、1995、1997年的12个年份中，四川干旱涉及范围均在100个县市以上。从分布地形来看，全省平坝和丘陵旱情重于山地和高原，谷底重于山上，阳坡重于阴坡，盆地东部重于盆地西部。重旱区分布在盆地底部，以丘陵为主，平原、低山次之；轻旱区包括盆地边缘山地、凉山州以及甘孜、阿坝州的东南部，分为盆西春夏旱、盆东伏旱和盆中春夏伏旱三大干旱区。第二，持续时间长。旱灾是四川自然灾害中危害范围最广的灾种，

也是唯一以持续、渐变形式出现的灾种。在旱灾出现的初期，人们并不能感到它的严重性，但时间愈长，受旱面积愈大，严重程度便与日俱增。据 1951～1995 年四川气象有关资料统计，除 1954 年、1956 年基本上无旱外，其余年份均有不同程度的干旱发生。以 1966 年春夏连旱为例，持续时间达 70～120 天。第三，灾情重、损失大。据 50 年来的气象资料统计，一般干旱年全省受旱县 30～50 个，受旱面积 500 万～1000 万亩；中等干旱年全省受旱县 50～70 个，受旱面积 1500 万～3000 万亩；严重干旱年受旱县 70～100 个以上，受旱面积 5000 万亩以上。在有记载的各种干旱类型中，四川春旱以 1966 年损失最重，76 个县中有 40 个县严重干旱，内江、绵阳、广元市，旱期降水较常年偏少 50%。绵阳市因受旱影响，80 万亩水稻、120 万亩红苕无法栽插，已栽的 480 万亩水稻田除水库或机电提灌溉区外基本上脱水，一部分田地开裂，干死的水稻达 50% 左右。其中，广元市利州区常年栽水稻 30 万亩，当年仅栽 14.9 万亩，且脱水开裂的有 10 万亩；剑阁县常年栽水稻 40 万亩，当年仅栽 16 万亩，有 90% 脱水开裂，苍溪县已栽水稻 33 万亩，其中断水 30 万亩，占 90%。内江市已栽 300 多万亩水稻，脱水的达 110 万亩，占 36%，其中干死 30 万亩，占 10%；南充市所属阆中、南部、仪陇等县，旱象亦十分严重。

2006 年四川省发生罕见的夏伏旱，灾情特重，全省 21 个市（州）、139 个县（市、区）受灾，共有 53 个县发生春旱，113 个县发生夏旱，126 个县发生伏旱，受旱人口超过 4700 多万人，1000 万人出现临时饮水困难，486 万人、597 万头牲畜饮水严重不足，大春作物受旱面积 3105 万亩，成灾 1784 万亩，绝收 466.5 万亩，损失粮食作物 481.4 万 t，全省因灾直接经济损失 125.7 亿元，其中农业直接经济损失 108 亿元。不少的溪沟断流，中小型水库无水可蓄，塘堰干涸，中小河流上的提水站无水可提，甚至如灌区尚未完成配套达到设计能力，有总库容 13.4 亿 m³ 的升钟水库也逼近死水位，几乎无水可供，微型工程更是干涸不起任何作用。

从干旱造成的损失粮食产量看，除 1967 年缺资料外，其余 57 年中，损失 50 万 t 以下的有 15 年，占 26.3%；50 万～100 万 t 的有 17 年，占 29.8%；100 万～150 万 t 的有 13 年，占 22.8%；150 万 t 以上的有 12 年，占 21.1%。从最近 25 年分析，平均受旱面积在 3151 万亩左右，损失粮食 184 万 t（见表 5-2）。

表 5-2　新中国成立以来四川省干旱灾害统计

年份	作物受旱面积（万亩）			损失粮食产量（万 t）	年份	作物受旱面积（万亩）			损失粮食产量（万 t）
	受旱	成灾	绝收			受旱	成灾	绝收	
1950	254	70	—	4.1	1952	1013	87	—	13.5
1951	513	124	—	8.2	1953	450	28	—	6.2

年份	作物受旱面积（万亩）			损失粮食产量（万 t）	年份	作物受旱面积（万亩）			损失粮食产量（万 t）
	受旱	成灾	绝收			受旱	成灾	绝收	
1954	353	—	—	4.5	1981	2565	601	208	107.9
1955	848	400	—	21.5	1982	784	174	60	35.9
1956	523	89	—	9.3	1983	1221	160	57	48.8
1957	547	69	—	8.8	1984	3506	458	39	128.2
1958	700	80	—	11.6	1985	4167	2827	323	155.5
1959	5898	2882	—	130.1	1986	2369	1932	297	107.5
1960	2700	1700	—	57.1	1987	4700	1611	160	115
1961	4595	3248	—	91.8	1988	5231	1791	343	336
1962	2147	1518	—	52.3	1989	1701	359	79	125
1963	2789	1669	—	73.2	1990	3441.8	1595.5	468.2	367
1964	2359	1547	—	68.3	1991	2163.9	1528.1	104.5	252
1965	1223	567	—	35.5	1992	2674.7	1455.5	306.7	294
1966	6499	869	—	130.6	1993	2583	863	118	213
1967	—				1994	4138.9	2048.8	206.4	437
1968	3187	360	—	58.1	1995	1737	734.7	108.3	169
1969	3010	428	—	59	1996	1541	446	58	128
1970	2645	250	—	51.6	1997	3336.9	1660.9	162.3	329
1971	2930	468	—	65.9	1998	2561.6	905.9	127	235
1972	2231	267	267	63.8	1999	1996.5	666.7	84.3	180
1973	2141	215	—	43.4	2000	2814.9	1128.2	96.2	258
1974	2648	248	—	52.5	2001	4894.1	2355.4	727.1	497
1975	2031	449	—	86.6	2002	1851.9	578.5	85.3	146
1976	2978	337	—	91.3	2003	2342.7	826.7	96.5	204
1977	3251	179	179	84.9	2004	1049.22	363.02	88.31	95.1
1978	6040	1560	125	195.7	2005	615.74	185.66	27.89	45.4
1979	5680	2283	606	275.5	2006	4399.29	2260.46	526.65	481.4
1980	2729	654	336	124.4	2007	2089.29	412.51	49.2	150

　　获得安全的饮水是人类的基本需求和基本人权，保障饮水安全是促进经济社会发展、提高人口素质、稳定社会秩序的基本条件，是全面建设小康社会的具体行动，是实现经济社会可持续发展、构建和谐社会的基础。确保城乡供水安全是水利建设的首要和迫切任务，是人类生存、社会稳定、人民安居乐业的基础，要作为各

级政府执政为民的头等大事。

四川省 2010 年有 21 个市、州，共 181 个县（市、区），2585 个乡，1821 个镇，总户数 3041.3 万户，统计总人口 9001.3 万人（指户籍人口，下同），其中城镇人口 3231.2 万人，城市化率为 40.2%，农村人口 5770.1 万人。共有 32 个建制市和 1821 个建制镇。在 32 个建制市中自贡市属于资源性和水质性①缺水城市；德阳、什邡、华蓥、万源、巴中、西昌、达州 7 个市属于工程性缺水城市；内江、资阳、眉山 3 个市属水质性缺水城市。现状发展水平下，设计枯水年（P = 95%）缺水量为 1.2 亿 m^3，缺水率为 15%。随着城市化进程的推进，城市规模的扩大和经济社会发展，城市需水量增长加快，用水占全社会用水的比例不断增高，经水资源配置分析，预测到 2030 年城市用水将占全社会用水总量的 51% 左右。

目前，有的城镇在发展时，不研究自身的水资源和水环境的承载能力，而盲目发展、扩张，甚至为了 GDP 能快速增长而盲目引入耗水企业，致使城市用水增长过快，更加剧了供需矛盾。随着工业化和城镇化进程的加速，城市供水基础设施建设严重滞后，供水能力不足，现有供水工程输配水管网不配套，供水管网工程老化，渗漏量大，输配水能力降低，造成城市水资源供需矛盾日趋加剧。

2010 年全省 32 个建制市排放污水量为 13.65 亿 m^3，城市污水处理率 74.8%。大量未经处理的废污水直接排入河道或渗入地下，加之农业生产过量施用化肥和农药，使得江河湖泊水体和地下水受到不同程度的污染。

对 32 个建制市所处河段的水质监测，有 18.6% 的水体受到不同程度的污染，尤其是在枯季，部分城市江段水体水质为Ⅳ、Ⅴ类或劣Ⅴ类，如岷江干流中游眉山河段，沱江干流上、中游河段，沱江支流釜溪河自贡河段等。城市饮用水源受到污染的威胁，同时部分浅层地下水也受到了不同程度的污染，使本来已经很有限的水资源使用功能降低，达不到饮水水源标准，沿江城市纷纷另寻供水水源。如目前自贡市城区由长沙坝、葫芦口水库、双溪水库供水，南郊五个原农灌小（一）型水库将改为向城市供水，但水量仍不能满足城市发展需要，城市缺水量计划从正在建设中的小井沟水库补足；沱江干流沿岸的简阳、资阳、资中、内江、富顺都不直接取用沱江水作城市生活水源，而另外寻找供水水源，简阳由张家岩水库（都江堰东风渠 6 期囤水库）供水，资阳由老鹰岩水库（东风渠 6 期水库）供水，资中拟建濛溪河两河口水库供水，内江拟由向家坝水库引水供给，富顺由木桥沟水库供水；岷江河段的彭山、眉山不在从岷江干流取水，而改由龚家堰、黑龙滩水库供水。原因均

---

① 工程性、资源性、水质性缺水：工程性缺水是指地区的水资源总量并不短缺，但由于工程建设滞后，造成供水不足；资源型缺水，表示当地水资源缺乏，不能适应经济发展的需要，形成供水紧张；水质性缺水是指有可利用的水资源，由于受到各种污染，致使水质恶化不能使用而缺水造成的缺水现象。

是河流水质变差，达不到饮水水源标准。一方面更加剧了城市水资源的供需矛盾；另一方面把那些原为农灌水库，变为城市供水水库，挤占了农业用水，造成农业用水更加紧张。

另外，四川省大多数城市往往只有一个饮水水源，无应急备用水源（第二水源），当第一水源水量不足或遭遇事故使其水质受污染不能使用时，就会造成城市供水的被动或出现严重水荒。如 2004 年 2 月沱江上游的青白江化工股份有限公司第二化肥厂发生设备故障，2000 多 t 氨氮含量超过数十倍的废水倾泻而下，导致沱江发生严重污染事故，造成下游 100km 江段水体严重污染，鱼类大量死亡，简阳、资阳、资中、内江等城市停水达到 26 天之久，初步核定，污染直接经济损失约 3 亿元。充分说明城市建设应急备用水源（第二水源）的重要性。

长期以来农村人口饮水不安全问题比较突出，据 2010 年统计，四川省广大农村饮水不安全人口有 1678.36 万人，占农村人口的 25.3%。其中饮水水质不达标占 59.8%，水源保证率不达标占 11.9%，饮水水量不达标占 14.1%，用水方便程度不达标占 14.3%。在饮水水质不达标中，饮用氟超标水占 2.1%，饮用铀辐射超标水占 0.12%，饮用砷超标水占 0.12%，饮用苦咸水占 9.9%，饮用未经处理的 IV 类及超 IV 类地表水占 8.1%，饮用细菌学指标超标严重、未经处理的地表水占 14.7%，饮用污染严重、未经处理的地下水占 9.0%，饮用其他饮水水质超标问题（主要是铁锰超标）占 15.8%。直接造成一些地方病和传染病流行，出现氟斑牙、氟骨症、大骨节病、癌症等，使农村居民群众身体健康受到了严重损害。农村饮水安全问题十分严峻。

农村饮水安全已成为人民群众最关心、最迫切需要解决的问题之一。解决好广大农村、乡镇饮水安全，是办好民生水利的大事，是广大群众的安居工程。因此，农村供水已进入一个新的历史发展阶段，不仅要保证群众有水吃，有足够的水吃，而且要饮水质量达标，保障农村饮水安全。

水资源的枯水期正是生活和工农业生产需水的高峰期，干旱给城乡供水、工业、农业带来巨大的损失，也给城乡供水造成巨大的困难。要抗御干旱，解决枯水期缺水，将汛期大量来水留住的关键性工程措施，就是要修建足够的满足经济社会发展对水要求的蓄水工程，必须加速蓄水工程的建设，把汛期的水拦蓄到枯水期使用。历史的经验已经证明在抗御干旱灾害愈加频繁，发展趋势难以控制的今天，"大工程抗大旱、小工程只能抗小旱、无工程不抗旱"的道理。至 2010 年统计，全省建成蓄水工程 56.82 万处（含山平塘、石河塘、集雨工程等），总蓄水容积 142 亿 m^3。其中水库 6754 处，总库容 112.6 亿 m^3，其中大中型水库 74.4 亿 m^3。蓄水工程调控能力（指蓄水库容与水资源总量比值的百分数）仅 5.4%，大大低于长江流域的 24.3%、全国的 25.5%，更低于湖北、湖南、河南、山东等全国其他地区的指标（见图 5 - 1）。

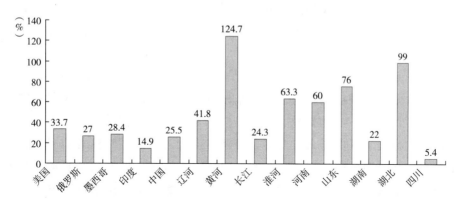

图 5 - 1 四川省水资源调控能力对比

省内各地区之间调控能力差别较大，除盆地区的调控能力达到了全国平均水平外，其他区域调控能力都严重不足（见图 5 - 2）。

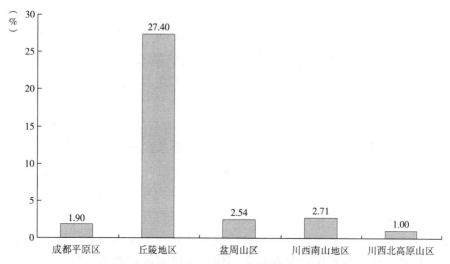

图 5 - 2 四川省按地貌分区水资源调控能力比较

四川水资源调控能力仅 5.4%，这充分说明了四川省严重缺乏水资源配置的调蓄工程，无法调节利用自身的水资源优势来抗御干旱，致使工程性缺水十分严重。难以改变水利工程供水"三为主、两缺乏"（一是以地表水供水为主，二是以引水工程供水为主，三是以小型工程为主，缺乏骨干水源工程，缺乏调蓄水量工程）现实存在的问题，无法满足经济社会可持续发展对供水的需求。

（二）抓好水资源调蓄工程配置的重点

根据上述分区水资源合理配置战略构想可知，要解决四川省长期以来水利建设滞后社会经济发展的现实，要满足社会经济持续发展对供水的需求，必须在水资源合理配置的总方针和总体战略部署的指导下，一心一意、坚持不懈地按总布局进行水利建设。在抓近期日常的农田水利建设的同时，按计划、按步骤地进行重大水利工程建设。

四川省不是水资源开发过度，而是骨干调蓄工程不足，鉴于水利建设水资源开发利用率低，水资源调控能力弱，水利基础设施建设历史欠账大和水利设施"三为主、两缺乏"的现状，必须兴建大、中型骨干水源工程和调蓄工程。

四川省盆地腹部区由于人口众多，经济社会较为发达，水资源总量少，人均水资源量最小，水资源承载能力不足，水资源压力指数高，区域内水资源开发利用率已经比较高（扣除外引水量），达到 23.7% 左右，水资源调控能力为 20.2%。当地水资源难以满足经济社会持续发展对供水的需要，除应继续选择条件较好的地方，修建必要的骨干蓄水工程，继续提高当地径流的开发利用率和水资源调控能力外，必须从富水区调水补给。这里属于四川省外调水源补给区。要抓好区域"五横四纵"工程，即已建的都江堰水利工程和玉溪河引水工程，规划的向家坝引水工程、长征渠引水工程以及已正建的武都引水工程、升钟灌区工程，规划的亭子口灌区工程、罐子坝灌区工程以及引大济岷工程建设，形成以"五横四纵"为骨干的城乡供水网络骨架，以保障区域的供水安全。可控制有效灌面 3567 万亩，其中新增有效灌面 494.3 万亩，改善灌面 3073 万亩；解决 2156 万人供水，占区域总人口的31%，年调引水量 184 亿 m^3，覆盖整个盆地腹部区。

盆周山地区、川西南山地区、川西北高原区人口较少，经济社会发展相对滞后，水资源较为丰富，人均水资源量较高，水资源承载能力较大，水资源压力指数小，但水资源调控能力不到 3%，是继续提高水资源调控能力的重点地区。抓好安宁河河谷平原"一纵"工程，即大桥水库灌区配套续建。抓好盆周山区和川西南山地区重点骨干水源工程建设。因此，必须修建足够的蓄水工程，提高调控能力，合理利用当地水资源，满足区域经济社会持续发展时水资源的需求。同时，还可以调出部分水量补给盆地腹部区，是四川省当地径流供水区和水源调出区。

按照水资源合理配置思路和各分区水源工程布局建设，全省规划在 2030 年以前要修建亭子口、小井沟、李家岩、土溪口、黄桷湾、红鱼洞、米市、龙塘等 16个大型水库，建成向家坝引水工程等 5 个大型跨流域引水工程，以及 100 多处骨干中型水库，可新增蓄水总库容 121 亿 m^3，新增供水 148.7 亿 m^3。全省的水资源开发利用率将由现在的 10%，提高到 15.7%，水资源调蓄能力将由现在的 4.7%，提高到 9.3%。实现水资源合理配置战略部署，四川省的水资源调蓄能力将有一个大的提升，将能解决四川省工程性缺水问题，满足 2030 年全省供水需要，确保供水安全（见表 5-3）。

表 5 - 3　2030 年前四川省正建、拟建骨干工程统计

单位：个，亿 m³

地区	工程	数量	新增总库容	新增供水	备注
盆地区	大中型水库	96	84.82	52.6	—
	引水工程	4	—	73.14	—
	小计	100	84.82	125.74	—
盆周山区	大中型水库	43	29.1	10.4	—
川西南山区	大中型水库	18	7.1	8.36	—
	引水工程	4	—	3.76	—
	小计	22	7.1	12.12	—
川西北高原	引水工程	21	0.03	4.22	—
	合计	186	121.05	148.72	—

二　保护利用好世界遗产——都江堰水利工程

（一）都江堰水利工程是世界水利建设史上的丰碑

都江堰水利工程是战国后期秦蜀郡守李冰于公元前 256 年在古蜀国治水工程基础上组织人民创建的，已有 2260 多年的历史。据东汉应劭著《风俗通义》记载："秦昭王使李冰为蜀守，开成都两江，灌田万顷"，按今制折算，约为 69.16 万亩。以后随着社会生产发展的需要，都江堰逐步成为以农田灌溉为主的大型灌区。它依靠岷江得天独厚的有利自然地理条件，引岷江水灌溉成都平原，它的创建与发展凝聚着中华民族的智慧和结晶。它以历史悠久、规模巨大、布局合理、持续发展为特点，曾以乘势利导、因时制宜、无坝引水、灌排自如、综合利用、费省效宏、经久不衰而闻名于世，是世界水利史上的一大奇迹、人类优秀文化遗产中的一座雄伟丰碑、世界水利史上的一颗璀璨明珠。它是四川经济和社会发展的重要基础设施之一，由于都江堰的浇灌，成都平原孕育成"水旱从人，不知饥馑"的"天府之国"，成为支撑四川省经济社会发展的核心区。它造就了天府之国的千秋伟业，富足百姓衣食住行，改善了自然环境，为西部大开发，为特大成都市及周边城市群的发展，为成都平原经济腾飞创造了基础条件；都江堰自古留有治水的"六字诀"、"三字经"、"八字格言"等，它辨证运用科学规律，又传承中华文明，包含了"天人合一"、"人水和谐"的思想精髓。

都江堰自然地理条件优越，渠首处于岷江冲积扇的顶点，利用岷江丰沛的水量控灌整个成都平原，到新中国成立前灌区发展到成都平原 14 个县，耕地 282 万亩，但工程简陋，仅有干渠 8 条，支渠 235 条，总长 2810km。中华人民共和国成立后，灌面迅速恢复和发展到 300 万亩。

1953～1956 年建成了人民渠 1～4 期和三合堰灌区；1956～1970 年完成了东风

渠 1~4 期工程，灌区扩大到整个成都平原，灌面达到 626 万亩。

20 世纪 70 年代，都江堰渠系从北、中、南三个方向穿过横亘于成都平原东面的龙泉山，将岷江水引向川中丘陵区，1972 年东风渠 5、6 期工程开始受益；1978 年基本完成了人民渠 5~7 期工程，使都江堰灌区设计灌面达到 1086.4 万亩，其中平原直灌区 626 万亩，丘陵扩灌区 460 万亩。

1996 年紫坪铺水利枢纽工程开始新建，灌区续建配套与节水改造同时进行，按照"重点整治、打通输水主干道，整治重点'卡脖子'段，节约的水量发展新灌区和增加城市生活、生态、环保供水"的原则，首先整治人民渠、东风渠两大主输水通道，确保全灌区总体效益的充分发挥；整治阻碍灌区安全输水、影响范围大的重点"卡脖子"渠段与病险工程，确保输水安全；续建配套干旱缺水、严重影响工农业发展的丘陵扩灌区，扩大都江堰节水改造效益发挥。具体项目包括人民渠、东风渠两大主干线渠道，重点分干渠、支渠、渠道"卡脖子段"人民渠 7 期干渠隆兴至合兴的石垭隧洞改线段等；新建简资干渠、大英和井研扩灌区以及灌区的一些存在用水矛盾突出的热点、难点工程项目几十个。

根据《都江堰灌区总体规划》力争在 2015 年实现规划设计灌面 1134 万亩（未包括通济堰灌区），新建毗河供水工程 1 期灌面 125 万亩，为把水送到川中丘陵老旱区乐至、安岳提供坚实水源保障。都江堰工程终期设计灌面（包括扩建的毗河供水工程灌区 333 万亩）将达到 1467 万亩。

各时期都江堰灌区历年灌面和供水发展增长见表 5-4。

表 5-4 都江堰灌区历年灌面、供水发展增长

单位：万亩，m³/s

年 份	灌溉面积	城市生活、工业供水
1949	282.57	—
1953	295.79	—
1955	453.8	0.5
1957	566.85	9.0
1965	590.62	16.0
1970	654.33	18.0
1978	856.7	20.0
1980	883.43	21.0
1985	913.54	22.0
1990	922.46	23.0
1995	1003.01	25.0
2000	1008.04	28.0
2005	1026	37.0
2007	1030	37.0
2010	1035.4	40.7

都江堰鱼嘴将岷江分为内、外两大引水渠系，岷江右岸的灌区通过沙黑总河经漏沙堰下分沙沟河、黑石河两大干渠。三合堰灌区经沙沟河输水至西河，设计灌面117.73万亩；内江通过宝瓶口总干渠，下分蒲阳河、柏条河、走马河、江安河四大干渠，人民渠在蒲阳河24.5km处左岸分水，东风渠在府河11.3km左岸分水，现将工程布置情况分述如下。

1. 渠首工程布局

都江堰渠首枢纽，由鱼嘴、飞沙堰、宝瓶口三大工程组成。

鱼嘴：都江堰渠首以上岷江流域面积23037km^2，多年平均流量457m^3/s，多年平均径流量144.3亿m^3。鱼嘴布置在岷江江心，将岷江分为内江和外江。内江是灌区工农业供水最重要的输水渠道，外江是岷江的正流，亦称金马河，是岷江的主要排洪河道。1982年在外江闸右岸修建沙黑总河进水闸。

飞沙堰：内江的傍侧溢流堰，堰口宽240m，堰高2m，具有拦引春水，排泄洪水、沙石之功能。为了增加宝瓶口枯期引水量，1992年在飞沙堰尾修建了临时挡水闸，并彻底改变岁修期供水渠飞沙堰临时用挡水板挡水向成都市供水的办法，从而提高了成都市工业生活供水保证率。

宝瓶口：内江灌区的总进水口，为飞沙堰之下离堆与左岸玉垒山岩间人工开凿的进水口，平均口宽20m，为内江进入灌区的咽喉，设计引水流量480m^3/s。

都江堰灌区用水分别从内江、外江引水，内江由宝瓶口进水，外江由沙黑总河进水闸进水。

2. 内江渠系及囤蓄水库工程

蒲阳河：以蒲阳河（人民渠进水枢纽以下称青白江）为输水排洪干渠，从都江堰市蒲柏闸起至金堂汇入沱江。全长105.8km，渠首流量240m^3/s，原规划设计灌面465.23万亩（其中蒲阳河干渠灌溉64.71万亩，人民渠1~4期166.91万亩，人民渠5~7期丘陵扩灌233.61万亩），同时承担青白江区工业和生活供水。

柏条河：从都江堰市蒲柏闸起至石堤堰，全长44.8km，渠首流量120m^3/s。设计直灌灌面11.78万亩。石堤堰以下分为府河与毗河，分别注入岷江和沱江，配合徐堰河承担向东风渠1~6期灌区供水，设计灌面337.06万亩。同时承担成都市工业及生活输水和排泄区间洪水的主要任务。

走马河：以走马河（两河口闸以下称清水河）为输水排洪干渠，全长64.1km，渠首流量280m^3/s，灌面63.21万亩。通过徐堰河向府河、毗河输水，除向东风渠供水外，还承担府河、毗河21.86万亩的灌溉任务及成都市工业及生活输水的任务。

江安河：从都江堰市走江闸起至双流注入府河，全长95.8km，渠首流量100m^3/s，灌溉成都市、眉山市69.53万亩耕地，同时承担排泄区间洪水的任务。

人民渠 1～4 期工程：渠首枢纽位于彭州市庆兴乡，于蒲阳河 24.51km 左岸建闸取水，至人民渠 5、6、7 期工程进水闸止称为总干渠，全长 89.6km，渠首设计流量 135m³/s，除灌溉成都、德阳市 166.91 万亩耕地外，并承担向人民渠 5、6、7 期灌区输水。

东风渠 1～4 期工程：渠首枢纽位于郫县安靖，从府河 11.3km 处左岸进水闸引水，渠首段经整治后设计流量为 80m³/s，灌区内已建干渠 5 条，长 280.1km。主要灌双流、眉山等县 110.75 万亩耕地。

人民渠 6 期工程：人民渠 6 期主干渠从 4 期末端人民渠 6、7 进水闸开始，至三台黎曙的团结水库止，全长 118.8km，渠首设计流量 20m³/s。充囤灌区内团结水库，水库总库容 2210 万 m³。灌溉德阳、绵阳两市三县两区，设计灌面 89.09 万亩，已灌 52.3 万亩。

人民渠 5、7 期工程：从人民渠 4 期末端人民渠 6、7 进水闸开始，首段 25km 利用原 5 期干渠扩建而成。主干渠经德阳、中江进入丘陵区，沿凯江与郪江的分水岭，至三台县鲁班水库止，干渠长 173.7km。渠首设计流量 35m³/s。利用都江堰水量充囤灌区内鲁班大型水库一座，水库总库容 2.94 亿 m³，中型水库 4 座总库容 1.51 亿 m³，灌溉中江、三台、射洪 3 县耕地 144.52 万亩，已灌 81.5 万亩。同时利用继光水库右干渠，向遂宁大英灌区输水。

东风渠 5、6 期工程：主要利用灌区充囤水库囤蓄岷江来水，解决灌区工农业供水。东风渠 5 期又称黑龙滩灌区，是以黑龙滩水库囤蓄方式供水的大型灌区。水库位于仁寿县境内，控制集雨面积 185km²，多年平均来水 0.78 亿 m³，总库容 3.6 亿 m³，从东风渠新南干渠引水充囤，引水干渠设计流量 35m³/s。灌区已建干渠 137.2km，灌溉仁寿等县 106.06 万亩耕地，已灌溉 88.1 万亩，同时向井研灌区输水。东风渠 6 期工程又称龙泉山灌区，主要靠三岔水库从东风渠总干渠引水，取水点为东风渠总干渠末端的罗家河坝，引水干渠设计流量 30m³/s，通过长 6274m 龙泉山隧洞引水注入张家岩水库，再与石盘、三岔水库串联组成灌溉体系，已建干渠 106.2km，灌区有三岔水库，位于简阳市降溪河上游，控制集雨面积 161.25km²，中旱年来水量 0.31 亿 m³，总库容 2.24 亿 m³。灌溉简阳市、雁江区、资中 120.25 万亩耕地，已灌溉 74.3 万亩。

3. 外江水系

外江灌区在都江堰渠首沙黑总河闸引水，渠首设计流量 120m³/s，下分两大干渠，主要灌溉岷江（外江）右岸的都江堰市、崇州市、大邑县、邛崃市、新津县等市、县 117.73 万亩耕地，同时向通济堰灌区补水。

黑石河：从都江堰渠首沙黑总河漏沙堰闸分水至新津注入岷江，渠首流量 45m³/s，干渠全长 76.4km，设计灌溉面积 37.72 万亩。

沙沟河：从都江堰渠首沙黑总河漏沙堰闸分水至西河，渠首流量 75m³/s，全长 31.72km，设计灌溉面积 18.81 万亩。

西河、三合堰：三合堰渠首在崇州市公义乡西河右岸，接都江堰沙沟河来水，干渠至邛崃市桑园乡，尾水入邛江，渠首流量 64m³/s，干渠长 38.1km，灌面 27.39 万亩。

西河干渠起于沙沟河尾部崇州市元通镇扇子桥与文井江交汇处，长 48.5km，其间左右有 2～6 万亩灌面的引水工程支渠 6 处，包括文锦江灌区共灌溉 33.81 万亩耕地。西河、三合堰总计灌面 61.2 万亩。

4. 通济堰补水灌区

通济堰进水口位于新津县城东南宝资山脚的金马河与南河汇口处，创建于西汉末年（公元 25 年），主要拦截西河、南河与金马河水源，灌溉彭山、苏坡、青神 3 县（区），设计灌面 57 万亩，已灌 51.99 万亩，已建干渠 881.1km，渠首设计流量 48m³/s，历史上由都江堰补水，属都江堰的补水灌区。

目前都江堰灌区包括成都、乐山、眉山、德阳、绵阳、资阳、遂宁 7 个市的 37 个县（市、区），成为全省最大的供水区，是四川省的腹心地区和政治、经济、文化的中心。该区域虽然辖区面积仅 2.72 万 km²，占全省 5.6%，却集中了 2324.3 万人，占全省人口的 25.8%，有城镇人口 1060.4 万人，占全省的 32.8%，城市化率达 45.6%；2010 年地区生产总值 7183 亿元，占全省的 41.8%，人均 30905 元，为全省的 1.45 倍；工业总产值为 8937.6 亿元，占全省 38.6%，农业总产值为 1072.2 亿元，占全省 26.4%，地方财政收入 399.2 亿元，占全省的 35.2%，耕地面积 1381.2 万亩，占全省 23%，有效灌面 1035.4 万亩，占全省 27.2%，耕地灌溉率 75.3%，粮食总产量 873.2 万 t，占全省 27.1%，农民人均纯收入 6003 元，是全省的 1.17 倍。总之，该区域虽然辖区面积仅占全省 1/18，而国民经济产值及其他指标均占全省的 1/4～1/3，该区域的人口密度、城市化率、GDP、人均 GDP、经济密度、耕地灌溉率、财政收入、城镇居民收入和农民人均纯收入等均居全省之首，为四川省最高水平地区。它在四川具有重要的战略地位，对全省经济起到举足轻重的作用。都江堰工程维系着四川省国民经济建设和发展的命运。

紫坪铺水利枢纽的建成进一步丰富和完善了都江堰灌区工程体系。该工程以灌溉和供水为主，兼顾防洪、发电、环保等，水库最大坝高 156m，总库容 11.12 亿 m³，正常库容 9.98 亿 m³，调节库容 7.74 亿 m³，调洪库容 5.387 亿 m³。紫坪铺水库枢纽的建成，为灌区农田灌溉、工业及城市生活供水、环保供水提供了水源保障，提高了下游防洪标准，保证了灌区工程效益的正常发挥。都江堰水利工程已经从过去的单纯灌溉功能工程，发展成为具有灌溉、城镇供水、防洪、发电、环保等多功能的综合利用特大型水利工程，正发挥着巨大的经济效益和社会效益。

2006 年，全省及都江堰灌区遭受百年一遇特大旱灾，全省受旱面积 3105 万亩，绝收 466.5 万亩，损失粮食作物产量 481.4 万 t，农村 443.6 万人出现饮水困难，直接经济损失 108 亿元。都江堰灌区降雨较上年同期减少，紫坪铺水库岷江入库流量仅为 332m³/s，岷江鱼嘴全年来水量比上年减少近 30 多亿 m³ 的情况下，依靠合理调度，在确保成都市的生活、生产供水的同时，下放抗旱水达到 476m³/s，共放出 2.5 亿 m³ 水量用于灌区抗旱保收。灌区粮食没有减产，水稻平均亩产达 517kg，比上年增产 9kg，全灌区粮食总产 57.7 亿 kg，较 2005 年略有增产，全灌区挽回粮食生产损失 5.6 亿 kg，为抗旱工作作出了极大的贡献，取得了显著的抗旱效益，也充分说明了都江堰在国民经济中的作用和地位。

根据《都江堰灌区总体规划》都江堰灌区将继续开展灌区续建配置与节水改造，力争在 2015 年实现规划设计灌面 1134 万亩（未包括补水灌区通济堰），新建毗河供水工程 1 期灌面 125 万亩，为把水送到川中丘陵老旱区乐至、安岳提供坚实水源保障。都江堰工程的发挥充分说明了水利在四川省经济发展中的地位与作用。

（二）继续搞好都江堰灌区续建配套与节水改造

都江堰工程是四川社会经济持续发展的重要基础设施，也是供水区城市、工业、农业可持续发展的根本保障之一，对四川省实现发展新跨越和社会和谐稳定，为建成西部经济发展高地和全面建成小康社会打下坚实的基础。

2000 年《四川省都江堰灌区续建配套与节水改造规划报告》，提出都江堰灌区需进行续建配套、扩（改）建、加固、衬砌防渗渠道共 5197km，其中干渠、分干渠 2044km，支、斗渠（＞1m³/s）3152km，占灌区已建需整治衬砌渠道的 90%；需整治、改造建筑物 7286 处，占应整治改造的 61.3%。在中央的关心下，截至 2010 年累计下达投资计划 12.62 亿元，其中中央投资 8.1 亿元，地方投资 4.52 亿元，相当于 1949～1995 年水利工程建设总投资的 2.5 倍（当年价）。续建、整治渠道 855km，建筑物 6925 处。实现新增灌面 30.49 万亩，改善灌面 168 万亩，灌溉利用系数由 0.432 提高到 0.481，年增节水能力 6.18 亿 m³，灌水周期由 30 天缩短为 20 天，受益区亩次平均用水量下降 17.7%，使项目直接受益区亩均粮食产量提高率达到 21.9%，农业综合生产能力提高率达到 58.1%，取得了显著效益，但到现在余留下来的续建配套与节水改造的任务还十分艰巨。

另一方面，还有大量的万亩以下斗、农渠田间工程需要整治配套，末级渠系承担着从骨干输水工程向田间输配水的重要任务，是输水到田间的"最后一公里工程"，直接关系着能否满足田间农作物用水要求，发挥高产、高效和优质的主要环节。斗、农渠非常重要但又常被遗忘。但通过灌区已进行的末级渠系改造工程的实践证明，末级渠道改造后，不仅可以达到节水、节地、恢复扩大灌溉面积的目的，而且对骨干工程效益的发挥起着举足轻重的作用，因此，末级渠系改造是建设节水型社会的一个重要内容，是发展农业节水，建设节水型农业的一个重要组成部分。

据统计都江堰灌区尚有大量的斗、农渠田间末级渠系未纳入大型灌区续建配套与节水改造之中，经复核统计全灌区尚未纳入节水改造的渠道（含规划支渠的配套及流量大于 $1m^3/s$ 的渠道和灌排兼用的渠道）共还有 35770 条，总长 35781.34km。其中灌排兼用渠道共有 314 条，总长 1000.34km。这些大量的末级渠道是造成渠系水利用系数和田间水利用系数不高，水量损失严重的原因之一。通过对现有末级渠系进行改造和挖潜，依靠科技进步，提高灌溉水利用率和水分生产率，实现水资源的可持续利用，为灌区脱贫致富，实现农业节水灌溉和农业现代化创造条件。如果这些大量的田间末级渠道不能整治，灌区要彻底发挥节水改造的作用是不可能的，要将都江堰建设成一个先进的节水型特大型灌区也是不可能的。

（三）尽快建设都江堰扩灌毗河供水工程

1. 毗河供水工程概况

都江堰毗河供水工程是四川省水资源战略部署中重要的一环（"一横"），是都江堰水利工程的重要组成部分，是解决川中缺水老旱区最佳的水源方案，兴建毗河供水工程十分必要和迫切。这在四川省政府川府函 ［2001］368 号文批准的《四川省水资源开发总体规划报告》及水利部水总 ［2001］73 号文批复的《四川省都江堰灌区续建配套与节水改造规划报告（修编本）》中均得到确认。水利部以水总 ［2004］139 号文批复的《四川省都江堰灌区毗河供水工程规划报告》也得到确认。编制完成的《四川省都江堰灌区毗河供水一期工程项目建议书报告》已经通过国家发改委审查，同意列项，同时毗河供水工程已列入四川省水利发展"十一五"期间开工建设的重点项目。

毗河供水工程地处涪（江）、沱（江）两江之间的广大丘陵区，涉及成都市金堂、资阳市简阳、雁江、乐至和安岳 5 县（市、区），辖区面积 6155km²。2005 年毗河供水一期项目建议书阶段性调查复核设计灌面调整为 333.23 万亩，供水人口 449 万人。

毗河供水工程为引洪囤蓄工程，可充分利用都江堰工程引入岷江水量，在满足现供水区供水后的多余水量。由毗河苟家滩取水枢纽、输水总干渠、灌区囤蓄水库、灌溉渠系及提水工程五大部分组成。规划支渠以上渠道共 114 条，总长 1681.75km；其中明渠长 1540.34km，渡槽 223 座，总长 56.02km，隧洞 309 座，总长 85.39km；规划囤蓄水库 8 座总库容 7.05 亿 m³，其中大型水库 2 座，总库容 2.80 亿 m³；提灌工程 2.12 万 kW/264 台/17 处（集中）。

取水枢纽位于成都市新都区毗河苟家滩河段，拦河闸采用全闸布置方案，进水闸设计流量为 $90m^3/s$，闸后紧接总干渠明渠。

总干渠从苟家滩起，止于安岳县朝阳水库，总长 154.50km，其中明渠长

106.06km；渡槽 42 座，长 25.85km；隧洞 29 座，长 22.59km。总干渠上分水的干渠有 6 条，均为囤蓄水库的充水渠，总长 29.13km。毗河供水区共布置分干渠 20 条，总长度为 401.33m，其中明渠长 357.83km。支渠 87 条，总长 1096.79km。其中明渠长 1049.90km。

囤蓄水库有踏水、赵家沟、宝石、丹山、白果湾、朝阳、关刀桥和新生 8 座，其中踏水和宝石 2 座水库为大（二）型，其余均为中型。囤蓄水库总库容 7.05 亿 m³，兴利库容 5.27 亿 m³。工程较大、投资较多，分为二期实施。

2. 毗河供水一期工程

毗河供水一期工程的开发任务是以城镇生活、工业供水和灌溉为主，建设项目包括毗河苟家滩取水枢纽、输水总干渠、灌区及供水区内部分渠系及囤蓄水库等组成。首先解决灌区内严重缺水的乐至、安岳、安居等县城镇供水和部分严重缺水的农田灌溉。供水人口 226.1 万人，其中城镇人口 154.3 万人（县城人口 95 万人），第二、三产业 167.4 亿元，设计灌溉面积 125.49 万亩，其中新增灌面 57.21 万亩，改善灌面 68.28 万亩。

设计水平年 2030 年一期工程区需毛供水量（分片渠首）多年平均 4.60 亿 m³，P = 70% 中等干旱年 4.84 亿 m³；苟家滩引水枢纽引水流量 22.0m³/s，多年平均供水 4.32 亿 m³，P = 70% 中等干旱年供水 5.02 亿 m³，基本可满足供水区内综合需水。

一期工程主要以渠道为主，渠道布局主要以区内城镇位置为基础，充分发挥总干渠沿线现有水利设施效益，就近解决总干渠沿线农业灌溉用水，主要建设内容包括以下几个方面。

第一，引水枢纽（取水口进水闸流量按终期 60.0m³/s 建设）及总干渠（一期规模流量：在总干龙泉山隧洞进口桩号 20 + 853 前按终期 60.0m³/s 建设，以后渠段按 22.0m³/s 建设）。

第二，踏水水库片简资分干渠简阳支渠以前分干渠直灌区、石钟、禾丰及简阳支渠灌区，灌溉面积 18.81 万亩，并通过简阳和石钟两条支渠向简阳城区和三星镇供水。

第三，赵家沟水库片东禅寺水库补水区及金堂九龙滩灌区外的阳化河左岸的区域即云合支渠灌区，灌溉面积 16.79 万亩，并向金堂县赵镇供水。

第四，新生水库片已成渠系灌区及新安分干渠东禅支渠以前分干渠直灌区、拦江、中兴、分水、东禅支渠灌区，灌溉面积 24.61 万亩，并通过东禅支渠向安居城区供水。

第五，宝石水库片曹家堰、张家沟、十里河 3 座小型水库补水及总干渠直灌区，灌溉面积 10.97 万亩，并新建曹家堰水库充水渠向乐至县城供水。

第六，丹山水库片通过新建乐阳干渠从总干渠取水，配套裕通分干渠灌区除阳化支渠以外的渠系工程，灌溉面积 11.04 万亩，并在裕通分干渠末分出鲤鱼水库充水渠，通过已成鲤鱼水库向资阳沱东城区供水。

第七，书房坝水库片灌溉面积 32.27 万亩，一期工程包括整个灌区片，渠系工程由水库已成渠系（新增姚市延长段）和书永分干渠，城北、城东、石桥、长河、龙台、云峰 6 条支渠及斗渠组成。

第八，朝阳水库片千佛分干渠灌区及水库已成直灌区，灌溉面积 11 万亩，并通过朝阳至安岳县城的供水渠道输水，提高安岳县城的供水保证率。

一期工程实施后，可实现灌溉面积 125.49 万亩，其中：新增灌溉面积 57.21 万亩，改善灌溉面积 48.46 万亩，保灌面积 19.38 万亩，解决 154.3 万城镇人口、71.3 万农村人口和 218.9 万头牲畜用水及部分二、三产业用水。

毗河供水一期工程项目建议书，已由水利部以水总设〔2009〕14 号文进行了批复，并于 2010 年 6 月 23 日通过了，国家发展和改革委员会委托中国水电工程顾问集团公司组织评估，国家发改委列项，现已进入可行性研究设计阶段的前期工作。

（四）实现都江堰供水区水资源合理配置，提高水资源承载能力

目前供水区经济社会的发展对都江堰工程提出了更高的要求，各市县、各行业都希望都江堰能为他们提供更多的清洁淡水，特别是城市的快速发展，都希望纳入到都江堰供水范围或寻找都江堰作为他们的应急水源，供水区内社会经济持续发展对需水的要求越来越大。要实现对经济社会发展的供水安全保障、粮食安全保障、生态安全保障，都江堰工程能否在有限的水资源条件下，要实现发展目标，就现实的情况看，必将面临着严峻的困难与挑战，都江堰能提供多少水量满足要求，能发展多少城镇供水，是摆在人们面前的大问题。

面对 21 世纪，都江堰水利要以科学发展观为统领，牢固树立"人水和谐"的思想，以新的资源观为指导，围绕都江堰水资源的管理、节约与保护、开发和利用，把以岷江上游为中心的生态系统和都江堰供水区内的水环境系统结合起来。统筹兼顾、综合协调，处理好经济社会可持续发展过程中，生活、生产、生态需水的要求，协调城市与农村、平原与丘陵的发展要求，促进经济社会与生态环境、城市与农村全面协调发展，建设现代化的和谐都江堰，确保都江堰经久不衰，持续发展。

都江堰供水区当地水资源总量为 98.87 亿 m^3，入境水资源 172.22 亿 m^3（其中岷江水资源 144.25 亿 m^3，边缘山区水资源 27.97 亿 m^3），计入入境水量后总水资源量为 271.1 亿 m^3。按当地水资源量计算人均为 425m^3，计入入境水资源后人均水资源只有 1166m^3，而可利用水资源量仅 184.5 亿 m^3，水资源承载能力十分有限。

都江堰水资源贫乏是供水区发展的软肋，径流时段分布不均是供水脆弱性的首要结构性因素，水源的调蓄能力不足是供水脆弱性的重要因素，因此提高都江堰水资源的承载能力是非常必要的。

1. 实现都江堰供水区水资源合理配置

一是增强水资源的调控能力，加快岷江上游调蓄工程的建设。改变岷江水资源时空分布不均匀的现状，积极推进紫坪铺水库的反调节枢纽建设，实现岷江主力水源能按需水过程要求供水。

二是积极开发边缘山区水源，建设必要的调蓄水库，补充供水区缺水时段水量的不足，提高都江堰工程引入供水区余水（待分配余水）的利用率。

三是进一步挖掘丘陵区当地径流的潜力，减少都江堰工程直供水，建设必需的囤蓄水库，充分利用都江堰工程引入水量。

四是强化节水，彻底改变粗放的用水方式，加强灌区续建配套与节水改造，建设现代化灌区，提高灌溉水利用率，不断提高水的利用率和利用效率；积极采用先进节水技术，推进工矿企业节水工艺改造，调整工矿产业结构和布局，提高工业用水重复利用率，节约用水，建设节水型社会。

五是加强城市生活节水，强化公共用水管理，加大污水处理力度，逐步扩大中水回用率；合理开发地下水解决农村分散区域的生活供水，充分利用多种水源，用蓄洪、集雨工程、回归水增加各种可利用的水源。

六是按计划为金马河下放生态水量，修复金马河水生态环境功能，协调好流域、区域生活、生产和生态用水。

七是实行最严格的水资源管理制度，建立用水总量控制制度，确立水资源开发利用红线；建立用水效率控制制度，确立用水效率控制红线；建立水功能限制纳污制度，确立水功能区限制纳污红线；通过水资源优化配置，建成水资源合理配置和高效利用体系，保障供水安全、粮食安全；构建生态良好的水环境保护体系，确保生态安全；建成有利于水利科学发展的制度体系，深化改革，强化管理，理顺机制，建设现代化、良性运行的水管理体系，建设可靠的、稳定的水资源保障体系。

2. 提高都江堰水资源承载能力的工程措施

提高水资源承载能力有工程性措施、结构性措施和经济技术性措施。其主要工程性措施，除加强续建配套与节水改造外还有以下几个方面。

第一，在岷江上游应尽可能兴建一些调蓄水库，除目前已新建的毛尔盖、狮子坪水库和即将建设的剑科水库外，应尽快建设十里铺水利枢纽以及尽可能再规划建设一些调节工程等，以增强岷江水源的调控能力，实现蓄洪补枯、按供水要求供水，变不好利用的洪水为可利用水量，是提高水资源的承载能力的关键措施之一。

另外，在边缘山区新建调蓄水库，拦引边缘山区河流入境的径流，增加供水区辅助水源量。一方面可提高边缘山区水资源的利用率，另一方面减轻都江堰主力水源的压力，再一方面还可以将边缘山区调蓄水库，作为平原区当地径流的"囤蓄水库"将蓄水用于平原区枯水期缺水时段补水，从而提高都江堰供水区供需平衡后余水的利用量以及城市应急备用供水水源。

第二，建设紫坪铺水库下游，都江堰取水枢纽上游处的反调节水库，对提高都江堰工程取水、供水的稳定性，实现供水与发电效益双赢，减少突变水流对河道的冲刷，对防止不必要的水量浪费，实现水量灵活调度，真正实现"电调服从水调"，对提高水资源的承载能力具有至关重要的意义。考虑到岷江上游水库的建设，梯级电站的增多，由于电站调峰带来的流量不稳定的问题会日益突出。一是将严重影响到灌区按计划、稳定地供水，二是造成新的有效水量的损失和浪费。为协调各综合用水部门的关系和利益，节约水量优化资源配置，在紫坪铺水库下游河段修建反调节枢纽，实现水量二次分配更日益显得必要和迫切，既可减少有效水量的浪费，也是提高水资源承载能力的措施之一。

第三，充分利用余水。所谓余水，就是都江堰工程取水口引入水量（指宝瓶口）在满足供水区综合供水（生活、生产）后，时段上的多余水量，现况此部分水量一般用于渠道电站发电和视作生态环境水量，它通过各级渠系排入岷江、沱江。从都江堰供水区各水平年供需平衡成果可知，都江堰工程（扣除生态水量）引入供水区水资源量，已经占总来水的80%左右，基本达到了岷江水资源可利用量的上限值，不可能有更多的增长。但在引入供水区的水量中，除生活、生产和生态用水后，还有部分余水，余水占都江堰引入水量的37.3%～35.8%。而且大多数旬都有余水，有的旬余水还较多，怎样能充分利用这部分余水？能将这部分余水转化为增加供水，是提高岷江引入水量利用率的关键，对提高都江堰工程水资源承载能力具有重要意义。只要在供水区修建一定数量的囤蓄水库，将多余水囤蓄起来，在缺水旬无水时使用，解决少数时段缺水这个瓶颈问题，就可进一步扩大余水利用，增加对新用水户供水。

第四，建设"引大济岷"工程是将大渡河水资源调入岷江鱼嘴河段，从而彻底改变都江堰供水区主力水源紧张的现实，是提高都江堰供水区水资源的承载能力，实现水资源可持续利用非常关键的重要措施。

三　加快"五横五纵"战略工程建设

为落实上述水资源配置，四川省要在2030年以前建设一系列的大型调引水工程，大、中型骨干水源工程，才能实现将丰水期水量拦蓄起来供枯水期使用，将多水地区水量调往少水地区使用，实现水资源的合理配置，确保水量供需平衡，满足国民经济和社会发展可持续发展的需要。

除都江堰工程外，现介绍"五横五纵"工程的已建玉溪河引水工程，正建的向家坝引水工程，拟建的长征渠引水工程以及已建的武都水利工程、升钟水库工程、大桥水库灌区工程，正建的亭子口水利枢纽工程，拟建的罐子坝水库工程以及远期拟建的引大济岷工程概况。

（一）搞好玉溪河引水工程续建配套与节水改造

玉溪河引水工程取水枢纽位于芦山宝盛乡玉溪村。控制流域面积 $1054km^2$，多年平均流量 $38.6m^3/s$，多年平均径流量 13 亿 m^3，设计年径流量 9 亿 m^3。设计引水流量 $34m^3/s$。工程引青衣江支流玉溪河的水量，灌溉岷江流域成都市的邛崃、蒲江与雅安市的名山、芦山等县（市）部分耕地。

工程是以引蓄结合，长藤结瓜形式，以灌溉为主，并具有发电、供水等综合利用功能的水利工程。设计灌溉面积 86.64 万亩，其中田 62.3 万亩，土 24.34 万亩，供水人口 15.6 万人。该工程自 1969 年 11 月动工，1978 年基本建成受益，2010 年有效灌面已达 62 万亩。利用渠道跌水，建成小型水电总装机容量达 3.0 万 kW 以上。水资源综合利用，发展灌区经济效益十分显著。

首部枢纽由溢洪重力坝、泄水闸、冲沙闸、进水闸组成；拦河坝为浆砌条石溢流坝，总库容为 64 万 m^3，有效库容 33 万 m^3。最大坝高 20m，进水闸设于左坝端，直接与放水隧洞衔接，引水高程 830.20m。

灌溉系统由干、支渠及中小型配套蓄水工程组成，主干渠 1 条，长 51.5km，支渠 14 条，总长 285km；中型囤水库 2 座，利用当地径流修建结瓜中型水库一处；小型水库 45 座，总库容 8000 万 m^3。工程年实引水量已达 7 亿 m^3，近年来通过除险加固，加强工程管理，工程日趋完善，效益显著。全灌区粮食总产量达 6.99 亿斤，年发电量 1.45 亿 kW·h，为全灌区农村和农村经济的全面发展提供水资源保证。目前灌区正在开展续建配套与节水改造，力争 2015 年达到工程的设计能力。

（二）建设向家坝水电站引水工程

向家坝水电站位于四川省宜宾县与云南省水富县交界处的金沙江下游，下距宜宾市 33.0km，坝址位于两县接壤的向家坝峡谷出口处，是金沙江干流水电开发规划的最下游一个梯级。向家坝水电站控制流域面积 45.88 万 km^2，占金沙江流域面积的 97%，多年平均流量 $4570m^3/s$，径流量 1440 亿 m^3。电站水库正常蓄水位 380.00m，总库容 51.6 亿 m^3，调节库容 9.0 亿 m^3，总装机容量 6000MW。供水（灌溉）取水口分别位于左、右岸岸坡坝段。左岸取水孔口中心高程为 361.10m，设计流量 $98.0m^3/s$；右岸取水中心高程 365.00m，设计流量 $38.0m^3/s$。

向家坝水电站灌区范围：北至自贡市大安区，南至兴文县共乐镇，西起向家坝枢纽，东以长江、赤水河为界，同时向自贡城区、内江城区和隆昌县城区补水。灌区涉及四川省的宜宾、泸州、自贡和内江 4 个市以及云南省昭通市水富县的 22 个县（区），据 2005 年统计，5 市 22 县（区）总人口 1237.55 万人，其中农业人口 965.34 万人，总耕地面积 782.67 万亩。规划设计灌溉面积 348.85 万亩，其中耕地 295.05 万亩，果园地 53.80 万亩，灌面中新增灌溉面积 166.18 万亩。补充灌区内 143 个城镇（其中有 8 座大、中城市）生产生活用水；同时向自贡城区、内江市（包括内江和隆昌）主城区补水及 50.94 万农村人口补充生活用水，乡镇供水人口 241 万人。

向家坝水电站灌区总干渠首取水高程为 370.00m，分南北两条，其中，北总干渠首设计流量 98.0m³/s，总长 122.68km，设计灌溉面积 228.02 万亩，其中耕地 193.78 万亩，果园地 34.24 万亩，并通过邱场分干渠向自贡城区和内江市城区补水，通过嘉明支渠向内江市隆昌县城区补水。南总干渠首设计流量 38m³/s，总长 107.34km，设计灌溉面积 120.83 万亩，其中耕地 101.27 万亩，果园地 19.56 万亩。

在总干渠以下共布置干渠 1 条，长 27.47km；分干渠 5 条，长 182.681km；支渠 14 条，长 168.680km；分支渠 103 条，长 1066.653km。灌溉万亩以上渠道共 125 条，总长度 1675.508km，其中明渠长 1129.623km，占总长度的 67.4%；隧洞 558 座，长 378.657km，占总长度的 22.6%；渡槽 942 座，长 140.595km，占总长度的 8.4%；暗渠 30 座，长 26.63km，占总长度的 1.6%。另有内江、隆昌城区供水管线 2 条，长 59.88km。

在灌区除充分利用现有的油房坳水库、马尔岩水库 4 座中型水库进行囤蓄外，拟在渠线高程以上新建古佛台水库、龙滚滩水库、黄桷坝水库、锁口水库 4 座中型水库，在灌区内规划新增中型囤蓄水库 9 座，其中新建水浒店水库、东山水库、二陡岩水库、大坡上水库、三星桥水库 5 座中型水库；扩（改）建青木洞水库、方四滩水库、东风水库、双河水库 4 座水库。新增囤蓄水库调节库容共 1.41 亿 m³，全灌区共规划布置集中提灌站 7 处，此外渠道沿程还考虑了提灌扬程在 20~30m 之内分散提灌。全灌区共规划提水灌溉面积 137.25 万亩，其中耕地 111.08 万亩，果园地 26.17 万亩。并设两处提水站专为内江市中区和隆昌县城区供水。

向家坝水电站灌区工程为灌区城乡生产生活供水 17.82 亿 m³（其中灌溉供水 10.66 亿 m³，其他生产生活供水 7.16 亿 m³）。新增城镇供水 6.61 亿 m³，农村人畜供水 0.55 亿 m³。

（三）续建武都水利工程

武都水利工程是四川省"西水东调"总体规划中的一项引、蓄、提相结合，以灌溉为主，兼有发电、防洪、航运等综合利用效益的大型水利骨干工程，被邓小平同志誉为"第二个都江堰"。

武都水利工程由武都水库和武都引水工程组成，武都引水工程取水枢纽位于江油县武都镇上游 3km 灯笼桥处的涪江干流左岸、武都水库下游约 15m。控制流域面积 5807km²。多年平均流量 148m³/s，年径流量 46.7 亿 m³，设计年（P=80%）径流量 37.8 亿 m³。取水高程 570.5m。根据涪江综合利用规划布局，并考虑到涪江中下游综合用水要求，在武都水库未建成前，工程按照洪期多引，平水期少引，枯水期不引的原则，确定引水时段 5~11 月的运行方式。工程全部建成后，可控灌江油、绵阳、梓潼、盐亭、射洪、三台、剑阁、南部、蓬溪等县（市、区）232.3 万亩农田，计入蓬船灌区（即蓬溪县、船山区）涪江左岸耕地 54.14 万亩，灌溉面积将达到 286.44 万亩，乡镇供水人口 155 万人。

供水区总干渠 38km，石龙咀电厂以前设计流量为 110m³/s，石龙嘴至玉皇观为 60m³/s。干渠 2 条，长 203.06km；分干渠 5 条，长 208.53km；支渠 14 条及分支渠 74 条，以上五级渠道共 96 条，总长 1772m。在确保取水枢纽下游河道不低于 50m³/s 的前提下，工程年毛供水量 8.5 亿 m³。工程设计代表年可引水量 10.37 亿 m³，占涪江水量约 20.2%，对涪江中下游综合用水无大的影响。

武都引水工程建设按计划分三期进行。武都水库是武都引水工程的调节水库，目前正在建设，是涪江流域规划上游控制性枢纽工程之一，距武都引水工程取水枢纽上游 150m。水库枢纽位于涪江干流上游江油市武都镇以上 4km 摸银洞处，控制流域面积 5807km²，多年平均流量 148m³/s，年径流量 46.7 亿 m³，实测最大流量 6232m³/s，实测最大断面含沙量 188kg/m³。多年平均悬移质输沙量 575 万 t，推移质输沙量 12.7 万 t。经鉴定地震基本烈度为Ⅶ度。

水库正常蓄水位 658m，死水位 624m，汛期限制水位 642m。总库容 5.54 亿 m³，调节库容 3.54 亿 m³，调洪库容 1.71 亿 m³，死库容 1.94 亿 m³，为不完全年调节水库。水库大坝为碾压砼重力坝，最大坝高 119.1m。水库淹没占地 6571 亩，迁移人口 5891 人，迁建 3 个场镇。水库电站装机 136MW，年发电量 6.156 亿 kW·h。水库建成后，通过水库蓄洪补枯，不仅解决涪江左岸 286 万亩灌区灌溉用水，还将增加涪江中下游各级电站保证出力 2.62 万 kW，年增加发电量 1.22 亿 kW·h。增加下游城市、工业和生活用水、环保用水量、枯期增大 10m³/s 流量，有利下游综合用水问题的解决，并将获得综合效益约 5.75 亿元。主要工程项目有西梓干渠、跨梓潼江建物金峰水库等大中型囤蓄水库各一座及相应的配套渠系工程。西梓干渠长 117km，万亩以上支斗渠 28 条，金峰囤水库总库容 9680 万 m³，有效库容 7080 万 m³，控灌面积 46.85 万亩。目前已完成前期工作，即将动工兴建。扩灌蓬溪船山灌区位于遂宁市涪（江）以左，嘉（陵江）涪（江）分水岭以右，处于在建武都引水灌区以南，重庆市潼南县界以北的蓬溪县与船山区涪江左岸区域，现有耕地总面积 60.12 万亩，人口 82.86 万人，在不改变现有武都水库和渠系布置及其工程规模的条件下，主要利用武都引水工程汛期水资源，在本灌区兴建囤蓄水库的方案是解决本区水资源问题的经济合理方案。蓬溪船山灌区规划设计灌面为 54.14 万亩。在原武引规划设计的西梓干渠下段末端，兴建西梓干渠延长段长 26.73km，引水至白鹤林水库囤蓄。白鹤林水库初拟坝高 62m，总库容 9830 万 m^3，在水库下游布置干、支、斗渠共计 19 条，长度为 323.31km。就能够满足灌溉本区 54.14 万亩的农田灌溉用水和本区工业、城镇生活及其他部门的用水要求。

（四）继续搞好升钟水库灌区配套建设

升钟水库坝址位于南充市南部县境内嘉陵江一级支流西河中游升水镇碑垭庙。控制流域面积 1756km²，多年平均流量 16.4m³/s，多年平均径流量 5.18 亿 m^3，中旱年（P=80%）径流量 2.78 亿 m^3，多年平均输沙量 275.8 万 t。库区地震基本烈度 Ⅵ度，按 Ⅶ度设防。水库枢纽于 1977 年 12 月动工兴建，1983 年下闸蓄水运行，1984 年 6 月竣工，水库具有多年调节性能，远期升钟水库来水不足，规划由亭子口水库补水解决，年均补水量 0.8 亿 m^3。

水库以灌溉为主，兼有防洪、发电、供水等综合功能。水库大坝为黏土心墙石渣坝型，总库容 13.39 亿 m^3，有效库容 6.72 亿 m^3。工程控灌四川省川东北老旱区的南充、广安及广元 3 市的南部、西充、阆中、蓬安、顺庆、嘉陵、武胜、剑阁 8 县（市、区）范围内的 211.74 万亩耕地，占灌区总耕地 296.8 万亩的 71.3%，乡镇供水人口 84 万人。

工程分两期实施。第一期工程建设任务是建成水库枢纽和右总干渠、西充干渠及三条分干渠，以及相应的配套工程，实现灌溉南充、广元两市的 138.93 万亩耕地和解决灌区工农业及生活用水，现已基本完成并受益，目前有效灌面已达 97.34 万亩，正开发灌区续建配置与节水改造。第二期工程建设任务是建成南充干渠和相应的囤蓄水库及支、斗、农、毛等渠系配套工程，设计灌面 72.81 万亩。现已基本完成该工程的前期工作，即将动工兴建。

灌区工程由总干、干、分干、支、斗、农、毛共七级渠道和囤蓄水库等组成。渠系总长 5603km，其中支渠以上共 17 条，总长 501km。灌区是由 4 座中型囤蓄及 100 座小型囤蓄水库、100 处小型电灌工程组成的灌溉系统。右总干渠引用流量 45m³/s，全长 39.51km；西充干渠引用流量 25m³/s，渠长 21.08km；南充干渠引用流量 16.5m³/s，渠长 65.85km；西南分干渠引用流量 8.6m³/s，渠长 32.44km；西蓬分干渠引用流量 7.7m³/s，渠长 38.63km；左分干渠引用流量 6.4m³/s，渠长 42.24km。

（五）建设亭子口水利枢纽工程

亭子口水利枢纽工程位于四川省苍溪县亭子口乡与浙水乡境内，下距苍溪县城 15km，是嘉陵江干流中上游的大型骨干工程。《嘉陵江干流广元至苍溪河段规划报告》确定的第一期开发项目，也是嘉陵江干流唯一具有较好调节性能的以防洪、灌溉及城乡供水为主，兼顾发电、航运，并具有拦沙减淤等作用的大型综合利用水利工程。

亭子口水利枢纽工程由亭子口水库和引水工程组成，亭子口水库枢纽坝址位于苍溪县城上游约 15km 的李家嘴附近，控制集水面积 61089km²，多年平均流量 603m³/s，多年平均径流量 190 亿 m³，最大坝高 113.0m，正常蓄水位 458.00m，死水位 438.00m，总库容 40.67 亿 m³，有效库容 17.32 亿 m³，枢纽电站装机容量 100 万 kW。亭子口枢纽工程主要建筑物包括砼重力坝、溢洪道、泄洪隧洞、有压引水隧洞、电站厂房等。

亭子口引水工程灌区范围：北起苍溪县浙水乡，南抵重庆合川市界，西至嘉陵江，东以仪陇河、流江河、渠江为界，以及嘉陵江右岸白溪河与引水渠线之间的部分区域。灌区范围涉及四川省广元、南充、广安、达州 4 个市的 12 个县（市、区），据 2005 年统计辖区面积 8489.5km²，灌区 12 县（市、区）共有 289 个乡（镇），总人口 616.04 万人，其中城镇人口 157.68 万人，总耕地面积 389.96 万亩，规划灌溉面积 292.14 万亩，向岳池、仪陇、营山等城镇供水，乡镇供水人口 140 万人。

全灌区 2030 年平均工农业净需水总量 16.82 亿 m³，其中灌溉需水量 7.76 亿 m³，工业生活净需水 8.26 亿 m³，向升钟水库补水 0.80 亿 m³，利用当地径流 4.06 亿 m³，自备水源供水 4.54 亿 m³，需亭子口水利枢纽提供净水量 8.22 亿 m³（其中灌溉 4.60 亿 m³，二、三产业 2.35 亿 m³，城乡生活 1.27 亿 m³），毛供水量 12.48 亿 m³。

全灌区布置总干渠 1 条，干渠 3 条，分干渠 9 条（其中新建及扩建水库渠道 3 条），支渠 52 条（其中水库渠道 7 条）。干支渠共 65 条，总长 1359.562km。

总干渠渠首（取水隧洞出口）水位为 436.23m，设计引用流量 82.65m³/s，东干渠进口设计流量 23.2m³/s，西干渠进口设计流量 24.0m³/s；嘉右干渠渠首（取水隧洞出口）水位为 444.08m，设计流量 9.2m³/s。

全灌区共新建、改扩建囤蓄水库 8 座，其中新建水库 2 座，改扩建水库 6 座，新增囤蓄水库兴利库容 0.82 亿 m³。灌区共利用现有的 7 座中型水库进行囤蓄，兴利库容 1.27 亿 m³。

囤蓄水库位置离干、支渠都较近，可直接充水入库。

灌区提灌区主要分布在总干渠、东西干渠（含分干及支渠）及嘉右干渠。集中成片耕地的提灌，净扬程一般控制在 30～70m，沿程提灌净扬程一般控制在 20～30m 之内。

全灌区共布置集中提灌站 7 处，其中总干渠 1 处，东干渠 3 处，西干渠 3 处。

灌区新增提灌站装机2.52万kW,其中集中提灌装机2.02万kW,沿程提灌装机容量0.5万kW。

建设总工期拟安排15年,分3期每期按5年实施。

第1期工程:建设项目包括总干渠及其分干、支渠,嘉右干渠,东干渠及其分干、支渠(除提灌支渠外)及田间工程等。共计渠道43条,总长度917.38km。设计灌溉面积159.19万亩。

第2期工程:建设项目包括西干渠及其分干、支渠(除提灌支渠外),三元、幸福、花桥、九龙及红星5座扩建水库工程及田间工程等。共计渠道7条,总长度199.87km。设计灌溉面积56.68万亩。

第3期工程:建设项目包括东干渠及西干渠6座提灌站及其支渠(总长100.533km);新建及改建龙孔寨、文昌寨和磨儿滩水库,并配套相应水库渠道及田间工程等。共计渠道15条,总长度242.31km,设计灌溉面积76.27万亩。

（六）加快大桥水库工程灌区续建配套工程建设

大桥水库位于四川省冕宁县境内安宁河上游,是四川省2000年建成的以灌溉、供水,结合发电,兼顾防洪等综合利用的大型水库,控制集雨面积796km^2,最大坝高93m,总库容6.58亿m^3,兴利库容5.93亿m^3。

大桥水库灌区位于凉山州大桥水库下游安宁河河谷地带,从冕宁县的樟木沟至米易县的撒莲河段,包括冕宁、西昌、德昌、米易4县(市),主要靠拦引安宁河干流水量,并由已建成的安宁河干流上游大桥水库补水。灌区以安宁河干流作为输水主干渠,由漫水湾配水枢纽和在干流不同河段上直接取水的众多引水渠堰以及漫水湾左干渠、漫水湾右干渠、大桥左干渠、大桥右干渠、沪月渠等组成供水网络。计划向冕宁、西昌等市县城镇供水,设计灌溉面积87.42万亩,其中新增灌面58.26万亩,向西昌市供水2m^3/s,可解决乡镇、农村50万人供水问题。在设计灌面中,已建成的干流各引水渠堰设计灌面29.16万亩(已经实灌30.2万亩,包括万亩以上的西礼灌区、盐中灌区等)。

灌区1期工程由漫水湾二级配水枢纽和(漫水湾枢纽拦河闸坝)、左总干渠及黄土坡电站、漫水湾左干渠及邛海、西德两支渠组成。漫水湾左干渠,设计灌面21.6万亩,引水流量20.5m^3/s。灌区已建成左总干渠长8km,正建干、支渠129km,规划干、支渠261km。

灌区2期工程是大桥水库配套的需要,国家发改委和水利部可研审批意见为:新建大桥右干渠、漫水湾右干渠工程,设计新增灌面23.33万亩,改善4.01万亩。其中大桥右干渠由大桥水库发电引水隧洞原2号施工支洞预留口设分水管取水,渠长89.38km(含支渠),渠首设计流量7m^3/s,水位高程1940m;漫水湾右干渠从已建成1期工程漫水湾枢纽右岸取水口进水,灌溉冕宁、西昌、德昌,其设计灌面

17.59万亩，渠长119.5km（含支渠），渠首设计流量13.2m³/s，水位高程1613m。新增城镇工业生活供水5653万m³。该项目实施后将带来显著的经济社会效益。灌区3期工程由大桥左干渠和沪月渠组成，主要为提水灌区，分别解决3.37万亩和3.18万亩耕地的灌溉，提水流量2m³/s和2.2m³/s。

1. 漫水湾二级配水枢纽

主要对大桥至漫水湾区间来水和大桥水库调节下泄水量进行供水分配。由首部闸坝枢纽、左总干渠和黄土坡电站等项目组成，工程位于冕宁县漫水湾镇安宁河中上游，漫水湾渠首闸坝枢纽是大桥水库二级控制性配水工程，控制流域面积3817km²，年径流量为34.7亿m³，总库容565万m³，坝址位于安宁河成昆铁路2号大桥下游150m，上距冕宁县城38km，下距西昌市47km。枢纽闸坝全长272m，其中3孔泄洪闸段长48m，2孔冲砂闸段长19m，右岸非溢流坝段长55m，左岸副坝段长130m，左总干进水闸段长20m；黄土坡电站位于漫水湾镇下游安宁河左岸黄土坡，厂址距坝址约9km，电站装机容量20MW（2×10MW），设计引用流量68m³/s；左总干渠从漫水湾配水枢纽取水，至黄土坡村分水灌溉、发电，渠道设计流量90m³/s，渠道总长度7.832km，其中明渠长度7.478km，倒虹管1座长度0.286km，渡槽1座长度0.068km。

在漫水湾枢纽右岸布置漫水湾右干渠，设计流量13.2m³/s；另在库内提水修建沪月渠，设计流量2.2m³/s。

2. 漫水湾左干渠

大桥灌区漫水湾左干渠是大桥水库二级控制性配水枢纽（漫水湾枢纽）的配套工程，渠道在黄土坡从漫水湾枢纽左总干渠末分水闸取水，设计流量20.5m³/s。沿安宁河干流左岸河谷延伸，灌区涉及冕宁、西昌、德昌3县（市），本工程由左干渠（干直段）、西德支渠、邛海支渠三部分组成，渠道全长129.45km。渠道建成后新增供水30879万m³，设计灌面21.6万亩，其中提水2.26万亩，新增灌溉面积14.12万亩，同时向西昌城区及乡镇提供生活、工业供水。

目前干渠基本建成，但支、斗、农渠尚未配套全面发挥效益。

左干渠（干直段）设计引用流量20.5~13.7m³/s，渠长33.39km，其中明渠长27.621km；隧洞6座，全长2.704km；渡槽26座，全长0.669km；暗渠62座，全长2.363km。

西德支渠设计引用流量9.0~2.0m³/s，渠长80.066km，其中明渠长420km；隧洞18座，全长8.228km；渡槽16座，全长2.127km；暗渠2座，全长0.018km；倒虹管4座，全长3.273km。

邛海支渠设计引用流量6.0~1.8m³/s，渠长16km，其中明渠长7.795km；隧洞8座，全长5.39km；渡槽11座，全长0.965km；暗渠12座，全长1.85km。

3. 大桥右干渠

大桥右干渠从大桥水库发电引水隧洞（直径 5.1m，设计流量 82m³/s，引水洞桩号 3＋900.512）的二号施工支洞取水，取水高程 1940m，取水流量 7.0m³/s，控灌冕宁县惠安、城厢、回龙、复兴、先锋等乡镇，规划灌溉面积 9.75 万亩，其中新增 7.17 万亩，在灌面中提水 0.89 万亩，并向冕宁县城供水并解决灌区农村人畜饮水问题。

渠道线路较长，根据灌区特点，整个渠道分两级布置，从渠道迫夫电站尾水至新营电站前池称右干渠，新营电站尾水至长山嘴电站前池称河边支渠。右干渠长 57.43km，控制灌溉面积 6.78 万亩，支渠长 31.945km，控制灌溉面积 2.97 万亩。

4. 漫水湾右干渠

漫水湾右干渠从漫水湾渠首拦河闸坝右岸取水，修建漫水湾右干渠至德昌王所乡，渠道高程 1613m，控灌冕宁沙坝、西昌的琅环、樟木、太和、裕隆、羊角坝、佑君、中坝、阿七、德昌的德州、阿月、王所等乡（镇）。规划灌面 17.59 万亩，其中新增灌面 12.75 万亩，在灌面中提水灌面 1.67 万亩，并向太和铁矿提供 600 万 t 选矿、洗矿水量和向灌区农村人畜供水。

漫水湾右干渠从漫水湾渠首拦河闸坝右岸取水至西昌太和镇拖石沟止，取水水位 1613km，引用流量 13.2m³/s，干渠长 44.98km。

右干渠末端接太昌支渠，太昌支渠北起西昌太和拖右沟，南至德昌土所之大泼树，渠首水位 1571.573m，全长 74.515km，灌溉面积 11.88 万亩。

5. 干流取水的独立灌区配套改造

大桥水库灌区中包括目前已建在安宁河干流上中下游各河段引水的独立灌区 29.16 万亩，其中万亩以上灌区 7 处渠堰 11 条渠道共计 23.83 万亩，千亩至万亩渠堰 18 条，灌面 5.33 万亩，涉及凉山州冕宁、西昌、德昌和攀枝花米易县，需进行工程整治、改造。而下游米易安宁河沿河灌区，包括已建的前进渠、安全堰、红旗堰、攀莲堰、富丙堰等，目前有效灌面 2.61 万亩，在大桥水库建成后枯水期水源能得到充分保证，搞好这些渠堰的续建配套，一方面可提高现有灌区的灌溉保证程度，另一方面还可扩大灌区增加灌面 2.77 万亩。

大桥水库灌区整个工程建成后，基本控制安宁河河谷平原及部分二半山区，可实现灌面 87.42 万亩，其中新增 58.26 万亩，成为川西南山地区最大的骨干水利工程，将为建立美丽富饶、文明和谐的安宁河河谷创造基础条件。

（七）加快长征渠引水工程前期工作，力争早日开工建设

长征渠引水工程，早在 20 世纪 40 年代就已提出建设，取水枢纽位于洪雅县青衣江槽渔滩处，多年平均径流量 154 亿 m³，现在水资源开发利用率低，仅为 5%，引水工程利用其水量丰沛，高程较高的优势，解决盆地腹部区岷涪长地区中下部地区的供水问题。1975 年省政府组织有关地市进行全面的勘测设计会战，于 1976 年提出了《四川省长征渠总体规划报告》和初步设计报告。当时提出的长征渠工程范围西起青衣江、岷江，南界长江，东临涪江、嘉陵江，北与都江堰东风渠 5、6 期及毗河供水工程灌区毗邻。控制乐山、眉山、宜宾、自贡、泸州、内江、资阳及重庆市的 39 个县（市、区），规划灌溉面积 1400 万亩，其中提水灌面 356.4 万亩。要求在青衣江上游建成飞仙关调节水库（总库容 5.38 亿 m³，调节库容 3.8 亿 m³），灌区内修建骨干水库小井沟、大田坝、鲍家庄、天宝、龙潭沟水库作为囤蓄水库，组成蓄引水的供水网络向区域供水。

渠首枢纽位于槽渔滩左岸，取水高程 516.4m，原引水流量 230m³/s。设总干渠、东干渠和南干渠。总干控制岷西地区，在青神县平羌峡跨过岷江，在仁寿县慈航龙江坳分出东、南干渠，南干渠南下串联小井沟、大田坝水库控制岷沱长下部地区，东干渠沿九宫山北麓东行在资中登云岩跨沱江控制沱涪长地区，总干长 564km。干渠有洪眉、资富、安铜、安隆、永泸、永渝共 6 条，共长 390km，支渠以上渠道 90 条，总长 3100km。

小井沟水库为灌区中重要的囤蓄水库，近期作为当地径流水库运行，远期长征渠引水工程建成作为囤蓄水库运行。

30 年来长征渠引水工程控制供水区情况发生了较大变化。一是重庆市直辖后原规划东干渠下段 384.35 万亩耕地划出；二是向家坝引水工程替代原南干渠灌区 219.58 万亩；三是将资阳市 114.42 万亩耕地划归毗河供水工程；四是井研 14.87 万亩耕地已划入都江堰东风渠 5 期扩灌区；五是自贡、内江两市 67.98 万亩耕地，已从长葫水库和石盘滩提水两个大型灌区分出，因此长征渠供水区实际只剩下乐山、宜宾、自贡、内江、资阳市灌面约 643 万亩耕地，计划向自贡市城市及区域城镇供水，乡镇供水人口 250 万人。

另外，青衣江上游水源条件地发生了变化，槽渔滩枢纽电站建成，拦河枢纽左岸长征渠取水口位置已预留，原规划飞仙关水库建设高坝水库已被电站开发替代，电站的调节库容仅 0.03 亿 m³；但支流周公河上已建成瓦屋山水库，总库容 5.84 亿 m³，调节库容 4.52 亿 m³；青衣江正源宝兴河上已建成跷碛水库，总库容 2.14 亿 m³，调节库容 1.78 亿 m³；支流天全河正建设锅浪跷水库，总库容 2.14 亿 m³，调节库容 1.78 亿 m³。因此，应重新开展长征渠灌区规划，确定供水范围、工程布置、需水量预测、引水规模等。

自贡市小井沟水库是根据四川省人民政府川府函〔2001〕368 号文批准的《四川省水资源开发利用总体规划》，为解决区域水资源配置确定的川南地区骨干水利工程，是四川省规划的一座以城市供水、灌溉等综合利用的大型水库，该工程也是规划的长征渠引水工程的大型囤水库之一。

水库位于岷沱江支流越溪河中、上游，地处荣县保华镇的小井沟峡谷，水库控制集雨面积587km²，多年平均来水2.72亿m³，可研阶段推荐正常水位429m，死水位404m，总库容1.66亿m³，正常库容1.456亿m³，兴利库容1.11亿m³。

小井沟水库工程由大坝枢纽工程（包括卞家桥等11座副坝）溢洪道、泄洪放空洞、放水洞以及灌区配套工程组成。大坝采用泥岩心墙堆石坝，坝顶高程431.6m，坝顶长度259m，最大坝高88.4m。水库通过30.38km的输水干渠与荣县双溪水库联合运行。从双溪水库通过管道至自贡市长土水厂向自贡市区供水。小井沟水利工程建成后，多年平均供水量1.71亿m³，其中向自贡提供城镇1.17亿m³，解决自贡市严重的缺水状况，改善自贡的生态环境，实现自贡经济和社会的可持续发展，解决自贡市城区（2015年以后）70万人供水，并向灌区农村人畜供水496万m³，补充灌区22万农村居民供水，另外还可灌溉荣县15.21万亩耕地，其中新增灌面9.74万亩。目前，小井沟水利工程正开展可行性研究报告的编制。

（八）加快罐子坝水库工程建设

罐子坝水库位于嘉陵江支流东河干流上游，坝址处距旺苍县城约7km。控制流域面积2633km²，多年平均径流量20.9亿m³，中旱年（P＝80%）径流量14.85亿m³。坝址处具备兴建高坝的工程地质条件，地震基本烈度为Ⅵ度。

20世纪70年代由四川省水利水电勘测设计院进行查勘选址，分别选有双河、立溪两坝址方案，经方案比较推荐立溪坝址方案。砼重力坝型，正常水位573m，最大坝高116m，总库容5.65亿m³，有效库容3.85亿m³。电站装机25MW，多年平均发电量1.16亿kW·h。取水口位于大坝左岸，取水高程531m，设计引水流量80m³/s。

罐子坝水库是以灌溉供水为主，结合发电、防洪、航运等综合利用的水利工程。

工程控灌流江河左岸与巴河右岸间旺苍、南江、巴中、平昌、达县、渠县、营山、仪陇、苍溪及阆中10县部分耕地。灌区设计灌面212.4万亩，可解决乡镇、农村125万人供水问题。灌区净需水7.85亿m³，需水库供净水量4.52亿m³，毛供水量7.29亿m³；其他综合用水量3.2亿m³，共需水库总供水量10.5亿m³。灌区渠系布置设主干渠1条长268.4km，支渠6条长372.8km。

水库工程地质条件较好，当地建材丰富，交通运输方便，施工场地开阔，淹没较少，建库条件优越，是该地区不可替代的大型水库工程，也是四川省盆地腹部嘉渠地区的主要骨干水利工程之一，应加快工程的前期工作，力争早日建设。

四 尽快启动引大（大渡河）济岷（岷江）工程前期工作

（一）建设"引大济岷"工程的必要性

岷江上游具有得天独厚的地势条件，历来承担着跨流域供水任务，其供水区为都江堰水利工程供水区，工程区内的成都市区是四川省政治、经济文化的中心地区，亦是四川省人口密度最大，大、中城市群最集中，城市化水平最高的地区，人口占全省的 25.8%，城市人口占全省的 32.8%，GDP 占全省的 41.8%，粮食产量占全省的 27.1%，在全省国民经济中占有极为重要的战略地位。目前岷江上游河段水资源开发利用率也是全省最高的河段，随着国民经济的高速发展，对供水提出了更高的要求，特别是对水资源保护与环境治理以及生态环境供水提出新要求，维护河流的健康生命。加之与沱江之间在成都平原一线无分水岭，属不封闭河流，岷江来水量已成为沱江水量的重要组成部分，为解决沱江远期生态环境需水的要求，也需要外流域补水，河道内外用水量日趋紧张。而岷江上游水资源负担过重，2030 年流域内的水源工程全部开发，水资源开发利用程度将达 50% 左右。

根据岷江供水区（都江堰供水区）水量平衡分析成果，2030 年供水区多年平均缺水量 4.3 亿 m^3，$P = 90\%$ 特大干旱年缺水量 11.3 亿 m^3，需调水流量 37.0m^3/s，多年平均补水 5.4 亿 m^3；2050 水平年供水区多年平均缺水量 21.3 亿 m^3，$P = 90\%$ 特大干旱年缺水量 33.5 亿 m^3，需调水流量 157m^3/s，多年平均补水 21.6 亿 m^3。

2030 年左右，四川经济按预测发展，水利建设按上述合理配置后，都江堰工程也将达到承载能力的上限，四川盆地腹部区将再次出现严重的水资源短缺，这将严重制约着"天府之国"四川腹心地带 2030 年以后国民经济各部门的可持续发展。要满足成渝经济区及成都市经济社会的持续、健康发展，补充岷江上游河段的水资源量是非常必要的。要解决成都平原区缺水，唯有依赖于从相邻流域调水。"引大济岷"工程是支撑四川省腹部重要地区社会经济持续发展的重要补水工程。

天府新区建设是四川省一号工程，根据规划，天府新区将再建一个产业成都，再建一个现代化国际化城市新区，到 2020 年，整个成都和天府新区将拥有 2000 万以上人口，2 万亿元以上国民生产总值，成为我国西部的核心增长极、全方位开放的现代化国际大都会、优美的世界田园城市。但水资源短缺仍是天府新区建设面临的主要矛盾。一是天府新区的规划所依赖的水源——都江堰水利枢纽供水区，到 2030 年只能基本满足该供水区经济社会正常发展的需要，难再承载天府新区新增 30 亿 m^3 的需求。二是天府新区规划提出，都江堰水利枢纽可调水 13 亿 m^3，主要寄托在岷江上游已建和在建的紫坪铺水库等 4 座水库调节水量供水，这个设想根本无法落实。目前这4座水库中，3座以发电为主，其供水的任务是当地工业和居民生活用水，已无水可调；紫坪铺水库的主要任务是为成都平原直灌区补充枯水期缺水、成都市新增工业和生活用水、成都市枯水期增加环境供水、毗河扩灌区补充水源。如把紫坪铺库水调至天府新区，成都将成为严重缺水城市。三是边缘山区新建调蓄水库，如西河上的李家岩水库（调节库容2.6亿m³，可利用水量2亿m³）等，可拦引边缘山区河流入境的径流，增加供水区辅助供水量，一方面可提高都江堰供水区边缘山区水资源的利用率，减轻都江堰主力水源的压力，只能作为近期的临时水源。而解决天府新区用水的根本途径仍然是"引大济岷"，应尽快启动从大渡河调水到岷江的"引大济岷"工程。

早在20世纪60、70年代，省内水利专家就提出了西水东调"引梭济岷"（大渡河支流梭磨河引水到岷江杂谷脑河）方案，在2000年，四川省修编《四川省水资源开发总体规划报告》时就有专家呼吁"引大济岷"，但由于当时的局限性，故没有深入的开展工作。现在，尽快启动"引大济岷"工程的前期工作，做到未雨绸缪，防止在可预测的将来出现"水危机"的问题是十分必要的。

经分析岷江上游河段补充水源的根本出路在于调引邻近大渡河丰富水量，"西水东调引大济岷"，这是比较现实而可靠的最佳方案。

（二）建设"引大济岷"工程是可行的

大渡河是长江上游岷江水系最大支流，有东西两源，东源为足木足河，西源是绰斯甲河，以东源为主源。全流域面积77400km²（不包括青衣江），年径流量470亿m³。正源足木足河控制流域面积19896km²，多年平均流量238m³/s，径流量75.1亿m³，于双江口右纳入绰斯甲河。双江口水库电站正在建设，枢纽处多年平均入库流量512m³/s，径流量162.3亿m³，坝高270m，水库调节库容19.1亿m³，为大渡河干流上游控制性水库，预计到引大济岷工程实施阶段能够投入运行。

大渡河流域径流量较丰沛。由于该河流经的地貌单元多属四川西部高山峡谷区，人口稀少，耕地分散，供水要求不多，开发利用率低，水资源开发目标相对单一，历来规划成果皆以发电为主，在综合分析大渡河干流中上游河段以及岷江支流杂谷脑河的河流形态、河流水能资源特性以及区域地质与工程地质条件，可以兴建引水工程从大渡河调水补给岷江流域，即"引大济岷"是可行的。

大渡河水资源开发利用程度低，具有位置高、水量丰沛、地质条件较好等优点。通过对大渡河干流及其主要支流分析，卜寺沟水库以上河段流量小，不能满足岷江调水水量要求，且引水线路太长；金川水库以下河段不能满足自流引水取水高程要求。金川至双江口河段水量丰富，加之金川、双江口自身及其上游下尔呷等大型水库具有调节功能，可提高供水保证程度，同时可减小对下游河流生态环境的不利影响。根据水资源要"合理开发、科学配置、全面节约、高效利用、有效保护、综合治理"的要求，岷江调（引）水区分析确定在大渡河中游河段，由正建大型水库，双江口水库或待建金川水库为引水水源地。

根据紫坪铺水库以上岷江干支流河段分析，为满足自流引水高程要求，且引水线路不宜太长，受水区确定为杂古脑河。

"引大济岷"是实现水资源合理配置的工程措施，鉴于可调水量是调水工程可行性的关键问题之一，结合引水隧洞长度、地质、施工条件分析，初拟了以下两个调水方案。

方案一，双江口——杂谷脑河方案：本方案拟从双江口水库（正建）库内取水。双江口梯级坝址位于双江口可尔因吊桥下游约 5km 处，坝址处水面高程约2260m，初拟正常蓄水位 2500m，死水位 2420m，坝壅水高 240m。拟于双江口库内梭磨河与足木足河汇口热脚附近（梭磨河上）取水，初拟经左岸隧洞引水至杂谷脑河右岸支流来苏沟狮子坪附近，取水高程 2420m，出水口高程 2320m，引水隧洞直线距离 97.0km。调水流量 157m³/s，年引水量 22 亿 m³。

方案二，金川——杂谷脑河方案：本方案从金川梯级库内取水，金川梯级坝址位于金川县城上游的新扎附近，坝址处水面高程约 2150m，与上游双江口梯级衔接。初拟正常蓄水位 2260m，死水位 2230m，坝壅水高 110m。该方案初拟经左岸隧洞引水至来苏河龙尔脚沟口附近，取水点高程 2210m，出水口高程 2110m，引水隧洞直线距离 92.7km。

"引大济岷"是补充岷江上游供水区水资源不足的最好方案。大渡河是岷江的主要支流，具有水量丰沛、位置高、水资源开发利用程度低、干流引水对下游生态环境影响最小、引水工程线路适中等优点。根据前面供需平衡结论，2030 水平年需补水 5.4 亿 m³，2050 水平年需补水 21.6 亿 m³。因此，引用大渡河水量补给岷江上游供水区的不足水量，从水量上讲是可行的，分析确定引水区为大渡河干流金川至双江口河段，由双江口或待建金川或水库为引水水源地，初步推荐方案一，从大渡河干流金川县的双江口梯级库内向杂谷脑河输水，距离 97.0km，初拟引水流量157m³/s，该方案较优。

建议尽快开展"引大济岷"工程规划，分析调水对大渡河干流下游梯级电量影响及补偿措施，引水及引水时段、引入岷江水量怎样调蓄使用、引水与"南水北调"西线方案关系、引水对环境的影响、引水线路条件、工程建设条件、施工建设可行性等具体问题进行认真研究。

第二篇

制约因素与主要任务

第六章 密切关注气候变化，提高水利建设的应对能力

大气降水既是水资源的重要组成部分，又是形成旱涝灾害的重要气象因素。近年来全球气候变化在一些地区酿成严重灾难性后果，已引起各国政府普遍重视。气候变化对水资源可能产生什么影响，是最受关注的问题之一。本章就四川省降水时空分布、旱涝规律、气候变化、气候预测、气候变化对水资源的影响及对策等几方面的问题作简要论述。

一 降水区域分布与季节变化

（一）年降水量

四川省大气降水所需的水汽主要来自东南方和西南方海洋。当海洋气流进入省境后，被西部高山高原所阻，在东部盆地区产生较多降水。待气流深入川西，水汽含量大为降低，降水相应减少。在大气环流与地形的共同影响下，全省年降水量的分布态势是东部多于西部。盆地区周边多山，山体对气流有抬升致雨作用，因此呈现盆周多雨盆中少雨的格局。在盆地区西缘与川西高山高原区交接处，东南季风、西南季风、高原季风在此汇聚，形成全省最多雨带。川西是青藏高原东南缘与横断山系接壤区域，中部、南部多高山峡谷地貌。峡谷区谷地低陷，地形郁闭，气流越山到达这些区域产生下沉增温的焚风效应，形成干旱河谷气候，出现全省最少雨区。相对于谷底而言，两侧一定高度范围的坡地和北部高原面上，降水量有所增加。

全省多年平均年降水量分布如图 6 - 1。盆地区最多雨区在西南部，为 1200 ~ 1600mm，雅安最多，达 1693mm；最少雨区在盆地中部和西部部分地区以及古蔺县，为 800 ~ 1000mm；其余地区为 1000 ~ 1200mm。川西南山地大部分在 1000mm 上下，最多未超过 1200mm。川西高山高原区一般在 600 ~ 800mm 之间，得荣是全省最少雨之地，仅 325mm。

（二）降水量季节变化

1. 四季降水量

四川省属于东亚季风气候区域。冬季盛行来自内陆的干冷气流，夏季盛行源于南方海洋的暖湿气流，不同秉性气流的季节更替，形成冬干夏雨的季风气候特点。

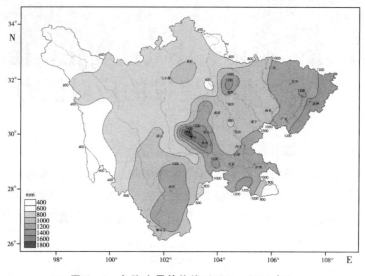

图 6 - 1　年降水量等值线（1971～2000 年）

降水量季节分配不均的程度，胜过同处东亚季风区的长江中下游，这是四川旱涝多发的重要气象原因。

春季（3～5 月）降水量：盆地区自西往东增多，盆西、盆中普遍在 150～200mm 之间，盆东为 200～300mm。川西南山地大部分介于 50～200mm。川西高山高原区东部为 100～150mm，西部在 100mm 以下，得荣仅 26mm（见图 6 - 2）。

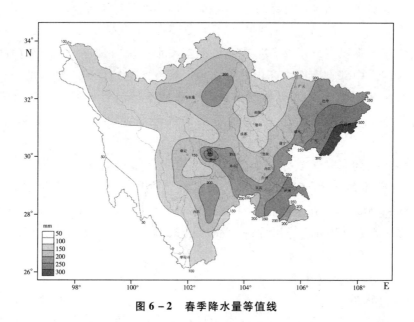

图 6 - 2　春季降水量等值线

夏季（6～8 月）降水量：盆地区自西往东减少，与春季分布形势正相反。盆西最多，为 500～700mm，天全、雅安、峨眉山市是最多中心，达 900～1100mm；盆东最少，为 400～500mm。川西南山地大部分在 500～700mm。川西高山高原区为 300～500mm，仍以得荣最少，不足 300mm（见图 6－3）。

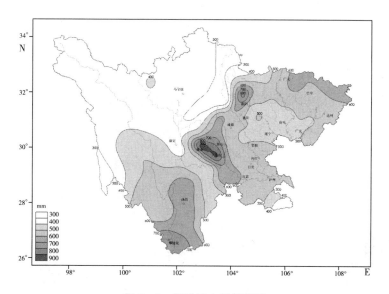

图 6－3　夏季降水量等值线

秋季（9～11 月）降水量：其分布形势与年降水量相似，盆地区四周多，为 200～300mm；中部少于 200mm。川西南山地一般为 200～300mm。川西高山高原区为 100～200mm，得荣少于 100mm（见图 6－4）。

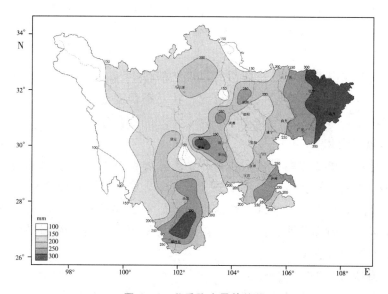

图 6－4　秋季降水量等值线

冬季（12月到次年2月）降水量：最多雨区在盆地南部和西南部，为50～100mm。最少雨区在川西高山高原区南部，不足10mm（见图6-5）。

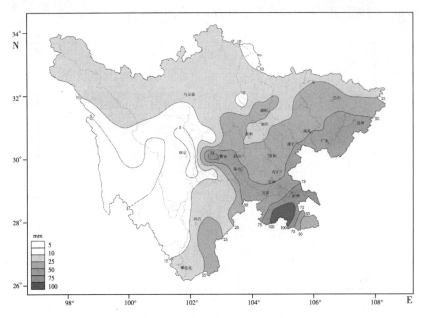

图6-5　冬季降水量等值线

四季降水量占年降水量的百分比，普遍是夏季最大，冬季最小，秋季略大于春季。全省各地冬季降水量占年降水量的百分比不足5%。夏季降水量所占百分比多在50%～60%之间，盆东和盆南地区小于50%，川西南及川西偏南地区达60%～70%。春季降水量占年降水量百分比，盆地区一般为15%～20%，盆东、盆南可达20%～25%；川西南山地大部不足15%；川西高山高原区西南部在15%以下，东北部达20%～25%；秋季降水量占年降水量百分比普遍在20%～25%之间，盆地东北部、川西南山地南部以及川西高原东北部在25%以上。

四季降水量及其占年降水量的百分比，在一定程度上已反映出旱涝易于发生的季节与区域。

2. 降水量年变化

全省逐月降水量变化曲线，大体可归纳为三种类型。一种是双峰型，出现在盆地区东北部，初夏、初秋多雨，峰点见于6月、9月；另一种是单峰型，出现在盆地区西部，峰点见于7月或8月，峰值突出，显示夏雨特别集中；川西南山地和川西高山高原区，干雨季分明，雨季各月降水量相差不多，曲线峰部平衍，与前两种类型又有所不同（见图6-6）。

（三）山地降水随高度的变化

山区降水在垂直方向有明显变化。山体对暖湿气流有抬升作用，促进水汽凝

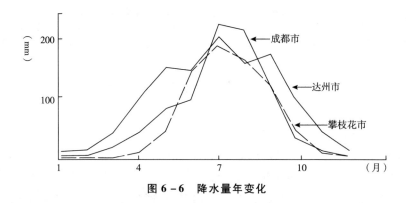

图 6-6 降水量年变化

结，因此降水量随海拔高度升高而增加。至某一高度达最大值后，降水量又随高度
升高而逐渐减少。这一转折高度称为最大降水高度。最大降水高度高低以及降水量
垂直变化率，在不同干湿气候区域、不同季节表现不一。

据四川山地气候研究代表点资料，盆地区最大降水高度自东往西升高。盆东北
大巴山地区，最大降水高度在海拔 1900m 左右，年降水量可达 1850mm 以上。海拔
1900m 以下，年降水量随高度升高的增量为每百米约增 50mm。盆地西缘九顶山、
二郎山、大相岭和峨眉山等地，最大降水高度在海拔 2100～2300m，该高度附近的
年降水量达 2000～2500mm。川西地区最大降水高度明显升高，在海拔 3000～
3500m 处，该处年降水量为 1000mm 左右（见图 6-7）。

山地气候研究代表点观测资料分析显示出，前面给出的年降水量分布图中，山

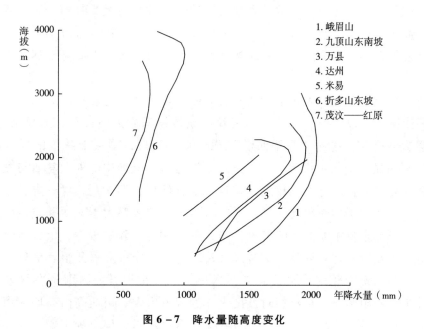

图 6-7 降水量随高度变化

区多雨带应该有更高值中心存在。虽然暂时还难以对分布图作出更细的补充绘制，但研究分析的结果对该区降水资源估算和工程安全设计方面还是有参考价值的。

二 旱涝规律及成因分析

（一）降水特点与旱涝形成

一地气候是用当地多年气象资料的统计值如平均值、极值、频率等来显示，反映当地冷、暖、干、湿等基本特征。气象用语中有"常年"一词，所谓某种气候要素或现象的"常年"状态，其实就是指该要素或现象的多年平均值（包括界定在平均值附近有限范围内的数值）。上述四川年、季降水量状况就是用多年降水量平均值反映的常态分布。常年降水分布不均，某些年份更严重失调，这是形成旱涝多发的主要气象原因。气象上分析旱涝，用降水确定旱涝指标，按指标统计得出旱涝出现频率、常现区域、持续时间、强度等，是从气候角度表述旱涝发生发展的规律性，至于成灾情况，还要受其他自然条件（如地形、土壤）以及经济社会发展多方面因素的影响。

四川省冬季少雨，冬干是普遍现象。但因冬季气温低，种植区内作物生长不旺，需水不多，旱象一般不显著。经历冬干之后进入春季，天气回暖，万物生长，土壤、作物、生活用水等各方面对水需求迅速增大，若无较强降水出现难以缓解供求矛盾。盆地区常年大雨以上的降水过程（日降水量≥25mm），首先出现在盆东，自东往西推移。盆东达州地区常年大雨初期始于4月下旬至5月初，而盆西的成都却延至6月才出现。盆西、盆中因大雨出现较晚，春季、初夏常有干旱发生，这就是通常所说的春旱、夏旱。成都平原本是春夏旱的高发区，因受益于都江堰水利工程，水旱从人，才少有因旱成灾。常年7~8月，盆东受太平洋副热带高压控制，多连晴高温少雨天气，故多伏旱。此时盆地西部处于高压脊西沿，对来自青藏高原的降水环流系统予以阻滞，以致常出现暴雨或持续暴雨天气过程，形成雨涝灾害，相对而言伏旱较少。这种"东旱西涝"现象常年出现，副热带高压偏弱年份"东旱西涝"不明显，偏强年份伏旱可能波及全盆地区。盆地中部处于盆西与盆东的过渡区，多春夏旱的特点与盆西相近，盛夏又常有伏旱，春、夏、伏三类干旱出现的频率都不小，几种干旱同年先后遭遇形成跨年干旱的频率大于盆西和盆东。川西南山地区冬半年受来自中亚的干暖气流影响，冬温偏高，降水极少，十分干燥，冬干春旱更是年年发生，常年要待西南暖湿气流北进，6月初雨季开始后旱象才能缓解或解除。有的年份上年雨季提前结束，当年雨季又推迟开始，则冬春旱象更为严重，有百余日滴雨不降、最小相对湿度为零的现象出现。川西高山高原区南部与川西南山地冬夏盛行气流相似，降水季节变化特点也相近，但更为干燥；北部高原已属高寒区，旱涝问题一般不突出。

综上所述，受降水规律支配，盆地区西部多春夏旱，东部多伏旱，盆中春夏伏旱出现频率都不小，是最多旱的区域；川西南和川西区南部冬干春旱的程度最严重。雨涝现象主要出现在 5～9 月，集中出现在盛夏 7 月、8 月，以盆地西部最多见，5 月、6 月、9 月的雨涝常出现在盆地东部。

（二）干旱

四川是多旱的省份。各类气象灾害中，干旱发生范围广，持续时间长，出现频率高，其危害性位居首位。省内没有无旱之年，历年只有受旱面积大小与受旱程度轻重之分。每年因干旱造成多方面损失，难以详计。仅就农业而言，1950～2007 年间因旱灾使粮食作物减产数见表 6-1。

表 6-1　1950～2007 年四川省干旱灾害统计

单位：万亩，万吨

年　份	作物受旱面积			损失粮食产量	年份	作物受旱面积			损失粮食产量
	受旱	成灾	绝收			受旱	成灾	绝收	
1950	254	70	—	4.1	1969	3010	428	—	59
1951	513	124	—	8.2	1970	2645	250	—	51.6
1952	1013	87	—	13.5	1971	2930	468	—	65.9
1953	450	28	—	6.2	1972	2231	267	267	63.8
1954	353	—	—	4.5	1973	2141	215	—	43.4
1955	848	400	—	21.5	1974	2648	248	—	52.5
1956	523	89	—	9.3	1975	2031	449	—	86.6
1957	547	69	—	8.8	1976	2978	337	—	91.3
1958	700	80	—	11.6	1977	3251	179	179	84.9
1959	5898	2882	—	130.1	1978	6040	1560	125	195.7
1960	2700	1700	—	57.1	1979	5680	2283	606	275.5
1961	4595	3248	—	91.8	1980	2729	654	336	124.4
1962	2147	1518	—	52.3	1981	2565	601	208	107.9
1963	2789	1669	—	73.2	1982	784	174	60	35.9
1964	2359	1547	—	68.3	1983	1221	160	57	48.8
1965	1223	567	—	35.5	1984	3506	458	39	128.2
1966	6499	869	—	130.6	1985	4167	2827	323	155.5
1967	—	—	—	—	1986	2369	1932	297	107.5
1968	3187	360	—	58.1	1987	4700	1611	160	115

续表

年份	作物受旱面积			损失粮食产量	年份	作物受旱面积			损失粮食产量
	受旱	成灾	绝收			受旱	成灾	绝收	
1988	5231	1791	343	336	1998	2561.6	905.9	127	235
1989	1701	359	79	125	1999	1996.5	666.7	84.3	180
1990	3441.8	1595.5	468.2	367	2000	2814.9	1128.2	96.2	258
1991	2163.9	1528.1	104.5	252	2001	4894.1	2355.4	727.1	497
1992	2674.7	1455.5	306.7	294	2002	1851.9	578.5	85.3	146
1993	2583	863	118	213	2003	2342.7	826.7	96.5	204
1994	4138.9	2048.8	206.4	437	2004	1049.22	363.02	88.31	95.1
1995	1737	734.7	108.3	169	2005	615.74	185.66	27.89	45.4
1996	1541	446	58	128	2006	4399.29	2260.46	526.65	481.4
1997	3336.9	1660.9	162.3	329	2007	2089.29	412.51	49.2	150

全省粮经作物主要集中在盆地区，历年因干旱造成的损失特别大。《四川省气候图集》对盆地区干旱做了统计分析，给出各类干旱频率分布如图 6-8 至图 6-10。干旱指标：春旱（3~4 月），连续 30 天降水总量小于 20mm；夏旱（5~6 月），连续 20 天降水总量小于 30mm；伏旱（7~8 月），连续 20 天降水总量小于 35mm。

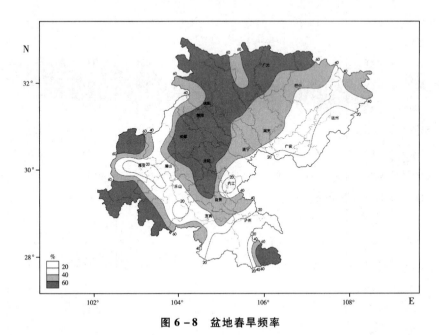

图 6-8 盆地春旱频率

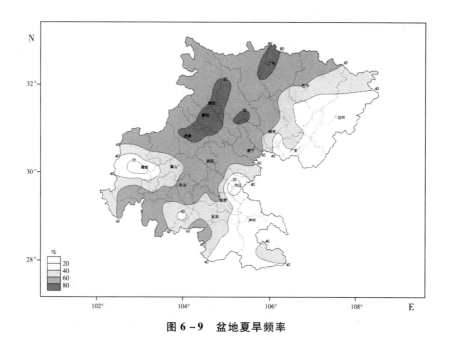

图 6 - 9 盆地夏旱频率

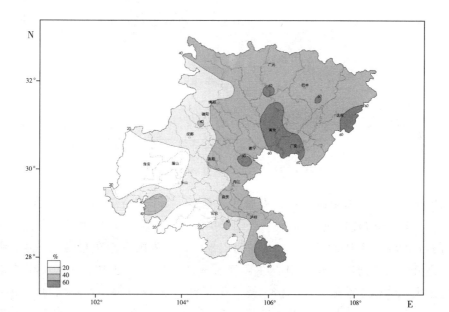

图 6 - 10 盆地伏旱频率

图中显示，春旱、夏旱频率自西往东减小，最高值出现在盆西、盆中，而伏旱频率则是自东往西减小，最高值出现在盆东、盆中。盆中地区三类干旱的频率都高，最多旱，若三类干旱先后遭遇，干旱持续期必然偏长。

（三）暴雨洪涝

强降水形成的洪涝也是四川省主要气象灾害之一。暴雨洪涝以洪灾为主，灾区多在沿江两岸，因多丘陵坡地，积水成涝现象较少，一些城市遭遇暴雨可能出现短暂内涝。气候分析用暴雨（日降水量≥50mm）统计值反映洪涝特点。

省内年年有暴雨发生，年暴雨日数分布如图6-11显示，暴雨主要出现在盆地区及川西南区，川西区极少见。1971~2000年出现的一日最大降水量见图6-12。

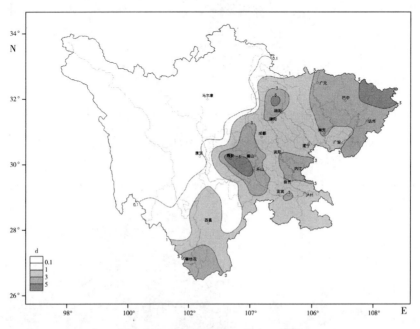

图6-11　年日降水量≥50mm日数

盆地区有三个多暴雨区。一是青衣江暴雨区，暴雨中心在雅安、夹江、峨眉山、乐山一带，是暴雨最多、强度最大、范围最广的区域，有一日最大降水量达524.7mm（峨眉山市1993年7月29日）。二是龙门山暴雨区，暴雨中心在北川、安县、绵竹一带。三是大巴山暴雨区，暴雨中心在通江、南江、平昌、巴中、万源及旺苍这片区域。这三个暴雨区处在岷、沱、涪、嘉、渠诸江上游或中游，若降水量集中顺江而下，危害严重且面广。常年暴雨多出现于5~9月内，少数年份最早在2月、最晚在11月也可见暴雨。区域性暴雨天气过程（暴雨过程中出现暴雨的县（市）数≥15个，过程开始和结束时暴雨县（市）数≥5个），多的年份可超过10次，少的年份至少有2次，主要集中在7~8月出现，9月次之，6月也有。暴雨的季节特点反映出7~8月是洪涝多发时段，初夏、初秋暴雨以盆地东部为多。

川西南区暴雨少于盆地区。川西区少有暴雨，洪涝灾害相应较少。但这两区由于

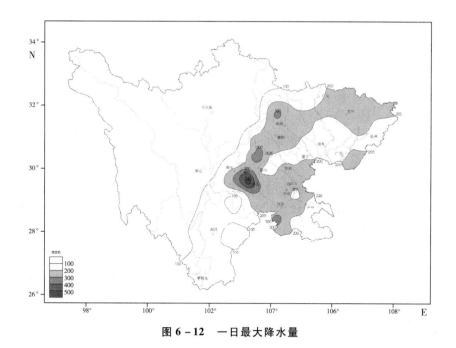

图 6 – 12　一日最大降水量

山高坡陡，强度稍大的降水就可能引发山洪、泥石流灾害，是我国山地灾害多发区之一。

（四）旱涝遭遇

四川省的旱涝灾害，在季节上、地域上可能有先有后，也可能同时遭遇。春末初夏盆地西部、中部发生春夏旱时，东部可能有暴雨洪涝出现。盛夏东部伏旱时西部可能持续暴雨，形成"东旱西涝"，这种旱涝并存现象在历史上多见。对盆地西部而言，则是先旱后涝。盆地东部伏旱区盛夏酷暑之际，降水常以暴雨形式出现，雨后又是烈日高温。当丘陵坡地正抗旱时，暴雨突袭，本地或上游来水可能造成沿江洪水为患，出现坡上抗旱、坡下防洪的局面。以下是两个较典型的旱涝年事例。

1961 年，盆地区发生严重夏旱，由盆西至盆东涉及 115 个县，旱期最长者达 50余天。6 月 23 ~ 29 日出现暴雨天气过程，持续 7 天，自西往东推进，暴雨区涉及 66个县（市），暴雨中心在绵阳市，最大日降水量 306mm。这也是盆西大范围持续暴雨出现较早的年份之一。此次暴雨使涪江、沱江、岷江同时发生特大洪水，死亡千余人。之后，盆东、盆中又出现伏旱，共 44 县（市）受旱（包括当时的重庆市、涪陵和万县两地区的大部分），旱期为 20 ~ 58 天。

1981 年，盆地区先是西部、中部严重春旱（3 ~ 4 月），72 县市受旱。后是夏旱。7 月 9 ~ 14 日，出现强降水天气过程，暴雨区横跨岷、沱、涪、嘉诸江上中游，雨区涉及 141 个县，发生新中国成立以来的特大洪水，居近 200 年来第 3 位（仅次于 1870年和 1840 年）。其后盆东、盆中又出现伏旱，30 个县（市）受旱（包括当时涪陵、万县两地区的大部分或部分县、区以及重庆市部分县、区），旱期为 20～30 天或以上。

三　气候变化的历史与现状

气候变化是指气候状况随时间所发生的变化，即平均值和离差（距平）值两者中的一个或两个出现了统计意义上的显著变化。平均值升降表明气候平均状态有变，离差值增大表明气候状态不稳定性增加。气候变化进程时间长，这是它与为时较短的天气过程不同之处。按时间尺度不同将气候变化分为三类：第一，万年以上称地质时期气候变化，冰期与间冰期交替，变化幅度很大，变化事实主要通过地质资料得出。第二，近几千年已有人类文化出现，依据史上文献和考古文物推证获得气候变化过程，称历史时期气候变化。史料只有几千年，用地质资料补充可将历史时期上溯至 1 万年左右，与地质时期变化相衔接。近一两千年的气候变化研究中，树木年轮是另一重要信息来源。第三，近 200 年来，由于现代气象仪器的出现，可用精确的气象记录研究气候变化，称现代气候变化，它对当前经济社会发展及自然界有明显影响，是气候学研究的重要问题之一。本节简介后两类气候变化研究的一些重要结论。

（一）历史时期气候变化

1. 中国 2000 年来温度变化

2000 年来，中国至少有 4 个明显暖期：公元 1～200 年、公元 570～780 年、公元 930～1320 年、公元 1920 年至今（见图 6-13）。

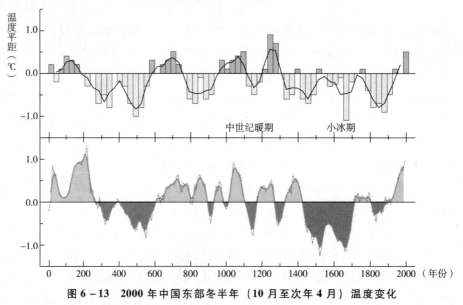

图 6-13　2000 年中国东部冬半年（10 月至次年 4 月）温度变化

2. 长江上游近 1 万年来冷暖变化

《四川气候》中曾给出对长江上游近 1 万年来冷暖变化的研究结果。长江上游地区以四川省为主体，研究结果可供了解四川历史时期气候变化参考。

近 1 万年来的冷暖变化可作两种时间尺度划分。"阶段"指持续时间数千年的振动，年温变幅（比 20 世纪年温平均值偏高或偏低）3℃～5℃；"期"指千年尺度以下的振动，年温变幅 3℃ 以内。分析结论要点如下：

第一，长江上游近 1 万年来气候变化总趋势是由寒冷演变为暖热然后进入温和阶段，阶段特征比较明显。距今 10000～8000 年，为寒冷阶段，年温比现在偏低 4℃～5℃；距今 8000～3000 年，为暖热阶段，是近 1 万年中最暖时期，年温比现在偏高 3℃ 左右；距今 3000 年至今，为温和阶段，年温最高时低于暖热阶段，年温最低时高于寒冷阶段，温度变化减小。

第二，近 3000 年的温和阶段有多次小冰进，对应于冰进和冰进间歇出现冷暖波动，有 3 个冷期、2 个暖期、1 个温期。最冷时段在公元前 1000 年、公元初、12 世纪、17 世纪，温度比现在低 2℃～3℃；近 500 年的两次最冷时段中，17 世纪比 12 世纪冷。

温和阶段已出现的几次冷期和暖期，每次持续 500～700 年。第三冷期（11～17 世纪）之后，近 300 年温度总趋势是回升，在 3000 年平均值附近摆动，有可能是另一暖期的开始，按此则 21 世纪可能增温。

第三，长江上游百年尺度以上的冷暖变化与全国有较好的一致性。表明它不是孤立现象，与更大范围的气候震荡有密切关系（见图 6－14）。

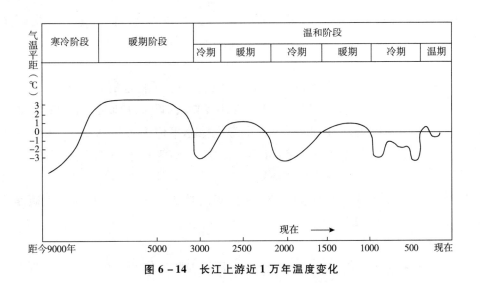

图 6－14　长江上游近 1 万年温度变化

3. 四川近 500 年旱涝

用《四川省近五百年旱涝史料》和 1950～1977 年降水观测资料建立代表四川盆地东部和西部 1470～1977 年旱涝等级序列，分析四川盆地 500 年旱涝的时空分布和演变规律，结果表明四川盆地旱涝期有明显的世纪阶段性。盆地东部 16、17 世纪偏旱，18、19 世纪偏涝，20 世纪 20 年代以后又趋偏旱。盆地西部也是 16、17 世纪偏旱，18、19 世纪偏涝，所不同的是 17 世纪偏旱不如盆东那样显著，20 世纪偏旱期开始比盆东迟。运用功率谱和谐波分析，得出四川盆地存在短暂旱涝变化的 2～3 年、7 年、11～13 年、19 年、35 年周期，较长时期旱涝变化有 138～272 年周期的规律性。

用《四川省近五百年旱涝史料》及有关资料建立盆中地区 1470～1979 年干旱等级时间序列，分析得出，在这 510 年间，各种旱年（2 级以上）共 122 年，平均每 4 年左右发生一次。大旱年（3 级以上）共 48 次，平均 10～11 年发生一次。特重旱年（4 级以上）28 次，平均 19 年发生一次。大旱年的持续性一般是 2～4 年；间隙性变化大，短的 1 年，长的可达数年，近 30 年中一般间歇期为 2 年。干旱时间序列周期振动，存在 6 年、32～36 年、39 年、57 年的周期。

（二）现代气候变化

1. 全球气候变化

1988 年，世界气象组织和联合国环境规划署联合建立"政府间气候变化专门委员会"（IPCC），主要任务是对气候变化的科学认识、气候变化的影响以及适应和减缓气候变化的可能对策进行评估。并于 1990 年、1995 年、2001 年和 2007 年完成 4 次评估报告。2007 年的评估报告指出：过去 100 年（1906～2005 年）全球地表平均温度升高 0.74℃，海平面升高 0.17m；2005 年全球大气二氧化碳浓度 379ppm，为 65 万年来最高；过去 50 年观测到的大部分全球平均气温的升高，很可能（90% 以上）由人类活动引起。

上述报告还指出，过去 1300 年中 20 世纪后半叶可能是最暖的 50 年；近百年（1906～2005 年）全球地表平均温度上升了 0.74℃；近 150 年最暖的 12 年中有 11 年出现在 1995～2006 年这 12 年中。20 世纪全球海平面上升约 0.17m，1961～2003 年全球海平面平均上升速率约 1.8mm/年，1993～2003 年平均上升速率约 3.1mm/年。全球大部分地区的积雪退缩，特别是在春季和夏季；近 40 年北半球积雪逐月退缩（除 11～12 月外），在 20 世纪 80 年代变化明显。可见，全球气候变暖是一个不争的事实（见图 6 - 15）。

2. 中国气候变化

中国的区域气候变化与全球气候变化有密切关联，作为气候系统的一部分，对全球整个气候系统变化的响应十分明显。近百年中国气温变化总的趋势与全球一

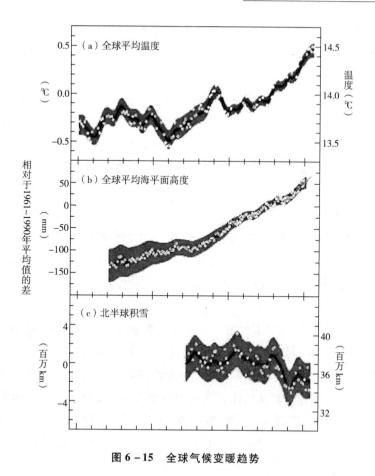

图6-15　全球气候变暖趋势

致，比全球平均略高。变暖主要出现在冬季。中国大气温室气体浓度观测结果也与全球代表性台站（如 Mauna Loa）一致。降水从20世纪50年代中后期至今表现增加趋势，亦与全球情况一致。海平面上升增加的趋势和量值与全球基本一致。其他一些气象与环境变量也大致表现出与全球一致的变化，如冰川退化，极端天气与气候频率与强度增加等。

中国的气候变化也表现出一些明显不同的特征，这主要反映在三个方面：第一，中国20世纪20～40年代的增温十分明显，远大于全球和北半球平均值。第二，中国的降水表现出"南涝北旱"型，主要反映了由自然因素引起的年代际变化（70～100年时间尺度）。第三，近40年青藏高原冬春积雪的增加与欧亚春季积雪减少趋势也正好相反。其原因尚不完全清楚。

有关资料给出的我国观测事实（1951～2006年）：年平均气温升高0.5℃～0.8℃，略高于全球增温；降雨变化不显著，区域波动较大；东北、西北和华北地区气候变暖最为显著；华北地区降水明显减少，西北干旱区降水增加。

《中国西部环境演变评估》曾给出中国东部 35 站序列，时间为 1880～2000 年。从这个序列看，近百年来干旱时期有 5 个：1898～1902 年、1925～1929 年、1942～1946 年、1963～1968 年及 1978～1982 年。

中国西部没有较为完整的降水序列。不同作者根据树木年轮、史料等定出几段干旱期：19 世纪末至 20 世纪初、20 世纪 10～20 年代、20 世纪 40 年代中期、20 世纪 50～60 年代及 20 世纪 80 年代初，似乎与东部有一定的一致性。近百年中国西部及东部降水量变化均呈波动式，大体上有 20～30 年的周期性，而温度变化有 70～80 年的周期性。所以气温与降水量变化不总是协调一致的冷干、暖湿，也有冷湿、暖干现象。

3. 四川气候变化

四川气候对气候变化的响应表现出地域、程度和时间上的差异。增温趋势一致，但四川盆地 20 世纪后期转向增温的时间稍迟；高温、干旱等极端天气气候事件增多，暖冬现象突出；四川盆地降水减少，整体处于少雨阶段。

（1）温度变化

1993 年，四川省气象局"本世纪气候变化对粮食生产的影响及对策研究"课题研究报告指出，四川省 20 世纪气温变化与全国变化趋势大体相似。20 世纪 40 年代以前以增温为主，20 世纪 40 年代气温达最高值，20 世纪 40 年代以后气温转降，20 世纪 70 年代中期后川西和川西南先后转向增温，而四川盆地直至 20 世纪 80 年代前期气温依旧持续下降，20 世纪 80 年代后期才呈现增温趋势，比川西和全国大部分地区滞后。但无论川西还是盆地区，20 世纪气温都是后期高于前期，呈现增温的世纪趋势。另据 1991～2008 年资料，增温趋势持续。

2007 年，四川省气候中心《四川干旱性演变趋势及应对策略思考》指出，20 世纪除 20 世纪 80 年代是盆地区较凉的 10 年外，自 1989 年、1990 年至今大多数年份盆地区气温逐年升高的趋势甚为明显。川西高原年温变化与盆地区趋势一致，只是升降趋势年度间的位移不尽相同。

从 1951～2006 年全省年平均气温历年变化（见图 6-16）可以看出，近 10 年的年平均气温已连续高于常年；2006 年年平均气温为 17.1℃，是 1961 年以来的最高值。

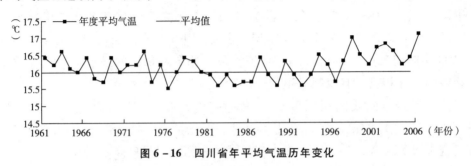

图 6-16　四川省年平均气温历年变化

（2）降水变化

1961～2006年全省年降水量历年变化（见图6-17）显示，1997年全省平均年降水量为795mm，是1961年以来最少的年份；2006年为807mm，较常年偏少16%，是1961年以来次少的年份。20世纪90年代以后，年降水量较常年偏少的年份明显增多。

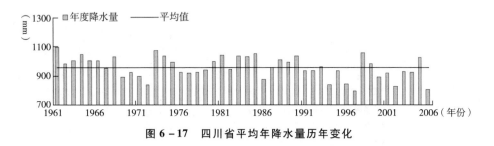

图6-17　四川省平均年降水量历年变化

气象部门以30年为期进行阶段性资料整编，得出的统计值对该时段气候具有代表性。比较1951～1970年、1961～1990年、1971～2000年的年降水量分布图，基本形势一致。各时期四季降水量占年降水量的比例出入也很小（以成都和达州为例，见表6-2）。这说明近几十年间各地年降水量虽有起伏变化，但其区域分布形势和季节降水量分配比例保持相对稳定。

表6-2　四季降水量占年降水量百分比

单位:%，mm

区　域	年　份	春（3～5月）	夏（6～8月）	秋（9～11月）	冬（12月至次年2月）	年降水量
成都	1951～1980	17	61	20	2	947.0
	1961～1990	17	60	21	2	921.1
	1971～2000	16	60	19	3	907.8
达州	1951～1980	25	43	28	4	1192.5
	1961～1990	25	43	28	4	1220.5
	1971～2000	24	45	26	5	1207.4

四　未来气候变化趋势

（一）中国气温与降水变化趋势

IPCC第四次评估报告中提到，21世纪高温、热浪及强降水频率可能增加，热带气旋（台风和飓风）强度可能加强。

中国是全球气候变暖最显著的国家之一。在气候变暖的背景下，中国区域气候响应具有复杂性和特殊性。2006年中国第一部《气候变化国家评估报告》指出：未来20~100年，中国地表气温升高明显，降水量呈增加趋势。和全球一样，21世纪中国地表气温将继续上升，其中北方增暖大于南方，冬、春季增暖大于夏、秋季。极端天气气候事件趋强趋多，强度和区域分布变得更加复杂，所造成的灾害将更加严重（见表6-3）。

表6-3　未来中国年平均地表气温与降水变化

单位:℃

地表气温变化	2020 年	2030 年	2050 年	2100 年
	0.5 ~ 0.7	0.6 ~ 1.0	1.2 ~ 2.0	2.2 ~ 4.2
年降水量变化	• 2020 年全国降水略有增加 • 2050 年全国降水增加 2% ~ 5% • 21 世纪末全国降水增加 6% ~ 14%			

（二）四川气温与降水变化趋势

气候预测四川2050年前，气温变化总趋势是上升；降水量有波动，无明显增加趋势；严重干旱年频次远高于洪涝年频次。预测结果来自以下材料。

第一，1998年，全国政协人资环委组织水利、农业、环保、气象等部门专家开展了"淡水资源与可持续发展"专题调研，中国气象局直属单位、我国北方15省（自治区、直辖市）气象局（含四川省气象局）、水利部文化信息中心和中科院大气所等单位参与，最后汇编出版了我国北方地区及各地的调研报告和有关材料（含《四川气候变化对淡水资源的影响》一文）。四川省气象局课题组也组织了专题研究。对20个测站1951~1995年的年、季平均气温、降水进行分析，通过均生函数预测模型和灰色系统一阶单变量模式两种预报方法预测得出：未来50年，四川盆地和川西高原气温都有上升趋势。也就是从20世纪40年代以后的偏冷阶段进入以暖为主的阶段，而且后30年气温升幅大于前20年。同样，春、夏、秋、冬四季气温也有类似的变化趋势，尤其以夏、秋升温更为明显，且盆地升幅大于川西北高原。四川降水量时空分布不均，降水量在不同季节、不同区域有所不同。但旱涝预测结果表明，1999~2050年严重干旱年的频次远高于洪涝年的频次，因此对未来50年四川的严重干旱值得注意。

第二，2002年，在《中国西部环境演变评估》综合卷中，用国际通用的全球和中国区域气候模式，考虑了气候自然变化和人类活动造成的气候变化两个方面的综合影响，作出的气候预测指出，我国西北和西南气温可能明显升高。到2050年，西北地区可能上升1.9℃~2.3℃，西南地区可能上升1.6℃~2.0℃，青藏高原可

· 212 ·

能上升 2.2℃ ~2.6℃。降水变化较为复杂，西北地区降水可能增加，西南地区降水具有波动特征，无明显增加趋势。

五 气候变化对水资源的影响及对策

（一）气候变化对水资源的影响

全球气候变暖是一个不争的事实。气温升高，使蒸发加大，水循环速率加快，高温热浪更趋频繁，风暴更加强盛，极端天气气候事件增多，对自然生态系统和人类生存、发展已经产生严重后果。据联合国环境规划署评估，2003 年因气候变化所导致的各种自然灾害损失，使全世界至少损失 600 亿美元。世界银行前首席经济学家尼古拉斯·斯特恩指出，气候变化的总代价相当于每年至少失去全球 GDP 的 5%，考虑到更广泛的影响，估计损失达到 GDP 的 20%。

在中国，各类自然灾害中气象灾害占 70% 以上。每年气象灾害影响约 6 亿人次，造成占全国 1% ~3% GDP 的经济损失。以 2006 年为例，该年是我国自 1951 年以来最暖的一年（截至 2006 年），发生多起极端天气气候事件：百年一遇超强台风"桑美"登陆；强热带风暴"碧利斯"横扫我国南方 7 省（自治区）；重庆、四川出现历史罕见高温伏旱；春季森林火险等级高，雷击引发大兴安岭特大森林火灾；强沙尘暴频袭我国北方，北京一夜降尘 33 万吨；暴雪阻旅客春运返乡；夏季暴雨洪涝使福建高考延期；北方出现 14 年来最严重的酸雨；12 月太阳黑子连续强烈爆发。据民政部统计，2006 年自然灾害造成人员死亡 3186 人，直接经济损失 2528 亿元。

四川地处我国东部海陆季风区与青藏高原气候区的交接地带，境内高山、高原、大盆地共存，在复杂的地形、环流条件下，是气候变化影响的敏感区和承受力脆弱区。近年来气象灾害频发，每年气象及其衍生灾害造成的损失巨大。例如 2004 年，全省 5737.51 万人（次）受灾，因灾死亡 285 人，失踪 54 人，直接经济损失 120.15 亿元；2005 年，全省 179 个县（市）、4305 个乡镇、5100 万人（次）受灾，因灾死亡 232 人，失踪 53 人，直接经济损失 128.1 亿元；2006 年，全省 5746.4 万人（次）受灾，131 人死亡，29 人失踪，直接经济损失 175.1 亿元。

气候变化对四川水资源有严重影响。由于气候变暖，土壤、湖泊、水库蒸发加剧，土壤沙化、湿地缩小，这些现象在川西高山高原区表现尤为明显。不当的开发利用将加速环境恶化，近年岷江断流就是警示之一。2007 年 2 月 27 日，长江重庆主城段水位降至零水位以下 0.74 米，为 1892 年有水文记载以来的最低值。降水量不足是水位持续下降的主要原因。这与位居上游的四川省 2006 年降水量显著偏少、河流来水量少有密切关系。受气候变暖影响，冰川萎缩，雪线升高。青藏高原东南部的念青唐古拉山东段和横断山区冰川，20 世纪 60 年代以来面积减少 9% 左右，雪线上升高度超过 60 米。例如，西藏林芝川藏公路以北的冰川大面积后退，1986 ~ 1998 年后退 100 米左右。降水减少影响径流减小。冰川消融在一段时期内对出山径流减少起缓解作用，但增暖持续将使可利用水资源先增后减。这是战略决策中不容忽视的问题。

1. 对水资源总量的影响

根据四川省水文水资源勘测局分析，从近 10 年四川省主要江河发生洪水的情况来看，四川盆地的岷江、青衣江下游、沱江和嘉陵江的洪水与前 10 年相比呈逐年洪水场次减少，洪峰流量减小（洪峰流量平均减小了 10% ~ 20%）的趋势。涪江流域洪峰流量比前 10 年略偏小。渠江、青衣江上游洪水比前 10 年有增大的趋势，洪峰流量平均增大了 7% ~ 12%；川西高原的大渡河、雅砻江及安宁河变化不明显。

水资源各项特征值是采用数理统计法得出的结果。近年来在全球气候变暖、大气环流异常的背景下，四川省水资源主要特征值近期与前期比较发生了新的变化。四川省水资源情势近期变化研究以 1997 ~ 2006 年为近期，其中 1997 ~ 2001 年为近期的前 5 年，2002 ~ 2006 年为近期的后 5 年，以三级区和地级行政区为研究单元，分别与 1956 ~ 1996 年的水资源量、水资源分布、水资源年际变化、水资源年内分配进行对比分析。

水资源总量呈减少趋势。四川省近 10 年水资源量与 1956 ~ 1996 年比较减少 3.3%，其中近 10 年的前 5 年增加 1.6%，后 5 年减少 8.2%。按地域分析，四川省近期水资源量变化情势为东部诸流域（岷江、沱江、涪江、嘉陵江、渠江）水资源量呈减少趋势，西部诸流域（金沙江、雅砻江、大渡河）有所增加。四川盆地丘陵区水资源量减少幅度大于盆周边缘山区。按时段分析，四川省近期后 5 年东、西部水资源量普遍呈减少趋势，减少幅度大于近期前 5 年。主要原因是 2006 年全省各江河流域都出现了特大干旱，该年是有统计记录 51 年来全省水资源最枯年份。西部诸流域总水资源量与 1996 年前比较增加 5.0%，其中近 10 年的前 5 年增加 12.2%，后 5 年减少 2.3%。东部诸流域总水资源量与 1996 年前比较减少 12.8%，其中近 10 年的前 5 年减少 10.6%，后 5 年减少 15.0%。

水资源量减少最为严重的是流经盆地丘陵区的嘉陵江、涪江流域，减少幅度大于 18%。西部市（州）总水资源量与 1996 年前比较增加 3.1%，其中近 10 年的前 5 年增加 10.3%，后 5 年减少 4.0%。东部各市总水资源量与 1996 年前比较减少 11.9%，其中近 10 年的前 5 年减少 9.9%，后 5 年减少 13.8%。地级行政区水资源量减少最为严重的是盆地腹部的巴中、眉山、德阳、绵阳、广元等市，水资源量减少大于 15%。主要江河近 10 年水资源情势变化统计见表 6 - 4 和表 6 - 5。

表6-4　四川主要江河近10年水资源情势变化统计

单位:%

河流变化	金沙江	雅砻江	安宁河	大渡河	青衣江	岷江干流	沱江	涪江	嘉陵江	渠江
降　水	4.30	7.80	9.90	1.90	-5.70	0.90	-9.30	-11.40	-9.10	-2.70
径　流	0.10	8.80	8.20	1.80	-18.10	-17.00	-15.40	-24.00	-29.10	-14.40
水资源	0.10	10.40	11.50	3.20	-17.20	-7.80	-8.30	-18.30	-19.40	-12.30

表6-5　四川主要江河近5年水资源情势变化统计

单位:%

河流变化	金沙江	雅砻江	安宁河	大渡河	青衣江	岷江干流	沱江	涪江	嘉陵江	渠江
降　水	-1.3	3.60	2.4	-0.6	-6.3	-1.8	-15.2	-14.0	-9.5	3.3
径　流	-11.6	3.7	-3.4	-3.4	-19.6	-19.5	-26.6	-32.1	-33.6	-2.8
水资源	-12.7	4.2	-1.8	-0.9	-18.9	-10.7	-13.4	-27.2	-25.4	-0.6

2. 对水资源时空分配的影响

（1）水资源地域份额有所改变

据分析近10年四川省水资源地域份额与1996年前比较，西部河流所占全省水资源量比例从53.21%上升为57.78%，上升了4.56%；东部河流所占全省水资源量比例从46.79%下降为42.22%，下降了4.57%。按行政区统计，西部市（州）所占全省水资源量比例从56.81%上升为60.63%，上升了3.82%；东部河流所占全省水资源量比例从42.19%下降为39.38%，下降了2.81%。全省水资源地域份额近期发生变化的原因是西部水资源量增加，东部水资源量减少。雅砻江流域水资源量占全省比重增加幅度最大，从21.77%增加到24.86%。青衣江和岷江干流流域水资源量占全省比重减少幅度最大，从18.33%减少到16.84%，其余流域变化幅度不大。按时段分析，近期前5年西部水资源量占全省比重增加幅度大于近期后5年（见表6-6）。

表6-6　四川主要江河水资源近10年枯季径流变化统计

河流	金沙江	雅砻江	安宁河	大渡河	青衣江	岷江干流	沱江	涪江	嘉陵江	渠江
径流变化率	-5.3	-0.4	22.5	3.1	-9.0	-0.8	3.0	-2.2	-7.0	-22.4

注：安宁河枯水期径流增加较大，主要是由于大桥水库建成后的调蓄作用。

（2）水资源枯水年频次增加

近10年，四川省水资源量频率大于20%丰水年份与1996年前比较出现的频次基本接近。按水资源三级区分析，西部多数河流近10年出现丰水年的频次比1996年前增加，东部多数河流近10年出现丰水年的频次比1996年前减少。其中西部雅砻江近10年出现丰水年的频次达到60%，而东部的青衣江和岷江干流、嘉陵江广元昭化以上干流、涪江、渠江近 10 年未出现过一次水资源丰水年。

近 10 年四川省水资源量频率小于 75% 的枯水年份出现的频次为 30%，大于 1996 年前的 22%。按长江流域 13 个三级区分析，枯水年份出现的频次大于 1996 年前的有 10 个，占全省面积的 66.7%。其中东部河流除赤水河外，枯水年份出现的频次为 40%～70%，其中青衣江和岷江干流近 10 年中出现 7 年枯水年份，枯水年份出现的频次高达 70%。

（3）枯水期占水资源年内分配情况

四川省以 5～10 月为汛期，1～3 月和 12 月为枯水期，4 月和 11 月为平水期。近 10 年四川省主要流域径流量枯期、汛期分配与 1996 年前比较，西部河流和盆缘的渠江变化不大，长江干流枯期与汛期比值减小，流经盆地腹部的诸河流枯期与汛期比值增加。盆地腹部的诸河流近 10 年水资源的年内分配对盆地丘陵区用水是有利的。

（4）四川省水资源近期情势对水资源利用的影响分析

据统计，四川省近期水资源情势对水资源量特征值影响主要有水资源总量的减少，意味着在相同的流域下垫面条件下，水资源可利用量的减少；水资源份额西部增加，东部减少，使水资源的空间分布与人口、经济布局失衡现象加剧，也增加了水资源利用开发的难度；枯水年份出现频次增加，将导致生产、生活、生态水资源供需矛盾进一步加剧。

2010 年全省水资源总量为 2575.3 亿 m^3，比常年减少 1.5%。全省产水总量占降水总量的 56%，平均产水量为 53.2 万 m^3/km^2。

2010 年全省水资源二级区总水资源量与常年相比，除嘉陵江和汉江有所增加外，其余均有不同程度减少。其中金沙江石鼓以上比常年减少 16.5%，金沙江石鼓以下比常年减少 4.9%，岷沱江比常年减少 1.1%，嘉陵江比常年增加 10%，宜宾至宜昌减少 12.5%，汉江增加 6.9%，龙羊峡以上减少 5.6%。

1956～2011 年四川省水资源总量与多年平均比较变化趋势见图 6－18。

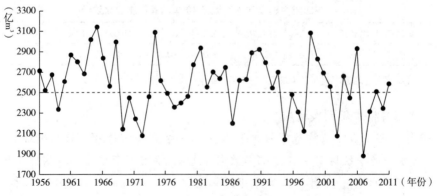

图 6－18　1956～2011 年四川省水资源总量与多年平均比较变化趋势

全球气候变化还将延续，极端气候事件对四川水环境的影响还会发生。对水资源的影响一是水资源进一步逐年减少，枯水期增长；二是降雨减少，干旱更加频繁，旱期增长；三是洪水突发，峰量增大，历时增长等。

（二）对策建议

1. 应对未来气候变化，要考虑多种可能出现的情况

气候变化受许多因素影响，十分复杂。目前，预测未来数十年或上百年的气候变化，在理论上和技术上还有不少问题有待继续深入研究。鉴于气候预测存在一定程度的不确定性，在水资源开发利用研究中评估气候变化影响时，应分析多种可能出现的情况。气候变化是一个长期过程，过程中可能出现异常突发天气气候事件。因此，应对气候变化的影响，既要着眼长远决策，又要有应对突发事件的有效措施。

2. 未来数十年气候变化不会改变降水资源分布不均的现状，只有加速水资源调控工程建设，才能更充分地利用降水资源

2011 年中央 1 号文件指出："人多水少、水资源时空分布不均是我国的基本国情水情"。而四川省降水分布不均则是导致水资源分布失衡的重要原因。在长江流域中，四川冬干夏雨降水不均的特点更为突出。冬暖春旱与冬春少雨匹配使四川盆地成为冬春及初夏多旱的区域，盛夏又多暴雨，是全流域内既多旱又多涝的区域。

四川自有气象记录以来的资料表明，气候变化过程中，无论气温高低，是处于雨水偏多还是偏少时期，降水时空分布的基本态势无大变化。区域分布大势总是东部盆地区多于西部高山高原区，盆地区内周围山区多于中部丘陵区；四季降水量分配，仍是冬少夏多，春秋居中，秋略多于春。这种格局相对稳定的现象，从成因方面可以解释。四川现代气候呈现的降水时空分布特点，是海陆热力差异形成的季风环流与省境地形共同作用下的产物，只要不发生地质条件的巨大变动，这些特点必将继续保持。未来数十年甚至数百年间，很难设想形成四川现代气候的地理环境会出现沧海桑田的变迁。据此判定，四川现在的降水时空分布状况将不会有根本改变。也就是说，未来气候变化并不会改善降水资源分布不均的现状。只有通过相当规模的水利工程，跨流域调水以盈补缺，季节调剂以丰补歉，才能实现充分合理利用降水资源。

3. 未来气候变化干旱缺水仍是主要问题，同时也要警惕暴雨洪涝强势出现，抗旱防洪需有两手准备

气候变暖且将持续趋暖是目前有关研究较一致的看法。气温升高一方面使江河、湖泊、蓄水工程蒸发失水加剧，另一方面又促使生产、生活需水量加大，水的供求矛盾将更加突出。但气候变暖并不能完全确定未来降水量增减问题。

　　四川气象资料统计分析结果表明，气温变化与降水变化并无明显对应关系。过去气候变化过程中，无论暖期、冷期，降水都有波动，存在暖干、暖湿、冷干、冷湿多种匹配情况。这说明无论未来是增暖还是变冷，降水都有波动起伏，时多时少。

　　气候预测未来数十年四川可能多旱，多旱的细节未能、也很难给出。据现有气象资料分析得出，盆地区多旱时期主要表现在春、夏、伏旱一种或几种干旱的出现频率增加；干旱持续期增长；春夏连旱、夏伏连旱、春夏伏连旱、跨年干旱的次数增多，少雨程度加剧。受降水规律支配，总是西部多春夏旱，东部多伏旱，中部春、夏、伏旱都不少。各类干旱旱面最大的年份，都可能超越常规扩展至盆地区大部分区域。

　　多旱时期年降水量处于何种水平颇受关注。从四川各地的年降水量变率看，一般情况是10%～20%，即历年降水量在多年平均年降水量上下波动的平均幅度是多年年平均降水量的10%～20%。年降水量明显偏少年份，偏离多年平均值的幅度显著加大。例如成都，1951～2003年平均年降水量为904.6mm，其中最少年（1991年）仅593.9mm，比多年平均值偏少34%。又如遂宁，1951～2008年平均年降水量为958mm，最少年降水量550mm（2006年），较多年平均值偏少43%。由此可见，各地少雨年偏离多年平均值的幅度有明显差异。工程设计所需这方面数据，应从所在地的气候资料中采集。

　　多旱时期不排除有暴雨洪涝强势出现，先旱后涝、旱涝同现、涝后再旱的可能性都存在，对此必须给予足够重视。1961年、1981年便是旱涝同现的典型年份。

　　未来几十年即使出现多雨时期，干旱危害问题仍不容乐观。多雨年降水的增量常常是大雨、暴雨次数增多或降水强度加大造成，很少是风调雨顺降水均匀而适时的结果。气候规律性决定了四川年年有旱，强降水天气过程虽多但具突发性，为时短暂，不能阻止干旱甚至严重干旱发生。

　　综上所述，旱涝是四川最主要灾害，每年都有出现。干旱四季可见，出现频率高，面广且持续时间长，危害最大；暴雨洪涝主要发生在沿江地带，虽然每次持续时间一般只有数日，但对生命、财产损毁严重。气候变暖降水存在波动，时多时少。无论少雨或多雨时期，应对干旱缺水都是首要任务。气候预测未来多旱，防旱更是重中之重。同时也要对突发暴雨洪涝有充分准备。

　　4. 极端气候异常事件增多，对旱涝灾害要有超常出现的估计，做好应对准备

　　近年来由于气候变暖，极端天气气候事件增多，引起关注。一些研究认为，未来极端、异常天气气候事件可能增多，对此应予重视。极端天气气候事件一旦现身，在强度、持续时间等方面表现就不同一般。对四川未来旱涝状况应有超常出现的估计，水利工程的抗旱调控能力、防洪的安全承载能力在设计上都应予以特别考虑。

5. 盆周山区具有降水资源优势，在该区加强水资源调控工程建设是解决盆中多旱缺水的有效途径，对防御洪涝灾害也将起到重大作用

盆中丘陵区受各类干旱的危害最大，是防旱抗旱的重要区域。该区光热资源优于盆西，在有水保证的一些农田，水稻单产不亚于盆西平原，若进一步改善水利条件，粮食生产很有潜力。但该区是盆地最少雨区，方山丘陵地貌蓄水困难，就地兴建较大蓄水工程淹没可耕地太广，水源又缺，故接引外来水源是解决严重缺水的根本途径。盆周山区降水多，地势高，具有引水的有利条件，若在该区加强水利工程建设引水灌溉盆中地区，将能更充分地发挥降水资源效益。另外，盆周山区是多暴雨区，且多处在江河上游，若该区有相当规模的水利工程调控，将有力地减轻洪涝危害。

川西南山地的南亚热带气候类型区域，是四川省光热资源最优之地。但该区冬半年少雨干燥，生境条件极其严酷，无水灌溉作物难以生长，需水利工程保障。如果未来气候如预测所言将多旱，则加强该区的水利工程建设更是迫切需要。另外，又引发对南水北调西线工程的再思考。若按前面引述的气候预测意见，北方气候将趋于湿润，降水量增加幅度大于原估计，而四川却趋于干旱，此工程就会变成反向调剂水资源。

6. 千方百计提高降水资源利用率

2011 年中央 1 号文件要求"要显著提高雨洪资源利用和供水保障能力"。四川年降水量不算少，但有相当一部分白白流失。20 世纪 80 年代，8 个省级学会对盆中进行干旱调查研究，计算结果表明，盆中自然降水在沱、涪、嘉三江流域面积内的年产水量，仅从江河中流走的即达 186.9 亿 m³，折合降水量 360mm，占该区平均年降水量（以 1000mm 计）的 36%，即自然降水利用率仅为 64%。若千方百计拦蓄地面径流将降水利用率提高 10%，把拦蓄的雨水平摊在全部耕地上，每亩即可增加 190m³ 以上的水。由此可见降水资源的潜力巨大。四川丘陵坡地多，加强农田建设，有效截留雨水，改善坡地保水能力（坡地改梯地）是提高降水资源利用率的有效措施之一。

森林是陆地生态系统中最大的碳库，在降低大气中温室气体浓度、减缓全球气候变暖中，具有十分重要的独特作用。扩大森林覆盖面积是未来 30~50 年经济可行、成本较低的重要减缓措施。许多国家和国际组织都在积极利用森林碳汇应对气候变化。此外，森林具有很强的水源涵养能力，据报道目前中国森林的年水源涵养量为 3470 亿 m³，相当于全国现有水库总容量的 3/4。以水土保持林为主的生物措施，具有良好的灌草植被，一方面可以截留部分降水（一般截留率为

10% ~30%）；另一方面改良了土壤的抗蚀力，防止雨滴击溅土壤。四川省从1998年9月1日起，连续拨款4.8亿元，用于重点林区天然林资源保护工程，营造生态公益林，森林覆盖率由19.4%提高到23%，使川西基本绿化，对改善四川省气候，提高涵养水源具有重要作用。据2002年第四次"云南省森林资源连续清查"复查，云南省森林覆盖率已经达到49.9%。可见四川省森林覆盖率仍有待进一步提高。

7. 进一步加强人工增雨作业试验研究，开发利用空中云水资源

2011年中央1号文件提出"加强人工增雨（雪）作业示范区建设，科学开发利用空中云水资源"。1999年《四川省"治水兴蜀"气象因素分析及对策研究》中，对1980年北纬26.8°~33.8°、东经101°~110°区间低空水汽通量做过计算，年输入该区间的水汽总量为4.9万t。若这些水汽全部转化为雨水降到地面，可产生7200mm的年降水量。实际上该区间的平均降水量只有1020mm，占水汽输入量的14%。可见，四川盆地上空潜在的云水资源十分丰富。通过人工催化，虽不可能将空中的云水资源全部转化成雨，但只要成雨率提高1%~2%，即可增加60~120mm年降水量，这也是相当可观的。大量的科学试验证明，在一定条件下通过人工影响天气技术可以使本来不能自然降水的云受激发而降水，也可使那些水分供应较多、往往能自然降水的云，提高降水效率而增加降水量。

由于抗旱减灾和缓解水资源短缺的迫切需求，人工增雨试验作为开发水资源的一种手段，受到广泛重视。世界上先后有80多个国家和地区开展了这项试验。我国人工增雨从1958年开始，作为公益事业，在抗旱、缓解水资源短缺和一些特殊需要（如扑灭林火）的强烈推动下，达到了很大的规模，在减轻和缓解干旱对国民经济特别是农业生产带来的不利影响方面发挥了显著的作用。我国人工影响天气作业的规模已居世界首位，其中人工增雨是最重要的项目。人工增雨作业虽然还有不少理论和技术问题有待深入研究，但近几十年的实践证明，在抗旱减灾方面效益明显，是防灾减灾的重要措施之一。应纳入水资源开发利用规划中加强建设，在实践中提高理论与技术水平。

8. 加强降水资源动态监测和气候变化影响研究，将会对水资源开发利用、防灾减灾作出重要贡献

四川这样多山且山区多雨的省份，细致地掌握山区的降水状况，对水资源开发利用和防洪抗旱、预防降水引发的山洪、泥石流等灾害有重大意义。但对山地降水的特殊观测，例如降水垂直变化观测，不属气象部门常规业务内容，需专项设置。各地气候变化对自然环境包括水资源和经济社会的影响表现不尽相同，亦需要监测，多方收集资料，作更细更深的分析研究，以利采取相应对策。需要给予人力财力支持，加强这些方面工作，才能收到实效。

第七章 加强水利基础设施建设，
提高防洪减灾能力[*]

一 洪水与洪灾的特点

（一）洪水类型

四川省地处长江上游，河流水系众多，多属山区河流，全省除 54 条属于流域面积大于 3000km² 的大江河外，有 587 条面积为 200～3000km² 的中小河流，其中，山丘区的中小河流占 525 条。汛期降雨集中，暴雨洪灾发生频繁，已成为四川省除旱灾外另一个最主要的自然灾害。

四川洪水以江河型为主，频繁发生于较大江河沿岸及汇合口。且地域宽广，洪水流量超过河道行洪能力，则将从河槽中向两岸漫溢，如果暴雨和洪水强度继续增大，则灾害将不断加重，河道的汇合口及左右岸阶地，成灾范围呈线状分布，但亦可在局部形成片状灾区。如果河堤溃决，往往造成两岸城镇、工矿、农田大片受淹，损失严重。山溪型则呈点状分布，发生于山区与丘陵区或山区与平原交界处的河流上，分布范围较广，坡陡流急，如暴雨强度较大，因汇流时间短，洪峰形成快，破坏能力特强，并具有一种突发性，其灾害以山洪灾害和泥石流灾害为主，且山溪型洪灾往往是江河型洪灾的前奏，当多处发生山溪型洪水汇入大江大河，江河沿岸很快会相继成灾。

四川洪灾绝大部分是暴雨型，发生概率较多，堰塞型则在山区出现，融雪型极少发生。暴雨型洪水是四川洪灾中最主要的一种，灾情程度与暴雨强度、笼罩面积成正比，而且与前期江河水位、地表汇流条件等下垫面因素有关，洪灾发生的时间有固定性，在雨季发生的几率最高。堰塞型洪灾的特征是在地表或暴雨诱发山谷山体崩塌滑移，大量土石充填河谷形成天然坝、堵塞河道成湖，造成的水位上升淹没乡村田地或溃坝洪水灾害。2008 年 "5·12" 汶川 8 级大地震，岷、沱、涪江上游的众多堰塞湖形成的洪水就是最好的例证。

四川洪灾具有普遍性和频繁性，全省 80% 以上的中小河流，大小洪灾年年有，

---

[*] 本章主要针对江河型洪水，山洪型洪水放在第八章 "加强山地灾害防御建设，提高避灾减灾能力" 中介绍。

其危害十分严重。

（二）洪灾成因

四川洪水的主要来源是暴雨，地形条件致使暴雨的地区性特点非常突出，由于四川境内地貌复杂，使暴雨的强度、地区分配均有明显的区域性。四川成灾洪水的暴雨按其动态主要分为两大类。稳定性暴雨，其特点是降水面积小，降水时间长且强度大，主要发生在岷江、沱江、涪江及嘉陵江的支流清江河一带；移动性暴雨，其特点是降水笼罩面积大，降水强度大而历时短，多由岷江移动到嘉陵江，然后出川，著名的"81·7"暴雨就属于此类型；另外，还有稳定性与移动性兼有的暴雨，暴雨强度大、雨量大、时程分配集中时，洪水则峰高量大，沿河两岸淹没严重。以龙门山、大相岭、大凉山为线，以东的东部地区为暴雨区，最大一日多年平均（下同）降雨量 H1 > 80mm，除暴雨山洪频繁外，四川盆周山地暴雨中心还形成陡涨陡落的大洪水，与盆地腹部的区间洪水遭遇后，使成都平原与盆地腹部泛滥成灾；而该线以西的西部地区，暴雨小而少，大部分地区 H1 < 80mm，并且雨量由东南向西北方向递减，九寨沟、松潘、理县、康定、稻城一线以西更是少雨区，H1 < 40mm。因此，西部高山与高原地区暴雨小，洪水小，洪道安全泄洪量大，山洪与洪灾较小。

四川省洪水绝大多数属于暴雨洪水，全省分布有青衣江暴雨区、大巴山暴雨区、龙门山暴雨区三个暴雨区。

龙门山暴雨区：位于四川盆地西部边缘，地处岷、沱、涪三江的上游，主要位于北川、江油、安县、绵竹、都江堰及什邡等县、市地区。龙门山大暴雨区的暴雨中心在绵竹、安县及北川一带，其最大 3 日雨量 H3 = 648.4mm，龙门山大暴雨区形成洪峰高且洪量集中的洪水，对岷、沱、涪三江中下游洪灾的影响巨大。

青衣江暴雨区：青衣江大暴雨区位于大渡河支流青衣江的中下游，地处天全、荥经、雅安、洪雅、丹棱、夹江、峨眉及乐山 8 个县市。该暴雨区除对该地区洪灾影响外，还殃及岷江中下游地区。该大暴雨区平均 1.4 ~ 2.3 年有一次成灾暴雨。青衣江暴雨区的暴雨中心在雅安、洪雅、夹江、峨眉一带，其中夹江暴雨最大。1938 年 7 月 11 日，夹江发生一次特大暴雨，一日降水量 H1 高达 565mm，10 ~ 12 日 3 天降水量 H3 为 862.3mm，居全川之首。

大巴山暴雨区：位于嘉陵江支流东河上游，包括通江、南江、巴中、万源及旺苍 5 县。暴雨中心在通江、南江、巴中 3 县一带，其中，巴中暴雨最大，1973 年 9 月最大日雨量 H1 = 288.2mm，最大 3 日雨量 H3 = 352.1mm。

其他暴雨中心：除前述三大暴雨区外，四川还有南溪和冕宁两个暴雨中心。南溪暴雨中心位于四川盆地南部，地处岷江、沱江与长江相汇地带，包括南溪、宜宾、长宁、泸州及富顺等县市；冕宁暴雨中心地处雅砻江支流安宁河的上游地区，这里暴雨山洪频繁，常常诱发泥石流、滑坡、崩塌等地质灾害。

洪水与暴雨基本同期，灾情程度与暴雨强度、笼罩面积成正比。洪水具有鲜明的季节性和明显的区域性，省境东部洪水大多发生在 5～9 月，尤以 7～8 月为最多；省境西部洪水主要集中在 6 月、7 月，少数发生在 8、9 月。暴雨中心区及江河交汇的结点是洪水频发地区，如盆地西部的雅安、夹江，西南部的乐山、犍为，北部的广元、绵阳，盆地东部区的宣汉、达州等，以及岷、沱江上源相汇处的新津、金堂，岷江与长江汇口处的宜宾。洪水多发生在东部盆地区的青衣江、岷江、沱江、涪江、嘉陵江、渠江等主要河流，其上游地处暴雨区，洪水特征是产流快、汇流迅速、涨落快、洪水历时不长，但涨幅大、洪峰高、洪量大，洪水冲击强烈；西部江河洪水特征一般具有峰低、涨落较缓、过程平缓、历时较长，洪水影响不如东部主要江河强烈。

四川省洪水既存在不同步性，又存在年际连续性，具有鲜明的季节性和区域性。由于省内东西部气候特征存在明显的差异，故而一次暴雨很难笼罩全川。往往是盆地西部出现大洪水而东部不出现，反之东部出现，西部就不出现。在盆地内的各大江河，也很难同时出现大洪水，这是省内洪水的一个特点。据历史记载，全省性的特大洪水迄今尚未出现过。其跨越几条江河的洪水虽有发生，但出现的机遇并不多。在同一年内，省境西部和东部一般不同时发生大洪水。省内各大江河还有连续几年发生大洪水的特点。如 1945～1949 年嘉陵江、涪江、沱江、岷江连续 5 年发生大洪水；1954～1956 年岷江、雅砻江、嘉陵江、大渡河、渠江、青衣江发生大洪水；1959～1961 年岷江、沱江、大渡河、青衣江发生大洪水。继 1981 年洪水之后，1982 年 7 月下旬连续两次在盆地东部河流上发生大洪水和特大洪水。洪水的连续性不仅表现在同一条河上，也表现在不同地区时间上的连续性。

洪灾主要集中在 6 月下旬至 8 月，少数发生在 9 月份，尤以 6～7 月为最多，且主要集中在四川东部盆地区，占全省总损失的 90% 以上；西部地区仅占全省总损失的 10%。

同一河流上下游、干支流的洪水生成有所不同，省境西部的雅砻江、大渡河、岷江上游地势高亢，水汽不足，基本无暴雨，一般不发生大洪水。部分高山积雪，多在春末夏初消融，形成桃汛。中下游因河槽调蓄能力甚强，中下游各支流无洪水时，一般在演进中不致增加，当与中下游各支流洪水遭遇时或中下游区间有暴雨洪水，则中下游干流会发生大洪水或特大洪水。省境东部的涪江、沱江、嘉陵江、渠江上位于鹿头山或大巴山暴雨区，多为暴雨洪水，中下游发生的大洪水或特大洪水其形成较复杂，但多以上游来水与区间暴雨洪水或支流来水遭遇的形式生成。

（三）洪水灾害

洪灾是给人类酿成巨大经济损失，造成人员伤亡的自然灾害。一是房屋与私人财产遭受损失，甚至造成人员伤亡，严重影响社会生活；二是冲毁农田造成农作物减产或绝收；三是淹没工矿企业、库房设施、设备，损毁物资，造成重大经济损失；四是破坏、损毁各类公共设施与工程，影响社会和谐稳定；五是加大水土流失，诱发山体滑坡、泥石流等次生灾害，恶化生态环境。如果不防洪，洪灾损失将随着社会进步、经济发达、财富的不断积累而增长，同量级的洪水，造成的损失将越来越大，尤其是直接经济损失量将有大幅度上升。据统计，一般情况下，农业受灾直接经济损失占总损失的45%左右，工业损失占21%左右，水利工程损失占14%左右，其他损失占20%左右。

在洪水成灾的轻重程度上，人为因素起着重要作用，主要表现在以下7个方面：①盲目开发内陆滩涂，增加洪障，河槽泄洪能力下降，加重洪灾；②毁林开荒，引起水土流失，加剧洪灾；③堤防工程标准低，工程老化，防灾能力低；④上游缺乏骨干调蓄水库工程，无法控制洪水；⑤法制不健全，江河管理不善；⑥监测预警站网少，暴雨洪水预报落后；⑦未建立防洪减灾系统工程。

四川省是洪灾频繁发生的省份，与旱灾一样几乎年年有不同程度的洪灾，据有关方面的资料统计，1950～2008年每年的洪水都要造成较大的经济损失。平均年受灾人口585.5万人，受灾农田459.8万亩，倒房8.94万间，损失粮食1.24亿kg，死亡人口294人，其直接经济损失16亿元，呈现越近现代损失越大的特点。58年间农田受灾面积上1000万亩有8次，受灾人口500万人有24年，以1998年全省损失较为严重，受灾人口2681.6万人，受灾农田2223万亩，倒房23.46万间，死亡人口488人，直接经济损失92.62亿元，四川省历年（1950～2008年）洪灾损失统计见表7-1。

表7-1　1950～2008年四川省洪灾损失统计

年　份	受灾农田面积（万亩）	受灾人口（万人）	倒塌房屋（间）	损失粮食（万kg）	死亡人口（人）	直接经济损失（万元）
1950	120.6	109.8	3405	3616	27	3728
1951	92.6	80.7	12466	1836	166	18187
1952	87.8	105	11111	1097	142	2906
1953	90.6	61.3	20195	1180	75	1930
1954	168.9	157.5	17082	2809	245	15883
1955	140.3	138.5	20461	1354	355	12592
1956	207.6	192.2	111180	4406	245	11985
1957	227.8	205.8	21089	3698	277	9503
1958	184.4	228.6	18298	4482	183	6740
1959	240.8	183.6	48212	4484	286	13552

年 份	受灾农田面积 （万亩）	受灾人口 （万人）	倒塌房屋 （间）	损失粮食 （万 kg）	死亡人口 （人）	直接经济损失 （万元）
1960	187.6	188.3	18085	3387	184	10185
1961	268	263.4	94742	5207	349	14909
1962	165	162.6	62341	3567	731	3565
1963	176.8	192.6	16363	3466	126	5941
1964	294.8	290.2	28353	5196	484	15766
1965	175.3	225.3	42335	3971	442	6893
1966	159.4	158.8	38804	4622	189	9995
1967	94	81.4	8572	2071	69	3479
1968	150.2	142.4	19228	1622	159	9570
1969	140.9	153.8	8180	5195	84	8655
1970	128.3	128.5	11324	1399	255	12132
1971	58.7	59.8	9479	428	159	2966
1972	250.1	246.6	42152	8148	234	10493
1973	159	179.7	46717	5476	131	13429
1974	188.9	216.7	49709	9064	257	21563
1975	262.2	307.4	91984	6424	306	22431
1976	94.4	94	12388	2722	103	6997
1977	154.3	148.1	17619	2158	78	6110
1978	696.8	696.4	44788	6294	194	15544
1979	344.5	344.5	61929	15531	674	22604
1980	315.7	430.1	321422	5990	318	26159
1981	1154.9	1256.5	721979	110461	1384	286563
1982	958.3	974.1	391033	45231	860	84654
1983	869.3	1009.2	106006	19203	426	69338
1984	992	1089.9	104165	19349	467	65397
1985	668.2	719.8	79299	24623	253	54759
1986	679.3	750.5	300229	19712	392	85057
1987	1335.7	1637.4	100588	16812	510	86498
1988	738.6	944.7	64645	25442	367	79422
1989	1701.6	2473.4	315553	82998	856	298524

年 份	受灾农田面积（万亩）	受灾人口（万人）	倒塌房屋（间）	损失粮食（万 kg）	死亡人口（人）	直接经济损失（万元）
1990	967.4	1202.7	101708	14132	356	161910
1994	489	624	43800	—	145	73374
1995	1250	1536.2	99300	—	435	659580
1996	1075.3	1167.2	38800	—	227	234720
1997	931.3	1119.3	41900	—	388	296690
1998	2223	2681.6	234600	—	488	926160
1999	645.5	831.1	24600	—	151	194150
2000	770.1	1195	160400	—	220	299576
2001	920.40	1220.22	82000	—	182	495670
2002	1024.56	1156.84	76200	—	103	309970
2003	1168.26	1570.47	78600	—	215	423700
2004	879.56	1372.09	149100	—	222	879900
2005	1056.09	1814.01	143600	—	145	972100
2006	390.48	586.48	30600	—	76	206800
2007	1334.99	2066.30	119836	—	157	818091
2008	540.24	1215.55	67600	—	82	550800

二　防洪现状及存在问题

新中国成立以来，省委省府十分重视四川省的防洪减灾工作，各市州及多数县（市、区）的政府建立健全了防汛抗旱指挥部和办事机构，投入了大量的人力物力进行防洪设施建设，取得了一定的成绩。据《2010 年水利统计年鉴》统计，全年已建各类堤防 4274.4km，其中达标堤防 2158.3km，仅占已建堤防的 50.5%，保护人口 1522.5 万人，保护耕地 860.4 万亩。"五江一河"（岷江、沱江、涪江、嘉陵江、渠江和安宁河）共建堤防 1422.49km，其中堤防 1134.87km，护岸 287.62km，使大部分重要城市重要河段达到抗御 10～50 年一遇洪水标准。修建了众多的洲坝救生高台，沿主要江河的 156 个县、市河段划定了"三线"水位（警戒水位、保证水位、管护范围水位），完成了主要江河河段的防洪预案编制；加强了江河管理与河道清障。但主要江河及重要支流的治理任务仍很艰巨，四川防洪建设主要还存在如下几个薄弱环节。

第一，主要江河上游缺乏调洪控制性水库。岷江、沱江、涪江、嘉陵江、渠江上控制性骨干工程少，特别是沱江、渠江等上中游无一座控制性能力的调节骨干水库建成；成都平原周边山区主要中等河流拟建的控制性综合利用水库（湔江关口、石亭江高景观、绵远河清平等）尚未修建或水库库址被占用，致使洪水难以得到有效控制，增加了中下游的防洪压力和洪灾损失。特别是渠江由于洪水具有突发性和易造成严重的洪水灾害，给人民生命财产和经济社会发展造成极大的威胁和损失。21世纪以来连续几年的特大洪水，每年洪灾直接损失均高达数亿元损失，极为惨重，渠江上游急需修建具有滞洪能力的控制水库工程。现在渠江流域防洪水库少，防洪库容不到1亿 m^3，有防洪功能的水库仅江口、全民两座，而渠江流域需要防洪库容近9亿 m^3，防洪库容缺口较大，难以满足经济社会发展对防洪的需求，在应对2000年以来的四次大洪水中，突显防洪能力不足的严峻现实。

第二，全省众多的中、小河流治理进展缓慢，山洪灾害频繁发生。虽然沿江主要城市河段的治理取得初步成效，但大量的中、小河流尚待治理。因此，制约着防汛抗洪整体综合能力的提升，"小河流、大水灾"对经济社会发展造成的损失应引起各级政府的高度重视。

第三，重点城市没有形成完整、科学的防洪体系。四川省重要江河汇口城镇达60余座，受财力限制防洪工程建设进展缓慢，已建防洪工程尚未形成抗洪体系，除个别城市外，绝大多数城市均未形成封闭的堤防，只防冲不防淹。不仅未设防城镇多，而且设防的城镇防洪标准偏低。

第四，河道"三乱"（乱建、乱倒、乱占）现象严重。城镇建设发展很快，规划失当，城市建设建基面偏低，一遇洪水就受淹。一些城镇未能按"三线"（警戒水位线、保证水位线、江河管理范围线）水位线落实河道管理，侵占河道必然降低行洪能力，个别城镇还十分严重。一些河段由于无序采沙，乱挖乱采，甚至近堤防采集，已经威胁堤防安全，造成洪灾隐患，河道治理与规范采沙工作长期而艰巨。

人水争地矛盾突出，如渠江流域人多地少，城镇多沿江分布，高程较低。随着经济社会不断发展，城市不断扩大，涉水建筑物不断增多，城市布局不合理、滨河路或桥梁建设等，都存在不同程度侵占河道或在河道狭窄处建设加剧河道卡口问题，碍洪壅水明显，对防洪安全构成严重威胁，如达州城区廊桥河段等。

另一方面，水电开发布置不当也导致河道行洪不畅，加重了上游城镇防洪压力，亟须治理。如渠江干流的富流滩、四九滩、凉滩、南阳滩，巴河风滩、三江口，州河舵石鼓均为固定溢流坝；州河金盘子、罗江口、江口虽为闸坝方案，但闸底板高程均较天然河道抬高了5~10m不等，均无防洪库容，普遍壅高上游水位，造成洪水下泄不畅，尤以风滩梯级最为突出，削弱了受影响河段已有防洪工程的防洪能力。

第五，防汛信息与指挥系统不完善。近年沿江及重要城镇堤防防洪能力有所增强，但尚未形成防洪体系，加之水文站点、水情监测设施不足，洪水通信预警系统落后，一旦较大洪水发生，难以满足防洪抢险要求。

第六，病险水库急待除险加固。据 2000 年统计，全省病险水库 2866 座，占已成水库总数的 43%，其中：大型 2 座、中型 71 座、小型 2793 座。经过一、二批病险水库整治到 2010 年，包括"5·12"地震灾后重建还有 6 座中型、1887 座小型〔小（一）型 149 座、小（二）型 1738 座〕急需除险加固。

三 防洪对策措施

洪水有两面性，它既是一种造成灾害的自然现象，又是保持自然生态平衡不可少的生态过程。人们应当做的是在促进社会经济发展的同时，尽量减少洪水所造成的灾害损失，达到人与洪水协调共处。要认真贯彻实施《防洪法》，坚持全面规划、统筹兼顾、标本兼治、综合治理的原则，要从无序、无节制地与洪水争地转变为人水和谐，给洪水让路，有序、可持续地与洪水协调共处并加以利用、管理洪水。以泄为主、蓄泄兼顾、治标与治本相结合、工程措施与非工程措施相结合，防治江河洪涝、山溪洪灾与防治泥石流灾害并重。必须建立以"堤防为基础，上游干支流控制性水库为骨干，工程与非工程措施相结合"，以非工程措施来推动更加有利于全局与长远利益的工程措施，辅以风险分担与风险补偿政策，形成与洪水共存的防洪减灾体系，主要措施仍是"防、控、治"。

防是指将工程措施与非工程措施①有机地结合，辅以风险分担与风险补偿政策，形成与洪水共存的治水方略；防洪建设应按统筹规划、远近结合、突出重点、分步实施、分级负责、共同负担的原则组织实施；将防洪工程设施建设纳入国民经济和社会发展总体规划及年度计划。

在实施加快封山植树，大于 25°坡耕地退耕还林、水土保持等措施的同时，建成以堤防、护岸为基础，以大型调蓄水库为骨干（特别是调洪水库），支流中小水库蓄洪、堤防建设、河道整治、疏浚河道、给洪水让路相配套及其非工程防洪措施构成的综合防洪体系。如金沙江溪落渡，雅砻江锦屏、二滩，大渡河双江口、瀑布沟，岷江十里铺、紫坪铺、李家岩，沱江关口、清平，涪江铁笼堡、武都，嘉陵江宝珠寺、亭子口，渠江上的土溪口、九浴溪、红鱼洞、鲜家湾、黄桷湾、高桥、兰草、泥溪、固军、和平，安宁河大桥、米市等水库工程。各类防护对象，必须按防

---

① 山洪灾害防治的非工程防洪措施是指通过法令、政策、经济手段以及直接运用防洪工程以外的其他技术手段，以减少洪灾损失的措施。非工程措施一般包括洪水预报、洪水警报、蓄滞洪区管理、河道清障、洪水保险、河道管理、超标准洪水防御措施、灾后救济等。

洪标准 GB 5021—94 强制性国家标准设防。现有防洪标准低于规定标准的河段，应积极采取措施，尽快达到规范标准。

搞好河道的清障工作。重要河段要立足于疏浚河道，拆除碍洪建筑，提高河道的泄洪能力，采取留够河床泄洪断面，让超标洪水能顺畅通行，给洪水以出路，且人们也要承受适度洪水风险。

就四川省而言，防洪减灾很大程度上要依靠水利工程措施。因此，各主要江河上的为电站服务的调蓄水库，也应服从流域防洪需要的统一调度，共同承担防洪削峰的作用。

控是指建立调控体系，加强对暴雨洪水的风险管理，即水灾一旦发生，能有效地控制危机影响范围和危害程度，最大限度地降低由此带来的损失，恢复社会稳定。

治是指水灾发生后，应尽快控制洪水影响面，迅速处治控制洪灾损失，能迅速有效地进行危机救治的应急体系。

（一）防洪工程措施

1. 加速主要江河控制性水利枢纽工程的建设

四川省主要江河控制性工程，均具有防洪、灌溉、供水、发电等综合利用功能。加快这些工程的建设是洪水蓄泄兼顾、治标与治本相结合的需要，可以明显提高中下游城镇、江河堤防的防洪标准。紫坪铺水库对岷江的防洪、大桥水库对安宁河的防洪均有较大作用，已、正建的武都水库，涪江中下游、嘉陵江亭子口水利枢纽及金沙江向家坝水电站等工程均对嘉陵江、长江具有良好的防洪功能。目前，沱江上游还没有防洪水库（原规划的清平、关口水库目前不可能建设），渠江上游还没有建设防洪水库。

另外，加快涪江铁笼堡水库、安宁河支流孙水河米市水库的建设也是很重要的。

2. 积极整治主要江河中下游排洪河道，提高安全泄洪能力，增强工程的防洪能力

近期应加快整治的河道是盆地西北部的平原河道金马河及支流西河、南河，沱江支流湔江、石亭江、绵远河，盆地丘陵区的河道，岷江、沱江、涪江、嘉陵江、渠江等江河中下游和长江上游干流，川西南安宁河重点河段。而川西高原大渡河下游和川东一些重点河道的治理，则分期分批进行。对于中小流域治理，要结合主要乡镇防洪安全和粮食安全，促进区域经济社会可持续发展，有计划有重点地加快治理步伐。

青衣江河道整治分别在多营坪—大兴场河段、罗坝—三宝河段、千佛岩—河口段。堤防建设的重点在干流中下游主要城镇（雅安、洪雅、夹江）。

岷江河道整治主要在干流金马河河段，支流西河、南河中下游河段，重点保护城镇是成都市。堤防建设的重点在河流中下游的主要城镇新津、彭山、眉山、青神，乐山、五通桥、犍为，宜宾市的所在河段。

沱江河道整治分别在干流赵镇河段，淮口—河口段，堤防建设重点河段和主要保护城镇是德阳、金堂、简阳、资阳，资中、内江、富顺、泸州。干流中、下游航电结合梯级工程建设与运行应重视河道的行洪安全。

涪江河道整治分别在干流江油—涪江桥河段、绵阳—遂宁河段；绵阳—遂宁河段河道整治应与中、下游已建成电站改造相结合，新建电站梯级应考虑与河道治理相结合。绵阳—遂宁河段为保证行洪道畅通，削减主河槽峰量，应注意采用河浩分洪，减轻洪灾危害。保护城镇有江油、绵阳、三台、射洪（太和镇及柳树镇）、遂宁等。

嘉陵江河道整治分别在干流广元段、南部—蓬安河段、南充市—武胜河段，河道整治应与航运、发电相结合，保护城镇有广元、苍溪，阆中、南部、仪陇（新政）蓬安、南充市、武胜等。

渠河河道整治分别在干流渠县三汇—广安新民河段，河道整治结合航电梯级渠化综合考虑，主要保护城镇有三汇、渠县、广安以及渠河支流州河的达川，巴河的巴中、平昌等城镇。

安宁河河道整治分别在干流冕宁解放桥—米易撒莲段，以堤防建设与疏导相结合。保护城镇有泸沽、西昌、德昌、米易等。

3. 堤防建设

（1）"六江一河"（干流和重要支流）

拟建防洪工程 3543km，其中堤防 2406.61km，护岸 708.51km，加固 375.32km，疏浚河道 52.53km。重要江河汇口城镇要形成完整、封闭的防洪体系（见表 7-2）。

表 7-2　四川省主要江河已建、拟建防洪工程建设情况统计

单位：km

河　流	已建堤防			拟建堤防					合计
	堤防	护岸	小计	堤防	护岸	堤防加固	疏浚河道	小计	
岷江	366.84	44.54	411.38	759.22	330.04	164.62	47.2	1301.08	1712.46
青衣江	75.74	47.75	123.49	148.4	11.2	76.56	5.33	241.49	364.98
沱江	128.07	58.98	187.05	468.86	82.74	64.67	—	616.27	803.32
涪江	222.74	10.67	233.41	388.75	110.36	66.86	—	565.97	799.38
嘉陵江	39.56	38.52	78.08	44.35	2.43	2.61	—	49.39	127.47
渠江	118.06	35.3	153.36	349.2	105.3	—	—	454.5	607.86
安宁河	183.86	51.86	235.72	247.83	66.44	—	—	314.27	549.99
合　计	1134.87	287.62	1422.49	2406.61	708.51	375.32	52.53	3542.97	4965.46

（2）中小河流堤防建设

据调查，四川省有587条流域面积为200～3000km^{2}的中小河流。近年来极端天气事件增多，集中暴雨使中小河流常形成大洪水，对城镇和农用地防洪安全构成了严重威胁，成为四川省洪灾损失的重要组成部分，已严重影响到区域社会经济发展和人民生命财产安全。在抓好四川省大江河防洪的同时，也应尽快实施中小河流、受洪水威胁的城市、重点集镇和成片农耕地堤防、护岸工程建设。为使中小河流重点段防洪能力得到增强，所涉及的主要城镇、农田保护区等防洪保护对象的防洪标准有较大提高，治理河段的水生态状况得到改善，保障区域防洪安全和粮食安全，促进区域经济社会可持续发展。在水利部、财政部2008年启动的全国重点地区中小河流综合治理工作的基础上，拟在2015年完成325条中小河流的综合治理建设，新建堤防、护岸2959.9km，保护主要城镇567个，保护人口1026.2万人，保护农田385.6万亩（见表7-3）。

表7-3　四川省中小河流防洪治理拟建工程建设情况统计

建设年限	河流条数（条）	治理河段数	综合治理长度（km）	新建堤防、护岸（km）	惠及县数（个）	保护人口（万人）	保护农田（万亩）	保护城镇（个）
2009～2010年	98	109	468.4	328.4	85	201.1	67.7	74
2011～2012年	83	179	571.1	563.2	101	232.6	107.8	139
2013～2015年	144	225	960.5	2067.3	134	592.5	210.1	355
合　计	325	513	2000	2959.9	320	1026.2	385.6	567

（3）病险水库的除险加固

2000年统计，全省病险水库2866座（大型2座、中型71座、小型2793座），占已建水库的43%，截至2010年年底，已经整治病险水库2711座（大型2座、中型59座、小型2650座），占病险水库的94.6%。经过一、二批病险水库整治到2010年后，尚需除险加固整治水库1893座，占已建水库的28%，包括地震灾后重建中型6座、小（一）型149座、小（二）型1738座。大、中型水库已经基本整治完毕，主要整治任务为小型水库。

（二）非工程措施

根据新中国成立以来的防洪经验，四川江河防洪工程标准是根据国家规范要求确定的，如遇超标准的洪水，人类还没有战胜它的能力，只能采取防御、避让给洪水以出路的办法，在今后比较长的时间内，仍然要依靠非工程防洪措施。这是四川人民同历次特大洪水作斗争中取得的行之有效，而且是费省效宏的办法。近年来，四川省在借鉴国内外经验的基础上，把非工程措施作为防洪体系的重要组成部分，工程措施与非工程措施相结合，标志着防洪事业发展到一个新的阶段。就四川省目前的实际情况，对非工程措施提出以下几点建议。

1. 建立现代化的防洪减灾指挥信息系统

新中国成立以来，四川水文事业有了很大发展，已在大小江河布设了178处水文站、62处水位站、665处雨量站，其中为防洪报水情的站612处，基本上控制了全省的雨情和水情，在防汛方面起到很好的作用。目前，全省水文测站已初具规模，但应在水文站点控制不够的地区，如嘉陵江略阳至广元区间、岷江和大渡河上游、涪江上游及安宁河上中游等地应增设站点。近期全省应增设防汛水文站50处、防汛雨量站100处，对现有站网调整、改造，增强测报功能，提高测报能力；同时，进一步完善站点结合管理体制，对信息进行采集、传输、处理，建立现代化的防洪减灾指挥信息系统和洪水预报系统。

2. 防洪指挥系统

要完善主要城市防汛指挥系统、防洪应急机制及保障体系。各级防汛抗旱指挥部应对辖区内防汛形势作出正确分析，对其发展趋势作出预测和预报，一旦预测可能出现汛情，需要对洪水过程作出预报，下达防洪调度和指挥抢险命令，以达到有效调动防洪工程和水利工程体系，减少洪灾损失。划定城镇及重点防洪区"三线水位"（警戒水位、保证水位、防洪管护范围水位线）。编制主要江河重点城市和江段的防御洪水方案，建立健全防洪应急机制及保障体系；超标洪水防御措施和应急对策措施；建立防洪基金及洪水保险办法。

3. 建立健全河道执法队伍，依法加强江河管理

河道执法队伍建设是整个水利执法体系建设中的重要组成部分，统一着装，持证上岗。在执法中，应坚持以加强河道管理，确保行洪安全为目的，制止设障碍洪行为，杜绝河道"三乱"现象。

近期，县以上政府部门，都应完成河道执法队伍的建设和全部清障工作。已完成的综合治理河段，要设立河道管理机构，维护、管理好已成堤防工程，并加强生态环境和水域的保护管理。

四　渠江——四川省目前防洪的重点河流

（一）洪水成因分析

渠江流域地处大巴山南麓、四川盆地东北部，立体气候特色明显。由于在亚热带湿润季风气候上叠套有多种山地气候类型，致使各地气候千差万别，各具特色。该特色气候的形成，不仅与流域所处的特殊地理位置有关，而且与青藏高原和盆周山地等大地形的动力、热力条件干扰影响下形成的区域性环流有关。夏季，随着副高的强弱和位置变化，流域内的多雨或少雨时段也随之变化。初夏（5月至6月中旬），副高脊线在15°～20°N之间，其副高脊前的雨带主要影响流域南部、中部，降水量和降水日数明显增多，有一个降水量和降水日数的相对集中时段且多阴雨，夏旱不明显；6月下旬到7月中旬，副高脊线在20°～25°N之间，其副高脊前的雨带影响流域各地，雨水多，强度大，其降水总量可出现全年的最大峰值，易出现流域性洪涝天气，由于大巴山横亘于渠江流域北部，明月山、铜锣山、华蓥山由北向南纵卧其间，山脉坡向以西北—东南展布为主要特征，对西南暖湿气流具有强烈的地形强迫抬升作用，促使降水随海拔的升高而增加。

渠江上中游巴河流域位于大巴山暴雨区，暴雨中心经常在旺苍、南江、巴中、通江、万源一带出现，一次大暴雨可以笼罩整个或大部分巴河流域，并且暴雨移动缓慢，无较固定的移动方向。渠江流域暴雨最早始于4月，5月至6月副高脊线在15°～20°N之间暴雨出现频率增多，7月副高脊线在20°～25°N之间为暴雨出现频率最大月份，暴雨最迟可到10月底。4月、5月、10月以最大24小时降水在50.0～99.9mm的暴雨为主；最大24小时降水大于100.0mm的大暴雨和特大暴雨多出现在6～9月，其中以7月最为集中。巴河流域的暴雨量大，分布面广，常常造成巴河各支流同时涨水。渠江流域一次暴雨一般历时3～5天，主雨峰历时1～3天，特大洪水相应的暴雨持续降水过程一般为10～30小时，最长在48小时以上。2001～2010年渠江出现了2004年9月6日、2005年7月8日、2007年7月6日、2010年7月17日四场特大洪水。

渠江支流巴河为渠江洪水的主要来源，往往巴河凤滩河段有洪水，则渠江下游的苟渡口河段就有洪水发生；渠江另一支流州河上游由前、中、后三河组成，流域呈狭长形，中、后河二源常有大暴雨同时发生，为东林河段洪水的主要来源。如暴雨中心在前河中上游，与中、后河洪水汇合后，可能在州河干流形成大洪水。但巴河、州河同时发生频率相近的大洪水的几率极少。

（二）洪灾损失

历史上渠江流域5～8月的洪涝灾害频繁严重，以渠江干流、州河、巴河干流及暴雨区的万源受灾最多，山区和支流上多发山洪地质灾害。新中国成立后，流域内在1950～2011年有39个年份发生58次洪灾，年发生率64%。其中2000年以来，有9年15次发生洪灾，年发生率为90%。流域内巴中、达州和广安3个市在经济高速发展的同时，洪灾频率和损失也在加剧，2004年、2005年、2007年、2010年均发生大洪水，频繁发生的洪灾造成了巨大损失。仅达州市1994～2007年因洪灾造成了巨大损失，统计见表7-4。

表 7-4 1994～2007 年达州市洪涝灾害基本情况统计

项　目	受灾人口 （万人/次）	被淹城（镇）市 （个/次）	倒塌房屋 （万间）	死亡人口 （人）	直接经济总损失 （亿元）
1994	147.1	21	0.3019	14	1.4
1995	75.8	11	0.3129	9	1.19
1996	142.43	20	0.1362	4	0.96
1997	147.0189	24	0.3671	17	2.77
1998	258.29	49	1.5442	30	4.54
1999	175	11	0.2031	11	1.51
2000	302.14	73	0.7837	43	9.17
2001	32.57	2	0.16	2	0.39
2002	74.15	—	0.117	4	0.85
2003	295.06	5	0.8318	27	3.68
2004	432.69	32	8.7503	73	62.85
2005	417.8	68	3.299	29	42.78
2007	424.38	46	1.82	18	13.90

2010 年"7·17"洪灾，是近期最严重的洪水灾害，3 市（巴中、达州和广安）受灾人口 788.8 万人，死亡 84 人，农作物受灾面积 211.72 万亩，减收粮食 94.93 万 t，直接经济损失达 147.91 亿元，洪灾损失创历史最高（见表 7-5）。

表 7-5 2010 年渠江流域巴中、达州、广安三市洪灾损失统计

地　市		巴 中	达 州	广 安
受灾范围	县（市、区）（个/次）	4	7	3
	乡镇（个/次）	79	273	76
受灾人口（万人/次）		263.0	423.3	102.5
倒塌房屋（万间）		0.58	3.55	1.40
死亡人口（人）		34	50	—
农作物 受灾情况	农作物受灾（万亩）	10.95	167.52	33.29
	农作物绝收（万亩）	3.58	51.35	29.43
	减收粮食（万 t）	18.00	38.65	38.28
停产工矿企业（个/次）		—	214	237
交通中断（条/次）		99	439	46
直接经济总损失（亿元）		16.00	63.01	58.90

（三）防洪现状及存在问题

渠江流域现状防洪工程以堤防为主，巴中、达州、广安 3 市已建堤防及护岸 153.36km，其中县级以上城市已建堤防（护岸）69.66km，占流域堤防总长度的 45.4%。其中"98 洪水"后渠江流域沿河各市县在河段防洪规划的指导下，陆续开工建设以县级以上城镇防洪为重点的堤防工程，新建堤防及护岸 23.77km，占已建堤防及护岸的 15.5%。

渠江流域人多地少，城镇多沿江分布，高程较低。随着经济社会不断发展，城市不断扩大，涉水建筑物不断增多，城市不合理布局、滨河路或桥梁建设等，都存在不同程度侵占河道或在河道狭窄处建设加剧河道卡口问题，碍洪壅水明显，对防洪安全构成严重威胁。渠江主要干支流受不同时期建设的涉水工程如桥梁、电站、堤防建设影响，同一流量级洪水水位变化累积效应明显。以达县水位站洪峰流量 10000m³/s（约 8 年一遇）为例，1991 年水位较 1958 年高约 0.70m，2010 年较 1958 年水位高约 1.8m，表明近期城市建设对河道行洪影响较大。从广安城区防汛站历史洪水位来看，相同流量广安城区水位 2004 年后较为稳定，但比历史相应水位也有一定抬高。以广安城区 23000m³/s（约 10 年一遇）为例，2004 年水位较 1965 年高约 1.0m 左右，2010 年水位与 2004 年水位基本相当，说明近年来城区洪水受城市建设影响较小。

另一方面，不规范的水电开发也导致河道行洪不畅，加重了上游城镇防洪压力，亟须治理。如渠江干流的富流滩、四九滩、凉滩、南阳滩，巴河风滩、三江口，州河舵石鼓均为固定溢流坝；州河金盘子、罗江口、江口虽为闸坝方案，但闸底板高程均较天然河道抬高了 5～10m 不等，均无防洪库容，普遍壅高上游水位，造成洪水下泄不力，尤以风滩梯级最为突出，削弱了受影响河段已有防洪工程的防洪能力。

（四）防洪对策措施

针对渠江流域洪水陡涨陡落、峰高量大、水位变幅大、重要中心城镇现状防洪能力低下的特点，流域防洪应采取如下防洪治水方针。

以泄为主，蓄泄兼筹：沿岸重要防护对象修建堤防、河道整治护岸工程，扩大安全泄量；上游兴建具有防洪作用的水库，当遭遇大洪水时配合运用，削峰蓄量，减轻渠江中下游防洪压力。

防洪与治涝相结合：既要注重防洪，也要注重因此可能产生的内涝防治，做到洪涝兼治。

防洪与兴利相结合：骨干控制性水库既要考虑防洪，也要考虑灌溉、供水、发电等综合利用，合理利用水资源，同时，有利于维持工程的后期正常运行管理。

大中型相结合：统筹安排、综合治理，加大水土流失治理力度，防止大的山洪灾害发生。

近期与远期相结合：使重要城镇、主要集镇分期分批达到国家规定的防洪标准。

工程和非工程措施相结合：大力加强非工程措施建设，最大限度减少洪灾损失。

规划目标

1. 总体目标

在规划期内，建立起符合渠江流域实际情况、满足国民经济发展和人民群众生命财产安全要求的防洪体系，保障流域经济社会的可持续发展。在发生常遇洪水和较大洪水时，能保障经济发展和社会安定；在遭遇大洪水或特大洪水时，经济活动和社会生活不致发生大的动荡，生态环境不会遭到严重破坏，可持续发展进程不会受到重大干扰。对山洪灾害等，有对策和措施，减少人员伤亡和财产损失。

2. 近期目标

规划到 2020 年，在巩固、完善现有防洪体系的基础上，兴建土溪口、固军、高桥、黄石盘、青峪口、泥溪、红鱼洞 7 座防洪控制性水库，加快渠江流域综合防洪体系建设，以防御主要干支流 20 年一遇的洪水为目标，确保中下游重点防洪对象的安全。同时，逐步完善防洪非工程措施，尽量减少防洪保护区遭遇洪水可能造成的洪灾损失。使流域地级城市巴中、达州、广安达到防御 20～50 年一遇洪水、10 年一遇内涝的标准；渠县、平昌 2 座县级城镇基本达到防御 10 年一遇洪水、5 年一遇内涝的标准，其余 7 座县城基本达到防御 20 年一遇洪水、10 年一遇内涝的标准；其他重点城镇基本达到规定的防洪标准。初步建成山洪灾害重点防治区以监测、通信、预警等非工程措施为主与工程措施相结合的防灾减灾体系。

防洪工程措施方案

1. 河道整治

河道整治对提高重点城区安全泄量，减少上游防洪水库规模作用明显，应按轻重缓急、分步实施，重点是对支流州河达州城区廊桥至红旗桥河段进行整治，巴河干流风滩电站固定坝进行闸坝改造，渠江干流广安城区白塔至谢家院子卡口拓宽。

2. 堤防工程

（1）上游无防洪水库的城镇

应立足于堤防建设，以泄为主，县级城镇如万源、开江、大竹、华蓥、营山等和建制镇按 20 年一遇，一般乡集镇按 10 年一遇洪水标准设防。

（2）上游有规划防洪水库的城镇

蓄泄结合，加快堤防建设，各城区和重点乡镇堤防根据地形地势条件，与现有堤防衔接封闭后能够达到的防洪标准建设，形成封闭圈，经上游水库削峰，各城镇达到规定的防洪标准。

地级城市中,州河达州城区在廊桥至红旗桥河段整治的基础上,加高右岸1.2km堤段约3.6km,按约5年一遇防洪标准建设;巴中城区按10年一遇防洪标准建设;广安城区在加高局部河段堤防的基础上,对白塔河段卡口进行拓宽整治,堤防按15年一遇标准建设。

县级城镇中,渠县县城、宣汉县城、南江县城、通江县城分别按10年一遇、5年一遇、10年一遇、7~8年一遇标准设防;平昌县城在风滩闸坝改造的基础上按现有堤防适当加高达到5年一遇标准建设。

建制镇和一般集镇堤防工程,州河规划水库坝址至达州城区段可按3~4年一遇标准建设,达州城区至三汇段可按5年一遇标准建设;巴河规划水库坝址至三汇段建制镇可按5年一遇标准建设,一般乡集镇达到固岸防冲要求即可,其中恩阳镇上游紧邻黄石盘水库,以达到固岸防冲要求按2年一遇标准建设;渠江干流建制镇和一般集镇分别按10年一遇和5年一遇标准建设。

3. 防洪水库

州河达州(含通川区、达县)万源、宣汉、开江、大竹等6个城区和巴河巴中、南江、通江、平昌4个城区以及渠江干流广安、渠县、三汇等沿江城镇为流域防洪重点,其中达州、宣汉、平昌、广安、渠县、三汇是防洪难点。

要解决州河干流洪水问题,需在州河三大支流合适位置建设防洪水库,同时适时降低江口水库汛前限制水位,并加强与罗江口水库调度运行管理,控制州河上游洪水;平昌县城同时受南江、通江两江洪水威胁,要解决防洪问题,必须在两江合适位置建设防洪水库,同时巴河是渠江干流洪水主要来源,控制巴河洪水是解决渠江干流广安、渠县两城区防洪问题的关键,而巴河干流和渠江干流无建设防洪水库的条件,巴河和渠江干流沿江城镇防洪需依赖上游防洪水库,其中广安城区西溪河段约13km受西溪河洪水威胁,近期城区堤防结合全民水库的运行调度,防洪能力可达到20年一遇。

按照蓄泄兼筹、堤库结合、上下游协调一致、投资最省的原则,经综合研究比较,规划在后河支流白沙河建设鲜家湾水库,中河建设固军水库,前河建设土溪口水库,恩阳河建设和平、黄石盘2座水库,南江干流建设红鱼洞、皇柏林、兰草3座水库,神潭河建设高桥水库,小通江建设青峪口水库,大通江建设泥溪水库,澌滩河建设江家口水库,与堤防工程相结合,可解决下游宣汉、达州、巴中、南江、通江县、平昌、渠县、广安等主要城市防洪问题。

规划近期建设土溪口、固军、红鱼洞、黄石盘、高桥、泥溪、青峪口7座水库,增加防洪库容5.57亿 m³,加上已成江口水库降低汛前限制水位后的1.19亿 m³防洪库容,近期防洪库容达到6.76亿 m³,可使达州城区防洪标准达到30年一遇,宣汉县城区达到 30 年一遇，巴中防洪能力达到 50 年一遇洪水，通江县城防洪能力达到 20 年一遇洪水以上；平昌、南江 2 座县级城镇能防御 10~20 年一遇洪水。远期建设鲜家湾、江家口、和平、皇柏林、兰草 5 座水库，增加防洪库容 1.98 亿 m^3，州河上游防洪库容可达到 3.48 亿 m^3，可使达州城区防洪标准达到 50 年一遇，宣汉县城区达到 50 年一遇，巴中城区防洪能力达到 50 年一遇以上，其余 3 县达到 20 年一遇的防洪标准。

第八章　加强山地灾害防御建设，
提高减灾防灾能力

受特殊地质、地貌和气候条件制约，四川省成为全国滑坡、崩塌、泥石流、山洪等山地灾害最为严重的省区之一，其灾害分布范围、发生频率及灾害损失居全国前列，尤其是 2008 年 5 月 12 日汶川 8 级地震发生后，汶川地震重灾区所在的岷江、沱江、涪江中上游及嘉陵江中游等地区，山地灾害趋于活跃，地震后灾害数量、发生频率和损失均较灾前大幅增加，尤其是 2010 年 8 月和 2011 年 7 月几次强降雨引发了大规模山地灾害。以上地区今后灾害将持续发展，防灾形势依然严峻。因此，摸清四川省山地灾害的现状、发展趋势，积极采取有效的防御对策，提高减灾防灾能力，减小山地灾害损失对确保四川省区域经济社会可持续发展十分重要。

一　四川山地灾害现状

（一）山地灾害主要类型与危害

四川省的山地灾害主要是滑坡崩塌、泥石流、山洪三大类，其中滑坡崩塌属重力侵蚀类型，泥石流属重力和水力侵蚀复合类型。据调查，四川省的滑坡崩塌、泥石流灾害主要集中分布在金沙江、雅砻江、大渡河及岷江、沱江、涪江上中游地区的凉山、甘孜、阿坝三州和绵阳、德阳北部地区，雅砻江下游的攀枝花、大渡河下游的雅安等地也是滑坡崩塌、泥石流灾害的多发区域，其余地区灾害相对较轻；山洪灾害主要分布在几大水系中上游的中高山地区。

截至 2005 年，根据《四川省山洪灾害防治规划》调查统计，省境内有山洪灾害记录的溪河 914 次（条），由山洪引发的滑坡 514 处、泥石流沟 3268 条；危及153 个县（市、区）和 2360 多个乡镇、4000 多个工矿企业，直接威胁 100 多个城镇、1000 多个工矿企业的安全。汶川地震后四川省地震灾区又新增滑坡、崩塌和泥石流等灾害点近万处，山地灾害防治形势更加严峻。

1. 滑坡崩塌

从地形和流域上看，滑坡崩塌灾害主要分布在盆周山地、盆地北部、中部低山丘陵区、川东长江谷地、川西南和川西北深切割山地高原区，尤以西部的金沙江、雅砻江、安宁河、大渡河以及岷江、涪江、嘉陵江上游河谷地带为密集，而盆地平原区灾害较少。全省有滑坡灾害点 2276 处，崩塌 1003 处，合计 3279 处。在全省

21 个市、州均有分布。总体上看，滑坡崩塌主要发生在川西南高山高原地区攀枝花市及凉山、甘孜、阿坝三州，其次在盆地区的绵阳、泸州、宜宾、雅安等地。

据统计，四川省已有 70 余个县城 1000 余乡镇，遭受过崩塌滑坡危害或威胁。四川省城镇一部分沿大江大河干支流交汇的岛状地带分布，如攀枝花、宜宾、泸州等市；一部分沿两种不同自然区的过渡带分布，如川西北龙门山与川西平原交界一带的都江堰市、彭县关口镇、绵竹汉旺镇、安县睢水镇、江油县武都镇等；还有一部分沿山间盆地的古泥石流、古崩塌体、古滑坡台地分布，如雅安、康定、汉源、泸定、金阳、木里等市县，特别是一些 1960 年代内迁工厂和矿山发展起来的小集镇，它们依山沿河流 Ⅰ ~ Ⅱ 级阶地呈水平带状分布，另一方面沿各个山麓平台呈阶梯状发展，具有一般山区城市的特征，这些城镇除川中丘陵区的南充、遂宁、内江等市及所辖的县外，都不同程度遭受崩塌滑坡灾害或受其威胁，即使分布于川西冲积平原中前部的成都市，也曾遭受邻区滑坡溃坝洪水之害。

达州市所辖的 7 个区、县的县城都不同程度地受崩塌滑坡灾害影响，有严重威胁的 5 处，如万源市大岩窝、达县黄泥扁、通江县城西、万源市的白沙工农区的吊板垭、宣汉县古家场等滑坡。川西及川南的沿江城镇都存在不同程度的崩塌滑坡问题，如攀枝花市、宜宾市、雅安市、都江堰市、汶川县、茂县、松潘县、九寨沟县、平武县等 100 余县（市）和乡镇。

攀枝花市位于雅砻江与金沙江交汇处，是 1960 年代中期发展起来的工业城市，截至 1986 年已发现新老滑坡 89 个。宜宾市位于金沙江与岷江交汇处，据统计，全市发现城镇崩塌滑坡并已产生危害的共 4 起（庙矶子、方水井、思波场、翠屏山公园），滑体总量 2000 余万 m^3，危及 3754 人。

雅安市位于青衣江 Ⅰ，Ⅱ，Ⅲ 级阶地上，仅市北郊 174 厂就出现崩塌 18 处，其中最危险的有 4 处；滑坡 24 处，其中较大的有 10 处；直接受威胁的厂房 20 余幢。

康定县城处于川西北深山峡谷，1955 年 4 月 14 日，折多塘发生 7.5 级地震，诱发城区周围山崩地裂，中断交通数日，毛家沟、白杨湾、瓦斯沟等地有 30 余处崩塌，如三道桥、跑马山等。康定县折多塘沟位于折多河右岸，距离康定县城 11 km，是一条危害极大的泥石流沟。在折多塘泥石流沟下游 50m 处有一处大型滑坡。1995 年，康定普降大雨，折多塘沟爆发泥石流，流体诱发滑坡，共约 15 万 m^3 岩土体崩滑进入折多河，淤填河道，形成堰塞湖，河水爬岩；溃堤后洪水冲毁河堤进入城区，全城基本陷入瘫痪，下游 318 国道瓦斯沟段路基冲毁 56 处，3 座电站被冲毁，中断交通 12 天，造成 33 人死亡，100 多人受伤，直接经济损失共计 5 亿元。

华蓥市位于川东平行岭谷中段西侧，市区范围内有采煤、炼焦、水泥、石灰、军工、机械、光学等工矿企业，其中省、地、县属煤矿 10 个，小煤窑 54 个。由于采矿区扩大，废渣乱堆乱放，加之森林植被逐年破坏，崩塌滑坡等多种自然灾害年年发生。据统计，该市城镇地质灾害已造成近200人死亡，直接经济损失达2000万元。

1981年6~9月，四川省因特大暴雨洪水诱发崩塌滑坡6.8万处，涉及96个县市，受灾人口逾100万，其中无家可归者7.5万，毁房8.6万间，农田受灾面积25万亩，其中毁地11万亩，毁小型水电站50座（装机容量7230千瓦），致死397人，伤918人。死大牲畜4678头，经济损失近3亿元，相当1981年全省暴雨洪灾总经济损失的1/10。

2. 泥石流

四川省泥石流分布很广，北起九寨沟、阿坝，南至攀枝花、会理，东迄长江三峡，西抵德格、巴塘，遍及135个县（市），面积11万km^2，泥石流分布的宏观特征是南部多于北部，东南部多于西北部，河谷地带多于山地。主要分布于岷江（指都江堰以上）大渡河、雅砻江和金沙江水系的构造断裂带、地震活动带、新构造运动差异性上升区、地形高差大的阶梯部位、干旱河谷地带以及人类经济活动频繁地区。泥石流灾害常常成群出现，呈带状、片状分布。据初步调查全省有泥石流沟3000多条，其中川西地区的攀枝花、雅安、阿坝、甘孜、凉山5个市（州）约占灾害总数的90%。仅在1981年7~9月，在暴雨、特大暴雨激发下，1000多处沟谷暴发了泥石流，其规模之大、范围之广、数量之多、灾情之重为历史上所罕见。

泥石流危及国民经济各个部门，危害的对象有铁路、公路、航道、渠道等构筑物；土地、森林、矿产、水力等自然资源和能源；城镇、工厂、矿山、电站、桥涵、隧道等建筑物；农作物、牲畜等农牧业，自然保护区、风景名胜区；以及人民生命财产的伤亡和损失；等等。总之，泥石流危及面广，受灾对象不胜枚举。每年因泥石流灾害给国家造成巨大经济损失和人员伤亡。近年来，随着经济发展，人口增长，人类经济活动加强，泥石流活动和灾害日趋严重，已引起了人们的高度重视。初步调查表明，全省直接受泥石流威胁的县城有40座，间接影响的有9座，城镇137个（见表8-1）。川藏、川云、川陕、川甘等公路泥石流灾害最严重，仅川藏公路沿线就有泥石流沟1000余条。

表8-1　新中国成立以来四川省遭受过泥石流危害的县级及以上城镇及灾情

城镇名称	泥石流危害年份及次数	主要灾情
康定县	1978~1995年，3次以上	1978年直接经济损失75万元，1995年损失5.6亿元
泸定县	1963~1987年，10次以上	泥石流多次冲毁、淤埋城区房屋、街道
丹巴县	1952年，1977年，1994年，2003年，5次	堵塞桥涵，危害县城
德荣县	1984年，1次	死亡7人，直接经济损失600多万元
白玉县	1955~1988，3次	危害城区公路、桥梁

城镇名称	泥石流危害年份及次数	主要灾情
马尔康	1953～1995 年，多次	泥石流多次冲入城区
茂县	1955～1986 年，多次	泥石流淤埋城区街道、房屋等
九寨沟县	1956～1984 年，10 余次	泥石流冲入城区，共致死 45 人、伤 20 人
金川县	20 世纪 60 年代和 80 年代，多次	对城区造成危害
松潘县	1954～1988 年，多次	造成 1 人死亡
黑水县	1958～2004 年，数十次	泥石流多次淤埋城区房屋、街道
小金县	1980～1991 年，多次	1983 年泥石流造成 20 余万元损失
西昌市	1955～1998 年，近 10 次	近 200 年内死亡在 2000 人以上
德昌县	1992 年，1 次	沙湾沟泥石流毁坏房屋数间、桥 1 座，死亡 1 人
宁南县	1954～1983 年，多次	百余年内近 100 人丧生
喜德县	1974～1983 年，多次	泥石流冲埋街道
普格县	1987 年，1 次	不详
攀枝花市	1979～1988 年，2001 年，3 次	泥石流冲毁电厂设施、淤埋公路，死亡 6 人，4 人失踪
雅安市	1979 年，1 次	致死 164 人，直接经济损失数百万元
宝兴县	1966 年，1 次	泥石流进入城区街道
汉源县	1970～1990 年，多次	近 200 年中死亡近百人
高县	1988 年，1 次	死亡 13 人，伤 74 人，经济损失 1.3 亿元

1984 年 7 月 18 日 22 时 23 分，九寨沟县（原南坪县）城的关庙沟暴发泥石流，流速 9.2m/s，重度 21.756 kN/m³，流体中含大量砾径 2～10m 的巨石，沟下游一幢三层楼房一侧自底到顶被其削掉，一建筑物厚 1m 的混凝土墙被其冲开，沟侧厚 1m 的挡墙也被冲撞出一个长 14m 的缺口，造成 25 人死亡。该次泥石流还堵断白水江，形成堰塞湖，水位壅高达 8m，使沿江城区、工厂和机关等被江水淹没，约 30 分钟后堵河坝体溃决，强大的特殊洪流冲毁下游房屋、道路及农田等。县城因泥石流堵河及溃坝形成的淹没和水毁造成的经济损失，占整个泥石流造成的总损失的 80%。

1984 年 8 月 11 日得荣县城区河西三条沟泥石流齐发，使 7 人丧生，冲毁房屋、公路、市政设施，酿成重灾。同时，金川、黑水、乡城、泸定、康定、德格、西昌、喜德、普格、宁南、会理、雅安、汉源、宝兴等县城区也相继暴发泥石流，造成不同程度的灾害。

3. 山洪

四川山洪灾害以暴雨洪灾为主，溃坝灾害少。山洪通常次生滑坡、崩塌、泥石流灾害。洪灾多发生在 6～9 月的汛期，尤其是 7～8 月的主汛期，而 7 月份洪灾尤为严重。山洪首先是发生于山区与丘陵或山区与平原交界处河流上，山洪灾害分布范围较广，东部丘陵区与西部山区均有发生。

据《四川省山洪灾害防治规划》调查统计，全省现有 161 个县（市、区）和 2364 个乡镇以及 4042 家工厂、矿山受到山洪灾害的威胁。每年全省均有大量的山洪及由山洪引发的泥石流、滑坡等灾害发生，造成对交通线、城镇、乡村、工厂、矿山、农田的危害和数百人员伤亡及数亿元的经济损失。2000 年以来，四川省洪灾损失中山洪、泥石流造成的损失要占整个洪灾损失的 50% 左右。1989 年 7 月中旬，洪灾直接经济损失 22.6 亿元，其灾害损失就是以山洪灾害和泥石流灾害为主。1997 年 6 月，美姑县乐约乡龙头山发生体积约 3000 万 m³ 的滑坡泥石流，毁灭 4 个村庄，150 人死亡。

（二）山地灾害形成与分布规律

四川省山地灾害之所以分布广泛、发生频繁、灾害严重，与其所处的地理位置、地形地貌、构造岩性、地震活动和强烈降水等自然环境紧密相关，人类活动有时会加剧灾害的活动和规模。

1. 地质构造

四川在多期构造运动的影响下，西部、北部分布多条近南北向、北面向和北东向的深大断断，盆周山地也有许多次级断层分布。许多深大断裂第四纪以来活动强烈，使岩层挤压断裂破碎，从而加强了侵蚀剥蚀作用，降低了岩层的稳定性。常导致岩石破碎，构造裂隙发育，第四系崩坡积土体分布较多，成为崩塌和松散堆积层滑坡发育地段。

对全省滑坡崩塌、泥石流灾害的分布进行分析，呈现滑坡、崩塌、泥石流等地质灾害沿断裂带成群成带分布的特点。四川构造体系的主体，即龙门山隆起断褶带、鲜水河断裂带、安宁河断裂构造带组成的著名的“Y”字形构造带。前两种以崩塌、滑坡灾害分布为主，后者是以泥石流灾害为主的地质灾害发育集中区，也说明了地质构造的发育对地质灾害的分布具有重要的控制作用（见图 8 - 1）。

2. 暴雨

暴雨灾害是形成洪水、山洪灾害的根本原因，地形和人为因素是影响洪灾的主要因素。

暴雨是酿成洪灾的先决条件，它是通过雨强、雨量、时程分配、笼罩面积及雨区移动方向等影响洪水与洪灾。

四川省内降雨主要分布在每年的 5~10 月，占全年降雨量的 70%~80%，且暴雨频次较其他时段明显增多。洪水期与雨季同步，大量的降雨入渗、浸润，软化岩土体，降低斜坡的稳定性。研究发现，几乎所有山地灾害的暴发均与暴雨及长时间降水有关，特别是山洪与泥石流的发生更与降雨关系密切；近 10 年来，由于人类工程活动的日益加剧，地表生态环境日益恶化，导致灾害性气候增多，致使山地灾害频繁发生，次数具有明显的上升趋势。

四川省近年来区域性的滑坡、泥石流、崩塌和危岩等地质灾害的发生，绝大部分是由大的暴雨过程和长时间的连续降雨而引起的，四川省全年平均降雨量的分布特征基本上反映了地质灾害的分布和发育强度的趋势。龙门山、青衣江及大巴山三大暴雨区是四川省山地灾害最为集中的高发区。通过对 2001 年全省发生的 314 处地质灾害点与时间的关系进行对比发现，5～10 月发生的地质灾害达 96% 以上。

2000 年从川西南的攀枝花、凉山到川南的宜宾、泸州、乐山和川中的南充、川北的绵阳，先后发生不同程度的强烈降雨天气，诱发了较大范围的山洪、崩塌、滑坡和泥石流等地质灾害，造成严重的损失。9 月 17 日晚至 19 日晨，平武县大桥镇银厂沟持续近 10 小时的降雨，该地区发生 40 处滑坡、泥石流，造成 5 人死亡，6 人受伤。

3. 地震活动

地震的分布与活动性断裂带密切相关，区内地震活动带都分布于深大断裂带上，如前述的鲜水河断裂带、龙门山断裂带、安宁河断裂带等。地震活动可以直接诱发崩塌、滑坡和泥石流等次生地质灾害。

2001 年 2 月 14 日、23 日，甘孜州雅江、康定等地先后发生里氏 5.0 级、6.0 级地震，震中位于北纬 29°24′、东经 101°26′，即雅砻江右岸的波斯河乡雨日村一带，最大震级达 6.0 级，有 1500 次余震发生。通过现场调查，此次地震发生后，产生较大规模的地质灾害近 50 处，诱发了雅江县波斯河乡的雨日、夏日、南根、邓科等滑坡和牙衣河乡的木恩滑坡，磨子沟、牙衣河崩塌等；康定县宜代—吉居地区普沙绒乡的旺姆、冷古等滑坡和吉居乡蔡玉、吉居等 14 处滑坡、火山等危岩崩塌体 3 处，宋玉、马蹄泥石流等 10 处。

4. 人为活动

随着四川省各项建设事业的迅速发展，特别是近年来在基础设施建设中投资力度的加大，交通、能源、水利、城建等基础设施建设带动了社会经济的发展，但同时对自然生态环境的影响也日益加深，对地质环境的破坏所造成的灾害也更加严重。由人类工程活动造成的滑坡崩塌、泥石流灾害主要表现在以下两个方面：第一，城乡建设、交通建设、水利建设工程中的不合理工程布局；第二，不合理采矿活动。由于大量土建工程建设的挖方、填方，形成人工高陡边坡，造成边坡失稳，诱发滑坡、崩塌或形成危岩，并导致老滑坡的复活。

人类工程活动如开山修路、人工垦殖、乱砍滥伐、无序采矿等强烈活动区，也是地质灾害的触发因素。根据调查资料统计，地质灾害分布密集区也是人类工程活动频繁区域，尤其是不合理的人类工程活动集中区域。在四川省已知的滑坡崩塌、泥石流中，与不合理工程建设相关的占统计总数的 70% 左右，主要为滑坡、崩塌和危岩。大量的弃土、弃渣引发的泥石流也很多（见图 8-1）。

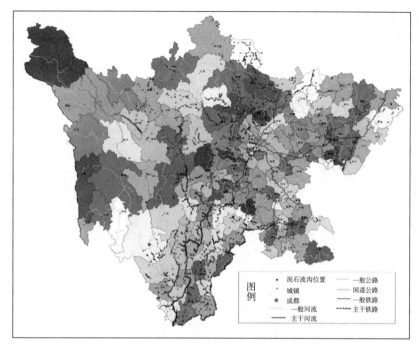

图 8-1 四川省泥石流分布示意图

（三）山地灾害危险性分区

1. 江河上中游滑坡崩塌泥石流灾害危险性分区

根据四川省滑坡崩塌泥石流灾害的严重程度及危害程度，结合前述的地貌、地质特征和自然分区，将四川省滑坡崩塌泥石流灾害的危险度按照严重程度依次分为极度（极重度）危险区、重度危险区、中度危险区和轻度危险区或无危险区共 5 个区，四川省滑坡崩塌泥石流灾害危险度分区详见图 8-2。

极度危险区：分布在川西南山地和川西高原与盆地的过渡区，包括四川省滑坡、泥石流地质灾害最发育、最活跃、危害最严重的阿坝州东南部、雅安市、凉山州和攀枝花市的大部分地区，主要集中于金沙江中下游、大渡河中游、岷江上中游、沱江、涪江和嘉陵江上游，受强烈地震和暴雨影响，历史上四川省最严重的地质灾害均集中在该区。

重度危险区：分布在甘孜州中南部和阿坝州北部的雅砻江和大渡河以泥石流灾害为主，岷江上游地区以滑坡、崩塌和矿区次生地质灾害为主，对城镇危害很大，灾害发育程度中等，危害严重。

中度危险区：主要分布在川东的大巴山区嘉陵江中游以及甘孜州西部的金沙江、雅砻江上游地区，以中小规模的泥石流和滑坡为主，灾害分布密度较小，危害较重。

轻度危险区或无危险区：集中分布在盆地中部平原和甘孜州、阿坝州北部高原，是四川省滑坡崩塌泥石流灾害最轻的地区。

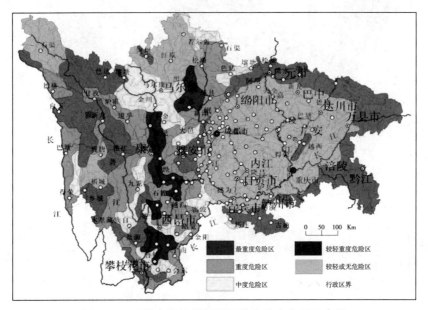

图 8-2　四川省滑坡崩塌泥石流危险度分区示意图

2. 江河中下游山洪与洪水灾害危险性分区

江河的中下游地区是山洪和洪水灾害的易发区（见图 8-3），其中东部地区的岷江、沱江、涪江、嘉陵江、渠江五江中下游是四川洪灾的重灾区。依据河流流域和山洪、洪水灾害的危险程度分为四级。极度危险区：主要位于两江或三江交汇的地方，如沱江的金堂峡以上的金堂，南河与岷江交汇处的新津，青衣江、大渡河与岷江相汇处的乐山，岷江注入长江的宜宾，沱江汇入长江的泸州，赤水河汇入长江的合江；重度危险区：岷江中下游成都平原及青衣江中下游，沱江金堂—内江—河口中下游，涪、嘉、渠三江中下游的苍溪、阆中、南部、南充、三台、射洪、遂宁、渠县、广安等地；中度危险区：位于岷、沱、涪、嘉、渠五江中游地区；轻度危害区或无危险区：主要位于雅砻江下游，由于地处峡谷区，洪灾轻微，危险性较小。

3. 大型水利水电工程区山地灾害危险性分区

四川省水力资源蕴藏量 10 万千瓦及以上河流共 781 条，四川省被称为"千河之省"，是中国水电能源基地建设的大省。根据全国水力复查成果，全省技术可开发量 1.27 亿 kW，经济可开发量 1.03 亿 kW，约占全国总量的 1/4。据统计，四川省境内开展前期项目的电站装机超过 4000 万 kW。四川已建的大型水电工程

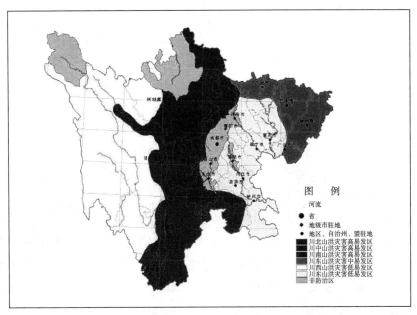

图8-3　四川省山洪灾害易发分区示意图

有瀑布沟水电站、二滩水电站、锦屏一期、紫坪铺水库等，在建的有向家坝电站、溪洛渡电站、白鹤滩电站、大岗山电站、泸定电站、长河坝电站、锦屏二期、双江口电站、两河口电站等。由于四川省的水电资源主要集中分布在金沙江、雅砻江、大渡河流域，这些区域刚好位于断裂活动地带，地震活动也较强烈，山地灾害较为严重。依据水利水电工程的地理位置和该处的山地灾害发育程度，按照所在流域将水利水电工程的山地灾害的危险程度分为以下几类。极度危险区：分布在大渡河上游到中游的金川至石棉间、岷江上游及其支流黑水、杂谷脑河的茂县至都江堰间、雅砻江及其支流安宁河的九龙至二滩间，主要为泥石流和滑坡灾害及工程引起的滑坡和斜坡变形，灾害规模大，危害极大；重度危险区：分布在金沙江中游的白玉至得荣间，雅砻江及其上游鲜水河甘孜至九龙段、安宁河中游，岷江上游松潘至茂县段，以泥石流、山洪灾害为主，发育程度中等，但危害严重；中度危险区：主要分布在川东的大巴山区嘉陵江流域上游以及阿坝州大渡河上游地区，以中小规模的泥石流和滑坡为主，兼有山洪和洪水灾害，分布密度较小，危害较重；轻度危险区：集中分布在盆地中部平原和甘孜州、阿坝州北部的金沙江、雅砻江、大渡河和岷江上游、嘉陵江中下游地区，除了零星的中小规模滑坡和泥石流外，主要为洪灾，对城市防洪工程和水利工程有一定危害，但总体危险性较小。

二　四川山地灾害特征与防御对策

（一）防治历史经验与存在问题

1. 山地灾害特征与防治经验

（1）山地灾害特征

四川省的几条主要江河的中上游地区都地处暴雨区，由于生态脆弱，地质构造复杂，地势陡峻，岩土体破碎，是滑坡崩塌、泥石流和山洪的主要分布区，洪水灾害相对较轻。山地灾害主要有以下特征。

①山地灾害主要以山洪以及由山洪引发的滑坡崩塌和泥石流等次生灾害为主。其灾害的特点是点多、面广，类型多、危害大。特别是局地暴雨作用下，由于形成条件相似，山洪、泥石流活动具有多沟齐发的特点，在暴雨诱发下，其流域沿线暴雨范围内就有可能引起数十条山洪、泥石流沟暴发，而滑坡崩塌多发生在断裂带、岩土体松散的陡坡地带。

②由于特殊的地质环境和气候条件，江河上中游具有局域性小气候的特点，局部地点暴雨十分集中。一个小流域遭遇长时间降雨及特大点暴雨，极易诱发山地灾害。虽然受灾范围较小，但突发性强，成灾迅速，危害严重。

③山地灾害具有明显的季节性，主要集中于 5~10 月的夏秋雨季，以 7、8 月为多，汛期时间长，防治任务集中而繁重。

④山洪灾害尤其是泥石流灾害多于夜间发生，山区夜雨多，增加了预测预报和避灾救灾的难度。如 2003 年 7 月 11 日的丹巴县特大泥石流灾害就发生于晚间 11 点左右。突发灾害使得撤离和救援都不能及时展开，造成了严重的人员伤亡和财产损失。滑坡崩塌的发生则较为随机。

⑤由于江河上中游山地多、峡谷多，河谷和沟谷较窄，沿河流域的冲洪积扇及泥石流堆积扇区域往往是人口、城镇密集区，同样也是工农业和交通发达的区域，一旦发生山洪、泥石流灾害，危害的程度十分巨大。

⑥山地灾害对交通影响巨大，一点受灾，全线交通中断，甚至堵塞河道，形成溃决洪水，将灾害范围延伸到下游地区。如 2011 年 7 月汶川县银杏乡的磨子沟、麻溜槽沟发生泥石流，不仅堵塞河道，还引起 400m 路基冲毁，国道 212 和 213 线中断 10 余天。而位于渔子溪和岷江交汇处的映秀更是屡屡被山洪和溃决洪水淹没。

（2）防治经验

四川省经过数十年的山地灾害防灾减灾，积累了丰富的防治经验，主要做到了全面规划，综合治理，突出重点，因灾设防；以防为主，避让、预防、治理相结合；从实际出发，做到了经济上合理，技术上可行，安全上可靠，进行综合治理；

以工程措施为主，采取生态工程和岩土工程相结合的原则。泥石流先治山治坡、再治沟、后治河；土建工程防治中，以拦、排为主，与稳、调、蓄相结合；滑坡崩塌以工程措施为主，抗滑、稳坡、排水相结合，进行综合施治。

山洪防治经验：坚持人与自然协调共处的原则，通过加强山洪防治区管理，规范人类活动，保护水土资源；坚持"以防为主，防治结合"，以"非工程措施的预防避让为主，非工程措施与工程措施相结合"；贯彻"全面规划、统筹兼顾、标本兼治、综合治理"的原则，在山洪灾害防治区内统筹考虑国民经济发展，保障人民生命财产安全等各方面的要求，作出全面的规划；坚持"突出重点、兼顾一般"的原则，对山洪灾害危险地段分轻重缓急进行工程治理，逐步完善山洪灾害的防灾减灾体系。

2. 存在问题

由于四川省灾害点多、面广，经济发展相对滞后，人均收入较低，山地灾害防治经费投入不足，防治的重点仍在沿江县级以上大中城镇，对于广大的农村仍无太多的资金投入；防治措施的软件、硬件均达不到国家技术要求，存在问题较多。

第一，单一农业结构、毁林开荒，加剧山洪灾害。两千年来，天府之国是以农（粮食生产）为本，单一的粮食生产占主导地位。人口锐增，单纯追求粮食生产，必然采取传统的粗放经营方式，如毁林开荒、坡地垦殖、广种薄收等。其结果是破坏了生态平衡，森林涵养水源、滞洪、蓄洪与固土保土效能下降；而水土流失的加剧，导致泥沙淤积塘、堰、水库，使水库蓄洪滞洪能力锐减，泥沙还淤积河道，抬高河床，减小比降和行洪断面，降低河道渲泄洪水能力。所以，单一的农业结构、毁林开荒，加剧了洪灾，形成恶性循环。

第二，灾害调查尚不深入全面。四川省泥石流、滑坡崩塌灾害频发，危害甚大。虽然地质灾害调查工作已进行了多年，但多以小比例尺面上调查和应急调查为主，但全省泥石流、滑坡崩塌灾害分布和危害程度有待进一步查清，深入到行政（自然）村的系统调查需要进一步展开。

第三，国务院《地质灾害防治条例》颁布不久，地方性配套法规尚待进一步建立健全。有关小流域山洪灾害防治方面的法规仍是空白。

第四，群专结合，群测群防体系尚待进一步完善。山洪灾害监测仅停留在以简易监测为主，内容单一，手段落后，尚未形成完整的山洪灾害实时监测预警系统。四川省山洪灾害信息系统尚处于基本数据库建设阶段，未建立起基于 GIS 的山洪灾害信息系统，不能有效提供全方位的实时动态查询，难以实现信息资源共享和提供快速决策服务。

第五，四川省由于山区经济落后，交通、通信往往因灾不畅，预警预报设施也极为落后，灾害来临时，当地群众多采用放火炮、鸣枪、敲锣、人工大声喊叫、高音喇叭等方法预警，上游群众虽能及时查知灾情，但缺乏现代通信手段通知下游群众。

第六，治理工程严重滞后。四川省山洪、泥石流点多、面广，且多分布在山丘地区，只在极少数重点泥石流沟有拦挡坝、排洪渠等工程措施。由于经费严重不足。大量隐患点得不到勘查与治理，使山洪泥石流滑坡等灾害仍威胁着人民生命和财产安全。

第七，防治方法和技术手段落后、专业技术人员严重不足。随着山洪灾害防治、勘查、设计、治理工作大幅度增加，无论在山洪灾害研究评价上，还是在勘查、治理、监测中，以及新技术、新方法、新理论的应用和推广方面，都有待于提高。

第八，公众宣传力度不够。从近几年的成功避让搬迁实例可知，基层乡、村、社区组织在防灾工作中起到十分关键的作用。目前的宣传方式和培训层面，还远远达不到防灾工作的需要。现存较大泥石流、滑坡隐患的地段并无警示设施，尤其是交通要道，无法引起当地群众和过往车辆、行人的足够重视。

（二）山地灾害发展趋势与防御对策

1. 发展趋势

江河上中游由于坡陡、谷深，在暴雨笼罩下，汇流时间短，洪峰形成快，破坏力特强，并具有突发性、成灾易、灾害程度重的特点，有时危及成片居民点或乡镇。同时还会造成滑坡崩塌、泥石流和山洪次生山地灾害。历史上四川滑坡崩塌、泥石流等山地灾害曾出现过几度活跃期和休眠期。它与地壳内外营力的变化密切相关。决定未来上中游山地灾害发展趋势的关键在于其激发因素如暴雨和地震的组合形式。

20世纪70年代是四川历史上地震活动最为活跃的时期，期间发生了3次7级以上强烈地震，数十次5级以上地震，导致川西地区大范围崩塌、滑坡的发生，而此后的80年代又是历史上一个暴雨、洪水灾害频发的时期，其发生频率约为100年一遇，地震和暴雨的相互叠加，使80年代成为四川省历史上地质灾害最为活跃、伤亡人数和灾害损失最为惨重的时期；80年代起地震活动相对平缓，此后的90年代暴雨灾害和洪水灾害也相对较轻，地质灾害相对不活跃，其灾害损失也较轻。

进入21世纪以来，四川先后发生了2004年9月、2005年9月和2007年7月3次大范围强降雨，其暴雨发生频率较90年代明显偏高，也导致了较大范围的山洪和泥石流、滑坡灾害的发生，人员伤亡和财产损失也呈增加之势。而2008年汶川8级地震及其数千次余震的发生，在龙门山及其毗邻的地区10万 km² 范围内不仅形成了大面积的崩塌、滑坡等次生地质灾害，同时，使山体松动，山坡失稳。而震区所在的龙门山地区本身就是四川三大暴雨区之一，其暴雨中心位于北川、绵竹和安县一带，最大小时降雨在 104.6 ~ 272.7mm，最大日降雨 240.4 ~ 365.5mm，其暴雨是岷江、沱江和涪江上游洪水和泥石流的激发水源。因此，这次特大地震将对未来20、30 年甚至 50 年的川西地区地质灾害的形成、分布、活动和未来发展趋势产生重大影响。

地震之后是滑坡、崩塌的高发期，泥石流灾害的大规模发生虽然要滞后滑坡、崩塌和碎屑流等地质灾害数年，但灾后经过数年物质和能量转化和积累，在暴雨和其他水源激发下，未来几年灾区将进入泥石流灾害活跃期，泥石流灾害的分布范围将逐渐扩大，其暴发频率增大，泥石流活动频繁，危害加剧，防灾形势十分艰巨，给灾区防灾减灾、灾后重建带来巨大困难。

2. 防御对策

江河上中游是滑坡崩塌、泥石流和山洪灾害的易发区和重灾区，也是防治的重点区域。

第一，做好全省防洪减灾规划、灾害危险程度评估，制订各级防灾减灾预案，加强和完善江河管理。

第二，应深入开展山地灾害详细深入调查，结合遥感、GIS、大比例尺调查，深入到行政（自然）村，查清泥石流、滑坡、崩塌等灾害分布情况，进行危害程度分区，制订防灾远期和近期规划。

第三，加大投入，对重点灾害进行应急治理工程，对部分特别严重的灾害点实施搬迁或避让；对无法搬迁避让的，应尽快开展防治工程勘察和治理工程，同时，加强生态和治理保护。

第四，加强灾害的监测和预警、预报，做好防灾预案。四川省山洪灾害信息系统尚处于基本数据库建设阶段，未建立起基于 GIS 的山洪灾害信息系统，泥石流和滑坡监测系统也需完善，实施气象、水利和国土部门联动。

第五，加强群策群防，开展灾害知识的普及宣传，提高群众防治灾害的自觉性和能力。

第六，采用新的防治方法和技术手段，培训专业技术人员。在山洪灾害评价、勘查、治理、监测中采用新技术、新方法和新理论。对各级专业技术人员进行防灾减灾能力培训，提高业务素质。

第七，加强洪灾管理，主管部门应与气象、国土、地震、民政等部门进行互动，提高综合防御能力。

三 山地灾害监测与预警

通过技术手段对山地灾害的监测，可以分析其形成机制、活动方式和诱发其变形破坏或活动的主要因素与影响因素，评价其稳定性；通过研究制定灾害活动判据，及时地按程序进行预警和预报。预知灾害发生、发展及其时间、空间和强度，不断提高预报准确率，为灾害防治提供数据，并可指导防治工程设计和施工，保证防治工程质量和效益。目前，水利、国土和气象等部门都建立了相应的山洪、洪水、滑坡、泥石流及暴雨监测网点，今后通过以上部门联动，根据监测和气象预报，能对山地灾害做出灾害预报，部分可以发出警报，不仅可以避免人员伤亡，减少经济损失，也为长江下游省（直辖市）防灾减灾提供保障。

（一）滑坡崩塌灾害监测预警

1. 指导思想

滑坡、崩塌监测的主要目的是具体了解和掌握崩、滑体的形成演化过程，及时捕捉崩滑灾害的特征信息，为崩塌、滑坡的正确评价分析、预测预报及治理工程等提供可靠的资料和科学依据。同时，监测结果也是检验崩塌、滑坡分析评价及滑坡工程治理效果的尺度。监测系统总体设计思想是针对不同崩、滑体的变形特征，采用不同的方案、手段监测；同一崩滑体上采用多种手段监测，使其互相补充、检核；选用常规与遥测、地表与地下相结合的监测技术和方法；形成点、线、面三维空间的监测网络和警报系统，有效地监测崩、滑体动态变化及其发展趋势，具体了解和掌握其演变过程，及时捕捉崩滑灾害的特征信息，预报崩滑险情，防灾于未然。同时，为崩滑体的稳定性评价和防治提供可靠依据。

2. 监测内容

监测的主要内容是对崩塌、滑坡的成灾条件、过程的监测和地质灾害防治效果的反馈监测，具体包括地表位移监测，即崩滑体的水平位移和垂直位移；裂缝变形监测，监测地表面或建筑物裂缝分割体之间相对在水平向张开、闭合、位错及垂直向升降的变化量；倾斜监测，监测地表或地表建筑物的倾斜、旋转变形；深部位移监测，主要监测崩、滑体不同深度地层的位移与滑动面（带）上下盘的相对位移等；滑体深部孔隙水压监测；降雨量监测，并收集气温、水位的数据。

3. 监测技术方法和手段

滑坡崩塌变形监测技术方法在变形监测方法的选择上，依据崩、滑体监测的内容，结合当前国内外监测技术和方法的发展水平，同时，兼顾测量的精度要求和监测工作的效率。在实际应用中应采用 GPS、InSAR 监测技术测量地表形变，钻孔测斜仪监测深部位移，选择孔隙水压力计来监测地下水动态变化，选择钢筋应力计与锚索（杆）应力计，分别用于监测抗滑桩内部钢筋和锚索、锚杆的受力变化；同时，采用遥测台网技术采集包括位移、倾斜、地下水、钢筋计、危岩声发射等在内的各种动态监测数据。根据变形监测和降水监测，来预测滑坡、崩塌的发展趋势，预报其发生的可能性，来达到发出预警报的目的。

(二) 泥石流灾害监测预警

1. 监测的思路和目的

泥石流监测分为形成条件 (固体物质来源、供水水源等) 监测、运动情况 (流动动态要素、动力要素和输移冲淤等) 监测、流体特征 (物质组成及其物理化学性质等) 监测等。通过监测，提出不同降雨条件下的冲刷侵蚀量，泥石流临界雨量及固体物质供给量，泥石流临界泥位、流量等，构建流域从上游形成区、中游流通区、下游堆积区的监测网络，为泥石流预警预报服务。因此，必须对重点、危害严重的泥石流小流域，开展监测，建立省、市、县三级泥石流监测网络。

在泥石流临近启动时或刚发生后，原地监测站、点 (或监测中心) 根据泥石流固有的特征 (振动、声音、泥位等)，迅速向下游保护区发出泥石流运动、袭击的警报信息；保护区监测站在接收警报后，发出警报，采取应急措施，指导人们避让、疏散达到减少人员伤亡的目的。预警的提前量通常是以分钟或 10 分钟为单位，因此，泥石流预警是泥石流减灾防灾的一项重要内容，也是在目前泥石流预报难度大，预报准确度不高的情况下，最为有效的减灾措施。

2. 监测的方法和手段

目前，常用的泥石流预警方法有接触式预警 (断线法、冲击力测量法) 非接触法预警 (地声测量法、次声测量法、超声泥位测量法以及红外摄像法)。由于泥石流现象的复杂性，为了达到减灾、特别是减少人员伤亡，运用以上任何单一的预警方法都有相当的风险，存在一定缺陷。因此，近年来人们都趋向采用多手段、多方法的预警报系统，且高速发展的卫星通信和 3G、GPRS 等无线传输技术也提供了传输的有利支持，使这一方法得以实现。

3. 预警报系统

泥石流早期警报系统硬件由遥测智能雨量计、泥石流次声警报器 (泥石流地声报警器) 超声波泥位计和红外图像采集及图像传输设备、监测控制和预报中心等部分组成 (见图 8-4)，具有监测和预报的多种功能。系统由泥石流采集监测设备、传输设备和监控中心组成，采集的泥石流监测数据通过传输设备汇集到监控中心，监测中心系统从雨量、次声到图像预警仪器提供的三种泥石流即将来临时的信息中可以分别得到 1 小时和至少 10 分钟的提前量。而图像则可亲眼见到泥石流和大致估算其规模。决策机构可以根据此信息发布黄色 (来自雨量的阈值)、橙色 (来自次声和泥位信息) 和红色 (来自图像) 三种警报，同时，发布撤离、避难、封闭交通线等命令，实现减灾防灾。

(三) 山洪灾害监测预警

现在用计算机辅助决策、数据库管理、遥测遥感、现代通信等成熟技术，建立一套基于地理信息系统的平台，以县级中小流域为预警单元，对山洪洪水灾害重点防御区实现提前有效的预报预警，最大限度减少和避免山洪灾害导致的人员伤亡和财产损失。

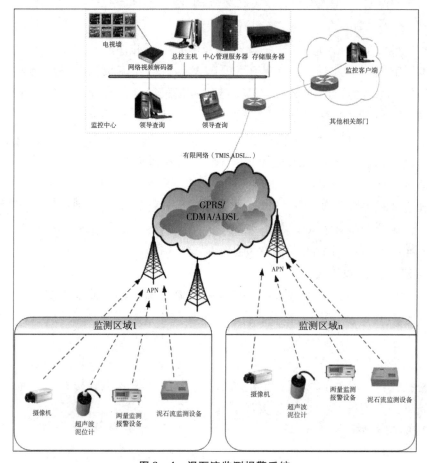

图 8－4　泥石流监测报警系统

监测预警系统主要建设内容包括：一是网络支持平台。设立专用值班监测室和会商室，建立县防汛指挥部局域网，添置网络服务器、各类交换机和网络防火墙等基础设施设备，搭建快速、高效的信息化工作环境。二是信息采集系统。对辖区内已建的水文、水利、气象、国土站点进行优化或站网改造，按照满足全县雨、水情监测的要求进行扩充和改造，所有监测设施全部具有自动采集、存储、遥测报汛等功能，建立一个合理的信息基础采集网。对中小型水库较多的县，设计全县中小型水库基本信息查询、检索子系统，以图形化形象表现出来，供防汛会商决策参考。三是决策支持系统，建设集雨情、水情、气象、工情的采集、传输、入库、检索、分析、决策为一体的县级防汛决策支持系统，通过收集的水文、防汛和地质实时监测信息和历史数据，提高对水文信息、气象信息、滑坡、泥石流信息以及其他工险灾情信息处理的时效性，并对其发展趋势作出及时、准确的预测和预报，制定防灾减灾调度方案，为科学决策提供依据和支持。四是预警预报系统。从防汛综合数据库中自动提取预先设置的临界值信息，自动发送提醒防汛值班人员或防汛指挥部相关成员单位，并报上级防汛指挥部；在防汛会商会上按照领导决策的防汛指令，人工或自动发送到相关部门和乡镇村组一级，以供参考决策和预警转移。系统由短信预警系统、电话预警系统、广播预警系统以及预警发布网站组成，预警电话和预警短信覆盖全县所有防汛专业人员、防汛责任人、抢险队员以及危险区住户和境内企业；语音预警广播系统站覆盖全县所有山洪地质灾害危险区。五是网络传输系统。通信网络主要为监测站与各级专业部门之间、各级专业部门与各级防汛指挥部之间的信息传输、信息交换、指挥调度指令的下达、灾情信息的上传、灾情会商、山洪警报传输和信息反馈提供通信保障，形成一个基于计算机广域网的会商指挥信息的共享传输平台。

山洪洪水灾害监测预警系统的主要特点：一是信息采集及时准确，通过利用GPRS或GMS信道，准确、可靠、及时地采集实时降雨、水情和地质灾害信息。二是发布预警速度快、针对性强。系统能根据采集的实时降雨信息进行分析，判别出是否需要发警报，需要发哪一级警报，警报要发送给哪些区域的哪些人，大大提高了报警发布的及时性、准确性和针对性。三是该系统的兼容性强、用途广泛，增加部分软件开发就能促进单位的办公自动化、信息化建设。

在预报预警方面，要层层落实抗灾责任制。没有坚强有力的组织体系，就难以保障预报预警的实效性。围绕这个问题，主要是强化和落实四个层面的责任制。一是行政首长责任制。实行省级领导联系市州、市级领导包县、县级领导包乡、乡干部包村的责任体系，层层签订责任状，一级对一级负责，一级对一级督查。二是基层组织防灾责任制。全面实行村干部包组、党员骨干包户的工作机制，每个村都明确了监测员、信号员，组建了应急小分队，各司其职，各负其责。三是水库保安责任制。对所有水库要求做到泄洪畅通、道路畅通、通信畅通、供电畅通和责任落实、预案落实、队伍落实、物资落实、防守落实。四是对所有电站、矿山及在建涉水工程，按照属地管理的原则，严格防灾责任制，明确责任人，落实保安措施。为了确保责任制的落实，各级各部门还建立了严格的责任追究制。

四　加强山地灾害科普宣传教育，提高减灾防灾能力

据调查统计，新中国成立60多年来，山地灾害总是年年有，年年发生，减少的趋势不明显。尤其是前30年。新中国刚成立，国家还很穷，科技水平还很低，国家拿不出多余的钱投入到大江大河的山地灾害治理。即使拿出了钱，也因没有有

效的治理办法研究出来而无法实施。近 30 年不同了，国家投入到山地灾害的治理经费逐年增加；经过 30 多年山地灾害防治的研究与工程实践，已总结出许多山地灾害防治的方法和技术。近几年还研究出不少新方法和新技术。有的县、乡小流域，有关工程部门应用这些新方法、新技术，收到了减灾防灾显著效果。对于全局来说，年年多灾，多大灾，损失、伤亡惨重的现象仍没有明显好转和减少的趋势。究其原因，除自然因素外，沿江两岸人民的减灾防灾的科普知识缺乏，广大山区民众抗灾自救的能力比较低，也是重要的原因。为改变和减轻上述因素的作用，特提出以下四方面的意见和建议。

（一）建立健全管理法规，加强政府监管力度

近 30 年，国家针对大江大河的资源开发、利用和灾害防御制定了不少管理法规条例。如"水土保持法"、"防洪法"、"地质灾害防治条例"等。但仍有许多考虑不到、不完善的地方。如大江大河的管理条例，是否适用中、小河流，在大江、大河的支流管理上是否适用。在大多数人的眼里，甚至在部分地方政府官员眼里，认为大江大河管理条例，只能管大江大河干流，对中、小河流，对支流不适用。这就给少数所谓的企业家不顾生态环境，甚至牺牲生态环境，在大江大河不敢干的，在中、小河流上，在支流上拼命掠取，乱挖、乱建、乱开发。造成大量生态被破坏，水土流失加剧，滑坡、崩塌、泥石流、山洪等灾害频繁发生。有的地方政府监管不力，睁只眼，闭只眼，装着没有看见。甚至为了地方的局部经济利益，帮助违法企业说话。为扼制以上现象蔓延，特提出以下几点建议。

第一，完善大江大河管理条例，制定对中、小河流管理办法，严防流域内违法乱建现象发生。

第二，加强政府监管力度，实行政府分管首长负责制，政府主管官员及家属不得参与流域开发投资入股。

第三，加强政府分管职能部门人员的培训，提高执法管理水平，增强管理责任心。

第四，加强流域资源开发、利用及其他建设项目依法审批制度。未经所在地区政府和主管部门批准的项目不得立项建设；未按《水土保持法》和《地质灾害防治条例》，对建设场地进行"水土保持方案编制"和"地质灾害危险性评估"的项目不得开工建设。违反上述规定者，应立即依法查处。

第五，加强流域综合管理、依法经营、文明执法守法的宣传教育，杜绝乱开、乱挖、乱建的现象发生。

（二）建立完善的管理和监测预警体系

1. 江河管理体系

多年来我国的江河管理逐渐形成两大体系，即长江、黄河等大江大河干流管理

体系，以水利部管理为主，省、县地方政府协助；中、小河流管理体系，以省、县管理为主，水利部门监督。

从 20 世纪 60 年代起，水利部在长江、黄河等八大江河建立了流域管理机构，行使对大江大河的管理职能；在地方政府内设置了省水利厅、县水利局，行使地方政府对辖区内中、小河流的管理职能；水利部从立法的角度予以监督，上级水利部门对下级水利部门进行指导，这是理所应当的。从 20 世纪 90 年代起，国家将国土管理和地质矿产管理合并成立国土资源部，地方政府相应成立省国土资源厅和县国土资源局，将中、小流域的崩塌、滑坡和泥石流等地质灾害剥离出来，归国土资源系统管理，这在国家和省两级来看并没有不妥之处。但在县级政府里面就有明显不妥和矛盾之处。山区县常见的山地灾害是山洪、崩塌、滑坡、泥石流和干旱、洪涝灾害。过去是一家管理，现在是两家管理，显然有些不顺，这主要体现在县域各种灾害的调查、评估，防治规划制定、设计和典型灾害点防治设计和上报、投资渠道、经费来源等。两个部门都抓，就会出现重叠、重复投资的现象，有限的灾害治理费用不到刀刃上。如果两家推诿，需要重点治理的灾害点就有可能漏报，就会出现该治不治的现象，由此会导致发生严重的灾害事件。

为解决上述问题，建议在县政府内设立减灾防灾协调办公室，其职能是协调全县的减灾防灾工作，充分发挥两家的积极性和主动性；负责组织编制全县减灾防灾规划，确定重点防治区、点的防治规划设计，上报申请立项；负责组织协调重大灾害隐患点的监测、预警体系；统一分配使用减灾防灾经费。

2. 监测预警体系

山区县经山地灾害的全面调查（排查）和危险性分区、评估，都会找出多处重大灾害隐患点。由于国家和地方财力限制，每年投资灾害治理的经费有限，不能对所有的重大灾害隐患点列入近两年治理计划，只有那些近两年发生灾害的可能性很大，可能造成重大灾害的列入近年内治理；而对多数隐患点采取监测预警的方式，掌握灾害隐患点形成演化趋势，为下阶段重大灾害隐患的治理规划提供依据；同时，用预警的方式告诉涉险区居民的危险性，达到减灾防灾的目的。

长江水利委员会于 20 世纪 80 年代初，在长江上游开始建立滑坡、崩塌、泥石流监测预警体系，经过近 30 年的运行，监测预警体系趋于完善；20 世纪 70 年代初在国家防汛抗旱总指挥部（简称国家防总）的指导下，四川省防办在各县建立了防洪监测预警体系；同时，省水保局在水土保持重点区开始建立水土流失监测体系；21 世纪初，省国土资源厅在全省山区县建立了县、乡、村重大地质灾害隐患点监测预警体系。这些监测预警体系覆盖全川，虽然他们各有其主，但在一个县域内仍需要统一协调。上述县政府下设的减灾防灾协调办公室，理应起到这个作用。各专业技术部门的监测预警体系按时准确地向上级主管部门报告监测情况和成果。同时，应抄报县减灾防灾协调办公室。在县减灾防灾协调办公室的统一规划协调下，各专业监测预警体系不断充实完善，使全县山地灾害监测预警的综合潜能得到充分发挥。

（三）加强山地灾害科普宣传教育提升全民防灾意识

江河流域管理和山地灾害防治都需要流域人民来实施、维护。因此，向流域人民进行山地灾害防治科普宣传教育势在必行。从 20 世纪 80 年代起，四川省防办根据四川省山洪、滑坡、泥石流灾害多发的特点，在洪涝灾害多发的县、乡，建立了洪涝灾害监测预警体系；同时举办县乡分管领导和直接参与监测预警的技术人员参加的防洪知识培训班。讲授的内容除防洪基础知识外，崩塌、滑坡、泥石流灾害及其防治也是讲授的主要内容。每年举行一次，直到 20 世纪 90 年代初。与此同时，四川省水土保持局配合长江流域重点水土流失治理区的监测预警也举行了多期水土保持和山地灾害防治基础知识培训班；从 20 世纪 90 年代中期开始长江水利委员会水土保持局在长江上游水土流失重点治理区建立了滑坡（含崩塌）泥石流（含山洪）监测预警系统，由 1 个中心站、3 个一级站、8 个二级站和若干监测点组成。针对监测预警系统管理和监测技术人员缺乏的情况，从 1996 年开始在四川、重庆、贵州和甘肃陇南等地举办了多期滑坡、泥石流监测预警知识培训班，滑坡、泥石流灾害防治和预测预报是讲授的主要内容。以上科普宣传和教育在灾害多发的县、乡的减灾防灾上发挥了重要作用，受训人员不仅增长了减灾防灾知识，而且减灾防灾意识和能力也有显著提升。但对于全川所有江河流域来说这仍然是少部分。乡村大部分人员的减灾防灾知识仍较缺乏。2004 年四川省国土资源厅为贯彻实施国务院颁发的《地质灾害防治条例》，先后对全川崩塌、滑坡、泥石流等地质灾害进行了全面调查和地质灾害易发性分区；在地质灾害易发区内进行详细排查，挑选出近几年有可能发生灾害的重大地质灾害隐患点，建立县、乡、村三级监测预警体系，县由地质环境监测站负责，乡由国土所负责，村由村委会组织监测点的具体监测工作。为使监测预警体系正常有序进行，全面提高灾害隐患区人民抗灾自救能力，国土资源厅于 2006 ~ 2008 年在全省开展了两期"地质灾害防治知识万村培训行动"，参培县市 40 多个，参培人员为地质灾害监测预警体系的全体人员，县、乡、村有关管理干部，涉险区全体村（居）民，中学、小学高年级师生等。受训人员比前面的专业培训范围大得多，采用多媒体、图片、课堂教学、灾害现场讲解、深入村庄农家院坝宣传，形式多样、灵活，基本达到"全民宣传教育"的效果，可惜这种减灾防灾基础知识的培训活动，震后未继续下去。为使流域山地灾害防治科普知识宣传教育做到常态化、持久化，特提出以下几点建议。

1. 规范完善科普宣传教育体系

针对现行科普宣传教育中缺乏统一的组织管理体系问题，建议在省、市、县科协内设置相应的组织管理机构来规范管理此项工作。

（1）省科普宣传教育中心

该中心设在省科学协会内部，负责计划、组织管理全省性的较大型科普宣传教育活动。所需经费列入省财政计划内。省级专业技术部门开展的全省性的科普宣传教育活动，需提前一年向省科普宣传教育中心申请，并可申请补贴部分活动经费。

每项全省性的科普宣传教育活动都应进行完整设计，包括申报部门和承担单位、"活动"的内容、目标和开展的方法等；"活动"结束后要有完整的总结报告。

（2）市（县）科普宣传教育办公室

该办公室设在市（县）科协内，负责计划、组织管理市（县）级科普宣传教育活动，所需经费列入地方财政计划，国家级贫困县，列入省财政计划内。县级专业技术部门开展的县级科普宣传教育活动，应提前半年向市（县）科普宣传教育办公室申请。获准后，视办公室的经费情况可给予部分活动经费支持。

（3）充分发挥乡、村文化室的作用

近年来许多地区乡、村文化室很活跃，农民学科学、用科学的气氛在发展，这是一个很好的现象。市（县）科普宣传教育活动应该很好地利用这个平台开展活动，所需的宣传教育活动材料、教员，可提前向省科普宣传教育中心申报，也可向省级、驻川有关大专院校、科研、设计单位申请支援，如"山地灾害"方面宣传教育可向国土厅系统、中科院成都山地所和成都理工大学环工学院申请支援。

2. 恢复"地质灾害防治知识万村培训活动"

2006～2008年，四川省委组织部会同省国土资源厅等四厅委组织开展了两期"农村地质灾害防治知识万村培训行动"。在这两期培训前，国土资源厅做了充分的准备，首先对培训的对象、目标、内容、方法和经费来源进行了详细设计；培训用的教材、资料和教师管理方式等都进行了周密筹划。在此基础上由政府行文，从省级和驻川有关大学、科研、勘察设计单位抽派有经验的科技人员组成宣讲团。而后召开宣讲团全体成员和受训市（县）有关管理干部参加的动员大会，统一部署此次培训活动。培训对象有市（县）国土部门管理人员，技术干部，乡、村国土员，地质灾害重大隐患点的监测人员和村委会分管领导干部，还有重大地质灾害隐患点涉险区村民。培训方式以崩塌、滑坡、泥石流灾害防治基础知识讲授为主，采用多媒体课堂讲授、录像、展示图片和到灾害点现场宣讲与到村庄院坝宣教等相结合，形式多样，方法灵活。培训结束后受训县和省府宣讲团都进行了认真总结。两期培训的效果总体较好。如此好的培训活动应该长此下去，做到常态化。不过应作如下完善构想。

（1）培训时间

全省性的地质灾害防治知识培训活动，建议每3～4年举行一次（与市县级领导班子换届一致），分两个层次进行。省级培训：培训对象为市（县）新上任的分管减灾防灾的领导干部，国土、水利、水保、防洪等系统的减灾防灾专业技术干部，为市（县）级地质灾害防治知识培训班培训师资教员，培训方式以课堂授课为主，也可到现场灾害点教学。

市（县）级培训：培训对象为乡、村分管减灾防灾的干部，乡村国土员，水利、防洪水保人员，群测群防人员，重大地质灾害隐患点监测人员，重大地质灾害隐患点涉险区村民（居民）；培训方式为多媒体课堂授课、挂图宣传、灾害点现场宣讲、深入村民院坝宣传等，方式灵活多样。建议每年3月第一周定为减灾防灾宣传周。充分利用乡、村文化室，小集镇赶场天进行减灾防灾知识宣传。

（2）培训内容

依据广大山区农村常发的灾害类型、特征，建议在原崩塌、滑坡、泥石流等灾害的基础上增加山洪、水土流失和地震等灾害的基础知识内容。

3. 建立科普读物编辑出版激励机制

鼓励编辑出版"减灾防灾"科普图书、宣传挂图和音像资料。因为此类读物、资料大多发给基层无偿使用，特建议有关出版部门给予出版费资助。主编人员所在单位应将科普图书与其他科学著作同等对待。

4. 科普教育从小做起，持之以恒

针对山地灾害的区域特征，减灾防灾工作应从小做起。建议在初中地理课教育中增加乡土地理内容。乡土地理教材由所在市县教育局组织有关减灾防灾科技人员编写出版。

（四）加强江河两岸保护力度，严禁乱挖、乱建

江河两岸的环境保护历来是个大问题，有法不依、执法不严、违法不究的现象时有发生，为扭转这个局面特提出以下措施和建议。

1. 理顺流域管理与属地管理的关系

我国从中央到地方的各级人民政府是最系统完善的管理部门。为加强大江大河的管理，又在大江大河流域设置了流域管理委员会，并在流域上、中、下游设置了管理局。这两种管理体系并不矛盾，并明确了以政府管理为主，流域管理体系只对大江大河干流的水资源（包括水能资源）的规划、开发利用、水土保持和环境保护等进行管理，作为政府全面管理的补充，没有矛盾。

2. 强化执法力度

为加强国土保护、各种资源的开发利用、各种建设项目的开展、各种灾害的防治、江河流域的综合治理、各种违法乱纪行为的处罚，国家和各部委制定了许多规章制度和条例进行管理。"法"虽然有了，还需要人去守法、执法。执法人必须自身先守法。按照我国县、乡、村基层组织结构，执法人有三类：一类是县公安执法队伍；二类是县乡村分管干部；三类是城市、乡村广大居民（农民）。一类是执法主体中坚

力量；三类是基础，是千里眼，任何违法现象都逃不过人民群众的眼睛；二类是县、乡、村分管干部，是二传手，也很重要。三类人员协力配合，布下法网，任何违法乱纪行为都逃不出法网。现在的问题是执法力度不够，针对这一问题特提出以下建议。

第一，加强流域开发、建设和环境保护有关的法律、法规的宣传教育，全面提升流域人民的知法、懂法、守法的水平。要执法，首先得知法、懂法和守法。乡、村两级组织是乡村普法宣传教育的主体。乡政府分管部门针对本乡实际制定出有关法律、法规宣传教育的年度计划，利用乡、村两级文化室平台，采用灵活多样的宣传方法，有计划、分阶段向全体人民普及有关法律、法规知识。必要时可通过县政府法制办向省法制办申请派法律专家到乡村宣讲有关法律、法规知识。

第二，乡、村两级管好自己的人，遵守有关法律法规，在流域内不乱挖乱建，教育人民，保护环境是自己不可推卸的责任。

第三，建立完善安全可靠的举报制度。人民群众是千里眼，任何违法犯罪现象都逃不过人民群众的眼睛。县法制办、主管执法部门可依据本县情况制定和完善举报制度，此举报制度应有尊重和保护举报人的权益，鼓励、奖励举报人条款，为举报人保密。涉及举报人和家人安全的，执法部门应特殊保护；涉及政府官员的违法案件可越级举报。

第四，县执法部门受理有关违法案件后，应及时安排执法队伍到现场勘察处理，若超出权限范围，应立即上报处理。

第五，建立执法人员的约束机制。执法人员应首先学法、懂法、守法，不断提高执法水平。秉公办案，不徇私情，以法律为准绳，不惧权势、高压。执法人员虽经过严格的挑选和上岗前的培训教育，但仍有少数执法人员，不能自律，管不住自己，知法违法的现象仍有发生。所以上级主管部门仍需制定执法人员的约束机制。

3. 严格流域开发建设项目的管理

第一，大江大河干流的开发建设项目，报流域管理委员会审批，同时报所在省（自治区）市（县）政府主管部门登记备案。

第二，流域内的其他开发建设项目按项目管理权限，报所在省（自治区）市（县）政府主管部门审批。

第三，乡、村人民安居房建设，由乡、村两级计划安排，报市（县）政府主管部门审批。

第四，所有申请立项的开发建设项目必须开展前期工作（勘察、规划、可研、设计），否则不予受理立项，批准立项后必须按有关技术规范，进行建设场地详细勘察、地质灾害危险评估、建设项目水土保持方案编制，对环境质量有影响的项目还应进行建设环境综合评价。在此基础上进行建设项目初步设计，并上报主管部门，经主管部门组织专家评审，通过后报政府主管部门审批，未经上述管理审批程序的项目不开工建设，擅自开工建设的均属违法。

4. 推行先治理后建设的保护性施工新技术

江河两岸的建设项目，都需平整建设场地，做到三通一平。这些工作中都要开挖边坡，引发小规模滑坡、崩塌。大量泥土、石块弃入沟、河边，可引起小型泥石流。过去的做法是不管建设过程中的灾害问题，只管主体工程建设。在这种思想指导下进行大开挖、大建设，就可能在一场大暴雨中引发泥石流，把施工场地冲毁，或引发大型滑坡，被迫投入巨资治理，真是"偷鸡不着，倒塞一把米"。现在不行了，国家有法律规定，在建设场地地质灾害危险性评估报告中都明确提出对环境先保护，对灾害先治理，后建设的要求。并要求环境保护性工程（护坡防冲工程、山洪排导工程、建设场及后山排水工程）和灾害治理工程（泥石沟的拦挡坝、排导槽工程、滑坡的抗滑工程、崩塌的削坊保护坡脚工程）与建设的主体工程同时勘察、同时设计、同时施工，即三同时，有条件的应先于主体工程施工。

5. 加强小流域和山地灾害的综合治理

江河中、上游山高、坡陡、谷深，为山地灾害的形成提供了条件，是山地灾害的多发区，是江、河流域的重点治理区。通过流域的全面调查，研究分析流域水土流失和山地灾害发展趋势，并进行综合治理规划，将水土流失严重的小流域，近期有可能发生较大规模的崩塌、滑坡区和泥石流沟，列入近期综合治理计划。要明白治沟在上游，得利在下游的道理。

6. 继续推行陡坡耕地退耕还林政策

20世纪90年代末，国家实行大于25°的陡坡耕地退耕还林政策，经过10多年的推行，山区广大农民已逐步认识到这项政策对江河治理、环境保护有深远意义，都将自家大于25°的陡坡耕地退耕还林、还草。现江、河上游基本形成"坡顶绿帽子、坡腰绿带子、坡脚绿一片"的景观。水土流失和山地灾害已明显减少，农民已从高山陡坡上迁到山腰、山坡缓坡上，从种粮为主改为种粮与林、果、畜多种经营相结合，不仅增加了收入，而且生活质量也有所提高。

据调查，江河流域上游仍有少量大于25°的陡坡耕地还在耕种粮食，所以这项政策仍需继续推行。

五　汶川大地震后防治山洪泥石流灾害及次生灾害对策

2008年5月12日下午2点28分，四川省汶川县发生里氏8.0级强烈地震，震中位于汶川县映秀镇。震中烈度11度，地面破坏范围沿北东向龙门山断裂带展布，面积超过10万 km² （见图8-5）。这次地震造成的极重灾区县（市）10个，全部在四川省；重灾区县（市、区）41个，分布在四川省29个、甘肃省8个、陕西省

4个。从流域分布看，地震极重灾区和重灾区大多处于岷江、沱江、涪江和嘉陵江等河流上游及河源地区。这些地区山高、坡陡、谷深，强地震时，在沟、河两岸引发了大量崩塌、滑坡、泥石流（碎屑流）和堰塞湖等次生山地灾害10万余处。

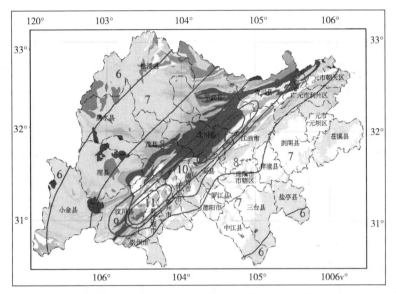

图8-5　汶川"5·12"地震烈度分区示意图

部分松散物质进入沟、河床，使沟河床填高2～5m；大量块碎石堆积在斜坡中、下部，对坡脚沟河两岸村庄造成毁灭性危害。不仅如此，还使斜坡中、上部岩体表层振松至少2m以上悬于斜坡上，极不稳定（见图8-6）。这些为震后山地灾害的强烈活动奠定了基础。据震后重灾区调查统计，有潜在滑坡、崩塌、泥石流等山地灾害隐患点4万～5万余处。

图8-6　汶川地震震中地区被振松崩滑的山坡景观

（一）山地灾害特征及对江河的影响

震后山地灾害的形成和特征与震前相比有明显的变化，主要体现在：

1. 滑坡、崩塌的形成和特征

（1）地形

地震后坡度有所减小，地震前坡面上的危石、突出坡面的陡崖在地震中被振松发生了崩塌；原陡坡（30°以上）上的松散表土层，在地震中被振松发生了滑坡崩塌，滑坡下来的大量物质堆积在斜坡下部一坡脚，使斜坡平均坡度有所减小，但减小的幅度不大，仍属于高陡斜坡范围。

（2）地质岩性

地震后有明显变化，原斜坡上、中部陡峻的岩质斜坡表部在地震中被震松，有的当时就崩塌了，但大部分还留在原地，成为震后崩塌的隐患点。在斜坡下部原坡残积碎石土上又堆积了地震中崩塌、滑动下来的大量块碎石土，增加了滑坡体的危险性。只因为地震时大量块碎石土进入溪沟河道中，降低了原河道坡降，并将原坡脚淹没，阻止了滑坡体的滑动。一旦坡脚被山洪水冲刷淘蚀，滑坡就易发生。

（3）地震影响

震前地震影响很小，震后虽不如地震时那么大，但余震不断，据监测资料2008年地震后到年底发生余震6000多次，最大的6.1级，2009年也有3000多次，2010年只有几百次，最大的5级，2011年就更少了。震后头两年崩塌、滑坡的发生受余震控制，之后逐渐转为降雨控制，灾害程度主要受暴雨强度控制。

震后诱发崩塌、滑坡的烈度下限降低了，震前诱发崩塌、滑坡的地震烈度下限为Ⅵ度，震后头几年诱发崩塌、滑坡的烈度下限降为Ⅴ度，有的陡坡上，连Ⅳ度都可诱发，可谓风吹草动便会发生崩塌。

（4）降雨的影响

地震前大雨、暴雨大多不会立即诱发滑坡、崩塌发生，一般要滞后大雨、暴雨后1天到数天，尤其是长期中、小雨，大雨对滑动面的形成和滑坡的发生极为有利；震后不同，斜坡表部岩土很松散，一降大雨、暴雨，几乎全部雨水渗入地下，当受到震前斜坡表土层阻隔时，使斜坡内静、动水压力剧增，可立即激发崩塌、滑坡发生。

（5）崩塌、滑坡频次和分布范围

震前一个地方发生崩塌、滑坡后，在同一地方可数年、数十年不再发生，有的崩塌、滑坡后就处于长期稳定，不再发生。震后不一样，在同一个崩塌、滑坡地方，震后第一年就可能发生4~5次，第二年发生2~3次，第三、第四年逐渐减少，直到处于相对稳定。

震前滑坡、崩塌分布总体较少，震后滑坡、崩塌非常广泛，几乎25°以上的所有斜坡都有崩塌、滑坡发生的可能。震前没有滑坡、崩塌分布的沟谷两岸,震后已变成滑坡、崩塌密集分布的沟。

2. 泥石流和山洪的形成特征

(1) 泥石流的形成

泥石流形成的三大要素的具体内容。地震前后也是有较大变化的。其中松散固体物质总量变化最大。地震前岷江上游、沱江、涪江上游沟源地区松散固体物质总体较少。由于植被较好,大部分松散固体物质被植物根系固定在沟谷两岸山坡上,在强降雨条件下直接进入沟床产生泥石流的固体物质就更少了。震后大不一样,山体中上部强风化地层几乎全被震松,小部分以崩塌、滑坡的方式到斜坡下部和沟床堆积,大部分松散层还悬挂在斜坡中、上部。其松散固体物总量难以估算,大体是地震前的 60～100 倍。北川县老县城曲山镇后山有 3 条支沟(席家沟、花石板沟和魏家沟),地震前有松散固体物质仅 5 万 m³;地震后席家沟发生滑坡、崩塌和不稳定斜坡共 28 处,体积 150.4 万 m³;花石板沟有 44 处,体积 161.8 万 m³;魏家沟有 17 处,体积 26.9 万 m³。三支沟共有松散物质总量 339.1 万 m³,是震前的 67.8 倍。位于岷江上游映秀镇北侧 5.4km 处右岸的马羊站沟,流域面积 2.12km²,地震前植被较好,多年未发生泥石流。地震中造成 23 处崩塌、滑坡,体积约 140 万 m³,斜坡表部破坏震松面积占 60% 以上。地震后当年雨季就发生 6 场泥石流,冲入岷江河谷形成 6200m² 的堆积扇。据震后高分辨遥感影像解译,此次大地震使震中高烈度区沟河两岸地表崩塌、滑坡和震松破坏了的面积占流域面积的 10%～50%,部分沟达 60% 以上。由此推算高烈度区泥石流沟松散固体物质总量将是惊人的。

前已论述,震后山坡微地貌和沟床特征都有较大变化,大部分松散块碎石土堆在坡脚和沟河床上,使沟河床填高 2～5m,少数堆高达 10～30m。使沟河堵断形成大大小小的堰塞湖,沟床高高低低,极不顺畅,为突发性山洪、泥石流的发生创造了条件。

地震前后泥石流形成的强降雨条件虽没有明显的变化,但泥石流启动的临界雨量都有所变化。地震前,地表松散土层相对较密实,植被又比较好,降下的大雨、暴雨大都以地表径流的方式排走,渗入地下的是少部分。地震后由于斜坡下部、沟床堆积了较厚的,且十分松散的块碎石土。无论是小雨、大雨,几乎全部渗入地下,储于孔隙中。一旦孔隙全部充满水,泥石流便立即启动。所以泥石流启动的临界雨量应比震前小。据地震前 2003 年《北川县地质灾害调查与区划报告》,北川地区震前泥石流发生的前期累积降雨量为 320～350mm,激发泥石流的临界雨量为每小时 50～60mm;地震后当年 9 月 23～24 日的泥石流发生前的累积降雨量为 272.7mm;泥石流启动的临界雨量为每小时 41.0mm,比震前分别降低了 19% 和 25%。

（2）泥石流规模

由于震后沟道两岸崩塌、滑坡和不稳定斜坡很多，松散固体物质剧增，沟道堵塞也很严重，泥石流发生的规模也因此而明显增大。据调查统计，震后泥石流发生的规模较震前增大50%～100%，甚至更大。

（3）泥石流容重

地震中沟河两岸斜坡表土层和强风化碎屑被振松，并以滑坡、崩塌的方式进入斜坡脚和沟床，会使这些沟床泥石流的容重提高，由稀性泥石流转化为过渡性或黏性泥石流。据震后汶川、北川等8个县城泥石流调查，泥石流容重比震前提高10%～30%。且泥石流性质较单一，一般以黏性泥石流为主，容重值多在2.10～2.13g/cm³之间。

（4）具有明显的高发性和群发性

由于震后强震区沟河两岸松散物质剧增，所以发生泥石流的频次会明显增加，具高发性和群发性特征。汶川县银杏乡的马羊站沟、磨子沟和高家沟地震以前为低频泥石流沟，震后已转化为高频泥石流沟。据调查访问，马羊站沟震后当年雨季7月14日、21日、22日，8月3日、5日、6日共发生了6场泥石流，最大一次堵断岷江干流。磨子沟2008年地震后至2009年两年雨季共发生泥石流8场，其中2008年雨季发生了6场泥石流，多次冲毁沟口213国道桥梁，堵塞岷江干流，累积淤高25m，回水淹没上游一碗水村民19户（见图8-7）。

震后泥石流不仅具有高频性，而且还具有明显的群发性。一场暴雨所涉及的区域，几乎沟沟都会发生泥石流。震后当年9月24日暴雨，北川县内72条沟同时暴雨泥石流。北川县雷鼓镇的苏宝河流域有14条支沟，地震时发生崩塌滑坡423处。震后的9月24日暴雨激发下，同时暴发了大规模泥石流，使河道淤塞填高10m以上。

图8-7　银杏乡磨子沟震后多次泥石流堵塞岷江

注：谢洪2008年12月摄。

（5）非泥石流沟向泥石流沟转变

龙门山地区的 10 余个县市，地震前有许多沟未发生过泥石流，此次地震后都变成了泥石流沟。如前面列举的马羊站沟、高家沟、苏宝河流域的 14 条支沟，震前都认为是非泥石流沟，震后 2008 年和 2009 年雨季都发生了多次泥石流。位于震中区映秀镇附近的牛眠沟，震前大家公认的非泥石流沟，沟床两岸已为富饶的耕地和农民住房，此次地震后沟床上已堆填、淤高了厚近 30m 的松散物质，加上两岸坡悬挂的崩塌、滑坡等碎屑近 1000 万 m³，牛眠沟已变成了大型泥石流沟。

3. 堰塞湖形成与沟床特征

（1）堰塞湖的形成

突发性崩塌、滑坡、泥石流堵断沟河是堰塞湖形成的重要物质条件，而大气降水和沟河长流水是堰塞段上游积水成湖的重要水文条件。"5·12"汶川大地震Ⅸ度以上高烈度区沟河两岸都发生了大量崩塌、滑坡和泥石流，使岷江上游，沱江、涪江、嘉陵江等上游和沟源地区沟河多处被堵断形成大大小小的堰塞湖数百处。据震后四大江河水系调查（不含调查人员无法到达的地段），有较大型堰塞湖 104 处，其中有明显危害和潜在威胁的有 34 处，如最具代表的唐家山堰塞湖。此堰塞湖位于北川县城北 3.2km 的涪江一级支流湔江右岸唐家山。堰塞体顺河长 803m，横河宽 611m，坝高 82～124m，估算体积 2037 万 m³，库容 3.16 亿 m³。为地震时唐家山段两岸大规模滑坡堵塞河道而形成的堰塞湖（见图 8-8）。此堰塞湖直接威胁下游北川县和沿江乡、镇及村舍，直至川北重镇绵阳市的安全。潜在危害十分巨大，曾一度引起全国人民的关注。

（2）沟河床特征

震后由于大量崩塌、滑坡物质进入沟河，使四大江河主河河床填高 2～5m，支沟中、下游大多填高 10～20m 以上。主河床形成无数的滩地和堰塞坝，呈忽高忽低的锯齿状河床。这种忽高忽低的河床不仅不能有效安全的排除山洪、泥石流灾害，相反有利于山洪、泥石流灾害的发生。

图 8-8　唐家山滑坡堰塞湖

（二）震后山地灾害发展趋势

据前面的论述，震后沟河两岸松散固体物质剧增，导致了震后山地灾害剧增。然而这种剧增不会永远下去，随着时间的推移，总会演化到震前的自然时期。这个时期的长短，不同的专家有不同的分析，笔者依据近 4 年的调查和统计分析，这个时期至少需要 15 年，可分为三个时段。

1. 以余震为主控制的山地灾害剧烈发生期，时间 2 年（2008 年地震后到 2009 年）

这个时期余震很多，据统计，地震后的头几天余震每天超过 4000 次，到 2008 年年底余震超过 10 万次，2009 年余震近万次。最大的 6 级以上，4 级以上地震有多次。由于山体表部十分松动，一个小振动也会产生崩塌、滑坡。有的高陡斜坡，没有降雨，一天也要发生几十次崩塌、滑坡。到雨季，由于大雨、暴雨的作用叠加发生山地灾害的次数会更多。前面列举的马羊站沟 2008 年 7 ~ 8 月发生了 6 次泥石流，可以说每场大雨、暴雨都会发生泥石流。这个时期由于山地灾害太多、太频繁，除公路抢通外，其他人类工程活动基本停止。所以，这个时期人类工程活动对边坡的作用较小。

2. 余震与降雨共同控制的山地灾害频繁发生期，时间大约 5 年（2010 ~ 2014 年）

此阶段余震由每年近 10000 次迅速减少到每年数百次到数十次。到本阶段末，有感余震每年只有几次，4 级以上的中强地震由每年 1 ~ 2 次减少到两年一次。最近 1 次中强余震发生在 2011 年 12 月 6 日晨，震级 4.8 级，震中位置在彭州市龙门山前。

余震对山地灾害的形成发生已不起控制作用，大雨、暴雨的控制作用越来越强，每年雨季各种灾害还会频频发生。到本阶段末，斜坡表部松散碎屑土除已发生滑坡、崩塌外，余下的经过多次雨水淋滤和自我压密作用而逐渐趋于稳定，斜坡上的植被也开始快速恢复。整个斜坡向稳定方向发展。

3. 以降雨为主控制的山地灾害微弱发生期，时间大约 8 年（2015 ~ 2023 年）

这个时期余震已非常少，接近震前的状态，山体表部被振松部分岩土体，除已发生滑坡、崩塌外，大部分经过自我压密作用后，其密实度已接近震前的水平；坡体上的植被已接近完全恢复，部分深根型灌丛、草的根系已深入到表土层以下，起到了一定的固土作用；坡体上的稳定性已接近地震前的状态。山地灾害的形成，发生余震的影响很小，而降雨起着控制作用。绝大部分山地灾害的发生在雨季，仅少数崩塌、滑坡滞后于降雨发生。山地灾害发生的数量、频次、单个规模、分布接近地震前水平。部分地区可能比地震前少，出现一个山地灾害少发期。

（三）震后山地灾害防御对策

强地震后的山地灾害防治不同于一般条件下的山地灾害治理，这里很重要的一个问题是治理时期的选择，震后不同时期，山地灾害防治有不同的对策。据汶川地震区近 4 年山地灾害防御经验，一次强地震后，山地灾害防御对策按以下三个阶段进行。

1. 震后初期——抢险预防为主

强地震后初期，山体表部十分松散，到处都在崩塌、滑坡，山地灾害的治理工程无法进行。这个时期的主要工作就是抢险救灾，把受灾严重的村民迅速转移到相对安全地方搭建临时板房居住。封闭崩塌、滑坡、泥石流多发区，禁止非抢险人员进出，预防因灾伤亡人员再次发生。对于通往灾区的各级公路、铁路（这是抢险救灾的生命线），必须派抢险队伍拼命抢通。除此之外，灾区的其他工程都无法进行。这个时期一般要持续 2 年左右。许多路段抢通十分艰难，今天抢通了，明、后天又堵上，堵上了又抢通，这样反复多次，抢险队伍不得不冒死住在灾点附近。笔者震后第二年 5 ~ 6 月份到耿达乡进行震后地灾情考查，路经震中区，沿岷江支流渔子溪，两岸山体高陡，全被崩塌、滑坡所盖，地震时的山崩地裂历历在目。其中有一处近 1000 万 m³ 的大型崩塌性滑坡，据抢修保通工人说，前两天才抢通，山上还不停地发生崩垮，今天通了，明天就不一定通。你们今天进去说不定明天就出不来了！

2. 震后中期——抢险、修复临时保通工程并重

震后 2 ~ 3 年后，山体经常崩塌、滑坡的现象已有明显好转，余震已少多了，山体稳定性已有明显提升。地震中被毁坏的公路和关系到灾区人民生活的民生工程亟待恢复。所以，这个时期应抓紧破损公路、铁路修复，保通工程；灾区人民的安居板房和水电工程也应抓紧建设。但这个时期山体还不稳定，余震还多，4 级以上中强地震还会发生，雨季中崩塌、滑坡、泥石流灾害还比较多，所以这个时期的工程以临时性工程为主，尽量不做永久性的工程，尤其是道路恢复的防洪工程，山洪、泥石流沟的灾害防治工程，尽量不做永久性的，可做一些临时性的防护工程，可采用避险搬迁的办法脱离危险区。若不按这种规律办事，就会受到大自然的严厉惩罚。2009 ~ 2010 年我们在灾区灾害防治工程上，急于求成，已有沉痛的教训。

3. 震后后期——灾后重建与经济发展并重的大好时期

震后 6 ~ 7 年，余震已很少，基本无 4 级以上中强余震，山体表部该崩、滑的已经崩滑了，余下的逐渐趋于稳定，山体植被恢复已接近震前水平。这个时期可开展各种工程建设。不过地震后工程建设应充分考虑地震后的环境特征。如沟河床堆积了较厚的块、碎石层，一般厚 2 ~ 5m，厚的达 10m 以上。将地震前较稳定的侵蚀基准面抬高了 2 ~ 5m，但抬高后的侵蚀基准面不稳定，不会长期在这个位置，也要随沟河的下切侵蚀作用而下降,直到恢复到震前的位置;另一特征是斜坡中下部震后堆积了较厚的块碎石土,虽然经近 10 年的应力调整和自然压密作用,天然状态下是稳定的,处于临界平衡。但若在人为开挖切坡脚或河流水冲刷坡脚的情况下就会不稳定,就会产生崩塌、滑坡。针对这两种情况给灾后恢复重建、经济发展建设,尤其是防灾工程的设计和施工提出以下建议。

（1）加强各类工程建设的基础设计

对于沟河边道路的防冲、防洪和护坡工程基础应深入到地震前沟河侵蚀基准面以下,基础的受力除了按一般防洪工程计算外,还应加上侧向水平应力,按抗滑工程设计。

坡脚的护坡工程,无论是否有滑动的迹象,都应按抗滑护坡工程设计,基础应深入到地震前地面以下 1.5～2.0m（抗滑挡土墙）,抗滑桩最好嵌入中风化基岩内桩长的 1/3,土质应深入原地面以下桩长的 1/2。

（2）控制震后江河过快下切冲刷

震后山坡过于松散,经过频繁的崩塌滑坡以后,山体表部逐渐趋于稳定。但沟河床上堆积的大量松散块碎石土,在山洪和清水作用下有加快下切冲刷的可能。由此又会造成山坡不稳,特别是坡脚会重新步入快速崩塌、滑坡期,所以控制主河、支沟快速下切、冲刷是十分必要的。其办法是:①在支沟中、下游修建低矮梯级拦沙坝,坝顶高出现沟床 1～2m,坝基础深入到地震前沟床下 1.5～2.0m,最好嵌入基岩内。支沟拦沙坝的功能是控制沟床下切,保护两岸坡脚,促进两岸山坡稳定。②在主河床上修建多级固床坝,控制主河床过快下切,保护支沟下游拦沙坝的稳定,保护沿河两岸公路、铁路等路基稳定。防治过多泥沙输到下游,构成危害。固床坝顶与现河床高齐平,或高出现河床 0.5～1.0m 即可,固床坝的基础应深入到地震前河床以下 2m 左右,最好固定在河床下的基岩上。

总之,基础和坝肩的稳定是保持拦沙坝、固床坝长期稳定的关键。

（3）调整核定震后江河防洪警戒线

震后主河床大多填高了 2～5m,震前核定的防洪警戒线已不能用了。应重新调查核定防洪警戒线。此项工作省防汛办已于 2010 年开始做。据调查,2008～2009 年按震前防洪警戒线建的安居工程,恢复的沿河公路,大多受到山洪的危害,所以调查核定震后防洪警戒线是必要的。

（4）震后公路重建宜高不宜低

"5·12"汶川大地震,使震区沿江公路大多被块、碎石埋,公路面与河床齐高,甚至低于河床。如岷江支流渔仔溪映秀—耿达段,沿河公路震后有 2/3 的路面被块、碎石埋,低于河床 1～2m,沿路重建不可能。所以,应提高重建公路的位置。公路设计部门针对此段震后实际,提出低、中、高三条线路位置,低线为沿河坡脚线位，高出震前公路面 3～4m，路基大部分在震后松散堆积体上；中线位在二半山坡上，高出现河床 80～100m，震前为二半山缓坡地形，震后二半山表土层因滑坡崩塌，到了斜坡下部，大部基岩裸露，少部为山坡上部崩塌块碎石覆盖；高线位为山坡顶部沿山脊线位，山脊两侧坡陡，岩层大多裸露，地震后表部岩体十分破碎。经专家认真分析讨论，认为中线位方案较为适宜。因为低线位在坡脚河边，大多在地震后的松散堆积体上，路基稳定性差，易受山洪冲刷，支沟泥石流和山坡下部崩塌滑坡等灾害的危害，虽说恢复重建投资较低，但今后山地灾害防治费会很高，且保通较困难；沿山脊高线位，因坡陡谷深，施工很困难，投资也很大。所以同意中线位方案。但考虑到沿江村民生产、生活、出行的方便，保留现坡脚通车线路，作适当修补，降为乡、村公路使用。震区内的其他公路也应本着此精神进行恢复重建。

在二半山进行公路重建、新建，应按设计要求，先施工路基外侧挡土墙，挡土墙基础应置于较完整的基岩上；而后开挖内侧边坡，作为路基填入外侧挡土墙内，尽量做到内挖外填平稳，严防大量土石任意倾倒在外侧山坡上。否则会毁坏外侧坡植被，还会引起新的崩塌、滑坡发生。

（5）震后山地灾害防治以避让为主，避治结合

避让是对付山地灾害最好的办法，震后安居工程和其他工程的选址，应首先考虑山地灾害少发区，避开陡坡，陡崖脚和河边建设（防洪警戒水位以下）；若无法全部避开，就应考虑对可能发生的灾害进行治理。治理工程的设计应与主体工程设计同时进行。有灾害治理工程的建设场地，应先施工灾害治理工程（开挖边坡的护坡、抗滑工程），而后施工主体工程。若无法办到，那也应当做到同时设计、同时施工。

第九章　防治水土流失，建设长江上游生态屏障

四川省地处青藏高原与长江中下游的过渡带。全省辖区面积 48.43 万 km^2，其中属长江流域 46.73 万 km^2，占湖北省宜昌以上长江流域面积的近 50%，属黄河流域 1.70 万 km^2。改革开放以来，党和政府高度重视环境保护工作，以建设秀美山川为目标，治理水土流失为核心，退耕还林（草）为重点，基本农田为基础，小流域为单位，实行山、水、田、林、路统一规划，综合治理。工程措施、生物措施和耕作措施合理配套，实行分区治理战略，依靠科技进步，加强管理及行业监管，突出保护，依靠深化改革，实行机制创新。采取了一系列保护和改善的重大举措，加大了生态环境建设力度，使四川省的生态环境得到了有效保护和改善，为建设长江上游生态屏障作出了巨大贡献。主要表现在：植树造林、水土保持、草原建设和国土整治等重点生态工程取得了进展；长江上游水土保持重点防治工程全面实施；天然林资源得到了有效保护和实施了退耕还林还草工程；建立了一批不同类型的自然保护区、风景名胜区和森林公园；生态农业示范区、生态示范区建设稳步推进；启动坡耕地水土流失综合治理工程建设；生态环境保护法制建设逐步完善。

一　水土流失

水是生命之源，土是立国之本，水土资源是人类赖以生存和发展的基本条件，是兴国安邦，富国富民的基础。水土流失不仅是一个生态问题，同时，对社会的发展也有巨大的制约作用。目前，四川水土流失面积大、类型多、强度大，特别是以坡耕地为主的面状侵蚀很严重，由水土流失引起的生态环境恶化趋势遏制难度较大，是我国水土流失严重的省区之一。

（一）水土流失现状

据 1999 年第二次全国土壤侵蚀遥感调查，四川省土壤侵蚀以水蚀为主，水蚀面积 15.05 万 km^2，占辖区面积的 31.11%；次为冻融侵蚀，面积 6.47 万 km^2，占辖区面积的 13.37%；风蚀面积最小仅 0.61 万 km^2，占辖区面积的 1.27%。水蚀＋冻融蚀＋风蚀面积 22.13 万 km^2，占辖区面积 45.75%（见表 9-1）。

表 9 – 1 四川省土壤侵蚀类型

单位：km^2,%

侵蚀类别	水蚀	风蚀	冻融侵蚀	水蚀＋风蚀	水蚀＋风蚀＋冻融蚀
面积	150520.79	6121.59	64666.64	156642.38	221309.02
占辖区面积	31.11	1.27	13.37	32.34	45.75
占总侵蚀面积	68.01	2.27	29.22	70.78	100

　　水蚀在全省各地都有分布，以嘉陵江中下游、金沙江下游及沱江流域最为严重。风蚀主要分布在阿坝州的红原、若尔盖、阿坝三县。冻融侵蚀主要分布于川西北高原海拔4000m以上的高山和极高山。

　　据第二次土壤侵蚀遥感调查，四川省各市（州）土壤侵蚀强度面积详见表9 – 2。

表 9 – 2 四川省各市（州）土壤侵蚀强度面积

单位：km^2,%

行政单位名称	辖区面积	2000 年年底各级土壤侵蚀强度面积						水土流失面积
		微度	轻度	中度	强度	极强度	剧烈	
成都市	12072	9509.62	700.02	1265.33	586.84	16.38	0.19	3447.1
自贡市	4380	1928.37	1060.05	1129.98	258.09	1.14	0.48	2561.0
攀枝花市	7446	3566.96	1241.15	1789.18	784.63	20.68	5.22	3265.2
泸州市	12241	6813.62	2470.63	2720.47	249.31	12.44	4.22	6594.3
德阳市	5981	4157.42	109.76	728.72	136.46	26.47	—	1941.2
绵阳市	20244	11512.40	3826.72	3827.80	814.51	203.83	47.34	6449.5
广元市	16227	8565.40	1361.48	3948.99	2234.18	189.07	35.49	9707.5
遂宁市	5330	2671.94	1166.76	1404.31	79.36	3.26	—	1097.6
内江市	5418	2053.77	1189.01	1634.89	485.92	6.95	0.13	2980.9
乐山市	12893	6820.94	1927.55	2870.26	966.19	169.41	73.59	6203.2
南充市	12590	6609.94	2034.62	3427.21	363.16	34.08	—	6440.3
宜宾市	13282	6336.14	2460.68	3175.73	1312.81	70.66	1.89	5364.5
广安市	6358	3481.00	1060.03	1527.71	263.63	35.35	1.30	2886.0
达州市	16556	10482.12	1666.87	2879.66	1063.01	476.90	20.24	10672.0
雅安市	15059	11223.41	1664.66	1314.62	729.48	76.82	51.26	4615.9
阿坝州	82409	43380.31	14998.62	19277.22	3441.19	1165.19	694.58	25356.0
甘孜州	148222	87485.34	35626.21	20963.64	2765.96	306.57	103.57	61796.3
凉山州	60056	31720.81	7833.56	13085.94	5917.60	1359.57	214.06	19891.0

行政单位名称	辖区面积	2000 年年底各级土壤侵蚀强度面积						水土流失面积
		微度	轻度	中度	强度	极强度	剧烈	
巴中市	12312	6981.29	898.90	2889.15	1381.25	109.25	—	5607.1
眉山市	7231	4578.19	1076.50	1407.15	94.11	2.19	—	4281.0
资阳市	7945	3028.77	1397.63	2836.47	669.01	16.94	—	5499.5
全省合计	484252	272907.76	86571.41	94104.43	24596.70	4303.15	1253.56	196658.0
占辖区面积		56.4	17.9	19.4	5.1	0.9	0.3	40.6

注：根据《土壤侵蚀分类妥级标准》SL 190—2007，四川省属西南土石山区，土壤容许流失量 500t/km^2 · a，土壤侵蚀强度划分标准，以平均侵蚀模计：微度 <500t/km^2 · a，轻度 500~2500t/km^2 · a，中度 2500~5000t/km^2 · a，强度 5000~8000t/km^2 · a，极强度 8000~15000t/km^2 · a，剧烈 >15000t/km^2 · a。轻度侵蚀以上面积 209846.49km^2，2004 年经主管部门审定四川省水土流失面积 196658.0km^2，占辖区面积的 40.6%。

2008 年汶川"5·12"特大地震造成四川省 20 个市（州）139 个县（市、区）受灾，其中各类水土保持设施遭受不同程度破坏的 15 个市（州）87 个县（市、区）辖区面积 16.14 万 km^2，地震使全省又新增水土流失面积 14812km^2，水土保持设施受损面积达 2859km^2，重灾区的水土保持设施相当部分丧失了水土保持功能；地震区内滑坡、泥石流等次生灾害隐患查明点 18997 处。对灾区的交通运输，灾后重点造成严重威胁；强震形成堰塞湖（坝）104 处，其中有 34 处蓄水库容在 0.12~31600 万 m^3 之间，另有小型堰塞体 70 处。唐家山堰塞湖是汶川大地震形成的最大堰塞湖，不仅蓄水库容大（约 3.16 亿 m^3），而且面积也最大，是最危险的一个堰塞湖。

（二）水土流失成因

水土流失是指在水力、风力、冻融、重力等自然因素和人类活动作用下，水土资源和土地生产力的破坏和损失，包括土壤侵蚀及水的损失。

1. 自然因素

影响水土流失的自然因素可归纳为气象因素和下垫面因素两大类。在气象因素中最主要最直接的因子是降水，特别是大雨、暴雨及产生的地表径流。四川降水丰沛，多年平均降水量 978.8mm，降水量在 1000mm 以上的有 16 个市（州），甘孜州降水量最低为 788.6mm。降水多集中于夏半年，占年降水量的 70%~90%，并多以大雨（日降雨量 >25mm）或暴雨（日降雨量 >50mm）形式出现。冰雪已在春夏季融化，其融水也造成水蚀。所以四川省水土流失以水力侵蚀为主，大部分地区都是水蚀区，水土流失也集中发生于此时。据统计，全省悬移质多年平均年输沙量 2.2 亿 t 以上。其次是风蚀，当风速 ≥8 级时，风蚀极易发生，常使植被破坏，使草地变为沙丘、沙地，造成水土流失，风蚀主要发生在川西北的阿坝、若尔盖、红原一带。

从下垫面因素分析，四川省山地面积大，山丘区占 94.7%，平原区仅占5.3%。山丘区广布的坡地为水土流失的发生发展提供了条件，坡耕地是土地生态系统中最脆弱的部分，也是水土流失最严重的地方。据调查，四川盆地水土流失泥沙总量中 2/3 来自坡耕地。川西北高山高原，地势高亢，气候寒冷，海拔 4000m 以上，年均气温 −1℃ 以下，为冻融侵蚀的发生提供了条件。

四川土壤大多易被侵蚀，山丘区以紫色土壤为主，土层薄，可蚀性高，保水抗蚀力弱，易受侵蚀发生水土流失。从分布看，以遂宁、内江两市的土壤和旱地表土层最易被侵蚀，其次是自贡市、南充市、巴中市、广安市、达州市、宜宾市，最低是甘孜州。

2. 人为因素

四川省人口稠密，土地垦殖率高，坡耕地面积大。四川 1952 年总人口 4628.5 万，2010 年底总人口增至 9001.3 万，人口压力不断增加，向土地要粮、向山丘要柴（材）要钱而毁林开荒，陡坡垦殖，过度樵采，超载放牧等，导致垦殖率高、坡耕地面积大、草场退化，以及对森林资源、矿产资源掠夺式开发产生的结果，必然造成资源破坏、水土流失、环境恶化。据统计，四川森林覆盖率由 50% 以上降低到新中国成立前的 30%~40%，50 年代以后，特别是"大跃进"时期，森林覆盖率下降到 20% 以下，一些地方甚至仅有 7%。森林植被的破坏，必然加剧水土流失。同时，近年来基本建设忽视水土保持，是造成新水土流失的重要原因。据调查四川省每年有数千个施工建设项目，其中大型项目近百个，弃土弃渣高达 2.9 亿 t，除部分回填利用外，其余的任意堆放，甚至倒入江河，造成严重的水土流失。此外，矿山开采、公路、铁路修建和其他基本建设过程中，对生态环境重视不够，没有认真贯彻《水土保持法》，编报并实施水土保持方案，结果造成人为的水土流失。据 1983~1986 年 11 个地市不完全统计，累计人为造成新增水土流失面积 2854km²，为这些地市同期治理水土流失面积的 1.53 倍。

还应指出，全省工业固体废弃物产生量大，占全国的 6%。城市生活垃圾排放量超过 550 万 t。固体废弃物量大，露天存放，利用率低，不仅对环境造成污染并且产生新的水土流失。

（三）水土流失的危害

1. 对土地资源的影响

土地是人类最重要的资源，水土流失的危害首先是直接破坏土地资源，这种破坏由浅入深，由表及里不断加深，导致土层减薄，肥力下降，土地生产力降低。特别是在暴雨洪水的侵蚀下，耕地可能完全被毁，形成裸地。在 1981 年特大洪水中，沱江、涪江、嘉陵江的简阳、乐至、江油、射洪、南部等县，坡耕地土层被侵蚀2~5cm，不少坡耕地、内陆滩涂（河滩地）被洪水冲光。该年全省被毁耕地

147.45 万亩,(其中有 34.5 万亩不能复耕),占受灾耕地的 2%。

目前,全省耕地呈减少趋势,年均减少 20 万亩以上,耕地的质量下降,中低产田占耕地面积的 57%,重要原因就是水土流失。另据调查,全省有裸岩砾地 3180 万亩,主要分布在甘孜、阿坝、凉山 3 州,沙漠化土地 2166.3 万亩,主要分布于川西北高原干旱地区,这些地区都是水土流失严重区。

2. 对水利工程、江河、湖泊的影响

四川省年土壤侵蚀泥沙 8.35 亿 t,除堆积坡麓外,进入江河泥沙达 2.2 亿 t,使河床抬升,既加剧洪灾,又影响航运。2002 年全省通航河流仅有 56 条,通航里程仅 0.7 万 km。同时,泥沙淤积水库,减少库容,降低工程效益,缩短使用年限甚至报废,对水利工程危害严重。典型实例如大渡河干流的龚嘴水库电站,1971 年至 1981 年 10 月,泥沙淤积量达 1.8 亿 m^3,电站水库死库容全部淤满。据统计,岷江、沱江、嘉陵江流域山平塘、石河堰、水库总库容 31 亿 m^3,年淤积量 0.6 亿 m^3,相当于损失 0.6 亿 m^3 的蓄水容积。天然湖泊也因水土流失淤积而缩小,例如,西昌市邛海,20 世纪 30 年代水面为 42 km^2,60 年代淤损后水面为 39 km^2,70 年代水面为 29 km^2,现邛海水面仅有 26 km^2,蓄水量从 50 年代至今,减少 0.42 亿 m^3,而且污染严重。

3. 对生态环境的影响

水土流失使丘陵区土层减薄,林草退化、土地沙化、砾石增多以至岩石裸露,涵蓄水能力减小,抗旱能力降低,年径流量下降,如岷江上游紫坪铺水库枢纽处,20 世纪 50 年代年径流量达 161 亿 m^3,而 1988~1991 年仅 140 亿 m^3,近年来略有增加。水土流失严重的山丘、坡地,阳光直射地面,气温、地温日变幅增大,又进一步造成土壤水分状况恶化,植物群落发生逆向演替,干旱面积扩大,旱洪灾害频繁发生,近几十年明显增多。干旱频率从 20 世纪 50 年代三年一大旱,递变为两年一大旱,十年八旱,80 年代以后,年年有旱。滑坡、泥石流突发性的水土流失频繁发生,分布也逐渐扩大,由 60 年代的 76 个县,增加至 70 年代的 109 个县,80 年代的 137 个县。

水土流失在侵蚀土壤的同时,也把土壤中的农药、化肥、畜禽粪便,以及垃圾、矿渣中的有毒、有害物质带出,随流失的水土进入所经过的耕地和水体,造成耕地、水体污染,进而造成农作物污染、食品污染,危害人类身体健康。

4. 对社会经济发展的影响

水土流失将导致土层流失,土质沙化,土壤养分流失,造成农业生产力下降,而下泄泥沙淤积塘堰、水库、江河给防洪、灌溉、供水、航运及发电等水利水电事业造成很大危害。特别是大雨、暴雨造成滑坡,泥石流等次生灾害,常对公路、铁路交通、工矿等造成危害,毁坏房屋、耕地等,对人民生命财产造成重大损失,影响当地社会经济的持续发展。

（四）水土流失发展趋势

据 1959 年长江流域规划办公室规划设计文件摘录，四川省（含重庆市）水土流失面积为 9.44 万 km²，占全省总土地面积（原 56.6 万 km²）的 16.68%。

1985 年，四川省水电厅水土保持办公室应用遥感技术进行水土流失调查结果显示，四川省（含重庆市）水土流失面积为 19.98km²，占全省总土地面积的 41.34%。土壤总侵蚀量为 9.66 亿 t。

1999 年，第二次土壤侵蚀遥感调查，四川省水土流失失面积 22.13 万 km²，占全省总土地面积（遥感同步测算面积 48.38 万 km²）的 45.8%（其中水蚀面积 15.05 万 km²）。土壤总侵蚀量为 8.35 亿万 t。

以上数据表明，四川省从 20 世纪 50 年代至 80 年代，水土流失呈增长趋势，90 年代以后，由于水土保持生态环境建设的积极开展，四川省水土流失呈减少趋势。

二　水土保持

水土保持生态建设是一项基本国策，是实施区域可持续发展不可缺少的重要组成部分。新中国成立后至 1996 年前，省、地、县均有水土保持机构或专人负责水土保持日常工作，并建立了水土保持试验站（点），开展试验，示范推广，累计完成治理水土流失面积 1.30 万 km²；1967～1980 年，机构撤销，人员分散，科研中断，水土保持工作基本处于停顿状态，以群众性的坡耕地改梯地（简称坡改梯）为主，完成治理水土流失面积 0.54 万 km²；1980～1989 年，各省恢复了水土保持办公室和科研机构，开展了试验研究和以水库集雨区为治理单位的小流域（流域面积小于等于 30km² 的流域）综合治理，共完成治理水土流失面积 1.09 万 km²；1989 年以来，在开展小流域综合治理的同时，国家把长江上游的嘉陵江中下游地区、金沙江下游地区列为全国水土流失重点治理区，开展了长江上游水土保持重点工程建设（简称"长治"工程）等。同时，政府有关部门主持的，具有水土保持防治效果或水土保持行政主管部门参加的生态建设工程也广泛开展，如天然林保护工程、退耕还林（草）工程、生态建设工程、坡改梯工程等，加快了四川省水土流失治理。水土保持基本实现了由粗放型治理向集约型治理，由防护型治理向开发型治理，由小流域经济型向产业化等一系列的转变，建成一批各具特色的小流域经济群体，达到了"治一方水土，活一方经济，富一方群众，建一个产业"的目的。土壤侵蚀程度逐年递减。

（一）水土流失治理

近年来，国家陆续在四川省实施以治理水土流失为重要目标的长江上游水土保持重点防治（简称"长治"）天然林保护、退耕还林、退牧还草、生态县建设、国土整治、自然保护区建设、坡耕地水土流失综合治理及国债水土保持项目等生态环境工程建设。至 2010 年全省累计治理水土流失面积 6.33 万 km²，占水土流失面积 19.96 万 km²的 31.7%，每年减少土壤侵蚀量 2.53 亿 t。

开展小流域综合治理，不仅可以减少水土流失，而且可增强拦蓄降水的能力，除可缓解山丘区农村人、畜饮水困难的同时，还可解决农田缺水。由于增加降水的拦蓄能力，改变了地表径流和地下径流的分配格局，增加了地下水枯期对河道径流补给量。通过坡地改梯地为主的农田基本建设，林草植被建设，土壤耕作制度改进，以及水土保持工程的建设，可以在很大程度上降低土壤侵蚀模数，有效地减少了入河泥沙量，减轻其对水库的淤积。

1. 小流域综合治理

"长治"工程和中央财政预算内专项资金项目是四川省最重要的小流域水土保持综合治理工程。"长治"工程自 1989~2004 年的 16 年间，四川省先后实施了"长治" 1~6 期小流域综合治理，治理范围由第 1 期的 18 个县（市、区）逐步扩大到 62 个县（市、区），开展治理小流域 1024 条，累计治理水土流失面积 2.15 万 km²。其中坡耕地改造 274.5 万亩，营造水土保持林 849 万亩，种植果林 367.5 万亩，种草 102 万亩，封禁管育 826 万亩，保土耕作 807 万亩。到 2010 年，共开展小流域治理 1598 条，累计治理水土流域面积 3.67 万 km²。

2. 生态修复工程

2002 年四川省结合全国生态修复试点工程，在盆周山区、川中丘陵区和川西南山地区，选取平昌、北川、昭觉等 10 个不同水土流失类型，不同地貌的县开展试点工作。2004 年通江等 12 个县又列入新一期"长治"生态修复县，2005 年合江等 5 县又列入第二期"长治"生态修复县。对生态修复区加强了植树造林、种草养畜、牲畜圈养、生态移民及推广沼气池、节柴灶等封抚育林措施，生态修复取得了较大的成效，2002~2006 年，累计实施生态修复面积 922.8km²；据 2010 年统计，全省生态修复面积累计达到 2.84 万 km²。

3. 生态环境建设综合治理工程

四川省生态环境建设综合治理工程重点布置在嘉陵江、岷江等流域水土流失严重，生态脆弱的山区和丘陵区，共涉及 111 个县（市、区）。按照因地制宜，突出重点，以流域规划布置，以小流域为治理单元，集中连片，采取坡耕地改梯地、植树造林、封育治理、小型水利水保工程建设等工程措施、生物措施、农耕农艺措施相结合，山、水、田、林、路综合治理。

4. 基本农田建设和生态农业建设

目前，全省已建设生态农业试点县 25 个，市级生态农业示范区 2 个，生态农业建设面积达 15 万亩，推广面积 60 多万亩；已建设珙县、彭州、温江—郫县—都江堰 3 个国家级生态示范区，安居、绵竹等 6 个省级生态示范园。

5. 草地生态治理

2001 年以来，四川省大力开展人工种草、改良草地、围栏草地、草地灭鼠治虫等工作，在甘孜州石渠等 5 县、阿坝州红原等 5 县共 10 个牧业县开展了"人草畜"三配套建设，草地生态环境得到改善。

6. 自然保护区建设

四川省现有各级自然保护区 163 个，自然保护区面积近 8 万 km^2。实施了贡嘎山、四姑娘山、龙门山和川西北草原"三山一原"自然生态保护工程。九寨沟和黄龙风景名胜区列入《世界自然遗产》、青城山—都江堰列入《世界文化遗产》、峨眉山—乐山大佛列入《世界自然与文化遗产》、卧龙自然保护区被列入《世界人与生物圈保护区网》，九寨沟、青城山—都江堰、贡嘎山等 14 项被列入《中国国家级重点风景名胜区名录》；若尔盖高原沼泽湿地、九寨沟湿地及泸沽湖湿地列入《中国重要湿地名录》，列入《湿地保护区名录》有白玉察青多自然保护区、通江诺水河自然保护区、赤水河长江上游珍稀和特有鱼类自然保护区 7 项；与水利相关的全国重点文物保护单位都江堰以及绵阳市仙海风景区（沉坑水库）列入国家级水利风景区；四川自贡恐龙、四川龙门山和四川兴文石海等 5 项国家地质公园及 76 项省级风景名胜区等。

7. 天然林资源保护工程

四川省天然林资源保护工程涉及 174 个县（市、区）28 户重点森工企业和 2 个自然保护区。对全省 2.88 亿亩森林资源进行常年管护、项目区营造生态公益林、封山育林等。自 1998 年 9 月实施天然林停伐以来，2.88 亿亩天然林常年实行依法管护，每年减少森林资源消耗量 1100 多万 m^3。天然林资源保护工作取得显著成效。

8. 长江防护林工程

1989～2000 年，全省 79 个长防工程县累计完成长江上游防护林体系建设营造林 2835 万亩；1981～2000 年，以盆周山区为主共 90 个速生丰产林基本县，营造速生林 1035 万亩；1958～2000 年累计飞播造林保存面积 1170 万亩；从 80 年代开始，先后实施的世界银行贷款国家造林项目，联合国粮农组织援助造林，中日合作岷江上游干旱河谷造林，中德合作嘉陵江上游造林等引资项目，共营造高质量人工林 450 万亩；自 1979 年开展全民义务植树运行以来，义务成片造林 450 万亩，零星植树 36 亿株。

9. 退耕还林还草

坡度大于 25° 的耕地，退耕还林还草工程涉及 21 个市（州）、168 个县（市、区），自 1999 年 10 月率先在 120 个县（市、区）实施退耕还林还草以来，试点面积达 300 万亩，工程投资全部为中央补助。补助标准：种苗一次性补助 50 元/亩，粮食补助 150kg/亩·年，现金补助 20 元/亩·年。农户兑现粮食和现金补助年限：退耕还生态林连续补助达 8 年，退耕还经济林连续补助 5 年，退耕还草连续补助 2 年。各地认真贯彻落实中央关于"退耕还林、封山育林、以粮代账、个体承包"的精神。因地制宜、宜林则林、宜草则草，重点在大江大河源头，河谷两岸生态脆弱地区，及盆周山区坡耕地垦殖强度大、水土流失严重地区开展退耕还林还草和荒山造林。据四川省林业厅统计，截至 2004 年年底，已累计营造生态公益林 3783.9 万亩、植树造林 181.95 万亩、蓄积造林 1336.05 万亩，退耕还林地区种草植树面积 1336.35 万亩。

10. 坡耕地水土流失综合治理

坡耕地水土流失综合治理工程涉及 21 个市（州）124 个县（市、区），自 2010 年 7 个试点县（区）开展以来，截至 2011 年 6 月，新建蓄水池 419 口、沉沙凼 1107 个、截排水沟 118.7km，整治山平塘 10 座，田间道路 105.86km。通过开展坡耕地水土流失综合治理试点工程建设，形成了千亩以上坡改梯治理片 15 处，共完成坡改梯面积 4.39 万亩，整合其他部门资金，带动特色产业发展面积 5.49 万亩，促进当地区域经济社会的发展。

（二）水土保持存在的问题

水土流失的发生既有自然因素，也有人为因素。水土保持的目的就是要治理已造成的水土流失面积，同时要遏制人为造成的新增水土流失面积，建设山川秀美的生态环境，目前，四川省水土保持存在以下几个主要问题。

1. 工程立项难以"入围"

现行执行的立项标准，是 1995 年国家针对大型水利、水电基建项目确定的。即使要纳入四川省水利基建计划，也要求达到中型水利工程规模，即水库库容 1000 万 m^3 以上；取（引）水或灌溉渠设计流量 $1.0m^3/s$ 或设计灌面万亩以上；设计灌面 5 万亩以上灌区等。水土保持项目都低于上述标准，很难列入国家和省级的基本建设项目。至今还没有国家级或省级的立项标准。所以水土保持工程立项很难，四川省水土流失治理，目前全依赖于 1989 年开始实施的国家水土保持重点工程，即长江上游水土保持重点防治工程（简称"长治工程"），以及现在实施的中央农发资金、中央预算内专项资金、省级财政专项资金水土保持项目。

2. 地方配套资金难于落实

现行国家及省投资的水利、水保项目，均要求地方必须有一定的配套资金。"长治工程"实施 7 期，扩大到 79 个县（市、区）。四川省民族地区和列入水利部扶贫开发工作重点县（共 36 个），地方财政收入低，支付能力差，都是"吃饭财政"，甘孜、阿坝、凉山三州各县连行政、事业单位人员工资的绝大部分都靠中央财政转移支付来解决，地方无配套资金；盆周及盆地丘陵区大部分县水土保持项目地方配套资金也难以落实。群众则以投劳的形式，进行小流域综合治理。

3. 水土保持生态建设投入不足，治理速度慢

截至 2010 年，"水土保持重点工程"累计投入 20.98 亿元，综合治理水土流失面积 32628.09km^2；生态修复累计投入 1842 万元，实施修复面积 185.81km^2；省级财政水保项目累计投资 1.5 亿元，治理水土流失面积 1906.75km^2。22 年来，全省共治理水土流失面积 34720.65km^2，年均 1578km^2。四川省水蚀面积 150520km^2，风蚀面积 6122km^2，二者合计 156642km^2（不含人为新增水土流失面积），按此治理速度进行，需要 95.4 年。

4. 政策法制不完善，适应性不强，管理滞后

法律、法规不健全，政策不配套。水土保持建设，管理工作还主要依据原有的手段和管理制度，已不能适应新形势的要求。

水土保持工作存在重建轻管，由于建设和管理主体不明确，致使水保工程建后管理流于形式，水保工程治理效益低下。水保项目产权不明晰，且缺乏行之有效的治理水土流失的激励政策，是水土流失治理成果难于巩固的关键所在。近年来，由于经济社会的快速发展，新增项目的增加，人为年新增水土流失面积年均约 800～100km^2，"一方治理，多方破坏"的局面还没有根本改变。

5. 水土保持基础工作与科学研究严重滞后

水土保持生态建设规划工作滞后。水土保持规划没有按照建设长江上游生态屏障和"生态四川"进行科学规划，多在上项目和争投资，规划设计方案老一套居多。生产建设项目水土保持方案也缺乏严格的审查。

水土流失预防监督体系及基层水土保持服务体系基本形成，但管理机构及相关人员配置有待完善。全省水土保持监测网络初步建成，已建总站 12 个，分站 12 个，监测点 43 个，还需建设 9 个分站和 1 个监测点。水土保持监测设备、设施需进一步完善，监测站网体系建设需进一步标准化、规范化。

水土保持监测，对重点治理区进行面蚀监测、沟蚀监测和小流域水文要素监测；对重点预防保护区，进行预防保护面积、流失量的监测；对重点监督区，主要为开发建设项目水土流失变化和开发建设区弃土弃渣，破坏植被及危害进行监测。

由于种种原因，原内江水土保持实验站（1939 年建立）岷江上游水土保持实验站（1952 年建立）龙泉驿水土保持工作站（1956 年成立）遂宁东塘沟小流域水土保持综合治理研究基点（1954 年建立）等已撤销；1983 年后相继建立遂宁水保试验站，升钟水保试验站，都江堰灵岩试验站等 9 个观测站点，目前仅存在遂宁和升钟两个水保站；另外，水利部成都山地灾害所建立了盐亭紫色土农业生态试验站。由于三个试验都在嘉陵江流域，开展的水保试验均是研究川中丘陵紫色土流失规律，不能全面反映四川省不同区域水土流失状况，也不能适应水土保持生态环境建设开展的需要。

6. 水保设施补偿费和水土流失防治费标准低、征收难，管理及使用不规范

《四川省水土保持设施补偿费、水土流失防治费征收管理办法〈试行〉的通知》，"两费"（以下简称"两费"）征收于 1995 年 9 月 1 日起至今仍按此标准执行。征收标准偏低、征收困难是造成人为新增水土流失面积高达近 $1000 km^2/年$ 的重要因素之一。如甘孜州色达县近年来开采黄金已破坏成片草原 $47.66 km^2$（2001年四川省生态环境现状调查报告）。同时，四川省每年基本建设新建项目数千个，大中型项目近百个，其中以公益性项目和民营企业资源开发项目，"两费"征收更加困难。征收的"两费"纳入县级财政专户存储管理，多数财政困难县，挪作他用的现象较为严重，真正用于水保工程的建设、维护及其前期工作等费用偏少。

7. 维持原有生态平衡用水难以保证，且呈愈来愈少的趋势，对本已严峻的生态环境造成了更大影响

四川省川西南和川西北环境不断恶化的原因是多方面的，但农业牧业生产力水平低下，乱砍滥伐，乱垦滥开，广种薄收，超载过牧是重要原因之一。金沙江、大渡河、岷江干热河谷地区，干旱少雨蒸发量大，加之农业用水定额高，也挤占了生态环境用水以及相当多的水电工程，为追求最大经济效益，未下泄满足河道基本功能的生态流量也是重要原因之一。在实施长江上游生态屏障建设中，通过价格补偿和节约用水等措施，维持原有生态平衡用水，应作为四川省水利建设的重要任务之一。

（三）水土保持生态建设中的几点建议

四川省水土保持生态建设采取了一系列重大行动和行之有效的措施，取得了巨大的成就的同时，仍然面临着严峻的挑战。根据《全国生态环境保护纲要》，距离2050 年长江上游要得到根本治理的目标要求还相差很远。目前，四川水土流失强度大、类型多、面积大，按目前的防治速度，需要 90 年以上的时间才能得到初步治理。此外，以崩塌、滑坡、泥石流为主的山地灾害面广量大，频率高，生态环境恶化趋势遏制难度较大。随着西部大开发的深入实施，边治理、边破坏的现象增多。四川水土保持生态建设工作任重而道远。

1. 深化认识，进一步对加强水土保持生态建设工作的领导

要从经济发展和民族生存繁衍的高度，充分认识水土保持生态建设工作的重要性和紧迫性，把抓好水土保持生态建设工作，作为贯彻"三个代表"和"科学发展观"重要思想的具体体现，进一步加强领导，落实责任，建立健全地方行政领导水土保持目标责任制，以及地方政府向同级人大和上级行政主管部门报告水土保持工作的制度，把水土保持生态建设工作列入各级政府重要议事日程。要大张旗鼓地开展水土保持法律法规宣传，增强全民的水土保持国策意识和法制观念，发动全民的力量来治理水土流失。

2. 水土保持生态建设工程是国家基本建设项目的内容

中央确定西部大开发的 5 个重点规划中，生态环境建设居第一位，这完全符合四川省的实际情况。水土保持生态建设是西部大开发的关键工程和先行工程，既属于公共工程，又是弱势产业，这类工程所产生的社会效益、生态效益必然大于自身的经济效益，需要政府和公众予以扶持和支持。国外大开发的成功经验表明水土保持生态工程主要应由政府投资兴建，或者由政府用特殊政策引导建设。四川省处于长江、黄河上游，目前，水土保持生态建设规模都比较小。为此，建议对水土保持生态建设工程立项规模标准实行特殊的政策，对水土保持生态建设工程确定一个系数乘以现行立项标准，作为国家项目或省级项目的规模标准实施，这样即使现行立项标准不变，水土保持生态建设工程也能顺利进入国家或省级基建项目。

3. 对水土保持生态工程实行打捆政策

四川省水土保持生态建设工程完全符合国家产业发展投资方向，但从规模上看，建设事权在地方，其规模达不到国家或省级项目的条件，地方无力建设，社会经济发展和群众生产、生活又迫切需要。因此，建议对水土保持生态建设工程项目允许打捆，按小项目大集中的方式列入国家或省计划，给予重点支持，即同一流域的一个县（市、区）若干个小项目可以组合为一个大、中型项目；同一个县（市、区）不同流域的小项目也可以组合为一个大、中型项目。

4. 对民族地区和国家扶贫开发工作重点县水土保持生态建设工程投资采取级差分摊政策

四川省辖区辽阔、地形地貌、气候等自然条件不同，距中心城市路途远近不一，水土保持生态建设工程的单位投资差异较大。采取级差投资分摊的政策，可以协调各地均衡发展。我国现行政策中，就有执行级差税率办法，"高考"也执行不同地域及民族级差录取。2010 年，全省农林牧渔总产值 4081.81 亿元，民族地区总产值 379.61 亿元，占全省 9.30%；仪陇、石渠、昭觉等 36 个国家扶贫开发工作重点县总产值 609.33 亿元，占全省 14.9%，地方财政收入占地方财政支出的比率绝大多数在 20% 以下，最多为古蔺县为 34.8%，都是财政倒挂地区。可用财力极其有限，民族地区连发给职工工资都要靠国家财政转移支付来解决。2010 年石渠县地方财政收入 1072 万元，财政支出 115539 万元；小金县地方财政收入 13318 万元，财政支出 100908 万元；仪陇县地方财政收入 20413 万元，财政支出 205464 万元。根据这一情况，建议对民族地区和国家扶贫开发重点县的水土保持生态建设工程项目投资，应强化中央或省级财政再分配的职能，要采取级差分摊，（具体可以先行按 9:1）或特殊政策促进水土保持生态建设。

5. 对水土保持生态建设工程注入前期工作启动经费

民族地区地形复杂，距中心城市路途遥远，修建工程难度越来越大，前期工作经费也越来越高，地方无力承受其前期工作费用。国家或省对水利建设投入相对较少，民族地区本来应建设的项目没有及时得到国家或省级支持修建，从全国（省）一盘棋考虑或从我国（省）社会经济发展两个大局考虑，都应该加大对民族地区的投入。新中国成立60年来，四川对水利的地区投资不平衡，对民族地区的欠账很多，如60年来，对阿坝州地方水利投入，可能不及盆地腹部的仁寿、简阳、三台、中江、安岳一个县，或者还不及与之总人口相当的苍溪县。阿坝州至今没有一处中型水利工程，也没有资金能力投入水利建设。因此，建议国家和省里给民族地区先期注入一定的水土保持生态建设启动经费，由省水保局负责实施，专项专户管理，滚动发展。前期费用投向应着重关系民生、影响大的重点项目，并采取签订合同的办法实施。

6. 积极组织实施四川省水土保持生态建设总体规划

水土保持生态建设已发展为涉及多学科、多行业，多部门的综合技术，它包括土地利用、坡耕地治理、人工林草（竹）生态自然修复与小型水利水保工程措施等。积极组织实施省政府批复的《四川省水土保持生态建设总体规划（2006～2030年）》（川府发〈2006〉191号）。为此，在加强组织领导保障的前提下，提出以下建议。

第一，加大省级财政投入，建立健全各级预防管理机构和水土保持监测网络，即省级设立总站，市州级共设21个分站，以及44个监测站，每个监测点控制2～9县。县级以上人民政府水利行政主管部门应加强水土保持监测工作，建立健全全省水土保持监测网络体系建设。县级以上人民政府应当保障水土保持监测工作经费。

第二，在国家设立的支持西部大开发的有关专项资金中，设立水土保持生态建设专项，在安排的有关贷款中，安排一定的比例，重点用于四川省重点治理区的嘉陵江流域、沱江流域、岷江流域、金沙江下游及长江干流部分的水土流失治理。金沙江上游、雅砻江、岷江上游等地区的生态环境自然修复工程建设，各级地方财政也要积极落实配套资金。充分发挥公共财政在水土保持生态建设方面的导向作用，按照"谁投资、谁经营、谁受益"的原则，鼓励社会上的各种投资主体向水土保持生态建设投资。

第三，建立健全组织机构，协调和解决水土保持生态建设中的重大问题，加强行业指导和工程管理。

第四，严格执行《水土保持法》等法律法规，切实落实水土保持"三同时"制度，控制住人为新增水土流失，扭转"一方治理，多方破坏"的被动局面。对工矿企业和基本建设工程不编报水土保持方案或水土保持方案未经批准的建设项目坚决不予立项；加大水土保持执法力度，确保批复水土保持方案得到落实；强力推进水土保持设施验收，水土保持设施未经验收或者验收不合格的，生产建设项目不得投产使用。

第五，加强水土保持科学研究，积极推广新技术、新材料，以及开展水土保持科学示范、推广，促进水土保持综合治理与开发，不断提高水土保持在农业稳产、增产中的科技贡献率。

7. 对以生态用水为主的水资源工程优先列入国家项目的政策

目前，四川省以生态用水为主的河流，仅长江流域的赤水河1条列为国家级长江特有和珍稀鱼类保护区。四川省阿坝州境内黄河流域的白河、黑河穿越国家级若尔盖湿地保护区，应列为以生态用水为主的河流。为此，建议阿坝州政府、省林业厅、省水利厅、省畜牧局等单位联合向国家申报。

白河流域面积 $5529km^2$，河口多年平均流量 $72.3m^3/s$，径流量 22.80 亿 m^3；黑河流域面积 $7754\ km^2$，河口多年平均流量 $79.3m^3/s$，径流量 25.01 亿 m^3 均未开发。因此，科学合理开发，有效利用水资源，对解决若尔盖湿地缺水不仅是一项生态工程，也是民族团结工程、民生工程。为此，对长江、黄河河源区的河流，以生态用水为主的开发应采取急事急办，特事特办的政策，由国家列专项资金安排建设，不用地方配套资金，避免由于地方无配套资金而使工程迟迟不能开工，影响工程的建设。

8. 加快坡耕地水土流失综合治理速度

坡耕地水土流失综合治理，是有效治理水土流失，加强农业基础建设，改善山丘区群众生产生活条件，巩固退耕还林成果的一项重要工程，对促进区域经济社会可持续发展，推进山丘区新农村建设和保障国家粮食安全、生态安全和防洪安全等都具有十分重要的意义。长期以来，坡耕地水土流失问题得到了党中央、国务院的高度重视，也引起社会各界的广泛关注。水利部和国家发改委已于 2010 年启动全国坡耕地水土流失综合治理试点工作，涉及 16 个市（州），48 个县（区）。

四川省是长江上游坡耕地水土流失最严重的省份，坡耕地比例大，垦殖指数高。据国土部门资料显示，全省坡耕地面积约 548 万 hm^2，占耕地面积的 82.73%。按水土保持技术规程规范，5°~25° 的坡耕地水土流失需要人工治理。除去小于 5°以下的缓坡耕地以及已治理的坡耕地面积，全省大约有 300 万 hm^2 的坡耕地需要进行整治，任务十分艰巨。建议国家加大坡耕治理专项资金，加快治理速度。

9. 加强对国家级若尔盖湿地自然保护区的治理和保护

若尔盖湿地保护区地跨川、甘两省，行政划分上，若尔盖湿地属于四川省的若尔盖县，红原县、阿坝县以及甘肃省玛曲县、绿曲县境内，总面积近 $16000km^2$，80% 的地域分布在阿坝州境内。湿地是第四纪喜马拉雅造山运动以来低位发育的草木沼泽，蓄水总量近 100 亿 m^3，泥炭总储量达 70 亿 m^3，是世界上最大的一片高原泥炭沼泽，在调节气候、保持水土、减少温室效益等方面有不可替代的作用。作为重要的水源涵养区，素有"中国西部高原之肾"之誉。若尔盖湿地也是中华民族的"水塔"的最重要组成部分，在国家生态安全体系中处于极为关键的环节。若尔盖湿地国家级自然保护区以高寒泥炭沼泽湿地生态系统和黑颈鹤等珍稀野生动物为主要保护对象。该保护区是世界上唯一的高原鹤类黑颈鹤（国家一级保护动物）在中国最集中的分布区和最主要的繁殖地之一，被誉为"中国黑颈鹤之乡"。

由于湿地的脆弱性，特别是高原湿地，历经千万年严酷的自然环境演变，其生态环境已相当脆弱，湿地正由沼泽植被向草甸、荒漠植被进行逆向演替；高原湿地湖泊、沼泽逐步萎缩干枯；江河水量减少，地下水位下降；鼠害、沙化日趋严重。如 1985 年若尔盖县牧区有 17 个湖泊，总面积 3.24 万亩。15 年之后有 6 个全部干涸，其余 11 个不同程度的萎缩，总面积仅剩 1.98 万亩，减幅达 38.9%。1999 年若尔盖县沙化草地面积仅为 50 多万亩，截至 2004 年沙化草地面积 91.5 万亩，尚有潜在沙化草地面积 91.5 万亩，并以每年 11.65% 的速度递增。如果若尔盖沙化得不到治理，整个若尔盖地区的生态将会遭到破坏。有专家预测，不到 20 年，若尔盖草原将成为世界海拔最高的高原沙漠之一，周边城市将刮起像北方一样的沙尘暴。目前，草原还处于沙化的初始阶段，是完全可以治理的，现在治理还来得及，如果等完全沙化了再治理，就可能多付出几十倍的代价。拯救若尔盖草原迫在眉睫。若尔盖县承担的"四川省级治沙试点项目（2000~2009 年）"已引起国家、省各级政府领导和专家的高度重视和关注。

自 1994 年若尔盖湿地保护区成立以来，便开始进行治沙材料"康定柳"稳定性和治沙成效的研究。国家投入 750 万元资金进行湿地恢复一期工程建设，于 2005 年竣工，完成了 20 条、60 多 km 的排水沟，拦水坝 279 处，恢复湿地面积 15 万余亩。2007~2009 年共完成各类沙地治理 2.40 万亩，而沙化面积却增加 3.27 万亩，治不抵增。《若尔盖花湖湿地生态恢复工程初步设计报告》目前已编制完成。该工程由花湖湿地西侧生态溢流坝、左、右岸生态护堤三部分组成，工程静态总投资 1535 万元。工程完工后，可抬升花湖水面 0.30m，新增湖面 3490 亩。为此提出以下几点建议。

第一，《若尔盖花湖湿地生态恢复工程初步报告》一旦批复，国家或省有关部门，尽早下达建设资金，地方积极组织实施，省、州有关部门负责工程质量的监管和指导。

第二，超载过牧，是造成草原植被流失、沙化加速的三大主因之一。据测算，若尔盖草原最大载畜量为 170 万个羊单位，现已经超过 300 万个羊单位超出最大载畜量近一倍，减载已成为当务之急。为此，建议应出台相关政策，鼓励集体、个人兴办畜产品加工业，提高畜产业附加值或发展高原畜牧旅游业，解决过度放牧。

第三，鼠害是另一个难题，草原遍地可见脸盆大的土堆，下面就是鼠兔的巢穴，这样的巢穴在草原上无法统计，使得沙化的土地更加千疮百孔，建议由林业部门引进鼠类天敌，如鹰类、蛇类等生物，开展生物灭鼠。

第四，积极开展群众性的治沙、固沙及沙障工作。通过实地调查，1993年治沙栽植的当地灌木树种"康定柳"，目前平均树径为3.39cm，平均树高为2.49m，郁闭成林，而且林下较为湿润，是治沙、固沙及沙障最好的防治树种，具有取材容易、树种丰富、生长快、郁闭早、成本低、成效好等优点。现已初步制定了"康定柳"扦插育技术规程和治沙技术规程。建议县级林业、畜牧业、水利水保以及若尔盖湿地管理局等部门，组织农牧民在全县范围大力推广。

第五，若尔盖湿地管理局作为项目业主，尽快委托有资质的设计单位，进行黑河、白河补充若尔盖湿地用水为主的前期工作。

三 分区水土保持生态建设

水土保持生态建设可以有效保护和增加可利用水土资源，提高水土资源的利用率，通过水土流失区的治理，使农业生产条件得到改善，提高抗旱、防涝、固沙等抗御自然灾害的能力，使土控产出率大大提高，无疑增加治理区环境容量，促进人口、环境、资源和经济、社会的协调发展。

根据四川省自然环境条件，即地貌类型、水热条件、土壤、植被及水土流失类型及治理方向等，特别是土壤保持功能和水源涵养等的区域差异，将四川省水土保持生态建设划分为五个一级区（四川盆地中度侵蚀综合治理区、盆周山地中度侵蚀自然修复综合治理区、川西南山地强度侵蚀综合治理区、川西北高原轻度侵蚀自然修复区、川西高山深谷中度侵蚀自然修复综合治理区）进行水土保持生态建设。

（一）盆地中度侵蚀综合治理区

四川盆地中度侵蚀综合治理区，包括广安、南充、遂宁、内江、自贡、资阳6市的全部，达州、巴中、广元、绵阳、德阳、成都、眉山、雅安、乐山、宜宾、泸州11市的部分，土地总面积12.01万km²，占全省辖区面积的24.83%；总人口7440多万，人口密度高达620人/km²。广大丘陵、平原已辟为农田，是四川省粮食、油料等经济作物、养殖业及经济林木的主产区，其产量均占全省的80%以上，只有局部低山有小片林地零星分布，地带性森林生态系统已被完全破坏。被人工农业生态系统替代，除成都平原外，大部分生态功能低下，且地形起伏，地表出露岩石以紫红色砂泥岩为主，易于风化、侵蚀，加之多暴雨，水力侵蚀严重。

本区水土保持生态建设，应以提高区内土壤保持和水源涵养调蓄功能为主，在水土流失严重，人口资源矛盾十分突出的地区要以人工措施为主，采取小流域为单元的水土保持综合治理，促进生态环境逐步恢复和改善；在水土流失程度较轻、人口密度小的地区，要把生态自然修复作为改善生态环境的主要手段和措施，通过封育保护、植树造林等措施，依靠自然力量恢复生态。

1. 生物措施

要保护天然植被，积极营造水土保持林、农田防护林以及薪炭林和经济林，绿化荒山、荒坡、荒滩，搞好"四旁"绿化，并逐步将25°以上的陡坡耕地退耕植树种草。

2. 工程措施

要健全坡面蓄水、排水系统，配套建设沿山沟、边沟、背沟、蓄水池、沉沙函等，完善田间灌排设施，建设稳产高产基本农田。同时，改坡地为梯土、梯田等。

3. 农耕农艺措施

要积极推广水土保持耕作法，实现等高耕作，垄沟种植和间种套种，增加农作物植被覆盖度，增施有机肥，改良土壤，实行用地与养地结合，加强经营管理，提高科学种田水平。

4. 加强工矿、交通等建设项目造成新增水土流失的预防监督

全面落实水土保持的"三同时"制度（建设项目中的水土保持设施，必须与主体工程同时设计、同时施工、同时投产使用），而且对水土保持设施进行验收，坚决控制人为新增水土流失。

根据四川盆地内部的差异可划分为4个二级区，成都平原微度水蚀保护区，盆北高丘、中丘中度水蚀综合治理区，盆南中丘、低丘中度水蚀综合治理区和盆东平行岭谷中度水蚀综合治理区。

（二）盆周山地中度侵蚀自然修复综合治理区

盆周山地中度侵蚀自然修复综合治理区为四川盆地北、西、南三周，包括达州、巴中、广元3市的北部，绵阳、德阳、成都3市的西部，雅安市的西部和南部，眉山、乐山、宜宾、泸州4市的南部，土地总面积7.08万 km²，占全省辖区面积的14.64%，总人口810万人。本区自然景观以亚热带常绿阔叶林和黄壤为基带，随海拔的升高具有明显的垂直变化，以林副产品生产和种植业为主，畜牧业也占有一定的地位。该区矿产资源丰富，以煤、铁、有色金属为主，矿产开采及冶炼在该区工业占有重要地位。盆周山地水资源及生物资源丰富，生态环境优越，森林植被茂盛，具有水土涵养的重要作用，是四川省水源涵养功能极重要区域，是四川盆地重要的水源区和生态保护屏障。

本区水土保持生态建设，以山地生态环境自然修复为主，同时搞好水土保持综合治理，加强护林、育林工作，合理调整农、林、牧结构，加速山地绿化，促进生态环境自然修复。

1. 生物措施

荒山、荒坡植树种草，营造水源涵养林、水土保持林，着重发展经济林和速生林；有计划地将25°以上的坡耕地，退耕还林、还草，并巩固还林、还草成果。

2. 工程措施

建设坡面灌溉和排水系统，引水灌溉、分洪减灾，发展小水电代柴工程，保护林草植被。同时，改缓坡耕地为梯地，兴修水利、水保工程，有效控制水土流失。

3. 农耕农艺措施

改轮歇地为固定耕地，改顺坡耕种等高带状耕作。实行精耕细作，间种、套种，提高复种指数，提高人工农作物覆盖率。

4. 规范和合理利用矿产资源和农林业的开发，防止对环境和生态系统造成不利影响

根据盆周山地区内部差异，可划分为4个二级区：米仓山、大巴山中度水蚀综合治理自然修复区，龙门山中度水蚀自然修复区，峨眉山轻度水蚀自然修复区，大娄山强度水蚀综合治理自然修复区。

（三）川西南山地强度侵蚀综合治理区

川西南山地强度侵蚀综合治理区，包括攀枝花市、凉山州除木里县以外的部分，面积5.44万km²，占全省辖区面积的11.25%，总人口540万人。本区为云贵高原的北延部分，地势起伏，是四川省粮食、经济作物、经济林木、畜牧业的重要产区。该区矿产资源丰富，是四川省三大铁矿之一，攀枝花市已成为我国重要钢铁基地。由于人为原因，该区森林植被受到极大的破坏，致使目前金沙江、安宁河沿岸不少地方出现荒坡秃岭、岩石裸露、常有崩塌、滑坡、泥石流发生，水土流失严重。本区主要生态系统类型有：亚高山常绿针叶林、山地针阔叶混交林、偏干性常绿润叶林系统，河谷盆地以人工农业生态系统为主。

本区水土保持生态建设，合理调整农、林、牧结构，扩大林草植被，搞好植树造林，大力营造水土保持林、水源涵养林及护岸，护坡林。

1. 生物措施

搞好植树造林，大力营造水保林，水源涵养林等；25°以上的陡坡耕地坚决退耕还林还草，25°以下的坡耕地，进行梯田、梯土建设。

2. 工程措施

完善坡面水系建设，做到能蓄能排，减少坡面土壤侵蚀量。结合流域治理，进行小型水利水保工程建设。

3. 农耕农艺措施

推广横坡开行等高线带状耕作，扩大复种指数，种植绿肥等水土保持耕作措施；改变顺坡耕种，轮歇耕作等不利于水土保持的耕作方式。

4. 其他措施

搞好基本建设、交通、工矿企业建设等基建项目的水土保持方案的编报和实施，以遏制人为新增水土流失。加强崩塌、滑坡、泥石流等突发性山地水土流失灾害的预警和防治。

根据本区各地的差异，可划分两个二级区为金沙江下游强度水蚀综合治理区、大凉山中度水蚀综合治理自然修复区。

（四）川西北高原轻度侵蚀自然修复区

川西北高原轻度侵蚀自然修复区，包括阿坝州壤塘、阿坝、若尔盖、红原 4 县，甘孜州道孚、炉霍、甘孜、德格、白玉、石渠、色达、理塘 8 县。辖区面积 12.65 万 km^2，占全省总土地面积的 26.15%，总人口 70 万人，人口密度为 6 人/km^2。本区地形高亢，高原面宽广，谷地开阔，坡度平缓。受海拔高、气温低的影响，本区西北部及若尔盖沼解湿地的森林已绝迹；东南部低矮的谷坡内有少量森林分布；其他地表均为灌丛草甸，以高山、亚高山灌丛和草甸分布最广。主要生态系统为亚高山灌丛草甸生态系统和高山草甸生态系统。本区为藏族聚居区，地广人稀，是四川省高寒牧业基地，也是全国五大牧区之一。但冬春牧草短缺，超载过牧严重，加之管理不善，滥挖虫草、贝母和沙金等，草场退化和沙化面积逐年有所扩大，水土流失增强。

本区水土保持生态建设，应以水定草、以草定畜，避免超载放牧；冬春草场，应严禁滥挖虫草、贝母和砂金矿，做好水土保持工作，防治新的水土流失。

1. 生物措施

加强草场基本建设，改良牧草，建立工人饲草饲料基地，提高草场质量和产草量，增加草场载畜能力；南部河谷地带的林地及灌丛要加强保护，禁止不合理的砍伐。

2. 工程措施

加强牧区水利建设，解决干旱草场灌溉，防止草场退化、沙化。禁止对沼泽草地的开沟排水改造，避免造成生态环境破坏，引起沙化。

3. 农耕农艺措施

实行分区放牧，并积极开展灭鼠、灭虫。对现有耕地要加强经营管理，实施沟作和套作，增加耕地覆盖，减少水土流失，提高农作物产量。

根据区内差异，可划分为 3 个二级区，即西北丘状高原轻度冻蚀、水蚀自然修复区，阿坝、若尔盖丘状高原中度风蚀、水蚀自然修复综合治理区，甘孜、理塘山原轻度冻蚀、水蚀自然修复区。

（五）川西北高山深谷中度侵蚀自然修复综合治理区

川西北高山深谷中度侵蚀自然修复综合治理区，包括阿坝州的汶川、理县、茂县、松潘、九寨沟、金川、小金、黑水、马尔康9县，甘孜州康定、泸定、丹巴、九龙、雅江、巴塘、乡城、稻城、得荣9县，以及凉山州木里县。辖区面积11.19万 km^2，占全省总土地面积的23.13%，总人口140万人。本区地处青藏高原东南缘，山势高耸，河谷深切，岭谷高低悬殊，气候垂直变化异常明显。从河谷到山顶依次出现干旱河谷灌丛，山地针叶林、亚高山暗针叶林和高山灌丛草甸、流石滩植被。区内森林资源丰富，自然植被繁茂，是四川天然林区的重要组成部分，起着重要的水源涵养和土壤保持功能。由于前些年乱砍滥伐，采伐过量，森林资源遭到很大破坏。四川省自1998年9月实施天然林保护工程以来，天然林资源正在逐步恢复。主要生态系统类型为山地针叶、亚高山暗针叶林和高山灌丛草甸生态系统。

本区水土保持生态建设，在停止采伐天然林资源的基础上，应把加快火烧迹地、采伐迹地的更新、营造工作放在首位，以迅速恢复森林植被。对区内宜林荒山，要逐步绿化，提高森林植被覆盖率。

1. 生物措施

充分利用河谷带光热资源，发展经济木林和果树；搞好草场基本建设，建设草库伦，扩大饲料用地。特别要大规模改良草地，种植优良牧草，提高牧草的产量和质量，防治鼠、虫害对草地的破坏。

2. 工程措施

搞好基本农田水利的同时，因地制宜地建设水利和水保工程。

3. 农耕农艺措施

禁止毁林开荒，25°以上的陡坡耕地退耕还林还草，25°以下的坡耕地要加强梯地建设，并采取横坡耕作等水土保持耕作法。

4. 其他措施

加大预防监督力度，防止工矿、交通、采矿等开发建设项目造成的新的水土流失。

根据区内差异，划分为2个二级区：岷山、邛崃山中度水蚀、冻蚀自然修复综合区，南部高山深谷中度水蚀、冻蚀自然修复综合治理区。

四　流域水土保持生态建设

流域水土保持是江河治理的根本，对减少江河、水库泥沙淤积和自然灾害具有极为重要的作用。为便于有关部门按流域进行管理，根据其自然条件和水土流失状况和生态环境存在的问题，提出四川省主要流域水土保持和生态建设的主攻方向和未来20年间的主要任务。

(一) 金沙江流域

长江上游青海省玉树直门达至四川省宜宾段称金沙江，云南省石鼓以上称上游，石鼓至四川省攀枝花为中游，攀枝花至宜宾为下游。金沙江从四川省石渠县境至宜宾市翠屏区，涉及甘孜、凉山、攀枝花、宜宾 4 州（市）的 21 个县（市、区），流域面积 5.3 万 km^2。金沙江上游河谷深切，两岸高原面保存完好，以牧业为主；中游绝大部分位于云南省境内；下游河谷深切，落差大，水能资源十分丰富，由于下游及其支流，断裂发育，岩层十分破碎，下切侵蚀强烈，地势高差大，又地处东南季风和西南季风的交汇处，多暴雨，水土流失十分严重，特别是泥石流等混合侵蚀发育，为长江上游主要产沙区之一，省境内水土流失面积 3.16 万 km^2。从 1989 年开始实施"长治"工程，治理区生态、经济、社会效益十分显著，但由于自然、人为因素影响，水土流失仍很严重。

金沙江上游位于川西北高原轻度侵蚀自然修复区，下游位于川西南山地强度侵蚀综合治理区，其水土保持生态建设上游河谷地带要加强天然林资源的保护，促进其生态自然修复，对已有的耕地要加强经营管理，25°以上陡坡耕地必须退耕还林还草，25°以下的坡耕地要大力开展梯地建设，实施水土保持耕作法；高原原面上要加强草场建设，防止草场退化、沙化，禁止超载放牧，搞好水土保持。中下游要加强保护天然林，尽快绿化荒山荒坡；退耕还林、固定耕地，改变不利于水土保持的耕作方式，实现耕地梯地（田）耕作，提高蓄水保土，减少水土流失，降低入河泥沙。同时搞好基建、交通、工矿等建设项目的水土保持方案和编报实施，以遏制人为新增水土流失。以及加强崩塌、滑坡、泥石流等突发性山地水土流失灾害的预警和防治，降低损失。

本流域水土保持生态建设主要任务是坡改梯 1.82 万亩与保土耕作 1.14 万亩，占流域水土流失面积的 9.66%；人工实施林草措施 4.67 万亩，占流域水土流失面积的 15.25%；生态自然修复 15.76 万亩，占流域水土流失面积的 51.42%；以及配套建设塘堰水利水保工程，因地制宜兴建塘堰、谷坊、拦沙坝、蓄水池、沉沙函和排灌沟渠等。

(二) 雅砻江流域

雅砻江是金沙江的最大支流，主要支流有鲜水河、理塘河、安宁河等，省境内流域面积 13.45 万 km^2，其中水土流失面积 5.28 万 km^2。流域上游地势高亢，为丘状高原，以牧业为主；中下游干流多为高山峡谷，水力资源丰富以水能开发为主，支流安宁河河谷地带谷地宽阔，工农业都有一定的基础。总的看来，流域内人口稀少，以牧业为主，农耕地仅占全省的 3%。长期以来由于森林过度采伐，超载放牧等原因，水源涵养能力降低，土地荒漠化加剧，草场退化沙化严重，水土流失面积增大。本区南北地表高低悬殊，气候差异大，河谷深切，岩石破碎，常发生规模较大的山崩、滑坡和泥沙流。

雅砻江流域位于川西北高原轻度侵蚀自然修复区，川西高山深谷中度侵蚀自然修复综合治理区和川西南山地强度侵蚀综合治理区，水土保持生态建设，以保护天然林草植被，封山育林育草为重点，禁伐天然林及乱垦土地与过牧，促进区内生态自然修复。兴建小型水利水保工程，绿化干旱河谷、荒山荒坡和退耕还林（草），积极治理退化沙化草地，防治鼠虫害对草地的破坏。改坡耕地为梯地，建设稳产高产基本农田，增强蓄水保土功能，减少水土流失和输入江河的泥沙量。

本流域未来 20 年水土保持生态建设主要任务是坡改梯 0.89 万亩与保土耕作 0.75 万亩，占流域水土流失面积的 5.11%；人工实施林草措施 5.75 万亩，占流域水土流失面积的 17.86%；生态自然修复 17.18 万亩，占流域水土流失面积的 53.34%；以及配套建设塘堰水利水保工程，因地制宜兴建塘堰、谷坊、拦沙坝、蓄水池、沉沙函和排灌沟渠等。

（三）岷江流域

岷江是长江上游最大的一级支流，主要支流有大渡河、青衣江等。省境内岷江流域面积 12.68 万 km²，其中水土流失面积 5.29 万 km²，岷江上游、大渡河上中游是四川省重要林、牧业地区。岷江中下游以平原、丘陵为主，是四川省最重要的农耕区。由于林、牧业地区过伐、过牧，天然植被遭受严重破坏，山地灾害频繁，生态环境不断恶化。丘陵、低山区的森林植被覆盖率不高，加之陡坡耕地，水土流失面积比例较大。

岷江流域分别属于川西高深谷中度侵蚀自然修复综合治理区，峨眉山轻度水蚀自然修复区，成都平原微度水蚀保护区和盆南中丘、低山强度水蚀综合治理区。其水土保持生态建设，岷江上游及大渡河上中游要保护天然林，绿化荒山荒坡，大于 25° 的陡坡耕地要退耕还林，提高林草覆盖率和水源涵养能力；治理退化、沙化草地，加强草场建设，要以草定畜，避免超载放牧，禁止滥挖虫草、贝母及砂金矿等破坏草场的活动；加强自然保护区建设，促进生态自然修复。中下游丘陵区要加大山、水、田、林、路综合治理力度，建设生态农业，河谷地带的森林及灌丛要加强保护，促进自然修复。

本流域未来 20 年水土保持生态建设主要任务是坡改梯 3.8 万亩与保土耕作 3.48 万亩，占流域水土流失面积的 14.71%；人工实施林草措施 6.07 万亩，占流域水土流失面积的 12.31%；生态自然修复 24.35 万亩，占流域水土流失面积的 49.3%；以及配套建设塘堰水利水保工程，因地制宜兴建塘堰、谷坊、拦沙坝、蓄水池、沉沙函和排灌沟渠等。

（四）沱江流域

沱江是长江的一级支流，四川境内主要支流有蒙溪河、釜溪河、濑溪河等。省境内流域面积 2.6 万 km^2，其中水土流失面积 1.26 万 km^2。流域呈长条形，绵竹市汉旺镇以上为山区，汉旺至金堂县赵镇属成都平原，赵镇以下属四川盆地丘陵区，沱江流域人口密集，工农业发达。近年来，流域内开展了治水、改造坡耕地、水土流失综合治理等工作，水土流失有所减少。

沱江流域位于成都平原微度水蚀保护区和盆南中丘、低丘强度水蚀综合治理区，其水土保持生态建设应进行坡耕地治理，理顺坡面水系，山、水、田、林、路综合治理，合理利用土地资源，全面绿化荒山荒坡，恢复林草植被，提高涵水、保土功能，建设生态农业。汉旺镇以上山区应加强封山育林，促进自然修复，并做好矿山开采可能造成新的水土流失的防治。

本流域未来 20 年水土保持生态建设主要任务是坡改梯 4.54 万亩与保土耕作 3.88 万亩，占流域水土流失面积的 44.6%；人工实施林草措施 1.98 万亩，占流域水土流失面积的 10.46%；生态自然修复 4.02 万亩，占流域水土流失面积的 21.26%；以及配套建设塘堰水利水保工程，因地制宜兴建塘堰、谷坊、拦沙坝、蓄水池、沉沙函和排灌沟渠等。

（五）嘉陵江流域

嘉陵江是长江的一级支流，四川境内主要支流有涪江、渠江及白龙江等。省境内流域面积 10.42 万 km^2，其中水土流失面积 5.13 万 km^2。境内以旱坡地为主，人—粮—林矛盾突出。20 世纪 80 年代以来，国家和省都把该流域作为防治水土流失生态建设的重点区，有 41 个县先后开展以小流域为单元的山、水、田、林、路综合治理，水土流失面积比治理前减少 10%，流失程度有所降低。

嘉陵江干流及主要支流渠江、涪江上游，分别位于盆周山地中度侵蚀自然修复综合治理区，米仓山、大巴山中度水蚀综合治理自然修复区和龙门山中度水蚀自然修复区，其水土保持生态建设应以山地生态环境自然修复为主，同时搞好水土综合治理。嘉陵江干流及主要支流涪江和渠江中下游位于四川盆地中度侵蚀综合治理区，其水土保持生态建设是以建设基本农田为中心，治理坡耕地，兴建水利水保工程，绿化荒山和退耕还林，搞好庭院、埂坎林、果、草生态经济等。

本流域未来 20 年水土保持生态建设主要任务是坡改梯 10.2 万亩与保土耕作 8.78 万亩，占流域水土流失面积的 25.13%；人工实施林草措施 9.7 万亩，占流域水土流失面积的 12.84%；生态自然修复 29.01 万亩，占流域水土流失面积的 38.33%；以及配套建设塘堰水利水保工程，因地制宜兴建塘堰、谷坊、拦沙坝、蓄水池、沉沙函和排灌沟渠等。

（六）长江干流（四川段）

长江干流四川段为宜宾至合江县川渝分界处，以及大竹、邻水两县的御临河流域。省境内流域面积 2.31 万 km^2，其中水土流失面积 1.60 万 km^2。干流两岸多为浅丘地形，阶地发育，耕地广布，人口稠密。流域内以山地为主，热量丰富、水热同季、适宜农业及多种经营。人—粮—林矛盾比较突出，林草植被差，水土流失严重。

长江上游四川段位于盆南中丘、低丘强度水蚀综合治理区、盆东平行岭谷中度水蚀综合治理区和大娄山强度水蚀综合治理自然修复区。其水土保持生态建设，应以坡耕地治理为中心。山、水、田、林、路综合治理，绿化荒山荒坡，25°以上坡耕地退耕还林（草），加强小型水利水保工程、坡改梯建设，建设稳产高产农田，增加蓄水保土功能，减少水土流失，降低入长江泥沙量。

本区未来 20 年水土保持生态建设主要任务是坡改梯 4.04 万亩与保土耕作 2.12 万亩，占流域水土流失面积的 31.35%；人工实施林草措施 1.34 万亩，占流域水土流失面积的 8.5%；以及配套建设塘堰水利水保工程，因地制宜兴建塘堰、谷坊、拦沙坝、蓄水池、沉沙凼和排灌沟渠等。

（七）黄河流域（四川部分）

黄河流域上游在四川省境内有黑河、白河流域，行政区涉及阿坝州的阿坝，若尔盖、红原 3 县，省境内流域面积 1.69 万 km²，若尔盖、红原、阿坝一带是我国著名的沼泽区，是世界上最大的一片高原泥炭沼泽，是以牧业为主区域。由于长期过度放牧及盲目疏干沼泽开垦为草地，造成草地鼠虫害和沙化严重。若尔盖、红原境内黄河流域部分地区风蚀比较严重，水土流失面积 9480km²。自 1994 年开始治沙和湿地恢复工程以来，到 2005 年恢复湿地面积 15 万亩，2007～2009 年共完成各类沙地治理近 7.00 万亩。

黄河流域（四川部分）位于阿坝、若尔盖丘状高原中度风蚀、水蚀自然修复综合治理区，其水土保持生态建设应以保护现有林草植被和湿地，以及草地建设为重点，以草定畜、避免超载放牧，禁止滥挖贝母、虫草及开采砂金矿，做好水土保持工作，防治新的水土流失。同时，积极开展灭鼠灭虫，防治草场退化沙化。营造防风固沙林（草）。提高林草生态经济效益。修建小型水利水保工程，解决农牧民饮水困难，改善农牧民生活条件。

本流域未来 20 年水土保持生态建设主要任务是坡改梯 200 亩与保土耕作 250 亩，人工实施林草措施 0.47 万亩，占流域水土流失面积的 3.82%；生态自然修复 8.91 万亩，占流域水土流失面积的 72.14%；以及配套建设塘堰水利水保工程，因地制宜兴建塘堰、谷坊、拦沙坝、蓄水池、沉沙凼和排灌沟渠等。

第十章　加强农村水利建设，确保粮食安全和农村饮水安全

一　四川粮食安全面临的主要问题

粮食是国家安全和自立的基础，是关系国计民生的重要商品，四川省是人口大省。民以食为天，吃饭问题关系着社会稳定，粮食安全是治国安邦的头等大事。四川省是全国 13 个粮食主产省之一，粮食的播面、总产量和粮食消费量常年居全国第三位，中国西部的第一位。全国 800 个产粮大县中，四川省有 50 个。

新中国成立到 1978 年，四川省粮食播种面积从 10245.7 万亩扩大到 11160.9 万亩，总产量从 1090.8 万吨上升到 2381.8 万吨，人均从 269kg 增长到 337kg，但仍然处于较低水平，温饱问题仍未得到根本解决。1978 年以后，全省粮食总产量跨上 3668.7 万 t 的历史最高水平，人均粮食也曾达到 424kg 的最高水平，超过了国家要求的粮食安全水平标准，20 世纪 80 年代粮食调出大于调入。

由于经济社会的发展，工业化和城镇化的推进，四川省耕地面积净减少 1347.6 万亩，人口净增加 1929.4 万人，而确保粮食稳产高产的灌溉设施增加较缓慢。粮食单产虽然有所提高，但粮食产量仍未达到 3668.7 万吨的历史最高水平（1999 年），2010 年达到 3222.9 万吨（来自：2011 中国统计摘要：中国统计出版社），人均粮食 358kg。而全省粮食需求缺口呈逐年扩大，从原来总量自给有余转变为口粮自给有余，而饲料和工业用粮要从省外购进才能供需平衡，并且净调入量逐年加大，2007 年达到 607 万吨，占历史最高水平年粮食总产量的 16.5%，人均占有粮食从最高年份的 424kg，2010 年下降到 358kg，低于《国家粮食安全中长期规划纲要（2008～2020 年）》中 2020 年不低于人均 395kg 的要求，保障粮食安全问题已经摆在人们的面前（见图 10-1）。

我们必须清醒地认识到：

一是随着每年人口增加，对粮食需求继续呈刚性增长趋势。全省人口每年净增 30 万左右，年需净增粮食 150 万 t 左右。同时，随着以生猪为主的现代畜牧业发展，饲料用粮和酿酒等加工用粮需求将大幅增长。

二是耕地和优质耕地数量逐年减少，而且耕地质量变差。因工程建设和城镇扩大等，占用耕地较多，致使耕地逐年减少，人均耕地已经下降到 1 亩以下，又因过

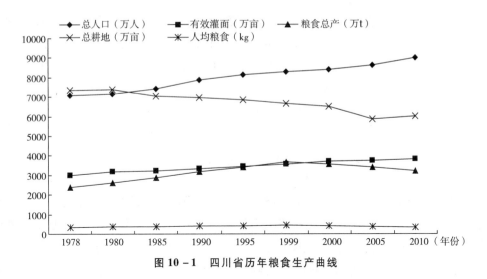

图 10-1　四川省历年粮食生产曲线

量使用化肥、农药，使耕地质量变差，土地退化和破坏严重，所以难以提高农产品产量。

三是城市化进程加快，农村青壮年劳动力大量转移，农村劳动力素质下降，科学种田素质偏低，先进实用增产技术推广偏慢。

四是农业生产成本增加，种粮效益偏低，农民种粮得不到实惠而积极性不高，影响了粮食增产潜力的充分挖掘。

五是农田水利设施不足，保证农田稳产的灌溉面积仅占耕地的 43% 左右，加之工程老化，渠系配套差，致使供水不足，不能满足农田需水要求，影响了农田产量的提升。

六是水土资源和生态环境约束加大、极端气候不确定性等制约粮食增产因素增多。

七是国际市场粮源紧张，弥补国内粮食缺口的空间有限，受这些市场运行不确定因素的影响，四川省保障粮食安全工作面临着严峻的压力与挑战。

目前及今后一个阶段，四川省粮食生产和全国粮食生产面临的制约因素，突出表现在工业化、城镇化步伐加快，农业劳动力大量转移，从事粮食生产的劳动力素质下降，气候不确定性增加，生态环境恶化等。

为保障粮食安全，《全国新增 1000 亿斤粮食生产能力规划 (2009~2020 年)》和《国家粮食安全中长期规划纲要 (2008~2020 年)》提出我国 2020 年粮食生产能力要达到 5.5 亿 t 以上。按此目标要求，四川省 2020 年粮食生产能力应达到 3900 万 t 左右，需较现状增加 600 万 t 以上。为实现上述粮食生产及农业发展目标，各地区将依据各自的优势发展现代农业。我们必须坚持立足省内实现粮食基本自给的方针，在强化政策扶持、依靠科技支撑、合理施用化肥、改善耕地质量、保护和调动农民种粮积极性的同时，加大投入力度，巩固和改善农田水利设施，建设以水稻为主的粮食产业带和以棉花、油料为主的经济作物产业带。为此，必须进一步发展灌溉面积，提高灌溉保证率。到 2030 年，使有效灌面与耕地的比重由 2010 年的 43% 提高到 56% 以上。我们必须着力提高粮食综合生产能力，使得粮食生产能力稳步提升，确保粮食安全，这是摆在人们面前的头等大事。

二 发展有效灌溉面积的重要性和可行性

四川是一个农业大省也是一个灌溉大省，农业因受诸多自然条件的制约，特别是受气象因素的影响，降水与作物需水不同步，致使干旱频繁发生，农业缺水随干旱而发生变化。因此，农业生产离不开灌溉，特别是东部盆地地区。农作物生长与水的关系极为密切，虽然农作物生长与降水同季但不同时，在其生长发育的整个过程中，任何一个阶段产生水分逆境、缺少，就会出现水分胁迫，使农作物正常的生命活动受阻，因此有效及时地保证作物供水是农业生产活动中的重要环节。粮食生产对灌溉存在很大程度的依赖性，灌溉对于保障粮食生产稳定具有特殊作用，是提高粮食生产水平的重要手段。当农作物需水关键期干旱强度高，农田缺水就重，农作物损失就大，一般灌溉农田的粮食产量是非灌溉农田产量的 1～3 倍，越是干旱的地区，灌溉增产的幅度就越大。我国灌溉面积仅占耕地的 50% 左右，但生产的粮食确占全国粮食总产量的 70%，生产的蔬菜占全国蔬菜总产量的 90% 以上，四川省也不例外。所以，发展水利，提高水资源调控能力，解决工程性缺水，大力发展灌溉面积，提高供水保证率和提高粮食单产量，是保障四川省粮食安全的重要举措。

据统计，2010 年四川省有效灌面为 3829 万亩，占耕地的 42.9%。从 1978～2010 年有效灌面净增加 842.8 万亩，其间由于城市、重要集镇发展、建设占地等损失有效灌溉面积约 600 万亩，致使四川省有效灌面增长十分缓慢，长期停留在 3200 万亩左右。仅据 1995～2010 年不完全统计，全省因基本建设和城镇等占地，约损失有效灌面 349.4 万亩，占同期净增加有效灌面的 41.5%。初步估算，相当于"九五"、"十五"期间，四川省用于水利建设的资金有 40 亿～50 亿元被其他行业无形占用，占同期用于水利建设资金的 50%～60%，相当于每年有一半以上投入水利建设的资金被消耗掉。

每年水利建设新增的有效灌面大部分用于抵消每年损失的有效灌面，人均有效灌面从 1978 年以来就长期停留在 0.42 亩的水平上，仅为全国人均的 2/3。全省还有 5000 多万亩耕地（标准亩）还是"靠天吃饭"，一旦碰到干旱，则无能为力。在有限的土地上要生产更多的粮食，除种子和生产技术进步等因素外，更重要的是实现有效的灌溉。

发展有效灌溉面积是改变四川农业"靠天吃饭"，发展现代农业的必然选择。农业发展，有水则灵，发展水利灌溉是抗御干旱、旱涝保收、稳产高产以及调整农作物产业结构的基础和保障。

四川省从保障粮食安全和社会稳定的要求出发，必须继续坚持粮食基本自给的方针。要想满足人民生活和建设对粮食增加的需要，提高四川省粮食综合生产能力，促进农民增收，使得人民安居乐业，必须尽快发展有效灌面。

为满足粮食增产的需要，国家要求人均拥有粮食不低于395kg，才能保障粮食安全。据预测，四川省在2030年以前要新增有效灌溉面积2000万亩，其中2020年以前应新增有效灌面1000万亩，2030年以前再新增有效灌溉面积1000万亩。

省委九届六次全会《关于统筹城乡发展开创农村改革发展新局面的决定》提出了"到2012年全省新增100亿斤粮食生产能力"的目标任务。而"再造一个都江堰灌区"，就是完成此任务的重要基础保证之一，是立足当前、着眼长远、造福群众、惠泽子孙的民心工程，必将成为四川水利发展史上乃至四川经济发展史上浓墨重彩的壮丽诗篇！

据2010年统计，全省已建各类水利工程的总供水能力为272.85亿 m^3，本年实供水量为176.65亿 m^3，尚有20亿~40亿 m^3（扣除水力发电用水）水量因灌区未配套而不能发挥效益。如大桥水库可供水量为5.93亿 m^3，但现灌区（安宁河干流沿河取水的老灌区）只需要枯水期补水1.2亿 m^3，尚有4亿多 m^3 的水量未被有效利用，灌区亟待配套发挥大桥水库的供水效益；升钟水库设计灌面211.74万亩，也只灌溉了97.34万亩，水量未能充分利用；众多的中小型工程大部分灌区配套未完善，库水闲存于库中或自然流失。从水源条件看，2020年新增1000万亩有效灌面是有水源支撑的。

长期以来，由于建设资金严重不足和大多数水利工程当时建设标准低，经过几十年的运行，一方面工程老化、年久失修、水量损失严重、效益衰减；另一方面是大量的渠系未配套等原因，工程未达到设计能力。据2010年水利年鉴统计，已建各类水利设施设计灌面4619万亩，而有效灌面仅3829.67万亩，考虑占地等其他因素，据统计还有820多万亩尚需配套建设，有3万多公里未配套渠道。其中：都江堰等12个大型灌区（设计灌溉面积大于30万亩的灌区）未配套灌面为226万亩；已建的107座中型水库灌区尚有193万亩未配套受益，仅此两项就占全省未配套灌面的51%，其他的中小型蓄引提工程灌面未配套尚有403万亩，占未配套灌面的49%。由于缺乏资金未完善供水渠系建设，而造成工程的效益未能充分发挥，从另一方面来说，也为2020年新增1000万亩有效灌面提供了基础条件。

　　近期，加强大中小型水利工程未配套灌区渠系配套建设，是充分挖掘现有水利设施潜力，弥补四川省每年因经济建设、占地等原因造成有效灌面损失，逐步扩大灌溉效益的快捷途径。它比新建水利工程增加有效灌面具有投资少、见效快、涉及问题少、费省效宏、事半功倍的优势，同时，也是水资源优化配置、节约水资源的重要环节。搞好已建和在建大中小型工程灌区配套建设，是四川省近期加快步伐，扩大有效灌面的重大举措，配合新建骨干工程建设，能使四川省尽快增加有效灌面 1000 万亩以上。这对提高四川省粮食生产能力，保障粮食安全，积极推进社会主义新农村建设，促进民生水利发展，构建和谐社会具有十分重要的现实意义。

三　新增农田有效灌溉面积实施意见

　　根据水资源配置意见，2020 年以前实现新增有效灌面 1000 万亩的任务，主要靠三项措施，一是已成灌区完成工程续建配套，使之达到设计能力；二是完成在建工程主体工程和灌区渠系续建配套工程建设，同时兴建一批大中型骨干水利工程；三是对已成水库工程中的病险水库进行除险加固，并抓紧对震损水库的治理；四是抓紧灌区节水改造工程建设和积极开展灌区工程水利现代化建设试点工作。

　　在大力开展以治水为中心的农田基本建设的同时，也要加强提灌工程设施的维修和技术改造，并积极发展户办、联户办等小、微水利工程建设，进一步完善人工增雨作业体系，积极开发云水资源。解决无水源或缺水地区的用水需求。通过对已成灌区配套挖潜，水利工程的技术改造，新建一批骨干水利工程，扩大有效灌溉面积，以较小的投入达到粮食增产的目的，确保四川省粮食安全。

　　近期在大幅度提升农业，发展水利现代化水平时，要围绕四川省"再造一个都江堰灌区"的总体目标，从 2009～2016 年，新增和恢复蓄引提水能力 86 亿 m^3，新增有效灌面 1069 万亩，新增节水灌溉面积 500 万亩，建设灌区水利现代化示范区 30 万亩。2020 年前总体任务有以下几个方面。

1. 已成灌区续建配套

　　涉及已成工程灌区共 8557 个，其中，大型工程灌区 12 个，中型工程灌区 334 个，小型工程灌区 8211 个。

　　第一，大型灌区（设计灌面 30 万亩以上的灌区）有都江堰灌区、玉溪河灌区、长葫水库灌区、通济堰灌区、升钟水库一期灌区、武都引水一期灌区、九龙滩提水灌区、沱江石盘滩提水灌区、青衣江流域乐山灌区、安宁河沿河灌区、宝明灌区、小双灌区 12 个。大型灌区续建配套渠道共 721.7km，整治改造渠系

7549.19km；田间工程续建配套渠系 4413.38km，整治改造渠道 26263.45km。到 2020 年可新增有效灌面 242.17 万亩，节水灌面 182.31 万亩。

第二，中型灌区（设计灌面 1 万亩～30 万亩的灌区）334 个，通过对已成灌区进行续建配套，整治改造骨干工程及田间工程配套渠道 36251.91 km，整治主要建筑物 29129 处。其中整治改造渠道 9054.41km，续建、新建配套渠道 5907.05km，整治主要建筑物 29129 处；田间工程整治改造渠道 10183.41km，新建、续建配套渠道 11107.04 km。到 2020 年将新增有效灌面 316.6 万亩，节水灌面 125.4 万亩。

第三，小型灌区（设计灌面 100 亩～1 万亩的灌区）8211 个。通过对已成小型灌区进行续建配套，整治改造骨干工程及田间工程配套渠道 54848km，整治主要建筑物 21943 处。其中骨干工程整治改造渠道 7189km，新建、续建配套渠道 4138km，整治主要建筑物 21943 处；田间工程整治改造渠道 23263 km，续建、新建配套渠道 20257 km。到 2020 年新增有效灌面 263.54 万亩，发展节水灌面 101.33 万亩。

通过已成工程灌区续建配套与节水改造项目的实施，到 2020 年新增蓄引提水能力 500 万 m^3，可新增有效灌面 822.31 万亩，发展节水灌面 409 万亩，新增有效灌面占实施灌面的 76.9%。

2. 在建大中型水利工程

加快 20 座在建工程的建设步伐，其中，在建大型水利工程 3 座，中型水利工程 17 座。

（1）大型工程 3 座有：亭子口水利枢纽工程、武都水库枢纽工程、大桥水库灌区一期工程。建成以后将新增水量 47.84 亿 m^3，新增有效灌面 21.6 万亩，发展节水灌溉面积 20.5 万亩。

（2）中型工程 17 座，为邻水关门石水库、乡城县玛依河水利工程、峨眉山市观音岩水库、平昌县牛角坑水库、大竹县龙潭水库、蓬溪县黑龙凼水库、会东县新华水库、高县惠泽水库、华蓥市天池湖水库、古蔺县龙爪河水利工程、丹棱县党仲水库、涪城区燕儿河水库、得荣县白松茨巫水利工程、汉源县永定桥水库、甘洛县斯觉大堰水利工程、通江县二郎庙水库、会理县大海子水利工程。建成以后将新增水量 3.1 亿 m^3，新增有效灌面 76.52 万亩，发展节水灌溉面积 17.66 万亩。

在建大中型水库工程，建成以后将新增库容（引水能力）50.86 亿 m^3，新增有效灌面 98.12 万亩，新增节水灌面 38.16 万亩，新增有效灌面占实施灌面的 10.9%。

3. 新建大中型水利工程

拟建大中型水利工程共 33 处。其中：大型水利工程 9 座（列入省政府重点项目），中型水利工程 24 座（列入国家中型项目 10 座，列入省农业上台阶工程项目 14 座）。

第一，列入省政府重点项目（大型）的有小井沟水利工程、武引二期、升钟二期、毗河供水一期、向家坝灌区一期、亭子口灌区一期、红鱼洞水库、大桥二期、龙塘水库 9 个大型工程，设计灌面 665.61 万亩，其中实施年度计划（2011～2016 年）新增有效灌面 82.28 万亩，占设计灌面的 12.4%，其余的 583.33 万亩灌面 2020～2030 年实施，并全部建成。

第二，纳入国家中型水库建设规划项目有广安区七一水库扩建、纳溪区黄桷坝、平昌县双桥、阆中市解元、沐川县金王寺、雨城区九龙、安岳县关刀桥、筠连县王家沟、宣汉县白岩滩、仁和区大竹河共 10 处，设计灌溉面积 93.43 万亩，到 2016 年实现灌溉面积 40.93 万亩，占设计灌面的 43.8%。余下的 52.5 万亩灌面在 2020 年全部建成。

第三，纳入省农业上台阶规划项目的有渠县刘家拱桥、北川县开茂、兴文县新坝、西充县九龙潭、万源市寨子河、合江县锁口水库、金堂县东风水库扩建、叙永县倒流河引水、泸定县顺河堰引水、马边县水碾坝引水、石渠县洛须引水、甘孜县打火沟引水、康定县力曲河引水、雨城区铜头引水工程 14 处中型水库及引水工程，设计灌溉面积 105.93 万亩，到 2016 年实现灌溉面积 49.44 万亩，占设计灌面的 46.7%。余下的灌面在 2020 年后完成。

新建大中型水利工程的建设，新增蓄引提能力 7.94 亿 m^3，将新增有效灌面 148.76 万亩，新增节水灌面 12.19 万亩。

4. 震损和病险水库除险加固工程

2008 年"5·12"地震时，因地震而受影响的有大型水库 3 座、中型水库 63 座、小型水库 2002 座，需除险加固，新增和恢复蓄水能力 25.24 亿 m^3。

至 2010 年年底除险加固病险中型水库有高中、总岗山、三岔河等 6 座，小型病险水库除险加固共 1887 座。可新增或恢复蓄引提能力 1.84 亿 m^3。

5. 灌区水利现代化示范工程

在已成灌区内新增节水灌溉面积 500 万亩，为推进灌区水利现代化建设，在灌溉条件好的已成灌区，建设水利现代化示范区。可通过高标准的水利工程设施建设和管理制度的配套完善，提高运行管理水平和效益，提高水的利用率，保障农业生产用水，改良蔬菜、水稻种植品种，建立优质、高产的蔬菜种植基地。为此，选择了在经济社会发展和水利建设条件较好的都江堰灌区人民渠 1～4 期灌区的彭州市、旌阳区、什邡市、广汉市四个水利现代化示范工程区，示范区灌溉面积 40.8 万亩。

2030 年前，只要完成纳入国家中型水库建设项目和省政府重点项目以及农业上台阶规划项目，再加上水资源配置推荐的各项大、中型蓄、引、提水工程，即可实现新增有效灌溉面积 2000 万亩的任务（见表 10-1）。

表 10-1　四川省近期新增有效灌面 1000 万亩实施项目组成

序号	项目名称	总投资（万元）	总体效益指标		
			新增或恢复蓄引提能力（万 m³）	新增有效灌面（万亩）	发展节水灌面（万亩）
	合　计	5463612	861605	1069.4	500.19
一	已成灌区续建配套（8557 处）	1890487	500	822.31	409.03
1	大型灌区续建配套（12 处）	840051	—	242.17	182.31
2	中型灌区续建配套（334 处）	617950	—	316.6	125.4
3	小型灌区续建配套（8211 处）	432486	500	263.54	101.33
二	新建大中型水利工程（53 处）	3276954	587989	246.88	50.35
1	在建大中型工程（20 处）	1439542	508552	98.12	38.16
	大型工程（3 处）	1188839	478422	21.6	20.5
	中型工程（17 处）	250703	30130	76.52	17.66
2	拟建大中型工程（33 处）	1837412	79437	148.76	12.19
	大型工程（9 处）	1200441	23183	82.28	2.05
	中型工程（24 处）	636972	56254	66.48	10.14
三	震损和病险水库（3961 座）	222892	270766	—	—
1	震损水库（大型 3 座、中型 63 座、小型 2002 座）	—	252363	—	—
2	病险水库（中型 6 座、小型 1887 座）	222892	18402	—	—
四	现代化灌区（4 处）	73279	2350	0.2	40.8

6. 效益初步估算

通过上述几方面的工作，全省项目实施后（2020 年）将新增和恢复蓄引提水能力 86.16 亿 m³，新增有效灌面 1069.4 万亩，新增节水灌面 500.19 万亩（此新增节水灌面主要指原有老灌区改造，新建灌区都是节水灌区），相当于"再造一个都江堰灌区"。从而将使四川省有效灌面达到 4829 万亩，占总耕地的 55.9%，将比 2008 年提高 12 个百分点。节水灌面达到 3216 万亩，占有效灌面的 66.6%，将比 2008 年提高 23 个百分点，四川省水利建设将上一个新台阶。经初步测算，总增产粮食与经济作物 130.61 亿 kg，其中粮食 64.61 亿 kg，经济作物 65.99 亿 kg；每亩粮食增产 604kg，总增产值 281.29 亿元, 农民人均增加收入 504 元。灌区新增节水灌面 500 万亩, 年可节约用水 2.25 亿 m^3, 节约的水量可用于工业生活用水或发展新灌区, 新增节水效益 1.35 亿元, 节水灌溉减轻了农民负担, 可大大节约劳动工日。渠道采用了防渗等节水灌溉措施, 通过相同水量时所需的过流断面减少, 因此, 可以少占用耕地。

到 2030 年如果按计划实施, 有效灌溉面积在 2010 年 3829 万亩的基础上, 新增有效灌面 1800 万~2000 万亩, 实现有效灌面 5634 万~5800 万亩, 使耕地灌溉率达到 63.13%~66.34%, 预测总增产粮食将达到 220 亿 kg, 使四川省人均粮食达到 410kg 以上。基本上满足人口增加的刚性需求和经济社会发展需要, 使四川省粮食基本自给, 从而不再向外省调进粮食 (除调剂品种外)。

2020 年续建配套、在建、拟建大中型骨干工程项目明细表, 见附表 10-3、附表 10-4。

四 农村饮水安全现状和改善措施

(一) 农村供水现状

长期以来, 农村人口饮水不安全问题比较突出, 主要表现在: 一是饮用水水质超过国家规定的标准; 二是水源水量不足, 保证程度低; 三是部分地区取水距离远, 用水不方便。据 2010 年统计, 四川省广大农村饮水不安全人口有 1678.36 万人 (占农村人口的 25.3%), 其中饮水水质不达标占 59.7%; 水源保证率不达标占 11.9%; 饮水水量不达标占 14.1%; 用水方便程度不达标占 14.3% (见表 10-2 和图 10-2)。

在饮水水质不达标中, 饮用氟超标水占 2.1%; 饮用铀辐射超标水占 0.12%; 饮用砷超标水占 0.12%; 饮用苦咸水占 9.9%; 饮用未经处理的 IV 类及超 IV 类地表水占 8.1%; 饮用细菌学指标严重超标、未经处理的地表水占 14.7%; 饮用未经处理污染严重的地下水占 9.0%; 饮用其他饮水水质超标 (主要是铁锰超标) 的占 15.8%。这些不达标饮用水直接造成一些地方病和传染病流行, 导致氟斑牙、氟骨症、大骨节病、癌症等, 使农村居民群众身体健康受到严重损害。农村饮水安全问题十分严峻。

在水源保证程度低、生活用水量不足及用水不方便的地区, 缺水和取水不方便, 不仅严重影响了人们的生活, 制约群众生存和农业持续发展, 一些农副产品加工及畜牧业项目由于缺水也不能实施, 致使贫穷落后的面貌不能改变, 这些地区农业人均收入比其他地区低, 农村经济发展缓慢。由于部分地区经济基础差, 自然条件限制, 自建的供水工程无规划设计, 技术指标要求起点很低, 建设规模小, 建设质量要求低, 集中连片程度不够, 供水能力偏小, 致使供水量不足。农村饮水困难的地区，由于现有的水利工程规模较小，蓄水量不大，调节能力有限，继续新修骨干水库工程较困难，部分地区虽有大江大河，但由于经济条件差，水位落差大，江河水难以利用。只要稍遇天旱，这些地区农村饮水就出现困难。

农村饮水安全已成为人民群众最关心、最迫切需要解决的问题之一。党中央、国务院高度重视农村饮水安全工作，2004年年初，胡锦涛总书记连续三次作出重要批示："无论有多大困难，都要想办法解决群众的饮水问题，绝不能让群众再喝高氟水"；"要增加紧迫感，深入调研、科学论证，提出解决方案，认真加以落实，使群众能喝上'放心水'"；"要切实帮助老区人民解决生产、生活中面临的实际困难"。21世纪各国首脑年会上《联合国千年宣言》提出，在2015年年底前，使无法得到或负担不起安全饮用水的人口比例减半。国务院发展研究中心把普及农村自来水列入小康社会的指标体系。中国工程院在咨询"十一五"重大工程项目时，明确提出要在2020年基本解决农村饮水安全问题。因此，农村供水已进入一个新的历史发展阶段，不仅要保证群众有足够的水吃，还要保证饮水水质达标，保障群众饮水安全。

《四川省关于贯彻中央加快水利改革发展决定的实施意见》指出：加快农村饮水安全工程建设，优先解决缺水地区、贫困地区、血吸虫病流行地区和民族地区的农村饮水安全问题，重点解决高氟水、高砷水和苦咸水等水质不达标问题，确保群众喝上放心水、干净水、方便水。积极推进集中供水工程建设，提高农村自来水普及率。有条件的城镇延伸集中供水管网，发展城乡一体化供水。到2013年解决全省农村饮水安全问题。到2015年，农村自来水普及率达到70%，基本解决农村饮水不安全问题。

表 10-2 2010 年四川省农村安全饮水不达标人口统计

单位：万人，%

行政区	总人口	农村人口	农村安全饮水不达标人口	不达标人口占农村人口
四川省	9001.3	6646.1	1678.36	25.25
成都市	1149.1	498.2	134.4	26.98
自贡市	326	220.6	41.64	18.88
攀枝花市	111.3	51.9	5.72	11.02
泸州市	502.3	410.5	155.62	37.91
德阳市	389.2	285.8	43.08	15.07
绵阳市	541.9	396.3	113.92	28.73
广元市	310.9	242.5	20.08	8.28
遂宁市	381.4	295.2	67.78	22.96
内江市	425.5	337	85	25.22

行政区	总人口	农村人口	农村安全饮水 不达标人口	不达标人口 占农村人口
乐山市	353.4	245.8	48.14	19.59
南充市	751.7	586.8	156.04	26.59
眉山市	349.1	258.1	106.02	41.08
宜宾市	539	438.1	113.89	26.00
广安市	466.1	384	87.59	22.81
达州市	685.5	556.5	156.54	28.13
雅安市	154.9	117.4	15.36	13.08
巴中市	388	319.8	99.89	31.24
资阳市	501.1	421.3	118.81	28.20
阿坝州	89.9	69.7	14.36	20.60
甘孜州	106.1	89.9	—	0.00
凉山州	478.9	420.5	94.48	22.47

资料来源：2010 年《四川省水利统计年鉴》。

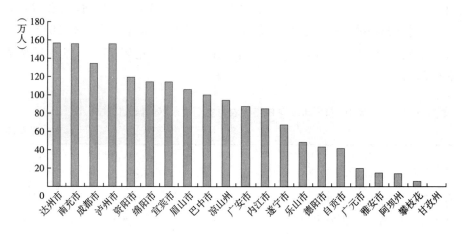

图 10 - 2 2010 年四川省各市（州）农村安全饮水不达标人口比较

（二）农村饮水供水设施及供水能力

目前全省农村饮水供水方式有：乡镇连片集中供水，单村、社、居民集中供水，城市管网延伸供水，重力自流式供水及分压供水等。供水方式按照供水工程水源水量、地形条件及运行管理方便程度来选择，一般是优先采取联片集中供水方式；在水源水量较小，水力条件限制的地区采取单社或单村单独供水方式；在距离城镇供水管网较近，地形地势条件适宜的地区采用管网延伸供水方式；在丘陵山区地形高差较大，个别用水区较远，采用分散方式供水。

2010 年全省集中式供水 1911.39 万人，联户式供水 447.09 万人，单户式供水 892.05 万人，农村自来水供水 1748.15 万人，普及率约为 53.3%。2010 年各市（州）分类供水人口统计见表 10-3。

表 10-3　2010 年四川省农村分类供水人口统计

单位：万人，万 m³

市（州）	农村集中式供水人口	联户供水人口	单户供水人口	农村自来水供水人口	饮水工程年供水量
全省	1911.39	447.09	892.05	1748.15	117850
成都市	217.68	33.65	41.45	213.22	14964
自贡市	66.22	—	31.03	64.9	1973
攀枝花市	11.6	7.52	8.54	18	278
泸州市	107.62	1.86	192.87	114.85	2594
德阳市	67.03	1.96	59.89	78.26	2159
绵阳市	81.7	20.23	26.9	92.47	3496
广元市	82.95	31.47	34.14	79.8	9350
遂宁市	87.68	45.66	89.47	83.96	3823
内江市	59.72	2.28	38.34	49.98	1930
乐山市	69.08	26.93	21.09	76.87	2803
南充市	124.21	125.1	74.51	124.02	4797
眉山市	65.02	12.89	27.89	66.8	7263
宜宾市	108.62	19.61	28.99	87.69	2798
广安市	99.94	6.09	13.66	107.28	2199
达州市	193.07	44.17	124.95	152.3	8749
雅安市	67.8	15.28	4.5	77.99	2272
巴中市	47.86	34.18	53.49	72.29	7710
资阳市	96.2	2.43	14.71	113.34	1662
阿坝州	37.05	5.58	1.42	7.74	4236
甘孜州	19.54	4.09	—	—	22709
凉山州	200.82	6.12	4.21	66.4	10085

资料来源：2010 年《四川省水利统计年鉴》。

1. 集中式供水基本情况

集中式供水工程是具有一定规模和净化设施，以一个或几个居民点为单元，用管网串联乡镇、村，统一送到各家各户或集中供水点，供水人口 200 人以上或日供水量 20t

以上的供水工程。集中式供水是目前解决农村饮水安全问题的主要供水方式之一，具有单位人均投资较少、供水保证率高、水质有保证和社会效益好等优点，便于管理。规模较大的集中供水工作具有一定的经济效益，有利于良性运行和可持续发展，但是它有一次性投资大、回收期长等特点。

集中式供水水源主要有地表水（如江河水、溪沟水、水库水、沟塘水等）和地下水（泉水、潜层水、承压水等）两大类。从地域上看，位于长江、金沙江、雅砻江、岷江、嘉陵江等江河沿岸的凉山州、甘孜州及阿坝州以取用江河水及溪沟水为主，处于成都平原的各市以取用地下水为主，而位于盆地边缘丘陵区的各市集中式供水主要取自地下水、沟塘水及水库水。

由于集中供水工程建设年限和标准的差异，四川省农村集中式供水工程供水水质参差不齐。近年来新建的集中供水工程，特别是国债资金投入的饮水解困工程项目，由于严格按照水利部、四川省出台的相关农村人畜饮水工程建设、运行管理办法进行管理，每年均接受疾病预防控制中心的检测，其供水水质普遍达到《农村实施〈生活饮用水卫生标准〉准则》的要求。还有一些工程建成时间较长，由于当时建设标准低，加之管理不规范，设施老化，有些工程根本就没有水处理设施，供水管网普遍使用铸铁管、钢管和镀锌管，水源水受二次污染的情况也比较普遍，使得这些工程供水水质普遍不达标。

据调查，四川省农村供水工程一般不具备水质检测设施，仅有部分供水站有水质检测设施，同时，由于工程规模小，供水量少，加之水处理设备简陋，故水质检测质量难以保证。四川省农村供水工程水质大部分由各县（区）疾病预防控制中心采取定期检验与不定期抽验相结合的方法进行检验。

在经营管理方式上，以国家和集体投资为主修建的乡镇集中供水工程和跨村工程，由县级水行政主管部门代表国家行使国有资产的管理权和经营权。以国家和集体投资为主修建的单村集中供水工程，由工程受益范围内的用水合作组织负责管理。用水合作组织在县级水行政主管部门和乡镇政府的指导下，由村民委员会或村民小组负责组建。经用水户协商同意，也可由村民委员会或村民小组履行用水合作组织的职能。私营经济等社会资本投资修建农村集中供水工程，按照"谁投资，谁建设，谁所有，谁管理"的原则，核定产权属投资人，由投资人进行管理，水费收取价格由物价部门根据实际情况制定。群众联户投资或群众投资为主，国家补助为辅的供水工程，由出资群众共同推选管理人员进行管理，收取成本费用。农村集中式供水工程的水费收取方式不尽相同，大部分按照用水量进行收费，也有部分集中式供水工程按人头或按用电量收取水费。按用水量进行收费的供水区的用水单位和农户，基本上做到一户一表，实行计量收费制度。

2. 分散式供水基本情况

分散式供水指以一户或几户为单元，用手压井、管井、大口井、集雨、引泉等设施取水，或无设施直接取用河水、溪水、塘水、泉水等。相对于集中式供水，分散式供水工程一次性投资少，产权明晰，便于管理，适合在人口分散的农村和交通不便、边远山区修建，但其人均投入较高，部分地区的分散式供水工程在特定时间内水质水量得不到保证。然而，限于自然地理条件，分散式供水仍是解决农村饮水安全问题的一种重要方式。

据统计，四川省分散式供水人口，占农村总人口的64.5%，其中有设施的人口占分散式供水人口的76%，无设施的人口占分散式供水人口的24%。

有设施分散式供水以打井、引泉、集雨或直接饮用坑塘水等方式为主。据调查，四川省农村大部分的有设施分散式供水工程未经任何消毒净化处理。分散式取水设施以管井、大口井为主，占分散式饮水人口的62%；引泉的人数占分散式饮水人口的9.5%；采取集雨方式的人数占分散式饮水人口的3.9%。由于取用水源大部分都是地下水，与地表水相比，从感官上来看，水质较好，清澈、无色、无味，但农户普遍反映水的硬度较大，烧开水的水壶结垢比较严重。根据全省水样的检测结果来看，分散式供水工程取用的地下水普遍存在铁锰超标问题。总的来说，分散式供水设施的水质得不到较好的保证，饮水不安全问题较突出。

无供水设施分散式供水主要是直接饮用江河水、溪水、坑塘水、山泉水，这些无设施的用水人口大多分布在川西南的凉山州、阿坝州、甘孜州、雅安市，盆地边缘山区的巴中市、达州市、广元市、泸州市，以及部分地处丘陵地区的市州。

（三）改善农村饮水安全问题的对策措施

1. 农村饮水安全规划的指导思想、基本原则和目标任务

（1）指导思想

以人为本，不断满足人民群众对水的基本需求。通过水资源的合理开发、优化配置、高效利用、有效保护和综合治理，不断提高城乡居民的生活质量，改善人居环境和生活条件，提高饮用水的安全保障程度，为广大人民群众的根本利益提供水利支撑和保障。

以发展为主题。饮水安全是国民经济可持续发展和社会稳定的重要保障，解决制约我国经济发展的水问题，必须加快关于饮水安全的水利工程基础设施建设并提高运行管理水平。要从保障经济可持续发展和维护社会稳定的高度，在速度和效益、数量和质量相统一的基础上加快农村饮水安全工程的建设。

以水资源的可持续利用为主线。注意水资源开发与生态环境保护之间的关系，合理开发，治污为先，综合治理，大力提高用水效率，统筹安排生活、生产和生态环境用水。

以改革和科技进步为动力。改革、完善发展机制和管理体制，突破束缚水资源可持续利用的体制性和机制性障碍，实现水资源的统一管理，依法治水，科学用水，培育人才，通过科技进步与创新以及信息化建设，提高科技水平，推进传统水利向现代水利的转变。

（2）基本原则

统筹规划，突出重点。根据农村供水发展特点，按照"先急后缓、先重后轻、突出重点、分步实施"的原则分阶段实施。保证饮水安全工程与2020年全面实现小康目标相一致。结合四川省农村饮水不安全问题的具体情况，重点解决严重影响群众健康和正常生活的饮水不安全问题，同时优先解决因自然原因造成的饮水不安全问题。根据四川省农村饮水安全工程建设实施情况和财力状况，优化配置建设资金，突出重点，优先安排续建工程，开工建设一批事关全局、饮水安全存在严重问题的重点骨干饮用水工程。确保投资使用安全和工程建设质量，充分发挥农村饮水安全工程带来的社会效益和经济效益。

防治并重，综合治理。保障饮水安全，首先要保护好饮用水源。要按照《饮用水水源保护区污染防治管理规定》的要求，划定供水水源保护区，加强水源地周边环境的保护，防止污染，防止乱打井超采地下水造成水量不足或引起不同含水层水质混合，造成饮用水中的有害物质超标，采取各种措施保护好饮用水源。农村饮水安全工程建设应根据具体情况，设置必要的水净化设施，向用水户提供水质达标的饮用水。建立社会化的水质监测服务体系，应定期进行水质监测，当水质不符合饮用水卫生标准时，应停止供水、及时处理，并对类似水源井进行抽检，完善供水水质保障体系。对适度规模的水厂设化验室，做好水质的常规检查。妥善处理水资源的开发与保护、建设与管理，协调工业、农业以及生活、生产、生态用水。加强管理规范水事行为，坚决禁止水资源的不合理开发，逐步减少和消除影响水资源可持续利用的生产行为与消费方式。遵循自然和经济规律，协调人与自然的关系，科学有效地开发利用和有效保护水资源，综合治理水环境。解决饮水安全所存在的问题，不断改善人民群众生活饮用水的质量，提高人民群众的生活水平。

因地制宜，近远结合，合理确定工程方案。根据四川省农村饮水安全问题及自然、经济和社会发展状况，合理选择饮水安全工程的类型、规模及供水方式，首先考虑当前的现实可行性，同时兼顾今后长远发展的需要。根据区域水资源条件选择符合水资源管理要求的水源，优质水源优先满足生活用水需要。水源有保证、人口居住较集中的地区，建设集中式供水工程，并尽可能扩大供水规模，供水到户；经济欠发达、农民收入比较低的山区，供水系统可先集中给水点，待经济条件具备后，再解决自来水入户问题。居住分散的山丘区农民可建分散式供水工程。

城乡统筹、多渠道集资。按照中央、地方和受益群众共同负担，困难大的多补、困难小的少补等原则制定资金筹措计划。农村饮水安全工程是一项以社会效益为主的公益性事业，所需投资较多。按照城乡统筹的科学发展观，进一步提高政府对饮水安全工程建设的投入力度和宏观调控能力，建立和完善以政府行为为主体的农村饮水安全工程建设与管理体制，确保饮水安全工程所需资金足额、及时到位；从农村现实情况出发，注重发挥市场对农村饮水安全工程的基础性作用，积极鼓励社会各界和受益者参与农村饮水安全工程建设和管理，受益农户也要在负担能力允许的范围内，承担一定的投劳投资责任。引入市场机制，吸收社会资金，建立多元化的投入机制。

建管并重，强化用水户参与管理，确保良性运营。为管好农村饮水安全工程，确保工程可持续利用，在规划设计阶段广泛进行社会动员，关于工程建设、资金筹措方案、工程建成后制定供水价格，都要让用水户广泛参与，征求他们的意见，得到广大群众的认可。在选择技术方案时充分考虑四川省各地区的管理条件和农民对水价的承受能力，在保证供水质量的前提下，优先选择管理简便、运行费用低的技术方案。在工程开工建设以后，要明晰所有权、落实管理体制与运行机制，明确水价和收费办法及服务体系；进一步深化供水管理体制、工程投资体制、建设管理体制、水价形成机制、工程运行机制、工程产权制度的改革。根据水利部颁发的《小型农村水利工程管理体制改革实施意见》和《关于加强村镇供水工程管理的意见》的要求，建立适应社会主义市场经济体制、符合农村饮水工程特点、产权归属明确、有利于调动各方面积极性、有利于工程可持续利用的运行管理体制和社会化服务保障体系。建立适应社会主义市场经济体制要求的饮水安全工程投入、供水价格和管理的良性运行机制，促进农村饮水安全工程全面、健康、持续发展。

（3）目标任务

根据以往处理农村饮水解困工作经验，并结合四川省具体情况，计划用 15 年时间解决本地区农村饮水安全问题；到 2010 年，使农村饮水不安全人数的比例降低1/3，解决 1200 万人饮水不安全问题；到 2015 年，共解决 2100 万人的饮水不安全问题，使农村饮水不安全人数的比例降低 2/3；到 2020 年，全部解决农村的饮水安全问题，建立农村饮水安全保障体系，建立完善农村供水水质卫生监测体系。

2. 解决农村饮水安全问题的对策措施

解决好广大农村、乡镇饮水安全问题，是办好民生水利的大事，是广大群众的安居工程，不可掉以轻心。解决农村饮水安全问题的对策措施：

一是加强控制性骨干工程建设。四川省旱区骨干蓄水工程少，工程性缺水问题突出，需要建设一些控制性骨干水利工程，提高供水能力，提高抗灾能力和水资源的利用效率。要在科学规划的基础上，加快建设这些工程。除了拦水、蓄水外，打井也是增加水源的重要途径。

二是充分利用四川省已、正建和拟建的大中型电站的调节水库（这些水库工程往往不属于水利部门管理，也未承担供水任务），开展引、提水工程研究，帮助解决就近地区生活、生产供水问题，提高其综合利用效益。初步统计，提高全省属于电力部门管辖的大型水库就有 40 多处，还有 60 多处的中型水库，如果处理、协调好是可以为城乡供水助一臂之力的。如坛灌窑水库应落实解决供水和发展 5.8 万亩灌溉的问题；向家坝引水就是利用向家坝电站枢纽引水，解决供水区灌溉、供水问题；攀枝花观音岩引水工程，计划从金沙江观音岩电站引水，可以解决攀枝花城市供水；雅安市铜头引水工程拟从已成芦山县铜头电站尾水引水，可解决雨城区 9.8 万亩农田灌溉，又可为雅安省级工业园区供水，并作为雨城区城乡应急备用水源。

三是加强小型水利设施建设。2008 年旱灾暴露了农田水利设施薄弱的问题，要加强政策支持，在无法修建骨干水利工程的地方，通过以奖代补、民办公助等形式，鼓励农民大力兴办小型水利设施。同时加快小山平塘、电灌站等"五小水利"工程建设，加快兴建集雨水窖、泵站提水、集中供水等农村饮水安全工程。

四是加强节水工程建设。要全方位加大节水力度，大力推广节水技术。加快大型灌区节水改造，鼓励农民发展集雨节灌，不断创新节水机制和节水模式。

（1）工程类型与规模

首先，应选择水质良好、便于卫生防护、符合饮用水卫生标准、水量能满足需水人口、有供水水源的乡镇修建供水站供水。对水源应采用净化工艺进行处理的，经处理后的水质应符合生活饮用水卫生标准。其设计保证率应不低于 90%。淡水资源缺乏或开发利用困难，但多年平均降水量大于 250mm 时，可建造雨水集蓄工程；水资源缺乏，呈季节性缺水时，可利用已有的引水设施建造引蓄供水工程；有良好地下水源，但用户少、居住分散时，可建造分散式供水井。由于各地水源种类不同，水质差异较大，因此，应根据工程所在区域的地下水水质条件和设计供水规模，参照类似供水工程运行经验，结合当地条件，通过技术经济比较确定供水水质处理措施。

集中式供水工程供水规模的确定需要综合考虑现状用水量、用水条件及其设计年限内的发展变化、水源条件、制水成本、已有供水能力、当地用水定额标准和类似工程的供水情况，依据供水区内最高日用水量，选择满足供水能力条件的供水水源，依照《村镇供水工程技术规范》（SL 310—2004），经济合理地确定集中式供水工程的供水规模类型。

对于离城镇较近地区的农村饮水，通过延伸城市已有的供水管网来解决。对于离城镇较远、人口稠密的地区，结合当地村镇发展规划，兴建适度规模的跨村镇连片集中小型供水站供水。

对于居民点分散、用水规模较小的地区，宜兴建单村集中供水站。对于供水成本较高，特别是高氟、高砷、苦咸水等难以找到良好水源的地区，采取特殊水处理措施，兴建集中供水站分质供水。

在居住分散、经济条件差但地下水资源丰富的贫困山区农村，优先考虑地下水作为农村供水水源。在高氟（砷）水地区，尽量开凿深井开采水质良好的深层承压水或从其他地方引水。在甘孜、阿坝、凉山、雅安和盆周部分有足够山泉水的地区，一般水质都较好，建议选用山泉水作为农村供水水源。

对于一些资源性、工程性和水质性缺水的集镇、农村，可结合地区水利工程建设蓄、引、提工程，引水入本区囤蓄使用。

供水水源可分为以下四类：水库、堰塘和湖泊水，河流、溪沟和渠道水，地下水，集蓄雨水。

关于供水方式，首先对有水源条件，人口居住相对集中的乡镇，且受水质影响较大的农户，采用集中供水工程形式，实现以片区小型集中供水站供水为主，分散庭院式供水为辅的供水方式。对居住在高山旱区的常年缺水农户或饮水不方便农户，采用人工井、水窖、引泉等简易自来水工程措施，成片解决规划区内的饮水安全问题。集中式供水工程又包括区域（联片）统一供水、村（社）独立供水和城市管网延伸供水。

当受水源、地形、居住和电源等条件限制，不适宜建造集中式供水工程时，可根据当地实际情况建造分散式供水工程。分散式供水工程包括雨水集蓄工程、引蓄供水工程、供水井工程。

到 2020 年，全省要形成以大、中、小（一）型水库及引、提工程为主，结合其他措施的水源工程体系，使四川省各缺水县域内县城、乡镇内和人口较集中并具一定规模的居民区的居民生活用水保证率达 95%，兼顾提高工业生产用水和农业灌溉用水保证率的要求，实现饮水安全，提高对水资源的调配能力和供水保证率，为四川省经济社会又快又好发展提供保障。

（2）分区布局

四川省地域辽阔，地形地貌不尽相同，区域差异性大，各地区均有不同类型、程度的饮水不安全问题。规划中综合考虑行政区划、饮水安全类型及分布状况、经济条件、水资源条件、地形条件等因素，分为盆地平原区、盆地丘陵区、盆周山区和西部高山高原区四个区。

盆地平原区，主要解决细菌学指标超标、污染严重未经处理地表水、苦咸水、其他饮水水质矿物质超标的问题及水量不达标、用水方便程度不达标、保证率低等饮水不安全问题。

盆地丘陵区，解决氟（砷）超标、苦咸水、未经处理的Ⅳ及超Ⅳ类地表水、污染严重未经处理地表水、细菌学指标超标、其他饮水水质矿物质超标的水质问题及水量不达标、用水方便程度不达标、保证率低等饮水不安全问题。

盆周山区，解决氟（砷）超标、苦咸水、未经处理的Ⅳ及超Ⅳ类地表水、污染严重未经处理地表水、细菌学指标超标、其他饮水水质矿物质超标的水质问题及水量不达标、用水方便程度不达标、保证率低等饮水不安全问题。

西部高山高原区，主要解决砷超标、氟超标、污染严重未经处理地表水、苦咸水、其他饮水水质矿物质超标的水质问题及用水方便程度不达标、水量不达标、保证率低等饮水不安全问题。

附表：

附表 10－1　四川省已建、正建及拟建骨干大型水源工程统计

序号	工程名称	建设性质	水源	所在地	集雨面积（km²）	坝高（m）	总库容（万m³）	有效库容（万m³）	设计灌溉面积（万亩）合计	设计灌溉面积（万亩）已建成	新增灌面（万亩）	供水人口（万人）	多年平均毛供水量（万m³）	备注
1	升钟水库	已建	西河	南部县	1756	68	133900	67200	211.74	138.93	142.5	84.1	30400	—
2	紫坪铺水库	已建	岷江	都江堰	22664	156	111200	77400	—	—	—	—	132300	都江堰配套
3	黑龙滩水库	已建	都江堰	仁寿县	185.9	53	36000	23600	—	—	—	—	23600	都江堰配套
4	鲁班水库	已建	都江堰	三台县	21	79	27800	21500	—	—	—	—	21000	都江堰配套
5	三岔水库	已建	都江堰	简阳市	161.25	35.5	22900	18450	—	—	—	—	18500	都江堰配套
6	大桥水库	已建	安宁河	冕宁县	796	93	65800	59300	87.42	50.74	49	—	110000	含沿河灌区部分灌面
7	宝石桥水库	已建	州河	开江县	162	34.7	10070	8500	30.66	11.7	—	15	5023	—
8	武都水库	正建	涪江	江油市	5807	121.3	59400	35500	—	—	—	—	35500	武都引水水源工程
9	亭子口水库	正建	嘉陵江	苍溪县	61089	113	406700	173200	292.14	—	168.9	181.7	126100	—
10	小井沟水库	可研	越溪河	荣县	589	98	16600	11100	15.21	—	9.74	86.5	17100	—
11	关口水库	规划	涪江	彭州市	630	93	39340	34610	25.05	—	7.45	40	41200	—
12	李家岩水库	规划	西河	崇州市	354	102	18400	15000	6.2	—	3	—	25000	—
13	三坝水库	规划	斜江	大邑县	376.4	86.5	18900	15900	41.76	—	1.32	—	21500	—
14	鲤子坝水库	规划	东河	旺苍县	2633	116	56500	38500	212.4	—	112.5	125	95000	—
15	土溪口水库	规划	渠江前河	宣汉县	1141	121	49000	30900	12	—	7.1	9.8	2278	调洪 1.12 亿 m³
16	黄桷湾水库	规划	渠江中河	万源市	312	59	12100	5800	7.8	—	4.62	9.2	1584	调洪 0.23 亿 m³
17	鲜家湾水库	规划	渠江后河	万源市	488	93	14500	9900	6.2	—	4.84	5.8	1204	调洪 0.31 亿 m³
18	红鱼洞水库	规划	渠江南江	南江县	561	82	24100	16000	45	—	15	50	20000	调洪 0.35 亿 m³
19	九浴溪水库	规划	渠江大通江	通江县	4295	50	26000	15400	2.6	—	1.87	6	635	调洪 1.22 亿 m³
20	江家口水库	规划	渠江渐滩河	平昌县	907	75	11300	7200	5.22	—	3.76	3.2	1889	调洪 0.28 亿 m³
21	米市水库	规划	孙水河	喜德县	445	108	19780	15740	19.9	—	18	5	25000	—
22	龙塘水库	规划	盐源河	盐源县	240	—	13900	13000	31	—	27	10	19800	—

附表 10 - 2　四川省已建、正建及拟建骨干大型引水工程统计

序号	工程名称	建设性质	水源	所在地	引水流量（m³/s）	设计灌溉面积（万亩） 合计	设计灌溉面积（万亩） 已建成有效灌面	新增灌面（万亩）	供水人口（万人）	多年平均毛供水量（亿m³）	备注
1	都江堰灌区	已建	岷江	成都	600	1467	1030	89.1	696.24	80.6	含通济堰灌面
2	通济堰	已建	岷江、南河	眉山	48	57.09	51.99	5.1	72.8	3.5	—
3	玉溪河引水	已建	玉溪河	雅安	34	86.64	63.45	15.1	15.64	3	—
4	九龙滩提水	已建	沱江	成都	5.6	34.54	30.35	1.93	2.66	0.78	—
5	石盘滩提水	已建	沱江	内江	5	35.53	31.83	1.93	13.11	0.92	—
6	长、胡水库灌区	已建	釜溪河	威远	11	32.45	30.09	1.27	80	0.82	—
7	武都引水	已建	涪江	绵阳	110	228.51	126.98	67.2	67.56	3.97	—
8	升钟水库灌区	已建	西河	南充	60	211.74	138.93	142.5	84.1	3.04	—
9	青衣江乐山灌区	已建	青衣江	乐山	37.5	35.77	28.57	3.24	24	7.55	—
10	安宁河沿河灌区	已建	安宁河	凉山	85	48.02	35.68	12.34	15	2.5	—
11	宝明灌区	已建	渠江	达州	14.35	30.66	12.84	17.82	57.7	1.26	—
12	毗河供水工程	项建	岷江	成都	60	333.2	—	201.3	448.75	13.04	—
13	武都引水扩灌	拟建	涪江	遂宁	12.5	54.14	—	30	87.36	0.74	蓬船灌区
14	亭子口灌区	拟建	嘉陵江	广元	98	292.14	—	168.9	140.19	12.58	—
15	向家坝灌区	拟建	金沙江	宜宾	128	348.85	—	166.18	241	18.08	—
16	长征渠引水	拟建	青衣江	眉山	150	643.5	—	380.4	250	28.7	—

附表 10－3　2020年四川省续建、正建、拟建大型骨干工程项目

序号	工程名称	类型	建设性质	引水流量（m³/s）	总库容（亿m³）	设计灌溉面积（万亩）合计	已建有效灌面	2016年前新增灌面（万亩）	改造新建骨干渠道（km）	改造新建田间渠道（km）
1	都江堰灌区	引水	续配	600	11.12	1134	978	138.63	8269.89	28013
2	通济堰灌区	引水	续配	48	—	57.09	51.99	5.1	215.25	3028.28
3	玉溪河引水	引水	续配	34	—	86.64	63.45	5.1	280.5	3457.6
4	升钟水库一期	蓄水	续配	60	13.39	138.93	97.34	4.6	299	4153.8
5	武都引水一期	引水	续配	110	—	126.98	91.03	21.11	—	3437
6	长、葫水库	蓄水	续配	11	1.21	32.45	30.09	2.36	13.2	445.6
7	石盘滩提水	提水	续配	5	—	35.53	31.83	3.56	111.5	263
8	九龙滩提水	提水	续配	5.6	—	34.54	28.5	6.04	14	589.7
9	青衣江乐山灌区	引水	续配	37.5	—	35.77	28.57	7.2	448.2	1742.2
10	安宁河灌区	引水	续配	56	—	43.29	35.67	7.61	414.4	460
11	宝明灌区	蓄水	续配	14.35	1.2	30.66	12.84	17.82	324.93	312.5
12	小双灌区	蓄水	续配	18	0.58	36.62	12.28	23.04	70.48	146.6
13	武都水库枢纽	蓄水	在建	60	5.72	228.51	—	—	—	—
14	亭子口水库枢纽	蓄水	在建	110	41.16	292	—	—	—	—
15	大桥水库一期灌区	引水	在建	80	6.58	21.6	—	21.6	—	—
16	升钟水库二期	蓄水	拟建	60	—	72.81	—	17.53	—	—
17	武都引水二期	引水	拟建	110	—	105.32	—	33.13	—	—
18	大桥水库二期灌区	引水	拟建	27.2	—	34.19	—	5.83	—	—
19	毗河供水一期灌区	引水	拟建	22	—	125.49	—	18.14	—	—
20	小井沟水库	蓄水	拟建	12.5	1.66	15.21	—	—	—	—
21	向家坝灌区一期	引水	拟建	93	—	91.46	—	1.04	—	—
22	亭子口灌区一期	引水	拟建	98	—	159.2	—	6.61	—	—
23	红鱼洞水库	蓄水	拟建	—	1.66	40.96	—	—	—	—
24	龙塘水库	蓄水	拟建	—	1.49	40	—	—	—	—

附表 10－4 2020 年四川省续建、正建、拟建中型骨干工程项目

序号	工程名称	建设性质	所在地	总库容（万 m³）	有效库容（万 m³）	设计灌溉面积（万亩）	其中新增灌面（万亩）	2016 年前新增灌面（万亩）	供水人口（万人）	多年平均毛供水量（万 m³）
1	燕儿河水库	在建	涪城区	2070	1317	7.5	3.74	3.74	2.5	1638
2	党伸水库扩建	在建	丹棱县	1190.6	1089	5	1.20	2.30	1.8	762
3	惠泽水库	在建	高县	2085	1497	6.4	5.61	5.61	8.5	4447
4	关门石水库	在建	邻水县	2319	1830	6.03	6.03	6.03	15	2379
5	天池湖水库	在建	华蓥市	5030	2558	12.88	10.77	11.10	8.5	4933
6	龙潭水库	在建	大竹县	2186	1560	6.5	4.27	4.27	3.2	1560
7	牛角坑水库	在建	平昌县	1934	1765	7.17	4.13	4.13	5.8	1466
8	龙爪河引水	在建	古蔺县	600	500	6.47	5.23	5.23	10	2400
9	二郎庙水库	在建	通江县	1300	1100	10.26	5.8	3.32	1.5	1500
10	永定桥水库	在建	汉源县	2300	1400	10.21	5.1	5	13.5	4300
11	黑龙凼水库	在建	蓬溪县	1674	938	5.92	2.07	2.07	5	1032
12	新华水库	在建	会东县	2210	1762	8.04	5.81	5	—	2000
13	观音岩水库	在建	峨眉山	1500	1300	7.95	1.85	2	4.7	1200
14	大海子水库	在建	会理县	2295	1692	5.43	3.82	3.82	—	1480
15	玛依河引水	在建	乡城县	—	—	5.30	3.86	3.86	3.5	15000
16	白松茨巫工程	在建	得荣县	—	—	5.05	5.05	5.05	1.1	1300
17	斯觉大堰	在建	甘洛县	—	—	5.35	3.95	3.95	1.87	4000
18	开茂水库	在建	北川县	2533	1776	10.43	4.76	2.41	27.6	7457
19	黄角坝水库	在建	纳溪区	3105	2618	10.56	10.56	3.20	1.20	4000
20	王家沟水库	在建	筠连县	1170	1105	12.58	10.08	3.62	12.34	3662
21	金王寺水库	在建	沐川县	2106	1586	5.28	3.94	3.94	4.87	14000

续表

序号	工程名称	建设性质	所在地	总库容（万m³）	有效库容（万m³）	设计灌溉面积（万亩）	其中新增灌面（万亩）	2016年前新增灌面（万亩）	供水人口（万人）	多年平均毛供水量（万m³）
22	铜流河工程	在建	叙永县	2400	1320	6.78	6.35	1.91	2.72	1300
23	白岩滩水库	在建	宣汉县	6557	5363	29.8	17.7	—	25.9	6000
24	双桥水库	在建	平昌县	1784	1575	5.73	3.59	0.85	11.88	1465
25	关刀桥水库	在建	安岳县	6170	4400	15.86	11.23	2.42	26.8	5303
26	大竹河水库	在建	仁和区	1129	994	3.54	2.16	2.3	3.55	1200
27	刘家拱桥水库	在建	渠县	1497	1180	6.7	4.55	2.72	14.42	2100
28	箦子河水库	在建	万源市	1175	953	1.94	1.87	0.24	8.9	1127
29	九龙潭水库	在建	西充县	1222	990	9.96	—	—	8.8	1500
30	解元水库	在建	阆中市	2899	1291	3.98	—	3.90	—	1000
31	洛须引水工程	在建	石渠县	—	—	5.92	5.92	4.15	1.23	2000
32	顺河堰水利工程	续建	泸定县	—	—	5.38	3.71	3.71	2.7	1197
33	九龙水库	拟建	雨城区	1713	1205	5.27	4.86	4.86	2.2	1351
34	七一水库扩建	拟建	广安区	2787	2355	9.25	5.05	5.05	9.1	1500
35	锁口水库	拟建	合江县	2411	1972	12.01	7.45	2	19.5	2881
36	东风水库扩建	拟建	金堂县	2610	2050	11.57	5.04	3.20	50	3519
37	新坝水库	拟建	兴文县	3319	2876	15.06	12.79	0.5	23.0	3059
38	打火沟水利工程	拟建	甘孜县	—	—	6.68	6.50	5.2	0.85	2500
39	铜头引水工程	拟建	雨城区	—	—	9.82	7.66	4.47	6.21	7143
40	水碾坝引水工程	拟建	马边县	—	—	3.1	—	0.9	—	—
41	力曲河引水工程	拟建	康定县	—	—	7.87	7.87	4.94	1.9	3148

第十一章 加快城镇水务建设，
实现城镇供排水现代化

　　"城镇水务"是一个相当宽泛的概念，包含城镇中所有与"水"有关的事务。过去这些事务一般被称为"城镇供水排水"或"城镇给水排水"。城镇水务包括城镇供水、城镇排水与污水处理及再生水利用、城镇雨水综合利用、城镇排涝防洪、城镇水生态环境的保护与修复、城镇地下水资源的保护与利用、城镇节水管理等诸多方面。此外，小集镇和农村水务与城镇水务具有相同性质，按照城乡一体化的要求，也应与城镇水务一起统筹规划，统筹发展。城镇水务是城镇基础设施的重要组成部分，与民生密切相关，有明显的公益性特点。同时，城镇供水排水行业还具有自然垄断的属性，但在法律、政策规范和政府的监管下，也可以引入市场机制来取得更好的发展。

一　四川省城镇供排水发展现状与存在问题

（一）城镇供水事业发展现状

　　2001～2010年，是四川省城镇供水事业大发展的10年。从对城镇居民家庭生活用水设施的现状调查来看，城镇中有独用自来水的居民达到96.88%，其中低收入户中有独用自来水的居民达到93.01%；有厕所浴室的居民达到87.2%，其中低收入户有厕所浴室的居民达到77.09%。这些数据反映出四川城镇居民用水水平有了巨大的进步（见表11-1）。

表11-1　2010年四川省城镇居民家庭生活用水设施现状

单位：%

项　　目		总平均	低收入户	较低收入户	中间收入户	较高收入户	高收入户
饮水情况	自来水	88.36	94.1	91.54	86.88	85.84	81.83
	矿泉水	7.64	4.03	5.7	8.99	9.38	11.06
	纯净水	4	1.88	2.76	4.13	4.78	7.11
用水情况	独用自来水	96.88	93.01	97.27	96.7	98.76	99.44
	公用自来水	2.93	6.25	2.73	3.3	1.12	0.56
	井、河水	0.02	—	—	—	0.11	—
	其他	0.16	0.74	—	—	—	—

续表

项　　目		总平均	低收入户	较低收入户	中间收入户	较高收入户	高收入户
卫生设备	无卫生设备	2.38	6.11	1.61	1.69	0.19	1.7
	有厕所浴室	87.2	77.09	84.77	88.47	94.08	93.98
	有厕所无浴室	6.46	9.33	9.03	5.58	4.2	3.19
	公用	3.97	7.47	4.59	4.26	1.53	1.13

资料来源：《2011 年四川省统计年鉴》。

到 2010 年年底，四川省城市的供水综合生产能力达到 804.5 万 m³/d；10 年来用水人口增长了 33.27%，达到 1438 万人；供水总量增长了 7.88%，达到 17.39 亿 m³；人均家庭用水量达到 145.0L/人·d（见表 11 - 2），自来水普及率达 92%[①]，均取得了很大的成就。

表 11 - 2　2001~2010 年四川省城市供水发展情况

年份 指标	2001	2002	2003	2004	2005	2006	2007	2008	2009	2010
综合生产能力 （万 m³/d）	788.9	864.1	867.7	890.2	880.5	555.5	759.2	755.1	705.4	804.5
供水总量 （亿 m³）	16.12	16.53	16.56	16.97	17.18	12.18	15.40	16.06	15.55	17.39
供水管道长度 （万 km）	1.109	1.299	1.225	1.340	1.406	1.066	1.586	1.760	1.858	2.066
用水人口 （万人）	1079	1169	1267	1292	1362	1076	1245	1293	1284	1438
人均综合用水量 （L/人·d）	409.2	387.4	358.3	360.1	345.6	310.3	338.7	340.3	331.7	331.3
居民家庭用水量 （亿 m³）	6.65	7.02	7.33	7.51	8.29	5.68	6.78	6.89	6.92	7.61
人均家庭用水量 （L/人·d）	168.8	164.5	158.4	159.4	166.7	144.6	149.2	146.1	147.6	145.0

注：数据不包括城市所辖县城及建制镇。

数据来源：四川省住房和城乡建设厅计划财务处。

[①]　四川省 2010 年城市自来水普及率有 3 个数据：四川省统计局《2011 年四川省统计年鉴》为 90.80%；四川省住房和城乡建设厅《四川省住房城乡建设事业"十二五"规划纲要》为 92%；中国城镇供水排水协会《城市供水统计年鉴 2011》为 93.24%。

10 年来城镇供水事业发展，不仅体现在城市，县城的供水事业发展得更快。2010 年年底，全省县城的供水综合生产能力达到 297.7 万 m³/d，比 2001 年增长 36.06%；供水人口达 780.0 万人，10 年增长了 70.83%；供水总量达 6.22 亿 m³，10 年增长了 73.26%；人均日家庭用水量达 114.1 L（见表 11-3）。据不完全统计，自来水普及率达 89.6%[1]。与城市相比，县城取得了更大的进步。

表 11-3　2001~2010 年四川省县城供水发展情况

年份 项目	2001	2002	2003	2004	2005	2006	2007	2008	2009	2010
综合生产能力（万 m³/d）	218.8	231.2	242.7	249.2	250.9	241.0	432.6	281.6	351.4	297.7
供水总量（亿 m³）	3.59	3.38	3.87	4.08	4.30	4.73	5.34	5.43	6.80	6.22
供水管道长度（万 km）	0.394	0.421	0.475	0.478	0.508	0.559	0.651	1.122	0.927	0.983
用水人口（万人）	456.6	395.9	430.2	452.6	486.6	592.4	669.4	704.1	799.3	780.0
人均综合用水量（L/人·d）	215.7	233.7	246.3	246.8	241.9	218.9	218.6	211.4	232.8	218.6
居民家庭用水量（亿 m³）	1.96	1.71	2.07	2.20	2.42	2.48	2.86	2.85	3.44	3.25
人均家庭用水量（L/人·d）	117.4	118.3	131.6	133.4	135.9	114.7	117.1	111.0	117.7	114.1

注：数据不包括县城以外的建制镇。
数据来源：四川省住房和城乡建设厅计划财务处。

2001~2010 年的 10 年，由于四川城镇化的进程提速，城镇建成区面积迅速扩大，城镇供水管道的建设进度大为加快。10 年来四川省城市和县城的供水管道都呈现出成倍增长的态势。其中城市的供水管道长度，由 2001 年的 1.109 万 km，增长到 2010 年的 2.066 万 km，10 年来增长了 86.29%；县城的供水管道长度由 2001 年的 0.394 万 km，增长到 2010 年的 0.983 万 km，10 年来增长了 149.49%，取得了很大的进展。

与此同时，城镇人均用水量却没有明显的增长，反而呈现出基本持平或有所下降的态势（见图 11-1）。其中，城市居民人均综合用水量从 2001 年的 409.2L/人·d 下降到 2010 年 331.3L/人·d，10 年下降了 19.04%；县城居民人均综合用水量从

---

[1]　2010 年四川省县城自来水普及率数据采用中国城镇供水排水协会：《县镇供水统计年鉴 2011》，2011，第 53 页。

2001 年的 215.7 L/人·d，增长到 2010 年的 218.6 L/人·d，10 年来只微增长了
1.34%。居民人均综合用水量基本持平或有所下降，是在 10 年来城镇经济总量大
幅增长的情况下取得的好成绩。它说明四川城镇经济中，第二产业单位增加值用水
量大幅下降，经济结构调整和节水工作取得了成效，特别是城市的成效更为明
显。另外，城镇居民人均家庭用水量的下降也是城镇居民人均综合用水量基本持平或有
所下降的一个原因。

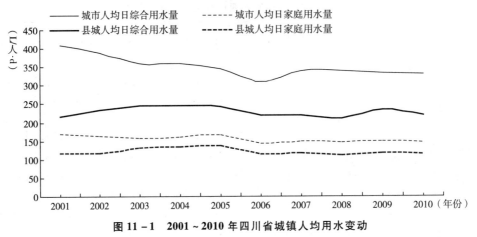

图 11 - 1　2001 ~ 2010 年四川省城镇人均用水变动

注：城市不包括所辖县城及建制镇；县城不包括县城以外的建制镇。

数据来源：四川省住房和城乡建设厅计划财务处。

2001 ~ 2010 年，城市的人均家庭用水量从 168.8 L/人·d 下降到 145.0 L/人·
d，10 年来下降了 14.10%；县城的人均家庭用水量从 117.4 L/人·d 下降到 114.1
L/人·d，10 年来下降了 2.81%。

（二）四川省城镇排水与污水处理发展现状

2001 ~ 2010 的 10 年中，四川城镇排水和污水处理事业的发展取得了巨大的成
就。10 年来，排水和污水处理的主要指标都成倍甚至成数倍地增长；有的指标更
是从无到有，而且发展迅速。

城市污水处理厂座数从 2001 年的 10 座，增长到 2010 年的 57 座，增长了
470%；污水处理厂处理能力从 2001 年的 70.5 万 m³/d，增长到 2010 年的 333.4 万
m³/d，增长了 373%；污水处理总量从 2001 年的 2.45 亿 m³，增长到 2010 年的
10.22 亿 m³，增长了 317.1%（见表 11 - 4）。到 2010 年底，全省城市生活污水处
理率达 76%[①]，成绩斐然。

---

① 四川省 2010 年城市污水处理率有 2 个数据：四川省统计局《2011 四川省统计年鉴》和中国城镇供水排水
　协会《城镇排水统计年鉴 2011》为 74.83%；四川省住房和城乡建设厅《四川省住房城乡建设事业"十
　二五"规划纲要》为 76%。

表 11 – 4　2001～2010 年四川省城市排水及污水处理发展情况

指标＼年份	2001	2002	2003	2004	2005	2006	2007	2008	2009	2010
排水管道长度（万 km）	0.60	0.72	0.83	0.90	0.97	1.01	1.18	1.25	1.29	1.45
其中污水管道长度（万 km）	0.24	0.30	0.38	0.41	0.45	0.33	0.42	0.44	0.45	0.56
污水排放量（亿 m³）	12.39	—	13.02	13.4	14.26	12.03	12.3	12.80	13.92	13.65
污水处理厂处理能力（万 m³/d）	70.5	74.3	84.0	170	196.3	217.0	231	296.0	313.0	333.4
污水处理量（亿 m³）	1.70	2.00	2.29	3.46	5.14	5.26	6.02	7.8	8.52	9.55
污水处理总量（亿 m³）	2.45	2.77	3.21	4.32	6.09	5.94	6.78	8.36	9.39	10.22
污泥处理量（万 t）	—	—	—	—	—	19.79	27.3	20.45	24.20	26.17

注：数据不包括城市所辖县城及建制镇。

数据来源：四川省住房和城乡建设厅计划财务处。

从四川省县城 2001～2010 年排水及污水处理发展情况看，10 年来取得的成就也很突出。2001～2010 年，污水处理厂座数、污水处理厂处理能力、污水处理总量都是从无到有，分别达到 39 座、62.8 万 m³/d 和 1.64 亿 m³，在实现了县城排水及污水处理事业零的突破后，还取得了长足的进步（表 11 – 5）。

表 11 – 5　2001～2010 年四川省县城排水及污水处理发展情况

指标＼年份	2001	2002	2003	2004	2005	2006	2007	2008	2009	2010
排水管道长度（万 km）	0.24	0.26	0.28	0.30	0.32	0.39	0.43	0.46	0.56	0.63
其中污水管道长度（万 km）	0.12	0.14	0.14	0.16	0.17	0.10	0.11	0.14	0.19	0.23
污水排放量（亿 m³）	2.90	3.00	3.00	2.68	3.20	3.77	3.91	3.91	4.56	4.74
污水处理厂处理能力（万 m³/d）	0	0	0	1	2.5	4.5	23.3	41.1	50.2	62.8

年份 指标	2001	2002	2003	2004	2005	2006	2007	2008	2009	2010
污水处理量（亿 m³）	0	0	0	0	0.43	0.07	0.20	0.40	0.89	1.22
污水处理总量（亿 m³）	0.10	0.10	0.12	0.09	0.12	0.15	0.32	0.51	1.07	1.64
污泥处理量（万 t）	—	—	—	—	—	0.06	0.64	1.04	2.01	3.54

注：数据不包括县城以外的建制镇。

数据来源：四川省住房和城乡建设厅计划财务处。

2001~2010 年以来，四川城镇污水管道建设也取得了显著的成绩，无论是城市还是县城，10 年来污水管道长度都是成倍增长。城市污水管道的长度，从 2001 年的 0.24 万 km，增长到 2010 年的 0.56 万 km，10 年来增长了 133.4%；县城从 2001 年的 0.12 万 km，增长到 2010 年的 0.23 万 km，10 年来增长了 91.7%。

（三）城镇供排水发展中存在的问题

首先，在供水方面存在的问题，主要是水源污染形势严峻、现有水厂工艺相对落后、劣质管材严重影响管网安全和水质、供水设施发展不平衡等。

饮水水源水质面临巨大挑战。据住房和城乡建设部门对大中城市水厂取水口水质检测的结果表明：水源水质超标情况呈上升趋势。环境保护部门颁布的情况也指出：随着经济社会发展，水源地面临的环境压力显著增大，饮水水源水质总体呈下降趋势。与此同时，常规处理工艺难以满足水质要求。据对城市和县城的现有公共水厂的普查表明，地表水厂多数采用常规处理工艺；地下水厂多数只简单消毒；建制镇的水厂更普遍是常规处理工艺。目前水源污染严重，水中有毒有害物质的种类和含量不断增加，常规处理工艺难以净化处理这些污染物。由于水源污染严重，水厂工艺相对落后，按国家新的生活饮用水卫生标准要求，相当数量的水厂工艺需要改造。少数城市供水压力不足，全省城市低压区面积平均达 12.04%，个别城市低压区高达 75%~80%。劣质管材严重影响管网安全和水质，同时少数城市管网漏损率较高。全省城市漏损率平均为 14.20%，其中高于 30% 的有 5 个城市，最高的达 40.68%[①]。发展不平衡问题在供水领域很突出，个别城

---

① 四川省城市供水低压区和管网漏损率的数据采用中国城镇供水排水协会：《城市供水统计年鉴 2011》，2011，第 108~111 页、第 164~169 页。

市和少数县城供水设施发展相对滞后，供水普及率仅为 50% ~ 70%①。

其次，在排水和污水处理设施方面存在的问题，主要是管网配套建设相对滞后、污水处理设施建设发展不平衡、部分设施不能完全满足环保要求、多数污泥尚未实现无害化处理处置、污水再生利用程度很低、设施建设和运营资金不足等。

污水管网配套建设滞后，表现在 2001 ~ 2010 年四川省城镇污水处理能力快速增长，但污水管网配套建设总体还是相对滞后。调查发现，在已建成的管网中，雨污合流情况较为普遍，雨水管网承担了部分污水管的功能。由于雨水管网质量难以满足污水收集和处理的要求，污水渗入地下水和地表水的情况严重；同时雨水混入污水处理设施，导致进水浓度偏低，影响处理效果。同时，全省城镇再生水利用水平极低，仅为 0.016%，城镇雨水更是普遍未得到蓄积和处理利用。污水处理设施发展很不平衡，全省城市污水处理厂覆盖率为 65.2%。四川省城市和县城的污泥处理量从 2006 年的 19.8 万吨，增长到 2010 年的 29.7 万吨，5 年增长 1.5 倍。调查发现，有相当数量的污泥未完全实现无害化处理处置，污染隐患严重。

二　四川省工业化城镇化发展趋势及城镇用水需求

（一）工业发展现状及发展规划

2010 年全省工业增加值达到 7326.4 亿元，5 年间年均增长 20.1%。规模以上工业增加值全国排名由 2005 年的第 10 位上升至 2010 年的第 8 位。工业增加值占 GDP 总量的比重由 2005 年的 34% 上升到 2010 年的 43.2%。优势产业发展成效显著，全省"7 + 3"产业②工业增加值占全省工业的 85.2%。产业集聚水平不断提高，园区工业增加值占全省比重达到 60.5%。"十一五"期间规模以上工业单位增加值能耗累计下降 32.03%（见表 11 - 6）。"十一五"期间四川工业产品竞争力明显提高，2010 年四川省产量占全国份额超过 5% 的工业产品达到 102 种。汶川地震灾后重建取得伟大胜利，灾区工业发展全面超过震前水平。

---

① 参见中国城镇供水排水协会：《城市供水统计年鉴 2011》2011，第 50 ~ 53 页；中国城镇供水排水协会：《县镇供水统计年鉴 2011》，2011，第 52 ~ 57 页。

② 指电子信息、装备制造、能源电力、油气化工、钒钛钢铁、饮料食品、现代中药等优势产业和航空航天、汽车制造、生物工程以及新材料等潜力产业，简称"7 + 3"产业。

表 11-6　四川省"十一五"时期工业经济主要指标情况

单位:%

指标名称	2005 年	2010 年	年均增长
规模以上工业增加值（亿元）	2597	6840.5	22.4
规模以上工业企业实现利润（亿元）	321.9	1469.5	35.1
产业园区工业集中度（%）	36	60.5	[24.5]
规模以上工业单位增加值能耗（吨标准煤/万元）	2.937	1.996	[-32.03]

注：[ ] 内为五年累计数。

资料来源：四川省经济和信息化委员会。

　　四川省"十一五"期间工业发展刚进入工业化中期，工业产业层次较低、结构不合理、发展方式亟待转变，同时，还面临着能源资源和生态环境约束强化、综合要素成本持续上升等诸多方面的挑战。四川省工业发展必须加快产业结构调整和发展方式转变，构建现代产业体系，才能实现又好又快发展。

　　《四川省"十二五"工业发展规划（稿）》① 确定的发展目标是，到 2015 年全部工业增加值占全省 GDP 的 45%。规模以上工业增加值总量在 2010 年的基础上翻一番，年均增长 15%。"7+3"产业增加值占全省工业增加值的 87%，战略性新兴产业实现增加值占规模以上工业增加值的 15% 左右。工业投资突破 3.2 万亿元，企业技术改造投资力争突破 2 万亿元。规模以上工业单位增加值能耗下降 23.5%，单位工业增加值用水量下降 30%，污染物排放量达到国家和省上要求。

　　优化产业布局，加快构建现代产业体系，形成区域特色鲜明、区际良性互动的产业带状、集群、集聚发展，发挥好龙头企业的引领带动作用。

　　（二）城镇化发展现状及规划

　　2010 年年底四川省城镇化率达到 40.18%，比 2005 年提高 7.18%，年均提高 1.44%。确立以成都为核心，8 个大城市与 16 个中等城市为骨干，28 个小城市与 1793 个小城镇为基础的省域城镇体系，城市生活垃圾处理率达到 86.86%，污水处理率达到 74.83%。开展了城乡环境综合治理，城乡人居环境有了改善，城市人均公共绿地达到 8.44m²。

　　但城镇化发展总体水平较低，2010 年四川省城镇化率比全国平均水平低 9.5 个百分点。城镇体系和结构不合理，除成都市外尚缺特大城市，区域性中心城市和城镇群发展不充分，对区域的辐射带动作用不明显。城镇综合承载力不够强，城镇基础设施相对滞后，公共服务功能不够完善，城镇住房保障制度尚不健全。城镇风貌和人居环境有待改善。促进城镇化健康发展的体制机制尚未完全形成。四川省城乡

---

　　① 《四川省"十二五"工业发展规划（稿）》由四川省经济和信息化委员会提供。

统筹水平在全国排 21 位，处于中下水平。四川省作为西部省份，由于受经济总量、工业发展阶段等限制，城乡统筹总体水平仍较低。

《四川省"十二五"城镇化发展规划（稿）》①确定的发展目标是，到 2015 年，全省城镇化率达到 48% 左右，年均提高 1.5 个百分点以上，城镇总人口达到 4000 万以上，城镇建成区面积达到 3800 平方公里左右。以成都为核心，20 个区域中心城市为依托，促进大中城市和小城镇协调发展。城镇发展质量明显提高，基础设施与公共服务设施逐步完善，城镇服务功能增强，生活垃圾无害化处理率达到 90%，生活污水处理率达到 85%，防灾减灾能力进一步提高。城镇住房供应体系进一步完善，全省城市人均住房建筑面积达到 $35m^2$。污染防治与生态环境保护取得进展，人居环境得到改善，人均公共绿地面积达到 $10m^2$。工业化和城镇化互动发展格局基本形成，实现城镇体系布局与生产力布局相协调，城市新区与产业园区一体发展，工业向园区集中、园区向城镇集中的格局。

加快供水设施建设，确保供水安全，城市自来水普及率达到 98%，缺水县城的供水问题基本解决。加强城镇生活污水处理、生活垃圾处理等设施配套建设，城市生活垃圾无害化处理率和生活污水处理率达到 90% 和 85%，县城达到 40%，县城和规划人口在 5 万人以上的镇实施雨污分离。加强城镇公共服务设施配套。提高城镇综合防灾能力，加强防洪排涝设施建设，提高应急处置能力。

提高城镇规划建设和管理水平。重视生态环境容量和水资源、土地资源等要素对城镇发展的影响，促进与资源环境相协调发展。推动城镇建设的资源环境承载力研究，合理确定城镇人口规模、用地规模和产业形态。加强饮用水水源地保护，强化城镇供水保障力度，有条件的城镇要建立备用水源。鼓励挖掘城镇建设用地潜力，合理提高开发建设强度，提高建设用地的集约程度，促进城镇节水、节能、节材、节地。提高市政基础设施达标运行、生活污水和生活垃圾集中处理程度，构建环境治理的长效机制。推广雨水截留和中水利用技术，加强水资源的循环利用，节约水资源。工业企业开展技术改造，减少污水、空气、噪声和固体废物污染。保护城镇规划区内的森林、湖泊、湿地和其他自然资源，恢复河流水系的生态效能。增加城镇绿化量，构建绿色生态系统、改善城镇生态和人居环境。积极创建生态示范区、环保模范城市、园林城市，推动生态宜居城镇建设。

（三）工业化城镇化阶段的判断及发展趋势预测

按照国际公认标准来衡量，主要采用人均生产总值、非农增加值比重、非农就业比重和城镇化率四项指标来衡量工业化水平。根据不同的指标将工业化进程划分为工业化初期、工业化中期、工业化后期和后工业化阶段（见表 11-7）。

---

① 《四川省"十二五"城镇化发展规划（稿）》。

表 11 - 7   衡量工业化进程的标志值

单位：美元,%

指标 发展阶段	人均生产总值	非农增加值比重	非农就业比重	城镇化率
工 业 化 初 期	1200	65	20	10
工 业 化 中 期	2500	80	50	30
工 业 化 后 期	5000	90	70	60
后工业化阶段	10000	95	90	80

资料来源：《四川工业化进程分析与预测》四川经济信息中心 杨廷页执笔《经济热点分析》2010 年第 22 期。

　　2010 年四川省人均生产总值达 21182 元，按 2010 年汇率约为 3129.04 美元；非农增加值比重为 85.3%；非农就业比重为 56.35%；城镇化率为 40.18%，均已超过工业化中期的标准。再参考三次产业结构、比较劳动生产率、工业化率、工业结构等指标进行综合衡量，四川经济信息中心判断，已于"十一五"期间整体进入工业化中期①。四川经济信息中心对未来四川省工业化进程进行了预测（见表 11 -8）。

表 11 -8   四川工业化进程指标预测

单位：美元,%

指标 年份	人均生产总值	非农增加值比重	非农就业比重	城镇化率
2009 年实际	2538 （17337.1 元）	84.2	55	38.7
2010 年预测	2800 （19126.8 元）	85.3	56.35	40.18
2015 年预测	5000 （34155.0 元）	90	66	50
2020 年预测	8800 （60112.8 元）	95	75	60

　　注：为剔除物价和汇率影响，人均生产总值的预计和预测均按 2009 年价格和汇率计算。由于统计数据尚未公布，2009 年的非农就业比重为推算值。注：人均生产总值中括号内的人民币元，系按 2009 年人民币汇率 1 美元兑 6.831 元人民币计算。

　　资料来源：《四川工业化进程分析与预测》四川经济信息中心 杨廷页执笔《经济热点分析》2010 年第 22 期。

　　从表 11 -8 的预测可以看出，未来四川省工业化进程的大致趋势。"十二五"末，开始由工业化中期向后期过渡，2015 年人均生产总值和非农增加值比重将达到

_____

　　①　四川经济信息中心：《四川工业化进程分析与预测》，杨廷页执笔，《经济热点分析》2010 年第 22 期。

进入工业化后期的标志值，但非农就业比重尚有一定差距，城镇化率尚有较大差距。"十三五"末，2020 年将进入工业化后期阶段，人均生产总值、非农增加值比重、非农就业比重、城市化率，将全面达到工业化后期的标志值，完成基本实现工业化的目标，进入全面实现工业化的时期。到 2020 年全省生产总值达到 47000 亿元，人均生产总值达到 55000 元左右，人均生产总值比 2008 年翻两番以上，接近或达到当年全国平均水平（见表 11 - 9）。

表 11 - 9　2020 年四川省经济发展主要目标预测

指　标	2008 年	2020 年	年均增长率（%）
全省生产总值（亿元）	12506.25	47000	11.5
人均生产总值（元）	15378	55000	11.2
地方财政一般预算收入（亿元）	1041.66	3269.1	10
全社会固定资产投资（亿元）	7602.40	26596.2	11
外贸出口总额（亿美元）	131.1	701.4	15.0
非公有制经济比重（%）	52.1	60.8	1.3
城镇居民人均可支配收入（元）	12633	24292.5	5.6
农村居民人均纯收入（元）	4121.2	8292.6	6

资料来源：《2009～2020 年四川省城镇体系规划修编说明书（稿）》，由四川省城乡规划设计研究院、四川省规划编制研究中心提供。

关于四川城镇化进程，2010 年为 41%；2015 年为 48%～50%；2020 年为 55%～60%，2030 年为 65% 左右。城镇人口 2010 年 3380 万人左右；2015 年 4150 万人左右；2020 年 5000 万人左右；2030 年在 5700 万人左右（见表 11 - 10）。

表 11 - 10　四川省总人口、城镇人口和城镇化率预测

单位：万人，%

年份	总人口	常住人口	城镇化水平（以常住人口计算）	城镇人口
2008	8907.8	8138	37.4	3043.6
2010	9000	8250	41	3380
2015	9250	8450	48～50	4056～4225
2020	9450	8600	55～60	4730～5160
2030	9600	8770	65	5700

资料来源：《2009～2020 年四川省城镇体系规划修编说明书（稿）》，由四川省城乡规划设计研究院、四川省规划编制研究中心提供。

以上对四川省未来工业化城镇化趋势的预测，对未来四川省城镇工业和生活

用水需求,乃至对四川省城镇水务的发展,都将产生巨大的影响。

(四) 工业化城镇化发展趋势对城镇用水需求的影响

关于四川省近年来的总需水量、工业需水量,有关部门合作的一项规划①预测,2010 年四川省工业需水量为 106.8 亿 m³, 总需水量为 366 亿 m³; 实际上 2010 年四川省工业用水量为 69.2 亿 m³, 总用水量为 230.3 亿 m³ (《中国统计年鉴 2011》),实际值分别为预测值的 64.8% 和 62.9%。

发生对总需水量、工业需水量预测值偏高的原因是:目前采用的预测方法,以及指标、定额、标准等,都是建立在对历史数据进行收集、归纳、分析等基础上的。如果不研究工业化城镇化进程对未来需水量趋势的影响,预测误差很大就难以避免。

近年来,国内学者对发达国家在工业化进程中工业用水量变化趋势的研究结果表明,工业用水下降的国家大致分为三类:一类是产业结构演进和技术进步是工业用水下降的主要因素,以美国、日本等国为代表;二类是在产业结构演进和技术进步等条件不完全具备的情况下,通过严格的法规迫使工业用水下降,瑞典、荷兰属于这种情况;三类是水资源极度匮乏,通过强化节水管理和非传统水源开发,胁迫用水量下降,以色列是典型。从国内情况来看,1997~2005 年全国有 15 个省级行政区用水量连续 9 年呈零增长,北京市与天津市已率先实现全市用水量的负增长;水资源相对丰富的上海、江苏、浙江、江西、湖南 5 个省、市用水量呈现零增长;河北等 10 个省、区的用水量年增长呈现 0.2%~1.9% 缓慢增长趋势②。

发达国家工业用水减少的主要原因:一是严格的环保法规。既要求减少取水量,又要求减少排放量,从两方面推进了工业取水量的减少;二是产业结构升级。产业类型由耗水多的劳动—资本密集型向耗水少的技术—知识密集型转变;三是市场经济体制的基础作用。较高的市场化的供水价格和排污费,使发达国家工业用水重复利用率普遍达到 80% 以上。该研究还进一步论证,产业结构升级表现在工业用水由增长转为减少的时间对应的是第二产业的 GDP 比重和就业比重的明显减少的时间 (见表 11-11)。根据七个较大的发达国家的资料统计,工业用水减少时第二产业 GDP 比重范围为 30%~45%, 第二产业的就业比重范围为 28%~38%③。

① 四川省发展和改革委员会、四川省水利厅、四川省经济委员会、四川省建设厅、四川省环保厅:《四川省"十一五"节水型社会建设规划(送审稿)》,"四川省不同发展阶段各行业需水预测成果表(强化节水方案)",2007。
② 鲁欣、秦大庸、胡晓寒:《国内外工业用水状况比较分析》,《水利水电技术》2009 年第 1 期。
③ 贾绍凤:《工业用水零增长的条件分析——发达国家的经验》,《地理科学进展》2001 年第 1 期。

表11-11　发达国家工业用水由升转降与产业结构升级的时间对应关系

单位:%，年

项目 ＼ 国别	美国	日本	德国	法国	英国	意大利	澳大利亚
工业用水减少时间	1981	1974	1989	1989	1985	1981	1980
用水减少时二产 GDP 比重	34	45	36	30	34	41	35
用水减少时二产就业比重	28.9	36.3	38	30	31	37	28.3
二产 GDP 比重顶峰发生时间	1951	1974	1962	1965	1950	1974	1957
对应比重	40	45	55	49	49	44	42
二产 GDP 比重明显减少发生时间	1982	1974	1985	1981	1985	1983	1982
对应比重	33	45	35	34	34	40	34
二产就业比重减少发生时间	1957	1973	1970	1964	1957	1971	1957
对应比重	32.7	36.6	50	39.9	50	44	49

注：世界经济与政治研究所《世界经济》编辑部编《当代世界经济实用大全；U nited N ations, Statistical Year book 1989—1998》。

资料来源：贾绍凤：《工业用水零增长的条件分析——发达国家的经验》，《地理科学进展》第 20 卷第 1 期。

关于生活用水的预测，有关研究列出欧洲 13 个国家 1980 年和 1997 年人均家庭生活用水和人均综合用水指标的数据（见表 11 - 12）。我国目前城市家庭除水冲厕所外，洗浴设施、洗衣机等用水器具和热水系统正处于不断完善的阶段，人均家庭生活用水可能还将逐年有所增加。但是 2003 年我国城市人均家庭生活用水平均指标已达到 154L/人·d，接近欧洲 13 国 1997 年的平均值，因此，预计未来增加的余地不会太大。表中有关人均综合用水的数据表明，纳入统计的欧洲国家中有 2/3 的国家 1980～1997 年的人均综合用水指标出现了下降的趋势；有 1/3 的国家略有上升。13 个国家的平均值由 229.67L/人·d 下降到 226.62L/人·d，总体上稳中有降[1]。

表 11-12　欧洲发达国家人均用水量情况表

单位：L/人·d

指标 ＼ 年份 ＼ 国家	人均家庭生活用水量（包括住区商业用水）		人均综合用水量（包括生活和工业用水）	
	1980	1997	1980	1997
奥地利	155	160	255	237
比利时	104	118	163	160
丹麦	165	136	261	206

①　宋序彤：《我国城市用水发展和用水效率分析》，《中国水利》2005 年第 1 期。

续表

指标 年份 国　家	人均家庭生活用水量 （包括住区商业用水）		人均综合用水量 （包括生活和工业用水）	
	1980	1997	1980	1997
芬兰	—	155	—	252
法国	109	151	167	205
德国	139	130	191	164
匈牙利	110	104	217	153
意大利	211	228	280	286
卢森堡	183	172	259	253
荷兰	142	166	179	209
西班牙	157	145	215	240
瑞典	195	188	315	257
英国	154	—	254	324
13 国平均	152.00	154.42	229.67	226.62

注：Statistics and Economics Committee ISWA，September 1999。

资料来源：宋序彤：《我国城市用水发展和用水效率分析》，《中国水利》2005 年第 1 期。

　　2003 年我国城市人均家庭生活用水平均指标已达到 154L/人·d，接近了欧洲 13 国 1997 年的平均值，因此预计未来增加的余地不会太大。我国目前城镇化率很低，城乡社会经济发展差距还很大，服务业发展很不充分，广大小城镇和农村的自来水普及率和人均家庭生活用水量都还非常低。因此，我国城乡居民生活用水量和人均生活用水量都还有很大的增长空间。

　　分析国内外产业结构发现，一个国家或地区的总需水量，与第三产业增加值占 GDP 的比重相关。随着经济社会发展进入后工业化阶段，第三产业增加值占 GDP 的比重达到约 60% 时，总需水量将达到零增长甚至负增长。以美国、日本等发达国家及北京市的经济发展为实例，美国在 1980 年全国总取水量达到最大值，第三产业比重为 61.2%，总取水量出现零增长。日本也有类似情况。北京市在 1996～2000 年间第三产业比重达到 55.9%～64.8%，总取水量进入稳定减少期。对未来 20 年我国国内生产总值及产业结构的预测，推算 2026～2030 年，我国第三产业占 GDP 的比重有望达到 60%～67%，进而可能实现全国总需水量零增长[①]。

　　从美国 1950～2000 年的用水变化（见表 11－13）可以看出，1980 年是美国总

---

　　① 何希吾、顾定法、唐青蔚：《我国需水总量零增长问题研究》，《自然资源学报》2011 年第 6 期。

用水量和工业用水量开始下降的拐点，经过 1985～1995 年相对稳定后，1995～2000 年又呈现明显的下降趋势。生活用水量却一直持续缓慢增长，到 1995 年后才略呈下降趋势。服务业用水量的持续增长，以及社会经济的发展和高水平的城镇化率使人们生活品质提升，必然会导致家庭生活用水量的增长，这个过程在城镇化率接近或达到峰值后基本稳定。

表 11－13　1950～2000 年美国用水量变化情况

单位：亿 m³

年份	1950	1955	1960	1965	1970	1975	1980	1985	1990	1995	2000
农业	1230	1520	1520	1658	1796	1934	2073	1893	1983	1851	1980
工业	1064	1534	1907	2432	2998	3385	3523	3005	3107	3027	2210
生活	243	285	340	387	435	468	547	612	641	678	610
合计	2537	3339	3767	4477	5229	5787	6143	5510	5641	5556	4800

资料来源：转引自马静、陈涛、申碧峰、汪党献：《水资源利用国内外比较与发展趋势》，《水利水电科技进展》第 27 卷第 1 期。

根据国内学者对工业化进程中用水量变化趋势的研究和四川省 1980～2010 年用水量变化的情况（见表 11－14），可对未来四川省工业和生活需水量的变化趋势初步判断和推测：一是工业用水量快速增长阶段已结束（1980～2000 年均增长率为 7.33%），从 2000 年开始进入工业用水量缓慢增长阶段（2000～2010 年均增长率为 0.92%）。这与四川省工业化进程在"十一五"期间进入工业化中期阶段，是大体相关的。预计工业需水量还将持续缓慢增长。二是从产业结构演化进程判断，目前和相当一段时期内四川省工业用水量从缓慢增长转为零增长的条件还不具备。根据有关研究提出的几个相关标志值（第三产业增加值占比 60%，第二产业增加值占比从峰值回落至 30%～45%，第二产业就业人数占比从峰值回落至 28%～38%，城镇化率 60% 以上等）进行初步测算后判断，预计 2030 年前，也就是在四川省进入后工业化阶段之前，不会进入工业用水量零增长的阶段。三是生活用水量在相当长的时期内，将会持续增长。

表 11－14　1980～2010 年四川省用水量变化情况

单位：亿 m³

年份 项目	1980	1985	1990	1995	2000	2005	2006	2007	2008	2009	2010
工业用水量	13.9	17.8	23.7	44.6	57.2	56.8	57.5	59.0	57.7	61.6	62.9
生活用水量	20.0	22.5	25.6	30.1	35.5	31.7	34.2	34.4	34.5	36.3	38.0

年份 项目	1980	1985	1990	1995	2000	2005	2006	2007	2008	2009	2010
农业用 水量	136.2	136.2	139.2	141.4	142.8	121.8	121.2	118.7	113.6	123.6	127.3
生态用 水量	—	—	—	—	—	1.97	2.2	1.9	1.78	2.0	2.1
总用 水量	170.1	176.6	188.5	216.1	235.6	212.3	215.1	214.0	207.6	223.5	230.3

资料来源:《四川省水资源公报》,《四川省统计年鉴》。

我们再选取前述有关工业用水量呈现零增长或接近零增长的五个省,即华东地区水资源较丰沛的江苏省和浙江省,华北地区水资源较贫乏的河北省,华中地区水资源较丰沛的江西省和湖南省等的工业和生活用水量变化情况,来与四川省做一个分析比较(见表11-15)。

表 11 - 15 2004~2010 年六省工业和生活用水量变化情况

单位:亿 m^3,%

项目		2004 年	2005 年	2006 年	2007 年	2008 年	2009 年	2010 年	年增幅	单位用水量	
江苏	工业	182.6	207.9	220.3	225.3	209.4	194.5	191.9	0.83	99.6	862.6
	生活	40.6	43.1	46.1	48.4	49.5	51.4	52.9	4.51	184.3	
浙江	工业	55.8	58.1	62.7	64.2	61.0	55.3	59.7	1.13	47.2	498.8
	生活	31.4	31.3	32.2	33.9	36.3	37.6	39.4	3.86	198.3	
江西	工业	52.2	55.8	50.6	58.6	59.9	56.2	57.4	1.60	133.9	521.9
	生活	21.7	21.0	20.9	22.9	23.4	26.1	27.5	4.03	169.0	
湖南	工业	76.4	80.5	82.0	82.5	82.0	83.5	89.8	2.73	142.4	568.1
	生活	42.1	43.5	44.4	44.6	45.1	46.1	46.4	1.63	193.6	
河北	工业	25.2	25.7	26.2	25.0	25.2	23.7	23.1	-1.4	24.2	179.6
	生活	21.6	23.7	24.1	23.9	23.4	23.4	24.0	1.77	91.5	
四川	工业	56.5	56.8	57.5	59.0	57.7	61.6	62.9	1.81	85.0	343.1
	生活	31.0	31.7	34.2	34.4	34.5	36.3	38.0	3.45	129.5	

注:表中加粗的数据是工业用水量达到峰值的数据;单位用水量分别是指 2010 年的万元工业增加值用水量(m^3/万元)人均日生活用水量(L/人·d)和人均日综合用水量(L/人·d)。

资料来源:《中国统计年鉴》、《江苏省统计年鉴》、《浙江省统计年鉴》、《江西省统计年鉴》、《湖南省统计年鉴》、《河北省统计年鉴》、《四川省统计年鉴》。

首先比较工业用水量的情况。从表 11 - 15 可以看出,六省中有四个省在"十一五"期间工业用水量分别在 2006 年（河北省）、2007 年（江苏省、浙江省）、2008 年（江西省）出现峰值后下降。其中江苏省和河北省一直下降到 2010 年，显得比较稳定；而浙江省和江西省则在 2010 年略有上扬，但未超过峰值，"十二五"期间的趋势尚待观察。湖南省和四川省"十一五"期间的峰值出现在 2010 年，估计"十二五"期间仍呈上升趋势。

其次比较生活用水量的情况。从表 11 - 15 还可以看出，"十一五"期间，六个省的生活用水量无一例外都呈上升趋势，除湖南省和河北省的年均增长率在 1.6% ~ 1.8% 之间外，其余省的年均增长率都在 3.5% ~ 4.5% 左右；且生活用水量的年均增长率普遍高于工业用水量的年均增长率（湖南省除外）。这需要做进一步的分析：生活用水量的较高增长率，不仅反映了城乡居民生活水平的提升及家庭生活用水量的增长，更反映了第三产业的快速发展，导致服务业用水量有较快的增长。

对 6 个省的工业化阶段分析（见表 11 - 16）表明，在工业用水量达到峰值后下降的四个省中，江苏省和浙江省在"十一五"期间已全面实现工业化后期的主要指标；河北省和江西省有部分指标势头较好（两省的非农增加值比重接近 90%，非农就业比重 >60%；且河北省的人均生产总值 >4000 美元）。湖南省和四川省则刚进入工业化中期阶段不久，与各项工业化后期的指标相比，尚有较大差距。

表 11 - 16 2010 年六省工业化阶段分析

单位：美元,%

省　份	人均生产总值	非农增加值比重	非农就业比重	城镇化率	工业化阶段
江苏省	7806	93.3	81.4	60.6	工业化后期
浙江省	7639	95.1	84.1	61.6	工业化后期
江西省	3134	87.2	62.4	43.8（2009 年）	工业化中期
湖南省	3652	85.5	53.3	43.2（2009 年）	工业化中期
河北省	4235	88.4	61.3	43.0（2009 年）	工业化中期
四川省	3129	85.6	56.3	40.2	工业化中期

注：汇率按 2010 年 100 美元兑 676.95 元人民币计算。

资料来源：《中国统计年鉴》、《江苏省统计年鉴》、《浙江省统计年鉴》、《江西省统计年鉴》、《湖南省统计年鉴》、《河北省统计年鉴》、《四川省统计年鉴》。

如果进一步就六省的第二产业和第三产业增加值占地区生产总值比重在"十一五"期间的变化（见表 11 - 17）做分析就会发现，工业用水量下降的江苏、浙江、河北三省有一个共同的特点，即第二产业占地区生产总值比重呈下降趋势，而第三产业增加值占地区生产总值的比重呈上升趋势。江西、湖南、四川三省则相反，第二产业占地区生产总值比重尚未达到峰值，还在继续攀升，而第三产业增加值占地区生产总值的比重却呈下降态势。

表 11 - 17 2006 年和 2010 年六省第二产业和第三产业增加值占地区生产总值比重

单位:%

行政区	第二产业增加值占地区生产总值的比重			第三产业增加值占地区生产总值比重		
	2006 年	2010 年	升或降	2006 年	2010 年	升或降
江苏省	56.5	52.5	↓	36.4	41.4	↑
浙江省	54.0	51.6	↓	40.0	43.5	↑
河北省	52.9	52.5	↓	34.0	35.0	↑
江西省	50.2	54.2	↑	33.5	33.0	↓
湖南省	41.5	45.8	↑	42.0	39.7	↓
四川省	43.4	50.5	↑	38.2	35.1	↓

资料来源:《中国统计年鉴》、《江苏省统计年鉴》、《浙江省统计年鉴》、《江西省统计年鉴》、《湖南省统计年鉴》、《河北省统计年鉴》、《四川省统计年鉴》。

　　江苏省和浙江省在工业化后期就实现了工业用水量的零增长,河北省和江西省甚至在工业化中期就实现了工业用水量的零增长,与工业节水管理工作的强度有较大的关系。浙江省和江西省在 2010 年又出现反弹,说明在产业结构升级没有完全到位的情况下,工业用水量的下降可能并不稳定。从万元工业增加值用水量、人均生活用水量和人均综合用水量三项指标来看,六省中除水资源相对贫乏的河北省外,其余五省与发达国家相比都较高,工业用水量下降的空间还很大,也说明产业结构升级和工业节水管理工作都还任重道远。

　　由此可以推测四川省未来工业和生活用水量变化趋势。四川省从"十五"期间开始,工业用水量进入缓慢增长阶段;"十一五"期间进入工业化中期阶段,工业用水量继续缓慢增长。预计"十二五"期间,工业用水量还将持续增长。工业用水量零增长拐点出现,主要取决于产业结构全面升级。按照四川省工业化进程预计,要在 2030 年以后才能全面进入后工业化阶段,达到工业用水量零增长的主要标志值,实现工业用水量零增长和负增长。但如果四川省进一步采取更加有力的措施,加快产业结构调整步伐,强化工业节水管理,主要标志值相当于江苏省和浙江省 2010 年的水平时,在工业化后期也有可能提前实现工业用水量零增长。由于四川省发展不平衡、产业结构滞后,且 2010 年的万元工业增加值用水量(85m³/万元)人均日综合用水量(343.1L/人·d)等指标相对已达到较好水平(见表 10 - 15),较短时期内万元工业增加值用水量、人均日综合用水量等指标持续大幅下降的可能性不大,因此,工业用水量在 2020 年左右进入工业化后期时即实现零增长的难度很大,但随着产业结构调整和节水管理工作力度的加强,在 2020~2030 年期间,有较大可能提前实现工业用水量零增长。

预计在未来相当长的时期内，随着城镇化率的逐步提高，第三产业的加速发展，特别是农村改水中自来水受益人口的大幅提升，以及城乡一体的公共供水服务体系建设取得进展，生活用水量继续增长的趋势将会长期持续下去，人均生活用水量也会从当前的微降转为上升的态势。但是，在加强生活用水节水管理、水价逐步调升和居民节水意识增强等因素的作用下，人均生活用水量不会大幅提升，但有可能在未来农村居民用水器具大普及的时段会有较高的升幅。直到后工业化阶段到来，城镇化率达到峰值和城乡自来水普及率接近 100% 时，生活用水量和人均生活用水量才会呈现稳定状态，实现零增长或有所回落，估计那是 2030 年以后了。

三　以城市水专项规划为龙头，引导城镇水务科学发展

（一）做好区域和城市水专项规划，提高城镇水务战略决策的科学性

城市规划在城市建设和发展中起着龙头的作用，其中城市供排水规划是城市规划的重要组成部分。当前，四川一批特大城市和大、中城市，以及多组团形态的城市快速发展；城乡统筹方针的实施，推动城乡一体化发展的局面初步形成。因此，过去城市供水排水工程规划的做法，就暴露出一些缺陷和弊端。比如，普遍没有进行环境资源承载力，特别是水资源承载力对城市发展影响的分析和评估，致使有的城市发展目标有明显的盲目性；一般都没有做城市全域的供排水工程专项规划，使有的城市的旧城与新区、城区与园区、市区与县镇、城市与农村的供排水工程建设，缺乏全域系统的规划和大体协同的建设项目安排，造成许多难以克服的矛盾和问题；缺乏区域①供排水工程专项综合规划，都市圈、城市群、城市连绵带等新型城市形态的城际之间、上下游之间、城乡之间等，水资源和水工程共享常出现行政性障碍，水污染治理不能形成有效合力，供排水设施不可能协同高效运行等，对社会经济发展造成了一定的负面影响。

因此，在城市进行总体规划编制或修编时，必须把单独编制城市供排水工程专项规划（以下简称"城市水专项规划"）放到更为重要的位置，与城市总体规划编制（或修编）同步开展，同步进行。城市水专项规划，首先应进行水资源论证，即对城市发展的水资源承载力进行认真分析和评估。以城市水专项规划的水资源承载力论证成果为依据，城市的国民经济和社会发展规划以及重大建设项目布局，都应与城市的水资源条件相适应，并在发展中严格执行建设项目水资源论证制度。城市水专项规划还应是城市全域的规划，综合统筹旧城与新区、城区与园区、市区与县

---

① 本章提到的"区域"，是指在地域上靠近，在社会、经济、文化等方面联系密切，由若干城镇组成，但不属于同一行政建制管辖的省域内的都市圈、经济区、城市群、产业带、城市连绵带等形态的次区域。

镇、城市与农村等的水务发展、建设、管理诸事项，注重城镇水务全局的系统性和协同性，而不仅仅只局限于城市市区、城市建成区、城市规划区内的水务事项。城市水专项规划，应充分体现供水、排水及污水处理、再生水回用、雨水综合利用、城市防洪排涝、城市水系生态修复等城镇水务事项的内在统一性，都是水的社会循环的完整体系中的相互依存、相互制约的不同环节。通过合理安排基础设施，统筹协调解决城镇水务各事项的矛盾，在防治污染的同时，促进水资源合理利用和重复利用，提高水的利用效率，使得取水与补水、污染与修复之间实现动态平衡，确保水的良性社会循环。

从发达国家的发展历程可以看出，在工业化和城镇化迅速发展，社会、经济、生活急剧改变，人口、资源、环境的矛盾日益尖锐，城市群、都市圈、城市连绵带等区域性城市新形态日益兴起时，需要对经济结构、生产力布局、城际关系、人口分布、环境保护等事项进行区域性协调，区域规划方法就被广泛采用。区域规划中一项重要规划就是区域水资源综合利用规划。区域水专项规划须树立区域和流域的理念，避免以往的规划与建设中，将水资源规划与供水、排水及污水处理等规划相互分割造成的弊端，在区域内将水资源、供水、排水及污水处理作为一个系统整体进行综合规划。在区域水专项规划中，首先要分析系统的基本要素及它们之间的协调机制。这些要素（子系统）主要由水源及供水系统、用水系统、排水系统、污水处理及回用系统、水体容纳系统及管理系统六大部分组成。除管理系统外，其他五个子系统在水资源的开发利用过程中均与"水"的输入输出相联系，而这五个子系统中又都包含着若干要素，是这些要素间"水"的输入输出构成综合系统的水循环。所以，在明晰各子系统的构成要素及其子系统协调功能的基础上，结合区域"水"系统存在的问题，依据可持续发展原则、开源与节流并重原则、新旧给排水系统有机结合原则、远近期规划与建设相协调原则，以及经济、社会和环境效益相统一的原则，分析归纳出系统综合规划的主要目标及各具体目标间的相互关系[1]。根据区域水资源时空分布、上下游水文关系、水污染控制等要点，通过水资源的调配、供需矛盾的平衡、污水处理程度、排污口位置，以及水体环境容量等关系的协调，才能实现水资源供给、上下游城市发展、区域和流域生态平衡等目标。区域水专项规划必须从区域全局把握水资源管理策略，强调水资源、生态系统和人类的相互协调，重视生态环境和水资源利用的内在联系，遵循"首先保障基本生态需水"的原则，对供水、排水和污水处理、再生水和雨水综合利用、水生态环境修复以及节水管理等事项，进行综合统筹协调。

---

① 田一梅、王煊、汪泳：《区域水资源与水污染控制系统综合规划》，《水利学报》2007 年第 38 卷第 1 期。

（二）以提供优质供水服务为目标，建设城乡一体的公共供水服务体系。

《中共中央国务院关于水利改革发展的决定》明确要求：要"坚持民生优先。着力解决群众最关心最直接最现实的水利问题，推动民生水利新发展"。

图 11-2 是通过换算得出的四川省城乡自来水普及的大体状况。从图中可以看出，四川省常住人口中，截至 2010 年，城镇尚有 323 万人（约占常住人口的 4%），农村改水未受益人口有 356 万人（约占常住人口的 4%），农村改水其他受益人口有 1891 万人（约占常住人口的 24%），全省共计有 2570 万人（约占常住人口的 32%）没有用上自来水；由此得出，四川省城乡自来水普及率约为 68%，比全国城乡自来水普及率 65% 略高。但横向比，2009 年四川省农村改水的自来水受益人口占农村人口的比重，在全国处于倒数第三、西部处于倒数第二的地位，仅49.14%；而北京、上海达 99% 以上，天津、江苏、浙江在 90% 以上，重庆、福建、河北、山东、广东都在 80% 以上[①]。四川省的这种落后状态急需改变。

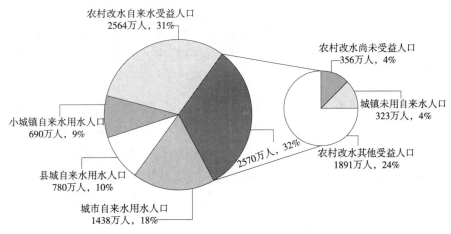

图 11-2　2010 年四川省城乡自来水普及情况

注：此图标注的农村改水自来水受益人口、改水其他受益人口和尚未受益人口等数据，系根据《2011 四川省统计年鉴》的农村改水受益率、农村改水自来水受益率按农村常住人口数据重新换算；城市、县城自来水用水人口数据，由四川省住房和城乡建设厅计划财务处提供；小城镇指县城以外的建制镇和乡镇，其自来水用水人口，根据四川省住房和城乡建设厅村镇建设处提供的建制镇和乡镇自来水用水人口的数据，适当扣减小城镇附近农村用水人口后的估算。

长期以来城乡分割的"二元结构"，使城镇水务事业只局限于城市之内。在城乡统筹发展的新形势下，城乡一体化供水是城镇水务发展的必然选择。正在实施的"农村饮用水安全工程"，不仅是农村水利建设的任务，也是城镇水务发展的任务。

① 国家统计局、环境保护部：《2010 中国环境统计年鉴》，中国统计出版社，2010，第 184 页。

"积极推进集中供水工程建设"、"有条件的地方延伸集中供水管网",在"十二五"期间"基本解决农村饮水不安全问题",也是城镇供水企业的一份社会责任。

从当前"农村饮用水安全卫生评价指标"就可以看出,近期目标只能解决农村居民"温饱型需水"的最低要求(表 11 – 18)。分散供水和小规模集中供水,很难从根本上解决饮用水安全卫生问题。

表 11 – 18   农村饮用水安全卫生评价指标①

农村饮用水安全评价指标体系分为安全和基本安全两个档次,由水质、水量、方便程度和保证率四项指标组成。四项指标中只要有一项低于安全或基本安全最低值,就不能定为饮用水安全或基本安全		
水 质	符合国家《生活饮用水卫生规范》要求的为安全	符合《农村生活饮用水卫生标准准则》要求的为基本安全
水 量	每人每天可获得不低于 40~60L 为安全	每人每天可获得不低于 20~40L 为基本安全
方便程度	人力取水往返时间不超过 10 分钟为安全	人力取水往返时间不超过 20 分钟为基本安全
保 证 率	供水保证率不低于 95% 为安全	供水保证率不低于 90% 为基本安全

资料来源:转引自董洁、田伟君《农村用水管理与安全》,中国建筑工业出版社,2010,第 28~29 页;其中水量的具体标准,根据气候特点、地形、水资源条件和生活习惯,将全国分为 5 个类型地区,不同地区有不同的具体水量标准,此表略。

同时,当前城镇饮用水水质问题也十分严峻。调查发现,除了部分条件比较好的城市和县城供水水质能达到或基本达到 GB 5749—2006《生活饮用水卫生标准》外,目前四川还有少数城市和相当数量的县、镇的供水水质不能完全达标。因此,为了保障城乡居民的身体健康,近期城镇供水的最为紧迫的任务,就是加大饮用水水源的保护力度,加大保障水质的供水设施工艺改造的投资力度,尽快使饮用水水质全面达标。

因此,在城市水专项规划中,应把建设城乡一体的公共供水服务体系,作为一项主要内容,统一布局、统一规划,以便今后在城乡统筹发展进程中,分步骤地统一建设、统一实施。

(三)实现水的良性社会循环,是城镇水务可持续发展的战略重点

水的良性社会循环,就是指对生活或生产中使用过的污水、废水进行处理,使其排入天然水体不会造成污染,从而实现水资源的可持续利用。各地都在加快污水处理设施的建设,正是在为实现水的良性社会循环而努力。有一些经济可行的路径也可以为实现水的良性循环提供更高的效率。一是节约用水。二是污水、废水的再生回用。三是雨水综合利用。总之,节约用水和多渠道利用非传统水资源,是近年

---

① 转引自董洁、田伟君《农村用水管理与安全》,中国建筑工业出版社,2010,第 28~29 页。

来世界各国普遍采用的可持续的水资源利用模式。

实现水的良性社会循环，不仅有助于水资源的可持续利用，还能改善城市水系的生态环境。同时，还使得上游地区的用水循环不影响下游水域的水体功能，水的社会循环不损害水的自然循环规律，对保护或修复流域的水生态环境，也能起到很大的促进作用。

实现水的良性社会循环，必须转变观念。一是从注重增加供水量转变为更加重视节水管理，树立节水优先的观念；二是多渠道利用非传统城市水资源，树立污水、雨水、洪水等都是城市水资源的观念；三是从注重天然水体取水转变为保障生态环境用水，树立保护和修复城市水系生态环境才能实现城市可持续发展的观念。

因此，在城市水专项规划中，要把节约用水和多渠道利用非传统城市水资源作为重要内容，进行统筹规划、统筹布局。把实现水的良性社会循环，作为城镇水务可持续发展的战略重点，在未来工业化城镇化的快速发展中，统筹安排，分步实施。

（四）加快地下管网设施的改造与建设，为城镇水务发展打下坚实基础

调查发现，城镇水务发展中较为普遍存在的一个问题，就是部分城镇的地下管网和各类地下设施的建设和改造，严重滞后于地上建筑和设施的建设。供水管网主要是 20 世纪 90 年代之前建设的，当时受社会经济发展条件的限制，存在管网与制水能力不配套、管材材质差、管道老化、布局不合理等问题。这是造成这些城镇供水管网漏损率高、爆管事故频繁、管网水质超标、供水压力不足等问题的主要原因。有的城市污水处理设施建设与污水管网不配套，致使有相当部分污水处理厂不能发挥效益。另外，有的城市的旧城区雨污合流体制普遍存在，也使污水处理设施很难充分发挥效益；有的城市新区虽然实现雨污分流排水体制，也有管材材质差、接头不严等情况，造成污水渗漏。雨水管网由于历史原因，设计标准偏低、设计断面偏小、使用材质差、管道陈旧老化，加上管理落后，致使有的城市雨水管道不能正常应对雨季考验，经常发生排水不畅甚至严重内涝现象。同时，城市地下空间利用缺乏整体规划，致使地下空间利用混乱，地下空间利用效率低也是一个严重问题。总之，地下管网及各类地下设施落后的现象普遍存在。

地下管网设施严重滞后，既有历史的原因，也与决策层重视地上建筑和设施建设，对地下管网设施的配套存在认识误区，造成地下管网设施总体长期投资不足有关。因此，必须提高对地下管网设施建设重要性的认识。地下管网设施滞后，造成爆管频繁、内涝严重、供水漏损率高、管网水质超标等问题，影响居民生活、降低城市效率，有时还会给城市或城市造成局部交通瘫痪、运行受阻等突发问题。应当明确，地下管网设施现代化是城市基础设施现代化的前提条件，没有现代化城市地

下管网，就不可能有现代化的城市，地下管网是城市基础设施的基础。当前，城市地下管网设施建设滞后的问题，已经成为城镇水务发展的瓶颈，甚至影响城市社会经济的发展。

许多城镇对地下管网设施的情况并不完全清楚，没有完整详尽的地下管网设施档案资料。这就需要对地下管网设施的现状进行彻底的普查。

地下管网设施的改造和建设，要在科学编制城市水专项规划的基础上，有计划分步骤地进行。在对供排水管网进行统一规划时，还应对许多城镇过去未作考虑的再生水输送系统、雨水收集处理储存输送系统等进行统一规划，以便在对城镇供排水管网进行改造或新建时，同步完善再生水和雨水利用系统。

城镇排水体制应根据城市总体规划、环境保护要求、当地自然条件和水体环境容量、城市污水量和水质、城市现状排水设施、经济实力、维护管理水平及可操作性等诸多因素综合考虑，通过技术经济比较后决策。

此外，20 世纪 90 年代以前建造的大量住宅小区和部分公共建筑虽未达到使用年限，不宜随意拆除，但对已建类管线，也应全面进行普查，并结合建筑节能和抗震改造，对各类管线进行集中改造，当地政府应尽快研究解决。

对城市地下管网设施和旧建筑的管线在普查的基础上，进行大规模的投资改造，既是拉动内需促进国民经济健康发展的重要举措，也是一项有利城市可持续发展的基础性建设，还是一件重要的民生工程，值得有关部门高度重视。

四　以保障水质为核心，建设城乡一体的公共供水服务体系

(一) 充分认识城乡居民饮用水水质安全问题的严峻性

长期以来，由于供水能力不足，不能满足社会经济发展和居民生活用水需求，城镇供水事业的发展一直是以增加供水能力，加快供水设施建设为主要任务。根据 2001～2010 年的统计，城镇供水能力已经能够满足当前社会经济发展和居民生活的需求。2010 年城市的日均供水量为供水能力的 59.2%（见图 11-3），县城的日均供水量为供水能力的 57.2%（见图 11-4）。这说明，城市和县城的供水能力已具一定的超前性。当然，还有一些城市或县城现在仍有供水能力不足的问题，而且从城镇化进程和建设城乡一体的公共供水服务体系的前景来看，扩大城镇供水能力的建设还任重道远。但从当前全省总体情况分析，应把保障城镇供水水质安全、提升城镇供水水质、实现城镇供水水质达标，作为城镇供水的主要目标和投资的主要方向。

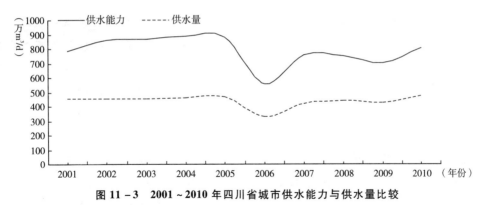

图 11 - 3 2001~2010 年四川省城市供水能力与供水量比较

注：数据不包括城市所辖县城及建制镇。

资料来源：四川省住房和城乡建设厅计划财务处。

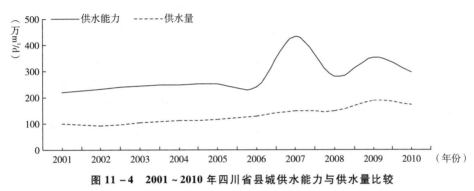

图 11 - 4 2001~2010 年四川省县城供水能力与供水量比较

注：数据不包括县城以外的建制镇。

资料来源：四川省住房和城乡建设厅计划财务处。

据四川省环保厅公布的数据，全省纳入省控城市集中式饮用水源地水质监测月报的 65 个断面中，全年全部达标的有 47 个，占 72.3%，部分时段达标的有 12 个，占 18.5%，全年不达标的有 6 个，占 9.2%。影响城市集中式饮用水水源地水质的主要污染物为粪大肠菌群、总氮、高锰酸盐指数等。国家规定每年必须开展一次 109 项全指标监测，但目前只有四川省环境监测中心站有能力开展。水质例行监测只有 28 项，大多数县城不能完成常规监测，全省 3718 个集中式饮用水水源保护区，开展例行水质监测的仅有 65 个，仅占 1.75%。原因：一是饮用水水源保护机制不健全，部分饮用水水源保护存在跨界纠纷问题。如德阳市区 2/3 饮用水取自人民渠，取水点上游有 65 公里河渠位于成都市范围，沿途生产生活废物时常被抛洒下渠，致使水质受到影响。自贡市区 2/3 的饮用水来自威远县长葫水库，近年水库水质一直不达标，对自贡市区饮用水安全造成威胁。二是饮用水水源保护区监管责任主体不明确，导致日常监管工作不落实。三是饮用水水源保护投入不足，没有明确经费来源，致使保护区建设和管理相对滞后。四是饮用水水源保护区补偿政策缺失。饮用水水源保护区往往经济相对落后、生态相对脆弱，发展经济与保护水源的矛盾比较突出。例如，成都市自来水六厂所在的饮用水水源保护区有居民 2.8 万人。由于保护区内不能进行土地整理，无法重建房屋，只能从事传统农业生产，当地群众生活水平远低于非保护区居民，且得不到相应补偿，影响了当地群众保护饮用水水源的自觉性和积极性[①]。

据调查，有相当数量的城镇水厂的供水水质不达标。除了水源水质问题外，有的水厂供水设施不完善、工艺上有缺陷；有的修建年代较早、工艺陈旧、管网老化；有的管理水平低、对水质达标不够重视，甚至认为原水水质较好，可以不投药、不过滤、不消毒；有的技术力量薄弱，不能将水厂运行工况调整到最佳情况；有的管材选用灰口铸铁管、水泥管等管材，锈蚀严重；还有不少城镇供水设施由于历史原因，资金不足，建设起点低，是因陋就简逐年建设形成的，等等[②]。更为严重的是，除了成都等少数大城市的供水企业具备全部指标的检测能力外，大多数供水企业不仅没有全部指标的检测能力，甚至有的连常规指标的检测能力也不完全具备，致使有的地方供水水质处于情况不明的状况。而我国新的水质标准（GB 5749 - 2006《生活饮用水卫生标准》）已于 2007 年 7 月 1 日开始实施，要求按常规指标（42项）对各类集中式供水的生活饮用水实施监测，并在 2012 年 7 月 1 日前，要按全部指标（106 项）实施监测。同时规定，标准适用范围包括城乡各类集中式供水的生活饮用水。当前，提高供水企业的水质检测能力，建立全省水质督察和监测体系已成为保障供水水质的关键。

自然灾害频繁、突发性水源水质污染事件增多，加上信息沟通不畅、协调机制不顺，严重威胁城镇供水安全。突发性水源水质污染事件具有危害的灾难性、影响的长期性和处理的艰巨性等特点。供水企业应急能力不足也是一个亟待解决的课题。

饮用水水质安全问题是关系居民健康的大事，同时也是影响社会稳定的大事。要充分认识当前饮用水水质安全问题的严峻性，必须加大饮用水水源保护、供水设施工艺改造和供水企业应急能力建设的投资，把提高供水水质安全保障能力放在突出位置来解决。

（二）加大保障饮用水水质的投资，是城镇供水的主要任务

2006 年，国家正式颁布新的饮用水水质标准（GB 5749—2006《生活饮用水卫

① 四川省人大城乡建设环境资源保护委员会四川省人大常委会研究室：《报告显示：四川饮用水安全形势是城镇好于农村，集中好于分散》，人民网，2011 年 10 月 15 日。
② 熊易华：《保障供水水质安全的几个问题》，四川省城镇供水排水协会提供。

生标准》)。新标准于 2007 年 7 月 1 日起实施，并要求 2012 年 7 月 1 日按 106 项指标实施监测。调查发现，大部分城市和县城供水水质能达到或基本达到《生活饮用水卫生标准》，但还有少数城市和部分县、镇供水水质不能全面达标。为了保障城乡居民身体健康，近期城镇供水的最为紧迫的任务，就是加大饮用水水源保护的力度，加快供水设施的工艺改造步伐，尽快实现饮用水水质全面达标。

水质达标作为当前的中心工作，必须加大制水工艺改造的投资力度。要使供水水质稳定达标，一是水源、二是制水工艺、三是配水系统、四是维护管理，四者缺一不可。四川省相当多的水厂建成时间较长，不少供水企业的制水工艺落后于新标准的要求。包括因水源污染导致出厂水耗氧量等指标超标，需增加深度处理工艺进行升级改造的水厂；因工艺不完善导致出厂水浑浊度等指标超标，需完善常规处理工艺进行改造的水厂；因工艺不完善导致铁、锰、氟化物、砷等指标超标，需增加除铁、锰、氟、砷工艺进行改造的地下水为水源的水厂。要把污染物含量处理成符合饮用水标准要求，必须确保这类供水企业工艺改造的投资需求。工艺改造中应注意提高工艺的自动控制水平，为稳定运行提供保障[1]。在对制水工艺进行改造的同时，还须加大管网更新改造投资力度。对城镇管网建成使用时间很长，使用灰铸铁管、石棉水泥管等劣质管材的供水管网，以及管网漏损严重的，必须实施改造。从全省看，还应重点抓好缺水县城制水工艺及管网的改造，特别是解决好少数民族地区和盆周山区，以及水源污染严重地区的制水工艺和管网的改造。

要实现新标准 106 项完全自检，全省配置的原则应是"合理布局、全面覆盖、分级建设"。加强企业内部水质检测能力，近期应对不同规模的供水企业的检测能力提出不同的要求。所有城镇公共供水企业都必须具备日常指标的检测能力；地级市供水企业应具备 42 项常规指标的检测能力；全省应合理布局 106 项指标的检测能力，并建立有效机制，实现检测仪器设备的资源共享。

要强化供水企业的水质动态管理。随着城市的发展，高层供水越来越普遍，二次供水管理是亟待解决的问题。有条件的城镇，要创新二次供水管理体制，可由供水企业组建二次供水公司，按照专业化的经营模式，负责二次供水的建设、运营和管理工作，为市民提供规范、方便、高质的服务，最大限度减少二次供水污染[2]。总之，供水企业要牢牢树立"水质第一"的理念，全力保障供水水质安全。

加强城镇供水安全应急系统建设，提高保障城镇水源和供水水质安全、应对突发事件的处置能力，必须加大应急能力建设和预警监测能力建设的投资。要针对本地区的特征污染物，提高公共供水企业相应的应急净水能力，并在进行工艺升级改

---

① 黄琼：《浅议中小供水企业贯标措施及供水水质安全保障》，城镇水务网，2011 年 6 月 9 日。
② 《社会问题催生二次供水"新机制"》，网易，2009 年 7 月 16 日。

造时一并考虑实施。同时，还应配置必要的应急净水和供水装置，配备应急救援物资，满足应对突发性事件和自然灾害的应急供水保障需求。突发事故和人为破坏事故可能成为供水的突出矛盾并严重影响供水水质，因此，供水企业在重视应急能力建设的同时，还应加强预警监测能力建设，才能确保供水安全。重视水质预警监测和水质卫生安全隐患防范，水厂取水值班室和制水值班室还应对原水、沉淀池出水和滤池出水等采用生物养鱼在线监测方法。水厂、管网加压站和高位调节池等均应采用电子围栏或红外线等防范系统。应对水源突发性污染时，应优先采用联网调度措施，必要时还需建设应急处理设施。特别是水源存在较高突发性污染风险的水厂，必须在进行工艺技术改造时，统筹考虑供水系统调度和应急处理设施建设。环保部门应在供水厂水源地建立水质自动监测站，实现指示水源污染指标的在线监测和预警。总之，要进一步加大水源预警监测能力和水质突发污染应急处置能力的投资，确保供水水质安全。

为确保供水水质安全，省、市（州）县主管部门都要强化水质行政督察力度，并逐步建立第三方水质监测体系，使供水水源和供水水质督察能做到按照数据科学执法。

（三）统筹规划，分步实施，建设城乡一体的公共供水服务体系

从四川省社会经济发展总体情况看，除了人口密度很低的边远地区、高原、山区外，全省大部分市、县已基本具备条件，有能力将公共供水设施的投资方向，从过去以城镇为重点，调整为城乡一体和区域统筹的供水方式。只有逐步发展城乡一体的公共供水服务体系，才能从根本上解决农村和小城镇供水安全问题。

为了实现这个长远目标，当前重要的任务就是在城市水专项规划中，做好市域（或县域）城乡一体的公共供水工程总体规划。鉴于城乡一体区域统筹供水，有范围广、距离远、居民聚居地或用户相对分散等特点，与城镇供水相对集中的情况有较大区别，因此城乡一体公共供水总体规划应注意以下几个基本原则。

一是资源共享原则。要打破城乡和区划界限，实现优质水源和供水设施的共建共享。优质水源要优先满足生活用水。优先利用地表水。

二是因地制宜原则。供水系统的总体布局应根据水源、地形、人口分布，以及原有供水设施等条件综合考虑，并进行多方案技术经济比较后择优决策①。

三是远近结合原则。首先要根据当地社会经济发展的长远或远景规划，确定区域供水远期发展目标及总体布局方案，再结合当前的现实可行性，作出远近期结合、分步骤实施的全面规划。

四是集中统一原则。集中统一的供水工程，具有投资效益好、管理成本低、水质有保障、保证率高、易于扩建发展等优势。

---

① 胡晓东、周鸿编著《小城镇给水排水工程规划》，中国建筑工业出版社，2009，第31~32页。

城乡一体公共供水服务体系从规划到完全形成，有一个较长建设过程。因此，在按照总体规划分期、分区实施进程中，有些问题要高度重视，并在实践中研究制定相应的政策法规妥善解决，才能有力推动城乡一体公共供水服务体系规划的实现。

许多城镇有不少开发区、工业园区和大中型企业的自备水厂或供水设施，加上小城镇、农村的供水厂（站）等，形成众多相互独立的供水主体，造成供水资源分散、管网互不连通、管理水平参差不齐、服务质量高低不一、水价不统一、供水保证率低、水质安全不能保障等诸多乱象。必须通过供水资源整合，改变供水行业条块分割、经营主体复杂、水质安全问题严重的状况，形成以产权为纽带的规模经营，实现供水资源的统一调配，提高集约化供水保障能力和服务水平①。

供水资产整合应由当地政府出面，协调各利益主体的关系，综合运用行政及经济手段。供水企业建设一体化供水管网，还可通过联网向乡镇输送净水，同时，保留乡镇水厂的产权和经营管理体制不变，待条件成熟后再向合营过渡②。

要研究有利于建设城乡一体的公共供水服务体系的投融资政策。当前问题是：

一是农村改水资金不足。农村改水资金来源中，国家补助部分是落实的，但标准偏低；地方配套资金，特别是县级财政的配套资金不完全落实。由于总体投资不足，影响农村改水成效。

二是由于管理体制原因，城镇供水设施投融资渠道和农村改水资金来源是"城乡两张皮"，政策上不允许整合在一起投资。

三是由于水价等原因，城镇供水企业的亏损面和负债率较高，融资难度越来越大。据不完全统计，2010年城市供水企业平均售水单位成本为1.87元/m^3，居民生活用水平均价格为1.74元/m^3；企业亏损面为37.5%，亏损总额为4720.5万元③。2010年县城供水企业平均售水单位成本为1.95元/m^3，居民生活用水平均价格为1.68元/m^3；企业亏损面为54.1%，亏损总额为2599.4万元，负债总额14.5亿元④。

四是总体上没有制定引进国际国内水务集团进行战略投资的相关法规和优惠政策，水务行业招商引资成效不显著。以上问题值得引起有关部门的重视。

还要结合新农村建设，引导农村群众积极参与供水设施建设与管理的全过程。一是保护好饮用水源需要群众积极参与。二是在规划、设计、施工、运行等环节，要实行用户全过程参与。三是在各级政府通过公共财政增加投入的前提下，按照中央、地方和受益群众共同分担的原则，在受益群众的负担能力允许范围内，引导群众承担一定的投资责任。据调查，有的县农村用户自负支管费，不分远近均为1800元/户，另自负安装材

---

① 绵阳市水务集团公司：《绵阳市水务资源现状及存在的主要问题》，2011年11月16日。
② 张书成、安楚雄：《"联网分营"在城乡供水一体化过渡时期的实践与体会》，城镇水务网，2011年2月22日。
③ 中国城镇供水排水协会：《城市供水统计年鉴2011年》第280~283页，第340~343页。
④ 中国城镇供水排水协会：《县镇供水统计年鉴2011年》第52~57页。

料费 1200 ~ 1600 元/户①。据说，与当地城镇居民房价中实际包含的供水管材料及安装费用大体相当。还有的县农村用户交 800 元/户，20m 以外的支管费由用户另行自负②。据当地主管部门说，农村群众为了改善用水条件，愿意花这笔钱。

要引导供水公司从单纯的制水输水企业转变为服务型企业，为城乡居民提供更多的有关"水"的专业服务。有的城市由供水企业成立"二次供水公司"，按照规范化、专业化的经营模式，负责承担二次供水的建设、运营和管理，为市民提供规范、方便、高质的服务，解决了长期以来二次供水管理责任不明、水质得不到保障的"老大难"问题。

五　加快排水与污水处理设施建设，推进再生水产业发展

（一）实现污水处理厂的达标运行

截至 2010 年 12 月底，四川省城镇建成并投入运行的污水处理厂共 128 座，正在建设 43 座，总计 171 座。全省城镇污水处理厂覆盖率达 65.2%，其中成都、自贡、攀枝花、遂宁、内江、广安、眉山、资阳 8 市的污水处理厂覆盖率为 100%。

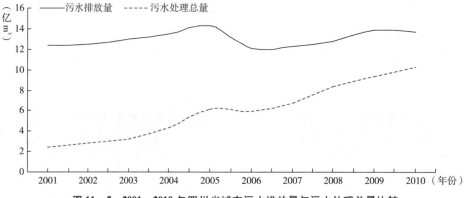

图 11 – 5　2001 ~ 2010 年四川省城市污水排放量与污水处理总量比较

注：数据不包括城市所辖县城及建制镇。

资料来源：四川省住房和城乡建设厅计划财务处。

据统计，2010 年四川省城镇污水排放量为 18.39 亿 m^3，污水处理总量为 11.86 亿 m^3，全省城镇的污水处理率为 64.5%；其中城市污水排放量为 13.65 亿 m^3，污水处理总量为 10.22 亿 m^3，污水处理率为 74.9%（见图 11 – 5）；县城的污水排放量为 4.74 亿 m^3，污水处理总量为 1.64 亿 m^3，污水处理率为 34.6%（见图 11 – 6）。2002

---

①　四川省富顺县水务局提供数据。

②　四川省荣县水务局提供数据。

年以后四川省建设的污水处理厂都执行国家《城镇污水处理厂污染物排放标准》（GB 18918—2002）。2010 年，5 个出川断面高锰酸盐指数比 2005 年下降 0.733mg/L，五大流域 121 个省控监测断面达标率较 2005 年上升 11.3%，65 个饮用水源地水质监测断面（或点位）达标率较 2005 年上升 25.4%。经环境保护部核定，四川省 2010 年 COD（化学需氧量）排放量 74.07 万 t，完成了国家对四川省要求的 COD 排放总量控制在 74.4 万 t 以内的目标。

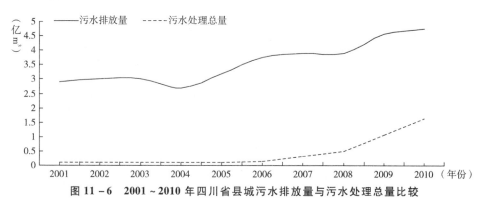

图 11 - 6　2001～2010 年四川省县城污水排放量与污水处理总量比较

注：数据不包括县城以外的建制镇。

资料来源：四川省住房和城乡建设厅计划财务处。

目前，四川省城镇污水处理运行还存在不少问题[①]。截至 2010 年年底，城市污水处理率还较低，为 74.9%，比全国平均水平 82.3%[②]低 7 个多百分点。

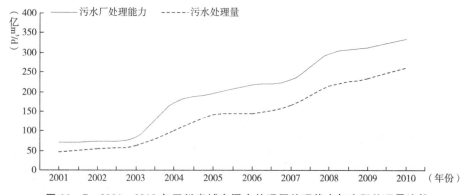

图 11 - 7　2001～2010 年四川省城市污水处理厂处理能力与实际处理量比较

注：数据不包括城市所辖县城及建制镇。

资料来源：四川省住房和城乡建设厅计划财务处。

---

① 熊易华：《四川省城市污水处理厂建设与发展》，《2011 中国西部首届城市污水处理暨污泥处理技术高峰论坛论文集》，2011 年 6 月，第 1～5 页。

② 中国城镇供水排水协会：《城镇排水统计年鉴 2011 年》，第 2～3 页。

一是污水收集管网系统建设滞后，污水处理的投资效益没有充分发挥。截至
2010 年年底，城镇已建成的污水处理厂的污水处理能力为 396.2 万 m³/d，其中城
市污水处理厂处理能力为 333.4 万 m³/d，实际处理量为 261.6 万 m³/d，平均运行
负荷率为 78.5%（见图 11 - 7）；县城污水处理厂处理能力为 62.8 万 m³/d，实际处
理量为 33.42 万 m³/d，平均运行负荷率仅为 53.2%（见图 11 - 8）。四川省城市建
成区管网密度仅为 5.3km/ km²，由于污水收集管网建设不系统，未成网，致使污水
处理厂处理能力不能有效发挥。

二是大多数城镇污水处理厂投产运营时间不长，技术力量薄弱，设备维护和化
验检测不能正常开展，日常运行难以正常维持，也使得污水处理厂不能充分发挥
效能。

三是污水收费标准偏低，且征收不到位。目前，污水处理收费标准普遍偏低，
部分市、县还征收不到位，导致运行困难，不能满足正常运行的资金需求。还有部
分市、县的工业企业以已缴纳污水处理费为由，超标超总量排放工业污水，使城镇
污水处理厂难以接纳，无法有效处理。

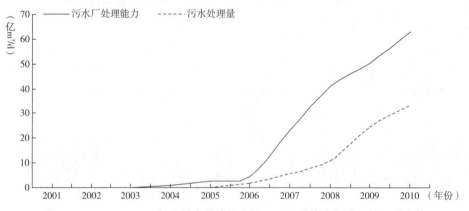

图 11 - 8　2001～2010 年四川省县城污水处理厂处理能力与实际处理量比较

注：数据不包括县城以外的建制镇。

资料来源：四川省住房和城乡建设厅计划财务处。

四是城镇污水处理企业，特别是部分中小城市和不少县城的污水处理厂，还
较普遍存在管网配套不完善，管理制度不健全，技术力量薄弱，运行不正常等
情况。

为了发挥已建成运行和即将建成的污水处理厂的投资效益，"十二五"期间四
川省各地都应把实现污水处理厂的达标运行作为一项重要任务，下功夫抓紧抓好。

当前对已建成和即将建成的污水处理厂的污水收集管网系统的建设，必须保
障资金及时足额到位，抓紧完善相关设施的配套，尽快实现污水处理厂的污水全

收集、全处理，充分发挥污水处理厂的投资效益。

同时加强对污水处理厂的监管工作[①]。要帮助和指导污水处理运营企业健全管理制度，抓好污水处理厂运行常态化、标准化管理，尽快实现污水处理厂达标运行。要建立污水处理运行设备的维护维修队伍，提高企业对运行设备的自检自修能力，保证运行设备良好状态；省、市有关行业主管部门都应强化服务意识，加强技术咨询服务，为污水处理运营企业提供技术咨询指导；应重点加强对运行不正常的污水处理运营企业的监管，组织专家对污水处理运营情况进行检查，对查出的问题要有针对性地督促其整改；对长期不投产、不正常运行、不按规定取得运行合格证、不正常开展水质检测、不按时上报污水处理信息数据的污水处理运营企业，应严格行政执法；应加强对新建污水处理厂员工的业务技术培训，提高管理水平，满足正常运行、设备维护、工艺检测的需要，确保污水处理厂尽快达标运行。

（二）抓好污泥无害化处理处置

污水处理厂污泥的无害化处理处置和资源化利用，是污水处理的重要环节。近年来，随着城镇污水处理设施相继建成投运，污泥产量急剧增加。据调查，由于污泥处理处置投资不足，污泥处理处置设施建设滞后，严重制约了污泥无害化处理处置的开展。当前，仅有成都市在建一座污泥干化焚烧厂，规模 400 吨/d；全省绝大部分污水处理厂的污泥，都运往垃圾场填埋，污泥未进行无害化处理处置，存在着严重的二次污染隐患。城镇污水处理厂实现污泥的无害化处置和资源化利用，关系到社会公共利益、城镇环境质量和"十二五"时期污染减排目标的完成。因此，必须从保护环境和实现可持续发展的高度，切实加大污泥处理处置的投资力度。

污泥无害化处理处置的任务，应坚持水环境治理与生态保护并重的方针，因地制宜、因泥施策，科学选定污泥处理处置技术方案，加快污泥处理处置设施建设进度。为此，必须抓紧污水处理厂污泥处理处置现状的普查，做到污泥的产情、产量清楚，去向有据可查。

污泥处理处置的总体要求，是"无害化、减量化、稳定化、资源化"。要立足各地污泥泥质、产量及分布等特点，坚持"因地制宜、技术多元、协同处置、循环利用"的原则，综合考虑经济可行、技术适用、工艺先进、操作简单、运行可靠的污泥处理处置方式，走资源节约、环境友好的可持续发展污泥处置路子。要结合当地实际，充分利用现有资源，最大限度节省投资。

---

① 四川省住房和城乡建设厅：《关于加强城镇污水处理厂运行设备监管工作的通知（稿）》，2011 年 12 月 16 日。

要实行污水处理和污泥处理处置"三同时"政策,做到"同时规划,同时建设,同时运营"。

要研究制定污泥处理处置投融资办法。按照"谁投资、谁受益"和"污染者付费,治污者受益"的原则,综合制定相关收费和鼓励政策。

同时要建立针对污泥处理处置运行的严格监管制度。做到污泥全处理处置,坚决杜绝产生二次污染。各有关部门都应按照各自职能加强监管,适时组织开展联合执法专项行动,严肃查处乱排乱倒污泥的违法行为。

污泥处理处置是污水处理的终结环节,要建立严格的责任制,将污泥处理处置纳入减排工作的重要内容,加强监督、检查和考核,确保污泥处理处置工作落到实处。

(三) 以限制纳污红线为依据,继续加大污水处理设施的投资力度

《中共中央国务院关于加快水利改革发展的决定》明确提出,"确立水功能区限制纳污红线,从严核定水域纳污容量,严格控制入河湖排污总量"。对四川省而言,水域纳污容量有两个方面的要求,一是三峡库区的水体水质要求,二是四川省水环境功能区的水体水质要求。

三峡库区水环境保护的范围分为库区、影响区、上游区三个区域。影响区共42个市、县,包括四川省的宜宾、泸州、内江、自贡、资阳5个重要城市的主城区;上游区共涉及214个区、县,包括四川省全部21个市、州的相当部分区、县,占全部上游区的绝大部分。四川省水环境功能区和水质要求,以及水体水环境容量和可以接纳的城镇污水量等情况,参见〔资料专栏11-1〕。

根据四川省水功能区和水环境容量的要求,对到2015年城镇污水处理量进行了预测。据统计,到2009年年底四川省已建污水处理厂的设计处理能力为406.6万 m³/d,实际处理能力为291.3万 m³/d,平均运行负荷率为71.6%[①]。从进入污水处理厂的城市污水中含的氨氮25mg/L和经过二级生物处理以后水中含的氨氮8mg/L考虑,2015年四川省城镇污水量为807.53万 m³/d,需要的污水处理量为651.03万 m³/d[②]。

关于城镇污水处理程度。四川省地表水水质规划全部应达到Ⅲ类以上功能水

---

① 关于四川省城镇已建污水处理厂的处理能力有3个数据。《四川省城镇污水处理及再生利用设施建设"十二五"规划(草案)》采用的数据是,2009年四川省城镇已建污水处理厂处理能力406.6万 m³/d、实际处理能力291.3万 m³/d、平均运行负荷率为71.6%,其统计范围为城市、县城、重点流域镇和3万人以上建制镇;另据四川省住房和城乡建设厅计划财务处提供的统计资料,2010年四川省城镇已建污水处理厂处理能力396.2万 m³/d,统计范围为城市和县城;再据中国城镇供水排水协会编纂的《城镇排水统计年鉴2011年》,2010年四川省城镇污水处理厂设计处理能力为313.4万 m³/d,实际处理能力为280.3万 m³/d。

② 预测范围为四川省的城市、县城、重点流域镇和3万人以上建制镇。

域要求，认为城镇污水处理程度，必须达到一级的 B 标准，只能进行二级生物处理。从污水处理工艺看，为了确保水环境质量，应对城镇污水中的氨氮进行有效处理，处理程度也必须在二级生物处理以上。

城镇污水管网需要的城镇污水收集率，必须大于需要的污水处理率，一般在处理率的基础上增加 10%。即城市污水管网覆盖率为 95%，县城污水管网覆盖率为 90%，建制镇污水管网覆盖率为 85%。

四川省无论从改善自身的水环境，还是从建设长江上游生态屏障的全局来看，都必须以水功能区限制纳污红线为依据，为此，四川省需新增城镇污水处理能力 320.6 万 m^3/d，到 2015 年累计处理能力应达到 781 万 m^3/d。新建、续建、改造城镇污水处理和管网工程，以及再生水和污泥处理工程等总投资需 374.85 亿元。上述项目完成后，环境效益明显，全省 85% 的城镇污水将得到处理，每年削减 COD 污染负荷 45.10 万吨、BOD_5 51.31 万吨、氨氮 6.27 万吨、总氮 7.13 万吨、总磷 1.57 万吨，四川省水环境质量显著改善，为建设长江上游生态屏障作出贡献。

目前，四川省的城市和大部分县城都已制定污水处理收费办法，但污水处理费普遍偏低。据不完全统计，城镇污水处理平均直接成本为 0.77 元/m^3，而居民污水处理费平均为 0.45 元/m^3；近 50% 的市、县的居民污水处理费在 0.40 元/m^3 以下，最低的仅为 0.18 元/m^3[①]。要逐步建立符合市场经济规律的污水处理收费制度，城市污水处理费的征收标准可按保本微利、逐步到位的原则核定。征收的城市污水处理费专项用于城市污水处理设施的运营、维护和建设。逐步建立城镇污水处理项目的投融资及运营管理体制，实现投资主体多元化、运营主体企业化、运行管理市场化，形成开放、竞争的格局。

根据国家关于"确立水功能区限制纳污红线，从严核定水域纳污容量，严格控制入河湖排污总量"的要求，定期公布各控制断面的水质监测结果，分阶段对各地的水质目标进行考核。对重点工业污染源要明确水污染物排放总量控制指标和削减指标；对生活污水污染物的削减控制指标要具体落实到每个城镇污水处理厂。

（四）重视污水再生利用设施建设，推动城镇再生水产业发展

据 2009 年 6 月的一份调查上报资料显示，四川省污水再生利用量为 33.0 万 m^3/d，全省污水再生利用率为 26.1%（见表 11 - 19）。

---

① 中国城镇供水排水协会：《城镇排水统计年鉴 2011 年》，第 106 ~ 111 页，第 340 ~ 345 页。

表 11 - 19　四川省城镇再生水利用情况

单位：万 m³/d,%

城　市	设计处理能力	实际处理量	污水再生利用量	污水再生利用率
成　都	134.0	110.0	30.0	27.3
绵　阳	10.1	10.8	1.0	9.9
遂　宁	5.5	5.5	2.0	36.3
合　计	149.6	126.3	33.0	26.1

注：表中仅列出已经进行再生水利用的部分城镇。

资料来源：转引自四川省发展和改革委员会、四川省住房和城乡建设厅、四川省环境保护厅、中国市政西南设计研究院：《四川省城镇污水处理及再生利用设施建设"十二五"规划（草案）》，2010。

　　目前，四川省污水再生利用量最大的是成都，利用率最高的是遂宁，其他城镇的污水再生利用基本未起步。四川省城镇污水再生利用发展缓慢，主要有认识问题、规划问题和政策问题三个层面的原因。

　　污水再生利用已成为世界水资源发展战略的重要趋势。近年来，国际上污水处理技术由过去为达标排放而设计的工艺流程，调整为以水的综合利用为目的的工艺流程，以达到水的资源化目标，从这可以看出水处理的战略调整[①]。现在，污水再生利用在世界各国均呈现较快的增长态势。表 11 - 20 是美国等部分发达国家和地区的污水再生利用现状和发展目标。

表 11 - 20　部分发达国家和地区的污水再生利用现状及发展目标

单位：万 m³/d

地　区	现状再生水量	发展目标
美　国	980	年增长 15%
以色列	96（约为污水量的 70%）	2020 年 100% 生活污水再生利用
欧　洲	260	现状基础上提高 70%
新加坡	29（约为污水量的 70%）	全国 30% 用水需求靠再生水

资料来源：转引自"专题 7 - 水资源承载力专题研究"四川省住房和城乡建设厅、中国城市规划设计研究院、四川省城乡规划设计研究院、成都市规划设计研究院：《四川省成都天府新区总体规划（2010 ~ 2030）》，2011。

　　从表 11 - 20 可以看出，以色列和新加坡是污水再生利用的领先国家。此外，日本和韩国的再生水利用量也在稳步增长，两国政府积极推动污水再生利用计划。

①　祁鲁梁、李永存编著《工业用水与节水管理知识问答》（第二版），中国石化出版社，2010，第 180 ~ 181 页。

香港和台湾的水务部门已将污水再生利用纳入水资源综合管理计划，表明再生水在未来发展中的重要性。

在进行城市水专项规划时，需同步统筹开展城市再生水系统规划。从城市水专项规划的调查阶段开始，就应将城市现有和预测潜在的再生水用户（包括城市水体、河流、绿地、工业或其他行业再生水用户等）的位置以及对水量、水质等的需求，作为调查的重要内容列入，为合理确定排水分区、再生水厂设置、再生水管网系统布局打下基础。按再生水用户的需求，选择适当位置设置再生水厂，收集附近区域的城市污水，根据用户对再生水质的要求确定水处理工艺，处理后就近利用[①]。这就需要改变将污水处理厂都布局在城市下游或城市远郊，进行高度集中处理的传统做法。同时，在污水处理厂建设时，还要远近期结合，考虑污水再生利用的需要，为污水深度处理系统预留发展用地，并使现在污水处理工艺和未来深度处理再生利用工艺有机结合，取得最佳效益。

建筑再生水（中水）系统，在一栋或若干栋建筑物内建立再生水系统。作为冲厕、洗车、道路保洁、绿化使用。小区再生水（中水）系统。可采取覆盖全区的完全系统、部分系统或简易系统等。这两类再生水系统具有可就地回收、处理、利用，管线短、投资小、容易实施，作为建筑配套建设不需大规模集中投资等优势，但也有水量调节要求高、规模效益低等缺点[②]。这两类再生水系统作为城市再生水系统的组成部分，也应在城市水专项规划中统筹考虑。同时，还需在城市相应法规或规章中作出规定以利实施。

再生水产业的发展需要政策的扶持。再生水的处理成本因采用的工艺而异。再生水的定价原则，应在社会承受能力的范围内，既不能低于实际成本，也不能超过自来水的价格。按照国际通行惯例，再生水价格一般为自来水价格的50%～80%[③]。不同水质的再生水的价格还应体现"优质优价，按质论价"的原则。同时，再生水的价格还必须能够保证投资者的资本回收和有适当的利润，这是再生水产业发展的前提。目前，四川省污水再生利用还缺少宏观层面的管理，行业法律法规也不健全，污水再生利用距产业化、市场化发展还有相当距离。要实现再生水产业发展，最紧要的是引入市场机制，需要通过投融资政策来启动市场。还要通过宣传教育政策、再生水水质安全保证政策，消除消费者对再生水的心理障碍[④]。只有

---

① 张杰：《城市排水系统新思维》，水世界网，2007年1月11日。
② 熊家晴主编，张荔、沈文副主编《给水排水工程规划》，沈月明主审，中国建筑工业出版社，2010，第188页。
③ 刘红、何建平等 编著《城市节水》，中国建筑工业出版社，2009，第128～130页。
④ 褚俊英、陈吉宁：《中国城市节水与污水再生利用的潜力评估与政策框架》，科学出版社，2009，第193页。

政府职能从"主导"向"引导"角色转变，建立鼓励使用再生水的成本补偿与价格激励机制，通过污水再生处理后实现资源化，形成新的资源产品，才能推动城市污水再生利用产业的发展。

六 构建城市雨洪管理机制，推进城市水系生态修复

（一）四川省城市水生态环境恶化趋势尚未得到有效遏制

省内五大河流中，岷江、沱江的水质在原污染较重的基础上有所改善，长江干流（四川段）金沙江、嘉陵江水质在原相对较好的基础上继续保持稳定。由于全省上千座大小城镇，绝大部分均位于岷江、沱江、嘉陵江等主要流域沿岸，尚有大量城镇生活污水未经处理直接排放，尤其是工业废水的排放总量已接近所有城镇的生活污水，其浓度相当于城市生活污水的几倍、几十倍甚至于几百倍，加剧了这些江河的水质污染。从四川省环境保护厅发布的 2010 年上半年河流水质评价结果可以看出，部分城市河段污染仍然十分严重（见表 11 - 21），反映出城市水系的生态环境恶化趋势尚未得到有效遏制。

表 11 - 21　2010 年上半年四川省河流水质评价结果①

原序号	监测站	水系河流	断面名称	断面性质	规定类别	实测类别	是否达标	主要污染指标/超标倍数
24	成都市	岷江府河	永安大桥	控制	Ⅳ	Ⅴ	否	氨氮/0.29
25		岷江府河	黄龙溪	出境	Ⅲ	劣Ⅴ	否	溶解氧/Ⅳ类 生化需氧量/0.44 氨氮/2.94
26		岷江江安河	二江寺	控制	Ⅲ	劣Ⅴ	否	溶解氧/Ⅳ类 生化需氧量/0.91 氨氮/5.25
27		岷江新津南河	老南河大桥	控制	Ⅲ	Ⅳ	否	氨氮/0.29

---

① 四川省环境保护厅：《四川省 2010 年上半年环境质量状况》，四川环境保护网，2010 年 7 月。

原序号	监测站	水系河流	断面名称	断面性质	规定类别	实测类别	是否达标	主要污染指标/超标倍数
32		岷江	彭山岷江大桥	入境	Ⅲ	Ⅴ	否	氨氮/0.88
36	眉山市	岷江思蒙河	思蒙河口	控制	Ⅲ	Ⅳ	否	溶解氧/Ⅳ类 高锰酸盐指数/0.61 生化需氧量/0.40
37		岷江体泉河	体泉河口	控制	Ⅲ	劣Ⅴ	否	溶解氧/劣Ⅴ类 高锰酸盐指数/1.79 生化需氧量/2.73 氨氮/2.63 石油类/1.80
38		岷江毛河	桥江桥	控制	Ⅲ	Ⅳ	否	高锰酸盐指数/0.16 生化需氧量/0.43 氨氮/0.20 石油类/1.93
45	乐山市	岷江茫溪河	茫溪大桥	控制	Ⅲ	劣Ⅴ	否	高锰酸盐指数/0.29 氨氮/1.52
52	德阳市	沱江绵远河	八角	控制	Ⅳ	劣Ⅴ	否	氨氮/0.93
54		沱江中河	清江桥	出境	Ⅲ	劣Ⅴ	否	氨氮/1.30
58	金堂县	沱江中河	清江大桥	入境	Ⅲ	劣Ⅴ	否	生化需氧量/0.19 氨氮/1.44 石油类/0.67
59		沱江	三皇庙	控制	Ⅲ	Ⅴ	否	氨氮/0.63
60		沱江	五凤	出境	Ⅲ	Ⅳ	否	氨氮/0.06
61	青白江区	沱江毗河	工农大桥	控制	Ⅲ	劣Ⅴ	否	氨氮/1.14
66	资阳市	沱江九曲河	九曲河大桥	控制	Ⅲ	Ⅳ	否	氨氮/0.38 石油类/0.07
75	内江市	沱江威远河	廖家堰上	出境	Ⅲ	劣Ⅴ	否	溶解氧/Ⅳ类 高锰酸盐指数/0.43 生化需氧量/0.98 氨氮/7.84

原序号	监测站	水系河流	断面名称	断面性质	规定类别	实测类别	是否达标	主要污染指标/超标倍数
79	自贡市	沱江釜溪河	双河口	控制	Ⅳ	劣Ⅴ	否	高锰酸盐指数/0.07 生化需氧量/0.14 氨氮/3.15
80		沱江釜溪河	碳研所	控制	Ⅳ	劣Ⅴ	否	溶解氧/Ⅴ类 高锰酸盐指数/0.10 生化需氧量/0.44 氨氮/8.70
81		沱江釜溪河	入沱把口	控制	Ⅲ	Ⅳ	否	氨氮/0.33
82		沱江威远河	廖家堰	入境	Ⅲ	劣Ⅴ	否	溶解氧/Ⅳ类 高锰酸盐指数/0.81 生化需氧量/0.81 氨氮/6.97 石油类/0.10
85	泸州市	沱江濑溪河	胡市大桥	控制	Ⅲ	Ⅴ	否	高锰酸盐指数/0.24 生化需氧量/0.80
96	南充市	嘉陵江西充河	拉拉渡	控制	Ⅲ	劣Ⅴ	否	溶解氧/劣Ⅴ类 高锰酸盐指数/1.19 生化需氧量/4.12 氨氮/10.21 石油类/16.50
102	广安市	嘉陵江清溪河	双龙桥	控制	Ⅲ	Ⅳ	否	生化需氧量/0.05

注：本表为部分城市主要污染指标超标河段摘录。

资料来源：四川省环境保护厅：《四川省2010年上半年环境质量状况》，编制单位：四川省环境监测中心站，2010年7月。

城市水生态环境恶化趋势未能得到有效遏制的原因是多方面的。

主要原因是城市水系的污染仍然十分严重，致使城市水生态环境继续恶化。相当多城镇的污水处理厂覆盖率或污水处理率不高，城市点源污染包括工业废水、生活污水、固体垃圾处置场渗滤液等，未经处理无序排放情况仍在发生，继续对城市水体造成严重污染，致使许多城市水系成为纳污载体或排污沟。这种现象在四川省众多城镇中具有一定的普遍性。这需要继续加大城镇污水处理设施投资的强度，才能逐步解决。雨水在径流过程中形成的城镇面源污染问题也很突出。雨水在径流过程中的污染是城镇的主要面源污染。对城市雨水径流的水质管理和径流面源污染的控制，至今在四川省的城市建设中还没有提到日程上来采取措施逐步解决。

在城市建设中对城市水系的流态、水文循环的物理性干扰的不断增加，造成城市水系生态系统退化，生态服务功能下降，也使水环境不断恶化。有些物理性干扰是在对城市环境进行"综合治理"的名义下进行的。城市建设行为，改变了河流的天然形态、自然走向和运动方式，阻断了河流与生态系统其他成员之间的沟通和交流，河流以物理、化学、生物等形式参与生态系统运动的功能丧失，降低了水体的自净能力，水系生态系统遭严重破坏，河道变成了污水沟，河流所在区域的生态系统也面临瘫痪[1]。同时，填占湖泊、池塘、湿地等水体，城镇水面被侵占，导致城市水体急剧减少，天然调蓄功能严重萎缩，还加大了城市内涝发生的几率。

对雨洪的传统管理方式，是造成城市水生态环境继续恶化的另一个重要原因。在自然环境下，70%的雨水被土地吸纳，30%形成地表径流。在城市建设中，不透水地面面积迅速扩大，使土地丧失了蓄积雨水的功能；对雨洪采取"尽快排出，避免灾害"的原则，把城市雨洪当做"废水"简单地"排放"。由于缺乏对城市雨洪进行调蓄、下渗等措施，造成城市暴雨洪峰流量大、河流水位瞬涨瞬落、城市面源污染严重、热岛效应突出、水生态环境恶化。如果采取有效措施使雨洪能够截流入渗，雨水中的污染物经植物的过滤和吸收、土壤的过滤后会极大地削减。考虑城市雨水综合径流系数及初期雨水污染程度等因素，削减城市面源污染保守估计可达到50%以上；还可增加地下水补给量，加大区域降雨的蒸发量，减少城市的热岛效应；可降低暴雨的洪峰流量，减少区域洪涝灾害发生频率；可增加区域河流的旱季补给量，改善河流的生态环境。

生态环境用水严重不足，也是城市水生态环境恶化的主要原因之一。许多城市由于经济的高速发展，生产和生活用水大幅增长，挤占了生态环境用水，造成城市水系的生态环境用水严重短缺，有的连最小流量也难以得到保障，这就加剧了城市水系的生态退化，甚至最基本的生态功能也几乎全部丧失。城市雨洪和再生水资源未能得到有效利用，也是造成四川省城镇普遍存在生态环境用水严重不足的重要原因。四川省和成都市的生态环境用水基本情况分别见表11-22和表11-23，从中可以看出生态用水比例。有研究[2]认为，生态用水比例反映了一个地区生态用水在水资源分配中所占的份额或地位，间接地表明了该地区生态环境质量的状况。

---

[1] 龚小平：《生态修复城市水系统研究进展》，《安徽农学通报》2010年第16卷第11期。

[2] 魏彦昌、苗鸿、欧阳志云、史俊通、王效科：《城市生态用水核算方法及应用》，《城市环境与城市生态》2003年第16卷增刊第18~20页。

表 11 - 22　2005～2010 年四川省生态环境用水量情况

单位：亿 m³,%

年份 项目	2005	2006	2007	2008	2009	2010
总 用 水 量	212.3	215.1	214.0	207.6	223.5	230.3
生 态 用 水 量	1.97	2.20	1.90	1.78	2.00	2.1
生 态 用 水 比 例	0.93	1.02	0.89	0.86	0.90	0.91

资料来源：《四川省水资源公报》，该《公报》解释，生态环境用水指人为措施调配的城镇环境用水（含河湖补水、绿化、清洁）和农村生态补水（对湖泊、洼淀、沼泽补水）。

表 11 - 23　2008～2009 年成都市生态环境用水量情况

单位：万 m³,%

行政区	2008 年			2009 年		
	总用水量	生态用水量	生态用水比例	总用水量	生态用水量	生态用水比例
中心城区	128520.9	7000.0	5.45	132392.1	7000	5.29
温江区	18409.4	4523.2	24.57	19122.2	4500	23.53
龙泉驿区	15701.1	634.7	4.04	15519.7	640	4.12
青白江区	54200.4	6701.4	12.36	51704.8	6700	12.96
新都区	33489.1	12.0	0.04	32250.7	15	0.05
都江堰市	29157.5	12.6	0.04	35207.8	14	0.04
邛崃市	32777.1	71.8	0.22	33660.3	72	0.21
崇州市	35257.0	10.0	0.03	32514.7	12	0.04
彭州市	56054.7	4.9	0.01	57129.5	6	0.01
双流县	48722.1	2311.4	4.74	46551	2400	5.16
郫县	26065.1	15.4	0.06	25558.9	16	0.06
大邑县	22444.1	450.5	2.01	22089.1	450	2.04
新津县	15878.5	49.8	0.31	16780.6	52	0.31
金堂县	13460.3	7.5	0.06	46298	9	0.02
蒲江县	10126.5	11.9	0.12	10454.4	13	0.12
合计	540263.8	21817.1	4.04	577233.8	21899	3.79

资料来源：《成都市水资源公报》，该《公报》解释，生态环境用水是指人为措施调配的城镇环境用水（含河湖补水、绿化、清洁）和农村生态补水（对湖泊、洼淀、沼泽补水）。

（二）构建城市雨洪管理机制，推动城市雨水综合利用设施建设

在城市建设中，采用建设排水管网、完善排水系统、改善水力条件等措施，以"尽快排出"为原则，将雨水排入河道。单纯的"排水工程"，阻断了雨水入渗地下的通道，城市雨水只能通过城市排水工程排出城市，不仅增加了城市应对雨洪灾害的脆弱性，更是增加了汇流的水力效率，导致径流量和洪峰流量加大，反而成为城市雨洪灾害的根源。城市开发强度越大，雨洪灾害对地下设施、交通、供水、供气、供电、信息等系统造成的损失越大；城市的人口和资产密度越高，雨洪灾害造成的损失也越大。因此，现代城市面对雨洪灾害显得越来越脆弱[1]。城市不透水面积不断扩张，使得城市雨水的地表入渗量不断减小，城市地下水补给量也不断减小，地下水位不断下降，城市河流的基流量不断减少，城市水生态环境不断恶化，形成恶性循环的状态。结果，城市花很大代价千方百计将雨洪排走，既浪费了大量淡水资源，又面临严重水资源短缺的尴尬现象。

传统管理手段是以临时决策、应急管理为主，缺乏整体、综合、系统的管理和超前管理，缺乏对暴雨和城市排水系统的准确模拟和积滞水预报预警智能化、数字化、信息化的应用。总之，传统上应对城市雨洪的理念及其技术手段，从规划、建设、管理上都显得十分落后，不能适应现代城市发展的需要。

城市雨洪管理涉及城市管理的诸多领域，是一项复杂的系统工程。城市政府应通过城市雨洪规划、政策法规规范、技术支撑体系等几个方面，构建城市雨洪管理机制。

在编制城市总体规划和水专项规划过程中，应把城市雨洪管理和资源化利用放在重要位置加以重视，制订城市雨洪控制和利用规划。城市雨洪利用规划可分为城市建设区雨洪利用规划、城市生态保护区雨洪利用规划、城市水系雨洪利用规划等，其中重点是城市建设区雨洪利用规划。城市建设区雨洪利用规划总的要求是以"各类用地在建设前后雨水洪峰流量不增加"为原则，提出各类用地的雨洪利用指引（包括强制性和指引性内容）。为方便城市规划管理，还需提出控制各类建设用地的流量径流系数，使建设后综合径流系数不大于建设前该用地的综合系数。城市生态保护区雨洪利用规划，在雨水水质基本无污染的前提下，应以"直接利用为主，间接利用为辅"为雨洪利用的基本原则，充分利用现有水库、湖泊、塘堰、湿地等水体[2]。在满足农业用水和维护河流生态的基流的基础上，可新建集雨水库或调蓄水库，加大丰水年及平水年的蓄水调节能力，增加城市生态保护区的雨洪利用量，进一步改善城市生态环境，并提高城市供水水源的安全度。城市水系雨洪利用规划，需经水系生态修复，水质达到水环境功能区标准后，方可通过河水的提升进行雨洪直接利用。

为了合理并充分利用雨洪资源，四川省应借鉴发达国家和国内先进城市的经验，尽早制定有关雨洪利用的政策法规，规范城市雨洪利用和滞纳雨洪设施的建设。

根据四川省的实际情况，还需尽快修订有关雨洪管理和雨水利用的规范和标准，

① 吴海瑾、翟国方：《我国城市雨洪管理及资源化利用研究》，《现代城市研究》2012年第1期。
② 俞绍武、任心欣、王国栋：《南方沿海城市雨洪利用规划的探讨——以深圳市雨洪利用规划为例》，《城市规划和科学发展——2009年中国城市规划论文集》2009年第9期，第4381~4384页。

包括建筑工程、排水工程、道路工程、绿地建设等。

构建城市雨洪管理机制，四川省的大、中城市还应逐步建设城市雨洪管理的技术支撑体系。完善的城市雨洪管理技术支撑体系，包括城区降雨过程精细化预报技术、基于网络的模拟数据库构建与快速更新技术、多比尺城区降雨产汇流与调控过程耦合模拟技术、基于风险决策的城区雨洪智能管理技术。以城市雨洪管理规划作指引，以城市雨洪管理法规规范作基础，以城市雨洪管理技术支撑体系作保障，才能构建城市雨洪管理系统，形成正常持续运行机制，实现城市雨洪管理的防洪减灾、利用雨洪、改善环境三大目标。

（三）保障城市生态环境用水，促进城市水系生态修复

城市水系，是指自然形成和人工开挖的流经城市区域的河流、小溪、渠道、运河，以及市区的湖泊、池塘、湿地、水库等构成的城市水网系统。城市水系在城市发展历程中，为城市提供过供水水源、水生生物资源、水运交通、环境净化、气候调节、风景观光、文化娱乐、体育休闲等多种生态服务，以其自然社会经济价值推动了城市的发展。一般城市水系的河流较小，已成为城市空间的有机组成部分，与城市居民物质文化生活的联系十分密切。但与大江大河相比，城市水系受人类社会经济活动的负面影响更为严重，导致目前城市水系大多生态功能退化，有的甚至几乎完全丧失功能。随着现代城市的发展，虽然城市水系的经济功能下降，但环境景观功能日益上升，而且显得越来越重要。城市水系的生态修复，对城市生态环境的改善、市民生活质量的提高、城市文明内涵的保育都具有非常重要的意义，已成为现代城市发展到建设生态城市阶段的一项不容回避的重要任务。

城市水系生态修复应达到四个目标。一是水量目标：要求城市水系一年四季常年有水，水流量能维持其基本的生态服务功能。二是水质目标：要求城市水系中流动的水是能达到水环境功能区水质标准的清洁水，适于水生和岸边动植物的生长。三是生态目标：城市水系的生态功能主要体现在生物多样性上，有一定的水深和水面宽度、适宜的流速和温度，水体和岸边的生境多样性能为多种水生或两栖动植物提供栖息条件。三是景观目标：城市水系景观优美，城市水文化遗产得到保护和展现，成为市民亲水戏水、休闲游憩的好场所[1]。

城市水系的生态修复，首要的是城市水系的污染治理问题。虽然地方政府实施了多条河流水环境综合整治，但是，实施的工程规模较小，没有开展综合整治，水质改善不明显。只有以河流为载体，统筹流域内各行政区的水污染治理，做到上、下游，左、右岸协调，才能实现河流水环境质量的整体改善，促使流域整体水生态环境向良

① 刘保莉、曹文志：《可持续雨洪管理新策略——低影响开发雨洪管理》，《太原师范学院学报》（自然科学版）2009年第2期。

性循环方向发展①。结合四川省实际，加大河流污染防治和综合治理技术体系的研发投入，设立"四川水专项"课题，选择四川省如釜溪河等若干污染严重的流域作为研究示范区，才可能从根本上逐步实现四川省河流水环境质量的整体改善，促使流域整体水生态环境向良性循环方向发展。

　　城市生态环境需水包括河道内和河道外两部分。河道内生态需水是满足河流或湖泊等水体通航、排沙、水生动植物繁衍、景观等要求的最低需水量。河道外生态需水，包括城市园林绿化、市容环卫、水土保持、地下水涵养等的需水量②。目前，生态环境需水量的研究在国际上受到广泛关注③。生态环境需水量研究具有区域性特点，需要综合考虑生态环境的区域性差异，四川省对流域和城市的生态环境需水量结合自身区域特点的研究和应用成果较少。自贡市在做水资源论证时，预测在重大水源工程完工后，水资源状况将有所改观，到 2030 年总需水量比 2010 年翻一番，净增 5.75 亿 m³；生态用水量比 2010 年翻三番，净增 0.22 亿 m³，但生态用水比例也仅为 2.18%（见表 11-24）。这与有关研究提出的合理生态用水比例相距甚远。该研究计算得出，合理生态用水比例阈值区间为 16%～46%④。希望引起政府的高度重视，将生态环境用水量作为一项重要指标列入城市规划⑤。因地制宜地分析研究四川省的若干流域和城市的生态环境需水量，应是四川省有关部门和研究机构不可推辞的任务，因为没有合理的生态环境用水量，城市水系的生态修复是不可能的。

表 11-24　2010～2030 年自贡市需水量预测

单位：亿 m³,%

年份	农业灌溉	工业用水	城镇生活	农村生活	林牧渔畜	生态	总计	生态用水比例
2010	2.64	1.26	0.78	0.46	0.55	0.03	5.72	0.53
2015	3.74	2.30	0.93	0.42	0.87	0.15	8.41	1.78
2020	3.77	3.12	1.28	0.48	0.97	0.20	9.82	2.04
2030	3.79	3.79	2.02	0.51	1.11	0.25	11.47	2.18

　　资料来源：自贡市水利水电勘察设计研究院：《四川省自贡市城市总体规划水资源论证报告》（送审稿）（注22），2011 年 11 月 13 日。

① 国家水体污染控制与治理科技重大专项领导小组：《国家科技重大专项：水体污染控制与治理实施方案》（公开版），2008。
② 牛桂林、谢子书：《海河流域生态修复发展方向研究》，《水科学与工程技术》2007 年第 3 期。
③ 《生态环境需水计算方法概述》，《中国建筑文摘》，2010。
④ 占车生、夏军、丰华丽、朱一中、刘苏峡：《河流生态系统合理生态用水比例的确定》，《中山大学学报》（自然科学版）2005 年第 44 卷第 2 期。
⑤ 自贡市水利水电勘察设计研究院：《四川省自贡市城市总体规划水资源论证报告》（送审稿），2011 年 11月 13 日。

利用自然界自我修复能力进行生态修复，是一种较为经济的方法。人的任务不是改造自然，不是控制自然，而是帮助自然界进行自我修复。多一些实实在在的能起到保护自然生态作用的景观和保护城市水文化遗产的环境艺术作品，会给城市增添更多的生态美和人文美。

七 以用水效率控制红线为核心，强化工业和城镇节水管理

（一）四川省工业节水管理现状及工业用水效率分析

随着工业用水和节水政策的落实、工业结构的调整、生产工艺的改进、节水技术和设备的更新，以及工业企业对水资源可持续利用的日益重视，工业用水量增长总体趋缓。四川省已初步完成重点用能企业的节能（节水）培训，通过各种节水宣传、教育，加强舆论监督，强化企业节水意识，初步形成较好的工业节水氛围（见表 11－25）。

表 11－25 2005～2010 年四川省工业用水情况

单位：亿 m^3，%

项 目	2005 年	2006 年	2007 年	2008 年	2009 年	2010 年	增长率	年均增长率
四川省用水总量	212.30	215.12	213.98	207.63	223.46	230.27	8.46	1.64
工业用水量	56.79	57.51	58.98	57.74	61.60	62.92	10.79	2.07
工业用水量占用水总量比例	26.75	26.73	27.56	27.81	27.57	27.32	—	—

注：（1）全省用水总量、工业用水量总量数据来源于《四川省水资源公报》；（2）工业用水量，指工矿企业在生产过程中用于制造、加工、冷却（包括火电直流冷却）、空调、净化、洗涤等方面的用水，按新水取用量计，不包括企业内部的重复利用水量。

资料来源：《四川省"十二五"工业节水发展规划》（征求意见稿）四川省经济和信息化委员会提供。

经过"十一五"期间的努力，工业节水工作取得了较好的成绩。2010 年四川省工业用水量为 62.92 亿 m^3，较 2005 年的 56.79 亿 m^3 增长 10.79%，年均增长率仅为 2.07%。工业用水量占全省用水总量的 27.32%，比 2005 年增长 0.57 个百分点。与此同时，2010 年四川省万元工业增加值用水量 85m^3，降低率达 62.39%，远远高于"十一五"规划要求降低 30% 的目标；年均降低率为 17.76%，也远远高于"十一五"规划提出的年均降低 7.2% 的目标（见表 11－26）。

364

表 11 – 26 2005～2010 年四川省万元工业增加值用水量情况

单位：m³/万元,%

项 目		万元工业增加值用水量
2005 年		226
"十一五"期间 实际值	2006 年	187
	2007 年	159
	2008 年	135
	2009 年	108
	2010 年	85
	降低率	62.39
	年均降低率	17.76
目标值	2010 年	200
	降低率	30
	年均降低率	7.2

注：（1）2005～2008 年万元工业增加值用水量数据来源于国家发展改革委、水利部、国家统计局《2005 年各地区每万元工业增加值用水量指标通报》、《2006 年各地区每万元工业增加值用水量指标通报》、《2008 年各地区每万元工业增加值用水量指标通报》；（2）2009 年、2010 年万元工业增加值用水量数据根据《四川省统计年鉴》测算。测算方法：万元工业增加值用水量（m³/万元）＝工业用水量（m³）/工业增加值（万元）

资料来源：《四川省"十二五"工业节水发展规划（征求意见稿）》由四川省经济和信息化委员会提供。

从工业用水重复利用情况来看，"十一五"期间，规模以上工业重复用水量总体呈增长趋势，2010 年为 50.02 亿 m³，5 年年均增长 2.11%。但规模以上工业用水重复利用率却呈降低趋势，2010 年为 55.95%，五年下降了 4.22 个百分点（见表 11 – 27）。

表 11 – 27 2006～2010 年四川省规模以上工业用水重复利用率情况

单位：亿 m³,%

项 目	规模以上工业 用水量	规模以上工业 重复用水量	规模以上工业 用水重复利用率
2006 年	30.45	46.01	60.18
2007 年	23.49	43.54	64.96
2008 年	20.05	50.73	71.67
2009 年	29.34	45.28	60.68

项　目	规模以上工业 用水量	规模以上工业 重复用水量	规模以上工业 用水重复利用率
2010 年	39.38	50.02	55.95
增长率	29.33	8.72	-4.22
年均增长率	6.64	2.11	-1.06

注：（1）规模以上工业用水量、规模以上工业重复用水量数据来源于四川省统计局；（2）工业用水重复利用率（%）= 工业重复用水量／（工业重复用水量 + 工业用水量）×100%。

资料来源：《四川省"十二五"工业节水发展规划（征求意见稿）》由四川省经济和信息化委员会提供。

从六大高耗水行业的工业用水重复率来看（见表 11 - 28），石油化工行业的工业用水重复利用率最高，达到 80.93%；其次为冶金、火电，均在 75% 以上；医药、食品加工行业的工业用水重复利用率较低，仅在 11% ~ 18% 之间。

表 11 - 28　规模以上高耗水行业工业用水情况一览

单位：亿 m^3，%

	用水量	占规模以上工业企业 总用水量的比例	重复用水量	工业用水重复 利用率
火力发电	6.20	15.74	18.95	75.35
石油化工	3.38	8.59	14.35	80.93
冶　金	3.01	7.64	10.10	77.04
造　纸	1.49	3.77	0.85	36.51
食品加工	2.77	7.03	0.36	11.57
医　药	1.21	3.08	0.26	17.54

注：数据来源于四川省统计局。

资料来源：《四川省"十二五"工业节水发展规划（征求意见稿）》四川省经济和信息化委员会提供。

工业节水管理存在的主要问题，一是工业节水机制不健全；二是政策法规不配套，缺乏有力的法律支撑；三是企业节水投入回报率低，缺乏经济动力；四是企业节水投、融资渠道不畅，节水资金投入不足，制约了四川省工业节水工作的深入推进；五是工业节水管理基础薄弱，管理体系不完善。目前，四川省节水管理仍处于分割状态，管理力度不够。工业节水的高新技术研发、监管及实施手段落后，与当前高新技术蓬勃发展，以及水工业的高新技术迅速兴起的局面形成反差。污水资源化的研发和投资不足，工业废水处理能力、处理深度和回用量都不高，还有巨大潜力空间①。

2010 年四川省万元工业增加值用水量下降到 85m³，万元工业增加值用水量已低于全国平均水平。"十一五"期间，万元工业增加值用水量降低率高达 62.39%，年均降低率高达 17.76%，取得明显成效。与先进省、市比较，仍有差距。万元工业增加值用水量还有很大下降空间。四川省规模以上工业企业工业用水重复利用率水平不高，2010 年仅为 55.95%，未完成"十一五"应达到 73% 的约束性指标。工业用水效率总体较低，工业节水潜力仍然很大。

（二）四川省城镇节水管理现状及城镇用水效率分析

四川省在城镇节水管理方面做了大量的工作。一是利用"城市节水宣传周"等活动营造全民节水的社会氛围，逐步在城镇居民中形成了节水意识。二是认真贯彻国务院批准的《城市节约用水管理规定》和四川省政府批准的《四川省城市节约用水管理办法》等城市节水法规，取得了一定成效。三是健全了城镇节水管理工作机构。为在组织上保证城市节约用水管理工作的开展，建立了自下而上的城镇节水管理体系，为城镇节水管理工作的开展奠定了重要基础。四是健全管理制度。不少城市建立了计划用水和定额用水管理制度、节水设施的"三同时"制度、节水器具认证制度、用水计量制度、超计划加价等制度。五是通过创建"节水型城市"、"节水型单位"活动推动了城镇节水管理工作。已有成都市、绵阳市两座城市获得国家"节水型城市"称号。

通过不懈努力，四川省城镇节水效果显著。从表 10-29 可以看出城镇居民人均生活用水量的变化。随着住房条件的改善，便器水箱、热水器、洗衣机等家庭用水器具的普及，城镇居民生活质量不断提高，用水需求也不断扩大。城镇人均家庭用水量持续增长，2005 年达到峰值 158.6L/人·d。由于城镇节水管理工作的深入，节水型用水器具的普及和市民节水意识的提升，城镇人均家庭用水量随之又出现回落，2010 年下降到 134.1L/人·d，5 年间降低了 15.45%。同时，还可以看出城镇供水总量和人均综合用水量的变化。与 2001 年相比，2010 年城镇用水人口增长了 44.40%，但城镇年供水总量增长仅为 19.79%。在城镇供水总量增长的情况下，由于采取了万元工业增加值用水量降低、工业用水重复利用量提高、普及推广节水工艺和器具等提高用水效率的措施，城镇人均综合用水量从 2001 年的 350.7L/人·d 下降至 2010 年的 291.6L/人·d。10 年间下降了 16.85%。

---

① 四川省经济和信息化委员会：《四川省"十二五"工业节水发展规划》（征求意见稿），2010 年 10 月。

表 11 - 29　2001~2010 年四川省城镇人均用水量变化情况

项　　目	2001 年	2002 年	2003 年	2004 年	2005 年	2006 年	2007 年	2008 年	2009 年	2010 年	年均增长率（%）
供水总量（亿 m³）	19.71	19.91	20.43	21.05	21.48	16.92	20.74	21.49	22.34	23.61	2.0
用水人口（万人）	1536	1565	1697	1744	1848	1668	1915	1997	2083	2218	4.2
人均综合用水量（L／人·d）	350.7	348.5	329.9	330.7	318.3	277.8	296.7	294.8	293.8	291.6	-2.0
居民家庭用水量（亿 m³）	8.61	8.73	9.39	9.72	10.70	8.16	9.64	9.74	10.35	10.86	2.6
人均家庭用水量（L／人·d）	153.5	152.8	151.6	152.6	158.6	134.0	138.0	133.7	136.1	134.1	-1.5

注：数据不包括县城以外的建制镇。

数据来源：四川省住房和城乡建设厅计划财务处。

"十一五"期间城镇节水管理工作存在的主要问题，一是城镇节水的政策法规不健全。二是城镇节水管理体制不健全，管理工作较薄弱，不能有效履行城镇节水行政管理机构应有的监管职能。三是节水器具管理也存在问题。节水器具与设备推广应用的管理漏洞较多，加之节水产品质量不稳定，供用水设备"跑、冒、滴、漏"现象严重。四是监管不力，仍有少数建设项目未与主体工程同时配套建设节水设施，有的仍采用应淘汰的用水器（洁）具或质量低劣的"节水"器，也给用户带来经济损失。五是部分城镇的服务业节水管理不到位，服务业总体用水浪费严重。六是再生水和雨水利用落后，相当多城镇的园林绿化、清洗街道等公共用水使用新水的情况较为普遍。七是城镇居民生活节水的宣传还不够深入人心，城镇居民节水意识不强，节水器具普及率不高，用水浪费以及用水器具跑、冒、滴、漏或长流水的现象还较普遍，与国内先进省、市相比存在较大差距[①]。

四川省城镇节水工作虽然取得了较大成绩，但总体上城镇节水潜力还很大。据中国《城市供水统计年鉴（2011 年）》统计，四川省 2010 年城市居民人均生

---

① 四川省建设厅：《四川省城市节水规划（2004~2020）》2004 年 7 月 26 日，四川省城镇供水排水协会提供。

活用水量平均为 190.65L/人·d，大大高于"节水型城市"有关居民人均生活用水量（第五区）100~140 L/人·d[①] 和《四川省用水定额（修订稿）》100~160L/人·d[②] 的标准。在四川省的城市中，高于"节水型城市"下限标准 100 L/人·d 的城市有 22 个，高于"节水型城市"上限标准 140 L/人·d 的城市有 12 个，高于《四川省用水定额（修订稿）》上限标准 160L/人·d 的城市有 5 个，最高的 2 个城市竟达 225L/人·d 以上[③]，说明四川省多数城市的居民生活用水还有较大的节水潜力。2010 年四川省城市供水管网漏损率平均为 14.2%，比"十一五"规划的预期性指标 13.2%[④]高 1 个百分点；比"节水型城市"基本漏损率标准 12%[⑤]高 2.2 个百分点。有 25 个城市高于 12% 的标准，其中高于 20% 的有 14 个城市，高于 30% 的有 5 个城市，最高的 1 个城市竟达 40% 以上[⑥]。与此同时，四川省城镇污水再生利用和雨水收集利用的工作刚刚起步，再生水和雨水的利用率极低。以上情况表明，四川省城镇用水效率总体不高，节水潜力很大，城镇节水工作还任重道远。

（三）以提高用水效率为核心，加强工业和城镇节水管理

要充分认识当前四川省工业和城镇节水工作的严峻形势。由于四川省处于长江上游，水资源相对丰沛，导致长期以来部分地方决策层和管理层认识上存在误区，认为水是取之不尽、用之不竭的，只是水利工程建设滞后造成工程性缺水。到 2020 年将基本形成西水东调、北水南补的调水补水网络[⑦]。从部分缺水城市规划的水资源论证中似乎可以察觉到，地方上的一些决策者和管理者心中隐约滋生出"放开用水，大干快上"的苗头。如有城市制定的"十二五"规划，工业需水量 5 年要增长 182.54%，年均增长 12.79%。目前，考核工业和城镇用水效率的一些指标存在一定的不合理性，往往存在节水指标达标甚至超额完成，但用水量却大幅增长的矛盾现象。还有不顾各地工业结构、发展阶段、水资源条件、原

---

① 节水型城市居民人均生活用水量标准（第五区）摘自《节水型城市申报与考核办法》附件二"节水型城市考核标准"之（十八）要求达到的 GB/T 50331~2002《城市居民生活用水量标准》的指标。

② 城镇居民人均生活用水量定额摘自《四川省用水定额（修订稿）》（2010）。

③ 四川省城市居民人均日生活用水量数据摘自《城市供水统计年鉴（2011 年）》中国城镇供水排水协会编，2011 年 8 月 26 日，第 50~53 页。

④ 2010 年城镇管网漏失率预期性指标 13.2% 摘自《四川省"十一五"节水型社会建设规划（送审稿）》，四川省发展和改革委员会 四川省水利厅 四川省经济委员会 四川省建设厅 四川省环保厅 2007 年 1 月，四川省城镇供水排水协会提供，第 56 页。

⑤ 节水型城市基本漏损率标准摘自《节水型城市申报与考核办法》附件二"节水型城市考核标准"之（十七）要求达到的 CJJ 92~2002《城市供水管网漏损控制及评定标准》的指标。

⑥ 四川省城市供水管网漏损率数据摘自《城市供水统计年鉴（2011 年）》，中国城镇供水排水协会编，2011 年 8 月 26 日，第 108~111 页。

⑦ 《四川省人民政府关于加快水利发展的决定》川府发［2008］1 号，2008 年 1 月 8 日。

有基础等因素的差异，万元工业增加值用水量指标层层照转下达，基本上都要求5年下降30%，也存在明显的不合理性。从表11-30对四川省2015年和2020年工业用水量的推测中可以发现，在当前四川承接产业转移，激发工业高速增长的形势下，万元工业增加值用水量按规划指标5年下降30%的同时，假若不采取超强措施加大工业节水管理力度，工业用水量仍将成倍翻番增长，推算2015年可能是2010年的1.43～1.71倍，而2020年将达到2010年的2～3倍。这预示着工业节水前景异常严峻。如果对此没有清醒的认识，将极大地影响节水工作的开展。长期以来，四川省用水效率不高，工业和城镇节水管理力度相对较为薄弱。这种状况与当前四川省工业和城镇节水工作面临的上述新问题交织在一起，使四川省工业和城镇节水形势不容乐观，应引起四川省决策层和相关管理层的高度重视。

表11-30　2015年和2020年四川省工业用水量推测

项　　目	推算假设条件	2010年实际值	2015年推测值	2020年推测值	年均增长率（%）	5年增长率（%）	10年增长率（%）
工业增加值（万亿元）	年均增长率15%	0.73	1.5	3.0	15	206	411%
	年均增长率20%		1.8	4.5	20	247	616
万元工业增加值用水量（m³/万元）	"十二五"指标5年降低30	85	60	42	-6.8	-30	-51
工业用水量（亿m³）	工业增加值年均增长率15%	63	90	126	7.2	143	200
	工业增加值年均增长率20%		108	189	11.2	171	300

注：按"十二五"规划指标万元工业增加值用水量5年降低30%推算。

数据来源：2010年工业增加值、万元工业增加值用水量、工业用水量统计数据，以及万元工业增加值用水量"十二五"规划5年降低率等，均采用《四川省"十二五"工业发展规划（稿）》和《四川省"十二五"工业节水发展规划》（征求意见稿）的数据。

建立健全以提高用水效率为核心的地方性节约用水政策法规体系，是强化工业和城镇节水管理工作的基石。四川省工业和城镇节水管理工作的主要问题，一是节水法规不完善、政策不配套、机制不健全，缺乏覆盖全省各行业的地方性节水法规，致使工业和城镇节水管理工作缺乏有力的法律支撑。因此，制定地方性法规《四川省节约用水条例》显得尤为迫切。与此同时，还应抓紧制定或修订有关节水管理的系列规章制度和配套政策。二是工业和城镇节水管理体系不健全，管理基础薄弱，节水管理体系不完善。这也是一个突出问题，导致地方和基层的执行力差，节水规划不能形成有效行动。因此，节水管理体系也应在地方性法规中作出明确规定。

根据国家有关规定和要求，四川省还应抓紧制定切合自身实际的"用水效率控制红线"和用水效率控制制度。要想建立用水效率控制制度，确立用水效率控制红线，必须有一套能够全面反映一个地区综合用水效率的评价指标体系，并制定用水效率的分级标准。用水效率分级标准就相当于"用水效率控制红线"①。一级标准应是当地的现行用水效率控制线，新建项目必须达到，否则不予审批；已建项目达不到一级标准，应督促其限期整改，否则应附加征收水资源费。二级标准应为当地规划期的用水效率控制线，新建项目用水效率能保证达到二级标准的，应优先审批；对已建项目则要求在规划期内逐步达到二级标准。三级标准为国际先进水平的用水效率控制线，新建或已建项目的用水效率达到三级标准或以上的，应给与适当奖励②。这些意见，仅供四川省有关部门制定"用水效率控制红线"和用水效率控制制度时参考。

以创建"节水型企业（单位）"为抓手，组织开展"行业节水专项行动"，把节水规划落实到节水行动上。我们发现，目前各地的节水规划给人的总体印象是大同小异，结合地区或行业特点及存在问题，并提出有针对性的具体措施和实际行动的规划不多。这种情况若得不到改变，节水管理工作很难取得突破性进展。

"行业节水专项行动"实施方案的主要内容：一是编制企业节水实施方案。二是健全企业用水管理制度。三是加快企业节水技术改造。四是创建"节水型企业"。五是建设"节水型工业园区"。

"行业节水专项行动"实施方案的保障措施包括：强化建设项目节水设施"三同时"管理。加强节水科技支撑，组织科研院所开展节水技术攻关，重点是"零排放"技术、提高浓缩倍率技术、中水回用技术、污水资源化技术和水网络集成技术等。加快先进成熟节水技术、节水工艺和节水设备推广应用。制定并落实节水财政政策和税收优惠抵免政策，各级财政要安排资金采取补助、奖励等方式支持企业节水技改、节水器具推广和"节水型企业"的创建。鼓励企业使用节水型设备，建立节水型产品认证制度和市场准入机制。建立节水激励和约束机制，加大水资源费征收力度，推行差别水价，对限制类、淘汰类高耗水企业实施惩罚性水价。制定并实施再生水、雨水利用的政策和价格标准。

---

① 翟丽妮、周玉琴：《用水效率评价的研究现状与问题探讨》，《实行最严格水资源管理制度高层论坛论文集》，第119～123页。

② 赵恩龙、黄薇、霍军军：《基于分级控制的用水效率制度建设初探》，《长江科学院院报》2011年第28卷第12期。

（四）加快城镇水价改革步伐，促进节约用水和产业结构调整

《中共中央国务院关于水利发展改革的决定》提出，要"加快城镇水价改革步伐，充分发挥水价的调节作用，兼顾效率和公平，大力促进节约用水和产业结构调整"，并要求"完善水价形成机制和供水差别定价制度，工业和服务业用水要逐步实行超额累进加价制度，拉开高耗水行业与其他行业的水价差价。合理调整城市居民生活用水价格，稳步推行阶梯式水价制度"。

表 11-31　2010 年四川省及部分城镇人均水费支出占可支配收入比重

行政区	人均生活用水量		居民生活用水收费标准（元/m³）			人均年水费支出（元）	人均年可支配收入（元）	水费占收入比重（%）
	L/人·日	m³/人·年	供水价格	污水处理费	合计			
成都市	226.3	82.6	1.70	0.80	2.50	206.50	19920	1.04
眉山市	122.0	44.5	2.10	0.50	2.60	115.70	14644	0.79
广安市	128.0	46.7	1.95	0.40	2.35	109.80	14754	0.74
巴中市	67.0	24.5	1.80	0.55	2.35	57.60	12413	0.46
德阳市	97.0	35.4	1.45	0.70	2.15	76.11	16202	0.47
乐山市	127.0	46.4	1.75	0.60	2.35	109.04	15237	0.72
泸州市	116.0	42.3	1.83	0.40	2.23	94.33	15505	0.61
宜宾市	148.0	54.0	1.60	0.40	2.00	108.00	15261	0.71
攀枝花市	154.0	56.2	1.70	0.55	2.25	126.45	16882	0.75
遂宁市	72.0	26.2	1.38	0.55	1.93	50.57	13778	0.37
四川省	190.7	69.0	1.74	0.51	2.15	155.25	15461	1.00

注：由于统计口径不一致的因素，实际的人均年水费支出占人均年可支配收入的比重，可能比此表测算的比重值偏低。

数据来源：四川省部分城市人均生活用水量、部分城市居民生活用水的供水价格和污水处理费，分别采用《2011 年城市供水统计年鉴》、《2011 年城镇排水统计年鉴》的数据；城镇居民人均可支配收入采用《2011 年四川省统计年鉴》的数据。

随着居民收入增加，必然带动居民自来水消费量的增加。价格杠杆对抑制居民生活用水量有一定作用，但其作用是有限的[①]。因此，不能把提高城镇居民生活用水价格作为节水的主要或唯一手段，还需要结合再生水等非传统水源利用、节水器具推广等措施，才能更有效达到城镇居民生活用水的节水目标。近年来四川省经济高速发展，城镇居民收入增长较快，水价偏低的状况逐渐显现，造成供水企业亏损增加，不仅影响供水行业的发展，也不利于节水目标的实现，深化水价改革势在必行（见表 11-31）。一般国际上认为用水消费支出占到人均可支配收入的 3% 是合

---

① 冯业栋、李传昭：《居民生活用水消费情况抽样调查分析》，《重庆大学学报》2004 年第 27 卷第 4 期。

理的,而我国的用水支出不及人均可支配收入的 1% ~ 2% 。从表 11 - 32 可以看出,据不完全统计测算,2010 年四川省和成都市的城镇人均水费支出占可支配收入的比重约为 1% 左右,其余部分城镇在 1% 以下,最低的不足 0.4% 。有专家指出,合理提高水价,不仅是确保供水行业持续运营资金的重要手段,也是确保供水水质和服务质量的基础①。表 11 - 32 是不完全统计,2010 年四川省按收入等级分,城镇居民人均水费支出占可支配收入比重的测算情况。按现行城市平均水费测算,四川省有 20% 的城镇居民低收入户,人均水费支出占可支配收入的比重约为 2.23% 。解决好部分城镇居民低收入户的水费补贴问题,是深化水价改革的关键之一。

表 11 - 32 2010 年四川省按收入等级分城镇居民人均水费支出占可支配收入比重

单位:元,%

项 目	低收入户	较低收入户	中间收入户	较高收入户	高收入户
人均年水费支出	155.25	—	—	—	—
人均年可支配收入	6967	11253	14918	19730	31077
水费占收入比重	2.23	1.38	1.04	0.79	0.50

注:由于统计口径不一致的因素,实际的人均年水费支出占人均年可支配收入的比重,可能比此表测算的比重值偏低。

数据来源:人均水费支出分别采用《2011 年城市供水统计年鉴》、《2011 年城镇排水统计年鉴》的四川省部分城市人均生活用水量、部分城市居民生活用水的供水价格和污水处理费等数据测算(见表 10 - 33);按收入等级分,城镇居民人均可支配收入采用《2011 年四川省统计年鉴》的数据。

1998 年原国家计委和建设部联合颁布了《城市供水价格管理办法》,以遵循"补偿成本、合理收益、节约用水、公平负担"为原则,要求城市居民生活用水先实行阶梯式计量水价。

"合理核定各级用水量基数和水量级间价差"的问题,主要是第一级水量的属性和核定第一级水量基数的问题。《城市供水价格管理办法》提出,阶梯式计量水价可分为三级,级差为 1:1.5:2。居民生活用水阶梯式水价的第一级水量基数,根据确保居民基本生活用水的原则制定;第二级水量基数,根据改善和提高居民生活质量的原则制定;第三级水量基数,根据按市场价格满足特殊需要的原则制定。具体比价关系和各级水量基数由所在城市结合本地实际情况确定。有研究认为,第一级水量应视为"生存水量",用于保障居民最基本的生活所需。用水量小于生存水量的居民可以享受经国家财政补贴,价格水平可以低于单一计量水价,甚至可以全

---

① 傅涛:《水价二十讲》,中国建筑工业出版社,2011,第 27 页。

部免费①。我们认为,《城市供水价格管理办法》定义第一级水量的属性为"居民基本生活用水"是准确的。我们或者可将第一级水量称为"温饱需水量",这是必须确保的居民基本生活用水量。明确了第一级水量属"温饱需水量",就自然引申出两个推论,一是第一级水量基数,一般来说应低于目前当地城镇家庭平均用水量才较合理;二是在第一级水量基数范围内,低收入户可享受国家补贴政策,对低保户可实行免费政策。调查发现,四川省有城市在实行阶梯水价前,调查城市居民每户每月平均用水量为 $9.4m^3$,但经有关领导部门讨论研究决定,第一级水量每户每月为 $25m^3$。结果时至如今,全市居民没有一户用水量超过第一级水量基数。我们认为,第一级水量基数不能过高,因为这样不仅不能节约用水,反而有鼓励高收入户浪费水资源之嫌;同时,第一级水量基数也不能过低,因为必须确保低收入户的基本生活用水。因此,四川省在未来制定《城市供水价格管理实施办法》时,不能只有原则,而应在调查研究的基础上,结合本省实际明确水量基数的范围。四川省已有城市在实行阶梯水价时,在第一级水量基数内对低保户实行免费政策。但财政没有补贴,由供水企业负担。这样的做法,由于没有法规依据,不具合法性和持续性。因此,四川省在制定《城市供水价格管理实施办法》时,还应明确在第一级水量基数范围内,对低收入户实行补贴和对低保户实行免费的政策作出规定。解决了第一级水量基数的属性和对低收入户补贴及对低保户免费的政策,才能为深化水价改革打开大门。

公共财政对低收入户和低保户给予"温饱需水量"基数内的适当补贴,以及对"一表一户"水表改造给予一定投资补助,是实现基本公共供水服务均等化和体现公共供水服务公益性的重要措施。"欲将取之,必先予之",只有如此才能更有利于深化水价改革,有利于节约用水和水资源保护。而且,以往不少城市的公共财政实际上也"暗补"过供水行业;如今,将公共财政对低收入户及低保户给予的适当补贴,和对"一表一户"水表改造给予的一定补助,直接"明补"给用户,必将得到人民群众的拥护。

城镇供水属公共服务性质,需要被服务者充分参与,因此,国家规定供水水价调整必须经过听证会程序。没有公开化的机制做基础,听证会就不会有实质性的作用。因此,只有服务公开化和成本透明化,建立供水企业的绩效管理体系,让平均成本成为定价基础,才能破解当前水价听证会存在的问题。公共服务机构应建立类似上市公司一样的信息公开制度,供水公司必须定期向消费者公开发布企业的经营状况和相关数据等信息。公共服务机构定期公开披露经营管理等信息数据,是消费

---

① 张德震、陈西庆:《我国城市居民生活用水价格制定的思考》,《华东师范大学学报》(自然科学版)2003年第2期。

者以听证方式对公共服务机构行使监督权利的重要基础，也是深化水价改革的必备前提条件。四川省有关部门应在先行试点的基础上，再有序地逐步推广施行。

>>> 资料专栏 11-1

四川省水环境功能区及水体水环境容量简介[①]

一　四川省水环境功能区及水体水质要求

四川省绝大部分水系属长江流域，黄河流域水系占极少比例。长江流域在四川省有五大水系，即金沙江水系、岷江水系、沱江水系、嘉陵江水系和长江上游干流（四川段）。1991 年四川省环保局对五大水系的 13 条河流划分了 27 个省级水环境功能区，见下表。

四川省主要河流省级水环境功能区水质保护指标表

水　系	水域	水域范围	类别
金沙江水系	金沙江	甘孜州境内段（石渠县真达乡—德荣县子庚乡奔子栏）	II
		凉山州境内段、攀枝花市干箐沟—师庄—宜宾市合江门	III
	雅砻江	甘孜州境内段（入境处—九龙县小金乡）	II
		九龙县小金乡—金沙江汇合口	III
	安宁河	干流段	III
岷江水系	岷江	茂县飞虹桥以上段	I
		茂县飞虹桥—汶川县威州镇段	II
		汶川县威州镇段—宜宾市合江门码头段	III
	青衣江	宝兴县灵关乡赵家坝以上段	I
		宝兴县赵家坝—雅安市水津关段	II
		雅安市水津关—乐山市河口段	III
	大渡河	丹巴县章谷镇三岔河以上段	II
		丹巴县三岔河—乐山市河口段	III
沱江水系	沱江	绵竹县清平以上段	I
		绵竹县清平—汉旺镇绝缘桥段	II
		汉旺镇绝缘桥—泸州市河口段	III
	釜溪河	干流段（自贡市自流井区凤凰坝双河口—富顺县李家湾）	IV
	濑溪河	干流段	III

---

① 四川省发展和改革委员会、四川省住房和城乡建设厅、四川省环境保护厅、中国市政西南设计研究院：《四川省城镇污水处理及再生利用设施建设"十二五"规划》（草案），2010 年 11 月。

水　系	水域	水域范围	类别
嘉陵江水系	嘉陵江	广元市入境处刘家梁—朝天镇大中坝段	Ⅱ
		广元市朝天镇—重庆市河口段	Ⅲ
	涪　江	平武县龙安镇北门水文站以上段	Ⅰ
		平武县龙安镇—江油县武都段	Ⅱ
		江油县武都—合川县河口段	Ⅲ
	渠　江	南江、通江以上段，万源、白沙以上段	Ⅰ
		南江、通江—平昌段，万源、白沙—宣汉段	Ⅱ
		平昌、宣汉—合川段	Ⅲ
长江干流（四川部分）	长　江	四川省境内段（宜宾市合江门码头—巫山县培石乡培石村）	Ⅲ

可见，除釜溪河外，各功能区的水质要求皆为Ⅲ类以上。此外，四川省各市、州将所辖水域又划分了 116 条河流的 161 个功能区。因此，四川省全省水域功能划类的江河共计 129 条，功能区共计 188 个。

二　四川省水体水环境容量

四川省环境保护局、四川省环境保护科学研究院 2004 年 9 月《四川省地表水环境容量核定技术报告》，对全省五大水系的主要河流的水环境容量进行了核定。

水环境容量计算中采用的边界条件，包括控制因子（选择国家水污染物总量控制因子 COD 和氨氮）水质目标（按照水环境功能区环境质量标准类别的上限值，执行国家标准《地表水环境质量标准 GB 3838—2002》）本底浓度、水文条件、降解系数等。计算得出，四川省各流域两种控制因子的理想水环境容量、两种控制因子的水环境容量和两种控制因子的最大允许排放量[①]见下表。

---

① 广义的水环境容量是特定功能条件下水环境对污染物的承受能力，即满足水环境质量标准要求的最大允许污染负荷量或纳污能力；理想水环境容量或基准水环境容量，指的是采用 90% 保证率、近 10 年最枯月平均流量的全国基准设计条件下计算的水环境容量；水环境容量是在理想水环境容量基础上，考虑非点源污染物入河量和来水本底污染物后的容量；最大允许排放量是在水环境容量基础上，按照工业、生活污染物入河的平均系数，折算到陆上的结果。

四川省各流域水环境容量表

单位：万 t/年

流　　域	理想水环境容量		水环境容量		最大允许排放量	
	COD	氨氮	COD	氨氮	COD	氨氮
长江干流及金沙江	65.5	2.6	59.0	1.5	60.0	1.6
岷江流域	71.1	2.5	65.7	1.6	65.9	1.6
沱江流域	15.1	0.5	14.3	0.3	14.3	0.3
嘉陵江流域	49.8	2.6	44.3	1.8	44.5	1.8
各流域合计	201.5	8.2	183.2	5.2	184.5	5.3

从上表中可见，四川省 COD、氨氮两种控制因子的理想水环境容量分别为 201.5 和 8.2 万 t/年；两种控制因子的水环境容量分别为 183.2 和 5.2 万 t/年；两种控制因子的最大允许排放量分别为 184.5 和 5.3 万 t/年。

三　四川省水体可以接纳的未处理城镇污水量

四川省城镇污水水质，根据污水处理厂的运行资料，进水 COD 在 200～300mg/L 左右，氨氮在 15～25mg/L 左右。水体能够接纳的未处理污水量，及应该处理的城镇污水量，根据最大允许排放量计算。除城镇污水外，未进入下水道的工业废水、农业面源污染、养殖污水、未处理的垃圾渗滤液、未收集处理的初期雨水等各种污水，都严重污染水体，因此最大允许排放量不能被城镇污水独占。为了保证水体的水环境质量，最大允许排放量应留有余地。所以，可用于接纳城镇污水的最大允许排放量，初步估计为总量的 40%。

按照可用最大允许排放量和污水中的 COD 或氨氮浓度计算得出，四川省水体最多能够接纳的未处理的污水量，在污水中 COD 为 200mg/L、250mg/L、300mg/L 条件下，分别为 1011.22 万 m^3/d、808.97 万 m^3/d、674.15 万 m^3/d；在污水中氨氮为 10mg/L、20mg/L、25mg/L 条件下，分别为 391.05m^3/d、293.29m^3/d、234.63 万 m^3/d。

由于水体对氨氮的环境容量比对 COD 的更小，所以在同等污水浓度条件下，按氨氮计算得到的可以接纳的未处理污水量，比按 COD 计算得到的更小。为了确保水环境质量，按照氨氮为 25mg/L 的最不利条件进行可接纳污水量预测，在此条件下，四川省水体最多可以接纳 234.63 万 m^3/d 未处理城镇污水。

>>> 资料专栏 11－2

四川省自贡市环境监测站 2011 年地表水水质监测结果摘要。

釜溪河水系监测结果表明，釜溪河水系 8 个断面均未达到国家规定水域标准。

1. 威远河入境断面廖家堰，2011 年水质未达到国家规定Ⅲ类水质标准，实测类别为劣Ⅴ类。2012 年监测项目 28 项，有 10 项超标，项目超标率达到 35.7%。主要污染物为化学需氧量、生化需氧量、高锰酸盐指数、氨氮、溶解氧、氟化物、石油类、总磷。与去年比较，污染物浓度值和种类基本持平，属劣Ⅴ类，重度污染。

2. 威远河麻柳湾断面。2012 年监测项目 12 项，监测日期分别为 3 月、8 月、11 月，有 7 项超标。其中氨氮、化学需氧量、高锰酸盐指数、生化需氧量、溶解氧超标。项目超标率达到 41.7%，属劣Ⅴ类，重度污染（见下表）。

威远河主要污染物达标情况（达标率）

单位:%

断面名称	溶解氧	CODmn	BOD	氨氮	石油类	CODcr	总磷	总氮	氟化物	粪大肠菌
廖家堰	8.3	16.7	0	0	66.7	0	0	0	8.3	0
麻柳湾	33.3	0	0	0	100	0	—	—	—	—

3. 旭水河雷公滩断面，全年监测 12 项指标中，有 6 项指标存在不同程度的超标，项目超标率为 50.0%。其中生化需氧量、化学需氧量、氨氮、溶解氧、高锰酸盐指数、石油类超标。实测水质属劣Ⅴ类（见下表）。

4. 长土断面，全年监测 12 项指标中，有 5 项指标存在不同程度的超标，项目超标率为 41.7%。其中，生化需氧量、化学需氧量、高锰酸盐指数、溶解氧、氨氮超标。

旭水河主要污染物达标情况（达标率）

单位:%

断面名称	溶解氧	CODmn	BOD	氨氮	石油类	CODcr
长土河	58.3	33.3	8.3	75.0	100	8.3
雷公滩	8.3	8.3	0	8.3	58.3	0

5. 釜溪河双河口断面，全年水质监测指标 28 项，有 10 项指标存在不同程度的超标。项目超标率达到 35.7%。其中，总磷、氨氮、生化需氧量、溶解氧、氟化物、高锰酸盐指数、化学需氧量超标。全年水质污染指标与去年持平，水质为Ⅳ至劣Ⅴ类，属重度污染（见下表）。

6. 碳研所断面，全年水质监测 28 项指标，有 10 项指标超标，项目超标率达到 35.7%。水质实测类别属劣Ⅴ类。超标项目分别为氨氮、溶解氧、生化需氧量、高锰酸盐指数、总磷、阴离子洗涤剂、化学需氧量、氟化物。水质基本持平，属重度污染。

7. 邓关全年水质监测指标 28 项，该断面有 8 项指标超标，项目超标率达到 28.6%。超标项目分别为氟化物、总磷、化学需氧量、生化需氧量、溶解氧、氨氮超标。与去年相比持平。

8. 入沱把口处断面，全年水质监测指标 28 项，该断面有 5 项指标超标，项目超标率达到 17.8%。超标项目分别为氟化物、总磷、氨氮。与去年相比持平。

釜溪河主要污染物达标情况（达标率）

单位：%

断面名称	溶解氧	CODmn	BOD	氨氮	石油类	CODcr	总磷	总氮	氟化物	粪大肠菌	阴离子表面活性剂
双河口	83.3	83.3	16.7	16.7	100	58.3	8.3	0	33.3	0	100
碳研所	25.0	100	0	0	100	25.0	8.3	0	33.3	0	25
邓 关	25.0	100	25.0	25.0	100	25.0	8.3	0	0	0	100
把口处	100	100	100	88.9	100	100	66.7	0	88.9	0	100

第十二章　切实加强四川水生态保护和水污染治理

一　水生态与水环境现状

四川省地处长江上游，号称"千河之省"，境内河流、湖泊、冰川和人工水体众多，水资源总量大，仅次于西藏，居全国各省（自治区、直辖市）地表水资源量的第二位。随着四川省人口的快速增长和社会经济的高速发展，生态系统尤其是水生态系统承受越来越大的压力，出现了水源枯竭、水体污染和富营养化的问题，导致河流断流、湿地萎缩消亡、地下水超采。绿洲退化等现象也在许多地方发生。造成四川省水生态环境恶化的原因，是工业、城镇废污排放以及农村面源污染。

（一）水生态的特点

水生态系统是由水生生物群落与水生环境构成的，简称水生态，它又可分为淡水生态系统和海洋生态系统。淡水生态系统是指一定淡水水域内所有生物群落与该水环境相互作用，并通过物质循环和能量流动共同构成的具有一定结构与功能的统一体。按照这一观点，小至一个水坑、小溪，大至湖泊、水库、江河等，都可以看作一个淡水生态系统。水生态系统的主要功能是生物生产力、能量流动、物资循环和信息传递。四川省的水生态具有以下基本特点：

自然性：全部为自然水源，以流域内的天然水源即可满足生产生活的全部需求。四川省的水资源全部为天然江、河、湖泊等自然水源。因此，水生态保持着较好的自然属性。这些属性包括自然流动、季节变化、洪水、泥沙和水土流失等。

丰富性：四川省地处长江上游，属于我国南方丰水区，境内河流、湖泊、湿地众多，水资源十分丰富。从整个四川省来看，水域面积大、水量丰富，依赖于水资源的水生态也就具有丰富性，四川省的水生态与全国、相关兄弟省市相比较，占据优势地位。

多样性：水生态存在的形态呈多元化，有江、河、湖、天然湿地等各种类型，按照上述四类水生态形态的不同规模、大小，以及它们按照科学体系划分的等级系统，四川省水生态极具多样性。

非均衡性：受各类地貌特征、大气环流影响，水资源分布产生时空差异，导致依赖水资源分布格局的水生态因子时空分布不均，从而具有非均衡性。

脆弱性：由于河川径流量的季节、区域分布不均，全年径流量大多集中在 6～10 月，东部盆地面积占全省的 37.4%，水资源量占全省的 41.3%，水资源的空间分布与省内经济、生活布局不一致，形成区域性缺水；由于水资源年内分配与用水过程不一致，形成季节性缺水。水资源分布具有极其强烈的时空差异，而人们的生产生活则由于各种原因不一定与水资源的空间分布和时间节律相匹配，使资源与需求错位，加之自然因素的不稳定性和"人定胜天"思维下的过度干预，这就导致了水资源特性控制下的水生态地域分布与生产力布局不协调，在水资源紧张的地区，就会暴露出水生态的脆弱性。

（二）地表水环境质量

1. 河流

2010 年四川省废污水排放总量为 35.69 亿 t（不包括火电直流冷却水），其中工业废水占 67.6%，建筑业废水占 2.7%，第三产业废水占 6.3%，生活污水占 23.4%，入河污废水 28.58 亿 t。对全省 3605km 主要江河进行水质监测评价，结果是：全年 Ⅰ 类水域河长 29km，占评价河长的 0.8%，Ⅱ 类水河长 2439km，占评价河长的 67.7%，Ⅲ 类水河长 603km，占评价河长的 16.7%，Ⅳ 类水河长 227km，占评价河长的 6.3%，Ⅴ 类水河长 122km，占评价河长的 3.4%，劣 Ⅴ 类水河长 185km，占评价河长的 5.1%。四川省主要河流环境质量见表 12 - 1。

表 12 - 1　2010 年四川省主要河流水环境质量

单位：km

| 水资源分区 | | 河流名称 | 全年期分类河长 | | | | | | | 水质目标 |
一级区	二级区		评价河长	Ⅰ类	Ⅱ类	Ⅲ类	Ⅳ类	Ⅴ类	劣Ⅴ类	主要超标项目	
长江	金沙江石鼓以下	干流	77	—	37	40	—				Ⅱ
		雅砻江	40	—	40	—					Ⅱ
		安宁河	140	—	30	110	—				Ⅱ-Ⅲ
		横江	20	—	20						Ⅲ
	岷沱江	岷江干流	483	—	296	56	75	56	—	五日生化需氧量总磷	Ⅱ-Ⅲ
		杂谷脑河打色尔沟	62	—	62				—		Ⅱ
		黑水河	62	—	62				—		Ⅱ
		徐堰河	10	—	10				—		Ⅱ
		锦江（府河）	73	—	—	—	—		73	氨氮五日生化需氧量石油类	Ⅲ
		沙河	5	—	—	—	5			氨氮	Ⅲ
		金马河	20	—	—	—	20			氨氮	Ⅲ

水资源分区		河流名称	全年期分类河长								水质目标
I级区	II级区		评价河长	I类	II类	III类	IV类	V类	劣V类	主要超标项目	
长江	岷沱江	马边河	80	—	80	—	—	—	—	—	—
		茫溪河	46	—	—	—	—	46	—	总磷氨氮高锰酸盐指数	—
		大渡河	370	—	370	—	—	—	—	—	II
		阿柯河	25	—	25	—	—	—	—	—	II
		峨眉河	10	—	—	—	—	10	—	总磷	—
		青衣江	146	—	146	—	—	—	—	—	II
		宝兴河	60	—	—	60	—	—	—	—	II
		天全河	50	—	50	—	—	—	—	—	—
		荥经河	50	—	—	50	—	—	—	—	—
		周公河	30	—	30	—	—	—	—	—	—
		徐家沟	10	—	10	—	—	—	—	—	—
		沱江	159	—	—	59	43	20	37	氨氮五日生化需氧量总磷	II-III
		釜溪河	20	—	—	—	—	—	20	氨氮总磷高锰酸盐指数	IV
		绵远河	30	—	—	—	30	—	—	五日生化需氧量氨氮	II
		濛溪河	20	—	—	20	—	—	—	—	—
	嘉陵江	嘉陵江	386	—	386	—	—	—	—	—	II-III
		白龙江	26	—	26	—	—	—	—	—	II
		白河树正沟	29	29	—	—	—	—	—	—	—
		东河	110	—	110	—	—	—	—	—	—
		渠江	147	—	141	6	—	—	—	—	II-III
		巴河	64	—	64	—	—	—	—	—	II-III
		南江	98	—	7	91	—	—	—	—	II
		州河	28	—	13	6	9	—	—	粪大肠菌群	II-III
		前河	45	—	—	—	45	—	—	石油类	—
		后河	30	—	—	30	—	—	—	—	—
		流江河	35	—	—	35	—	—	—	—	—
		通江河	35	—	35	—	—	—	—	—	—
		小通江	27	—	27	—	—	—	—	—	II-III
		涪江	232	—	232	—	—	—	—	—	II-III
		南河	8	—	8	—	—	—	—	—	II-III
		梓潼河	50	—	20	30	—	—	—	—	—
		盐井河	16	—	16	—	—	—	—	—	—
	宜宾至宜昌	长江	66	—	56	10	—	—	—	—	II
		御临河	45	—	—	—	—	45	—	氨氮石油类	III
	汉江	任河	30	—	30	—	—	—	—	—	III

2. 湖泊

2010 年对邛海、马湖和泸沽湖三大天然湖泊进行水质监测评价和 4~9 月营养化评价，泸沽湖被评价为Ⅱ类标准水域，邛海和马湖为Ⅲ类水域，均属中度富营养。全年水质分类面积见表 12-2。

表 12-2　2010 年四川省主要湖泊水环境质量

单位：km^2

水资源分区		湖泊名称	湖泊面积	全年水质分类面积							
Ⅰ级区	Ⅱ级区			评价面积	Ⅰ类	Ⅱ类	Ⅲ类	Ⅳ类	Ⅴ类	劣Ⅴ类	主要超标项目
邛海 马湖 泸沽湖	长江	金沙江石鼓以下	26.88 7.0 27.0	26.88 7.0 27.0	— — —	— — 27.0	26.88 7.0 —	— — —	— — —	— — —	— — —
全省（区、市）			60.88	60.88	—	27.0	33.88				

3. 水库

2010 年对大桥、二滩、黑龙滩、三岔、鲁班、白龙湖（宝珠寺）、升钟、江口八大水库，109 座中型水库和 24 座重点小型水库进行水质监测和 4~9 月营养化评价，八大水库中，水域属Ⅱ类五座，Ⅲ类两座，劣Ⅴ类一座；4~9 月营养化属中度营养化七座，轻度营养化一座，各水库水质状况见表 12-3。

表 12-3　2010 年四川省水库水环境质量

单位：座，分

水库名称	全年水质类别/座数							4~9 月营养化评价	
	Ⅰ类	Ⅱ类	Ⅲ类	Ⅳ类	Ⅴ类	劣Ⅴ类	主要超标项目	评分值	营养化程度
大桥水库	—	1	—	—	—	—		34.0	中度富营养
二滩水库	—	1	—	—	—	—		33.5	中度富营养
黑龙滩水库	—	1	—	—	—	—		41.6	中度富营养
三岔水库	—	—	1	—	—	—	总磷	47.4	中度富营养
鲁班水库	—	—	—	—	—	1	总磷、高锰酸盐指数、五日生化需氧	69.0	中度富营养
白龙湖水库	—	1	—	—	—	—		45.1	中度富营养
升钟水库	—	1	—	—	—	—		44.7	中度富营养
江口水库	—	—	1	—	—	—		50.1	轻度富营养
中型水库 109 座	—	8	23	43	28	7	总磷、高锰酸盐指数、五日生化需氧	58.7	59 座轻度、 50 座中度
小型水库 24 座	—	1	7	8	5	3	总磷、高锰酸盐指数、五日生化需氧量加氨氮	51.5	10 座轻度、 14 座中度

4. 城市饮用地表水水源地

2010 年对城市饮用地表水水源地水质状况抽样 35 处，水源地水质合格率 100% 的 22 处，合格率 90% 以上 25 处；宜宾市五水厂、内江市二水厂、资阳市老鹰水库、攀枝花市河门各水厂和格里坪水厂、乐山市肖公嘴和长宁县水厂七处水源地水质合格率在 50% 或 50% 以下。主要超标项目氨氮、五日生化氧量、铁、总磷和溶解氧。

（三）水环境存在的主要问题

1. 河流

2010 年，对金沙江、岷江、沱江、嘉陵江、长江干流四川段及主要支流评价河段 3605km，其中：Ⅰ类水域河段长 29km，Ⅱ类、Ⅲ类水域河段长 3042km，Ⅳ类水域河段长 227km，Ⅴ类水域河段长 122km，劣Ⅴ类水域河段长 185km。Ⅴ类只适宜农灌用水，劣Ⅴ类水已丧失了水体的基本功能。污染严重的江河（段）有：沱江干流资阳城区段、内江城区段及支流釜溪河、绛溪河；岷江干流成都至眉山段及支流府河、南河、茫溪河，渠江支流州河，前河；长江支流御临河等。

同时，岷江都江堰鱼嘴至新津金马河段，从 1980 年以来，枯水期断流河段最长 32.7km，断流时间最长达 90 天。沱江上源绵远河山川堰至袁家大桥段，1999~2000 年枯水期断流 16 天，以及支流阳化河上游乐至县城 10~21km 河段，自 1980 年以来，多次发生枯流、断流，年断流时间 60~150 天。另外，值得关注的典型岷江上游干流及支流、大渡河支流瓦斯沟，由于引水式梯级电站开发，项目业主追求最大经济效益，未按设计下泄维持河道基本功能生态用水，造成河道脱水或减水，水生态环境十分脆弱，给这些河段的水生态环境造成严重影响。

2004 年 2 月 12 日，地处成都市青白江区的川化集团第二氮肥厂，违法排放废水，造成沱江特大污染事故，导致简阳、资中、内江三地上万群众饮水被迫中断 26 天，死鱼 50 万 kg，直接经济损失 3 亿元左右，遭到破坏的生态环境需要整治 5 年时间才能得到恢复。

2. 湖泊、沼泽、湿地和草地

近几十年来由于人类活动加剧，加大取水、过度放牧及泥沙沉积等原因，致使湖泊面积不断萎缩，甚至干涸。如邛海 20 世纪 50 年代初水面积 31km²，蓄水量 3.2 亿 m³，到 2000 年水面积萎缩到 26.76km²，蓄水量减少到 2.78 亿 m³；又如若尔盖县牧区，1985 年有 17 个湖泊，总面积 21.6 km²，15 年后有 6 个全部干涸，其余 11 个不同程度地萎缩，总面积仅剩 13.2km²。

据调查，四川省湿地面积为 3423 km²，主要集中在阿坝州红原、阿坝、若尔盖三县的黄河流域，面积为 2981 km²，历经千万年自然环境演变，其生态环境已相当脆弱，湿地正由沼泽植被向草甸、荒漠植被进行逆向演替，加之过度放牧和虫灾、鼠害影响，土地沙化日趋严重。近几年来，沙化草地面积以每年 0.6 ~ 11 km² 的速度扩展。

3. 水库

2010 年对全省 8 座大型水库、109 座中型水库和 24 座重点小型水库，进行水质监测评价，据监测数据得出结论，其中，V 类水域 33 座，劣 V 类 11 座，70 座水库 4 ~ 9 月营养化程度为中度，可谓触目惊心。V 类水域水库满足农业灌溉用水尚可，但作为饮用水水源、渔业用水水源、景观娱乐用水水源及工业用水水源显然是不行的。劣 V 类水域水库已丧失了水体的基本功能。资阳市老鹰水库年平均蓄水量 0.18 亿 m³，污染严重，全年期水质评价为 VI 类水，主要超标项目为总磷、高锰酸盐指数，五日生化需氧量和溶解氧，作为城市饮用水水源地水质合格率仅 40%，需另辟水源或加速水生态系统的修复，使之达到饮用水源地标准。此外，还要加强管理，发挥大自然自我修复能力，保护和修复其水生态环境。

4. 地下水

成都平原是四川省地下水资源最丰富且开采条件最好的地区，历史上，城乡居民广泛使用地下水作为饮用水源和农业灌溉用水。1970 ~ 1990 年，成都市地下水过量开采，根据 128.5 km² 范围地下水监测，污染或重污染区达 96.6 km²，市区 2000 多口民用井已不能饮用或无水可取。以地下水水源为主的市自来水三厂、四厂也因水质污染被迫关闭，并导致西郊杜甫草堂一带出现降落漏斗，地下水水位下降和草堂楠木树枯死。

德阳是四川省以地下水作为城市供水的城市，超采约 700 万 t，1991 ~ 1997 年，北郊水厂和二重厂区出现降落漏斗，面积为 0.58 ~ 3.12 km²，地下水位下降 2 ~ 20m，沉降漏斗每年以 0.41 ~ 0.84 km² 的速度向四周扩展。

（四）水环境容量

根据《四川省水环境容量核定》（四川省环境保护科学研究院）成果，选取了生化需氧量（COD）和氨氮（HN_4）两项最基本的水环境监测指标，能够在较大的程度和范围内，说明四川省江河及行政区的水环境容量的基本情况。

1. 金沙江流域

金沙江流域 COD 理想水环境容量为 44.62 万 t/年，水环境容量为 40.78 万 t/年；氨氮理想水环境容量为 1.94 万 t/年，水环境容量为 1.29 万 t/年（见表 12 - 4）。

表 12 - 4 金沙江流域水环境容量计算结果

单位：t/年

地市	水体	控制单元编号	计算单元（起讫断面）	理想水环境容最		水环境容量	
				COD	氨氮	COD	氨氮
甘孜	金沙江	川—甘—01	石渠县—得荣县	—	—	—	—
	鲜水河	川—甘—02	甘孜州段	—	—	—	—
	雅砻江	川—甘—03	入境—九龙	—	—	—	—
凉山	无量河	川—凉—04	理塘渠登—芒多	—	—	—	—
	雅砻江	川—凉—05	凉山入境—九龙小金县	—	—	—	—
	雅砻江	川—凉—06	九龙小金县—金沙江汇合口	90346	3978	88990	3751
	安宁河	川—凉—07	冕宁大桥—会理昔街	62392	3022	57798	2245
攀枝花	安宁河	川—攀—08	市界—安宁河口	15347	383	14268	183
	雅砻江	川—攀—09	金江—雅砻江口	11747	294	10591	82
	金沙江	川—攀—10	入境龙洞—金江	38603	1007	35855	672
凉山	够鱼河	川—凉—11	会理县—会东县	7689	520	5581	156
	黑水河	川—凉—12	昭觉县—宁南县	8641	1722	3444	725
	西溪河	川—凉—13	越西—布拖	3809	408	2622	191
	美姑河	川—凉—14	美姑县	3885	908	2036	578
	金沙江	川—凉—15	凉山州段	73061	1881	69141	1193
	西宁河	川—凉—16	雷波县	2482	111	1935	18
宜宾	西宁河	川—宜—17	屏山入境处—屏山新市镇河口	598	15	557	7
	中都河	川—宜—18	屏山入境处—屏山大桥入金沙江	2775	150	2362	73
	金沙江	川—宜—19	安边镇—石门子	60763	1559	57396	1014
	关河	川—宜—20	宜宾横江—云南水富入金沙江	36130	2067	34686	1812
	南广河	川—宜—21	云南威信交界—翠屏南广河口	27914	1343	20571	166
金沙江			—	446182	19368	407833	12866

2. 岷江流域

岷江流域 COD 理想水环境容量为 71.1 万 t/年，水环境容量为 65.7 万 t/年；氨氮理想水环境容量为 2.5 万 t/年，水环境容量为 1.6 万 t/年。岷江流域各控制单元容量计算结果，见表 12 - 5。

表 12－5　岷江流域水环境容量计算结果

单位：t/年

地市	水体	控制单元编号	计算单元（起讫断面）	理想水环境容量		水环境容量	
				COD	氨氮	COD	氨氮
阿坝	黑水河	川—阿—34	沙石多—茂县飞虹桥	—	—	—	—
阿坝	崛江	川—阿—35	弓杠岭—茂县飞虹桥	—	—	—	—
阿坝	杂谷脑河	川—阿—36	山脚—汉川威州	—	—	—	—
阿坝	岷江	川—阿—37	飞虹桥—威州	—	—	—	—
阿坝	寿溪河	川—阿—38	三江—漩口	—	—	—	—
阿坝	岷江	川—阿—39	威州—漩口水田坪	38745	2714	38527	2677
阿坝	脚木足河	川—阿—40	日部—热足	—	—	—	—
阿坝	梭磨河	川—阿—41	红原壤口—热足	—	—	—	—
阿坝	杜柯河	川—阿—42	壤塘—可尔因	—	—	—	—
阿坝	小金川	川—阿—43	小金美兴—新格	—	—	—	—
阿坝	大金川河	川—阿—44	可尔因—马奈	—	—	—	—
成都	西河	川—成—45	崇州段	2595	105	2362	66
成都	西河	川—成—46	新津段	607	15	593	14
成都	斜江河	川—成—47	大邑段	1388	67	1277	51
成都	斜江河	川—成—48	邓峡段	636	16	636	16
雅安	蒲江河（临溪河）	川—雅—49	芦山段	1639	134	1594	125
成都	蒲江河	川—成—50	蒲江段	820	21	666	－7
成都	蒲江河	川—成—51	邓峡段	0	0	—	—
成都	南河	川—成—52	大邑段	0	0	—	—
成都	南河	川—成—53	邓峡段	4494	145	4372	127
成都	南河	川—成—54	新津段	1101	28	976	10
成都	扬柳河	川—成—55	温江段	100	3	－34	－17
成都	扬柳河	川—成—56	双流段	69	2	－31	－14
成都	扬柳河	川—成—57	新津段	128	3	106	0
成都	走马河	川—成—58	都江堰段	731	18	697	12
成都	走马河	川—成—59	郫县段	1753	44	1676	30
成都	江安河	川—成—60	都江堰段	879	22	806	9
成都	江安河	川—成—61	温江段	2262	57	2203	47
成都	江安河	川—成—62	双流段	1444	37	1394	29
成都	府河	川—成—63	府河郭县段	1928	49	1887	42
成都	府河	川—成—65	府河双流段	7143	181	6762	129

地市	水体	控制单元编号	计算单元（起讫断面）	理想水环境容量		水环境容量	
				COD	氨氮	COD	氨氮
成都	岷江	川—成—66	都江堰	2680	67	2610	55
成都	岷江	川—成—67	温江段	2338	59	2282	48
成都	岷江	川—成—68	新津段	1640	41	1382	4
眉山	府河	川—眉—69	黄龙溪—汇合口	2644	67	2449	36
眉山	岷江	川—眉—70	彭山大桥—青神悦来渡口	21770	551	19450	194
乐山	岷江	川—乐—71	悦来渡口—岷江大桥	30511	769	29681	630
雅安	芦山河	川—雅—72	芦山段	28302	1375	28173	1351
雅安	荥经河	川—雅—73	荥经段	1410	57	1349	47
雅安	天全河	川—雅—74	天全段	43098	2267	31191	74
雅安	宝兴河	川—雅—75	盐井—两河口	26766	1496	22939	801
雅安	雅安河	川—雅—76	雅安段	25364	58	25350	56
雅安	陇西河	川—雅—77	雅安段	1867	13	1851	12
雅安	名山河	川—雅—78	名山段	3047	21	2985	10
雅安	青衣江	川—雅—79	飞仙关—龟都府	35240	1923	29986	928
眉山	青衣江	川—眉—80	龟都府—石棉渡	6869	172	6869	172
甘孜	金汤河	川—甘—81	源头—河口	—	—	—	—
甘孜	大渡河	川—甘—82	丹巴—泸定（出境）	106174	2763	105134	1753
雅安	大渡河	川—雅—83	石棉县—汉源县	19491	489	19409	475
雅安	大渡河	川—雅—84	汉源县段	32921	840	32810	826
凉山	大渡河	川—凉—85	凉山州段	79438	2831	64463	1786
乐山	青衣江	川—乐—86	夹江木城—市中人竹公溪	8106	205	7958	170
乐山	大渡河	川—乐—87	金口河白熊沟—市中李码头	65684	2438	60602	1519
乐山	岷江	川—乐—88	马鞍山—河口渡口	46907	1180	45742	967
宜宾	箭板河	川—宜—89	屏山县龙溪—宜宾县泥溪	1704	65	376	50
自贡	越溪河	川—自—90	长山起水站上游—起水站	—	—	—	—
自贡	越溪河	川—自—91	长山起水站—螺蛳坝	542	35	526	35
宜宾	越溪河	川—宜—92	宜宾观音—屯头溪入岷江	6293	159	5994	106
宜宾	岷江	川—宜—93	月波—凉姜沟	35401	890	32542	386
合计	—	—	—	711038	24654	656687	15962

3. 沱江流域

沱江流域 COD 理想水环境容量为 15.1 万 t/年，水环境容量为 14.25 万 t/年；

氨氮理想水环境容量为 0.48 万 t/年，水环境容量为 0.33 万 t/年。沱江流域各控制单元容量计算结果，见表 12-6。

表 12-6 沱江流域水环境容量计算结果

单位：t/年

地市	水体	控制单元编号	计算单元（起讫断面）	理想水环境容量		水环境容量	
				COD	氨氮	COD	氨氮
德阳	绵远河	川—德—95	绵竹清平以上	—	—	—	—
德阳	绵远河	川—德—96	清平—汉旺绝缘桥	—	—	—	—
德阳	绵远河	川—德—97	汉旺—隆兴	1005	77	889	57
德阳	绵远河	川—德—98	隆兴—黄许大桥	410	10	263	-13
德阳	绵远河	川—德—99	黄许大桥—八角	517	13	352	-13
德阳	鸭子河	川—德—100	什邡—广汉	551	14	526	10
德阳	石亭江	川—德—101	什邡金河磷矿以上	—	—	—	—
德阳	石亭江	川—德—102	金河磷矿—红白	—	—	—	—
德阳	石亭江	川—德—103	红白—金轮	5053	263	4763	211
德阳	马尾河	川—德—104	马尾河射水河源头地带	—	—	—	—
德阳	马尾河	川—德—105	马尾河射水河源头以下	—	—	—	—
德阳	石亭江	川—德—106	金轮—广汉	3971	100	3869	83
德阳	鸭子河	川—德—107	广汉—和兴镇	2180	55	2105	42
德阳	绵远河	川—德—108	八角—广汉	700	64	659	58
成都	柏条河	川—成—109	都江堰段	2686	206	1911	69
成都	柏条河	川—成—110	郫县段	948	24	863	9
成都	徐堰河	川—成—111	郫县段	1603	96	1368	72
成都	蒲阳河	川—成—112	都江堰—彭州	9248	397	8868	330
成都	青白江	川—成—114	广汉三水—毗河汇入口	1870	47	1870	47
成都	毗河	川—成—115	新都段	1240	76	1115	56
成都	毗河	川—成—116	青白江段	384	10	217	-17
成都	沱江	川—成—118	金堂段	9014	228	8582	157
资阳	沱江	川—资—119	干流入境—元坝	24324	616	22713	330
眉山	球溪河	川—眉—120	北斗—发轮口	6057	250	5642	178
内江	球溪河	川—内—121	发轮—球溪河口	5908	151	5171	33
资阳	大清流河	川—资—122	资阳段	372	23	107	-22
内江	大清流河	川—内—123	内江段	3878	99	3699	68
内江	沱江	川—内—124	顺河场—龙门镇	33489	848	32749	727
内江	威远河	川—内—125	威远城下—廖家堰	2807	90	2581	51

续表

地市	水体	控制单元编号	计算单元（起讫断面）	理想水环境容量		水环境容量	
				COD	氨氮	COD	氨氮
自贡	旭水河	川—自—126	桂林桥上游—荣县起水站	—	—	—	—
自贡	旭水河	川—自—127	起水站—复兴堰	162	14	-136	-36
自贡	旭水河	川—自—128	复兴堰—团结桥	—	—	—	—
自贡	旭水河	川—自—129	团结桥—雷公滩	353	33	329	17
自贡	釜溪河	川—自—130	自贡双河口—富顺李家湾	742	37	537	-21
自贡	沱江	川—自—131	脚仙村—泸州入境段	20407	516	20028	439
泸州	獭溪河	川—沪—132	荣昌入境—龙马潭胡市镇	2546	109	2340	76
泸州	沱江	川—沪—133	自贡入境—沱江入长江	7160	181	7015	156
合计	—	—		151224	4806	142548	3299

4. 涪江流域

涪江流域 COD 理想水环境容量为 22.51 万 t/年，水环境容量为 19.7 万 t/年；氨氮理想水环境容量为 1.2 万 t/年，水环境容量为 0.75 万 t/年。涪江流域各控制单元容量计算结果，见表 12-7。

表 12-7　涪江流域水环境容量计算结果

单位：t/年

地市	水体	控制单元编号	计算单元（起讫断面）	理想水环境容量		水环境容量	
				COD	氨氮	COD	氨氮
阿坝	小河	川—阿—211	黄龙—松潘小河乡	—	—	—	—
绵阳	涪江	川—绵—212	平武龙安镇水文站以上段	—	—	—	—
绵阳	青片河	川—绵—213	北川县青片乡—治城镇	—	—	—	—
绵阳	湔江	川—绵—214	北川县治城—通口镇东升	—	—	—	—
绵阳	涪江	川—绵—215	平武龙安—江油市武都	—	—	—	—
绵阳	茶坪河	川—绵—216	安县德胜乡—安县安昌	3454	149	3194	104
绵阳	苏保河	川—绵—217	安县辕门坝—安昌镇	—	—	—	—
绵阳	安昌河	川—绵—218	安县辕门坝—安昌镇	7455	528	6475	378
绵阳	涪江	川—绵—219	江油武都—三台百顷镇	52639	3786	44192	2514
绵阳	干河子	川—绵—220	安县红石—和平村通裕	—	—	—	—
绵阳	凯江	川—绵—221	三台县西平—三台县	10085	65	9730	4
德阳	凯江	川—德—222	三台—中江入涪江	4509	84	4318	65
绵阳	憧江	川—绵—223	江油马角—梓撞观音岩	7562	286	6557	104

地市	水体	控制单元编号	计算单元（起讫断面）	理想水环境容量		水环境容量	
				COD	氨氮	COD	氨氮
绵阳	弥江	川—绵—224	盐亭新田—云溪猫儿咀	2307	328	1456	178
绵阳	魏城河	川—绵—225	绵阳魏城经刘家至三元	362	56	135	15
绵阳	梓江	川—绵—226	梓撞文昌—盐亭玉龙镇	10014	485	8589	231
遂宁	梓江	川—遂—227	遂宁段	2776	69	2776	69
遂宁	太乙河	川—遂—228	遂宁段				
遂宁	青冈河	川—遂—229	遂宁段				
遂宁	邦江	川—遂—230	遂宁段				
遂宁	磨溪河	川—遂—231	遂宁段	3671	663	1269	272
遂宁	涪江	川—遂—232	遂宁段	99760	5188	88151	3297
遂宁	白马河	川—遂—233	遂宁段	435	22	435	22
遂宁	琼江	川—遂—234	遂宁段	20107	313	19756	253
合计	—	—	—	225136	12022	197033	7506

5. 嘉陵江流域

嘉陵江流域 COD 理想水环境容量为 9.68 万 t/年，水环境容量为 8.74 万 t/年；氨氮理想水环境容量为 0.69 万 t/年，水环境容量为 0.53 万 t/年。嘉陵江流域各控制单元容量计算结果见表 12-8。

表 12-8　嘉陵江流域水环境容量计算结果

单位：t/年

地市	水体	控制单元编号	计算单元（起讫断面）	理想水环境容量		水环境容量	
				COD	氨氮	COD	氨氮
广元	嘉陵江	川—广—144	刘家梁—清风峡	—	—	—	—
广元	南河	川—广—145	源头—南河大桥	2230	147	1995	106
广元	乔庄河	川—广—146	源头—大沟	1096	81	1096	81
广元	乔庄河	川—广—147	大沟—沙州	748	19	716	12
广元	白龙江	川—广—148	姚渡—沙州				
阿坝	黑河	川—阿—149	大录—白河大桥	—	—	—	—
阿坝	白水河	川—阿—150	弓杠岭—九寨沟郭元	—	—	—	—
广元	白水河	川—广—151	白水—嘉川	4667	319	4360	266
广元	清江河	川—广—152	关虎—七佛	—	—	—	—
广元	清江河	川—广—153	七佛—宝轮	4348	222	3534	78
广元	白龙江	川—广—154	沙州—昭化	9740	662	9410	603

地市	水体	控制单元编号	计算单元（起讫断面）	理想水环境容量		水环境容量	
				COD	氨氮	COD	氨氮
广元	闻溪河	川—广—155	源头—江口镇	1721	273	1056	150
广元	嘉陵江	川—广—156	清风峡—张家岩	46720	2071	42778	1383
广元	东河	川—广—157	源头—双汇	—	—	—	—
广元	东河	川—广—158	双汇—王渡镇	3811	138	3313	49
南充	东河	川—南—159	石龙咀—汇入嘉陵江	381	10	371	7
南充	白溪河	川—南—160	思依桥楼乡—天鞍乡	634	27	534	7
南充	茍溪河	川—南—161	老观花观—河溪	2347	107	2060	50
南充	嘉陵江	川—南—162	石子凤凰山—朱镇猫儿井	16097	2667	14341	2409
南充	柴进河	川—南—163	三清乡大锣村—尖山顶村	398	36	293	16
广元	西河	川—广—164	源头—长岭（至南充）	—	—	—	—
南充	西河	川—南—165	拓坝—王家镇徐家坝	1843	101	1530	39
巴中	神潭河	川—巴—190	沙坝—西清	—	—	—	—
巴中	神潭河	川—巴—191	西清—下两	—	—	—	—
巴中	小通江河	川—巴—192	平溪镇以上	—	—	—	—
巴中	小通江河	川—巴—193	平溪镇—诺江镇千佛岩	—	—	—	—
巴中	小通江河	川—巴—194	诺江千佛岩—诺江小江口	1481	254	1198	201
巴中	大通江河	川—巴—195	铁溪镇以上	—	—	—	—
巴中	大通江河	川—巴—196	铁溪镇—诺江镇小江口	—	—	—	—
巴中	通江河	川—巴—197	诺江小江口—平昌江口镇	—	—	—	—
巴中	巴河	川—巴—198	金碑—黄毛溪	3044	74	2567	20
达州	后河	川—达—199	万源梨树场镇以上段	—	—	—	—
达州	后河	川—达—200	万源梨树场镇—二层岩	—	—	—	—
达州	后河	川—达—201	二层岩—宣汉县东乡镇段	2561	460	2249	429
达州	中河	川—达—202	宣汉县普光场镇以上段	—	—	—	—
达州	前河	川—达—203	宣汉县南坝以上段	—	—	—	—
达州	明月江	川—达—204	葫芦电站—李家渡	332	50	264	44
达州	巴河	川—达—205	达州段	8782	172	8111	104
达州	州河	川—达—206	宣汉东乡段—渠县三汇场	2550	71	2364	52
达州	渠江	川—达—207	达州段	11318	596	10456	510
广安	渠江	川—安—208	广安永坝—岳池赛龙	29126	2322	26740	2084
广安	芭蕉河	川—安—209	令肠水县太和乡—么滩镇	—	—	—	—
广安	大洪河	川—安—210	邻水县护林乡—黎家乡	—	—	—	—
合计	—		—	96781	6880	87387	5256

6. 渠江流域

渠江流域 COD 理想水环境容量为 5.92 万 t/年，水环境容量为 5.39 万 t/年；氨氮理想水环境容量为 0.4 万 t/年，水环境容量为 0.34 万 t/年。渠江流域各控制单元容量计算结果见下表 12-9。

表 12-9　渠江流域水环境容量计算结果

单位：t/年

地市	水体	控制单元编号	计算单元（起讫断面）	理想水环境容量		水环境容量	
				COD	氨氮	COD	氨氮
阿坝	小河	川—阿—211	黄龙—松潘小河乡	—	—	—	—
绵阳	涪江	川—绵—212	平武龙安镇水文站以上段	—	—	—	—
绵阳	青片河	川—绵—213	北川县青片乡—治城镇	—	—	—	—
绵阳	湔江	川—绵—214	北川县治城—通口镇东升	—	—	—	—
绵阳	涪江	川—绵—215	平武龙安—江油市武都	—	—	—	—
绵阳	茶坪河	川—绵—216	安县德胜乡—安县安昌	3454	149	3194	104
绵阳	苏保河	川—绵—217	安县辕门坝—安昌镇	—	—	—	—
绵阳	安昌河	川—绵—218	安县辕门坝—安昌镇	7455	528	6475	378
绵阳	涪江	川—绵—219	江油武都—三台百顷镇	52639	3786	44192	2514
绵阳	干河子	川—绵—220	安县红石—和平村通裕	—	—	—	—
绵阳	凯江	川—绵—221	三台县西平—三台县	10085	65	9730	4
德阳	凯江	川—德—222	三台—中江入涪江	4509	84	4318	65
绵阳	憧江	川—绵—223	江油马角—梓撞观音岩	7562	286	6557	104
绵阳	弥江	川—绵—224	盐亭新田—云溪猫儿咀	2307	328	1456	178
绵阳	魏城河	川—绵—225	绵阳魏城经刘家至三元	362	56	135	15
绵阳	梓江	川—绵—226	梓撞文昌—盐亭玉龙镇	10014	485	8589	231
遂宁	梓江	川—遂—227	遂宁段	2776	69	2776	69
遂宁	太乙河	川—遂—228	遂宁段	—	—	—	—
遂宁	青冈河	川—遂—229	遂宁段	—	—	—	—
遂宁	邦江	川—遂—230	遂宁段	—	—	—	—
遂宁	磨溪河	川—遂—231	遂宁段	3671	663	1269	272
遂宁	涪江	川—遂—232	遂宁段	99760	5188	88151	3297
遂宁	白马河	川—遂—233	遂宁段	435	22	435	22
遂宁	琼江	川—遂—234	遂宁段	20107	313	19756	253
合计		—	—	59194	3999	53949	3444

7. 长江上游四川段流域

长江上游四川段流域 COD 理想水环境容量为 20.88 万 t/年，水环境容量为 18.26 万 t/年；氨氮理想水环境容量为 0.67 万 t/年，水环境容量为 0.24 万 t/年。长江上游四川段流域各控制单元容量计算结果见表 12 - 10。

表 12 - 10　长江上游四川段流域水环境容量计算结果

单位 t/年

水体	控制单元编号	计算单元（起讫断面）	理想水环境容量		水环境容量	
			COD	氨氮	COD	氨氮
黄沙河	川—宜—22	金坪镇—石鼓大桥	4627	271	3518	75
长江	川—宜—23	挂弓山—井口	51680	1253	48314	658
长宁河	川—宜—24	兴文县—江安西南入长江	9316	350	3391	-145
长宁河	川—宜—25	长宁县三江—长宁县长宁大桥	6906	185	4204	-693
古宋河	川—宜—26	云南与四川兴文交界—兴文县	6729	355	5521	131
高洞河	川—泸—27	贵州习水—合江合江镇入赤水	2251	94	2037	56
永宁河	川—泸—28	叙永黄泥—纳溪区安富入长江	14317	403	14021	352
赤水河	川—泸—29	叙永水潦入—古蔺县水口出境	25686	1382	24442	1181
赤水河	川—泸—30	古蔺土城入—古蔺太平镇出境	12214	304	11827	236
赤水河	川—泸—31	贵州赤水入—合江太平入长江	13525	422	11326	30
长江	川—泸—32	宜宾入境—合江出泸州市境	60336	1542	53110	292
小漕河	川—泸—33	合江县自怀乡—南滩镇入塘河	1240	144	895	82
合　计	—	—	208827	6705	182606	2400

全省 COD 理想水环境容量计 189.84 万 t/年，其中金沙江（含长上干）65.5 万 t/年，占全省理想水环境容量的 34.5%；岷江流域 71.1 万 t/年，占全省理想水环境容量的 37.5%；沱江流域 15.1 万 t/年，占全省理想水环境容量的 7.9%；嘉陵江流域（含涪江、渠江）38.11 万 t/年，占全省理想水环境容量的 20.1%。

全省氨氮理想水环境容量计 7.84 万 t/年，其中金沙江（含长上干）2.61 万 t/年，占全省理想水环境容量的 33.3%；岷江流域 2.47 万 t/年，占全省理想水环境容量的 31.5%；沱江流域 0.48 万 t/年，占全省理想水环境容量的 6.1%；嘉陵江流域（含涪江、渠江）2.29 万 t/年，占全省理想水环境容量的 29.1%（见表 12 - 11）。

表 12 - 11　四川省各流域水环境容量汇总

单位：t/年

流域	理想水环境容量		水环境容量		最大允许排放量	
	COD	氨氮	COD	氨氮	COD	氨氮
金沙江	446182	19368	407833	12866	408433	10631
岷　江	711038	24654	656687	15962	658708	15995
沱　江	151224	4806	142548	3299	142548	3299
涪　江	225136	12022	197033	7506	262676	10515
嘉陵江	96781	6880	87387	5256	112894	4519
渠　江	59194	3999	53949	3444	68891	2759
长上干	208827	6705	182606	2400	191322	4980
合　计	1898382	78434	1728043	50733	1845472	52698

8. 各市、州水环境容量

全省化学需氧量环境容量为 183.23 万 t，氨氮超过 10 万 t 的有凉山、宜宾、雅安、乐山、泸州、遂宁和甘孜七市州；全省氨氮环境容量为 5.29 万 t，超过 3000t 的有凉山、遂宁、宜宾、绵阳、南充、乐山和雅安七市州，各市州化学需氧量和氨氮环境容量具体情况，见表 12 - 12。

表 12 - 12　四川省各地市水环境容量汇总

单位：万 t

地市	水环境容量		地市	水环境容量	
	化学需氧量	氨氮		化学需氧量	氨氮
四川省	183.23	5.29	南　充	9.12	0.35
成　都	6.35	0.15	眉　山	3.44	0.06
自　贡	2.13	0.04	宜　宾	21.94	0.36
攀枝花	6.07	0.09	广　安	5.8	0.26
泸　州	12.7	0.25	达　州	2.34	0.11
德　阳	1.93	0.06	雅　安	19.76	0.47
绵　阳	8.03	0.35	巴　中	0.49	0.02
广　元	6.83	0.27	资　阳	2.28	0.03
遂　宁	11.24	0.39	阿　坝	3.85	0.27
内　江	4.42	0.09	甘　孜	10.51	0.26
乐　山	14.4	0.33	凉　山	29.6	1.06

按流域水系计算的水环境容量，只统计四川境内主要河流，同时未计入黄河流

域，此成果比按行政区统计数小，是合理的。

二　四川工业、城镇、园区水污染的排放和治理

（一）工业、城镇、园区水污染现状和发展趋势

1. 工业城镇废污水（物）排放量

（1）按行政区比较

据统计，2008 年全省工业、生活废污水排放量 26.23 亿 t。前 10 位排序是：成都、绵阳、眉山、宜宾、泸州、德阳、乐山、遂宁、达州和内江市，这 10 个城市废污水排放量为 20.131 亿 t，占全省的 76.7%。COD 排放量为 74.9 万 t，前 10 位排序是：成都、宜宾、眉山、乐山、达州、南充、泸州、绵阳、凉山、资阳，占全省的 67.5%。氨氮排放量为 6.18 万 t，前 10 位排序是：成都、眉山、南充、泸州、广元、遂宁、达州、绵阳、自贡、宜宾，占全省的 71.6%。各市、州废污水排放量情况见表 12-13。

表 12-13　2008 年四川省各市、州废污水及污染物排放量

单位：万 t

地　区	废水排放总量			COD 排放量			氨氮排放量		
	合计	工业	生活	小计	工业	生活	小计	工业	生活
四川省	26.23	10.87	15.36	74.9	24.77	50.13	6.178	1.668	4.51
成都市	7.52	2.07	5.45	13.891	6.261	7.63	1.582	0.872	0.71
自贡市	0.642	0.252	0.39	2.701	0.291	2.41	0.305	0.085	0.22
攀枝花市	0.495	0.125	0.37	1.739	0.559	1.18	0.123	0.003	0.12
泸州市	1.384	0.824	0.56	4.127	1.577	2.55	0.346	0.086	0.26
德阳市	1.194	0.454	0.74	2.367	0.447	1.92	0.161	0.021	0.14
绵阳市	2.039	1.009	1.03	3.323	0.613	2.71	0.265	0.035	0.23
广元市	0.678	0.358	0.32	2.374	0.724	1.65	0.284	0.144	0.14
遂宁市	1.12	0.3	0.82	2.375	0.285	2.09	0.276	0.026	0.25
内江市	0.891	0.421	0.47	2.164	0.634	1.53	0.222	0.042	0.18
乐山市	1.383	0.723	0.66	4.909	1.979	2.93	0.223	0.033	0.19
南充市	0.868	0.178	0.69	4.583	0.683	3.9	0.373	0.073	0.3
眉山市	1.926	1.416	0.51	6.016	2.066	3.95	0.55	0.05	0.5
宜宾市	1.688	1.078	0.61	6.585	3.615	2.97	0.245	0.035	0.21
广安市	0.569	0.329	0.24	2.528	0.588	1.94	0.198	0.048	0.15
达州市	0.986	0.366	0.62	4.636	1.606	3.03	0.263	0.023	0.24

地区	废水排放总量			COD 排放量			氨氮排放量		
	合计	工业	生活	小计	工业	生活	小计	工业	生活
雅安市	0.396	0.166	0.23	1.295	0.235	1.06	0.084	0.004	0.08
巴中市	0.668	0.098	0.57	1.771	0.241	1.53	0.162	0.032	0.13
资阳市	0.726	0.376	0.35	2.874	1.214	1.66	0.221	0.031	0.19
阿坝州	0.17	0.05	0.12	0.874	0.044	0.83	0.06	0	0.06
甘孜州	0.184	0.024	0.16	0.817	0.107	0.71	0.091	0.021	0.07
凉山州	0.715	0.255	0.46	2.95	1	1.95	0.144	0.004	0.14

（2）按流域水系比较

据统计，2008 年废污水排放量排序（由多至少）为岷江、嘉陵江（含涪江、渠江）、沱江、金沙江和长上干；COD 排放量与氨氮排放量排序均同上述。各流域排放量见表 12-14 至表 12-18。

表 12-14　2008 年四川各流域废污水排放量

流域水系	项目	废水排放量（亿 t）	COD 排放量（万 t）	氨氮排放量（万 t）
全 省	工业	10.87	24.77	1.67
	生活	15.36	50.13	4.52
	合计	26.23	74.90	6.19
岷 江	工业	3.60	8.63	0.68
	生活	5.19	13.77	1.25
	小计	8.80	22.41	1.92
沱 江	工业	2.53	5.29	0.48
	生活	3.74	10.59	1.06
	小计	6.27	15.89	1.54
嘉陵江	工业	2.75	4.85	0.39
	生活	4.46	17.33	1.49
	小计	7.22	22.19	1.87
金沙江	工业	1.99	5.99	0.13
	生活	1.97	8.43	0.72
	小计	3.95	14.42	0.85

①岷江流域

2008 年废污水排放量为 8.80 亿 t，COD 排放量为 22.4 万 t，氨氮排放量为 1.92 万 t，主要集中在成都、乐山、眉山三市（见表 12-15）。

表 12-15　2008 年岷江流域废污水排放量

地市	废水排放总量（万 t）			COD 排放量（t）			氨氮排放量（t）		
	合计	工业	生活	小计	工业	生活	小计	工业	生活
阿坝	1701	497	1204	8750	436	8314	649	1	648
成都	50126	13799	36327	92584	41740	50844	10527	5816	4710
乐山	13859	7229	6630	49139	19794	29345	2206	327	1879
眉山	14433	10620	3814	45140	15498	29642	4131	374	3756
雅安	3957	1660	2296	12982	2346	10636	813	45	768
宜宾	2447	1797	650	10036	6025	4010	424	59	365
自贡	1432	420	1011	5430	485	4945	495	141	354
全流域合计	87954	36022	51932	224061	86324	137737	19245	6765	12480

②沱江流域

2008 年废污水排放量为 6.27 亿 t，COD 排放量为 15.89 万 t，氨氮排放量为 1.54 万 t，主要集中在德阳、成都、资阳、内江四市（见表 12-16）。

表 12-16　2008 年沱江流域废污水排放量

地市	废水排放总量（万 t）			COD 排放量（t）			氨氮排放量（t）		
	合计	工业	生活	小计	工业	生活	小计	工业	生活
德阳	8963	3403	5560	17760	3356	14404	1244	158	1086
成都	25063	6899	18163	46292	20870	25422	5263	2908	2355
资阳	7269	3758	3511	28775	12143	16632	2186	310	1876
内江	8938	4215	4723	21635	6340	15295	420876	419057	1819
眉山	4811	3540	1271	15047	5166	9881	1377	125	1252
自贡	5353	2101	3251	22475	2423	20052	2532	706	1826
泸州	2304	1373	931	6882	2629	4254	568	143	425
全流域合计	62700	25289	37411	158866	52926	105940	434046	4769	10640

③嘉陵江流域

2008 年废污水排放量为 7.22 亿 t，COD 排放量为 22.19 万 t，氨氮排放量为 1.87 万 t，主要集中在绵阳、遂宁、达州、南充四市（见表 12-17）。

表 12 – 17　2008 年嘉陵江流域废污水排放量

地市	废水排放总量（万 t）			COD 排放量（t）			氨氮排放量（t）		
	合计	工业	生活	小计	工业	生活	小计	工业	生活
巴中	6648	981	5667	17695	2410	15286	1665	316	1349
达州	9885	3659	6226	46386	16060	30326	2653	230	2423
德阳	2988	1134	1853	5920	1119	4801	415	53	362
广安	5669	3291	2378	25306	5883	19423	1954	484	1470
广元	6752	3583	3169	23790	7244	16545	2881	1438	1443
绵阳	20388	10058	10330	33195	6135	27060	2652	346	2306
遂宁	11158	2997	8161	23732	2846	20886	2758	257	2501
南充	8636	1778	6858	45539	6531	39008	3736	731	3006
全流域合计	72153	27511	44642	221863	48527	173335	18714	3854	14860

④金沙江及长江上游四川段流域

2008 年废污水排放量为 3.95 亿 t，COD 排放量为 14.42 万 t，氨氮排放量为 0.85 万 t，主要集中在宜宾、泸州两市（见表 12 – 18）。

表 12 – 18　2008 年金沙江及长江上游四川段流域废污水排放量

地市	废水排放总量（万 t）			COD 排放量（t）			氨氮排放量（t）		
	合计	工业	生活	小计	工业	生活	小计	工业	生活
甘孜	1849	236	1613	8190	1072	7117	870	206	664
凉山	7186	2548	4638	29453	9997	19456	1467	44	1423
泸州	11518	6865	4653	34412	13143	21269	2842	715	2127
攀枝花	4943	1246	3697	17338	5585	11753	1269	27	1242
宜宾	14040	8984	5057	54854	30127	24726	2064	296	1768
全流域合计	39536	19878	19658	144247	59925	84322	8513	1288	7225

2. 城市扩张，占用土地，造成水体减少

由于城市化、工业化的迅速推进，大量的土地被人们无节制占用，水田、河流、水体的数量和面积迅速减少，从而加大了剩余水体的生态承受力，环境容量负荷急剧增大，造成城市水生态系统服务功能降低，抗御自然灾害的能力下降。加之城市规划布局结构不合理，使受灾的程度加深、受灾的范围加大。以成都市为例，1950 年城区面积 10 多 km^2，有大小河流 100 多条，水系纵横，湖泊、池塘星罗棋布。目前，成都市绕城高速公路以内的城区面积已达 $540km^2$ 以上，仅剩 50 多条中小河流，许多水田、池塘消失殆尽。城市占用土地 75 万余亩，其中绝大部分为水田。据有关资料记载：一亩水田的生态服务功能相当于同样面积湿地的 10 倍，以此估算，成都市生态资产、生态资源的损失，是相当巨大的。

3. 工业的发展、城市扩张，使水污染程度加剧，范围扩大

2005~2010年，四川省城镇居民生活污水排放量由6.71亿t增加到8.36亿t；工业（含建筑业）废水排放量由23.01亿t增加到25.08亿t；第三产业废水排放量由1.94亿t增加到2.25亿t。废污水排放量由31.66亿t增加到35.69亿t，入河废污水由25.31亿t增加到28.58亿t，造成四川省江河水环境污染加剧，范围扩大。2010年劣Ⅴ类水域河流（段）长扩大到185km，比2005年增长135km，占评价河长的百分率上升了3个百分点。属劣Ⅴ类水域河流（段）有岷江支流府河、南河、沱江干流及支流釜溪河、长江支流御临河等。

4. 环境容量分析

（1）按行政区分析

以2008年各市、州COD和NH_4排放量为基数，与相应的环境容量作比较，基本上可反映出各地区的环境状况。COD就全省而言有较大的富余，成都、达州、眉山、巴中、资阳、自贡、德阳的排放量，已超过了当地水环境的承受力，说明这些地区水体遭受COD的污染；NH_4全省排放量已超过水环境的承受力，其中成都、眉山、自贡、资阳、达州、内江、泸州、德阳八市超过1000吨，另外巴中、攀枝花、南充也超标，同样说明这些地区水体遭受NH_4的污染。故应在2008年排放量的基础上，削减COD和NH_4的排放。各市州COD和NH_4的水环境容量，见表12-19。

表12-19　2008年各市州COD和NH_4的水环境容量

单位：万t

地　市	水环境容量		2008年排放量		2008年剩余水环境容量	
	COD	NH_4	COD	NH_4	COD	NH_4
四川省	183.25	5.29	74.9	6.18	108.35	-0.89
成　都	6.35	0.15	13.9	1.58	-7.55	-1.43
自　贡	2.13	0.04	2.7	0.3	-0.57	-0.26
攀枝花	6.07	0.09	1.7	0.13	4.37	-0.04
泸　州	12.7	0.25	4.1	0.35	8.6	-0.1
德　阳	1.93	0.06	2.4	0.17	-0.47	-0.11
绵　阳	8.03	0.35	3.3	0.26	4.73	0.09
广　元	6.83	0.27	2.4	0.28	4.43	-0.01
遂　宁	11.24	0.39	2.4	0.28	8.84	0.11
内　江	4.42	0.09	2.2	0.24	2.22	-0.15
乐　山	14.4	0.33	4.9	0.22	9.5	0.11

续表

地　市	水环境容量		2008 年排放量		2008 年剩余水环境容量	
	COD	NH₄	COD	NH₄	COD	NH₄
南　充	9.12	0.35	4.6	0.37	4.52	-0.02
眉　山	3.44	0.06	6	0.55	-2.56	-0.49
宜　宾	21.94	0.36	6.6	0.24	15.34	0.12
广　安	5.8	0.26	2.5	0.2	3.3	0.06
达　州	2.34	0.11	4.6	0.26	-2.26	-0.15
雅　安	19.76	0.47	1.3	0.08	18.46	0.39
巴　中	0.49	0.02	1.8	0.16	-1.31	-0.14
资　阳	2.28	0.03	2.9	0.22	-0.62	-0.19
阿　坝	3.85	0.27	0.9	0.06	2.95	0.21
甘　孜	10.51	0.26	0.8	0.09	9.71	0.17
凉　山	29.6	1.06	2.9	0.14	26.7	0.92

（2）按流域水系分析

COD 除沱江流域超过承受能力外，其他流域均有富余；NH₄ 除金沙江及长上干尚有富余外，其他流域均超出其承受力（见表 12 - 20）。

表 12 - 20　2008 年各流域 COD 和 NH₄ 的水环境容量

单位：万 t

流域水系	水环境容量		2008 年排放量		剩余水环境容量	
	COD	NH₄	COD	NH₄	COD	NH₄
全　省	172.80	5.06	74.91	6.18	97.89	-1.12
金沙江	59.04	1.51	14.42	0.85	44.62	0.66
岷　江	65.67	1.60	22.41	1.92	43.26	-0.32
沱　江	14.25	0.33	15.89	1.54	-1.64	-1.21
嘉陵江	33.84	1.62	22.19	1.87	11.65	-0.25

5. 工业、城镇、园区水污染发展趋势分析

城市化、工业化的特征决定了它对生态和环境有巨大影响。生态破坏、环境污染虽然未必是城市化、工业化活动的必然结果，但二者确有超强的内在联系。在经济起飞前的资本积累阶段，人们主要从事农业生产，废弃物产生量和排放量能被自然界所吸纳和净化。大工业发展后就不断出现污染事件，随着工业化加速和经济腾飞，"三废"产生量和排放量猛增，超过了自然吸纳净化能力，开始进入环境污染时代。后来，又随着人均收入水平的不断提高，人们的生态知识和环境意识的不断增强，在积聚一定的财力、物力和科技水平提高之后，资源环境质量才开始改善，但又不可能恢复到自然生态与环境的"原始"状态。

四川省的城市化、工业化发展虽然历经短短几十年，但由于其规模巨大、发展速度快，对生态与环境造成的不利影响或破坏难以估计。目前四川省许多城镇正在承载东部、中部地区的产业转移，污染物排放量已成为我国最多的省份，同时生态与环境也遭到严重破坏。四川省用巨大的生态与环境代价换得了城市化、工业化的发展，特别是以粗放掠夺式发展的采掘业和一些初级产品加工工业，侵占耕地、山地、草原、森林、河湖，甚至损毁生物繁衍地带。我们若不认真研究维护生态与环境问题，随着时间的推移，生态环境恶化的程度及范围将不断地加剧和扩大。

（二）工业、城镇、园区水污染存在的主要问题

城市是科技进步、经济繁荣的策源地，也是全球生态与环境变化的策源地。工业利用各种科技手段从自然界取得物质资源，集中强化加工、排出废物、获得产出，既是有用产品获得的制造中心，也是破坏生态、污染环境的集聚地。城市生态系统以人口的迅速发展代替或限制其他生物的发展，许多的环境因素是人为制造的，大量的人工设施叠加于自然生态与环境之上，形成显著的人工化特点，生物多样性与生物群落数量快速减少，自然生态与环境的"天然、原始、野性"被取代，形成了"人工与自然"的明显差异。城市消费者制造的大量废弃物远超自然的吸纳净化能力，需要人工输出来维护正常运转，又造成二次破坏与污染。城市的物理生态与环境在不断变化，原有的免破坏和免污染的自我维持、自我调节、自我平衡机制逐渐丧失。工业化、城镇化、园区化最重要的后果就是城市离自然、自然生态越来越远。

城市化建设带来的城市降雨量、降雨强度、汇流条件、径流水质等变化，导致城市水文生态失去平衡，更使城市防洪抗涝压力剧增。同时，由于城市硬地面增多，雨水资源大量流失，地下水得不到有效补充。地下水过量开采，引发地面断裂沉降等地质灾害。降雨径流携带的污染物质快速汇入城市河道，加之四川省城镇未实现"雨污分流"，废污水处理能力或开工不足，导致了城市河道富营养化及水体污染。

（三）工业、城镇、园区水生态环境保护对策与建议

1. 合理利用水生态承载力和水环境容量，促进产业结构调整

（1）市场选择与政府容量控制相结合

地域产业的发展是有一定市场规律的，由于产业的惯性，现有的产业模式难以短时间改变，特别是随着投资主体与投资方式的改变，政府对经济的管理作用减弱，只有在基本保持现有的特色经济、传统产业格局的基础上，通过合理利用水生

态承载力和水环境容量控制的方式进行产业降耗，促使企业采用符合环境要求的工艺，根据污染削减成本选择容量较大的区域。

（2）依据水生态承载力、水环境容量调整工业布局和产业结构

依据水生态承载力、水环境容量的空间分布特征，调整工业布局和产业结构。在生产力布局过程中，要充分考虑水生态承载力、水环境容量、水资源地域分布状况，优化生产力布局，合理调整产业的合理结构。同时，成都市等主要城市应控制人口过快增长。

2. 加强工业废水深度治理，有效削减排污总量

（1）淘汰水污染严重企业和产能落后产品

结合产业结构调整，按期淘汰不符合国家产业政策的水污染严重企业和落后的生产能力、工艺、设备与产品。对区域内的造纸、化工、酿造、制药等行业进行产业优化升级，并依法实行强制清洁生产审核，依法按江河排污总量控制要求发放排污许可证，把总量控制指标分解落实到各个排污单位。水污染重点监控企业必须实现持证排污，在指定位置安装自动监控装置，并与环保部门联网。

（2）积极推进清洁生产，大力发展循环经济

要按照"产业生态学"的理论和"绿色循环"经济理念调整经济发展模式和产业结构。鼓励企业实行清洁生产和工业用水循环利用，发展节水型工业。

（3）严格执行水生态承载力、水环境容量的环保准入

新建项目必须符合国家产业政策，执行环境影响评价和"三同时"制度。从严审批新建与扩建产生有毒有害污染物的建设项目；暂停审批超过污染物总量控制指标地区的新增污染物排放量的建设项目；切实加强"三同时"验收，做到增产不增污。

3. 完善城镇环境基础设施，有效控制城镇污染

（1）合理确定污水处理设计标准、工艺、规模

合理确定污水处理厂设计标准及处理工艺，合理确定建设规模、执行标准和处理工艺，确保项目建成后的运行效率。新建污水处理厂出水排放标准必须符合《四川省重点流域区划（2006～2010年）》及相关规定的要求，排出封闭或半封闭水体。现已富营养化或存在富营养化威胁的水域，应选用具有强化除磷脱氮功能的处理工艺。此外，还要妥善解决污水处理厂污泥和垃圾处理场渗滤液问题。

（2）加强污水处理厂配套工程建设

污水处理系统建设的原则是"管网优先"，大力推行雨污分流，加强对现有雨污合流管网系统改造，提高城镇污水收集的能力和效率。高度重视污水处理厂的污泥处理、处置，新建污水处理厂和现有污水处理厂改造要统筹考虑配套建设污泥处理、处置设施。

（3）节约用水，提高城市污水再生水利用率

采用分散与集中相结合的方式，建设污水处理厂再生水处理站和加压泵站；在具备条件的机关、学校、住宅小区新建再生水回用系统，大力推广污水处理厂尾水生态处理；加快建设尾水再生利用系统，城镇景观、绿化、道路冲洒等优先利用再生水。

（4）加强污水处理费征收

加大污水处理费的收缴力度，将收费标准提高到保本微利水平。各地应结合本地区污水处理设施运行成本，制订最低收费标准，当地政府安排专项财政补贴资金以确保设施正常运行。

（5）加强城镇污水处理工程建设与运营监管

污水处理设施设计要合理选择工艺，严格控制规模与投资。污水处理设施建设要靠政府引导并与市场运作相结合，推行特许经营，加快建设进度。加强对城镇污水处理设施达标运行的监管，所有城镇污水处理厂应安装在线监测装置，投产3年以上的污水处理厂污水处理量不得低于设计能力的75%。

有条件的城镇可兴建水生态系统的保护与修复工程，如生态补水工程、生物护坡工程、生态清淤、河道曝气、前置库以及河滨生态湿地等。此外，还要加强管理，充分发挥大自然的自我修复能力，保护和修复水生态系统。

三　四川农村面源污染和治理

（一）农村面源污染现状和发展趋势

1. 农村面源污染现状

农业灌溉用水在全部生产生活用水当中占据的份额最大。以2010年的数据为例，全省总用水量249.81亿 m^3（包括自备水源），用水量的构成为：生活用水49.4亿 m^3，占总用水的19.8%，其中城市生活用水30.2亿 m^3（包括城镇环境用水5.94亿 m^3 和三产业用水），农村生活（含牲畜用水）19.2亿 m^3；生产用水200.41亿 m^3，占总用水的80.2%，在生产用水中，工业用水68.4亿 m^3，占生产用水的34.1%，农业生产132.21亿 m^3（包括林牧渔用水），占生产用水的65.9%。

（1）非点源排放情况

非点源主要包括农村生活污染源（分散式畜禽养殖散养源）、农田径流污染源、城市径流污染源等，主要受降雨、地形、生活水平、耕作条件的影响。非点源测算采用系数法估算，调查结果如下：

①岷江流域非点源化学需氧量排放量为59.84万 t/年，氨氮排放量为10.21万 t/年，具体见表12-21。

表 12 - 21 岷江流域非点源污染源排放量统计

单位：t/年

地 市	化学需氧量	氨 氮
阿 坝	2107.47	360
成 都	166185.99	26558.56
甘 孜	74987.15	14610.93
乐 山	174555.46	31154.17
凉 山	14975.1	1045.42
眉 山	26025.15	3996.08
雅 安	71527.27	12324.1
宜 宾	68026.33	12077.94
自 贡	0	0
全流域合计	598389.92	102127.2

②沱江流域非点源化学需氧量排放量为 72.997 万 t/年，氨氮排放量为 12.78 万 t/年，具体见表 12 - 22。

表 12 - 22 沱江流域非点源污染源排放量统计

单位：t/年

地 市	化学需氧量	氨 氮
德 阳	112679.39	18811.44
成 都	128853.59	21558.34
资 阳	187484.7	33043.1
内 江	121951.78	20103.98
眉 山	41508.84	7249.69
自 贡	102518.33	21260.47
泸 州	34970.9	5815.4
全流域合计	729967.52	127842.42

③嘉陵江流域非点源化学需氧量排放量为 115.1 万 t/年，氨氮排放量为 18.96 万 t/年，具体见表 12 - 23。

表 12 - 23　嘉陵江流域非点源污染源排放量统计

单位：t/年

地　市	化学需氧量	氨　氮
阿　坝	1235.16	123.52
巴　中	141451.38	23886.44
达　州	77752.39	7775.24
绵　阳	286928	51008
德　阳	18629.6	1862.96
广　安	58654.57	5865.46
广　元	160319.59	31705.41
南　充	231410.06	37458.86
遂　宁	174652.75	29944.82
全流域合计	1151033.5	189630.71

④长江、金沙江流域非点源化学需氧量排放量为 84.98 万 t/年，氨氮排放量为 15.30 万 t/年，具体见表 12 - 24。

表 12 - 24　长江、金沙江流域非点源污染排放量统计

单位：t/年

地　市	废　水	化学需氧量	氨　氮
甘　孜	16910377.00	153093.26	29942.15
凉　山	119854320.00	232413.91	41392.37
泸　州	119515600.00	179858.59	31167.92
攀枝花	10785750.00	31279.75	5618.32
宜　宾	146886950.00	253108.40	44845.93
全流域合计	413952997.00	849753.91	152966.70

（2）非点源排放量汇总

全省非点源化学需氧量排放量为 332.9 万 t/年，氨氮排放量为 57.26 万 t/年，具体见表 12 - 25。

表 12 - 25　四川省非点源排放量统计

单位：t/年

地市	化学需氧量	氨氮	地市	化学需氧量	氨氮
成都	295040	48117	内江	121952	20104
绵阳	286928	51008	凉山	247389	42438
德阳	131309	20674	甘孜	228080	14553
自贡	102518	21260	攀枝花	31280	5618
乐山	174555	31154	广元	160320	31705
宜宾	321135	56924	南充	231410	37459
眉山	67534	11246	广安	58655	5865
泸州	214829	36983	遂宁	174653	29945
雅安	71527	12324	达州	77752	7775
资阳	187485	33043	巴中	141451	23886
阿坝	3343	484	全省	3329145	572565

2. 农村面源污染发展趋势分析

（1）城镇污染向农村延伸

城镇化快速推进，而大部分城镇污水及垃圾的无害化处理没有同步跟上，产生的大量污水与垃圾得不到有效处理，污水直接排放到附近的溪沟、河道之中，垃圾运往郊外农村直接堆置或简单地填埋。有的城镇虽建有污水或垃圾处理设施，但由于缺乏运行资金，污水和垃圾未得到处理。大量的城市污染物源源不断地流向农村，成为农村新的污染源。据调查发现，四川省近年来城镇垃圾及污水威胁农村环境日趋严重，特别是县城及其以下的小集镇边缘地带，垃圾随处可见，城镇边缘的溪、河严重污染，不少溪、河已成为污水沟。

（2）牧区生态环境问题十分突出

一些地方急于发展经济，对土地资源乱开、滥用，造成了严重的生态环境破坏。比较典型的是在四川省西北若尔盖高原沼泽草地开沟排水，开垦土地，种植甜菜、油菜等作物。若尔盖高原海拔 3500 m 左右，年均温度不到 1 ℃，没有绝对的无霜期，根本就不能满足甜菜生长发育所要求的热量条件。大规模开沟排水，违背了自然规律，给当地牧业生产、牧民的经济生活带来了严重的灾难。通过 34 年的动态监测资料（含二代卫星遥感影像监测资料）研究发现，人们在若尔盖高原开沟排水的直接后果是草地逐年退化、沙化，甚至部分地区变成沙地。34 年中，若尔盖高原草地沙化面积增加 307.8%（沙地面积增加 307.2%），年递增率达 4.22%。这个当年红军长征时经过的高原沼泽湿地，也大面积萎缩，最集中表现为高原湖泊的萎缩、干涸，年均递减速度为 3.34%。若尔盖高原 1985 年尚存的 17 个面积在 7km²

以上的湖泊，到 2000 年已有 6 个完全干涸，其余 11 个也大面积萎缩。若不加以治理，据预测，24 年后，这些美丽的高原湖泊将完全消失。若尔盖高原牧区是一个生态极度脆弱的地区，由于人为的破坏（加之过牧、鼠虫害等），这里的生态系统正加速沿着"湿地—草甸—退化草甸—沙化草地—沙地"演变。

川西理塘高原也是如此，人们不仅对草地进行破坏性的开发，还试图修建甜菜制糖工厂。理塘高原海拔 4000m，有效积温更低，甜菜、油菜等无法正常生长发育。2005 年现场调查，这里到处是大片草场退化、沙化、荒漠化的景观，连绵 50 多千米的沙地，沙化草地向高原面深处延伸，具有"千湖"之称的高原湖泊多数已干涸或严重萎缩。

（3）农业生产造成的环境问题日趋严重

现代农业生产中，因农药、化肥、地膜等的不当使用，造成了严重的环境问题。以化肥为例，四川省近年来每年施用化肥高达 200 多万 t（折纯），每公顷均施化肥 625 kg 以上，已超过发达国家化肥施用水平。化肥施用不仅量大，而且比例失调。据四川省农业厅土壤测试中心的研究，四川省"测土配方"施肥，氮、磷、钾按 1：0.4：0.4 的比例施用较为合理，根据各土壤类型其比例还有一定差异。而目前施用化肥氮、磷、钾的实际比例为 1：0.38：0.14，比例严重失调。重氮轻磷、钾，重化肥轻有机肥，加之施用技术不当，多撒施于地表，并未深施，造成大量的化肥随表土和径流流失到江河、水库之中。盆地丘陵区的溪河、水库 70% 以上的水体为中度富营养化水平。

四川省 2005 年畜牧业产值首次突破农业总产值的 50%，这是农业产业结构调整的重大成绩。但是，随着畜禽养殖业的加速发展，畜禽粪便、污水四处溢流，已成为农村新的污染源。此外，乡镇企业造成的农村环境问题目前仍未得到遏制。

（二）农村面源污染当中的主要问题

四川省是农业大省、人口大省，又地处长江上游，还是全国农村改革发源地之一。人口众多，区位特殊，农业所占比重极大，这决定了四川省的农村环境保护工作相对其他地方而言，任务更加艰巨，意义更加重大，农村日益成为四川省环保工作的主战场。进入 21 世纪以来，四川省农业和农村发展日益加快，但农村生态环境形势也日益严峻。一是农村污染突出。据四川省第一次污染源普查结果显示，全省农村污染负荷占整个污染负荷的比重已达到 30% ~ 40%，部分地区达到 70%。二是畜禽养殖污染加剧。四川省畜禽养殖数量居全国之首，畜牧业产值已达到全省农业总产值的 52%，随之而来的是，畜禽养殖年排放化学需氧量是工业排放量的 1.8 倍。三是面源污染加大。作为农业大省，全省化肥年施用量达 220 万 t，农药使用量达 5.63 万 t，而利用率仅为 30% 左右；农膜使用量达 9 万多吨，回收率却很低。此外，一些地区还出现了污染企业加速向农村转移的趋势，加大了农村环境的压力，农村环保工作将是整个四川省环保工作的重中之重。

目前的发展态势是：除了污染量大、面宽外，已经形成了综合、复合、立体的农村面源污染特征。四川省农村面源污染防治工作面临的问题主要是：

1. 农村环境污染突出，已经形成了综合、立体的污染特征

一是污染源的综合性，点源与面源共同存在。过去沿用工业污染的防治方法，防治的点源多、面源少，而农村环保却是点源与面源共同存在。二是农村环境污染界面的多样性。农村环境在水、气、土壤、生物 4 个层面上相互作用，形成交叉污染，这是农村环境污染区别于工业污染、城市污染的一个显著特征。三是环境污染因素的综合性。农村环境污染复合污染特征明显，除了普通的有机物、无机物污染外，还包括重金属、持久性有机物污染、内分泌干扰物污染等。四是高度集约化的农业生产带来的土壤生态退化与土壤污染共同作用，即生态破坏与环境污染在农村同时存在，共同作用。

2. 农村环境基础设施建设滞后，农村环保的社会服务覆盖面和公平性相当不足

全省农村每年产生生活垃圾约 1697 万 t，生活污水 10 多亿吨，有相当大部分未处理；在全省 4427 个乡镇中，建有污水处理设施的乡镇不足 10%；在全省 4.8 万多个行政村中，绝大部分污染治理还处于空白状态。

3. 农村环境管理基础薄弱

一方面是社会资源动员和投入不足，比如，农村基层环保机构严重缺失，目前设立环保机构的乡镇仅 628 个，占全省乡镇的 14%，乡镇专、兼职环保工作人员仅 1859 人，平均约 2.5 个乡镇才有 1 个环保人员。并且环保服务不平衡，政策不清晰。比如，农村环境污染问责主体还需进一步明确，农民与城市居民享受的环保基础设施服务还有很大差距，城乡二元结构问题在环境基础设施上尤为凸显。

（三）农村面源污染防治对策与措施

农村面源污染的防治工作是一项系统工程，四川省提出了解决农村垃圾、污水处理问题，改善人居环境，在清洁化、优美化上狠下功夫，进而推动农村生态与环境的有效改善。以下三方面是工作的重点，即以"污染防治"为核心，以"生态保护"为中心和以"机制、体系、政策"为保障的农村生态、环境保护与建设工作体系。首先，农村环境保护以污染防治为核心，各地加强了农村环境基础设施建设，实现了"组保洁、村收集、镇运转、县处理"的城乡生活垃圾一体化处置。强化畜禽养殖污染治理，"十一五"以来，把整治规模化畜禽养殖污染企业列入"惠民行动"和"民生工程"，省财政安排近 1 亿元治理资金，同时在全省开展了科学划定养殖区工作，着力抓以"种养循环"为突破口的农业循环经济发展。同时，有力治理农业面源污染，并通过优化农业产业结构促进了农业源污染控制。其次，农村环境保护以生态保护为中心，全省综合整治小流域和湖库环境，实行"流域

（湖、库）长"责任制和"一流域（湖、库）一策"，各市、州编制了32条重点小流域污染防治规划并全部实施。再次，大力发展低碳农业，走创新农业源控制新道路。到2009年年底，全省52%的适宜农户都建成了户用沼气池，居全国前列。在全国较早地开展了农村温室气体减排及碳交易探索，在全国首次成功开展了农村温室气体自愿减排机制的交易项目，其碳减排指标被上海世博会"绿色出行"低碳交通卡采用。最后，以建立农村环境管理机制和体系为保障，深化"技术—经济—行政"政策，培养环保自治组织。重点加强农村环境保护技术指导，建立农村环境保护技术支撑体系，研究制定促进农业废弃物综合利用、畜牧业清洁养殖和有机、绿色、无公害农产品基地建设的环境政策，加强农业产业化环境影响评价，开展农业面源污染的评估和监控，以环境优化农业产业化发展。建立农村环境保护目标责任制，健全农村环境监测、统计、考核体系，在加强乡镇政府环保机构及队伍建设的同时，努力培养村、社农民环保自治组织，提高农民参与环境保护的自觉性，这是做好农村环境保护的一个根本性保障。

加强四川农村面源污染防治的对策与措施，主要有以下几点：

第一，大力实施乡村清洁工程，推进农村废弃物资源化利用，积极推广使用沼气等清洁能源。

科学划定禁养、限养区域，禁养区内不得新建任何畜禽养殖场，已建的畜禽养殖场要限期搬迁或关闭。对规模化畜禽养殖场要加强粪污处理设施建设。科学合理施用化肥农药，鼓励和支持开展有机肥资源综合利用，推广科学测土配方施肥、病虫害综合防治等科学技术。

第二，积极采取植物缓冲带、人工湿地等措施，提高水体自净能力。

植物缓冲带、人工湿地等措施能够充分利用植物、湿地对氮、磷等污染物的截留、吸收、降解作用，减轻农业面源污染。

第三，加大小流域综合治理力度。

目前，四川省金沙江、长江、岷江、沱江、嘉陵江干流水质较好，绝大多数断面能达到相应水体功能，并逐年趋好，但是小流域污染尚未得到根本性的解决。由于小流域枯水期水量较少，环境容量季节变化明显，导致水体难以稳定达标。一旦发生污染事故，对流域生态环境、居民生活造成的影响将会更加突出。

因此，应进一步加大小流域综合治理的力度和范围，根据小流域的水环境容量优化生产力布局，取缔或削减污染物排放。结合"环境优美乡镇"等农村环境综合整治工程，开展农村生活污染、畜禽渔养殖污染、面源污染的综合防治，控制水土流失，减轻农药、化肥对水体的污染，严格控制网箱养鱼数量，建设沿江生态防护林带。

第四，开展面源影响研究。

近几年的相关研究表明，农业面源等非点源已成为水环境管理的制约因素。关于非点源估算多是采用以前研究成果。开展农田径流、城市径流等面源污染对水环境影响的研究工作，弄清其排放量及入河量，是下一步亟待解决的问题，尤其是四川省是以农业为主的大省。

四　实行严格的节能减排制度和江河纳污红线制度

根据《中华人民共和国节约能源法》、《中华人民共和国环境保护法》、《中华人民共和国循环经济促进法》、《中央企业负责人经营业绩考核暂行办法》、《"十二五"节能减排综合性工作方案》、《中央企业节能减排监督管理暂行办法》等编写了本段内容。

（一）实行严格的节能减排制度

节能减排有广义和狭义之分，广义而言，节能减排是指节约物质资源和能量资源，减少废弃物和环境有害物（包括三废和噪声等）排放；狭义而言，节能减排是指节约能源和减少环境有害物排放。

《中华人民共和国节约能源法》所称"节约能源（简称节能）"，是指加强用能管理，采取技术上可行、经济上合理以及环境和社会可以承受的措施，从能源生产到消费的各个环节，降低消耗、减少损失和污染物排放、制止浪费，有效、合理地利用能源。我国快速增长的能源消耗和过高的石油对外依存度促使政府希望在一定的年度能够实现 GDP 能耗比之前降低，主要污染物排放减少。这两个指标结合在一起，就是"节能减排"。

1. 国家"十二五"节能减排的总体要求

为确保实现"十二五"期间的节能减排约束性指标，《方案》明确了"十二五"节能减排的总体要求、主要目标、重点任务和政策措施。

（1）细化节能减排目标，强化地方政府责任

《方案》对"十二五"规划纲要确定的节能减排目标进行了细化。在节能方面，提出到 2015 年，全国万元国内生产总值能耗下降到 0.869 吨标准煤（按 2005 年价格计算），比 2010 年的 1.034 吨标准煤下降 16%，比 2005 年的 1.276 吨标准煤下降 32%；"十二五"期间，实现节约能源 6.7 亿吨标准煤。在减排方面，提出到 2015 年，全国化学需氧量和二氧化硫排放总量分别控制在 2347.6 万 t、2086.4 万 t，比 2010 年的 2551.7 万 t、2267.8 万 t 分别下降 8%；全国氨氮和氮氧化物排放总量分别控制在 238.0 万 t、2046.2 万 t，比 2010 年的 264.4 万 t、2273.6 万 t 分别下降 10%。

此外，《方案》还以附件形式，明确了"十二五"各地区节能目标、各地区化

学需氧量、氨氮、二氧化硫和氮氧化物排放总量控制计划。

《方案》从3个方面提出强化节能减排目标责任的任务。一是合理分解节能减排指标。综合考虑经济发展水平、产业结构、节能潜力、环境容量及国家产业布局等因素，将全国节能减排目标合理分解到各地区。如节能目标分解：天津、上海、江苏、浙江、广东下降18%；北京、河北、辽宁、山东下降17%；山西、吉林、黑龙江、安徽、福建、江西、河南、湖北、湖南、重庆、四川、陕西下降16%；内蒙古、广西、贵州、云南、甘肃、宁夏下降15%；海南、西藏、青海、新疆下降10%。二是健全节能减排统计、监测和考核体系。加强能源生产、流通、消费统计，建立和完善建筑、交通运输、公共机构能耗统计制度，完善节能减排统计核算、监测方法及考核办法，继续做好全国和各地区单位国内生产总值能耗、主要污染物排放指标公报工作。三是加强目标责任评价考核。把地区目标考核与行业目标评价相结合，把落实5年目标与完成年度目标相结合，把年度目标考核与进度跟踪相结合，以解决节能减排工作前松后紧等问题。

国务院将每年组织开展省级人民政府节能减排目标责任评价考核，考核结果作为领导班子和领导干部综合考核评价的重要内容，纳入政府绩效和国有企业业绩管理，实行问责制，并对做出突出成绩的地区、单位和个人给予表彰奖励。

（2）推进产业结构调整，发挥经济政策作用

在推进调整优化产业结构方面，《方案》提出了抑制高耗能、高排放行业过快增长，加快淘汰落后产能，推动传统产业改造升级，以及调整能源消费结构，提高服务业和战略性新兴产业在国民经济中的比重等政策措施。到2015年，非化石能源占一次能源消费总量比重达到11.4%，服务业增加值和战略性新兴产业增加值占国内生产总值比重分别达到47%和8%左右。

节能减排重点工程主要有：一是节能重点工程，包括节能改造工程、节能技术产业化示范工程、节能产品惠民工程、合同能源管理推广工程，形成3亿t标准煤的节能能力。二是污染物减排重点工程，包括城镇污水处理设施及配套管网建设工程，脱硫、脱硝工程，形成化学需氧量、氨氮、二氧化硫、氮氧化物削减能力420万t、40万t、277万t、358万t。三是循环经济重点工程，包括资源综合利用、废旧商品回收体系、"城市矿产"示范基地、再制造产业化、产业园区循环化改造工程等。《方案》还明确要多渠道筹措节能减排资金，节能减排重点工程所需资金主要由项目实施主体通过自有资金、金融机构贷款、社会资金解决，各级人民政府应安排一定的资金予以支持和引导。

在加强节能减排管理方面，《方案》从8个方面提出了要求。一是合理控制能源消费总量；二是强化重点用能单位节能管理；三是加强工业节能减排；四是推动建筑节能；五是推进交通运输节能减排；六是促进农业和农村节能减排；七是推动

商业和民用节能；八是加强公共机构节能减排。

此外，《方案》还从价格、财政、税收、金融4个方面提出了有利于节能减排的经济政策。如深化资源性产品价格改革，理顺煤、电、油、气、水、矿产等资源产品价格关系，对能源消耗超过国家和地区规定的单位产品能耗（电耗）限额标准的企业和产品，实行惩罚性电价，积极推进资源税费改革，调整进出口税收政策，遏制高耗能、高排放产品出口。同时，加大各类金融机构对节能减排项目的信贷支持力度，鼓励金融机构创新适合节能减排项目特点的信贷管理模式；引导各类创业投资企业、股权投资企业、社会捐赠资金和国际援助资金对节能减排的投入；提高高耗能、高排放行业贷款门槛；推行环境污染责任保险；建立银行绿色评级制度等。

（3）加强组织领导，落实目标责任

针对节能减排工作中存在的责任落实不到位和监管不力等问题，《方案》明确提出了严格落实节能减排目标责任，进一步形成以政府为主导、企业为主体、市场有效驱动、全社会共同参与的推进节能减排的工作格局。

要切实发挥政府主导作用，进一步落实地方各级人民政府对本行政区域节能减排负总责、政府主要领导是第一责任人的工作要求；进一步明确企业的节能减排主体责任，严格执行节能环保法律法规和标准，细化和完善管理措施，落实目标任务。同时，也要进一步发挥市场机制作用，加大节能减排市场化机制推广力度，真正把节能减排转化为企业和各类社会主体的内在要求。

此外，还将全面加强对节能减排工作的组织领导，狠抓监督检查，严格考核问责。发改委负责承担国务院节能减排工作领导小组的具体工作，环境保护部为主承担治污减排方面的工作，统计局负责加强能源统计和监测工作，其他各有关部门要切实履行职责，密切协调配合。各省级人民政府要立即部署本地区"十二五"节能减排工作，进一步明确相关部门责任、分工和进度要求。

2. 节能减排的对策与措施

（1）控制增量，调整和优化结构

继续严把土地、信贷"两个闸门"和市场准入门槛，严格执行项目开工建设必须满足的土地、环保、节能等"六项必要条件"，要控制高耗能、高污染行业过快增长，加快淘汰落后生产能力，完善促进产业结构调整的政策措施，积极推进能源结构调整，制定促进服务业和高技术产业发展的政策措施。

（2）强化污染防治，全面实施重点工程

加快实施十大重点节能工程；实施水资源节约项目；加快水污染治理工程建设；推动燃煤电厂二氧化硫治理；多渠道筹措节能减排资金。

（3）创新模式，加快发展循环经济

深化循环经济试点，推进资源综合利用，推进垃圾资源化利用，全面推进清洁生产；组织编制重点行业循环经济推进计划；制定和发布循环经济评价指标体系；深化循环经济试点，利用国债资金支持一批循环经济项目；全面推行清洁生产，对节能减排目标未完成的企业，加大实行清洁生产审核的力度，限期实施清洁生产改造方案。

（4）依靠科技，加快技术开发和推广

加快节能减排技术研发，加快节能减排技术产业化示范和推广，加快建立节能减排技术服务体系，推进环保产业健康发展，加强国际交流合作。加强节能环保电力调度。加快培育节能技术服务体系，推行合同能源管理，促进节能服务产业化发展。

（5）夯实基础，强化节能减排管理

出台《节能目标责任和评价考核实施方案》，建立"目标明确，责任清晰，措施到位，一级抓一级，一级考核一级"的节能目标责任和评价考核制度。严格执行固定资产投资项目节能评估和审查制度。强化对重点耗能企业，特别是千家企业节能工作的跟踪、指导和监管，对未按要求采取措施的企业向社会公告，限期整改。加强电力需求管理。扩大能效标识在三相异步电动机、变频空调、多联式空调、照明产品及燃气热水器上的应用。扩展节能产品认证范围，建立国际协调互认。组织开展节能专项检查。研究建立并实施科学、统一的节能减排统计指标体系和监测体系。

（6）对高耗能企业采取节能措施

近10年来，随着节能工作进一步开展，各种新型节能先进炉型日趋完善，且采用新型耐火纤维等优质保温材料后，炉窑散热损失明显下降。采用先进的燃烧装置强化了燃烧，降低了不完全燃烧量，空燃比也趋于合理。然而，降低排烟热损失和回收烟气余热的技术仍进展不快。为了进一步提高窑炉的热效率，达到节能降耗的目的，回收烟气余热也是一项重要的节能途径。

烟气余热回收途径通常采用两种方法：一种是预热工件；另一种是预热空气进行助燃。烟气预热工件需占用较大的体积进行热交换，往往受到作业场地的限制（间歇使用的炉窑还无法采用此种方法）。预热空气助燃是一种较好的方法，一般配置在加热炉上，也可强化燃烧，加快炉子的升温速度，提高炉子热工性能。这样既满足工艺的要求，最后也可获得显著的综合节能效果。

（7）健全法制，加大监督检查执法力度

完善节能和环保标准，开展节能减排专项执法检查。配合全国人大抓紧出台《节约能源法》（修订）和《循环经济法》，抓紧制（修）订配套法规。组织制定16个高耗能产品能耗限额强制性国家标准，制（修）订16项节能设计规范、21项节能基础及方法标准和17种终端用能产品（设备）能效标准。

（8）完善政策，形成激励和约束机制

积极稳妥推进资源性产品价格改革，完善有利于节能减排的财政政策，实行有利于节能减排的税收政策。调整节能产品政府采购清单，研究试行强制采购节能产品的办法。拓宽融资渠道，促进国内及国际金融机构资金、外国政府贷款向节能减排领域倾斜。

（9）加强宣传，提高全民节约意识

组织好每年一度的全国节能宣传周、全国城市节水宣传周及世界环境日、地球日、水宣传日等活动。把节约资源和保护环境理念渗透到各级各类的学校教育教学中，从小培养儿童的节约意识。将发展循环经济、建设节约型社会宣传纳入今年"科学发展，共建和谐"重大主题宣传活动。组织开展全国节能宣传周活动和节能科普宣传活动，实施节能宣传教育基地试点，组织《节约能源法》和《循环经济法》宣传和培训工作，开展节能表彰和奖励活动。

（10）政府带头，发挥节能表率作用

在节能减排工作中，中央政府将率先规范，如推广高效节能产品，国家机关要率先使用节能灯，公务用车按牌照尾号每周停用一天，等等。

3. 四川省的节水举措

（1）总体要求

建设节水型社会是一场深刻的社会变革和制度创新，是解决四川省水问题，保障经济社会发展的战略性和根本性措施。

其总体要求是：到 2015 年，基本建立起最严格的水资源管理制度、水资源管理行政首长负责制和水资源管理考核制度，实行用水总量、用水效率和水功能区限制纳污"三条红线"控制管理；基本完成万人以上水源地达标建设，建设一批河流水资源保护工程；基本建成省、市、县三级水资源管理系统。全省用水总量控制在 377 亿 m^3 以内（以国家下达指标为准），万元工业增加值用水量下降 30%，农业灌溉水有效利用系数提高到 0.45 以上，重点水功能区水质达标率提高到 75% 以上，县级以上城市供水管网漏损率降低到 15%；市级城市污水处理率提高到 85%，县城污水处理率提高到 70%；地下水基本实现采补平衡。

（2）推进节水型社会建设的工作重点

突出抓好节水型社会重点县建设。在双流等县（市、区）成功试点的基础上，从 2011 年起分批启动建设 100 个节水型社会重点县（市、区）。各地申报后，按照公开、公平、公正的原则，确定重点县（市、区）名单（中央小型农田水利重点县与全域灌溉试点县申报节水型社会重点县的优先确定），经公示后报省人民政府审定。第一批、第二批和第三批重点县（市、区）分别确定 30 个、30 个和 40 个县（市、区），分别从 2011 年、2012 年和 2013 年开始建设，每一批建设时间为 5 年。

加快推进农业节水。大力推进农业节水示范区项目建设，全面推广渠道防渗、管道输水、坡耕地改造、田间集雨设施等工程节水技术。发展高效节水农业，选育和推广耐旱作物品种，调整种植结构，优化种植制度，规范旱地改制，因地制宜发展旱粮作物。加强灌溉用水管理，发展、巩固和完善农民用水协会，推广农耕农艺节水措施，建设节水高效农业和生态农业。

着力推进工业节水。禁止扩建、新建不符合本地区水资源条件的高耗水、高污染项目。结合技术改造和产品更新换代，提高节水能力。加强定额管理，强化用水计量器具的监督和检测，加大节水计量检测投入，推广中水回用，提高工业用水重复利用率。

深入推进城镇节水。大力发展城镇、城乡集中供水，加强节水器具和节水产品的推广普及工作，建设节水型社区。开展雨水收集回用和中水回用系统建设。

加强保护水资源。在水功能区的保护区和保留区修建水电站等水利工程，应严格水资源论证，加大下泄流量，维护江河健康生态。开采矿泉水、地热水的，凭取水许可证办理采矿许可证，并按照水行政主管部门确定的开采量开采。矿井日常疏干排水量，应经水行政主管部门同意并办理取水许可证。新建、改建、扩建项目的节水、治污设施必须与主体工程同时设计、同时施工、同时投入运行。"十二五"期间基本完成万人以上水源地达标建设，实施水功能区、水库、饮用水水源区以及水利工程渠系水资源保护工程，开展以河流或流域为单元的水资源保护工程建设，实现清水排入江河湖库。

优化配置水资源。做好用水总量配置工作，促进水从低效益用途配置到高效益领域。完善已成工程的配套，加速在建工程建设，根据经济社会发展对水资源需求，建设一批大中型骨干水利工程，积极发展农田节水灌溉和水利现代化灌区建设，确保2020年和2030年分别增加1000万亩有效灌面的任务，确保社会经济可持续发展。

严格管理水资源。严格实行水资源论证及取水许可制度。加强相关规划和项目建设布局水资源论证工作，国民经济和社会发展规划以及城市总体规划的编制、重大建设项目的布局，要与当地水资源条件和防洪要求相适应，并进行科学论证，实行水资源论证一票否决。严格实行入河排污口设置同意制度。确立水功能区限制纳污红线，从严核定水域纳污能力。在江河、湖泊新建、改建或者扩大排污口时，应当经过有管辖权的水行政主管部门或者流域管理机构同意，由环境保护行政主管部门负责对该建设项目的环境影响报告书进行审批。

4. 减排实例

（1）减少粮食浪费

"谁知盘中餐，粒粒皆辛苦"。可是现在浪费粮食的现象仍比较严重。而少浪费

0.5kg 粮食（以水稻为例），可节能约 0.18kg 标准煤，相应减排二氧化碳 0.47kg。如果全国平均每人每年减少浪费粮食 0.5kg，每年可节能约 24.1 万 t 标准煤，减排二氧化碳 61.2 万 t。

（2）减少畜产品消费

每人每年少消费 0.5kg 猪肉，可节能约 0.28kg 标准煤，相应减排二氧化碳 0.7kg。如果全国平均每人每年减少猪肉消费 0.5kg，每年可节能约 35.3 万 t 标准煤，减排二氧化碳 91.1 万 t（而这还不包括其他畜产品）。联合国于 2006 年发表的报告指出，畜牧养殖业的温室气体排放量比全球所有交通工具，包括飞机、火车、汽车、摩托车的总排放量还多。畜牧养殖业是造成现今严重生态与环境问题的一大主因。

（3）积极植树

1 棵树 1 年可吸收二氧化碳 18.3kg，相当于减少了等量二氧化碳的排放。如果全国 3.9 亿户家庭每年都栽种 1 棵树，那么每年可多吸收二氧化碳 734 万 t。

（二）实行严格的江河纳污红线制度

1. 江河纳污红线制度的基本内容和要求

中共中央、国务院《关于加快水利改革发展的决定》（简称中央一号文件）第十九条到第二十二条都是关于实施最严格的水资源管理制度的内容，其核心内容是建立三条控制红线，即建立用水总量控制制度，确立水资源开发利用控制红线；建立用水效率控制制度，确立用水效率控制红线；建立水功能区限制纳污制度，确立水功能区限制纳污红线，并建立水资源管理责任和考核制度。四项制度的提出为我国实行严格的水资源管理提供了理论基础和制度框架。四川省河流众多，各流域水资源条件和开发利用程度差异较大，水资源管理基础条件和能力建设也有差距，更为重要的是涉水事务管理不仅涉及水利部门，也涉及农业、环保、工业、能源和交通等多部门，需要各部门及全社会的共同参与才能取得成效。所以，根据各流域水资源和水利水电工程建设特点，研究三条红线关系及主要利益相关方，探讨完善水资源工程建设格局和水资源管理能力建设，探索有效水资源管理途径和方法十分必要。

国务院日前发布了《国务院关于实行最严格水资源管理制度的意见》（以下简称《意见》）。《意见》明确：确立水资源开发利用控制红线，到 2030 年中国用水总量控制在 7000 亿 m^3 以内。《意见》还明确：确立用水效率控制红线，到 2030 年用水效率达到或接近世界先进水平，万元工业增加值用水量（以 2000 年不变价计）降低到 40m^3 以下，农田灌溉水有效利用系数提高到 0.6 以上；确立水功能区限制纳污红线，到 2030 年主要污染物入河湖总量控制在水功能区纳污能力范围之内，水功能区水质达标率提高到 95% 以上。为实现上述目标，《意见》还分别明确了到 2015 年和 2020 年的控制指标。

2011 年 12 月，《国务院关于全国重要江河、湖泊水功能区划（2011～2030 年）的批复》（国函〈2011〉167 号）明确了《区划》是全国水资源开发利用与保护、水污染防治和水环境综合治理的重要依据。要根据不同水域的功能定位，实行分类保护和管理，促进经济社会与水资源承载能力相适应。力争到 2020 年水功能区水质达标率达到 80%，到 2030 年水质基本达标。

根据《批复》，四川省金沙江、岷江、沱江、涪江、嘉陵江、渠江、长江上游干流及黄河八大江河及 48 条重要支流，设置了 221 个一级水功能区，其中 42 个保护区、93 个保留区、38 个缓冲区和 48 个开发利用区，河长（段）15701.7km，邛海保护区面积 31km^2。48 个开发利用区，细化为 165 个二级水功能区，其中饮用水源区 41 个，工农业用水区 42 个，渔业用水区 5 个，景观用水区 19 个，排污控制区 28 个，过渡区 30 个，河长（段）1311.7km。四川省全国重要江河、湖泊一级和二级水功能区见表 12-26 和表 12-27。

表 12-26 四川省全国重要江河、湖泊一级水功能区

河名	支流（条）	一级水功能区（个）					长度（km）	面积（km²）
		小计	保护区	利用区	保留区	缓冲区		
金沙江	干流	1	—	—	—	1	704	—
	12	40	9	4	20	7	3333.2	
岷 江	干流	18	3	6	9	—	665.7	—
	9	30	10	6	8	6	2579.1	
沱 江	干流	16	1	7	8		630.5	—
	4	15	3	2	7	3	467.5	
涪 江	干流	12	1	5	5	1	544.5	—
	1	4	1	—	2	1	104	
嘉陵江	干流	15	—	6	7	2	626.2	—
	6	11	5	—	5	1	1385	
渠 江	干流	11	1	4	5		605.1	—
	4	13	—	4	6	3	704.7	
长上干	干流	5	1	3		1	605.1	—
	10	26	6	1	8	11	704.1	
黄 河	干流	1	—		1	—	1417.2	—
	2	3	1	—	2		625.8	
邛 海	—	1	1				—	31
合 计	48	221	42	48	93	38	15701.7	—

注："支流（条）"这一列中的数字表示该江、河包含的重要支流数。

表 12 - 27　四川省全国重要江河、湖泊二级水功能区

单位：个，km

| 河名 | 市、州 | 二级水功能区 | | | | | | | 长度 |
		小计	饮用水区	工农业用水区	渔业用水区	景观用水区	排污控制区	过渡区	
金沙江	攀枝花、宜宾	14	6	5	1	—	1	1	90
安宁河	凉山	6	1	3	—	—	1	1	108
岷江	阿坝、成都、眉山、乐山、宜宾	20	2	9			4	5	151.7
府、南河	成都	7	1	2	—	2	1	1	66.8
大渡河	乐山	1	1	—					30
青衣江	雅安	5	2	—	2	—		1	43.2
沱江	德阳、成都、资阳、内江、自贡	30	5	6	—	5	7	7	160
釜溪河	自贡	6	1	—		3	1	1	59
涪江	绵阳、遂宁	17	5	3	—	4	2	3	117.5
嘉陵江	广元、南充	28	7	7	—	—	7	7	178
渠江	巴中、达州、广安	12	3	4	—	1	2	2	47.1
通江	巴中、达州、广安	5	2	—	—	2	1	—	36.6
州河	达州	6	2	2	—	1	1	—	123.2
长上干	宜宾、泸州	5	2	—	2	—		1	76
长宁河	宜宾	3	1	1	—	1			24.6
合　计	—	165	41	42	5	19	28	30	1311.7

《意见》和《区划》明确了实行最严格水资源管理制度的主要管理措施。

一是加强水资源开发利用控制红线管理，严格实行用水总量控制。主要包括严格规划管理和水资源论证，严格控制流域和区域取用水总量，严格实施取水许可，严格实行水资源有偿使用，严格地下水管理和保护，强化水资源统一调度。

二是加强用水效率控制红线管理，全面推进节水型社会建设。主要包括全面加强节约用水管理，强化用水定额管理，加快推进节水技术改造。

三是加强水功能区限制纳污红线管理，严格控制入河湖排污总量。主要包括严格水功能区监督管理，加强饮用水水源保护，推进水生态系统保护与修复。

其中，水功能区限制纳污能力红线也是比较综合的指标，可以作为宏观指标，

通过水功能区一级区管理考核跨行政区之间水资源保护效果，也可以作为微观指标，通过水功能区二级区的管理考核同一水域水质状况，考核同一地区不同用水部门减排情况。该红线虽然主要针对水域纳污能力，保护水质，但也可以起到保护水生态系统的目的。限制排污可以间接地控制工业和生活用水总量，因为在耗水率一定时，用水多，退水也多，废污水排放也大，对水功能区达标率进行管理，可以间接地控制地区用水总量。

（2）正确处理好江河纳污红线制度

江河纳污红线制度，即水功能区限制纳污的目标是保障水功能区水质达标，就要对水功能区实施管理，需要根据水功能区管理目标确定河流和主要水域纳污能力。由于纳污能力不仅与水环境容量有关，还与水文和流量过程有关，准确确定水域纳污能力的技术难度大，需要分阶段逐步计算和确定主要水域水功能区纳污能力，然后建立监测体系，对主要排污口设置计量装置、动态监测和评价重要水功能区水质状况，建立突发水污染事故快速监测和评估方法，明确责任，并制定应急处置方案，建立专业处置队伍。对于水功能区不达标地区，制定严格的减排制度，包括法律、市场准入、排污权交易和公众参与等，鼓励减污减排企业和单位。

三条红线是从不同角度对水资源的利用和保护进行管理，三者之间既有区别，也有密切关系。例如，水功能区管理目标达标了，可以增加可供水量，水质性缺水问题就可以很好地解决；用水效率提高，可以有效帮助总量控制和减少入河排污量，反之，用水总量控制好了，也可以促进用水效率提高和减少排污量。入河废污水来自所有用水户，不仅直接与环保、城市水务、大型工矿企业相关，也与农业产生的面源污染有很大关系。只有污染源控制好了，水功能区管理才能取得成效，控制污染源比水域水质管理更重要，所以，入河排污的控制，用水户是源头，环保和水务是中间环节，限制入河废污水排放是末端控制，这不仅是水利部门的管理职责，还必须得到利益相关者和全社会的积极参与。

第十三章 加强水利水电开发的协调发展

一 四川水力资源

(一) 水力资源量

四川省山川纵横，河流众多，水力资源蕴藏量丰富，是四川省能源中的一大优势（见图 13 - 1）。根据由国家电力公司成都勘测设计研究院 2003 年完成的全国水力资源四川省复查成果，四川省水能资源理论蕴藏量为 143514.7MW，年发电量为12571.89 亿 kW·h；技术可开发量为 120040MW，年发电量为 6121.59 亿 kW·h，经济可开发装机容量为 103270.7MW、年发电量为 5232.89 亿 kW·h。

根据四川省水利厅转发水利部文件〔水电（2006）234 号〕《关于开展全国农村水力资源调查评价工作的通知》，四川省地方电力局组织在全省范围内开展了农村水力资源调查评价工作。据 2008 年调查成果，全省共调查河流 2016 条，单站0.1MW（含）~50MW（含）的农村水力资源技术可开发电站 4256.5 座，技术可开发量 20807.05MW，年发电量 1086.68 亿 kW·h（见表 13 - 1 和表 13 - 2）。因 50MW≥单站装机容量≥0.5 MW 的电站增加，修正全省技术可开发量126908.7MW，年发电量为 6451.6 亿 kW·h。四川省水力资源复查修正成果汇总见表 13 - 3。

表 13 - 1　四川省农村水能资源调查成果（分水系）汇总

流域水系	技术可开发量〔单站0.1MW（含）~50MW（含）〕			
	电站数目（座）	装机容量（MW）	年发电量（亿 kW·h）	装机占全省比例（%）
四川省	4252 + 9/2	20807.05	1086.68	—
长上干	1228 + 9/2	3923.04	211.35	18.9
雅砻江	498	3148.93	166.10	15.1
岷 江	460	2869.59	144.86	13.8
大渡河	608	3015.79	167.29	14.5
青衣江	600	2436.42	127.01	11.7
沱 江	115	574.89	30.23	2.8
嘉陵江	193	1223.46	65.66	5.9
涪 江	224	2118.68	107.54	10.2
渠 江	325	1495.29	66.60	7.2
黄 河	1	0.96	0.04	0.005

表 13 – 2　四川省农村水力资源情况（按行政区域统计）

地区	技术可开发量合计		
	电站数目（座）	装机容量（MW）	年发电量（万 kW·h）
成都市	152	578.69	306163.5
自贡市	20	72.64	37237.6
攀枝花市	42	200.76	116432
泸州市	309 + 2/2	358.67	163410.64
德阳市	41	163.95	82520
绵阳市	161	1317.05	679686
广元市	30	287.56	132802
遂宁市	46	503.04	243091.2
内江市	36	91.45	49296.5
乐山市	321	1824.47	959236
南充市	79	424.86	275611.33
眉山市	16	111.3	54900
宜宾市	376 + 5/2	517.3	248158.07
广安市	63	183.98	77587.5
达州市	110	737.52	332566.4
雅安市	683	2678.12	1418776
巴中市	202	717.79	310617.4
资阳市	14	91.19	51227
合　计	4252 + 9/2	20807.1	10866844

表 13 – 3　四川省水力资源复查成果汇总

水系	理论蕴藏量（MW）	技术可开发量		经济可开发量		理论蕴藏量占全省比重（%）	技术可开发量占全省比重（%）	经济可开发量占全省比重（%）
		装机容量（MW）	年发电量（亿 kW·h）	装机容量（MW）	年发电量（亿 kW·h）			
金沙江	33439	32705.09	1600.955	26293.9	1331.57	23.30	25.77	25.46
雅砻江	38143.2	35382.64	1876.4	30566.3	1613.14	26.58	27.88	29.6
大渡河	33618.1	33943.98	1654.09	28935.5	1412.12	23.42	26.75	28.02
青衣江	5824	4043.45	202.07	3317.6	168.64	4.06	3.19	3.21
岷　江	14765.5	8257.04	478.83	5834	320.36	10.29	6.51	5.65
沱　江	1296	554.77	29.58	463.1	25.36	0.90	0.44	0.45

续表

水系	理论蕴藏量（MW）	技术可开发量		经济可开发量		理论蕴藏量占全省比重（%）	技术可开发量占全省比重（%）	经济可开发量占全省比重（%）
		装机容量（MW）	年发电量（亿 kW·h）	装机容量（MW）	年发电量（亿 kW·h）			
涪　江	4073.3	3631.81	173.72	2947.2	139.7	2.84	2.86	2.85
嘉陵江	4579.1	4243.27	198.47	3411.6	151.64	3.19	3.34	3.3
渠　江	1525.8	1391.59	62.14	901.4	43.46	1.06	1.10	0.87
长上干	5758.2	2687.1	171.78	557.1	24.78	4.01	2.12	0.54
其　他	492.5	67.96	3.6	43	2.12	0.34	0.05	0.04
合　计	143514.7	126908.7	6451.635	103270.7	5232.89	100.00	100.00	100

全省技术可开发量 126908.7MW，占全国技术可开发量的 27.3%，位居全国第一，经济可开发装机容量 103270.7MW、年发电量 5232.89 亿 kW·h。其装机容量和年发电量占技术可开发量的 81.4% 和 81.1%。

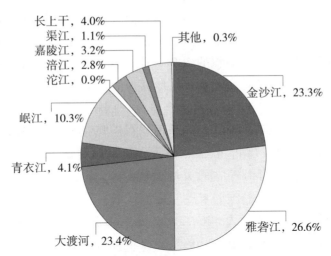

图 13-1　四川省水力资源理论蕴藏量各流域分布

（二）水力资源分布特点

由于四川省幅员辽阔，地形、降水条件差异大，因而造成水力资源在地域分布上的不均衡，大致以岷江为界分为东西两大部分，西部多，东部少。东部盆地地区，中小型水电站居多，大型水电站较少，可开发资源占全省的 15.5%；西部金沙江、雅砻江、大渡河三大江河流域，大、中小型水电站众多，尤其大型水电站特别集中，可开发资源占全省的 84.5%。

西部地区的金沙江、雅砻江、大渡河、青衣江及岷江上游等河流由高原山区流向丘陵盆地，落差大，水量丰沛，水力资源极为丰富。四川东部地区河流主要有岷江中下游、沱江、涪江、嘉陵江、赤水河及长江干流（川江段）等，各河流落差相对较小，水力资源相对较少。虽然东部水力资源占全省比重较小，但其绝对值仍十分可观。

全省水力资源按水系划分以金沙江、雅砻江、大渡河最为丰富，其技术可开发量分别为 32705 MW、35383 MW、33944 MW，分别占全省的 25.8%、27.9%、26.7%，资源量巨大且相当集中，干流梯级电站规模多在 1000MW 以上，个别为 10000MW 级的巨型电站，是全国乃至世界少有的水力资源"富矿"，是我国著名的三大水电基地，是"西电东送"的能源基地，在我国规划的十二大水电基地中分别排名第一、第三、第五。其余水系（青衣江、岷江、沱江、涪江、嘉陵江、渠江等）的河流多流经或靠近用电负荷中心，地理位置优越，交通方便，梯级电站大多为中小型工程，许多电站具有近、中期开发条件。由于四川具有极其独特的自然地理条件，因此水力资源开发利用条件特别优越，其特点有以下几方面。

1. 河流控制流域面积大，径流丰沛

四川境内河流密布，这些河流都是自北向南或自西向东分别汇集到金沙江、雅砻江、大渡河、青衣江、岷江、都江堰、沱江、涪江、嘉陵江、渠江，而后注入长江干流，流域面积占长江流域面积的 24%，是长江水系水资源的主要来源。四川境内除阿坝藏族羌族自治州的若尔盖县、红原县内的白河和黑河属黄河水系外，全省国土面积的 96% 都属于长江流域水系。全省流域面积在 100km² 以上的河流有 1422 条，其中 1000 km² 以上的有 158 条，流域面积在 10000km² 以上的有 21 条。这些河流中金沙江、雅砻江、大渡河、岷江、嘉陵江流域面积最大，分别达到了 47.3 万 km²（包括四川、云南、青海等省的流域面积）、13.6 万 km²、7.74 万 km²、13.3 万 km²、7.98 万 km²。从年径流量来看，金沙江的年径流量为 1501 亿 m³，是黄河的 2.7 倍；雅砻江的年径流量为 596 亿 m³，是黄河的 1.07 倍；岷江的年径流量为 892 亿 m³，是黄河的 1.6 倍；嘉陵江的年径流量为 639 亿 m³（四川省境内），是黄河的 1.2 倍；大渡河年径流量为 470 亿 m³，接近黄河的年径流量 559 亿 m³。全省多年平均天然年径流总量约 2800 亿 m³，是长江干流径流的三大水量补给区之一，是全国各省（自治区、直辖市）中水量最丰富、水资源最丰厚的省（自治区）之一。

2. 落差大而集中，淹没损失小

四川多数河流除流经盆地的部分外，河流比降都比较大。干流除嘉陵江平均天然比降在 1‰ 以下外，其余天然比降都在 1‰ 以上。青衣江平均天然比降为 13.3‰，其中宝兴硗碛至江口段达到 14.38‰；岷江天然比降为 4.84‰，其中汶川以上为 8‰，福堂坝到中滩段为 23km，落差为 222m，平均比降为 9.7‰；沱江平均天然比降为 4.23‰；大渡河平均天然比降为 3.27‰；雅砻江平均天然比降为 2.32‰，其中局部河段达到 6.4‰；金沙江平均天然比降为1.44‰。在主要河道干流拟开发方案中，天然落差都将得到很好利用，如金沙江四川境内干流天然落差为2261m、可利用落差为2185m，雅砻江四川境内河道干流天然落差为3180m，可利用落差为2844.6m，大渡河四川境内河道天然落差为2788m，可利用落差为2502.5m，岷江天然落差为3560m，可利用落差为2009m。

上述三大流域内的很多支流落差也较大。如雅砻江流域理塘河天然落差为3050m，平均比降为6‰，鲜水河天然落差为2040m、平均比降为3‰，卧落河天然落差为1210m，平均比降为7.2‰，力丘河天然落差为1999m，平均比降为9‰。大渡河水系的绰斯甲河天然落差为1690m、平均比降为5.4‰。

四川的人口分布趋势是东部多、西部少，占全省辖区面积62%的西部高原和山区，人口仅占全省总人口的9.2%，且人口分布由南向北随海拔的升高而减少，海拔2000m以上人口稀少。按每平方公里面积的人口数量计算，川西高原、山地每平方公里人口99人以下；盆周山区的县每平方公里人口100~299人；盆周靠山区的丘陵县每平方公里人口300~499人；成都平原、成渝铁路沿线、嘉陵江中下游等县每平方公里人口500~999人。未来开发的河流梯级水电站，大都是地处淹没耕地面积和迁移人口不多的区域。

据有关资料统计，全国已建和正建的46座大型水电站移民总数是303.96万人，淹没耕地359.4036万亩，平均每10MW安置移民530人、淹没耕地628亩，平均每亿kW·h安置移民1233人、淹没耕地1458亩。而同期四川的5座大型水电站总装机容量为5560MW，年发电量276.05亿kW·h，迁移人口8.21万人，淹没耕地8.41万亩，平均每10MW安置移民147人、淹没耕地151亩，平均每亿kW·h安置移民297人、淹没耕地304亩，平均每10MW安置移民及淹没耕地指标分别为全国平均数的28%和24%；平均每亿kW·h安置移民及淹没耕地指标分别为全国平均数的24%和21%。

3. 大型水电站多，规模优势突出

四川水电最突出的优势在于大型水电站众多，全省单站装机容量500kW及以上的技术可开发水电站共有2019座（包括27座省际界河水电站），其中装机容量300MW以上大型水电站61座（包括13座省际界河水电站），总装机容量85660MW，占全省技术可开发总装机容量的71.4%；可建中型水电站198座（包括省际界河水电站9座），装机容量22007MW，占全省技术可开发总装机容量的18.3%。大中型水电站合计装机容量达到107667MW，占全省技术可开发总装机容量的近90%。金沙江、雅砻江、大渡河三个水电能源基地可建大型水电站53座（包括省际界河水电站13座），总装机容量79410MW，占全省大型水电站总装机容量的92.7%；可建中型水电站112座（包括省际界河水电站3座），总装机容量13059.8MW，约占全省中型水电站总装机容量的60%。四川水力资源富集程度和可开发电源规模，完全适应国家大规模的"西电东送"工程以大型骨干水电站为主体的要求。

4. 多数梯级拥有建设"龙头"水库的资源条件，梯级整体调节性能好

四川水力资源主要集中在金沙江、雅砻江、大渡河、岷江、嘉陵江等30余条大中型河流上。从这些江河的水能开发条件来看，多数河流上游、中游均规划有季调节以上能力的水库，随着"川电外送"战略的逐步实施，有调节能力的水电站将优先开发。依靠上游、中游水库的调节作用，这些河流上梯级水电站整体调节性能将得到较大提高，系统水电站群的发电特性也将得到较大改善，最突出的河流首推雅砻江。雅砻江的上游、中游、下游分别规划了两河口、锦屏一级、二滩（已建）3座大水库，总调节库容约157亿 m^3，两河口以下10个梯级单独运行，整个梯级平、枯期发电量467.2亿 kW·h，汛期发电量659.5亿 kW·h，平、枯期发电量与汛期发电量之比为1∶1.41；联合运行整个梯级平、枯期发电量729.2亿 kW·h，汛期发电量560.3亿 kW·h，平、枯期发电量与汛期发电量之比为1.3∶1。大渡河干流下尔呷至铜街子段共规划有22个梯级，上游规划有下尔呷、双江口水库，中游规划有瀑布沟水库，3座水库总调节库容77亿 m^3。依靠3座水库的补偿作用，下游梯级的发电特性将得到改善，如单独运行，整个梯级保证出力4787.1MW、年发电量1057.77亿 kW·h；联合运行整个梯级保证出力10628.6MW、年发电量1130.02亿 kW·h，保证出力提高112%，年发电量提高6.8%。宝兴河共有8个梯级，依靠龙头水库硗碛的补偿作用，下游梯级将得到补偿效益，如单独运行，整个梯级保证出力278.6MW、年发电量45.38亿 kW·h；联合运行整个梯级保证出力363.6MW、年发电量46亿 kW·h，保证出力提高31%，年发电量提高1.3%。此外，嘉陵江有宝珠寺、亭子口2座水库，岷江有十里铺（或沙坝）、紫坪铺2座水库，杂古脑河有狮子坪水库，南桠河有冶勒水库，黑水河有马桥水库，火溪河有水牛家水库，等等，多数河流拥有建水库的资源条件。

5. 西部规划水电站多位于高山峡谷区，交通不便，远离负荷中心，输电线路长

四川西部地处高山峡谷、高山高原区，人烟稀少，工、农业欠发达，交通不便，规划水电站距离用电负荷中心一般都比较远，致使强大的电力输送线路长，输送成本大。

二 水能开发现状及存在的主要问题

（一）水能资源开发现状

至2010年年底，四川省水能开发取得很大成绩，全省电力装机容量达到4761万 kW，其中水电装机容量为3282万 kW，年发电量1857亿 kW·h。在水电开发中，2010 年农村水电年末装机容量 716.193 万 kW，年发电量 310.25 亿 kW·h。通电乡镇 4290 个，联网乡镇 2500 个。农村用电户 2644.63 万户，户通电率 99.34%，无电人口 67.53 万人。

到 2010 年，全省水电农村电气化规划县小水电装机容量达到 358.99 万 kW，基本解决无电问题，人均年用电量达到 968kW·h；户均年生活用电量 890kW·h，乡、村通电率达到 100%，户通电率达到 99.86%。至 2010 年规划的小水电代燃料项目 19 个，总装机容量 13.08 万 kW，年发电量 7.30 亿 kW·h。

目前四川省已、正建大中型电站中，具有大型调节水库的电站 40 座，装机容量 3964.78 万 kW，有调节总库容 474.5 亿 m³；已、正建中小型电站中，具有中型调节水库的电站 67 座，装机容量 413.3 万 kW，有调节总库容 22.7 亿 m³。具有大中型水库已、正建电站统计见表 13-4 和表 13-5。

表 13-4　四川省具有大型水库的已、正建电站统计

序号	工程名称	所在河流名称	所在地区	建设性质	总库容（亿 m³）	兴利库容（亿 m³）	水电站装机（万 kW）
1	宝珠寺	嘉陵江	广元市	已建	25.5	13.4	70
2	东西关电站	嘉陵江	武胜县	已建	1.65	0.43	18
3	马回电站	嘉陵江	蓬安县	已建	1.084	0.0954	8.61
4	金银台	嘉陵江	阆中市	已建	1.67	—	9.3
5	新政	嘉陵江	仪陇县	已建	1.39	1.04	8
6	青居	嘉陵江	南充市	已建	1.17	0.05	13.6
7	江口水电站	渠江	宣汉县	已建	3.04	1.48	5.1
8	金盘子电站	渠江	达县	已建	1.1	0.42	3
9	瓦屋山水库	青衣江	洪雅县	已建	5.45	4.63	24
10	龚嘴	大渡河	乐山市	已建	3.1	0.96	70
11	铜街子	大渡河	乐山市	已建	2.02	0.55	60
12	冶勒水库	大渡河	石棉县	已建	2.98	2.76	24
13	硗碛	青衣江	宝兴县	已建	1.998	1.87	24
14	狮子坪	岷江	理县	已建	1.327	1.189	19.5
15	龙头石	大渡河	石棉县	已建	1.2	0.17	70
16	二滩电站	雅砻江	攀枝花	已建	57.9	33.7	330
17	泸定	大渡河	泸定县	已建	3.3	0.4	92
18	双滩	渠江	平昌县	已建	2.08	1.34	3.6
19	红岩子电站	嘉陵江	南部县	已建	1.17	0.77	9
20	富流滩电站	渠江	岳池县	已建	2.07	—	3.9

序号	工程名称	所在河流名称	所在地区	建设性质	总库容（亿 m³）	兴利库容（亿 m³）	水电站装机（万 kW）
21	毛尔盖电站	黑水河	黑水县	已建	5.35	4.28	42
22	流滩坝电站	沱 江	泸 县	已建	3.48	—	2.07
23	小龙门电站	嘉陵江	高坪区	已建	1.8	—	5.2
24	桐子壕电站	嘉陵江	武胜县	已建	5.16	—	10.8
25	舟坝电站	马边河	沐川县	已建	1.84	—	12.6
26	瀑布沟电站	大渡河	汉源县	正建	50.1	38.9	360
27	溪洛渡电站	金沙江	雷波县	正建	126.7	64.6	1386
28	向家坝电站	金沙江	屏山县	正建	51.63	9.03	600
29	锦屏一级	雅砻江	盐源县	正建	77.6	49.1	360
30	猴子岩	大渡河	丹巴县	正建	6.62	3.87	170
31	沙溪电站	嘉陵江	阆中市	正建	1.54	—	8.7
32	金溪电站	嘉陵江	蓬安县	正建	4.6	—	15
33	凤仪电站	嘉陵江	顺庆区	正建	4.17	—	8.4
34	锅浪跷电站	青衣江	天全县	正建	1.84	—	12.0
35	剑科电站	毛尔盖河	松潘县	正建	1.33	1.14	24.6
36	卡基瓦电站	无量河	木里县	正建	1.79	—	13.2
37	水手家电站	夺补河	平武县	正建	1.44	—	7
38	仁中海电站	田湾河	康定县	正建	1.12	—	24
39	立洲电站	无量河	木里县	正建	2.82	—	35.5
40	布西电站	鸭嘴河	木里县	正建	2.36	—	2

表 13 - 5　四川省具有中型水库的已、正建电站统计

序号	工程名称	所在河流名称	所在地区	总库容（万 m³）	水电站装机（万 kW）
1	天龙湖电站	岷 江	茂 县	3290	18
2	沙牌电站	草坡河	汶川县	1800	3.6
3	黄丹电站	马边河	沐川县	2280	4.5
4	深溪沟电站	大渡河	汉源县	3200	66
5	安谷电站	大渡河	乐山中区	6330	76
6	安羌电站	阿柯河	阿坝县	1200	0.25
7	白羊电站	白羊河	松潘县	1941	3
8	铜头电站	青衣江	芦山县	2250	8
9	飞仙关电站	青衣江	芦山县	2212	10

续表

序号	工程名称	所在河流名称	所在地区	总库容（万 m³）	水电站装机（万 kW）
10	雨城电站	青衣江	雨城区	1173	6
11	大兴电站	青衣江	雨城区	1920	8.1
12	槽渔滩电站	青衣江	洪雅县	3600	7.5
13	高凤山电站	青衣江	洪雅县	2580	0.4
14	城东电站	青衣江	洪雅县	1700	8.4
15	千佛岩电站	青衣江	夹江	2650	10.2
16	毛滩电站	青衣江	夹江	3000	10.5
17	九龙滩电站	沱江	金堂	1850	1.35
18	白果电站	沱江	金堂	1670	1.6
19	顽石电站	沱江	简阳市	2240	1.5
20	石盘滩电站	沱江	东兴区	1038	0.835
21	天宫堂电站	沱江	东兴区	3320	1.8
22	南津驿电站	沱江	雁江区	3300	1.38
23	王二溪电站	沱江	雁江区	2500	1.08
24	黄角浩电站	沱江	富顺县	2650	1.28
25	黄泥滩电站	沱江	富顺县	4120	1.8
26	伍家墩电站	资水河	简阳市	1188	0.008
27	福集电站	濑溪河	泸县	1400	0.261
28	螺丝池电站	涪江	射洪县	6300	3.15
29	金华电站	涪江	射洪县	3500	4.2
30	打鼓滩电站	涪江	射洪县	4700	3.15
31	三星电站	涪江	船山区	6920	4.8
32	通口电站	通口河	北川县	3610	4.8
33	上石盘枢纽	嘉陵江	利州区	7000	3
34	鲤口枢纽	东河	苍溪县	3804	1
35	梨苑水利枢纽	东河	苍溪县	3080	1.2
36	杨牟寺枢纽	东河	苍溪县	3382	0.8
37	碑砣枢纽	东河	苍溪县	3971	0.8
38	蜂子岩枢纽	东河	苍溪县	4737	1.2
39	东溪枢纽	东河	苍溪县	3691	0.8
40	周家井电站	西河	南部县	1650	0.126
41	西铁电站	西河	南部县	2200	0.75
42	紫兰坝电站	白龙江	利州区	3500	10.2

序号	工程名称	所在河流名称	所在地区	总库容（万 m³）	水电站装机（万 kW）
43	龙王溪枢纽	三叉河	剑阁	1800	0.112
44	三江电站	渠江	巴州区	4125	0.875
45	四九滩电站	渠江	广安区	8500	2.25
46	凉滩电站	渠江	广安区	7600	2.86
47	九浴溪电站	大通江	通江县	3400	1
48	高坑电站	大通江	通江县	4000	1.5
49	金盘子电站	州河	达县	9800	3
50	罗江口枢纽	州河	通川区	9000	3.9
51	磴子河电站	磴子河	平昌县	1940	0.206
52	鸽子滩电站	月滩河	通江县	1000	0.064
53	大渔孔电站	横江	宜宾县	1160	3
54	张窝电站	横江	宜宾县	1200	6
55	杨柳滩电站	横江	宜宾县	3200	5.4
56	来复电站	南广河	高县	4090	3
57	油罐口电站	南广河	高县	3560	1.5
58	石碑口电站	南广河	珙县	1124	0.8
59	鄂西电站	雅砻江	石渠县	1860	0.64
60	桐子林电站	雅砻江	盐边县	9120	60
61	钭卡电站	踏卡河	九龙县	8485	11
62	卧罗河电站	卧罗河	盐源县	3500	10
63	老鹰岩电站	锦川河	会理县	1480	2.4
64	瓦都电站	牛罗依达	布拖县	1540	0.1
65	门坎滩电站	镇舟河	筠连县	1100	0.16
66	洛古电站	西溪河	昭觉县	3706	—
67	实录黔鱼洞电站	习水河	合江县	2180	0.189
合计	—	—	—	226917	413.276

（二）存在的主要问题

四川省可开发水能资源居全国之首，新中国成立以来四川水电建设取得了巨大成绩。但是，四川省水电建设还存在不少问题，如：水利与水电的协调发展，水能资源的合理和可持续利用，水电建设与环境保护，枯水期电力供应缺失，影响了四川省社会经济的发展，究其原因有以下几点。

1. 水利水电没有协调发展的统一规划

四川省主要江河干流、部分重要支流均开展了流域综合规划，并作为各流域水利水电工程建设的依据。一是由于四川中小河流众多，特别是一些主要江河支流还没有开展水资源利用的综合规划；二是由于河流综合规划的时效性，开展较早的河流规划已经不能满足当前经济社会发展的要求；三是由于部分江河的开发在还没有做好流域综合规划时，为了地方发展需要，而选定水电工程建设，而且这部分水电工程项目大多与工程原规划方案有较大出入，甚至改变了江河开发原定的格局，因此增加了河流水利水电综合开发的难度。这种随意决策给河流综合开发和治理造成困难，并增加了后续水工程建设的难度和供水工程的配水难度。

渠河流域涵盖川东革命老区，经济社会较为落后，对渠河流域水资源的综合利用开发有十分迫切的需求，然而，在渠河上游部分支流河段存在着部门争水的矛盾，如：上、下游水工程布置不尽合理，造成水资源的浪费，另外就是国家与地方建设之间的矛盾，近、远期工程建设规模的协调等，从而极大地影响了河流水资源的综合开发与利用。特别是河流在没有综合利用规划的指导下，必然导致水资源综合利用缺失和资源的浪费。

三江（金沙江、雅砻江、大渡河）大部分支流都未开展河流水资源综合利用规划，导致部分河流水资源的无序开发，使水电工程和水利工程之间用水矛盾十分突出，如：水电站发电用水与城镇供水和灌溉用水争水，引水式电站用水与环境用水之间的矛盾，未按规范要求预留生态流量，造成电站取水口至尾水入河河段形成减（脱）水河段，进而造成该河段水生态与水环境恶化，影响水生生物生存环境，脱水严重的河段甚至造成种群的减少。

部分河流已开发的水力发电站大多为引水式电站，多数未考虑引水对下游供用水要求，只考虑电站本身的效益，如安宁河干流开发，在安宁河干流上部分电站就没有考虑下游的用水需求，将河流水量全部引至发电站发电，造成电站取水口至尾水入河河段无水，特别是安宁河上游的金洞子梯级电站由规划时确定的左岸引水方式在施工时改为右岸引水，造成冕宁县安宁河右岸重要骨干灌溉引水工程——复兴堰无水可引，致使农业灌溉无水和灌溉区人畜饮水困难，当地群众意见很大。

2. 运行管理难度大

（1）水资源开发利用统一管理难

由于水资源开发的社会化和市场化，水资源的利用涉及水利、水电、水产、航运、建设、环境和旅游等部门和行业，受到部门、行业职权制约和利益牵制，各行其是很难实现对水资源的统一管理，除受部门、行业职责和利益的驱使外，法制不健全亦是重要原因。

（2）水库电站运行调度难度大

水库电站运行调度过程中，仅简单地按照水库调度图进行作业，而忽视了生态环境、水文气象、工农业用水、生活用水需求和电力系统供求状况对水库电站的影响，致使电站在电力系统中的作用没有得到充分发挥。例如，因防洪需要确定电站汛期水库水位不能超过汛限水位，导致电站发电效益无法正常取得。因某些年份汛末或汛后入库来水较大或偏少或电力系统不能吸纳多余电量，致使电站水库弃水。

（3）汛限水位与实时调度之间存在矛盾

部分水库电站严格按照汛限水位调度，即静态控制法，不管汛期来水情况和电网对电力的需求，只要来水超过汛限水位的水量必须弃掉。如岷江上游的紫坪铺水库，这是四川省唯一一座以"电调服从水调"方式运行的水库电站，由于都江堰水利工程对水库下泄流量有严格要求，汛期都江堰内江取水口——宝瓶口进水量不能超过 $450\text{m}^3/\text{s}$，多余水量排入外江，但从下游行洪安全考虑，下泄流量不能出现大的波动，从而使水库电站的调节能力被严重削弱。枯水期（上年 12 月至次年 4 月）由于都江堰工程岁修和工程区供水需求，内江入水量控制在 $260\sim450\text{m}^3/\text{s}$，然而电站按电网高峰需满负荷运行时，下泄流量将达到 $840\text{m}^3/\text{s}$。因此多余水量必须从外江排走，由于紫坪铺水库电站下游无反调节能力（无反调节水库），所以随着下泄流量的大小，水位波动较大，影响了下游河道的安全，并造成枯期水资源的浪费。另一方面由于电站调节缓慢，负荷调整能力滞后，难以满足电力系统负荷调整要求，从而使机组优良的调节能力被削弱。

（4）河流上下游电站运行调度之间的矛盾对下游有影响

由于上、下游电站因负荷运行调度、运行不同步，如上游电站下泄水量、下游电站因受出力影响而不能全部吸收，造成河道水量变动，同时亦影响到其他用水部门。如岷江上游及其支流的电站运行中，其下泄水量对都江堰水利工程取水造成较大波动，增加了取水难度，亦造成了内、外江水位变幅无序，给都江堰水利工程和都江堰景区自然风貌的保护和游客的安全带来不同程度的影响。因此，迫切需要建设紫坪铺水库电站的反调节水库，以确保下泄流量的稳定和都江堰水利工程的正常运行，满足各需水部门的用水要求。又如，上游水库电站运行及调度不合理，使下游河道水流形态发生变化，亦使下游河道冲淤发生变化，水生生物环境发生改变，由于水量的变化无序亦影响到下游其他工程的运行和安全，同时影响到下游工程的效益正常发挥，特别是参与系统调峰的水库电站，使下游水位时涨时落，水位变幅加大，或电站停止运行时，下游河道出现断流，给生态与水环境造成巨大影响。

（5）水库电站效益差，无债务偿还能力

由电力部门管理的电站水库，因防洪泄去的水量、抗干旱调走的水量而损失的电量无补偿，致使电站的发电收入减少。东部盆地地区重要江河水库电站大多靠近城市，有供水任务，但供水水价大多低于成本价，导致具备供水能力的水库电站亏损严重而负债经营，同时亦无力偿还债务。

3. 水环境保护措施缺失

过去人们对水能的开发和水电站的建设关心的是水电开发所带来的巨大经济效益和社会效益，电站建设对自然环境造成的破坏及对社会环境造成的影响很少考虑。自然环境是指河流水文水质、泥沙状况、河道侵蚀和河岸稳定，水生生物及其生态环境，陆生生物及其生态环境等。社会环境是指水库移民，大坝下游安全，文化遗产、自然景观的保护和水域疾病防治等。

过去修建的水电站，特别是四川省西部河流上的电站，大多为引水式电站，未考虑预留生态环境基流，常造成电站取水口至电站尾水口河段无水（或减、脱水），该河段干枯无水导致河道水生生物和陆生生物的生活环境遭受破坏，电站水库泄洪建筑物以下河段由于投资的原因，对河道未作防冲处理或工程保护措施不当，泄洪时对下游河道冲刷使河岸失稳和河道变迁，甚至影响到下游居民的生命安全。工程在建设期间废砟和弃砟无序堆放，造成新的环境问题。另外就是工程区和水库淹没区移民安置缺位，使移民生产条件缺失，生活质量下降，导致部分移民返迁，造成社会不稳定因素。又如，在青衣江上游支流宝兴河进行水电综合利用开发时，对上游国家级自然保护区影响研究不够和处理不当，破坏了自然保护区的景观。

4. 水资源不合理开发不仅造成资源浪费，亦使效益下降

流域开发，特别是水资源综合利用，缺少相应的政策支持，除工程造价提高外，还增加了水资源开发与水利、水电协调发展的矛盾和难度。如嘉陵江干流广元以下河段，被交通部门列为航道整治和发展航运的重点，亦是四川省主要的内河航运河道。但该河段又担负着流域内防洪、灌溉、发电、供水及水土保持等综合利用任务，导致供水范围和建设规模扩大，从而使水库淹没增加和环境保护范围的扩大，致使工程费用增加，工程效益下降。

紫坪铺水库电站是四川省唯一"电调必须服从水调"的水库电站，这种调度运行方式往往导致汛期大量弃水，而汛后水库蓄水受到影响。这不仅造成水资源浪费，亦使电站发电效益降低。由于都江堰为世界文化遗产等原因，该水库反调节水库至今没有兴建，给都江堰水利工程调水管理和下游河道，增加了不安全因素。

凉山州安宁河上游的大桥水库是一座具有防洪、灌溉、发电、供水等多种用途的水库工程，而水库管理单位的收益主要靠发电收益。在大桥水库工程灌区出现干旱或人畜饮水困难时，增加的供水必然影响电站发电用水，导致水库电站发电效益损失，管理单位的收益亦相应减少。

电站电能质量好坏对电力系统稳定运行影响很大。如紫坪铺水库电站距负荷中心成都市很近，在系统中担负着调峰任务，丰水期当电站满负荷运行时，占成都电网近1/3负荷，而电站出线仅一条500KV线路，一旦线路跳闸或其他事故发生，势必造成电厂甩负荷，对成都电网甚至对四川电网的稳定运行产生极大的影响，另一方面在电站停止运行期间对都江堰水利工程的运行和用水调度也增加了困难。

5. 综合利用工程不配套，建设不同步

四川省水能资源虽然十分丰富（全省水力技术可开发量 126908.7 万 kW），建国后水电开发虽有长足进步，但水电开发程度仍然较低。据 2010 年统计，全省水电装机容量为 3346.5 万 kW，仅占可开发量的 25.9%。究其原因是体制不顺、管理条块分割等。四川省已建综合利用水库电站大多配套不齐，或因管理、资金等方面原因，使电站建设与其他设施建设不能同步进行，导致电站综合效益不能按设计要求得到发挥。据 2010 年统计，四川省已、在建大型水库电站共计 40 座，详见表 13 - 4，分布在四川省社会经济比较发达的盆地区，如嘉陵江上的青居、东西关，金沙江的向家坝，青衣江的瓦屋山电站等。这些水库电站除发电功能外，还担负着灌溉、供水任务，但由于体制、资金、计划等原因，除发电外其他任务未能按计划实施，如嘉陵江上的宝珠寺电站、青衣江上的瓦屋山电站和渠河上的水库电站的灌溉功能都没有实施。嘉陵江、渠河上的电站大多地处沿江城镇附近，城镇生活和工业供水项目因为体制原因亦很难按设计要求实施。另外由于投资、管理方面的原因，电站与电网之间，发电与输电不配套或不同步，电站电能输送增加了难度，致使电站效益得不到正常发挥，并且给电站运行增加了难度。

三　水电开发与环境保护

要正确处理好水电开发与环境保护之间的关系，就必须认识水电开发与生态环境的关系。水电开发应当主动适应生态和环境，而不是被动地适应。不能把水电开发建立在对自然生态、环境的损害上。因此，水电开发应首先适应自然环境的要求，并积极维护生态环境。

水电开发及利用应该是顺环境而为，而不是逆环境而为。应当努力将对环境、生态的影响降到最低程度。对已成电站破坏的环境可以采用生态调度和生态修复办法，通过适应性管理手段，调整水力发电与生态系统的关系。

（一）水电开发中存在的环境问题

在水能开发中，特别是在四川省西部山区的中小河流上兴建工程，由于地形的原因，河道比降大，两岸坡度陡，水量丰、枯期变化大，又因电站多采用引水式发电，使水电站进水口至尾水出口的河段常出现减、脱水段，特别是枯水期该河段基本无水，给该河段生态环境和自然景观造成不利影响。

电站水库控制河流水位的涨落，保证发电水流的均匀、稳定，其不利影响是使水库回水区泥沙淤积在库区。由于水库抬升，河道滩地消失，沿河水域的动、植物生存环境发生变异。而水库下游受洪水影响，河床与河岸遭受冲刷，而且影响到水生生物，特别是鱼类生活条件发生变化，一些珍稀鱼种由于生存环境的改变而灭绝。

在电站工程施工过程中，特别在四川省西部引水式电站建造过程中，建筑垃圾和工程弃砟无序堆放在河道两侧坡地上或工程区，不仅影响工程区生态环境和自然景观，亦为工程区下游地区造成安全隐患。

在工程建设中，由于不合理的开发措施和不科学的工程布局，对风景名胜区、自然保护区造成不利的影响。如宝兴河的水资源梯级开发中，工程布局影响了上游国家级自然保护区，给自然保护区造成了不利影响。

岷江上游的紫坪铺水库运行时，承担电网调峰任务，其发电负荷随时受电网控制，特别是在水库电站并入华中电网以后，更是给灌区水情调度带来了极为不利的影响。由于水库下泄流量变幅大，一日内最低来水和最高下泄流量之差可达 $400\mathrm{m^3/s}$，变幅为 300%。下游无控制水位涨落的调节措施（或者说无反调节水库），致使电站下游水位陡涨陡落，这就造成了下泄流量大时，泄水流量超过供水渠道的过水能力，只能作为弃水而不能被有效利用，特别是在枯季，灌区需要水量时，大部分水量无法利用。据统计，在枯季从金马河排走的水量就达 5 亿 $\mathrm{m^3}$；下泄流量小时，泄水流量不能满足灌区用水需求，影响了灌区配水计划和用水安排的执行，用水管理的难度和供需水的矛盾十分突出。都江堰世界文化遗产、自然风貌都受到了影响，风景名胜区游客的生命安全受到威胁。下游河道由于水位陡涨陡落，影响河道流态，使其发生变化，加快了下游河床和河岸的变迁，特别是在用电高峰期，其流量的变化往往只持续几个小时甚至更短，同时也造成了都江堰渠首枢纽各级闸门的频繁开启，即使频繁动闸也很难保持引进灌区流量的稳定，给水资源的优化调度带来了一定的困难，影响了水资源的有效利用和都江堰水利工程的供水的平稳安全运行；亦影响了都江堰工程的综合用水功能正常发挥和水工程的安全运行。下泄流量变幅频繁还威胁到金马河沿岸人民群众的生命财产安全。

水利水电工程投入运行以后，应对原施工临时建筑物和设施、按环境保护要求进行处理。但由于对这些临时建筑物和设施处置不科学或处理措施不当，给原工程区造成新的环境问题和自然景观遭受新的危害。

据调查，有些化工企业或类似企业为了取水方便，将其建在江河沿岸，企业的生产、生活废污水大多未经处理便直接排入河道，致使很多水库电站饱受水污染和江河漂浮物的侵扰，不能正常运行，从而影响工程的效益发挥。

（二）正确处理好水电开发对水生态水环境的影响

河流为人类及地球上其他物种服务是它的重要任务，科学地处理好水资源（包括水能资源）的开发与环境保护的关系，处理好当代人需求与后代人可持续发展的关系是我们不能回避的问题。因此在开发水电工程时，对建设方案工程规模、工程布局和工程建设对环境影响等方面，要在充分论证的基础上，提出科学合理的工程开发方案，从而使工程开发得到最满意的经济社会效益，又使工程开发所带来的负面影响最小，所以只有设计科学、运行合理，保护环境的工程项目才是可取的和受欢迎的。

要注意用法律来调整水电工程开发中人与自然的关系，即通过法律手段构建和谐的人与自然之间的关系。因此，水利水电建设对水生态、水环境的影响，应采用法律手段进行调节和制约，以促进水电工程建设的可持续发展和生态环境的有效保护，所以积极推动涉水（包括水电）事务的法制建设十分必要。

四　水利水电协调发展的对策和措施

（一）提高水电开发程度，满足和适应经济社会发展对电力的需求

水电既是清洁能源，又是可再生能源。在人类面临 CO_2 减排的严峻形势面前，水电无疑是最优质、最理想的能源，因为它在生产过程中不排放 CO_2，所以它是减排的主要力量。而水电又是四川省的优势，在电力结构调整中，水电就成为最有效的手段，所以优先和加速发展水电是四川省发展能源之首先考虑。

据 2010 年统计，全省水电装机容量为 3346.5 万 kW，占全省技术可开发量的 25.9%。开发程度比邻省贵州低很多，甚至比全国平均开发程度低 10%。目前，四川省无论从水电开发程度，还是从满足四川 CO_2 的减排目标与经济社会发展对电力的需求来看，差距还相当大。四川省到 2020 年，实现全省投产装机容量 8000 万 kW 的目标任重而道远。

（二）要正确处理好水利、水电协调发展的关系

水利水电事业的发展宗旨是：发展经济，服务人民，造福子孙。然而发展又是一把"双刃剑"，处理不好，不仅违背宗旨，甚至适得其反。因此在水利水电工程的开发中必须注意以下几个问题。

一是保护生态、环境。在水利水电建设和发展过程中，要切实做好"在保护中开发"，"在开发中保护"。在四川省水利水电开发中，工程建设和管理单位对工程的环境问题应认真对待和处理，使环境遭受的影响降到最低，工程区范围内的环境不仅得到修复，甚至大部分得到改善。如：雅砻江上的二滩水电站，在它的修建和电站运行中，不仅改善了库区环境、风貌，使荒山、秃岭得到绿化变为绿水青山，水库蓄水还改变了雅砻江下游到金沙江河谷的区域小气候，水库水气的影响降低了干热河谷的平均气温，空间湿度增大，降雨空间分布发生变化，使雅砻江二滩水库电站到下游金沙江的气候有明显的改变，旱、雨季分界亦十分明显，并且使库区和

工程区水生、陆生生物生活条件得到改善，生物得到繁衍，珍稀动物种群生存环境有所改善和保护，还有就是由于水库有较大的库容对抗御洪、旱灾害发挥了重要作用。

二是妥善处理好移民安置工作。因为水利水电工程建设不可避免地会占地，特别是水库建设会淹没大量土地，包括占用耕地，致使农民失去了赖以生存的生产资料——土地。我们一定要站在失地农民的立场上，为移民做好安置工作，使移民和失地农民"移得出，安得住，能致富"，也就是说使移民和失地农民在新的安置处能够生存，生产条件比原地好，生活质量有所提高，确保移民安置区社会稳定。

三是振兴一方经济。在水利水电工程开发的同时，不仅要注意工程区的建设，并在工程区域影响范围内，通过改善当地的交通条件兴办实业，改善农民的生产条件，资助办学（中小学、幼儿园），兴办医院等公共设施和公共事业，把当地的经济发展和人民生活的提高、居住环境改善与工程效益发挥结合起来，使水电事业效益得到发挥，亦为区域经济和人民生活提升发挥重要作用。

（三）切实关注农村水电事业的发展

四川省除了大江、大河之外，还有许多的小河、溪沟。如何把这些遍布全省各地的小河、溪沟纳入水利水电规划实属难事。这些溪河流水都是可供利用的，俗话说"一江春水向东流，流的都是煤和油"。据 2008 年四川省农村水能资源调查结果，在 2016 条河流中，单站 0.1MW（含）～50MW（含）的农村水能资源技术可开发量 2080.71 MW，年发电量 1086.68 亿 kW·h。截至 2005 年底，已、正开发电站装机容量 13506.69MW，占全省农村水能资源技术可开发量的 64.9%。2010 年全省地方水电年末装机容量 71619.3 MW，年发电量 310.25 亿 kW·h。通电乡镇 4290 个，联网乡镇 2500 个。农村用电户 2644.63 万户，户通电率 99.34%，无电人口 67.53 万人。至 2010 年，四川省农村水能资源开发电站达到 3818＋7/2 座，总装机容量达到 18373.41MW，年发电量达到 966 亿 kW·h，四川省农村水能资源开发程度达到 88.3%。

农村水电是农村重要的中小型基础设施和公共设施。发展农村水电，加快农村电气化建设，是促进构建社会主义和谐社会和建设社会主义新农村的重要途径之一，对于广大山区、贫困地区和少数民族地区经济、社会和环境的协调发展具有非常重要的意义。四川省农村水电的开发潜力还比较大。农村水电的发展改善了农民群众，特别是边远贫困山区少数民族群众的物质文化生活，带动了扶贫开发以及农村经济、县域经济的发展，促进了区域经济结构的优化，推进了自然生态环境的保护和建设，促进了旅游业的发展。农村水电的发展，为地方经济作出贡献的同时，也加快了农村电气化建设的进程，为四川省电力平衡发挥了互补作用，对解决四川省贫困山区用电问题，缓解省内电力供求矛盾，改善农村生产、生活条件发挥的重要作用，是不可替代的。加强农村小水电站的建设，加快农村电气化建设进程，解决农村居民生活用电的供电问题，使"以电代燃料"、"退耕还林（草）"、"天保工程"等工程顺利进行。加快农村水能资源的开发，不仅可以解决地方电力负荷需求，还可为大中型电站的开发提供施工电源，促进流域水系梯级电站的滚动开发，为地方经济的发展作出巨大贡献。

因此，我们应将遍布农村（牧区）的小河、溪沟水中可利用的水力资源都利用起来，这对促进广大农村和牧区经济发展，提高人们的生活质量是一件非常有益的事情。所以给出以下建议。

第一，建立县、乡、村三级农村小水电统一规划。根据小河、溪沟的水资源可利用条件和可开发利用程度，立足于发展农村经济、改善当地农（牧）民生活条件，在地方政府和地方财政支持下，制定切实可行的开发规划。

第二，由于小水电比较分散而且容量偏小，自发自供居多，为了促进地方经济的发展和农（牧）民生活用电，可采用以下方法消纳多发电量：一是将多余电量并入国家大电网（包括地方电网）并优先给予安排，切实落实好"余电上网"政策。二是在无条件上网的地方，政府应允许自建自发、自管自用的电站建设，并帮助扶持小水电农户搞好"自用"。三是国家电网、地方电网支持和帮助农村规划小电网（10KV、110KV、220KV）并帮助实施。在实施中要科学合理地考虑供电范围、电网布局，使农村户户通电落到实处，并保证用户能用上质量合格的电能和安全稳定的供电。

第三，开展"以电代燃料"项目，改善农村能源结构，保护和改善生态环境。

（四）加强水利水电协调发展研究

1. 提高对水利水电协调发展的认识

供水安全已上升到国家安全高度。随着全球气候的变化，极端天气尤为突出，近年来暴雨、干旱、酷热、严寒、地震、沙尘暴等一系列自然灾害接连发生，往年3月份已是春暖花开之时，而2011年的4月份北方大雪纷飞，南方降雨绵绵，气温偏低，人们还着冬装。据分析，全球气候变化主要是由环境污染和温室气体过度排放所致。中国承诺到2020年单位GDP二氧化碳排放量比2005年下降40%~50%。水力发电是减少二氧化碳排放的重要手段。因此，为了经济社会的可持续发展，提供能源保证，应大力发展水电，限制火电。在大力发展水电的同时应提高水资源的综合利用能力，使水利水电协调发展，并制定水利水电协调发展的相应政策。

2. 借鉴国外水利水电协调发展的经验，改进四川省水利水电开发模式和管理体制

不仅要认真做好水资源的优化配置，还要认真研究流域与区域协调发展模式，促进流域与区域经济社会发展的双赢。例如，美国的密西西比河，横贯美国大部分领土，流域面积占本土面积的 34.6%，该流域的开发与治理就远远超出了区域经济的范畴，上升到国家发展的战略高度。又如，美国西部的科罗拉多河，它流经美国西部七个州后流入墨西哥，通过流域综合规划及实施，科罗拉多河上的水库电站群生产的电力，以廉价的能源有力地推动了区域经济的发展，通过提供饮用水提高了西部居民的生活质量，通过水资源的综合利用促进了西部地区经济社会的发展。又如澳大利亚，十分重视水电的发展和水电在电力系统中的作用，并注意电网之间的联合运行，扩大供电范围，并使进入电网的水库电站更好地发挥调频、调相、调峰作用，保证系统的供电质量和可靠性。

3. 开展流域、区域可持续、协调发展研究

流域水资源的综合利用，不仅涉及水电产业布局和发展，而且也是区域经济社会发展的重大课题。长江流域水资源的综合利用和治理包括水电开发，涉及中华民族子孙后代的千秋伟业，影响极其深远。因此我们不仅要研究流域与区域社会经济协调发展的经验，同时亦要借鉴国外的成功经验，如美国的密西西比河综合治理经验。

所谓水电可持续发展理论，一是水电资源的管理，二是水能资源的开发，三是水电资源的保护。但是水文学和水资源学仍然是水电可持续理论的基础，通过对国外一些河流治理经验的了解，可知在水文学和水资源方面的研究，存在着许多需要我们进行认真研究的课题，在研究的基础上，我们可提出新的理论成果指导水电可持续发展。

过去讲水文学，主要是为工程设计提供依据，考虑较多的是经济性和安全性，研究范围亦仅仅是降雨、径流。在水资源可持续发展理论中，还必须考虑工程的环境影响、生态影响以及人文社会方面的影响。在传统的水利水电开发中，水文学关注的是局部。现代水文学不仅要对大气与降水、地表水与地下水、水圈与大气圈、土壤与岩石圈进行研究，还要关注现状以及预测未来的变化、人类活动对区域水资源的各方面影响，即区域间和全球水循环。现代水文学还需要扩展到一些特殊领域，比如遥感水文学、生物水文学、城市水文学等。

在水电可持续发展理论研究里，对水资源学相关研究领域有所拓展，即研究水资源领域形成、可再生的维持机理及对时空变化规律，对水资源可持续利用的方式和对策，分析人类活动对水资源的影响，研究水与生态系统相互作用的模式、机理、过程与效应。在利用方面，提供科学合理的生态、生产、生活用水的科学依据；保证水资源开发利用的可持续发展；促进水资源的合理配置与高效利用；建立水资源技术支撑和监控体系，实行科学的综合管理；建立水资源效益指标体系，分析水资源的生活、生产、生态效益。新的水资源学还应充分考虑自然因素和人类活动之间的相互作用。在利用层面上，要重视研究水资源开发利用对生态环境的影响，从对物理过程的关注转化到对生物工程的关注上来。

水电可持续发展理论需要从传统水电学术研究的窄幅研究向宽幅研究转变；由单一研究向复合研究转变；由工程研究向生态研究转变；由技术研究向管理研究转变；由水工模型试验向数学模型计算转变。实现了上述五个方面转变，才能实现水电可持续发展的创新理论的形成，才能使水电开发提升到更高境界。

4. 加强水利水电协调发展研究

研究加强流域水资源的统一管理和流域与区域协调发展，建立流域和区域的水利水电协调发展机制，确保水工程的安全运行，实现水资源综合利用（防洪、灌溉、供水、发电、航运、生态、旅游等）效益的正常发挥，促进区域经济社会的可持续发展。

政策研究应该把影响协调发展和难点、热点问题结合起来，把近期目标与长远打算结合研究；把重点研究和普遍问题结合起来；把技术研究和社会综合发展结合起来；把水利水电行业发展与受影响的其他行业利益研究结合起来，确定科学的开发利用方式。在研究中要把政策的可操作性放在首位，难度较大的可以协商确定在一定时限内，随经济社会发展状况分期或分步实施。

政策研究一定要强化水环境保护，用法律和行政手段确保环境安全、特别是水环境安全，同时要制定对水污染的行政惩罚条例，保护水环境和节约用水的单位、个人应实行重奖政策，促进水资源（包括水能资源）的科学利用和优化配置，确保水安全。

第三篇

水利发展与改革举措

第十四章　以公共财政为主导，建立健全水利投入稳定增长机制

我国水利投入在国家各个基础设施部门中强度最低，且长期欠账，已成为制约经济社会可持续发展的主要瓶颈，四川省也不例外。深化水利投融资改革，加大水利投入力度，是四川省水利改革发展面临的紧迫任务。重点包括：确立政府水利投资主体地位和投入稳定增长机制，确保土地出让收益用于农田水利建设政策的贯彻实施，完善水资源有偿使用制度，合理调整水资源费征收标准，采取多种手段加强对水利建设的金融支持，还要广泛吸引社会资金参与水利建设，制定鼓励农民兴修农田水利积极性的政策等。

一　四川省水利投入基本情况及需求预测

中国水利建设思想从上古时期就已经开始形成，历朝历代对水利建设都有大量的投入。新中国成立以来，全国水利建设取得了巨大的成就，水利投入机制也经历了几个发展阶段：从新中国成立之初的"以工代赈"机制，到人民公社时期的"国家出钱，农民出工"机制，再到改革开放以后实行劳动积累工、义务工的"两工"时代，再到 20 世纪 90 年代之后的多元化水利投入机制，再到 21 世纪以来"以公共财政为主导"的投入机制，我国水利投入机制正在向合理化、科学化、可持续化的方向发展。[1] 四川省是农业大省，其水利投入机制的发展阶段与全国大体一致，同时也具有一定的特色。

（一）新中国成立以来水利投入基本情况——历史及现状分析

新中国成立以来，四川省历经数个阶段，不断改变治水策略，建成了大批有利于国计民生的水利工程，为全省经济的繁荣发展作出了巨大的贡献。随着政治经济体制的转变、经济社会的发展，水利投入机制与投入重点也在不断地发展变化。新中国成立以来四川省水利投入机制、投入重点和水利建设成就基本情况如下。[2]

1. 从新中国成立到改革开放

新中国成立时，四川省（不包括现已划出的重庆市）农田水利基础薄弱，除都

---

① 张嘉涛：《关于建立健全公共财政为主导的水利投入新机制的研究》，《水利发展研究》2011 年第 6 期。
② 《四川水利辉煌 60 年》，《水利发展研究》2009 年第 10 期。

江堰灌溉区以外，其余广大地区农业基本是靠天吃饭。仅有各类水利工程 22.08 万处，主要是小型引水渠堰、山平塘、石河堰等，水库工程仅有小型水库（蓄水在 10 万 m³ 以下）工程 3 座。全省水利工程蓄水、引水、提水能力 33.59 亿 m³，有效灌溉面积 801.61 万亩，仅占当时耕地面积 7504.71 万亩的 10.7%，全省 3829.69 万亩水田中有 2505.3 万亩靠农田自身储存天然降水保栽。全省粮食总产量仅 218.16 亿斤。四川省是农业大省，农田水利的发展直接关系到人民的温饱问题。在此背景下，1949～1966 年，四川省主要是积极发展中小水利，以解决农田水利极端落后的问题。由于经济体制的原因，当时所有水利投入资金基本都由国家财政投入，而农民则出工出力，形成"国家出钱，农民出工"的水利建设格局。从 1950 年开始，全省动工整修和兴建了一批投资少、见效快、技术简单的小型水利工程。从 20 世纪 50 年代后期到"农业学大寨"期间，四川省掀起了大规模的、群众性的水利建设高潮，大力发扬自力更生、艰苦奋斗精神，开展从小型到大中型，从蓄水到引水、提水的水利建设。1966～1978 年，全省在之前水利建设的基础上开始有计划地建设骨干水利工程。尤其是到 70 年代后期，全国兴起修建水利的高潮，每年的水利资金达到 100 多亿元，四川省亦在此机遇下大力发展了农田水利建设。闻名于世的都江堰得到进一步发展，都江堰灌区的人民渠、东风渠、三合堰和玉溪河等大型引水工程和众多中小型水库工程陆续建成。

2. 改革开放以后、20 世纪 90 年代之前

党的十一届三中全会以后，"水利是农业的命脉，是国民经济的基础产业"逐渐成为共识，四川提出了"治水兴蜀"战略，以治水为龙头的农田水利基本建设步伐加快。与此同时，政策逐步倾斜、水利投入不断增加，比如小型农田水利专项资金就从 1978 年的 500 万元增加到 1998 年的 44570.7 万元，20 年间增加了 88 倍多。另一方面，由于农村经济体制的变革，之前的"三级所有，队为基础"的集体所有制转变为家庭联产承包责任制，水利建设中农民出工投劳机制逐步完善发展，国家通过《关于大力开展农田水利基本建设的决定》和《农民承担费用和劳务管理条例》出台并确定了"两工"政策。① "两工"政策为农田水利建设提供了劳动保障，保证了水利建设的人员投入。但伴随经济不断发展，"两工"政策逐渐被"以资代劳"所替代，部分农民不愿意直接出力建设，而把本应出工的任务折算成资金投入，实际上就由"农民出工"变成了"农民出资"的形式。此时水利投入的资金

---

① 1989 年，国务院出台《关于大力开展农田水利基本建设的决定》，指出兴修农田水利应实行劳动积累工制度，专工专用。1991 年，国务院又出台《农民承担费用和劳务管理条例》规定："劳动积累工主要用于农田水利基本建设和植树造林。按标准工日计算，每个农村劳动力每年承担 10～20 个劳动积累工。有条件的地方，经县级以上人民政府批准，可以适当增加。""农村义务工主要用于植树造林、防汛抢险、公路建设、修缮校舍等，按标准工日计算，每个农村劳动力每年承担 5～10 个农村义务工。"

构成不再是单一的政府投入和集体投入,而是增加了农民出资部分。在其后工业化过程中农民工大量进城,"两工"政策执行难度越来越大,但从国家政策层面上来说,"两工"时代真正结束是在 2000 年农村税费改革之后,而四川省的"两工"政策终止则在 2002 年之后。[①]

2002 年四川省政府印发了《关于全省农村税费改革试点工作的实施意见》,规定"两工"取消后,农村内农田水利基本建设由全体村民大会或村民代表大会讨论决定,坚持"量力而行、群众受益、民主决定、上限控制"的原则,实行一事一议。并且明确规定,一般筹劳每年每人劳工不超过 10 个,筹资每年每人不超过 15元,筹资与筹劳,两者之间只能取其一。

"两工"政策为四川省的农田水利建设作出了很大贡献,"一事一议"不具有强制力,执行难度大,就算绝大多数村民同意某项工程,只有极少数不同意,该工程也不能实施。表 14-1 反映了"两工"时代前后四川省农田水利建设资金与劳动力投入减少的情况。

表 14-1 四川省税费改革前后县、乡、农民投入农田水利资金、劳动力变化统计

年 份	全省投入 项 目	政府投入		农民投入	
		县级（项）	乡级（项）	现金（亿元）	劳动力（万个）
2001		6.1	7.45	37.28	11.99
2003		4.62	3.28	15.68	10.1

资料来源:引自段霞《浅谈税费改革对四川省农田水利基本建设投入的影响及应对措施》,《四川水利》2005 年第 4 期。

四川地形复杂,水资源时空分布不均,加之居住分散,广大农村地区尤其是部分地处偏远山区的农村饮水供给严重不足。在保障农村饮水安全建设投入方面,从 20 世纪 70 年代开始,中央和四川省设立了打井专项补助资金,在川中腹部地区和川西高原开展打井试点。到 1984 年底,川中丘陵地区已打井 404547 眼,解决 42 万人、27.4 万头(只)牲畜的饮水困难问题;在人口相对集中、水源缺乏的地区、乡镇建成自来水站 180 余处,使 25 万人用上了清洁卫生的自来水。1984 年 9 月,中共中央、国务院发出了《关于帮助贫困地区尽快改变面貌的通知》,提出"以工代赈"的资金投入方式扶持贫困地区发展水利,四川省人畜饮水工程建设由川中丘

[①] 2000 年中央 7 号文件《中共中央、国务院关于进行农村税费改革试点工作的通知》中,规定了在农村开展税费改革试点,包括取消乡统筹费、向农民征收的行政事业性收费和政府性基金、集资,以及统一规定的劳动积累工和义务工,调整农业税和农业特产税等内容。四川省则在 2002 年开始执行此项文件,逐步展开农村税费改革试点工作。

陵区转移到贫困地区,进一步解决了农村贫困地区的饮水问题。1984～1995 年,全省仅通过"以工代赈"途径就完成了总投资 39649.29 万元,建成人畜饮水工程 60384 处,解决了 492.67 万人、557.38 万头(只)牲畜的饮水困难问题。[①]

3. 20 世纪 90 年代以后

尽管新中国成立以来中央政府和全国各地重视水利工作,但由于我国水利基础极差,经济实力不足,全国水利建设投入的资金总量事实上是很少的,多年的水利建设仍然未能满足需求。在 1991 年江淮大水灾难之后,中央政府开始意识到水利基础薄弱亟须加大建设力度的问题,发布了《关于进一步治理淮河和太湖的决定》,带动全国各地加大水利投入,四川省政府积极响应。四川省的水利赢来了难得的发展机遇。大批关系人民生产生活的水利基础设施开工建设,紫坪铺水库、大桥水库、升钟水库灌区一期工程、武都水库一期等一批大中型水利工程相继建成投产,结束了四川省只拥有少量大型水利枢纽工程的时代。自此之后,四川水利投入也进入多元化投入的时期,水利建设的资金不再是中央政府单一投入,而是由中央财政直接投资、省级和地方财政直接投资、水利建设专项资金、中央和地方水利建设基金、银行贷款、市场融资和外资投入等共同组成。全省水利建设资金投入总量不断加大,结构也在不断调整。

(1)"九五"时期四川省水利基本建设中央与地方财政投入情况

"九五"时期,尤其是在 1998 年特大洪水灾害以后,中央大幅增加了对水利投入的力度,四川省利用中央投资,在水利基础建设上取得了良好的成绩,启动了"五江一河"防洪工程建设、病险水库除险加固、农村人饮水解困工程、大型灌区续建配套与节水改造、水土保持生态建设工程等一系列水利工程,为 21 世纪四川省全面开展水利建设工作打下了坚实基础。"九五"期间,中央支持四川省的水利基本建设投资总共 13.97 亿元,五年平均每年投资强度为 2.79 亿元,这些中央投资的投资领域包括:"五江一河"防洪工程 4.28 亿元,病险水库除险加固 0.54 亿元,大型灌区续建配套与节水改造 1.58 亿元,农村人饮水解困工程 0.46 亿元,水土保持生态建设工程 1.37 亿元,重点大型水利工程 5.46 亿元,中型水源工程 0.074 亿元,其他项目 0.22 亿元。

长期以来,四川省省级水利基本建设资金来源由省统筹基本建设投资和省机动财力组成,全省从 1998 年开始征收水利基金,由此增加一部分水利基金作为基本建设投资。全省预算内水利基建资金从 1980 年开始定为每年 1.2 亿元,之后 20 年基本保持不变。水利建设基金从 1998 年开始征收以来,实收总额每年在 3000 万～6254 万元之间,其中用于水利基建的投资比例 1998～2001 年间平均为 47.1%,

---

① 相关资料引自四川省水利厅政府网站。

2003～2005 年下降为 38%，计入这两部分组成之后，四川省每年用于水利基建的省级投资规模保持在 1.5 亿元左右。

"九五"时期，省级水利基本建设投资规模为 7.52 亿元。其中，省预算内水利基本建设投资规模为 6.75 亿元，水利基金 0.77 亿元，平均每年投资规模为 1.5 亿元，投资领域分别是：病险水库除险加固 0.25 亿元，大型灌区节水改造（仅为都江堰灌区）0.66 亿元，重点大型水利工程 3.02 亿元，新建中型水源工程 1.34 亿元，其他水利项目 2.25 亿元。

（2）"十五"时期四川水利基本建设中央与地方财政投入情况

"十五"时期，中央支持四川省的水利基本建设投资规模扩大到 43.8 亿元，平均每年投资强度达到 8.76 亿元，各项工程建设资金分配如下："五江一河"防洪工程 7.59 亿元，病险水库除险加固 6.03 亿元，大型灌区续建配套与节水改造 5.86 亿元，农村人饮解困工程 7.94 亿元，水土保持生态建设工程 1.65 亿元，重点大型水利工程 12.23 亿元，中型水源工程 1.52 亿元，其他项目 0.98 亿元。

"十五"时期，省级水利基本建设投资规模为 8.25 亿元。其中，省预算内水利基本建设投资规模为 7.51 亿元，水利基金 0.74 亿元，平均每年投资规模为 1.65 亿元，投资领域分别是：大型灌区节水改造（仅为都江堰灌区）0.76 亿元，重点大型水利工程 1.73 亿元，新建中型水源工程 3.07 亿元，其他水利项目 2.69 亿元。

（3）"十一五"时期四川水利建设投入基本情况

"十一五"时期，中央财政对四川省水利基本建设投入总计达 158.14 亿元，是历次五年计划中央财政对四川省投入最大的时期，比"十五"时期水利基建投入增加 2 倍多。尤其是 2008 年以来，中央政府实施四万亿基础投资计划，扩大内需抵御经济危机，投资重点向西部地区倾斜，故 2008～2010 年支持四川省水利基本建设投入达到了 127 亿元，占到五年总投入的 80%，其中 2010 年中央财政对四川省水利投资 67 亿元，居全国第一位。

"十一五"期间，省级水利基本建设规模 12.5 亿元，年均投资规模突破"十五"时期的 1.5 亿元，增加至 2.5 亿元，增幅近 70%。另外，全省省级水利总投入 49.64 亿元，是"十五"时期总投入（21.4 亿元）的 2 倍多，从 2007 年以后年均投入基本维持在 10 亿元以上。其中民生水利投入增加迅猛，已成灌区续建配套省级投入较"十五"时期增幅约 60%，病险水库除险加固和农村饮水安全省级投入增幅达到了质的飞跃，分别是"十五"时期的 4 倍和 9 倍多（见表 14-2 和图 14-1）。

表 14 – 2　"九五"、"十五"、"十一五"时期四川省中央和地方水利基建投资规模

单位：亿元

时　期 类　别 项　目	"九五"时期		"十五"时期		"十一五"时期	
	总量	年度规模	总量	年度规模	总量	年度规模
中央水利基本建设投资	13.97	2.79	43.8	8.76	158.14	31.63
省级水利基本建设投资	7.52	1.5	8.25	1.65	12.5	2.5

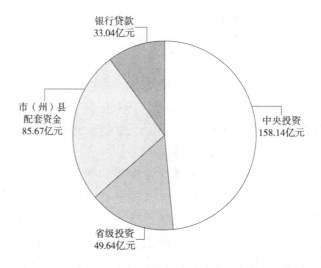

图 14 – 1　"十一五"时期四川省水利建设资金来源构成

　　"十一五"期间，四川省各类水利建设项目共安排投资 326.49 亿元，其中，中央投资 158.14 亿元，省级投资 49.64 亿元，市（州）县配套资金 85.67 亿元，银行贷款 33.04 亿元，年均投资强度 65 亿元。共开展了 47 个大中型骨干水利工程、35 个大型灌区续建配套与节水改造工程、22 个水利血防工程、67 个"六江一干"（岷江、沱江、涪江、嘉陵江、渠江、雅砻江、长江上游干流）堤防工程及 109 个中小河流治理项目的前期工作，工程投资达 700 多亿元。其中大中型骨干工程亭子口水利枢纽，总投资 169 亿元；小井沟水利工程、毗河供水一期和武引二期灌区，总投资 120 亿元；升钟灌区二期和红鱼洞水库总投资 50 亿元；向家坝灌区一期、大桥灌区二期和盐源县龙塘水库，总投资 139 亿元；通江二郎庙、宣汉白岩滩和平昌双桥等，总投资 57 亿元；安岳关刀桥和北川开茂等总投资 56 亿元；兴文新坝和安居三仙湖等总投资 25 亿元。[①]

---

　　①　权燕：《2011 年全省水利规划计划会议工作报告》，四川水利网，2011 年 2 月 28 日。

4. 新中国成立以来四川省水利投入基本情况分析

（1）水利投入与国内生产总值的关系

国内生产总值（GDP）是一个地区在一段时期内最终产品和劳务的总量，是反映国民经济发展水平的重要指标。水利投入与国内生产总值的比例关系，不仅可以反映在某一国民经济发展水平下水利投入的充裕程度，对于寻求与国民经济发展相适应的合理的水利投入水平也有重要意义。世界上发达国家水利投入占 GDP 比重一般稳定维持在 2% 以上，从而保证了水利投入随国民经济的发展而稳定增长。[①]四川省自新中国成立 60 多年以来水利投入与当地国内生产总值的关系，如表 14－3 所示。

表 14－3 四川省水利投资与地区国内生产总值关系

单位:%

时 期	"一五"	"二五"	"调整"	"三五"	"四五"	"五五"
水利总投资占 GDP 比例	0.44	1.30	2.86	3.01	6.02	7.04

时 期	"六五"	"七五"	"八五"	"九五"	"十五"	"十一五"
水利总投资占 GDP 比例	1.91	1.46	0.70	0.69	0.64	0.64

资料来源：根据四川省水利统计年鉴与历年政府工作报告整理。

从表 14－3 中可以直观地看出，四川省水利投入占国内生产总值的比例上下浮动，投入不稳定且波动幅度较大。水利投入占 GDP 比例最高的时期"四五"和"五五"时期高达 6.02% 和 7.04%，远远高于发达国家水利投入比重，但由于当时整个经济社会发展落后，国内生产总值低，因此当时的水利投入总量实际上还是很少的；而投入较低时期水利投入占国内生产总值在 1% 以下，水利投入就更加严重不足。近年来随着国民经济飞速发展，尽管水利投入也在不断加大，但其增长的比例远远跟不上国民经济发展的速度。从"八五"时期开始，四川省水利投入占 GDP 比重均维持在 1% 以下，与发达国家相比水利投入远远落后，并未达到其应有的水平。再加上新中国成立以来，百废待兴，国民经济水平落后，水利投入总体不足的情况持续已久；四川省水利基础本身薄弱，并不断积累，水利欠账越来越严重，今后的水利工作任务更加繁重。四川省是典型的农业大省，水利建设落后，严重影响了国民经济的健康可持续发展。建立水利投入长效稳定增长机制，保证水利投入稳定增长，促进水利健康稳定发展，对于四川省的长期发展和繁荣稳定具有重要意义。

---

① 陈辉、马俊：《浙江省水利投入存在问题及对策探讨》，《浙江水利科技》2004 年第 4 期

（2）水利基本建设投资与同期固定资产投资的关系

水利基本建设属于基础设施建设，对国民经济发展起保障和拉动作用。水利基本建设投资是一个地区固定资产投资的一部分，分析水利基本建设投资与同期该地区固定资产投资的比例关系，可以反映出一段时间内政府对水利行业的投入力度。四川省水利基本建设投资占同期固定资产投资的比例情况，如表 14－4 所示。

表 14－4　四川省水利基本建设投资与同期固定资产投资关系

单位：%

时　　期	"一五"	"二五"	"调整"	"三五"	"四五"	"五五"
水利基建投资占固定资产投资比例	0.56	0.84	3.25	1.61	4.01	7.91
时　　期	"六五"	"七五"	"八五"	"九五"	"十五"	"十一五"
水利基建投资占固定资产投资比例	1.32	1.01	1.85	1.12	1.06	1.02

资料来源：根据四川省水利统计年鉴与历年政府工作报告整理。

从表 14－4 中可以看出，四川省水利基本建设投资占同期固定资产投资比例除少数时期（"调整"、"四五"、"五五"时期）以外，基本都维持在 1% 左右，也就是说水利基建投资在整个社会固定资产投资中比例很小，严重缺位。这与四川省乃至新中国成立以来基础设施落后的基本省情与国情是分不开的。为了尽快解决人民温饱问题，全社会固定资产投资大多流向了一些对国民经济发展拉动作用较大的基础部门，比如交通运输。水利基础建设效益低，对整个国民经济的增长拉动作用小，在四川省及我国过去很长一段时期内以追求国民经济快速增长为目标的条件下自然难以实现大的增长。但水利发展落后的现状已经制约了社会的进一步发展，成为经济社会发展的"瓶颈"。当前经济社会发展的目标再不是单一地追求产出量，而是更多地注重发展的质量和人民生活水平的提高，因此，加大水利基建投入，保障人民的生命财产安全和粮食安全，成为未来社会发展的必然要求。

（3）21 世纪以来四川省水利建设投入与西部地区和全国的对比关系

从前文的分析可知，四川省水利投入在新中国成立以后相当长一段时期内总量非常低，并且资金来源单一。但在改革开放以后，尤其是 2000 年中央提出"西部大开发"以来，四川省水利投入的力度不断加强，近 10 年来水利投入占西部地区水利投入比重不断加大，与全国平均水平相比也在提升，如图 14－2 所示。由此可见四川省水利投资总量在西部和全国处于较高水平，这与四川省地处长江上游、水利建设需求大的省情是分不开的，也反映了近年来政府对水利投入的重视。在未来一段时期内应当继续加大投入力度，尽快解决四川省水利桎梏问题。

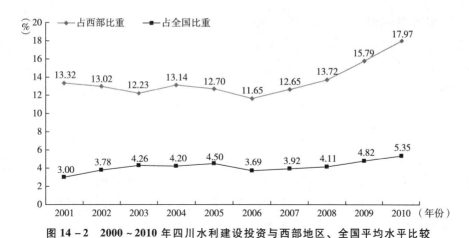

图 14-2　2000~2010 年四川水利建设投资与西部地区、全国平均水平比较

注：图中横轴为时间，纵轴为四川省水利建设投入占西部和全国水利投入的比重。

（二）未来水利投入需求与缺口——预测分析

经过新中国成立以来 60 多年的积极发展，四川省水利已经迈上一个新的台阶。但是，由于地理位置、地形地貌、经济发展水平等因素的制约，目前全省水利缺口仍然巨大，需要进一步加大投资力度，推进四川省水利改革与发展。目前，四川省水利建设亟须解决的问题有：①蓄水工程不足与控制性骨干工程少，水利工程蓄引提水能力占水资源总量的比例为 10%，不到全国平均水平的 1/2。[1] 大中型水库仅113 座，其蓄水能力占水资源总量的比例为 2.8%，只有全国平均水平的 1/8。②渠系配套建设严重滞后，已建成水利工程有 3 万多 km 渠道未配套，有近 800 万亩灌面未配套，有 30 多亿 m³ 水用不出去，全省有效灌溉面积仅占耕地面积的 42%，人均有效灌溉面积仅为全国平均水平的 2/3。③防洪抗旱能力薄弱，全省目前还有1893 座中小型病险水库和 23 座大中型病险水闸亟待整治。渠江、沱江缺乏防洪控制性水库，岷江、沱江、涪江、嘉陵江、渠江、雅砻江、长江上游干流等主要江河堤防工程建设滞后，量大面广的中小河流和山洪沟急需治理，大多数沿江河城市尚未达到国家规定的防洪标准。④水资源供需矛盾突出，供给不足。随着工业化、城镇化、农业现代化的加快推进，以及成渝经济区、天府新区、四川藏区、安宁河谷地区、革命老区、秦巴山区的加快建设和发展，供需水矛盾日益突出。若按现有供水能力测算，到 2020 年供水缺口约 90 亿 m³。⑤水土流失严重，全省水土流失面积 15.65 万 km²（不含冻融侵蚀面积 6.47 万 km²），占辖区面积的 32%，亟须治理。[2]

---

[1]　刘奇葆：《在省委水利工作会议上的讲话》，2011 年 11 月 24 日。

[2]　四川省水利厅：《四川省"十二五"水利发展规划》，2011。

四川省水利建设任务如此艰巨，加大水利投入、全面建设水利基础工程必然成为今后一段时期工作的重点。中央在 2011 年 1 月 31 日公布的"一号文件"提出建立水利投入稳定增长机制，加大公共财政对水利的投入，并且提出"从土地出让收益中提取 10%用于农田水利建设"的政策，对四川省未来水利建设投入起到了一定的保障作用。根据《四川省水利发展"十二五"规划》，未来一段时期内，四川水利投入需求有以下几个方面：

第一，根据全省水资源配置要求，到 2020 年，新增有效灌溉面积 1000 万亩，建成 10 个全域灌溉试点市、县，水利防御洪涝和干旱灾害的能力进一步提升，促使城乡居民饮水安全得到基本保障，重点区域水土流失得到有效治理，水利防灾、减灾能力显著增强，水利工程良性运行机制基本形成，四川将全面建成"水利强省"。为实现规划，四川省"十二五"时期将完成亭子口水利枢纽、武都水库、小井沟水利工程、二郎庙水库、白岩滩水库等 30 个在建项目，开工建设武引二期灌区、毗河供水一期、升钟灌区二期、向家坝灌区一期、红鱼洞水库、大桥灌区二期、龙塘水库、亭子口灌区一期等 13 个大型和开茂水库、寨子河水库、七一水库等 69 个中型项目，构建水资源配置调控保障体系，而四川省在建和储备的这些大中型水利项目累计总投资达 600 多亿元人民币。[①]

第二，民生水利工程。规划提出到 2013 年解决全省规划内农村饮水安全问题，到 2015 年基本解决新增农村饮水不安全人口的饮水问题。也就是说，要解决农村 2150 万人饮水不安全问题，并且新增地电装机容量 150 万 kW，而水产品到 2015 年实现年产量 120 万 t。

第三，基本消除现有病险水库隐患，提高主要江河和重点中小河流重要河段的防洪能力。完成山洪灾害防治县级非工程措施，县级以上城市基本达到防洪标准；全省洪涝灾害年均直接经济损失占同期 GDP 的比重降到 1.1%以下。

第四，提高水资源利用效率和效益，灌溉用水有效利用系数提高到 0.45，新增节水灌溉面积 1310 万亩；万元地区生产总值用水量降到 120m^3 以下。水功能区主要水质指标达标率提高到 75%。新增治理水土流失面积 18000km^2。

综合以上四个方面，四川省"十二五"规划期间水利投资总需求达 1567 亿元（其中公益性投资 1338 亿元，占 85%；经营性投资 229 亿元，占 15%）。其中，水资源配置工程投资 532 亿元，占规划总投资的 34%；农村水利工程投资 551 亿元，占规划总投资的 35.1%；流域防洪减灾工程投资 329 亿元，占规划总投资的 21%；水土保持工程投资 72 亿元，占规划总投资的 4.6%；节水型社会建设投资 22 亿元，

---

① 《四川大兴水利总投资逾 600 亿元》，中国新闻网，2011 年 11 月 24 日。

占规划总投资的 1.4%；发展能力建设项目投资 61 亿元，占规划总投资的 3.9%。[①]
而"十一五"时期四川省水利建设项目投入构成为：中央投资 158.14 亿元。省级
投资 49.64 亿元，市（州）县配套资金 85.67 亿元，银行贷款 33.04 亿元，水利项
目投资总量为 326.49 亿元，年均投资强度 65 亿元。四川省"十五"时期完成投资
180 亿元，"十一五"时期五年共完成投资 398 亿元（不含灾后重建），而"十二
五"规划期间水利投资总需求达 1567 亿元，达到"十一五"时期全省水利投资的
将近 4 倍。即使加上 2011 年中央一号文件所提出的"从土地出让收益中出让 10%
用于农田水利建设"增加的资金，四川省"十二五"时期及今后更长一段时期内
水利建设资金缺口仍然巨大。没有充足的资金投入做保证，水利建设必将无从下
手。因此，进一步落实中央政策，加大水利投入力度，拓宽水利融资渠道，必然成
为今后五年甚至更长一段时间内水利工作的重点。

二　确立政府水利投资主体地位，建立投入稳定增长机制

（一）中央及地方财政对四川省水利投入基本情况

我国新中国成立 60 年以来，经历了计划经济体制和计划经济体制向市场经济
体制转型的阶段，在不同的时期中央对整个国民经济的宏观调控手段在不断改变。
在改革开放以前计划经济时代，中央控制了整个国民经济的发展，包括各项投资。
因此，在当时的水利投入资金构成中，中央财政投入几乎达到 100%，农村集体投
资量很小，农民虽有出工建设但无资金投入。改革开放以后，经济体制开始转型，
各种经济成分开始发展，但水利建设由于其特殊性——重大水利建设关系国计民
生，须由中央控制；水利建设投资回报率低而且周期长，难以吸引私人投资。因此
在相当长一段时期内，水利投入资金构成中中央财政投入仍然占据绝大部分。到
1994 年实行分税制以后，中央和地方财政分开，政府的财政水利投入开始有了中央
财政投入和地方财政投入之分，也就是由中央财政投入与省级财政、市县级财政投
入共同组成。

1. 2001 年以来四川省中央财政水利投入情况

图 14-3 反映了四川省 2001 年以来中央财政水利投入占四川省水利投入总量
的比例关系。由此可以看出，10 年来中央水利投入基本占据主导地位，水利投入
总量基本呈现上升趋势，近年来比例大增，尤其是在 2008 年地震后灾后重建过程
中，中央对四川水利投资大大增加，具有绝对优势。

[①]　四川省水利厅：《四川省"十二五"水利发展规划》，2011。

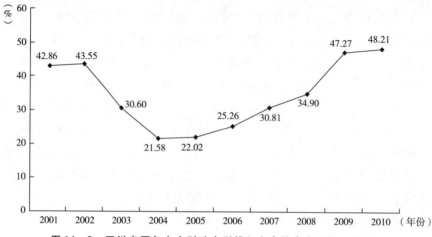

图 14 - 3　四川省历年中央财政水利投入占全社会水利投入的比例

资料来源：《2000～2008 年水利统计年鉴》、《2009 年中国水利统计年鉴》、《2010 年水利统计月报》、《2011 年水利工作年报》。

图 14 - 4 反映出四川省近 10 年来中央财政水利投入与西部地区和全国中央财政水利投入相比基本水平保持较高，四川省中央财政水利建设投入占西部地区比重保持在 6.85%～13.75%之间，而占全国水利投入的比重则保持在 2%～6%之间，具有相对优势。

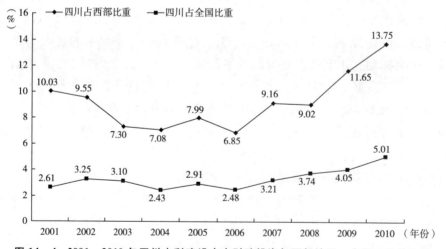

图 14 - 4　2001～2010 年四川水利建设中央财政投资与西部地区、全国平均的比较

资料来源：《2000～2008 年水利统计年鉴》、《2009 年中国水利统计年鉴》、《2010 年水利统计月报》、《2011 年水利工作年报》。

2. 2000 年以来四川省地方财政水利投入情况

正如前文所述，自分税制实现以来，四川省省级水利投入就长期达不到全国平均水平，明显不足。全省水利基本建设资金从 1980 年设定为 1.2 亿元/年之后基本保持不变，加上从 1998 年开始征收的水利建设基金，两项之和也只能保证省级水利基本建设投入保持在 1.5 亿元/年左右，多年未有明显增长。而从全国看，"十一五"时期，有的省份省级水利基本建设投资规模一年内就高达 64 亿元，而四川省即便是经过大力发展，"十一五"时期水利基本建设投资年度规模也只有 2.5 亿元，与其他省份还有很大差距。省级水利建设投入已成为全省水利建设投入的短板。

市县级财政投入是水利投入的另一来源。但四川省市县众多，且发展水平差距大，受地方财力限制，多年来水利建设投入中市县级投入并不充裕，"十一五"期间，市县级水利建设配套资金 85.67 亿元，年均投资 17.13 亿元，达到历史最高。

（二）理论基础与国际经验借鉴

1. 水利公益性与外部性

在西方经济学注重产权研究和效率研究的基本框架内，市场产品自然分为私人产品和公共产品。私人产品是指产权为私人所有，其产品效益具有排他性和竞争性的物品。排他性是指某物品在被使用的过程中，其他人无法同时使用；竞争性是指某物品在被使用后总量减少，挤占他人使用量。显然的，相对于私人产品的公共产品是指产权不明晰，不具有排他性和竞争性的物品。大部分水利事业，例如，防洪工程、水土保持工程和水资源保护工程，是典型的公共产品，它既不具有排他性，也不具备竞争性。

在市场经济条件下，市场调节通过价格机制起作用，达到资源最优配置。但这些是基于产权明晰的基础之上，也就是说基于私人产品的排他性和竞争性起作用。对于公共产品来说，由于不具有排他性和竞争性，在使用过程中无法阻止他人使用，形成"一人付费，多人使用"的"搭便车"格局和"一人修建，多人受益；一人破坏，多人受害"的外部性效应，所以市场失灵，价格机制无法再起到调节资源配置的作用。

正是由于"搭便车"现象和公共物品的外部性效应，对于水利这样的公共产品来说，私人投资可能形成"一人投资，多人受惠"的结果，也就是说投资者的收益被他人分享，甚至无法收回其本金，因此私人投资不愿或者无力进入水利投资领域。但从另一方面来说，也正是基于水利作为公共产品的外部性效应，政府对水利投资的主体地位显得更加重要。对于私人投资来说，由于不能阻止他人使用，其私人收益流失，是低效率的投入；但对于政府来说，衡量其投资效率的标准不再是单一的投入产出比，而是整个社会福利水平，像水利防洪排涝投资这样的公共产品投资能够使得水利工程周边辐射区域内的人群都受益，从而提高了该地区整体社会福利，对于政府来说，是高效率的投入。另外，对于此类公共产品的水利投资，其定价必须是强制的，比如公共集资、税收等，而具有强制定价能力的市场主体也只有政府。针对市场失灵、价格机制失效的情况，政府可以通过各种纠正手段干预价格机制，比如税收、补贴、政府控制定价等手段进行干预，以此促进水利投资的发展。

尽管大部分水利事业具有非排他性，但仍有部分水利事业具备竞争性，比如水电工程和农业灌溉工程。水力发电输出之后，线路沿线的用户都可以使用，但电量总量一定，用户使用后总量即减少，具有竞争性。像水电工程这样的水利事业就不属于完全的公共产品，从市场经济资源配置效率理论来看，政府不再是最优的投入主体。因此，从经济理论上来说，此类水利工程应当鼓励私人投资进入。但大型水电工程往往同时具有防洪、灌溉等功能，并且关系国计民生，政府对此类工程投入依然必须保持控制力。而另一方面，由于水利建设周期长，投入产出比不高，私人投资往往也不愿进入。水利作为国民经济基础产业，对国民经济的发展具有基础性的重大意义。从整个社会宏观经济的角度看，它不仅会影响资源配置，还会影响收入分配。从对经济社会发展的长远意义看，它不仅在当代具有直接产出效应，而且还具有深远的间接效应。不仅会产生社会效益、经济效益，还会产生环境效益，对环境造成正面或者负面影响。从作用上分析，水利不仅是人们生产和生活的基本保证，而且还可以对社会的发展与进步起到强大的推动或制约作用，我国古代朝代的兴衰更替更是与水利事业的发展紧密相关。因此，必须加强政府的主体地位，加大水利投入，建立稳定的水利投入增长机制，促进水利事业的发展。

2. 水利筹融资的几种方式

随着我国市场经济体制的不断完善，水利项目的筹融资已经越来越多地表现为多元化的特征。目前水利筹融资的基本方式可以划分为两大类：公共筹资和公债性筹资。公共筹资主要是指政府主导的水利投资和水利基金公共筹资方式，而政府水利投资即政府公共财政投入的资金来源实质上是政府税收。公债性筹资与公共筹资的区别主要体现在其资金有偿性方面，也就是说公共筹资是基于政府强制性指令的无偿筹资方式，而公债性筹资则是基于其投入收益原则形成。公债性筹资又主要分为公共债务和国内外借款两类，公共债务是指水利投入的资金债务最终由政府财政负责还款，而国内外借款则由水利项目本身的收益来还贷。[①] 国内外借款通常包括国内金融机构融资、市场融资、私人投资和国外金融机构和政府的贷款与投资等方面。

---

① 杜建明：《水利投资经济学：理论与方法》，黄河水利出版社，2007，第159~183页。

3. 水利投资的国际经验借鉴

基于水利作为公共产品的公益性和外部性基本理论，水利工程的建设将有利于工程辐射范围内的所有社会成员，但同时也意味着这些水利工程本身不能从其项目提供的公共产品或者服务中得到完全的直接回报，因此私人不愿投资或者无力投资。这一公共产品理论奠定了水利建设投入主体是政府的基础。事实上，在当今发达国家比如美国、日本、澳大利亚、加拿大等国家以及一些发展中国家如印度、泰国、新加坡等国的水利投入中，政府的确处于主导地位。

（1）政府投入总量比例大，投入重点明确

美国水利投资主体包括政府、私人部门和居民，其中政府居于主导地位，占据60%的份额。但美国政府投资并不盲目，政府投资中公共投资和公债性投资分类明确，对于公共投资比如防洪工程，政府投入几乎占100%，以保证居民生产生活安全。1938～1986年，联邦机构承担了城市防洪工程的83%和农村防洪工程的93%。对于公债性投资，政府作为普通的市场投资主体参与，其投资则注重考虑资金收益率，在不同时期投入领域不同，主要流向一些政策性导向工程和收益良好的领域。例如，美国在20世纪50年代注重投入以灌溉和发电项目为主的水利建设，取得良好的经济效益；而到了70年代以后，将水利总投资的80%重点转至对西部地区的环境和生态保护水利建设的投资，这些工程既都代表着政策导向，收益又都非常高。

日本水利投资主体包括国家、地方政府、农民和项目业主，水利投资根据不同工程类别实行投资分摊政策，但国家和地方政府占据水利投资的主导地位。日本政府在水利投资重点选择也非常明确，政府投资主要流向公益性水利工程，非公益性水利工程通常由其项目业主自行负责。

澳大利亚是水资源较稀缺的国家，其所在的大洋洲是世界上最干旱的大陆。澳大利亚州政府作为水资源开放管理的主要部门，对水利投资负有主要责任。基于其水资源稀缺、农业大国的国情，澳大利亚政府的水利投资重点主要流向一些防洪抗旱的公益性水利工程和农业灌溉工程。对于灌溉用水，澳大利亚实现州政府筹资、联邦政府补贴的形式，主导灌溉水利投资；而澳大利亚的防洪工程更是政府承担全部投入，其联邦政府、州政府、地方政府分别承担40%、40%、20%。

加拿大水利投资通常以市场为导向，但不影响其政府作为投资主体的地位。对于防洪、环保等公益性水利项目，政府采用无偿投资的方式或者应用相应的保险基金投入；对于灌溉、供水等准公益性项目，则采用国家补助、流域或地区管理机构以贷款或其他形式筹集的方式。

印度水利投资中政府也占据绝对的主导地位。20世纪50年代到90年代之间，印度政府的水利投资资金总额约占政府全部投资额的10%，其比例远远高于其他发展中国家。对于公益性水利项目工程，比如防洪工程和水土保持工程，其建设资金都由国家全额拨款或者贷款建设；大中型农业灌溉工程同样由中央财政全额投资，小型农业灌溉项目政府则负责投入1/3左右。

（2）各级政府之间事权划分清晰

美国政府是水利市场最大的投资主体，而基于其联邦共和制各级政府权责明确、财政独立的政府组织形式，其水资源又实行流域管理，各级政府分工明确，其庞大的水利投资在各级政府之间自然划分明确。根据流域管理原则，联邦政府主要负责大河及跨州河流的治理，州及地方政府主要负责中小河流的治理，相应的，联邦政府就负责大河及跨州河流的治理费用，州及地方政府负责中小河流的治理费用；对于一些防洪及改善生态环境等公益性项目，则按照水利事权实行各级政府投资分摊，大型防洪工程联邦政府负担65%，地方政府负担35%，小型防洪工程则由地方政府负担；农业灌溉骨干工程、农村供水工程一般是联邦政府赠款50%，地方政府负责50%，以财政拨出或者政府担保优惠贷款方式执行。联邦法律规定任何一个项目赠款不得超过工程总投资的75%，在实际执行中通常不超过50%。但灌溉工程的可行性研究、设计等技术方面的费用，全部由联邦政府支持。[①]

日本水利实行河流分级管理，一级河流由国家主管部门管理，其他河流由都道府县首长管理。因此，对于国家管理的一级河流，其建设管理费用由中央财政全额负责，若项目属地方要求，则中央和地方按1∶2或者2∶1的比例分摊投资；对于其他地方政府管理的河流，其河流建设管理费用通常由地方政府自行负责，地方政府财力不足时可向中央政府申请补贴；特殊情况下如水利工程因灾损毁，地方政府负责修复，其费用通常由中央、省、市各负担1/3投入资金。

澳大利亚的水利分级投入与美国、日本高度的中央财政投入不同，其宪法规定，水资源开放管理由地方政府负责，因此，中央政府除了对防洪设施投资力度较大（达到40%）以外，其他水利设施投资份额基本很小。澳大利亚地方政府负责水库、堰渠等水利灌溉工程大部分投资，中央政府只是给予一定的资金支持，并无固定的投入比例。

（3）成本补偿管理有序

美国非常重视水利项目的运营成本的补偿，对于不同类别的水利工程其成本补偿方式各不相同。对于公益性项目，如防洪与改善生态环境等工程，其运行维护管理费主要由各级政府财政拨款或向保护区内增收地产税；对于水力发电和供水等水利工程，因其兼有防洪、灌溉的职能，其运行维护管理费用则由水利管理单位从征收的水电费中补偿，自负盈亏；对于灌溉工程，由于农民承受能力有限，其运行管

---

① 莫易娴：《国内外水利建设投入机制的经验启示》，《农业经济与管理》2011年第4期。

理费用由地方政府支付。

日本的水利工程运行成本则实行分摊补偿，通常由国家和地方政府负担50%～80%，其余部分则由农民负担。水利工程的折旧费用则用于水利工程的改造更新。①

澳大利亚灌溉水利骨干工程由政府投资，但其运行维护费用成本由用户支付，部分地方政府实行适当补贴；农村地区由于水利管理部门收益低、农民承受能力有限，则通常由水利管理部门采用政府贴息贷款的方式进行成本补偿。

（4）融资政策灵活多样

发达国家市场经济活跃，水利融资通常采取并鼓励多元化、多层次、多渠道的水利投融资体系。在融资渠道方面，政府通过提供低息或者无息的优惠贷款、向社会发行债券、建立政府基金、社会团体捐赠、向受益区征税等多种方式进行融资；从政府投入资金类型看，政府的财政资金虽然在投资中占主体，但只有一小部分资金是无偿的，即政府的无偿拨款或者捐赠，绝大部分资金是通过市场化进行借贷的有偿使用行为，也就是说政府公共投入比例并不大，主要采用的是公债性投资；从政府投资重点来看，政府公共投资主要投入一些纯公益性水利事业，比如防洪工程就较多地依靠政府拨款，另外一些准公益性水利工程，如水电和城镇供水项目，就较多地依靠发行债券。

（三）确定政府水利投资主体地位，建立投入稳定增长机制的基本途径

1. 确定政府水利投资主体地位，明确各级政府水利投入分工

基于水利公益性和水利投资期限长、收益低的基本特性，政府必须加强其作为水利投资主体的主导地位，支持水利事业的发展。从前文对新中国成立以来四川省水利投资占地区国民生产总值的比例（见表14-2）和水利投资占全社会固定资产投资的比例（见表14-3）两个指标分析，四川省历年来水利投入力度不够。政府作为水利投资的主体，应该借鉴发达国家的经验，增加对水利投入的总量，确保用于水利建设的投资增长速度不低于中央预算固定资产投资的增长速度，从而进一步提高水利投资在固定资产投资中的比重，以促进水利事业的快速发展。

根据四川省水利投资中央投入占全社会水利总投资的比例（见图14-3）分析，四川省近年来中央财政水利投入占据整个社会水利投入的半壁江山，而地方财政投入尤其是省级投入严重缺乏。世界银行有关专家2002年对全世界水利建设投资结构做了估算，在水利建设投资结构中，政府的投资占69%，说明政府在水利建设的投资中要承担主要责任。目前世界上大多数国家的水利建设投资结构中政府部门投资占70%左右。② 与国外比较，四川省水利建设投入中政府投资的比例明显偏

---

① 冯静生：《水利建设投融资的国际经验》，《全球视野》2011年第7期。
② 黄忠全、施国庆：《国外水利投融资模式及其对我国的启示》，《江苏商论》2008年第6期。

小。在投资主体多元化、资金来源多渠道的情况下，政府在公益性和准公益性为主的水利投资建设中的主体地位不会动摇，政府不仅要承担水利建设的规划、组织建设的责任，而且要承担绝大部分的建设资金。从国际经验来看，美国、日本、澳大利亚和加拿大等国家在水利投资方面都对中央财政投入和地方财政投入分工有明确的规定，地方财政在水利建设中起到了很大的作用。因此，四川省在未来水利建设的投入中，由地方政府承担一定的责任是必然的发展趋势。应该严格执行分级投入管理，根据各省市的实际财力情况，明确中央、省、市县各级在水利投入中应当承担的比例，并且以法律规定作为保障，严格执行。

2. 对不同性质的水利工程区分对待，明确政府投入重点

水利具有公益性，但不同的水利工程其性质又不完全相同，政府作为水利投资的主体地位不可否认。但政府在有限的财力范围内，合理的配置水利投资资金、明确投资重点则更加必要。对于防洪排涝、环境保护和水土保持这样的纯公益性项目，应当由政府财政无偿投入，在国外，防洪工程几乎都是由政府全额出资建设，而对于水力发电、供水等准公益性项目，由于私人投资能力不足，政府也需充当投资主体角色，但可以根据实际情况对于一些收益较好的项目实行有偿性的政府投资，同时，对这些准公益性的项目也应该鼓励社会投资和其他方式的资金进入，增加建设资金总量。政府在进行水利投资时，应科学规划，在保障公益性项目的合理建设基础上，适当参与其他项目投资。

3. 建立稳定的水利成本补偿政策，保障水利可持续发展

不同的水利工程其性质不同、面对的用户也不同，根据水利工程的性质和受益群体的性质，建立合理稳定的水利成本补偿政策，保证水利工程的持续发展，对水利建设来说是必不可少的环节。新中国成立以来，四川省水利建设一直在进行，但就是因为没有合理的水利成本补偿政策，水利工程的维护管理不到位，造成大批水利工程"年久失修"、大批水库成为病险工程，浪费了大量的人力、财力。水利工程的建设周期长，使用时间更长，水利建设不是一蹴而就的，它在建成投入使用后的维护显得更加重要。省内闻名于世的都江堰水利工程建成于战国时代，到现在已经历经千年，依然是省内重大的水源工程，泽被整个天府之国。如果没有对其进行合理的维修养护，这样的水利工程难以维持到今日。因此，在强调加大水利投入的同时，建立稳定的水利工程成本补偿机制更符合可持续发展的要求。对于不同性质的水利工程来说，其工程维护管理费用不同，应当区分对待。对于防洪抗涝类公益性工程的维护管理，可以借鉴美国的管理经验，实行财政全额拨款；而对于水电、供水类具有收益性的水利工程，则应由管理单位从电费、水费中提取，自负盈亏，适当情况下可以采取财政适量补助；农田灌溉水利工程关系粮食安全，农民收入低，承受能力差，则应由财政拨款或者采用其他政府融资方式解决，同时建立激励机制鼓励农民积极参与。

4. 充分发挥多样化水利融资的功能，增加水利融资能力

政府在水利投入中占据主导地位，投入比重最大，但政府投入形式也可以是多样化的，并不只是财政拨款建设。各国政府对水利投入的形式除财政预算内安排拨款外，还包括一些政府担保贷款、政府贴息贷款以及政府发行的水利专项国债等，一些发达国家还利用其证券市场发达的优势，通过发行专项证券的形式筹措水利建设资金。因此，四川省在未来的水利投入中，应当充分发挥政府多样化融资功能，利用好财政贴息贷款、中央及地方政府债券、水利建设基金、水利专项资金等工具筹措水利建设资金，促进水利事业的发展。

另外，类似于发电、供水等水利项目是具备收益性的，在确定政府水利建设投入主导地位的同时，应当积极引入市场机制，尽可能地采取市场化原则筹措建设资金、引入市场化机制经营和管理水利事业项目，盘活整个水利投融资市场，增加水利建设的资金。

三 确保土地出让收益用于农田水利建设政策的贯彻实施

2011 年中央一号文件指出"将土地出让收益的 10% 用于农田水利建设"，这是党中央、国务院加快水利改革发展做出的一项重大决策，也是保障政府财政性资金投入的关键举措，对于增加水利投入、弥补农田水利建设资金缺口将发挥重要作用。中央一号文件提出，今后 10 年水利的年均投入要比 2010 年翻一番，而 2010 年全国水利投资总额达 2000 亿元，因此，今后 10 年水利投入中央计划水利总投入为 4 万亿元。按照水利"十二五"规划，中央 4 万亿水利投资计划中"十二五"时期为 1.8 万亿元，其投资比例分配为：农田水利建设 20%，防洪减灾工程 38%，水资源配置和城乡供水保障工程建设 35%，水土保持和生态建设 7%。[①] 按照这样的比例推算，"十二五"时期中央对农田水利建设的投资计划为 3600 亿元。而根据全国的数据统计，2010 年全国土地出让收益总额为 2.9 万亿元，按收益的 10% 计算为 0.29 万亿元，除去土地出让收益计提口径里的扣除项目，每年也有大量的资金可以用于农田水利建设。所以说，"从土地出让收益中提取 10% 用于农田水利建设"是中央一号文件中最具有含金量的措施，这对未来农田水利建设的资金来源起到了很好的保障作用。

目前，针对中央此项政策，四川省主要有以下三个方面的工作在未来实际操作中必须加强，以确保今后五年、十年甚至更长一段时间内全省农田水利建设的资金来源：

---

① 蒋琪、杨翼：《水利部："十二五"水利总投资将达 1.8 万亿元》，人民网，2011 年 10 月 12 日。

（一）确保各市州县足额提取相关收益

土地出让收益是目前各地方政府财政收入的重要来源，自 1994 年分税制实行以来，地方政府就开始积极地拓宽其财政收入的渠道，对于土地出让更是热衷。从土地出让收益中提取 10% 用于农田水利建设，也就是要求各地方政府出让其利益，单从经济利益上来说地方政府很难主动配合。因此，此项措施要求省级政府相关部门制定详尽的计提方案与措施，加大对地方政府的财政透明度的管理，防止其对土地出让收益漏报、少报，从而保证各地足额提取相关的收益用于农田水利建设。

中央财政部、水利部就从土地出让收益中提取资金用于农田水利建设的统计口径做了明确规定："统一按照当年实际缴入地方国库的招标、拍卖、挂牌和协议出让国有土地使用权取得的土地出让收入，扣除当年从地方国库中实际支付的征地和拆迁补偿支出、土地开发支出、计提农业土地开发资金支出、补助被征地农民社会保障支出、保持被征地农民原有生活水平补贴支出、支付破产或改制企业职工安置费支出、支付土地出让业务费、缴纳新增建设用地土地有偿使用费等相关支出项目后，作为计提农田水利建设资金的土地出让收益口径，严格按照 10% 的比例计提农田水利建设资金。"[1] 四川省财政厅也做出了一致的计提口径规定。[2] 但是事实上，如果严格按照这个计提口径折算，四川省的土地出让收益已经所剩无几，而从中提取 10% 用于农田水利建设的金额就更加微乎其微。因此，对于四川省这样水利建设任务繁重的大省，建议对此项资金的计提口径灵活处理，以保证此项资金的足额提取，支持农田水利的建设。

（二）确保收益确实用于农田水利建设

从地方政府土地出让收益中提取资金得到保障以后，下一步就应当是对这部分资金的使用加强监管。中央制定政策从土地出让收益中提取资金已明确表示是用于农田水利建设，保障国家粮食安全，各省、地方政府就应当对这部分资金的最终去处严格监管，确保这部分资金确实是用于农田水利建设，而不是用于其他无关项目。在四川省，农田水利建设非常薄弱，农田闲置的现象到处可见。这主要是由于四川省人口众多、农民收入低，大部分青壮劳动力涌入城市打工所致，但农田水利基础薄弱也是其中的一个重要因素。四川省农田水利覆盖率不到 50%，一半以上农民"靠天吃饭"，一旦出现干旱情况农田就无法种植，农民干脆就让其闲置。而过去修建的水库沟渠等农田水利设施，基本都处于年久失修的状态，建设农田水利需要大量的资金投入。落实从土地出让收益中提取 10% 用于农田水利建设，对于四川省来说具有重要意义。在执行的过程中，关键就是要确保这部分资金确实是用于农

① 财政部、水利部：《关于从土地出让收益中计提农田水利建设资金有关事项的通知》财综〔2011〕48 号。
② 四川省财政厅：《从土地出让收益中计提有关专项资金考核办法》川财综〔2011〕55 号。

田水利建设，而且要充分利用好这笔资金，集中解决当前农田水利建设最薄弱的环节、最突出的问题，防止各种"搭便车"的行为和挤占、挪用行为。为此，凡使用农田水利建设资金的项目，必须符合农田水利建设规划，严格审查；资金的去处有详尽的账目，确保落到实处。

（三）确保资金有效的统筹使用

1. 在全省范围内的统筹

从土地出让收益中提取10%用于农田水利建设是一项长期的工作，资金的使用效率也很重要。这部分资金提取后，需要科学地统筹规划才能提高其使用效率。针对这个问题，中央财政部和水利部在《关于从土地出让收益中计提农田水利建设资金有关事项的通知》里也明确要求各省对这部分收益实行省内统筹使用，具体统筹比例和办法由省级财政部门会同水利部门制定。四川省根据该项文件精神，提出了省级统筹的比例为30%，地方统筹70%，这样通过省内统筹这一环节，就可以保证这部分资金能够更好地用于农田水利建设。从目前国内其他省份情况看，广东省执行的是省级统筹45%，地方55%，省级统筹比例较高；安徽省省级统筹的比例为30%，地方统筹70%，与四川省一样。

全省在对这部分资金统筹计提以后，在资金安排上应当向省内粮食主产区、贫困地区和农田水利建设任务重的地区适当倾斜，提高粮食综合生产能力。而各市、州、县在自主安排这部分资金时，也应当考虑当地的实际情况，向域内农田水利薄弱的区域倾斜。

2. 在全国范围内的统筹

从当前形势看，土地出让收益的10%用于农田水利建设能够实现省内统筹已经是一项非常有利的措施；从长远看，还应当做到全国统筹，才能使这项政策真正地落实。在全国范围内，土地出让收益的60%以上是在东部地区，其中土地出让收入最多的10个城市占全国土地出让收入的比例高达32%。而农田水利建设最薄弱的地区却在中西部地区，尤其是一些经济比较落后的省市，这些地方的土地出让收益相比全国来说是非常低的，从当地的土地出让收益提取10%用于农田水利建设，即便是足额提取，充分利用，也不能解决当地农田水利滞后的问题。因此，要真正使得这项政策落到实处，取得最好的效果，就应当在全国范围内解决土地出让收入在空间上、区域上的不平衡，以及与农田水利建设任务之间不平衡的矛盾，在全国进行统筹。由于分税制的原因，中央财政和地方财政是分开的，而土地出让收益是地方财政的重要来源，因此，要在全国范围内实现对土地出让收益计提资金的统筹，相对而言要比省内统筹复杂得多。但为了解决全国农田水利建设的问题，中央政府必须统筹部分资金。中央实现对这部分资金的统筹以后，应当主要用于粮食主产区、中西部地区农田水利建设任务重地区的农田水利建设，解决发达地区计提的农田水利建设资金无处可用的难题，提高资金使用效益，提高全国粮食综合生产能力。

四 完善水资源有偿使用制度，合理调整水资源费征收标准

（一）充分认识水资源的商品性，推进水资源有偿使用制度

水资源与空气等自然资源不同，它具有商品性。但长期以来，四川省乃至全国都是将水资源作为公共福利免费或者低价提供，在人们的意识里也认为水资源是免费的物品，并没有意识到水资源内在的经济属性。因此，我国的水资源市场起步晚，水利建设与维护所有费用基本都是由政府财政负担，水市场并没有起到利用水价支持水利系统自身运行的作用。从我国水价制度的改革历程可以看出我国水市场严重滞后的问题。

新中国成立以来，我国水价制度经历了无偿供水、低价征收水费、部分成本计收水价、全成本水价改革酝酿四个阶段:[①]

1. 无偿供水阶段（1949~1964年）

新中国成立以后，我国经济基础薄弱，生产力非常落后，经过多年的战乱，国民经济遭到了严重的破坏，百废待兴。国家的工作重点是恢复国民经济，基本实行无偿供水。直到1964年水利电力部召开全国水利工作会议，提出对用水征收水费，才结束了无偿供水的历史。在这段时间里，由于不收取水费，水管单位没有收入来源，工程管理费和工程维修费全部靠国家财政支付。

2. 低价征收水费阶段（1965~1984年）

1965年，水利电力部制定《水利工程水费征收、使用和管理试行办法》。其中规定"凡已发挥兴利效益的水利工程，其管理维修建筑物、设备更新等费用，由水利管理单位向受益单位征收水费解决。水费标准，应当按照自给自足、适当积累的原则，并参照受益单位的情况和群众的经济力量合理确定"。虽然确定了水管单位征收水费的依据，但由于当时许多地方经济落后，水费征收并没有真正推行。而当时的水价并没有考虑供水成本，考虑到用户的承受能力，只是采用非常低的标准征收。到1980年水利管理单位改革，实行财务包干管理办法，改变了以前不计成本核算的现象。1981年12月水利电力部在北京召开了"水利工程供水水价讨论会"，讨论水利工程水价改革的问题。1982年，中央更是通过一号文件指出要重新核定城乡工农业用水收费标准，但事实上并没有得到执行。直到1985年水价仍然保持在1965年时的水费标准。

---

① 邢秀凤:《城市水业市场化进程中的水价及运营模式研究》，硕士学位论文，中国海洋大学，2006。

3. 部分成本计收水价阶段（1985～1996 年）

1985 年，国务院发布《水利工程水费核定、计收和管理办法》规定，农业水费标准采用成本核算方法，工业水费及城镇生活用水按成本加成核算；1988 年颁布《中华人民共和国水法》规定，使用供水工程供应的水要按规定向供水单位缴纳水费；1990 年，国务院办公厅下达了《关于贯彻执行"水利工程水费核定、计收和管理办法"的通知》，实现了从征收水费阶段向计收水费阶段的过渡；1994 年财政部颁发《水利工程管理单位财务制度》，将水利工程水费列入水管单位的生产经营收入。这一阶段为后来的水价改革奠定了重要的基础，虽然水价仍然低于其实际供水成本，但它实现了从"水费"到"水价"的转变，人们开始逐渐意识到水资源的商品性。

4. 全成本水价改革阶段（1997 年至今）

1997 年，国务院发布了《水利产业政策》，规定农业水费按成本核定，工业水费及城镇生活用水水费按成本加利润核定；新建工程水价一步到位，原有工程水价在三年内到位，使我国水价体系进入了新阶段，水利产业也进入了按市场模式运作的新时期。在实践中，水价计收和管理仍然存在很多问题。2000 年国家计委出台《关于改革水价促进节约用水的指导意见》，更进一步明确了当前水价改革的方向。近年来，水价已经多次提价，水资源的商品性也越来越突出。

从新中国 60 多年，水价的逐步改革过程中可以看出，水价和水市场的调节作用在我国并没有得到有效发挥，甚至连最基本的作为水管单位工程维护的成本费用都不够。这给我国的水利建设造成了很大的负担。水利基于其公益性，由政府主导投入修建无可厚非，但政府财力有限，对于水管工程的日常维护运行如果也要全部依赖政府，用户毫不承担，恐怕任何一个发展中国家财政都无法负担。西方经济学指出，市场调节是最有效的手段。我国长期以来水价低于成本，人们也已经形成意识，如果在一时之间完全按照市场机制提高供水价格，用户无法接受。在当前，逐步提高水价，宣传水资源的商品性，最终实现水价机制的改革，推进水资源有偿使用制度，是水利建设和维护的需要，也是市场发展的必然。

（二）合理调整水价计收标准，完善水价计收制度

虽然水资源具有商品性，但它又与一般的商品不同，有其自身独特的公益性和准公共物品性质。征收水价是市场经济的要求，也是为了减轻政府的负担，实现水利的安全维护和长久运行。但水资源作为人类生产生活的必需品，其价格标准和征收方式都应该慎重考虑。

首先是水价计收标准。要形成合理的水价标准，需要有一定的水价核算机制。在当今国际上，水价的核算方式有多种，包括边际成本定价、成本加成定价、供水服务成本定价、投资机会成本定价、用户承受能力定价和全成本定价等。我国过去的低价水费形式从某种程度上说，可以算作是用户承受能力定价，主要考虑用户的福利问题，由政府补贴。2000年水利部部长汪恕诚在水利学会年会上提出：水价由资源水价、工程水价和环境水价三个部分组成。由此确定了我国当前的水价核算主要采用全成本定价的方式，但在定价实践中依然要充分考虑用户承受能力。

其次是水价计收制度，主要体现在针对不同用户采用不同的水价计收方式上。水价计收的方式包括单一水价计收模式、阶梯水价计收模式、两部制水价计收方式等。我国的水价计收一直采取的是单一水价计收方式，也就是说不管用水量的多少，每单位水价不变。单一水价不能反映水资源的成本，也不能起到促进节水的作用。四川省在2011年《四川省城市供水条例（修订草案）》中提出，城市供水针对不同的用户采用不同的水价计收方式。对于非居民类用户用水实行计划用水与定额用水相结合，超计划、超定额用水分级累进加价制度。具体标准为：超计划用水10%（不含10%）以下的，超计划部分用水水费加价一倍；超计划用水10%～30%（不含30%）的，超计划部分用水水费加价二倍；超计划用水30%以上的，超计划部分用水水费加价三倍。而对于居民类生活用水推行阶梯式计量水价制度。与城市供水不同，农业灌溉用水则主要考虑农民作为弱势群体的承受能力和农业粮食安全关系到国计民生的问题，农业灌溉用水价格还是由政府补贴为主。

因此，当前完善水资源的有偿使用制度，既要保证水价核算的完整性，又要保证水价计收落到实处。水价核算采用全成本定价的方式，就要考虑到资源水价体现的水资源产权、有用性和稀缺性，核算出合理的资源水价；工程水价要考虑到体现的水管工程维护运营成本和供水的管网建设成本、日常运行成本，也要注意这些企业的成本财务的公开性和加强监管，避免这些垄断企业获取垄断利润；环境水价既要考虑到污水处理成本，也要考虑到排污造成的环境容量的压力。资源水价、工程水价和环境水价的完整核算，才可能形成完整的全成本定价。从水价的征收方式来说，针对不同的用水户都已经有了不同的计收方式，在实际操作中就应该严格执行，以促进节水社会的形成，同时也为水利建设维护提供更多的资金，减轻政府的压力。

五 采取多种手段加强对水利建设的金融支持

水利事业是具有"很强的公益性"的行业，正是由于其公益性的基本性质，政府在水利投入中必然占据主导地位，但是，水利又不完全是公益事业，尤其是一些发电、供水等水利项目，具有明显的收益性。因此，在发展水利的过程中，不可能完全依靠政府，在保证政府在水利投入中的主体地位之后，更要加大对水利建设的金融支持和扩大其他社会融资规模，才能保证水利建设的健康持续发展。

目前，我国金融业扶持水利建设投入的力度还不够。据悉，在2009年全国水利投入资金来源中，国内银行贷款为152.9亿元，仅占总投资的8.1%；中国农业发展银行在2010年末扶持水利建设贷款余额为1037.41亿元，仅占其总贷款余额的6%左右；而在2009年5月末，中国农业银行对农田水利基本建设和农村基础设施建设贷款余额2407亿元，也只占其贷款总额的5%左右，而且贷款期限都比较短。由此可见，不管是政策性银行还是商业银行，对水利建设的支持力度都很小，这与水利建设周期长、收益低的特性不无关系。四川省在"十一五"期间，水利建设项目总金额为326.49亿元，其中银行贷款33.04亿元，也只占到10%。因此，在新时期水利建设资金缺口巨大的情况下，加大水利建设的金融支持，既有发展的空间，也有发展的必要。

（一）引导商业银行增加贷款

1. 综合运用财政和货币政策，引导金融机构增加水利信贷资金

政府对于水利建设的支持可以是直接的财政转移支付，也可以采取为水利建设项目贴息的方式，引导商业银行加大对水利基础建设的贷款额度。对于一些有收益的水利工程，政府采用财政和货币政策，引导商业银行发放贷款就更加合理。政府对水利建设的投入，如果采用财政直接支付的方式，必然是政府投入多少，项目建设的资金就是多少；而如果采用公债性筹资方式，即财政贴息或者担保贷款，那么通过金融杠杆作用，可以将资金放大到很多倍。例如防洪工程的建设，可以以土地出让金的收益权作为担保，向商业银行申请贷款，而这部分土地出让金将来也可以作为水利项目的还贷资金；对于供水、水电开发等项目也可以通过将未来收益权质押、储备土地未来收益权质押等方式向银行融资，用于水利建设。水利工程的收益率不尽相同，金融机构贷款时出于风险收益的考虑，只会把资金投入到收益率高的部门。政府应该根据不同水利工程的建设特点和项目性质，确定财政贴息的规模、期限和贴息率，促进金融机构贷款向水利建设倾斜。

从政策上来说，应当制定鼓励银行业金融机构加大农田水利建设信贷投放力度的政策，将小型农田水利建设全部纳入信贷投放范围。确保农业银行和农村信用社的涉农贷款有一定的增幅，提高小型农田水利建设贷款占涉农贷款的比重，简化抵押贷款手续，提高放贷效率，尽快破解投融资难题，切实扭转小型农田水利建设的落后局面。

另外，各类银行作为社会主体，也应该树立支持水利建设的社会责任意识，在完善风险评价的基础上，对水利建设项目予以大力支持。农业银行等大型商业银行，主要应以短期贷款支持非公益性水利设施建设；农村信用社、邮政储蓄等银行，则主要应对乡镇水利工程建设、农业小微型水利贷款等予以支持。

2. 建立担保和风险补偿机制

为了降低金融机构的投资风险，促进商业银行向水利建设提供资金，可以考虑建立水利建设投资担保公司，承担水利建设项目融资担保职责，解决承贷主体抵押担保不足的问题。担保公司可运用费用补贴、亏损弥补等措施引导贷款担保业务，在条件成熟时可以考虑组建全国或区域性担保公司集团，实现更大范围内担保风险分担。

另一方面，应当建立贷款风险补偿机制。将水利建设工程划分为国家、省市、县级重点项目，分别由各级财政对贷款给予贴息或承担全部利息；各级财政部门对各类银行的水利基本建设贷款提供减免税费支持；建立水利基本建设政策性保险和巨灾风险分散制度，强制各类水利设施参与保险，保费可考虑由各级财政承担。

3. 建立监管协作机制

中国人民银行、银监会等监管部门应该加强对银行水利信贷政策的指导和效果评估。灵活运用再贷款、再贴现、差额准备金率等多种货币信贷政策手段，对各银行机构发放水利建设贷款、及时提供充足的流动性给予支持和有效的正向激励，并且建立水利建设贷款的专项考核机制。各银行的上级主管部门应主动与监管部门共同协作，建立对水利建设贷款的专项考核机制，实行单独核定规模、单独设定期限、单独进行考核的机制，以适应水利建设的信贷资金需求，增强对水利信贷的扶持力度。

（二）加强政策性金融机构融资

政策性金融机构建立的宗旨就是推行国家政策，扶持一些关系国家基础性和发展性的项目事业的发展，它有助于弥补公益性强、商业性不足的水利项目和工程建设资金来源问题。在政策性信贷方面，在风险可控的前提下，应当鼓励支持农业发展银行、国家开发银行加大对政策性中长期水利建设信贷投放。另外，在原有的政策性金融机构的基础上，可以探索组建政策性农业保险公司，实行"防、保、救、赔"相结合的经营模式，支持农业保险公司与金融机构建立"信贷＋保险"合作，为水利建设提供资金保障。

（三）鼓励水利企业上市和发行债券等多种方式融资

一方面，对于水利企业法人来说，应当支持符合条件的水利企业上市、发行债券或者由政府发行水利建设债券，以水利项目收益、收费、政府财政性补助资金还本付息，利用证券市场进行直接融资。还可以拓展多种融资渠道，例如，发展水利产业投资基金。国内目前已有的两支水利产业投资基金即华禹基金和环境基金，其首发募集的资金就分别达到 300 亿元和 20 亿元，资金投向则主要为水利项目和企业，对水利的发展起到了良好的融资作用，华禹基金在滇池治理项目上就投入了近百亿元。

（四）提高水利利用外资的规模和质量

外资银行和外国资本对我国的水利发展一直以来都起到了很大的支持作用，四川省的大型水库紫坪铺水库在修建时就利用了日本的贷款。在经济全球化的背景下，外资越来越多地涌入国内。充分利用外资进行水利建设可以作为我国水利投入的有效补充。尤其应当争取世界银行、亚洲开发银行等世界机构和各国政府的优惠贷款，推进全省的水利建设。

六　广泛吸引社会资金参与水利建设

随着我国市场经济体制的建立，水利投入逐步打破了计划体制下"政府＋农民"的二元投资格局，开始向多元化、多层次、多渠道的格局转变。但总体上社会资金参与水利投资的规模和份额仍然不大。尽管国家采取了许多宏观调控政策，鼓励社会资金投入水利行业，以减轻政府投资的压力和促进水利的快速发展，但由于水利的价格机制和提供公益性服务的补偿机制尚未建立，水利项目的投资达不到社会平均的投资回报率，社会资金一般不愿投入水利项目。[①] 从中央到地方都意识到必须广泛吸引社会资金参与水利建设，特别针对经营性、商业性水利，更需要广泛吸引社会资金参与建设。全国大部分省区都建立了投资平台公司，充分发挥平台融资的作用，创新水利融资办法，吸引社会资金投向水利。

（一）拓宽水利投融资渠道，吸引社会资金投资水利

首先，水利建设可以依托资源进行市场融资，比如，依托水资源、河湖岸线土地资源，通过对水资源的开发、具有升值潜力的土地资源开发，实现投资效益的最大化；其次，对一些经济效益较好的水利经营性项目，利用其本身的投资收益性来吸引社会投资，例如鼓励城市供水、污水处理、水电开发等准公益性或经营性水利项目利用特许经营、投资补助等方式进行市场融资，吸引社会资本和外资参与水利建设。

另外，应当创新水利建设方式，明确水利工程经营管理权责，吸引企业以独资、合资、合作、BOT 和 BT 等多种方式参与水利建设。对于具有一定收益能力，但收益能力低于社会平均水平的准公益性项目，如供水工程、污水处理工程，可采用 BOT 方式，通过签订项目特许经营权协议授权本国或者外国公司来融资、投资、建设，并在特定年限内经营和维护该项目设施，政府对项目收益少于合理收益的部分进行补贴；对于完全没有现金流入或者现金流入十分微弱的纯公益性项目，可采用 BT 方式，由社会投资者来组织项目的融资和建设，项目建成后直接转交给政府。

---

① 吴丽萍、陈宝峰、张旺：《"十二五"时期中国水利投资预测研究》，《经济与管理》2011 年第 8 期。

政府以分期付款的方式在以后一定年限内逐年向投资者支付回购款，以补偿其投资并使之取得合理的投资利润。[①] 对城乡供水、污水处理回用等水利项目的投资，还可以鼓励产权置换、投资入股等方式，盘活水利固定资产，吸纳社会资本和外资进入水利建设领域。

（二）充分利用省水务投资公司平台，创新多种水利融资办法

为了推动重大水利项目的建设，筹集水利建设资金，四川省在 2011 年注资 10 亿元组建水务投资集团，作为水利投融资平台。水务投资集团可以充分发挥政府融资平台的积极作用，在规范投融资平台运作管理的前提下，通过平台融资筹集水利建设资金，支持公益性、准公益性重点水利工程建设。例如，重庆市水利投资公司，在 2005～2009 年，通过各种方式创新水利融资模式和拓宽融资渠道，5 年间共筹措落实各类重点水利工程建设资金 250 亿元，为重庆市水利建设作了很大的贡献。

在创新融资模式方面：通过市政府给予的支持政策以"中央、市财政补贴收益权"质押方式，向国家开发银行融通 70 亿元政策性贷款；以"拟开发项目未来收益权"质押方式向国家开发银行融通项目资金 67 亿元；通过"以土地换资金"模式以"储备土地未来受益权"质押方式向金融机构筹集了项目贷款 10.8 亿元。

在拓宽融资渠道方面：成功发行了 7 年期 15 亿元的"企业债券"，使重庆水投的融资渠道实现了由银行间接融资向资本市场直接融资的转变；扩大与国外银行的合作，获得世界银行贷款项目 3.83 亿元、法国开发署贷款 3.2 亿元，与法国巴黎银行、美国高盛银行合作开展 2 亿元贷款利率掉期保值，实现掉期保值收益 3 亿元；积极引进战略合作伙伴，与英国益可公司合作 COM 项目中的大部分项目已通过联合国核准，可在未来 10 年内为公司水电及风电项目带来 7 亿～15 亿元的附加投资补助。[②]

重庆水利投资公司的融资模式值得四川省借鉴，其中"以土地换资金"的创举更是为重庆水利发展作出了重大贡献。全国各地还有很多地区的水利投入方式值得借鉴，例如，云南、福建、贵州省"烟水配套工程"为水利工程建设募集了大量资金。四川省水务投资集团应该在未来的运行中借鉴重庆等地水利投资集团的成功经验，创新融资模式，比如可效仿"烟水配套工程"探索优势资源，"酒水配套工程"以四川优势行业酒业反哺水利工程建设；以多种收益权向银行质押的方式增加银行贷款；拓宽融资渠道，多方面合作争取资金支持水利建设。

[①] 龙树发：《推行 BOT、BT 融资破解重庆市"十二五"期间公益性重点水利工程资金难题》，《经济研究导刊》2011 年第 27 期。

[②] 漆海龙、童万民：《打造"重庆水投"投融资样本 破解中国水利建设资金难题》，《财智人生》2011 年第 5 期。

七　制定鼓励农民兴修农田水利积极性的政策

长期以来，我国的农田水利建设是由政府和农民共同负担。政府负担部分通过财政预算和专项拨款实现，农民负担部分主要来源于乡统筹、村提留，以"两工"形式出资。这种筹资方式很长一段时期内发挥了有效的作用，由此修建了一大批农田水利设施，促进了农田水利建设事业的发展。但是农村实行联产承包责任制以后，特别是农村税费改革以后，旧机制被打破，新的投入长效机制未能及时建立。随着农民群众的投工投劳数量大幅度减少，农田水利建设投入总体呈下滑趋势，尤其是小型农田水利建设的投入下滑更为明显，投入严重不足。据统计，1993 ~2003年年均用于农田水利建设的农民投工为 74 亿个，而到 2004 ~2005 年均下降了70%。据 18 个省的测算，全部取消"两工"后，要改造和维护好现有的小型农田水利工程，每个省平均资金缺口在 3 亿元以上，最多的达 5 亿元以上。[①] 如本文表14 - 1 所示，四川省在税费改革前后的 2001 年和 2003 年对比，水利建设资金乡级投入从 7.45 亿元减少到 3.28 亿元，下降比例高达 56%；农民资金投入从 37.38 亿元减少到 15.68 亿元，下降 58%，劳动力投入则从 11.99 万个下降到 10.1 万个，下降 16%。

随着市场经济体制的建立健全和工业化、城市化进程的加快，过去主要依靠农民出工的农田水利投入机制已经过时，现在农村从事农业生产的都是一些弱势群体，而农业生产效率又低，农田水利建设已经不可能再依赖农民出工建设，必须另辟蹊径，寻求新的机制增强农民进行农田水利建设的积极性。

首先，在激励机制上，可以借鉴国内一些地区的成功经验，完善和推广"先改后建、先建后补、以奖代补"的"民办公助"机制，引导农民自愿投工投劳。"民办公助"以统一规划、尊重民意为前提，通过财政补助引导建设，发挥农民、农民用水合作组织、村组和基层水管单位的自治作用，充分利用村镇公益事业"一事一议"筹资投劳政策，变农民被动建设为农民自主建设，可调动农民群众的积极性。

其次，应当区别对待不同性质的农田水利工程，鼓励民营水利建设。一般来说，农田水利工程属于公益性工程，因此多由政府公共财政投入建设。但是，在实际情况中，也有一些农田水利工程具有经营性或者是可以作为经营性项目，比如一些发展养殖业为主的水库工程，就应当由经营者负责投资兴建，而不是依赖政府投资。政府应当采取税收优惠或利率补贴等政策鼓励这一类民营水利建设。

另外，随着经济和社会的发展，农田水利工程的受益主体也趋于多样化、复杂

---

① 孔庆雨、郑垂勇：《财政农田水利投入的取向研究》，《南方农村》2006 年第 5 期。

化。随着经济社会的发展，农业现代化发展成为趋势，农田经营规模、经营主体、经营方式、经营品种等都有了许多新的变化。从经营主体来说，过去农田的经营主体就是农民，而且都是当地的农民，而现在却存在大量的规模承包者、私营企业主、大型企业、公司等。不同的经营主体、不同的经营方式，对农田水利工程投入的能力也不同，并且在一定程度上影响了农田水利工程的性质。[①] 因此，在当前形势下研究农田水利建设投入问题，应当区分农田水利的受益主体，并根据不同的受益主体和经营方式确定农田水利的性质，根据实际情况实行不同的投入机制。

---

① 张嘉涛：《关于建立健全公共财政为主导的水利投入新机制的研究》，《水利发展研究》2011 年 6 期。

第十五章　积极推进水价改革
和市场化进程

建立科学合理的水价机制是缓解四川省水资源供需矛盾，促进水资源优化配置的有效手段。经过多年改革探索，四川省水价制度改革已有很大进步，但仍然存在许多亟待解决的紧迫问题，最突出的矛盾是：水价形成基础不合理导致中水回用事业发展缓慢，水价构成不明晰导致地下水开采无序，水量季节变化大但并未实行合理的季节水价，水价管理机构多头以至于水价不透明，水源调动缺乏科学的补偿水价机制对水源区给予充分补偿，农业灌溉水价不合理导致灌溉用水浪费等。随着四川省工业化、城镇化以及农业现代化的不断推进，水资源供需矛盾将更加突出，充分发挥水价的杠杆作用，推进水价机制的全面改革，对四川省经济社会持续健康发展具有重大作用。

一　建立和完善国家水权制度，运用市场
机制优化水资源配置

（一）水权及水权制度相关概述

1. 水权

水权，指水资源产权。产权就是财产权利，主要包括所有权、使用权、收益权和转让权。水权是指人们对一定数量水资源分配和利用的财产权利。水资源因其具有流动性、循环再生性和公共性等特征，产权问题自然比一般的经济产权复杂。水权界定是水权转让和交易的基础，也是水价形成的基础。水资源的优化配置离不开水权交易市场，市场机制促使资源有效配置，水资源的市场机制建立在水权明晰、水价形成、水权转让交易市场运行的基础之上。科斯定理认为，如果交易费用为零，则资源的最佳配置同资源产权的初始界定无关；如果交易费用为正，则资源最佳配置的基本前提是资源的产权初始界定。水资源是有限的自然资源，其交易费用为正，根据科斯定理，产权明晰是降低市场交易成本的前提，因此，水权界定是水资源高效配置的基础。

从国外水权制度的发展来看，西方国家由于注重产权分配和市场配置效率，对水权界定基本都有一套比较成熟的模式。美国水权界定由法律明文规定，水权属于财产权，与土地所有权相连。其水权包括河岸权、优先使用权、混合水权和公共水

权四种。因为水权是私有财产，在美国，河岸权和水资源使用权可以转让交易，而调水工程的受益方则一次性支付资源水价给出让水权的一方；英国的水资源管理发展历程则是由地方行政分散管理转变为流域管理，其水权界定则根据流域管理原则和水务私有化管理原则，公有水权和私有水权明晰；法国由流域水管局管理流域水资源，通过租让和特许经营的方式转让给私营企业，水权和水利财产归当地城镇所有；澳大利亚的水资源管理主体主要是各州政府，因此，水权也归州政府所有。其水权可在区内或区外自由转让，水价则采取拍卖及招标的方式，完全由市场决定。

在我国，水资源属于国家所有，即全民所有，由国务院代表国家行使所有权。《宪法》第9条明确规定，水资源等自然资源属于国家所有；《中华人民共和国水法》第一章第三条也规定，水资源属于国家所有，农村集体、经济组织所有的水塘、水库中的水属于集体所有，国家依法保护开发利用水资源的单位和个人的合法权益。由此说明，国家和集体拥有水资源的所有权，任何单位或个人开发利用水资源即是使用权的转让，需支付一定的费用。

2. 水权管理制度

水权管理制度是指对水权进行管理而形成的一系列制度，它包括对水权的界定、水权的获得、水权的分割和水权的转让交易等规则和内容，也就是说水权管理包括对水权的分配、许可、转让、交易、收益、调整等活动进行管理与规范，对水权形成的一系列活动中相应的权利义务的监督。水权管理制度与国家或地区的政治经济体制、发展状况、法律制度、文化风俗、历史沿革等有着密切的关系，不同国家的水权管理制度也各不相同。

美国由于其政治体制的原因，中央政府没有高度集权，也没有统一的水资源管理法规。联邦政府只设置水资源管理部门，分别负责农业水资源开发利用、水文监测、水利水环境保护、水利建设各项内容。各州对水资源自行管理，以州立法为依据，以州际协议为基本管理规则。各州下设水务局，对供排水和污水治理等水务事业进行统一管理，州与州之间若出现水资源开发利用分歧矛盾则由联邦政府相关机构通过司法程序进行协调解决。

英国对水资源管理实行流域统一管理，由中央政府部门负责，对水务管理则实行水务私有化管理。中央对水资源进行统一调控，由环境署发放取水许可证和排污许可证，执行水权分配、取水量管理、污水排放和河流水质控制；在水务管理方面，英国供水公司在获得政府取水排污许可证后，在指定的服务区域内自主经营，自负盈亏。

法国由流域管理局管理水资源，全国分为六大流域进行管理，实际上是以区域为主的水资源管理方式。流域水资源管理局负责制定区域水政策、批准流域规划、审查工程投资预算、监督项目实施等；城市水务管理则实施有计划的委托管理模式，即将经营权租让或特许给私营企业，政府控制水价。从 1990 年之后，水务管理委托管理占了 75% 以上，政府的直接管理不到 25%。[①]

3. 我国水权制度的发展演进

从新中国成立以来我国水权制度的演进来看，整体上是一个水权的行政分配体系逐步建立和完善的过程。特别是改革开放以来，伴随着水资源稀缺范围的扩大，已经在水权分配的各个层次上建立了水分配机制。例如，地方之间的江河水量分配制度，社团之间的取水许可制度，农业用水户之间的计划分配制度。以 2002 年新《水法》的实施为标志，我国的水资源管理形成了一套完整的行政分配体系。

2002 年颁布实施的新《水法》，把取水许可制度赋予的权利进一步明确为取水权，这种权利本质上仍然是"行政许可权"。过去几年政府部门积极探索推进取水权的转让，可以视为将水权从"行政许可权"向"用益物权"转变的努力。2007年颁布的"物权法"，将取水权纳入了用益物权的保护范畴，是水权制度得到提高的一个重要标志。

（二）水权转让及国内外经验

水权明确之后，在一定的市场环境下，水资源作为有限的、有用的资源，所有者可以将其使用权转让给他人，以此获得一定的经济收入。其交易标的水资源与普通商品相比，具有流动性，而且是生活必需品，对人的生产生活影响重大，因此，水权转让虽然具有一般交易的特点，但又具有特殊性，政府的调控显得非常重要。但水权转让是水市场形成的基础，西方发达国家的经验和我国部分成功案例证实了水权转让对推动水资源使用权的合理流转、促进水资源优化配置和合理高效利用、对节水和环境保护方面都起到了积极的作用。

1. 国外水权转让经验

（1）美国水权转让

美国的水权制度建立在私有制的基础之上，水权是作为私有财产而存在的，因此美国的水权转让不管是从法律依据还是机构管理上都得到了相当大的支持。对于美国的水权转让来说，水权转让就如同不动产的产权转让一样，在程序上也与一般不动产的转让类似，只是需要经过州水资源管理机构或者法院批准后执行方可。美国为了促进水权转让的发展，做过多方面的努力。

首先是从法律制度上来说，由于美国是一个严格的法律至上的国家，国内的一切经济活动都需要法律基础作为保障，因此，为了促进水市场的发展，首先就从立法上保证水权转让的合法性和便捷性。其次是在机构设置上，美国西部水资源较为匮乏的一些州为了促进水权转让，提高水资源的利用效率，建立了许多的水资源管

---

① 沙景华等：《国外水权及水资源管理制度模式研究》，《中国国土资源经济》2008 年第 1 期。

理局、理事会和委员会等涉水管理机构,如加利福尼亚州设立的州水资源控制理事会,专门主管本州内水资源领域的水交易仲裁和管理工作。在众多的涉水机构当中,美国西部地区的水银行可以说是对水权转让意义最大的机构。20世纪90年代以来,出于不同的目的,美国西南部许多地区都建立起了水银行,如1979年爱达荷州水资源局设置了水银行,采用经营租赁水池的管理模式,将农业剩余水资源贮存于租赁水池中,并供水给买水者。位于干旱沙漠地区的德克萨斯州,1993年成立了水银行,为水资源买卖搭起了桥梁,买卖双方只要得到德克萨斯州自然资源保护委员会的许可证,即可暂时或永久转移水权或所持有的水量。类似水银行的活动在西部其他州也存在,如加利福尼亚州、亚利桑那州、内华达州、新墨西哥州、堪萨斯州、科罗拉多州及犹他州等。[①] 水银行为水权转让交易提供了市场中介和平台,其运行原理与一般的银行类似,水权转出方可以把水权卖给水银行,而水银行则把这些水资源的使用权转让给更高价值的地区或者行业,即受让方。水银行的出现使得水权交易市场上的交易主体从买者、卖者两个增加到买者、卖者、中介机构三个,水权交易从直接交易发展到间接交易,对于水市场的发展具有重大的作用。

美国地域宽广,其水资源分布在区域上很不平衡。其东部水资源充足,而西部内陆地区缺水严重。因此,在美国调水工程也非常多。但美国对水权转让的交易重视市场规则,也就是说水资源作为交易的商品,其转让是付费的。因此美国的调水工程是水资源有偿转让,水资源受让方要对出让方支付水资源使用费。例如美国伊姆皮里灌区与洛杉矶市在1985年签订35年期协议规定,伊姆皮里灌区将通过渠道防渗等灌溉回归水与淡水混合用于灌溉,以此节约出的水有偿转让给洛杉矶市,洛杉矶市通过负担对应的工程建设投资费用的方式补偿水价。而在我国,即便是大型的调水工程例如南水北调,都是基于国家的行政指令,并非由市场自发形成。因此,调水工程出让方并没有得到相应的补偿,但又对行政指令无法违抗,自然很难得到这些利益受损的地区和人群的大力支持。

(2)日本水权转让

日本的水资源管理基本依照《河川法》执行,水权转让也有严格的规定。根据《河川法》规定,日本的水权用途明确,拥有者可以根据自己的用水目的取用一定量的水,但不能改变取水用途,如需改变,则必须放弃原有的水权重新申请新用途的水权。因此,日本的水权转让是非常难的。各类用水包括农业用水如需转让都要提出申请得到河流管理者同意以后方可转让,未经批准农业用水不准从一种用途转为另一种用途,由此来严格限制各类用水总量。即便是农业用水转让,也不是从出让方直接转让到受让方,而是将水权先归还到河流管理者手中,再由受让方向河流

---

① 魏加华等:《加利福尼亚州水银行及水权转让》,《南水北调与水利科技》2006年第12期。

管理者提出申请取得水权。由此可知，日本的水权转让市场管理严格，水市场很难运行。

2. 我国水权转让的成功案例

我国自新中国成立以来，经济体制发生变化，对水权转让的探索也有过一些成功案例。2001 年 8 月在甘肃张掖市民乐县洪水河灌区的水权交易，实现了灌区用水户之间的水权交易；2001 年左右黄河流域工业企业投资当地灌区节水改造工程换取用水指标，实现了社团层面的水权交易；2001 年 2 月浙江义乌市出资 2 亿元向东阳市买下 5000 万 m³ 水资源永久性使用权；2001 年 5 月，漳河上游水库以 0.025 元/m³ 的价格向下游河南、河北有偿供水 5000 万 m³，实现了地方层面的水权交易。[①] 其中比较典型的是浙江东阳—义乌水权转让案例。

案例一：浙江省东阳—义乌水权转让

浙江省东阳和义乌两市毗邻，位于浙江省中部盆地。两市同属于钱塘江流域，处于钱塘江重要支流金华江的上游。改革开放前，两市经济发展在浙江省处于下游水平。改革开放后，市场机制发育早，民营经济发展快，区域经济特色明显，东阳的建筑业和义乌的中国小商品城均驰名中外，经济发展水平名列全省领先地位，均属全国百强县。

东阳全市总面积 1739 km²，人口 79 万，耕地 25004hm²。境内最大河流——钱塘江的三大源流之一的东阳江全长 57km，多年平均径流量达到 8.74 亿 m³。除东阳江外，还有南江及其他丰水溪流，水资源总量 16.08 亿 m³，人均水资源 2126m³，略高于浙江省的平均水平。东阳市作为一个县级市，拥有横锦水库和南江水库两座大型水库，这在浙江省是少有的。

义乌全市总面积 1103km²，人口 67 万，耕地 22912hm²。多年平均水资源总量 7.19 亿 m³，人均水资源 1130 m³，远低于浙江省 2100m³ 和全国 2292m³ 的水平，更低于全世界 7176m³ 的水平。义乌市是一个缺水型城市。2000 年义乌市的人均 GDP 已经高达 17945 元，即将进入现代化的门槛。但水资源不足成为义乌市经济社会发展的瓶颈。

由于干旱，义乌市曾经几度出现"水危机"。每次出现"水危机"时都自然想到东阳。例如，在 1995 年和 1996 年，在上级政府的协调下，东阳市两次向义乌市提供 200 多万 m³ 的水。但是单纯依靠行政协调的手段，往往只能解决临时性问题。对处于城市化迅速推进中的义乌市而言，不能采取临时抱佛脚的策略，而必须寻求长久之计。

---

① 王亚华：《水权解释》，上海人民出版社，2005，第 291～298 页。

　　实际上，早在 10 多年前，就有人提议到东阳引水。东阳市先是提出，由东阳市出资直接铺水管到义乌，向义乌市提供商品水。在遭到义乌市否决后，又提出要规定年限。但义乌市的态度很坚决，"其他都好商量，就是'永久性'不能商量"。按照经济学语言，两者分歧的焦点在于：东阳市只同意卖商品水而不同意卖水权，义乌市只愿意买水权而不愿意买商品水。继而，东阳市只同意卖有期限的水权，而义乌市必须买永久性的水权。分歧的实质在于如何掌握用水的主动权。

　　在水权理论的指导下，东阳、义乌双方都豁然开朗。终于在 2000 年 11 月 24 日在东阳市举行了水权转让协议签字仪式。水权交易协议的核心内容是义乌市一次性出资 2 亿元购买东阳横锦水库每年 4999.9 万 m^3 水的永久性使用权。转让用水权后水库原所有权不变，水库运行、工程维护仍由东阳市负责，义乌市按实际用水量 0.1 元/m^3 的价格支付费用，而从横锦水库到义乌的饮水管道工程由义乌市投资建设。[①]

（三）完善国家水权制度，促进水市场健康发展

1. 明晰初始水权

　　明晰初始水权是完善水权制度和发展水市场的基础。初始水权是国家根据法定程序，通过水权初始界定而明确的水资源使用权。[②] 水权从广义上讲，与一般的产权相同，包括水的所有权、使用权、经营权、受益权、转让权等。我国的法律明文规定水的所有权与土地等其他自然资源一样属于国家，而国家通过某种方式将水的使用权赋予各个地区、部门和单位。既然水的所有权归国家所有，我们通常所说的明晰水权则是指狭义的水权，也就是水的使用权。在水权初始分配明晰的条件下，就可以通过水市场实现对水的使用权进行转让和交易，也就是说初始水权是水市场形成的前提条件。

　　在初始水权方面，目前国内已有一些流域实行了初始水权的分配。黄河流域在 20 世纪 90 年代断流的背景下由黄委会统一调度，依据"总量控制和定额管理相结合"的思路，参考核定单位工业产品、人口、灌溉面积的用水定额对黄河水量进行省际分配；松辽流域初始水权分配则考虑各业用水现状、生态环境用水需求以及宏观产业结构调整等因素，确定松辽流域微观分水定额指标体系，用于流域内省区间的分水；塔里木河流域源流与干流的水权划分，主要采取自下而上的分配形式，按生态供水保证率优先确定干流基本需水方案。

---

① 本案例引自沈满洪：《水权交易与政府创新——以东阳义乌水权交易案为例》，《管理世界》2005 年第 6 期。

② 汪恕诚：《水权和水权市场：实现水资源优化配置的经济手段》，《中国水利》2002 年第 11 期。

四川省也在探索水权分配，但目前成绩并不明显。根据四川省的实际情况，在初始水权的分配上应当综合考虑人口、流域面积（河岸权）、GDP水平并预留发展余地、承担的社会功能（长江上游生态屏障）等因素，积极推进四川省水权分配工作的进行。

2. 制定水权转让市场规则

初始水权一旦明晰之后，水市场得以发展的基础就存在了。但水市场的发展离不开国家的法律制度，没有国家明文规定就无法形成合理的、合法的水权市场转让规则。因此，在初始水权明晰之后，应当制定水权转让市场规则，对水权转让的相关事宜做出明确规定。水权转让是有偿转让，它的本质是将水资源作为商品进行交易，因此，水权转让具有一般交易的性质。水市场既要有买方、卖方，还要有合理的交易价格和相应的中介机构及交易规则。水权的交易价格反映为水价。而水权转让市场的健康发展离不开一系列市场规则对商品水交易的买卖主体、标的物和市场做出相应的管制和约束。水资源作为生产生活的必需品，又具有准公共物品的特性，水权转让市场显得比一般的交易市场更加复杂，政府对水市场的监管和约束就显得更加必要，应该制定出相应的市场规则，以便管理中有据可依。

二 水资源的商品性和水价形成机制

（一）水资源的商品性

1. 马克思主义商品论——水资源的价值与使用价值

水资源是指能够被人类开发利用并给人类带来福利、舒适或价值的各种形态的天然水体。根据联合国教科文组织的建议，水资源定义为："可利用或有可能被利用的水源。这个水源应具有足够数量和可用的质量，并能在某一地点为满足某种用途而被利用。"水资源是自然存在的、人类生产与生活资料的基本来源。它不仅是生产各种水商品的生产原料，还是国民经济中其他产业部门生产各种商品的物质资源与载体。然而，自然水要被人们所利用，必然会经历投资开发。这样，经过水利基础产业部门投资开发，修建水利工程等设施后供生产生活使用的水资源就具有了商品性。

根据马克思商品二重性的基本观点，商品应当是用来交换并且能够满足他人某种需要的劳动产品，也就是说商品同时具有价值和使用价值双重特性。因此，从马克思商品论来看，评断水资源的商品性主要应从水资源的价值和使用价值两个方面着手。

从水资源的价值方面来看，水资源要经过水利基础产业部门投资开发，包括投入资本和劳动修建水利工程等生产技能，才能为生产生活所使用。在修建水工程活动中，消耗了人力、物力和财力，也就是说在其中凝结了人类无差别劳动，形成了水资源的价值。从使用价值方面看，水资源是"可利用或者可能被利用的水源"，也就是说水资源必然是能够满足人们生产生活需要的产品，其有用性决定了水资源的使用价值。由此可见，水资源也是商品，具有商品性。也正因为如此，商品交换过程中必然存在使用价值和价值的让渡，水资源在交换过程中也要遵循这个规则，水资源所有者在让渡其使用权时应当收回相应的价值，体现为水资源的交换价格。

2. 产业链视角——水资源的经济属性

从产业链的角度来看，水是一种商品，水的经济属性可以从以下三个层次理解。

（1）水资源的资源属性

水资源是可利用或者有可能被利用的水源，也就是说水资源首先是一种自然资源，与其他关系国计民生的自然资源一样，国家拥有其所有权，对水资源拥有控制分配的权利。世界上大多数国家政府都拥有对水资源的所有权和分配权，其他主体则通过用水许可证或者水法获得水资源的使用权利。

（2）水资源的生产资料属性

水资源在被利用的过程中，必然要经历水利基础部门的投资开发加工，在一系列水利工程及相关供排水工程修建使用之后，水资源方能成为可利用的资源，此时水资源就以生产资料的形式进入市场。也就是说水资源的生产资料属性是以水资源的资源属性为基础而成立的，同时也伴随着水利开发的投入增加而不断地实现增值。

在我国，长期以来水资源都是作为社会福利而存在的，真正完全的水市场并不存在。由于经济体制的原因，我国涉水工程及相关的管理单位长期以来都是国家投资和补贴，并没有完全按照市场规律运转，因此水资源作为生产资料应有的价值没有得到体现。但水资源作为生产资料的性质是肯定的，它是人们生产生活的基础，政府长期将水资源管理列为公共事业必然无法实现资源的优化配置。水资源作为生产资料进入经济产业链，就应该根据市场规则核算其成本投入、运营费用和收益回报，实行投资运营的市场化运作。

（3）水资源的消费品属性

水资源作为日常消费品，它与一般的消费品一样，原则上都应该由市场调节的供需均衡点决定其消费价格。但在我国，长期以来是把水资源作为福利或者免费的无价值物品，并未按照市场竞争确定其均衡价格。随着我国经济体制转型的不断深入，人们开始认识到水资源的价值，水资源价格也在不断地改革和合理化。事实上，水价正是反映水资源消费品属性的方式，因此，在未来水价体制改革中，更应当考虑到水资源的消费品属性，更多地尊重市场规则，推广更科学地反映市场供需状态的阶梯水价。

从上文对水资源的资源属性、生产资料属性和消费品属性三大性质可以看出，抛开资源属性以外，水资源的其他经济属性无异于其他商品，它具有商品性。①

3. 水资源的准公共物品特性

水资源的商品性与一般的商品又不完全相同，它自身具有特有的准公共物品的特性。纯公共物品是指既不具有消费的排他性也不具有消费的竞争性的产品，私人物品则是指同时具备排他性和竞争性的物品，而准公共品则是介于纯公共物品和私人物品之间的产品。更多的时候，水资源是作为一种公共资源存在的，也就是说，水资源没有明确的产权界定，在消费中不具有排他性，社会成员都可以使用，但它又具有竞争性，即一人使用后会减少其可利用量，其他人无法用到这部分已经被使用的产品。因此，从理论上说，水资源一旦明晰产权之后，它就不再是公共资源了，它应该是属于所有者的私人物品。但由于水资源具有流动性和非独立性的特性，其产权界定显得比一般物品复杂，但产权明晰是水市场的基础，如果没有明确的产权，水资源只是一种公共资源，根本不能按照市场机制实现资源优化配置。在市场经济环境下，要实现水资源的优化配置，既要明晰产权，又要考虑水资源的特殊性，形成合理的水价，充分利用价格机制的激励作用实现水市场高效运作和促进节水型社会的形成。

（二）水价形成机制

水资源作为一种特殊的商品，既具有一般商品的性质，又具有准公共物品的属性，而且是生产生活必不可少的资源。因此，在水价的形成机制中，既要体现市场配置的高效性，也要考虑供水企业的营利性，还要考虑用户的承受能力。在实践过程中，对于水价的核算方法和计收水价的方式也形成了多种模式，不同国家不同地区根据自身实际采取相应的方式，各不相同。

1. 水价的核算方法②

（1）按边际成本核算定价

边际成本定价法是在市场需求曲线和厂商边际成本曲线给定的情况下，由两条曲线的交点来确定产品价格的方法，也就是说在市场出清状态下形成的供求均衡价格。在完全竞争市场上，边际成本等于边际收益时达到稳定，供求均衡。边际成本定价一方面保证了供水方获得最大收益，另一方面又保证了消费者能够获得低价，从而获得最大效用。边际成本是指增加一单位商品所增加的成本，而水资源边际成本则是每增加一单位的供水量所引起的总供水成本的增加值。因此，按边际成本定价，水价应等于生产最后一单位供水量的成本，亦即边际成本。从理论上讲，边际成本定价对于厂商和消费者来说总体福利是最大的，不存在资源浪费。但在水资源

① 傅涛：《水权分离与政府水管理范围界定》，中国水网，2003年12月4日。
② 张雅君、杜晓亮、汪慧贞：《国外水价比较研究》，《给水排水》2008年第1期。

供求当中，由于供水企业通常固定成本很高，其产品的平均价格往往是高于边际价格的。如果按照边际价格定价，则意味着厂商无法收回其全部成本，供水企业会面临亏损的压力。因此，边际成本定价往往伴随着政府补贴。除此之外，由于边际成本难以核算，在实际操作中难以执行，因此，采用边际成本定价的国家很少。

（2）按成本加成核算定价

成本加成是指在水价核算时采用供水成本加上利润的方法，它是一种自然垄断行业最常采用的产品和服务定价方法。成本加成定价的构成包括单位产品的完全成本和利润，其产品的完全成本根据会计成本核算而成，包括供水企业的固定成本和可变成本；利润则根据供水企业的利润目标而确定相应的加成率。从经济学市场供求曲线来看，成本加成的核算方法必然造成水价高于边际成本定价的标准，也就是说价格高于供求均衡价格。此时不但损害了消费者的福利，而且还造成了一部分福利白白浪费。因此，它不是最有效的市场配置手段。但从实际情况来看，成本加成既保证了供水企业的利润，也便于操作，因此被较多地采用。但成本加成核算方法实际上是垄断企业的定价方法，其成本核算和利润加成率的执行都应受到严格的监管，否则企业追求利润的目标可能损害消费者更多的权益。

（3）按供水服务成本核算定价

按照服务成本定价是公用事业行业中的传统定价方法，它体现了一种产生收入的准则，企业可以收回其全部服务成本。依照该种水价的核算方法，水价可以回收供水的全部服务成本，包括投资成本、管理成本以及运行维护成本等用于生产水资源的全部成本。① 目前世界上许多国家都采取这种水价核算方法。

（4）按投资机会成本核算定价

机会成本是指一种资源（如资金）用于本项目而放弃用于其他用途时，所可能损失的最大利益。按照这种定价方法，供水水价是为了回收资金投资的全部机会成本，即同样的投资投到其他地方可能取得的利益，以及实施现有投资计划而牺牲的其他机会可能实现的收益。因此该核算方法要求量化出投资收益，方能比较定价，只适用于市场经济发达的国家。

（5）按用户承受能力核算定价

水是生命之源，任何人都离不开水，也都拥有平等使用水的权利，因此该项核算定价方法主要强调公平性定价的问题，体现收入再分配的调节作用。该方法基于用水户经济承受能力分析，供水价格限制在用水户可承受的范围内，由此而得，用水户中某些弱势群体享受的定价会比供水成本低，而因此形成的负收益由那些承受能力大于服务成本的用户承担，既保证供水企业正常利益，又保证弱势群体基本利

---

① 钟玉秀、刘洪先：《对水价确定模式的研究与比较》，《价格理论与实践》2003年第5期。

益。该方法主要应用在居民用水价格和农业灌溉用水价格的核算上。

（6）按全成本核算定价

按全成本核算定价方法，不再是静态的成本核算，而是从不同角度对各种成本进行全方位考察。全成本核算定价方法中水价由资源水价、工程水价、环境水价系统构成。这种核算方法考虑了供水的所有成本，不仅包括资源稀缺性价格，也囊括了供水企业工程成本，同时将水环境污染的成本内化体现，由消费者付费，是一种相对完整的定价方法，可适合用于制定多种供水工程水价。[①]我国目前水资源定价主要采用的就是全成本核算方法。

◆资源水价

水资源作为一种公共资源，具有非排他性，但在消费上具有竞争性。资源水价即水资源价格，它是指购买水资源使用权的初始分配价格，其内涵主要由产权、有用性、稀缺性三方面因素决定。资源水价因为不是基于成本的价格，而是基于其"有用性"，因此应当做到"同质同价，高质高价"，即不论水资源的赋存形式如何，只要具有相同的质量，则其资源水价应相同，否则，不利于水权的建立与保护以及水资源的统一管理。

产权是财产权利，包括所有权、使用权、收益权和转让权。各国对水资源产权即水权都有相关的规定，水权所有者在对水权进行转让的同时即得到补偿，体现为资源水价。通常情况下，水资源的所有权和使用权是可以分离的，例如我国明文规定水资源所有权归国有，但其使用权却没有非常明确的规定。正因为国家和集体拥有水资源所有权，其他任何单位或者个人如果想要获得水资源的使用权的转让，则需要支付一定的费用。水权的转让价格即资源水价，资源水价在形成过程中不涉及劳动投入形成的价值，它只是所有权在经济上得以体现的具体结果，体现了一种经济关系。

水资源的有用性则是指水资源能够满足人类某种需求的属性或者性能。水资源之所以称为商品，也是基于其使用价值，能够满足人类某种需求的功用。水资源的使用价值可以体现在生产生活的很多方面，例如人类及动物的饮用水、居民生活用水、工业用水、灌溉用水、环保用水、水力发电、渔业养殖、旅游景观等。水质决定水资源的功能，也就是说水质决定水资源的使用价值，不同水质的水资源其可用性大不相同，高品质的水资源能够满足人类更多更好的需求。因此，资源水价应当遵从"同质同价，高质高价"的原则，实行按水质差别定价。

水资源的稀缺性是一个相对概念，在不同地区、不同时期水资源的稀缺性是不同的。就全球水资源的分布来说，各国水资源分布不同，但在当今世界大部分国家都存在不同程度的水资源稀缺现象。稀缺性是资源水价的市场基础，只有具有稀缺

---

① 冯雁敏、冯洁：《市场经济中水资源全成本定价模式研究》，《水力发电》2009 年第 8 期。

性的东西在市场上才具有交易的可能，才可能存在交易的价格。稀缺性体现在资源水价中应当就不同地区不同时期差别定价，在水资源丰富的地区或者时期资源水价相对较低，而在一些水资源紧缺的地区或者时期执行较高的资源水价，以此促进市场的高效配置。基于稀缺性定价的资源水价是丰枯季节水价的基础。

由上述可知，水资源的资源价值存在三者缺一不可。产权（或所有权）是根本，没有产权（所有权）或产权不明晰，资源的价值就无从谈起；有用性是基础，没有功用的东西不会有价值；稀缺性是保障，有用但不表现出稀缺性的事物也无法实现其价值，例如空气和阳光。因此，这三者共同形成水资源的价值。[①]

◆ 工程水价

工程水价即水资源从其天然水状态经工程措施加工后的加工成本水价，是水资源从天然水到商品水状态转化的边际生产成本的表现，也就是供水企业在对天然水进行生产加工以及销售过程中的成本和合理利润之和。工程水价表现为供水企业及配水管网等净配水系统的生产成本和效益，即供水价格。

工程水价实际上体现的是水资源的劳动价值。水资源在被利用的过程中，凝结了水利基础部门的投入，表现为将水资源从天然水加工到商品水的工程成本，就是供水企业在生产和输送自来水过程中所投入的人力和物力的价值量的总和。因此，水资源在成为商品时，应当对这部分投入加以补偿，也就是以工程水价的形式支付。

◆ 环境水价

环境水价指处理污水的价格，即环境容量在市场上应具有的价格。环境水价通常分为两层含义：第一层是用于弥补污水排放处理的成本费用，即污水处理费，第二层是基于引用水资源对生态环境产生的不良影响而应有的补偿，即排污费。环境水价（包括污水处理费和排污费）不同于一般意义上的商品价格，因此不由市场供求均衡决定，但需要由地方政府的监督机构予以督导监管。

资源水价、工程水价和环境水价形成了水价的整体构成。工程水价体现的是供水企业投入的成本和利润，可以完整地核算，相对固定；环境水价中污水处理费是指污水处理企业的成本，也可以核算，而对于排污费而言，则需要对污水对环境造成的影响进行量化处理分析方可；资源水价体现的是取得水权的机会成本，其水权转让价格、有用性和稀缺性都是不固定的，需要根据水资源供需状况和实际情况而定，具有较大的灵活性。

2. 水价的计收方式

（1）单一水价计收模式。

单一水价计收模式是在规定的水价核算方法下核算出产品水的生产成本，再加

---

① 冯耀龙，王宏江：《资源水价的研究》，《水利学报》2003 年第 8 期。

上供水企业的利润，均摊到每一单位产品水，以每单位平均水价作为计收标准。在此模式下，水价制定后，对同一价格水平年，无论供水量与用水量多少，单位水价不变。这种水价计收方式操作简单，便于计算和管理，长期以来，我国绝大部分地区均采用这种水价计收模式。但是，单一水价计收方式在不同用水户之间存在一个成本转嫁的问题，因为供水企业在不同产量的供水边际成本是不同的，而采用单一水价实际上只是反映供水企业的平均成本，并不是边际成本。按照边际成本理论，每一用户在不同的用水量时，其使用水的边际成本不同，对应的水价也应该不同，单一水价计收模式违背了这一原则，可以说是损害了一部分人的福利，增加了另一部分人的福利。另一方面，对于当前水资源紧缺的环境来说，单一水价由于不反映用水的边际成本，对用户而言没有节水的激励，不能通过水价这一市场信号对用水户形成用水量的约束，造成水资源的大量浪费，不利于节水型社会的形成。因此，单一水价计收模式在实践中已经逐步被淘汰，我国绝大多数地区在水价计收方式上都采用了或者正在考虑采用阶梯水价模式。

（2）阶梯水价计收模式。

阶梯水价计收模式就是将水价按用户使用量分成两个或者多个分段，每一分段用水量执行不同的用水价格。阶梯式水价分累进制阶梯水价和累退制阶梯水价。累进制阶梯水价通常是为了限制用水，促使用户节约用水，适用于缺水地区或枯水季节；累退制阶梯水价则是为了鼓励用水，适用于水量充沛地区或多降雨季节。阶梯水价计收模式实际上是一种价格歧视的计收方式。价格歧视是指厂商针对不同的用户、不同的产品量制定不同的产品价格，以此获得更多的福利。阶梯水价的价格歧视针对的对象不是用水户的区别而是用水量的区别，属于一级价格歧视。阶梯水价相对于单一水价而言，更具有科学性和合理性。正如前文所言，供水企业在生产不同量的产品水时，其边际成本是不同的。而在市场经济条件下，边际成本定价无疑是福利最高、最公平的定价模式。但在现实操作中，无法做到对每一单位水都执行按边际成本计价，只能将供水按用水量划分为几个分段，计算出各段的边际成本，而在每个用水段内，在实际计收当中实际上则采用的是平均成本加成的方法核算出相应的水价。所以说，阶梯水价计收模式实际上是一种折中的边际成本定价模式，是一种不完全的边际成本定价模式。在每个用水段内部依然存在成本转嫁问题，但相对于单一水价而言，它又提高了社会的整体福利，显得更加公平。

（3）两部制水价计收模式。

两部制水价，就是将水价计收分为两个部分，一是与使用量无关的按月或年额支付的基本收费，称为容量水价，二是按使用量支付的从量收费，称为计量水价。通常基本费主要分摊供水企业生产或服务的固定投资成本，这部分水价可以保障供水企业有一定的固定收入；从量费则主要分摊生产或服务运行的可变成本，考虑供水企业运行成本、管理费用和利润。两部制定价实际上是定额收费与从量收费的结合。①两部制水价主要考虑供水企业的稳定收入和低生活水平用水户的承受能力，因此，如何确定容量水价成为两部制水价的关键。如果容量水价包含的范围太广，则造成大部分用水户都按照容量水价付费，不能起到激励节水的作用；如果容量水价包含的范围太窄，又会给低收入用水户带来难以承受的压力。因此，只有合理地确定容量水价的范围和计量水价，才能保证两部制水价真正发挥作用。

（4）丰枯季节水价计收模式。

丰枯季节水价是指水价随着季节雨量的改变进行调整：丰水季节或丰水年份降低水价，枯水季节或枯水年份提高水价。该模式在水资源不足时提高水价可以促使用户节约用水，水资源充足时降低水价可以鼓励用户多用水，增加供水单位的收入。丰枯季节水价的理论依据是水资源全成本定价中资源水价的构成反映资源稀缺性这一特征，在不同的地区不同的时期由于水资源稀缺性不同，其资源水价也不同，由此构成的水价成本也不同。在我国，由于地处亚热带季风气候区，每年的4～9月为降水高峰期，水资源比较充足，而其他月份则降水量很少，水资源缺乏。因此，丰枯季节水价在我国具有很强的实用性。

（三）国外水价机制经验借鉴

1. 城镇供水水价形成机制

（1）美国水价机制

美国的城镇居民生活用水被认为是基础设施、公益事业，因此城市供水不以营利为目的，供水企业的利润仅是等于或略大于贷款或债券的利率。其水价确定由供水公司董事会讨论决定，而供水公司董事会由用水户民主选举产生，因此能较好地代表用水户的利益。

美国不同地区采用的水价核算方法中对服务成本定价、用户承受能力定价、投资机会成本定价、边际成本定价和完全市场定价等均有采用，较普遍采用的是服务成本法。②

（2）法国水价机制

法国水价核算方法主要为边际成本定价，考虑单位供水量增加以及提高水质量标准所付出的边际成本，综合水资源开发整体效果，确定合理的供水水价。

法国城市供水在采用边际成本核算定价的基础上，确定实际定价略有利润，而在水价构成中也包括水资源费即资源水价和水污染价格。其综合水价构成项目主要

① 李怡、王莉芳、庄字：《二部制水价定价模式研究》，《武汉科技大学学报》2007年第10期。
② 高健：《美国水价管理的主要做法及其对我国的启示》，《价格月刊》2009年第11期。

包括偿还贷款、银行利息、运行管理费、维修费、技术改造费等。①

（3）英国水价机制

英国的水价核算采用全成本定价，其水价由资源水价和供水系统的服务成本构成。英国公共供水对于不同用户采用不同的收费方式，对于居民用户、商业和第三产业用户，其水价主要构成包括供水成本和排污费；而对于其他用户，常采用计量水价的方式，根据实际用水量计收水费，包括供水水费、排污收费、地面排水费和环境服务费等。在英国，其排污费作为水价的组成部分，由水务公司统一收取以后严格执行"专款专用"制度，一律用于污水处理和环境保护。②

（4）加拿大水价机制

加拿大联邦政府对于水价核算多采用按实际成本定价的方式，但水价的成本通常只考虑供水直接服务成本，没有考虑水本身的价值和整个供水系统的兴建、维护、更新改造等费用。加拿大水价保持较低水平，因此长期依靠政府补贴维持其低水价。加拿大合理收取排污费、超额用水费，以促进生活及工业废水的循环利用，同时在水价调整中考虑用户的承受能力。

（5）日本水价机制

日本实行两部制水价、超额累进加价收费的水价计收模式。城市生活用水水费由两部分组成，一部分称基本水费，是以自来水管管径为依据，不论用水与否，按月收取，该部分水价主要用来补偿包括自来水净化和水管等设施的建设和维修的固定费用；另一部分是按用水量多少计费，主要用来支付自来水净化的药品费和动力费等与水量有关的费用。③ 此外，尚需征收城市污水排放费。

2. 农业灌溉水价形成机制

尽管各国的城镇供水水价的水价构成、核算方法、计收模式各不相同，或侧重公平，或侧重效益，但在农业灌溉水价的制定上却不谋而合，世界上绝大多数国家灌溉用水水价主要考虑用户的承受能力或实际支付能力。这与灌溉用水的对象特殊性不无关系，农业是人类生活的基本保障，灌溉是保证农业发展的基础。因此，灌溉用水是各国政府都必须做到支持的项目。灌溉用水的主体是农民，在多数国家农民都处于经济弱势地位，发展中国家尤其如此。农业灌溉用水水量非常大，如果严格按照市场定价，那农产品成本价格可能会提高很多；从另一方面来说，如果农产品价格不上升，那么农民可能面临亏损的局面，自然减少生产或者不生产，造成农产品供给短缺。因此，无论是从市场稳定不能任由农产品价格过度上涨的角度，还

① 张婷：《基于层次分析法的水资源可持续利用下的水价研究——以珠海市为例》，硕士毕业论文，中山大学，2009。
② 张雅君、杜晓亮、汪慧贞：《国外水价比较研究》，《给水排水》2008年第1期。
③ 吕守军：《日本两部分水价制度对我国的借鉴意义研究》，《现代日本经济》2005年第3期。

是从社会稳定农产品必须有足够的供给量的角度，灌溉水价的制定都不可能不考虑用户的承受能力。

在实践中，美国通常以服务成本与用户承受能力为依据制定灌溉水价，法国则依据全成本和用户承受能力确定灌溉水价；英国和澳大利亚更是采用用户承受能力定价方法制定灌溉水价；一些发展中国家如印度、菲律宾、泰国、印度尼西亚等也都普遍采用用户承受能力定价方法。而基于对用户承受能力的充分考量，各国灌溉水价标准普遍较低。例如，印度规定灌溉水费不应超过农民增加净收入的15%，一般控制在5%~12%；一些国家以灌溉水费占灌溉增产效益的比例作为灌溉水费现实可行的标准。[1]

不仅如此，为了发展农业，各国政府还对灌溉用水实行补贴，工程投资与维护管理费主要依靠政府补助，例如欧洲各国补贴灌溉费用的40%；加拿大补贴工程投资的50%以上；日本补贴工程投资和维护管理费用的40%~80%；印度补贴大型工程费用的80%；马来西亚补助全部工程投资和部分运行费用；坦桑尼亚补助全部工程投资和运行管理费；孟加拉国补贴工程投资的95%，等等。[2]

三 四川水价制度的现状和问题

（一）四川水价制度的基本情况

1. 城市供水水价

城市供水，是指城市供水企业通常为自来水公司，以公共供水管道及其附属设施向单位和居民的生活、生产和其他各项建设提供用水的行为。城市供水的综合水价公式可以表示为：综合水价 = 原水价格 + 运营成本 + 污水处理费 + 水资源费 + 各种附加费。原水价格是指通过水库或江河等引入自来水厂原水时的成本或费用，一般指水利工程供水水价。运营成本包括水质净化成本、管网建设维护成本、管理成本和收益成本四部分。污水处理费主要用于城市污水集中处理设施的建设、运行和维护。水资源费体现水权的使用价格。其他各种附加费是根据中央或地方有关规定征收用于地方某项特定用途的费用。[3] 四川省在制定城市供水价格时，采用的是"自来水价格 + 污水处理费"的模式，其中自来水价格包括原水价格和运营成本。

四川省城市供水综合水价将以上公式简化为：终端价格（综合水价）= 自来水价格 + 污水处理费。原水价格、水资源费随即笼统地被纳入自来水价格之中。其中

---

① 陈菁等：《灌溉水价与农民承受能力研究进展》，《水利水电科技进展》2008年第6期。
② 施熙灿教授：《国外（地区）水价概况》专题讲座。
③ 姜付仁：《2009年城市供水水价调整舆论分析及政策建议》，《水利发展研究》2010年第10期。

原水价格由四川省水利厅制定，遵循"补偿成本、合理收益、优质优价、公平负担"的原则，根据《水利工程供水价格管理办法》将工业原水价格分为：工业冷却水（原水，可循环使用）为 0.08 元/m^3；工业消耗水（如化工厂）0.27 元/m^3；自来水用原水全省平均 0.1 元/m^3；水电，按电量计算征收。事实上全省工业原水价格并未达到其成本，不到成本的 80%。[①]

针对不同的用户实行不同的价格是我国和世界上大多数国家通用的自来水价格歧视办法。在我国，城市供水水价基本分为五个类别：居民生活用水、行政事业用水、工业生产用水、商业服务用水和特种行业用水。其中居民生活用水是保证一般家庭生活的用水，水价通常较低；行政事业用水包括学校、机关部队、事业单位、市政园林和农业用水，这些用水单位也不以营利为目的，是保证社会大生活正常运行、环境卫生的用水；工业生产用水则是一般的工业企业单位，这些单位以营利为目的；服务业用水包括建筑业、饮食服务业、宾馆等行业用水；特种行业用水主要是针对一些以营利为目的且用水量特别大，主要是以水为生产成本的特种经营行业，比如饮料（含啤酒、纯净水）生产、娱乐业、澡堂、足浴、洗染业、洗车等。在成都市自来水价格中，居民生活用水和行政事业单位用水价格相同，都是最低的；特种行业用水水价最高，是居民生活用水水价的 3~5 倍；而其他中间的工业、服务业用水水价则介于两者之间，以保证自来水供水的成本收回和社会稳定发展。成都市城市供水价格如表 15-1 所示。

表 15-1　成都市城市供水价格

单位：元/m^3

用水类别		包含类型	自来水价格	污水处理费	终端价格
居民生活用水		含居民住宅用水；学校教学、学生生活用水；部队、武警的干部家属生活用水。	1.95	0.90	2.85
非居民生活用水		除居民生活用水、特种行业用水以外的其他用水。	2.90	1.40	4.30
特种行业用水	洗浴行业用水	含桑拿、洗浴、浴足等用水。	10.50	4.50	15.00
	洗车行业用水	洗车用水。	6.60	3.40	10.00
	其他特种行业用水	含娱乐业；健身房、休闲会所、美容美发、茶楼、酿酒、饮料业、饮用水制造（含纯净水）、烟草加工等。	5.60	1.80	7.40

资料来源：成都市物价局成价农［2009］245、［2010］84 号文。

---

① 数据来源：四川省水利厅。

（1）工业服务业水价。

四川省的工业水价目前采用的是单一水价计收方式，其价格核算则是由自来水价格与污水处理费之和，实际上是不完全的全成本计价，主要包括了工程水价和环境水价，不包括资源水价。

（2）城市居民生活用水水价。

四川省城市居民生活用水水价与工业水价一样，在目前采用的是单一水价计收方式，其价格核算同样包括自来水价格和污水处理费之和，但同时也考虑用户的承受能力。城市居民生活用水是居民日常生活的必需品。由于供水企业成本高，如果只是按照全成本定价，其价格可能会超出居民经济承受能力；即便是在居民经济承受能力范围内，由于我国长期以来供水是作为福利免费或者低价提供，水价改革也是近些年才开始实行的，如果一时之间价格突涨，用户的心理承受力也接受不了。

（3）农村居民生活用水水价。

农村供水安全是关系中国广大农民切身利益的问题，中国几亿农民亟须合理科学的农村供水制度作为其基本生活的保障。目前四川省农村居民生活用水来源大体可以分为两类：一类为自来水。在公共供水管网所能覆盖的乡村区域，居民多使用自来水。《四川省城市供水条例》指出"本条例所称城市，是指城市、县人民政府驻地镇和建制镇以及城市、县人民政府驻地镇和建制镇公共供水管网覆盖的乡村区域"，所以此类居民用水价格与前类"城市居民生活用水"价格一致。另一类为井水。在公共供水管网未覆盖的乡村区域，通常为远离城镇的那些农村地区，居民通常采用打井取用地下水的方式。根据《中华人民共和国水法》第四十八条规定"直接从江河、湖泊或者地下取用水资源的单位和个人，应当按照国家取水许可制度和水资源有偿使用制度的规定，向水行政主管部门或者流域管理机构申请领取取水许可证，并缴纳水资源费，取得取水权。但是，家庭生活和零星散养、圈养畜禽饮用等少量取水的除外"，此类居民用水属于家庭生活地下取水，故不需缴纳水资源费，其用水价格为其凿井及取水设施的成本费用。

2. 农业灌溉用水水价

四川省是农业大省，并且其人口与生产力布局与水资源地域分布不相适应，全省人口耕地集中、生产总值占全省85%的盆地腹部区水资源量仅占全省的22%。2010年有效灌溉面积为3830万亩，仅占全省耕地总面积的43%，一半以上耕地仍需要"靠天吃饭"。灌溉用水直接关系到四川省粮食产量的问题。为了支持农业发展，省内农业灌溉用水水价普遍考虑用户承受能力，对农业灌溉用水采用"补偿成本"原则，绝大多数采用漫灌方式按亩计价。水利工程灌区分为大、中、小型灌区，不同灌区价格不同。其中大型灌区平均价格约为32元/亩，中型灌区平均价格约为12元/亩，小型灌区平均价格4元/亩，从2003年起执行该价格标准至今。境内除成都、乐山等少数地区政府对农业灌溉用水采用财政转移支付方式以外，其他灌区农民需自缴灌溉水费。水费支出占农业生产成本的 1%～5%。① 且省内农业灌溉用水基本采用原水，几乎没有中水利用。

3. 涉水机构与权责

我国水资源管理机构正在由"多龙治水"向水务一体化的阶段过渡，但到目前为止，四川省水资源管理依然是多机构并行，水务管理机构烦冗，职能不清，未能实现水资源一体化管理。

（1）管理机构

目前四川省省内涉水管理机构在省级包括四川省水利厅、四川省住房城乡建设部、四川省国土资源厅、四川省环境保护厅、四川省扶贫移民局等机构；在地方上则有水务局、环保局；还有隶属于四川省水利厅的大型灌区管理机构——都江堰管理局、武都引水工程管理局等。

四川省水利厅是涉水管理权责最多的省级机构，它的主要职能是执行对全省水利事业的统筹管理，包括防洪抗旱、流域规划、水文监测、水资源保护、水土保持、保障农村饮水安全和农业灌溉等一系列职能，可以说除了城市供排水和地下水开采以外的涉水管理事务都基本囊括了。不仅如此，水利厅还负责部分水利工程建设。四川省水利厅还下设四川省节约用水办公室和河道管理处，负责全省节水事务和河道管理工作；四川省住房城乡建设部主要负责全省城市供水和城市节约用水工作，监管自来水公司；四川省环境保护厅负责水环境质量和水污染防治，监管污水处理公司；四川省扶贫移民局则主要负责大中型水利工程移民工作。

地方水务局则负责当地的涉水事务，全权管理当地工农业城市供水的一切事宜；都江堰管理局是都江堰水利工程的管理单位，主要负责整个都江堰灌区的供水和工程维护，供水包括向灌区城市提供自来水原水和工农业灌溉用水。

（2）供排水企业

四川省城市供排水企业主要包括自来水供水公司和污水处理公司。自来水公司负责将水利工程提供的原水或者开采地下水进行加工，制成自来水向居民和企业销售，自行建设供水管网；污水处理公司负责城市污水处理，达到规定标准后排放，其排污管网由政府出资建设。

（3）行业协会

城市供水排水行业协会是联系城市供水、排水市场主体与政府的桥梁。农民用水者协会是在政策规定的范围内，实行自主经营、独立核算、非营利的民间社团组织，具有法人资格，由政府积极引导、组织农民群众自愿投资投劳进行水利建设和

---

① 数据来源：四川省水利厅。

工程管护而成立。

（二）四川水价制度存在的问题

1. 水价体系并未体现水质差异，中水回用事业滞后

中水是指城市工业废水和生活污水经处理后达到规定的水质标准，可在一定范围内重复使用、但未达到饮用标准的再生水。由于处理成本的原因，污水若要净化到饮用水的标准需要付出昂贵的成本，而如果只是净化到一定的标准，例如用于城市绿化、冲厕、农业灌溉等功能，其成本则可以节约很多。

在水价形成的过程中，水质差异本应是制定水价的一个关键性因素，是资源水价"有用性"的表现，不同水质的水资源其有用性是不同的，因此其价格也应当不同。而目前四川省城市供水和灌溉用水的水价体系中都没有涉及水质差异定价，造成中水回用事业严重滞后。国内除一些经济技术发达又严重缺水的城市使用部分中水以外，其他地区中水回用几乎为零；四川省只有成都等一些经济相对发达的城市有少数中水回用，但其实都只是工业企业冷却循环水。成都市也曾修建过中水回用专门管道，但由于中水回用没有市场，最终这些管道并没有投入运行。全部使用优质水看似没有问题，事实上意味着严重浪费了优质水资源。

2. 原水价格过低，与自来水差价不合理

四川省原水价格过低，以全省最大的灌区都江堰灌区为例，其工业水价 0.27 元/m³，生活原水水价 0.21 元/m³，环境水价 0.1 元/m³，分别为成本的 79.41%，61.76%，29.41%；灌溉用原水价格即农业水价为平坝灌区 28.00 元/亩、丘陵灌区 31.00 元/亩，而供水成本为 54.53 元/亩，农业水价仅为原水成本的五成略多，远远低于供水成本。低价格的原水供应既不利于用水的节约，也不利于水利工程的基本运行和维护。

全省城市供水原水价格在 0.1~0.3 元/m³ 之间不等，上述都江堰水利工程向成都市供给原水价格也在此范围内，但成都市自来水价格在 2.85~15 元/m³ 之间，中间差额实在可称"暴利"，可成都市自来水公司仍然叫穷不迭，到底是"洋水务"所逼还是垄断行业个中营利，不免惹人遐想。

3. 水价构成不明晰，地下水开采无序

要使水价的杠杆作用发挥应有的功效，就必须根据水资源的供需关系拟定合理的价格水平。为反映水资源的产权、稀缺性、有用性，水价形成机制应在工程水价和环境水价的基础上加上资源水价。例如从 1999 年起，以色列任何自备水源均需收费，不基于供水成本征收，而只是反映水的稀缺价值，就算是农业用水也不例外，其农业用水费率为地下水源 0.19 美元/m³，地表水 0.06 美元/m³，地下水价格尚高于地表水。在四川省的城市供水和农业灌溉用水的原水价格中，都没有包括资源水价。城市供水价格构成中，笼统地将终端水价概括为自来水价格加上污水处理费，也未体现资源水价。同样的，没有资源水价，就没有相应的地下水保护价格，使得地下水成为无代价、无成本的公共资源，大家竞相开采，如此一来，"公地的悲剧"势必上演。在四川省部分地区，由于水利工程成本高，造成原水价格高，一些自来水供水不愿支付这部分成本，采用廉价的地下水制成自来水进行销售。

4. 季节差价不明显，水价形成机制单一

四川省地处亚热带季风气候区，长期以来春旱夏涝，水资源季节分布极不均匀，全省降雨主要集中在5~10月，此段时期常出现暴雨天气，这一时期的降水量一般占到全年的70%，水资源过剩；而4~6月是农业用水高峰期，水资源严重不足。但四川省目前原水和城市供水价格均未体现季节差异，一概而论，不符合资源水价稀缺性定价的原理。

5. 未实行水务一体化管理，水价秩序比较混乱

我国对水资源实行的是流域管理与行政管理相结合的管理体制。目前四川省水务管理机构众多，管理权限分散，水源工程由水利部门管理，供水与排水由城建部门管理，污水处理由环保部门管理，这种多部门分割管理体制造成水资源浪费和污染严重。例如在水资源保护和水污染防治方面，省水利厅对水资源保护负责，省环境保护厅对水环境质量和水污染防治负责，但水资源保护与水环境质量是息息相关的，可这样两项重叠交叉的工作却分散在两个职能部门，其协调难度之大可想而知。水利厅负责水源工程，也就负责向城市供水提供原水，而城市供水由城乡建设厅管理，自来水又由自来水供水提供，造成原水价格与自来水价格差距极大，水价关系混乱、水价不透明，无法形成统一的水务市场和高效的资源配置市场。

6. 农业灌溉效率低下，农业水费加价现象严重

我国是农业大国，但灌溉技术推广不足，农业现代化发展步伐尚待加快。四川省内大部分灌区农田灌溉采用土渠输水，运水途中损失严重，尤其是末级渠道问题甚多，很多渠道水的利用系数不足0.5。进入田间的水由于采用大水漫灌，又有近一半渗漏、蒸发掉，真正被农作物利用的，只是灌溉总水量的1/3左右。[①] 由于灌溉效率低下、浪费严重，水价本身均摊偏高。另外，供水计量设施不完善，加上农村以家庭为基本生产单位用水分散的特点，使得农业用水还无法按方计量到村到户，只能计量到大的市县，再由市县向乡镇、乡镇向村、村向农户逐级收取水费，水价计收只能采用按灌溉面积多少进行分摊的方式。如此一来，作为每一个用水户个体，用水量和水费不挂钩，农民没有节水的积极性，造成农业用水浪费严重。农业水费级级上缴，中间自然存在"搭便车"的情况，于是产生农业水费加价现象。

① 薛卫丽：《充分发挥水价的杠杆作用实现水资源的优化配置》，《现代农村科技》2010年第16期。

7. 农业水费难以征收，财政转移支付不利于节水

随着国家取消农业税政策的出台，不少人开始混淆农业税和水费的性质，认为农业税取消了，水费自然也应该取消；加上如前述县级以下供水工程尚不具备用水计量条件，水费分配难以做到公平合理，水资源浪费导致水价均价上升，又加上有些地方存在搭车加码收费现象，水费昂贵导致农民叫苦不迭。[①] 国内许多城市纷纷创新管理农业灌溉用水费用问题，四川省部分省市例如成都市、乐山市对农业灌溉用水采用了财政转移支付的办法，以减轻农民负担。但如此一来，农民用水不付费，没有了价格激励机制，用水随意浪费严重，毫无节约用水的意识，很难达到节约用水的目的。

8. 缺乏补偿水价机制，水资源调出方利益受损

我国山脉众多，流域也众多，但各流域各地区水资源分布却严重不均，水资源总量呈现出南多北少的状况。因此，国内大型调水工程不断，较为典型的为目前的南水北调工程。南水北调工程旨在解决南方水余、北方缺水的问题，调水主要是从水源较丰富的长江流域地区到水源较紧缺的黄河流域、海河流域等地区。此举牵涉到国内几大流域内各省之间的经济、生态、环境等问题，但水价补偿机制并未形成和健全，对于水资源调出方有失公平。四川省各地也存在不同规模的引水工程，但这些工程大多都是基于行政指令建设，并不基于市场机制，本身经济效益就不得而知。另外，由于未涉及水资源调入调出的价格补偿问题，对于水资源调出方来说既不公平，又没有价格激励机制以促使其保护水源，自然不利于调水工程的长远保护和可持续发展。

四　积极推进城市供水水价制度改革

（一）水价体系的改革

1. 按水质定价，工业用水采用超定额加价计收方式，推进中水回用事业发展

四川省城市供水水价体系建立在行业差异的基础之上，不同行业水价存在巨大差异，但并未体现水质差异定价。没有差别价格机制的激励，直接导致全省中水回用事业发展停滞。鼓励使用中水，扩大优质水与中水的价格差，不仅可以节约优质水资源，减少水资源浪费，满足可持续发展的要求，还能增强企业经营动力，提高多方福利。

中水是自来水某种程度的替代，可以认为是另一种形式的水资源。它可用于：工业用水如工业冷却水；市政用水如园林绿化、景观用水、清洁用水和消防用水

---

① 张勇、苏秀峰：《德州市推进农业终端水价综合改革的实践与思考》，《中国水利》2009年第12期。

等；农业用水如用于浇灌城市郊区的农田和菜田；家庭用水如空调冷却水、汽车清洗水、厕所冲洗水等。目前，以色列、美国和日本等国在农田灌溉、城市景观、道路保洁、洗车、冷却设备补充用水、厕所冲洗等方面都大量使用中水。美国有 357 个城市实现了污水处理后再利用；南非 1986 年建成了世界上第一座城市污水"中水厂"，用作城市自来水的补充水源。①

中水作为替代自然水源的一种资源，也是一种商品，在市场经济条件下，中水的推广使用必然离不开价格机制的激励。中水有价值和使用价值，其价格同样由资源水价、工程水价、环境水价和利润 4 个部分组成。② 目前国内自来水价格普遍偏低，虽然正在上调，但基于居民承受能力，不可能一步到位。故在当前要拉开自来水与中水价格差距，促进企业与居民选择使用中水，发展中水事业，必然需要政府对中水行业进行价格补贴，以保证中水企业正常运转。

推广中水使用是基于节能减排的环保思想，但政府一直用价格补贴培育中水用户是必然不可持续的，且大规模的财政补贴不利于中水利用向中小城市推广，因此中水的发展有赖于其价格的上调，但中水价格又必须与自来水价格形成差距，用户才可能选择使用品质较低的中水，所以最终还需自来水价格上调为其发展铺路。在短期内中水回用难以实现大规模推广，尤其是在居民用水中推广中水很难，但从长期来看，中水回用是推进节水型社会的必然要求。

但是，即便是当前，中水回用也并不是没有市场的。在工业用水中，工业水重复利用可以节约大量的水，例如工业用水中冷却用水、锅炉用水、输送废渣用水等是工业生产中用水最多的环节。长期以来，我国工业水重复利用和再生利用程度非常低，工业用水重复利用率在 60% 以下，而发达国家工业用水重复利用率通常在 85% 以上。如此粗放的工业用水方式，其不利影响不仅在于水资源的浪费，更在于大量的污水排放对环境造成的破坏。工业和生活用水的 70% 以上，都转为污水排放。用水量增加，防治污染的任务也随之加重。因此，节水更是防污的前提。③

基于上述分析，在工业用水方面，可以采用按水质定价和超定额加价计收水价的方式推动工业企业的节水行为。按水质定价依据资源水价有用性"优质高价，劣质低价"的原则，拉开工业用水水价的差距，对工业使用优质水提高价格，而对其使用中水则降低价格；在实际计收当中，则可以根据反应工业节水程度的用水总量指标实现超定额加价的方式。超定额加价类似于阶梯水价，是一种按消费量实行的一级价格歧视。在实际操作中，如果一个企业在规模不变的情况下用水量增加，则

---

① 范晓虎：《浅谈"城市中水"在我国的应用及价格的问题》，《中国科技信息》2005 年第 17 期。
② 余海静、王献丽：《中水水价模型建立及应用研究》，《安徽农业科学》2010 年第 33 期。
③ 钱正英、陈家琦、冯杰：《中国水利的战略转变》，水世界网，2009 年 12 月 8 日。

意味着它使用了更多的优质水，那么按照水质定价的原则均摊到每一单位水的价格也应该更高，所以超定额加价计收方式的本质就是按水质定价；另一方面，由于企业用水增加，其规模不变，水消耗总量一定，其剩余的水则必然是作为污水排放，由此带来了污水治理费用的增加和环境容量的压力加大。因此，在超定额加价的同时，对其污水处理费也应该实行超定额加价，以此促进企业节约用水，提高工业用水重复利用率，保护自然生态环境。

2. 按用户承受能力定价，对居民生活用水大力推行阶梯水价计收模式

在水资源日益短缺的时代，实施阶梯式水价是未来水价体系改革的必然方向。继银川市之后，国内许多城市如上海、广州、北京等地也相继实施了阶梯式水价。四川省也在积极筹备对居民生活用水实行阶梯水价，但尚未执行。我国对水资源的商品性认识比较晚，长期以来，都是把水资源当做"取之不完，用之不竭"的自然资源，政府也把供水作为社会福利，因此居民用水基本都是免费的或者说是价格非常低的。但随着经济的发展和水资源稀缺的问题日益突出，人民对水资源的看法开始有了改观，开始意识到水资源的商品性，需要付费使用。就目前国内水价来说，大多数城市居民生活用水水价是低于其应有的价格的，水价支出占居民收入的比例也是比较低的：北京 0.64%，天津 0.75%，大连 0.6%，上海 0.29%，南京0.44%，杭州 0.31%，济南 0.66%，广州 0.31%，重庆 0.73%，乌鲁木齐 0.66%，香港 0.3%。[①] 而当前世界平均水费支出占一般居民收入的 2.5%～3%，世界银行也认为居民水费支付意愿在 3% 左右。四川省水价支出占居民收入比例也在 0.7%左右，都没有达到世界平均水平。因此，从这一点上来说，当前的居民生活用水水价并没有超出其潜在的支付意愿范围，但如前文所述，由于我国水市场形成不久，水价刚性明显：居民从心理上接受水资源的商品性尚需一段时间，近两年国内许多城市纷纷调整水价，四川省也是如此，在短短两年内居民用水价格上涨一倍以上，已经造成部分用户的心理抵抗情绪。因此，在当前情况下，对于居民生活用水水价的调整要充分考虑居民的心理承受能力，不能操之过急。

从长远来看，合理的阶梯水价不仅可以保护居民尤其是弱势群体的权益，更可以促进节水。根据世界银行的建议，在中国实施阶梯式水价两级就足够，第一级可以保证弱势群体的基本生活需求，第二级的计量水价可以反映真实的经济和环境成本。对居民用水而言，第一阶梯的用水量应设定为每人每日 40 升为宜。[②] 但水资源作为特殊的商品，关系到人民生产生活的基本需要，政府需要有更多的作为。随着

---

① 王浩：《水价过低造成国资流失是水价改革的原因之一》，《城乡建设》2010 年第 1 期。

② The World Bank，"Water Supply Pricing In China：Economic Efficiency，Environment，and Social Affordability."2007.

阶梯水价的执行和未来水价必然上涨的时代到来，一部分人群尤其是一些家境困难又够不上低保标准的人，经济压力会加大。但这些人群又很难界定。事实上，水价在执行阶梯水价以后，超定额的水价会增加，已经可以做到促进节水的目的。而在第一级水价范围内，都是保障居民基本生活所需的水资源，政府有能力也应该对这部分水价进行补贴作为对居民的基本福利。因此，建议政府尽快制定科学的阶梯水价计收模式，对于保障居民基本生活用水的一级阶梯以内的用水，采取财政转移支付的方式补贴，减轻居民的负担，同时也增加了所有居民的社会福利，公平合理。

3. 建立补偿水价和丰枯季节水价机制，促进水资源优化配置

在目前水资源管理，尤其是流域水资源管理不到位的背景下，各级地方政府有战略性抢占流域水资源的倾向。同时，调水工程通常工程量大，会牵动多方利益，由此调动了有关部门在调水规模上的积极性。

调水市场的特殊性，使得调水水价的影响因素众多。调水水价除了包含资源水价和工程水价外，还应该计取补偿水价，即体现被调水区的损失和付出。实施跨区域调水时，涉及生态环境的保护和水质水量的保障等多个要素，被调水区在经济发展上需要作出巨大的牺牲，调水补偿能部分补偿被调水区的损失和付出，主要包括竞争性用水补偿、水源区经济补偿和生态补偿等方面。

竞争性补偿建立在水资源"竞用性"的基础上，即区域调水会限制水资源调出区水资源总量，进而影响工农业用水、水电站用水等。由此引发的供水量减少的损失，渔业、水产业等相关产业的损失，航运交通的损失，电站蓄水量减少引起发电减少的损失，等等，都应由受水区对其进行补偿。水源区经济补偿的基础是，水资源调出区为保证调出水源水质所采取的相关措施引起的经济损失，例如水资源区为保证上游水质，可能改变牲畜的种类或压缩其存栏量，转移或者关闭对水源有污染的产业等，这些产业布局的改变将造成水资源调出区的经济损失，受水区应对其进行补偿。生态补偿机制建立在公共资源产权明晰化的基础上，对于公共水资源的生态保护、水土保持、河道治理等一系列工程成本按"谁利用、谁补偿，谁受益、谁付费"的原则进行分摊、补偿，以示公平。[1]

受气候条件的影响，国内水资源量存在较大的季节性差异，这种季节性差异导致的相对稀缺性应该在水价体系中得以体现。实施季节水价只需在征收水费时出台相应政策即可，无序大量的成本支出和相关工程管网配套改革，但需要根据实际情况加强与用户的沟通协商，以减少征收过程中出现摩擦抵触现象。[2] 建议加快与季

① 周春飞、晏成明、唐德善：《东深工程对港供水补偿水价分析》，《人民黄河》2010年第4期。
② 唐利斌、毛志锋：《北京市水价体系研究》，《中国水利》2009年第10期。

节水价相关的政策法规制订，以利于水资源的季节使用量调节，缓解季节性水资源短缺问题。

（二）水资源管理机构的改革

1. 建立省水务厅，推进水务一体化进程

水务管理制度，是指在城乡水资源统一管理的前提下，以区域水资源可持续利用、城乡经济社会可持续发展为目标，对辖区范围内防洪、水源、供水、用水、节水、排水、污水处理与回用及农田水利、水土保持、农村水电等所有涉水事务一体化管理的一种管理体制。

统一水务管理，是对水资源的开发、利用、配置、节约、保护等实行全方位、全过程的统一管理。部分发达国家如英国、德国、法国、荷兰等都做到了对水资源的水量、水价、水质的一体化管理，取得了较好的水务管理成果。而在我国，深圳、北京、上海、重庆、海南等地区也都先后实现了水务一体化，而水务管理效率也得到了大大提高。例如重庆，县级以上水务局实行城乡统管，包括农村水利和城市供排水，都由市水利局统一管理，大大提高了运作效率。水价管理权限与水管理权限应是一致的。水务行业供水排水、水利防洪排涝治污应实现一体化管理，以解决水务管理权限分散、水价秩序混乱的问题。统一水务管理，不仅可以统一指挥城市排洪防涝，培育完善水利基础产业，更突出水务市场的商品性，促使水务管理由福利性事业转为商品性经济，提高水资源的配置效率。

2. 完善水务厅监管机制，保证水务系统良性健康运行

对城市供水的监管可以分为三个层次：一是水资源总量的监管，这是由水资源的稀缺性所决定的；二是水价成本尤其是工程水价的监管，即城市水业投资、日常运营、工程成本、管网运行与维护等系列水资源成本的监管，这是水资源的公共资源性及供水企业在经营形式上的自然垄断特性所决定的，应确保水务公司财务公开化、透明化，防止垄断性水务企业牟取暴利；三是排水标准监管，这是由污水对超出自然环境容载量的破坏性所决定的。[①] 应当完善水务厅的监管机制，对其进行严格监管。

（三）水价制度的改革和完善

1. 控制地下水开采，保护地下水资源

1988年颁布的《水法》规定了取水许可制度，凡直接从地下或者江河、湖泊取水的取水户，除法律规定不需申请取水许可的情况外，都要依法向水行政主管部门提出取水许可申请并取得取水许可证后才能取水；《水法》还规定了水资源有偿使用制度，对直接从地下或者江河、湖泊取水的，征收水资源费。目前国内许多地

---

① 傅涛、张丽珍等：《城市水价的定价目标、构成和原则》，《中国给水排水》2006年第6期。

方地下水开采过渡，尤其是北方缺水地区，导致地面沉降、海水倒灌。四川省应该引以为戒，严格执行收取地下水水资源费，以限制地下水的开采。

一方面，地下水是干旱时期最后的"保命水"，而深层地下水的补充需要很长很长的时间，可能那些水在今后的几百年、几千年都无法补回。如果随意开采地下水，等到真正干旱时期，可能连最后的"保命水"都没有了。以色列是世界上水资源最少的国家之一，但以色列是不允许开采地下水的，以色列的地下水是为了他们民族存亡的战争时期应急用的。① 对于以色列这样严重缺水的国家尚且不允许开采地下水，在四川省水资源相对丰富的省情下，更加没有非开采地下水不可的理由；另一方面，地下水和地表水在水资源系统中是不可分割的整体，相互转化非常强烈，破坏地下水也就会破坏整个生态水循环系统。对地下水收取足额水资源费，利用价格杠杆调节作用，减少地下水的开采，保护水环境，涵养地下水资源，充分发挥地下水的调蓄功能，方能保证水资源的可持续发展。

2. 完善水价听证会制度

由于水价调整关系到国计民生，与企业、群众利益密切相关，近年来各省市在调整水价时纷纷采取了听证会的方式，以示水价透明公正。这与以往完全行政定价的方式相比，在决策的科学性、民主性和规范性方面都有了很大的进步。但是在实际工作中，要让听证会成为真正科学、民主、公平公正的制度，尚需要一系列保障措施：一是在参会人员上，应对听证代表的产生机制进行修正健全，以保证听证代表能够真正代表各个阶层的利益，提出各个阶层尤其是弱势群体的诉求；二是在运行机制上，应对听证会的内容和程序做出全面明确合理的规定，保证人员民主、过程公开、结果公正；三是在监管体系上，应建立强有力的成本价格监管机制，加强对自来水公司经营状况、运行成本和合理利润水平的核算监督，增加水价制定的透明度，保障所有用户的知情权，保护弱势群体的利益。在成本公开的基础上，由价格主管部门主持用水定价听证会，多方参与，协商定价。只有这样，才能使价格听证会真正成为制约垄断性供水行业的关键。②

3. 严格执行专款专用制度

严格执行"取之于水、用之于水"的专款专用制度，将水资源的收益用于保障城市水安全、提高水质和污染治理以及环境保护等方面。对于水价调价进行严格监管，设立专门账户，对于水资源费用收入支出有明确的控制。

另外，要充分利用各种新闻媒介对水资源的紧缺性和商品性加以宣传，促使人民群众及供水企业端正几个观念：一是认识到水是生命之源、生产之要、生态之

---

① 引自国土规划专家王维洛 2010 年"析西南五省大旱"采访谈话内容。
② 姚树荣、吴能全：《城市水价改革的几个问题》，《西南民族大学学报》（人文社科版）2006 年第 1 期。

基，时刻牢记水资源的稀缺性，保护水资源刻不容缓，人人都必须学会保护水资源，节约水资源，维护我们的家园；二是水资源不是福利品而是商品，不是公共资源而是有价资源，因此必须建立科学的水价体系，完善水价制度，充分利用市场对资源配置的高效率性，推进水资源的优化配置；三是供水企业是基础产业，水业运作不能盲目无序，必须重视投入产出比，提高经济效益。让珍惜水、保护水的观念深入每个公民的心里，自觉节水。大力宣传《中华人民共和国水法》，运用法律手段规范用水行为、管理水务活动，推进水价管理的法制化建设，促进水价管理逐步走上规范化、法制化的轨道，促进四川省水资源优化配置。

五　积极推进农业水价综合改革

四川是农业大省，农业发展至关重要。发展现代农业是解决农业问题的重要途径，而发展现代农业离不开农业灌溉的发展，需要合理的农业灌溉水价机制既保证了农民的利益，提高了灌溉用水利用系数，也为水利工程资金筹集寻求出路，实现了现代农业的可持续发展。

（一）推进农业用水终端水价改革，规范灌区末级渠系水价

大中型灌溉系统可以分为国有骨干工程、非国有末级渠系及田间工程（一般指斗渠以下的供水渠道和设施，统称末级渠系），这两部分工程的水价分别核定、分别结算。[①] 在农业供水整个环节中，农业供水生产成本费用沿着干渠、支渠、斗渠和农渠逐级累加，沿途水资源不断损失，净水量逐级减少，水价进而逐级抬高，在农渠出口处达到最大，形成农业终端水价。

农业产出低，农民是弱势群体。根据四川省的实际情况，若向农民征收水费用以补偿国有骨干工程的成本费用，那么农业灌溉的成本费用过高，农民恐怕无法承担。农业灌溉用水本身需求量就很大，农业生产部门是粮食生产以及经济发展的重要部门，全世界平均有70%的水资源都是被农业消耗的，在有些国家和地区甚至高达90%。[②] 加上四川省乃至全国目前灌溉用水有效利用系数为0.5左右，有一半的水都被浪费，如此均摊下来，亩产粮食价格完全不能支付实际水价。农民不会再使用灌溉用水，农业产量减少，对国家粮食安全构成威胁。因此当前，对于国有骨干工程的成本费用，最佳方式依然是政府财政补贴，正如前述国外绝大多数国家考虑农户承受能力对农业灌溉用水进行补偿一样。

政府的财政补贴通常又分为两种，一种是价格补贴，另一种则是直接补贴。价

---

① 柳长顺：《关于新时期我国农业水价综合改革的思考》，《水利发展研究》2010年第12期。
② 任梅芳等：《农业节水灌溉水价与补偿机制水价模型》，《中国农村水利水电》2011年第7期。

格补贴在我国一直是比较通行的，水价价格补贴的基本含义是指政府财政转移支付一部分资金给水管单位，以此降低农民上交的水费。比如四川省部分地区成都、乐山等对农业灌溉水价采用直接财政转移支付的方式，就属于价格补贴，只不过由于采用的是全额的转移支付，最终对农民来说实现了水价为零的补贴；直接补贴则是在国外市场经济比较发达的国家流行，政府不是将补贴资金转移支付给水管单位，而是直接转移支付给农民，而农民依然自交水费。从西方经济学社会福利的角度考虑，直接补贴要比价格补贴带来的社会福利大得多，农民得到的满足程度更大；从实际的角度出发，价格补贴事实上不利于农业节约用水，政府负责转移支付水费，农业用水成为了免费或者低价品，自然没有节水的动力。而直接补贴则可以保证农民的支付能力，同时也可以促进农民节水意识的形成。一旦农民节水意识形成，一些节水技术如滴灌、微灌技术等将来在农村的推广就会容易得多。若将国管水利工程成本纳入政府财政预算，实行财政补贴，末级渠系由农民用水合作组织协会自行管理，农民只需计量分摊缴纳末级渠系管理费用，农业投入产出比合理，就能实现农业健康发展。国内研究认为，以农业水费支出占亩均产值5%～10%，或占亩均净收益10%～13%，作为农民水费承受能力的测算标准是可行的。[1] 如果推行农民只分摊计量缴纳末级渠系管理费用，那么其水费支出是在这个可承受范围之内的，不会加重农民负担，也不会影响农业生产。四川省部分地区实行末级渠系改革试点，建立"产权明晰、责任明确、管理民主"的末级渠系工程产权制度后，其农业灌溉用水有效利用系数大幅提高，而农业水费支出减少15%以上。[2]

另外，农业灌溉用水收费应当完善计量设施，推行计量收费。正因为以前农业灌溉采用大水漫灌，而灌溉用水收费也是按照灌溉面积计算，实际用水量多少无法估量，农民自然没有节水的意识。因此，农业灌溉推行计量收费是提高农业灌溉用水有效利用系数的重要手段；同时，积极推进农民用水合作组织协会的发展，鼓励农民参与和管理用水。农业用水合作组织1992年首次从国外引进，经过十几年的发展实践证明，这项工作取得了较好的效果，为灌区管理体制改革提供了一种行之有效的管理模式，[3] 有利于解决灌区末级渠系责任主体缺位的问题，改变灌区末级渠系建设存在的政府组织难、资金筹集难、水费收缴难、工程管理难的局面。农民用水合作组织协会也是我国当前实行村民自治的一种表现形式，农民实现自主管理，更加具有积极性和针对性。其运行的规范性也是保证农民权益的重要前提，应建立农民用水和水费台账，计收水

① 张勇、苏秀峰：《德州市推进农业终端水价综合改革的实践与思考》，《中国水利》2009年第12期。
② 根据四川省"首批末级渠系改造试点项目"都江堰东风渠管理处、郫县、大英县等地试点验收所得数据。
③ 张波：《谈农村饮水安全工程中农民用水者协会与水价核定》，《农业科技与信息》2010年第6期。

费时必须向农民开具水费专用票据，地方政府还要对其运行加强监管，规范灌区末级渠系水价，以确保农民的利益。

（二）加大水利投入力度，逐步推行灌溉用水按水质定价

四川省地处长江上游，水源相对丰富，更具有"千河之省"的称号。从表面来看，四川省是不存在资源型缺水的，只是存在季节性缺水、工程性缺水和水质性缺水。因此，长期以来，水利工作的重点都是加快建设水利基础设施，解决季节性缺水和工程学缺水的问题；加强污水处理，以解决水质性缺水的问题。近年来，随着城镇化的深入推进和工业化的发展，人们开始意识到将来城市用水量会大增，尤其是像成都市在建设天府新区时开始考虑到新城的用水将是很大的问题，如何解决城市用水短缺的问题成了当前关注的热点。

中国历来对治水都非常重视，历朝历代都以治水为治国之根本，而治水的方式无论疏导还是堵塞最终都归结于水利工程的建设。在全国范围内，由于长江流域水源多，黄河流域和海河流域干旱，于是兴建"南水北调"工程从南方调水到北方；在当前四川省城市用水量需求缺口极大的情况下，政府自然是加大投入力度兴修水利，全省各地也布局大小程度不一的调水工程。大规模的调水且不说经济效益和对生态的影响，只是从是否能够持续发展考虑就值得深思。正如南水北调工程，在中线水源地陕西汉江自身用水都难以维持的情况下，无水可调的工程形同虚设。不管是从全国范围看还是从全省范围看，季节性缺水都是各地区面临的大问题，但全国降水基本同期，也就是说雨量充足时各地都有水，无降水时各地都缺水。如果单一地依赖调水工程，现在考虑从水源地调水，将来水源地也可能有缺水的时候，到时候可能就无水可调了。

在当前形势下，调水工程是解决地区缺水的有效手段，自然不可避免。但从长远来看，调水并不能从根本上解决问题。调水工程只是将水源从一个地区调到另一个地区，并没有增加水源或者是减少水消耗，从总体上来说，水资源供给量没有增加，然而伴随经济社会的发展水资源需求量却在不断增加，未来水量供需矛盾必然会更加凸显。我国在经济体制转型期，对市场的探索也越来越深入，充分利用市场机制解决水资源供求矛盾才是根本方法。完善水权制度与水价制度，充分发挥水市场的调节作用，对我国和四川省未来长远发展有重要意义。

正如前述，世界上70%的水其实都是用于农业，工业和居民生活用水量其实是很少的。工业用水和农业用水的性质也不同，农业用水是维持植物生命的蒸腾用水和作物棵间土壤的蒸发用水，它需要的水量大，而且绝大部分耗散于空中，不直接回归到地表或地下径流；工业用水大量的是冷却用水、锅炉用水、输送废渣用水以及少量的化学反应用水，需水量相对很小，而且耗水率很低，可以重复利用，关键

是污水处理和循环利用。① 四川省是农业大省，农业用水消耗比重大，因此，要解决水资源短缺的问题，首先应从农业用水下手。

当前四川省农业用水耗水存在的问题主要有两个：一是灌溉用水有效利用系数低，浪费严重；二是灌溉用水普遍采用优质水，过于奢侈。对于农业灌溉来说，中水水质就已足够，但四川省乃至我国农业灌溉几乎没有采用中水的。相比以色列这样的沙漠国家来说，四川省发展农业根本不应该存在用水的问题。以色列利用中水进行农业灌溉，发展农业，对四川省乃至我国来说是相当好的借鉴。

案例二：以色列中水回用农业灌溉

以色列的年可利用水量为 18 亿 m^3，人均少于 $300m^3$。每年大约有 45% 的水资源用于城市，主要是居民消费，50% 用于农业。从区域分布来看，与中国水源分布南多北少相反，以色列大约 80% 的水分布在北部，20% 分布在南部。

以色列每年约有 4 亿 m^3 的城市废水，形成了最大的潜在水资源。大量的废水经过各种处理之后成为中水，用作农业灌溉，其余的废水由于缺乏处理和复用设施而排放到河道和海洋之中。1999 年底，约有 3 亿 m^3 的灌溉用水来自中水，占灌溉用水总量的 25%；到 2005 年，以色列回用了 65% 的污水，几乎 50% 的灌溉用水来自经处理的中水。② 目前，以色列 100% 的生活污水和 72% 的城市污水得到了回用。

以色列中水回用农业灌溉的发展，除了因为干旱缺水的基本国情以外，政府在这个过程中起到了很大的推动作用，但同时也充分利用了水市场的调节作用。首先，从基础设施建设上，由政府出资向农村铺设"第三类水管"，即中水管线。而位于特拉维夫市以南约 10km 处的以色列最大的污水处理厂——沙夫丹污水处理厂，负责本地区 200 多万人口的生活废水处理，日处理能力 30 多万 t，每天将其处理污水得出的中水通过第三条管线导入到几十个分布于内盖夫沙漠不同地区、用于农业灌溉的水库之中，在各地农业用水需求时调出。③ 其次，在水市场调节上，政府通过为最初的资本投入提供补贴来支持农业部门，鼓励农民使用低价中水灌溉，中水生产价格和出售价格之差由政府补贴支付。在以色列，污水处理厂向农田提供再生水的成本为 0.21 美元/m^3 左右，而农民只需支付 0.13～0.19 美元/m^3 的费用，其余部分由政府补贴。而且以色列即便是自备水源也要收费，农业用水采用地下水源为 0.19 美元/m^3，中水价格比地下水采用价格更便宜，农民自然愿意选择中水灌溉。

---

① 钱正英、陈家琦、冯杰：《中国水利的战略转变》，水世界网，2009 年 12 月 8 日。
② 周刚炎：《以色列水资源管理实践及启示》，《水利水电快报》2007 年第 5 期。
③ 《以色列节水经验：中水用于农业灌溉最合理》，中新网，2006 年 1 月 19 日。

　　所以，在当前，要减少全省农业灌溉用水的水量，就需要加大政府的投入与补贴力度，充分发挥水市场的调节作用。首先，政府要在投资水利建设防洪排涝和保障人民用水安全的同时，要考虑向农村建设专门的中水管道，可以在距离城市较近而水源又不是很充足的地方试点。但是，单一的政府建设并不能促进农民使用，更重要的是发挥水市场的调节作用，因此，政府补贴应该从两个方面下手。一方面如前文所述，对于一般的灌溉用水对农民实行直接补贴，以此保证农业水价合理反应供水成本而又不增加农民负担；另一方面，对于中水灌溉，则采用价格补贴，以降低中水价格，由此农民如果使用中水既可以得到政府的直接补贴又能用到低价的中水，更加减轻了农民的负担。而农业用水节约出的优质水则可以通过调水工程输送到城市，既保证了农业用水，又解决了城市面临的水资源短缺问题。

　　在当前中国，北方地区水资源紧缺的矛盾已经日益凸显，中水使用的推广更加具有实际意义。在四川省，推广中水用于农业灌溉在当前看前景不是很大，毕竟四川省的水资源在当前并不存在资源性短缺，只需要修建足够的水利工程就可以解决目前全省的农村和城市用水的问题。但是，前车可鉴，北方地区在几十年前也不是资源型缺水的地区。随着城市化的不断推进和工业化的发展，未来四川省城市供水缺口会越来越大，如果从现在开始不做好长远的规划，未来可能面临严重的缺水危机。而且，北方城市现在已经缺水，国家"南水北调"已经表明未来南方水资源会大量地调入北方，那么南方自身可用的水资源会越来越少。其实，在四川省推广中水回用于农业灌溉，并不是没有可能，只是缺乏市场机制的激励。如果国家能够完善水权制度，推动水市场的发展，促进水价改革，在调水工程中按市场机制推广补偿水价，那么相信任何一个丰水地区都会有动力在本地推广中水使用，把更多的节约出的优质水水权转让出去，以获得更多的收益。

第十六章 积极推进水利管理体制改革和制度建设

　　科学的水利管理是水利可持续发展的前提和基础。随着我国工业化、城市化、现代化进程的持续快速推进，水资源越来越成为稀缺资源，也越来越成为制约经济社会发展的重要因素，在很多地方出现了"水比油贵"的现象，并有进一步演化为"水紧张、水危机"的趋势[①]。而水资源的管理不当也是造成水资源短缺，甚至水危机的重要因素之一。20世纪80年代初水利体制的市场化改革以来，我国水利改革扎实有序推进，水利事业得到了长足发展。但是随着市场经济体制的完善，水资源市场机制的发展要求更加紧迫，水利改革与管理工作越来越成为水利发展的紧迫任务和重要抓手。现阶段，亟须进一步深化改革水利管理体制，为水利良性发展和水资源可持续利用提供强大动力和体制保障。在连续七年"三农"主题后，"水"成为2011年中央一号文件的主题，水安全上升到国家安全的重要地位。这既表明我国水利发展的又一个春天即将到来，同时对新时期我国水利发展体制机制创新也提出了明确的要求：加快水利重点领域和关键环节改革攻坚，破解制约水利发展的体制机制障碍，到2020年基本建成有利于水利科学发展的制度体系。此后，全国各地均积极探索卓有成效的水利改革发展路径。

　　经过30多年的发展改革，四川水利取得了辉煌成就，但"三个不适应"[②]的水情还没有从根本上得到改变。四川既是水资源大省，又是蓄水小省、用水小省，水利发展与经济社会发展需求还存在较大差距，水资源时空分布不均衡、水利投资欠账较多，水利发展体制不顺、机制不活、改革相对滞后等问题依然存在，已难以适应新时期四川省水利现代化发展的新要求。在新形势下，需在贯彻落实中央的决策部署的基础上，按照党的"十八大"报告中"经济体制改革的核心问题是处理好政府和市场的关系，必须更加尊重市场规律，更好发挥政府作用"的要求，结合四川实际，不断创新水利发展体制机制，实现科学治水、科学用水、科学管水，推

---

① 宋翠翠、周玉玺：《关于水资源储备问题的研究进展》，《水利科技与经济》2010年第12期。
② 一是与四川"建设西部经济发展高地"的要求不相适应。全省水资源时空分布不均，70%的降水集中在5～9月；人口耕地集中、生产总值占全省85%的盆地腹部地区，水资源量仅占全省的22%。全省水资源开发利用严重滞后，开发利用率不到全国平均水平的1/2，人均库容只有全国平均水平的1/4。二是与四川发展现代农业的目标不适应。从全省实际来看，有效灌溉面积3785万亩，旱涝保收面积2616万亩，仅分别占耕地面积的42%和29%。三是与构建完善的防灾减灾体系的要求不相适应。

动水利实现跨越式发展，由水利大省迈向水利强省，从根本上改变水利建设落后于经济社会发展的局面，支撑四川长远发展，造福子孙后代。

一 四川水利管理体制现状及存在的问题

改革开放 30 多年来，我国水利部门的职能已发生了本质的变化，管理重点已由"工程建设"向"水资源优化配置"转变。然而水利管理体制与机制变化却较为滞后，条块分割、"多龙管水"的分散型的水资源管理体制与水资源统一管理的内在要求不相适应，造成管理效率低下、水资源的流域性和完整性被破坏、水质管理和水量管理人为分离等问题，亟须进一步改革和发展。

（一）我国国家水利管理体制

在国家水利管理体制中，水利部是国务院水行政主管部门，负责全国水资源的统一管理，国务院的其他相关部门按照国务院规定的职责分工，协同国务院水行政主管部门负责相关水资源管理工作。流域管理机构作为水利部的直属机构，代表水利部在各流域内行使水利部所授予的职权。各省市水利厅直接受当地省市政府领导，同时间接受水利部领导。各省市水利厅负责辖区内水资源管理职责。国家防汛抗旱指挥部作为国务院议事协调机构之一，由国务院副总理担任总指挥。7 个流域机构设立防汛办公室（其中黄委、长委设立黄河、长江防总办公室），负责流域内防洪管理和关键工程调度；各省、地（市）、县均设立防汛抗旱指挥部负责辖区的防汛抗旱工作。

国家防汛抗旱指挥部、国土资源部、交通部、住房和城乡建设部、财政部、农业部、国家发展和改革委员会、环境保护部等均参与水利管理业务的某一方面。水利系统内部水利管理机构主要有水利部及其直属的七大流域管理机构、各省市直属的水利厅或水务局，以及县一级的水务局（见表 16-1）。

表 16-1 水利管理相关机构

中央直属机构	水利部、国家防汛抗旱指挥部、国土资源部、住房和城乡建设部、财政部、农业部、国家发展和改革委员会、环境保护部、各省政府
部省直属机构	流域管理机构、水利厅、水务局、住房和城乡建设厅、环境保护厅、国土资源厅
县级以下机构	县政府、水利（务）局等

在我国现行的水利管理体系框架下，各水利管理主体之间的关系较为复杂。总体来说，存在着两种比较主要的关系：一种是行政隶属关系，另一种是业务关系。就行政隶属关系来说，主要有垂直领导与间接领导的关系。就业务关系来说，水利

系统内部的水利管理机构一般开展的是综合性的水利管理业务，即其业务涉及水利管理的多个方面，要与多家涉水单位进行业务往来；而非水利系统的机构，涉及水利管理时，往往只在某一方面、某一专业，一般与水利系统内某个或某几个机构有业务关系①。

（二）四川"一龙治水，多龙管水"的管理体制

四川省省级涉水管理部门主要有水利厅、发展和改革委员会、住房和城乡建设厅、环境保护厅、国土资源厅等。水利厅在四川省政府和水利部的领导下，负责对省内水资源进行管理。根据四川省颁布的"三定"方案，这些涉水部门的"水管理"职能各有不同。水利厅依法对全省水资源（含空中水、地表水、地下水）实行统一管理和保护。具体负责如下：一是负责贯彻执行国家有关水行政管理工作的方针、政策和法律、法规，起草有关地方性法规和规章。二是负责生活、生产经营和生态环境用水的统筹兼顾和保障，实施水资源的统一监督管理。三是负责水资源保护工作。四是负责防治水旱灾害，承担省政府防汛抗旱指挥部的具体工作。五是负责节约用水工作。六是负责水文工作。七是指导水利设施、水域及其岸线的管理与保护，指导全省重要江河、湖泊、水库、滩涂的治理和开发，指导水利工程建设与运行管理。八是负责防治水土流失。九是指导农村水利工作。十是负责重大涉水违法事件的查处。发改委负责办理电源开发权行政许可事项。住房和城乡建设厅负责指导城镇供水、节水、排水、污水等市政公用设施的建设管理，指导城镇防汛排涝工作，负责城镇污水处理设施和管网配套建设及营运监督管理工作。环境保护厅负责组织拟订重点区域、流域污染防治和饮用水水源地环境保护规划并监督实施，统筹协调全省重点区域、流域的污染防治工作，组织制订全省主要污染物排放总量控制计划并监督实施，提出实施总量控制的污染物名称和控制指标，监督检查各地区污染物减排任务完成情况。国土资源厅依法管理水文地质和评价工作，监测、监督防止地下水过量开采和污染。卫生厅负责公共场所和饮用水的卫生安全监督管理。

这种水管理体制，将涉水事务管理职能分别交给水利、建设、国土资源、环保等不同部门负责。水利厅主要负责防洪抗旱、水资源管理、农田水利、水利行业供水和乡镇供水工作，自来水公司负责城市居民供水事务，卫生厅负责饮用水质量管理，电排站管理排水事务，国土资源厅负责对地下水实行动态监测，污水处理厂负责污水处理，环境保护厅负责污水排放管理。曾经调动了各有关部门的治水积极性。但是，这一体制既有分割，又有交叉，存在着许多自身难以克服的弊端②，管

---

① 汪群：《水利战略动态管理》，博士学位论文，河海大学，2003。
② 高镔：《水务管理体制改革的政策建议——以四川省为例的实证分析》，《农村经济》2009 年第 3 期。

水源的不管供水，管供水的不管排水，管排水的不管治污，管治污的不管回用。

(三) 四川水利管理体制存在的问题

近年来，四川水利部门职能的转化更趋合理，但是"一龙治水，多龙管水"的管理体制还未彻底改变，造成政府难以真正承担起水资源管理的责任，责任不清，"依法扯皮，依法打架"，管理效率低下，往往有利益的"管理项目"部门间互相争，公益性强、赢利差的"管理项目"互相推。

1. 分散型体制与水资源统一管理的要求不相适应

当前，实行统一管理与分级、分部门管理相结合的制度，形成了条块分割、"多龙管水"的分散型的水资源管理体制。分散型体制往往造成有利的事争着管，而难度大、见效慢的事则不愿管，或敷衍塞责，或推诿扯皮。"多头管理"的体制也相应增加了行政成本，不利于规划统一、建设同步、调度统一，降低了工作效率。这与水资源客观上要求的统一管理职能不相适应，对水资源的不合理开发利用和水资源浪费现象仍然存在。要实现水资源的可持续利用，必须从水资源管理体制上寻找破解问题的办法。

2. 水资源的流域性和完整性被分割

以水文区域为基础的流域管理机构与以行政区域为基础的行政管理机构并存，两者职能上有很大的重合。而流域管理机构和行政部门往往代表不同的利益群体，而且两者之间的利益冲突必然使得权力制约失衡，导致管理效率的缺失。其中最突出的是水资源城乡分割。水利部门重点负责农村的水资源管理工作，建设部门重点负责城区以内的水务工作。这种分割使水源调度与供水分属不同系统，造成一些地方水源建设与城市供水脱节，常常是城区地下水超采，而水利部门的水源工程却又找不到合适的供水对象，从而人为地加剧了供用水矛盾，不利于保障城乡水资源有效供给①。水资源的流域性和完整性被人为分割，不利于水资源的合理配置和有效利用。

3. 水质管理和水量管理相分离

这种取水、供水、排水和排污工作分别由多个部门管理的体制使水资源保护工作无法作为一项系统工程统筹考虑。在目前的体制下，一方面纳污总量由水利部门定，另一方面排污总量由环保部门定，各自为政，没有人对枯水期生产排污高峰造成的水质急剧恶化负责②。水资源是全民所有，所有者权力的履行具体由水利部门受政府委托行使，主要体现在征收水资源费上。但是由于水资源费的征收标准没有

---

① 杨斌、高镔、何骁：《关于四川省水务管理体制改革的思考》，《产业与科技论坛》2008年第10期。
② 杨斌、高镔、何骁：《关于四川省水务管理体制改革的思考》，《产业与科技论坛》2008年第10期。

体现市场机制，污水排放管理权属于环保局，导致水资源权属不清，削弱了水资源质量的保护。水资源费征收没有体现水质好坏标准，实际上不同质量的水资源的价值是不一样的，低质量标准水甚至是负价值。不分水质标准征收水资源费，让水利部门没有管好水资源的积极性，环保局管好污水排放，不能从水资源中得到任何利益，反而可以通过放宽排污企业排放标准，与排放企业搞排污分赃制[1]。水质管理和水量管理相分离，不利于进行水资源保护。

4. 水利投融资体制需进一步理顺

为推动重大水利基础设施项目建设，四川省于 2011 年成立了水利投融资平台——四川省水务投资集团有限责任公司（以下简称"四川水投"）。主要投资四川省重大水利基础设施建设项目，实现国有资产的增值保值，对四川省内涉及水利，以水利工程为主的水电、城乡供排水、水土保持和水环境治理、水产、水利技术研发等项目进行投资、建设和经营管理。但是，四川水投在体制上处于较为尴尬的位置，其有"三个婆婆"，公司的出资人为四川发展（控股）有限责任公司，国资监管部门为四川省政府国有资产监督管理委员会，业务管理部门为四川省水利厅。现实是我国的水利投资和水利项目，基本上是通过国家水利部下达到水利厅。而四川水利厅仅仅是四川水投的业务管理部门，其负责的水利项目和掌控的水利投资会划拨给四川水投吗，这些体制如何理顺？目前，四川水投既无承续企业，又无固定资产，更无稳定的赢利机制和融资能力，如何完成"十二五"期间的融资目标？

（四）四川水利管理体制改革方向和重点领域

水利管理体制改革必须按照有利于城乡用水统筹安排，生活、生产和生态用水全面兼顾，兴利与除害并举，各种水资源联合调度，当前和长远综合考虑的原则。在水利改革的攻坚阶段，针对四川水利改革及管理的现状和问题，加大重点领域和关键环节的改革，在体制机制改革方面下足功夫。一是要实行以"三条红线"为内容的最严格的水资源管理制度；二是完善水资源管理体制，强化城乡水资源统一管理，完善流域管理与区域管理相结合的水资源管理制度，完善水资源保护和水污染防治协调机制；三是加快水利工程建设和管理体制改革；四是加强国有水利工程管理体制改革；五是深化小型水利工程产权制度改革；六是建立水灾害突发事件的应急机制；七是建立水资源储备制度。进一步推行大水利的管理体制，为水资源的综合管理创造良好的体制环境。

① 任凌云：《水务管理体制创新研究》，http://www.chinavalue.net/Biz/Article/2011-4-7/194791.html。

二 实行以"三条红线"为内容的最严格的水资源管理制度

2008年，为适应国家区域协调发展的战略需要，我国首次明确四大区域水利发展布局。西部地区要加强水利基础设施建设和生态环境保护，大中小微型工程并举，把节水放在突出位置，合理兴建调水工程，下大力气解决好资源型缺水和工程型缺水问题，特别是群众饮水安全问题，努力保障生态用水需求，有序开发水能资源，加强水土保持生态建设，限制高耗水、高污染等落后产业的转移，提高西部大开发的水利保障能力。按照基本公共服务均等化的要求，加大对革命老区、民族地区、边疆地区、贫困地区水利发展的扶持力度。2009年，水利部部长陈雷在全国水资源工作会议上，强调我国将实行最严格的水资源管理制度，建立健全流域与区域相结合、城市与农村相统筹、开发利用与节约保护相协调的水资源管理体制，划定水资源管理的"红线"，并严格依法行政，强化监督管理，实现对水资源的合理开发、综合治理、优化配置、全面节约、有效保护，以应对严峻的水资源形势，解决日益突出的人口、资源、环境矛盾，保障经济社会全面协调可持续发展。

（一）"三条红线"的核心内容和当前的工作重点

水利部部长陈雷认为，根据国家的部署，实行最严格的水资源管理制度，当前和今后的一个时期，水资源管理工作的总体思路是：深入贯彻落实科学发展观，积极践行可持续发展治水思路，紧紧围绕服务国家发展大局和着力改善民生，以水资源配置、节约和保护为重点，以总量控制与定额管理、水功能区管理等制度建设为平台，以推进节水防污型社会建设为载体，以水资源论证、取水许可、水资源费征收、入河排污口管理、水工程规划审批等为手段，以改革创新为动力，以能力建设为保障，全面提高水资源管理能力和水平，着力提高水资源利用效率和效益，以水资源的可持续利用支撑经济社会的可持续发展。到2020年，要初步形成与全面建设小康社会相适应的现代化水资源管理体系，即基本建立完善的水资源管理制度和监督管理体系、基本建成饮水安全和经济社会用水安全保障体系、基本建成水资源合理配置和高效利用体系、基本建成水资源保护和河湖健康保障体系、基本建成水资源管理能力保障和科技支撑体系、基本建成完善的水资源管理和运行保障体系[①]。实行最严格的水资源管理制度，关键是要不断完善并全面贯彻水资源管理法律法规，不折不扣地落实各项水资源管理制度，划定水资源管理的"三条红线"并严格执法监督，即围绕水资源的配置、节约和保护，明确水资源开发利用"红线"，严格实行用水总量控制；明确水功能区限制纳污"红线"，严格控制入河排污总量；

---

① 陈雷：《严格管理水资源 推进水利新跨越》，《治黄科技信息》2011年第2期。

明确用水效率控制"红线"，坚决遏制用水浪费。

实行最严格的水资源管理制度关键是要加快六个转变：一是在管理理念上，加快从供水管理向需水管理转变；二是在规划思路上，把水资源开发利用优先转变为节约保护优先；三是在保护举措上，加快从事后治理向事前预防转变；四是在开发方式上，加快从过度开发、无序开发向合理开发、有序开发转变；五是在用水模式上，加快从粗放利用向高效利用转变；六是在管理手段上，加快从注重行政管理向综合管理转变①。通过六个转变，从管理理念到管理行为切实保障"三条红线"的落实。

根据国家的部署，当前，落实"三条红线"制度的重点是做好以取用水总量控制为核心的水资源配置，推进以提高用水效率和效益为中心的节水型社会建设，强化以水功能区管理为载体的水资源保护，推进以流域水资源统一管理和区域水务一体化管理为方向的水管理体制改革，规范以加强立法和执法监督为保障的水资源管理行为，建立健全以促进节约用水为目标的合理的水价形成机制，夯实以基础研究和应用开发为重点的水资源管理科技支撑，提高以强化基础工作为抓手的水资源管理水平等工作，努力实现到2020年，经济社会发展用水基本得到保障，城乡居民普遍享有安全清洁的饮用水，节水型社会格局基本形成，水环境和水生态状况显著改善，水资源信息化水平明显提高，国家水资源安全保障体系基本建立的目标。在此方向的指导下，地方政府积极探索具体落实"三条红线"制度的措施②。

（二）四川落实"三条红线"的水资源管理制度的措施

作为西部大省的四川，也一直注重水资源的可持续利用和水利现代化发展。2011年，四川省制定的《四川省"十二五"水利发展规划》提出，围绕水资源的配置、节约和保护，合理确定最严格的水资源管理制度的"三条红线"。围绕水资源配置，加强需水管理，明确水资源开发利用控制红线，实行用水总量控制；围绕水资源节约，加强用水定额管理，明确用水效率控制红线，遏制用水浪费；围绕水资源保护，加强水功能区管理，明确水功能区限制纳污红线，严格控制入河排污总量。同时，为将"三条红线"落到实处，四川省2011年的一号文件制定了一系列刚性要求和硬措施，要求县级以上地方政府主要负责人对本行政区域水资源管理和保护工作负总责；要求严格实施水资源管理考核制度，对各地区水资源开发利用、节约保护主要指标的落实情况进行考核，考核结果作为地方政府相关领导干部综合考核评价的重要依据。

1. 建立省、市、县三级行政区域的水量分配方案和取水许可总量控制指标体系

推动国民经济发展、重大产业布局、城市发展规划和重大涉水建设项目的水资

① 刘羊旸：《经济社会发展难以承受之短——建设节水型社会刻不容缓》，新华网，2011年7月14日。
② 陈雷：《严格管理水资源　推进水利新跨越》，《治黄科技信息》2011年第2期。

源论证工作，使之与水资源、水环境承载能力相适应。抓好水资源调度，实现由单一水量调度向水量、水质、水生态等多目标调度转变，由应急调度向常态调度转变。加强地下水管理，严格地下水开发利用总量控制，维持地下水合理水位。

2. 建立水功能区纳污总量控制指标体系

"十二五"期间，完成主要江河、重要湖泊水库的水域纳污能力核定，并提出限制排放措施。完善水功能区划分，强化水功能区管理。严格入河排污口设置审批，加大检查力度，依法惩处不按审批规定和违法排放废污水的行为。

3. 大力推行用水定额管理，加快水资源从粗放利用向高效利用转变

充分利用法律、经济和行政等手段，落实好建设项目节水"三同时、四到位"制度。继续推进重点行业的节水改造，加大企业节水技术改造力度，积极抓好工业、农业和生活节水示范工程，提高用水效率。进一步加强节水型企业、节水型城市、节水型机关、节水型学校建设，积极推进先进节水技术。大力推行超计划和超定额用水累进加价制度。

（三）四川严格实行"五项制度"，推进"三条红线"制度实施

实行最严格的水资源管理制度，需要综合运用法律、行政和经济等手段，加强水资源管理，确保"水资源开发利用控制"、"用水效率控制"、"水功能区限制纳污"三条红线"硬"起来。

一是严格水资源论证制度。将水资源论证报告作为项目取水许可、入河排污口设置审批的重要依据。对不符合规划的取水项目、未开展水资源论证的项目、超过取水总量控制指标的项目、可能造成河道断流或者引发重大水事纠纷的项目一律不予批准取水许可。

二是严格取水许可审批制度。对不按照取水许可审批规定取水和退水、水电站不按审批规定下泄水量的，坚决叫停取水。对超过取用水总量控制指标的地区，暂停项目新增取水。

三是严格入河排污口设置审批制度。依法实行5个不同意：在饮用水水源保护区内设置入河排污口的不同意；在省政府要求削减排污总量的水域设置入河排污口的不同意；可能使水域水质达不到水功能区要求的不同意；直接影响合法取水户用水安全的不同意；不符合防洪要求的不同意。

四是严格水资源有偿使用制度。确保专项用于水资源的管理、节约和保护工作的费用。

五是严格水资源管理工作考核制度。全面贯彻落实水资源管理地方行政首长负责制，细化职责，将水资源管理工作纳入地方政府工作的重要内容，把水资源开发利用、节约和保护的主要约束性指标纳入地方经济社会发展综合评价体系，强化考核，严格问责。

三 打破分割，完善城乡水利统一管理体制

以水资源优化配置为目标，加强水资源的统一规划、统一配置、统一调度、统一管理。打破城乡二元结构，大力推进城乡水务一体化管理，强化城乡水资源统一管理。推动城乡水资源的统筹开发利用，实现水资源配置、调度、开发利用、节约和保护的有机统一，统筹推进取水、用水、排水、水污染防治等涉水事务一体化管理，由"多龙管水"向"一龙管水"转变。

（一）我国城乡水利统一管理体制变革和进展

在 1998 年国务院机构改革中，水利部"三定"（定机构、定职能、定编制）规定按照"一事一部"和"统一、精简、效能"的原则，明确"水利部统一管理全国水资源（含空中水、地表水、地下水）"，适应了经济社会发展的要求，确立了水行政主管部门统一管理城乡水资源的原则。2000 年，中央十五届五中全会强调指出，要"改革水的管理体制，建立合理的水价形成机制，调动全社会节水和防治水污染的积极性"。在"改革水的管理体制"精神的指引下，各级水利部门以城乡水资源统一管理为目标，以区域涉水行政事务统一管理为标志的水务管理体制改革取得重要进展。城乡水务统一管理体制是资源管理方式的转变，是水行政管理职能的重大改革，从指导思想、工作领域、工作方式、队伍建设到与之相适应的组织行为、服务手段、管理办法和管理观念都要进行相应的调整和转变。思想认识从农村水利向城市水利、城乡一体化水利转变；工作领域从传统的工程水利向创新发展的资源水利转变；工作方式从封闭型、单一型向开放型、系统型转变；人才结构从工程技术向有知识、懂技术、会管理、善经营转变[1]。

2002 年制定的新《水法》明确"一龙管水"，要求改革"多龙治水"的体制。1988 年制定的原《水法》规定，我国水资源实行统一管理与分级、分部门管理体制，并且对流域管理未作规定，造成水资源管理体制混乱。新《水法》按照水资源统一管理与水资源开发、利用、节约、保护工作分离，流域管理与行政区域管理相结合的原则改革水管理体制，强化了水资源的统一管理，确立了流域管理机构的法律地位。2005 年，为进一步推进和深化水务管理体制改革，解决改革进程中遇到的问题，水利部制定了《深化水务管理体制改革指导意见》，指出：水务统一管理是贯彻科学发展观和中央治水方针，保证城乡供水安全和全面建设小康社会的迫切需要。水务统一管理是水资源开发利用规律的客观要求，符合水资源的自然属性和经

---

[1] 敬正书：《全面推进水务管理体制改革 支持城乡可持续发展》，http://www.shp.com.cn/shp/ldjh/bldjh/webinfo/2002/05/1290493173842845.htm。

济属性。水务统一管理是优化配置水资源，提高水资源利用效率的体制保证。水务统一管理是水务行业适应城市化和工业化快速发展的必然结果。明确要求：工作领域从农村水利向城乡一体化水务转变，管理方式从直接管理向间接管理转变，运行机制从单纯的政府建设管理向政府主导、社会筹资、市场运行、企业开发转变，人才结构从注重工程技术人才向技术、管理、经营人才并重转变。同时，提出依靠地方人民政府，开创水务工作新局面。我国地方政府积极进行城乡统一水资源管理改革和探索。

（二）四川推进城乡水利统一管理改革的探索

四川省在推进城乡水资源统一管理方面，也进行了积极的探索，并取得了良好的成效。四川省水务管理体制改革按照"总体推进，分步实施，逐步统一"的总体思路，先易后难，逐步推进，条件成熟时，实现全省涉水事务统一管理。

在推进水务体制改革的过程中，在管理体制方面，由四川省水利厅牵头，通过理顺城乡分割、部门分割、条块分割的水资源管理体制，整合相关部门涉水管理职能，实施了城乡水务一体化管理。在激励机制方面，四川省水利厅对水务体制改革成效显著的市州从省级水资源费中给予100万元的奖励，市州建立了对县级改革的激励机制①。

在具体的实施方面，通过统一水资源规划促进城乡统筹发展，通过开展"清污水、清污泥、清垃圾、清障碍"等四清工作，有效保护水资源，改善城乡水环境，通过对城乡水资源进行统一配置，确保城乡用水。截至2010年1月，四川21个市州和181个县市区已经全面完成水务局组建，9个市、54个县组建了水务公司，四川省市县水务管理体制改革初见成效。

近年来，涉水事务统一管理成为四川破解"三农问题"、统筹城乡发展、建设社会主义新农村、促进经济社会协调发展的重要支撑。

（三）四川城乡水务统一管理改革中存在的问题

四川省水利体制改革目前取得一些突破，并收到了明显的成效。四川已初步建立了城乡水资源统一管理行政体系，基本破除了行业、部门、地区分割，初步实现了跨行业、跨地区、跨部门的城乡水资源统一管理。但改革中也存在一些问题和不足，主要表现在涉水事务管理上下不对口、水务管理职能还未完全到位、涉水事务管理能力有待提高等。为此，需要继续加大改革力度，深化水利体制改革，健全水利投融资体制，提高水利管理能力。

在管理体制方面，水务局没有真正实现涉水事务一体化管理或一体化管理的程

---

① 代朗：《组建水务局四川省市县水务管理体制改革完成》，四川新闻网，http：//www.newssc.net/，最后访问日期：2010年1月5日。

度有待提高；在运行机制方面，合理的水价形成机制尚未建立，多元化、市场化的投资渠道尚未形成，水务现代企业制度改革滞后；在政策法规方面，现有的行政法规不适应城乡水务统一管理新体制的要求，水务管理技术标准体系有待建立和完善；在队伍建设上，水务系统的思想观念、人员结构、业务素质不能适应城乡水务统一管理新体制的要求。这些问题既是新事物发展过程中的问题，也是新旧体制交替中的问题，这些问题都将随着水务一体化改革的进一步实施而在实践中逐步得到解决，使新体制更加完善[1]。

（四）推进四川城乡水务统一管理的措施建议

一是健全水利投融资体制。以四川省水务投资集团有限责任公司（其代表政府负责水利建设、水资源管理、水利投融资，既承担公益性水利项目建设和运营，又承担经营性项目的建设和运营）为平台，理顺投融资体制，特别是理顺四川水投与四川水利厅的关系，使其相得益彰。同时，调整政府财政投资范围，加大公益性水务基础设施建设的政府投入力度。积极制定向水利行业有所倾斜的投融资优惠政策和税收政策，并以存量资产和增量资产为依托，利用金融工具和金融杠杆，积极利用信贷资金和社会资金。

二是推动水务市场产业化发展。加强政策引导，间接调控，强化监管，组织制定全面的产业发展规划，健全市场准入制度，引入公平竞争机制。要遵循市场经济的运行规律，建立科学合理的供水、污水处理等价格体系，整合水务产业结构，培育跨区域的大型水务集团，在坚持社会效益的前提下，积极探索水务产业化的有效途径，加快水务产业化进程，推动水务产业成为区域经济发展新的增长点[2]。

三是加快省、市、县级水资源管理信息系统建设，全面提高水资源管理能力。加快水资源信息化建设，以水源、取水、输水、供水、用水、耗水和排水等水资源开发利用主要环节的监测为重点，动态及时准确掌握主要江河和区域的水资源及其开发利用总体状况，为实行城乡水资源统一管理和最严格水资源管理制度提供技术保障。

四是积极探索水权转让，规范水权转让行为，逐步建立水权转让制度。在全省实行水资源统一规划、统一配置、统一调度、统一发放取水许可证，建立水权、水市场机制，统一实施水资源有偿使用制度。强化水权意识，加快水市场建立进程，对水资源进行综合评价，确定水资源总量，分析计算各地区水资源承载能力，探索提高水资源承载能力的新途径。建立以水权为核心、水价为手段、水资源有偿使用

---

①　汪群：《水利战略动态管理》，博士学位论文，河海大学，2003。

②　丁民：《城乡水务一体化管理改革的现状和对策思考》，http：//www.chinacitywater.org/rdzt/chzhsh/jy/18994-1.shtml。

的水市场探索机制。运用经济杠杆组织、调节水资源的开发和应用。

四 建立流域与区域相结合的流域综合管理体制

"水"作为一种自然资源和环境要素，应以流域或水文地质单元构成一个统一整体。以流域为单元的水资源综合管理，已成为国际上水资源管理普遍采用的模式，我国也初步建立了流域与区域相结合的流域综合管理体制。2002年8月29日，第九届全国人大常委会审议通过的《中华人民共和国水法》第12条明确规定："国家对水资源实行流域管理与行政区域管理相结合的管理体制，流域管理机构在所管辖的范围内行使法律、行政法规规定的水行政主管部门授予的水资源管理的监督职能。"这就标志着流域水利管理机构的法律地位得到了明确的界定，改变了原有割裂水资源自然联系的区域管理模式。2011年中央一号文件提出："完善流域管理与区域管理相结合的水资源管理制度，建立事权清晰、分工明确、行为规范、运转协调的水资源管理工作机制。"建立完善的流域管理与区域管理相结合的水利管理体制，是贯彻实施新《水法》的要求，也是流域水资源现状和经济社会发展的迫切需要。

（一）流域与区域相结合的流域综合管理的主要内容

我国新《水法》确立了国家对水资源实行流域管理与行政区域管理相结合的管理体制。国务院水行政主管部门负责全国水资源的统一管理和监督工作；国务院水行政主管部门在国家确定的重要江河、湖泊设立的流域管理机构，在所管辖的范围内行使法律、行政法规规定的和国务院水行政主管部门授予的水资源管理和监督职责；县级以上地方人民政府水行政主管部门按照规定的权限，负责本行政区域内水资源的统一管理和监督工作。根据唐文哲等学者的研究和总结，认为建立流域管理与行政区域管理相结合的体制，形成具有可操作性的管理法规或管理细则，主要有以下三个方面的内容：一是制定和完善流域管理与区域管理政策法规，制定与《水法》相配套的政策法规，理顺流域管理机构、区域政府、行业管理部门相关政策之间的冲突，为流域管理与区域管理相结合提供法制保证。二是划分流域管理与区域管理责权，明确流域管理机构与区域政府独自担责范围、合作担责范围、各自的协调职责；此外，还需明确出于流域整体利益考虑所赋予流域管理机构的监督权范围。三是构建流域管理与区域管理的协商机制，针对现有业务流程的局限性，在流域管理机构与政府之间建立多种纵向和横向的协调机制，包括各种交流方法和反馈渠道，以消除工作流程中的冲突环节；流程应设置合理，方法明确，并使行业管理部门和流域内公众所提供的信息都能有效进入决策环节，促进信息共享，以增加各项决策的价值和减少流域资源开发的各种风险[1]。

（二）当前四川流域管理与区域管理结合存在的问题

一是流域统一管理与行政区域管理结合的问题。长期以来"分割管理，各自为政"所形成的惯性，有时会更加注重区域利益，有时又更加注重流域利益，未能找到区域利益与流域利益的合理链接。而且，目前许多职能都是由流域管理机构和地方水行政主管部门共同承担，每一项具体的管理事务、流域机构与地方水行政主管部门的管理权限如何划分[2]，目前尚未找到有关各方合作顺畅的结合"点"。

二是流域控制性水利工程的建设和管理问题。四川作为水电大省，作为"西电东送"的主要基地，近年来，水电开发如火如荼。但在水电开发的热潮中，一些大的项目属于流域控制性工程，而根据国务院转发《关于加强公益性水利工程建设管理的若干意见》、中央机构编制委员会办公室关于印发《水利部派出的流域机构的主要职责、机构设置和人员编制调整方案的通知》、国务院办公厅转发国家体改办关于《水利工程管理体制改革实施意见》等有关规定，"流域机构按照规定或授权负责具有流域控制性的水利项目、跨省（自治区、直辖市）重要水利项目等中央水利项目的建设与管理，组建项目法人；按照规定或授权负责具有流域控制性的水利工程、跨省（自治区、直辖市）水利工程等中央水利工程的国有资产的运营或监督管理"[3]。但是，在实际工作中，流域机构与区域水行政主管部门在履行这方面职能上却步履艰难，很难对这些水利项目进行有效的建设管理。

（三）建立流域与区域相结合的流域综合管理体制的措施

第一，完善流域机构与省区间的协商、协调机制。流域管理与行政区域管理既然要结合就必然要团结合作，相互协调。根据刘振胜和何俊仕等学者的研究，流域机构与省区间的协商、协调机制主要表现在以下几个方面。一是取水许可量审批和建设项目水资源论证工作方面。二是在取水监督管理方面，从日常监督检查到年审现场抽查，从取水许可集中年审到督促整改存在问题，从计划用水管理到水量统一调度督查，流域机构与地方各级水行政主管部门联合行动、相互配合，共同采取措施。三是在水行政执法方面，采取联合执法，重点问题，重点查处，重点突破，相互沟通，推动水行政执法工作的健康发展[4]。完善流域机构与省区间的协商、协调机制，推动流域管理与行政区域管理体制的建立。

第二，完善流域水资源保护与水污染防治协作机制。加强流域内各地区的水资

① 唐文哲、强茂山、王忠静、赵建世、王光谦：《流域管理与区域管理相结合的机制研究》，《水力发电学报》2010年第2期。
② 刘振胜、周刚炎：《试论流域与区域相结合的水资源管理体制》，《人民长江》2005年第5期。
③ 刘振胜、周刚炎：《试论流域与区域相结合的水资源管理体制》，《人民长江》2005年第5期。
④ 何俊仕等：《松辽流域与区域相结合水资源管理运行机制研究》，《中国农村水利水电》2006年第5期。

源保护和水污染防治工作，积极开展流域生态环境恢复水资源保障规划，促进流域水环境保护和生态修复工作。建立流域水污染监测预警系统与流域水污染事件应急处理机制，减少水污染突发事件的发生及其造成的损失。积极推动清洁生产方式，提高资源利用效率，控制水污染。制定流域水功能区管理、入河排污口管理、取水许可水质管理、入河污染物总量控制等规章制度，建成以水功能区管理为核心的流域水资源保护监督管理体系。加强地下水管理，推动地下水超采区的生态治理保护工程建设。对于流域水资源保护与水污染防治中的重大事项要加强各部门之间的合作与协商[1]。

第三，运用先进流域信息管理技术，提高流域管理与行政管理相结合的水资源管理效率。水资源管理信息存在着交流不及时、实时性差等问题，使得流域管理机构不能及时了解全流域的水资源管理信息，制约了流域管理与行政管理相结合的水资源统一管理的实施。流域管理技术可分为流域信息管理技术与决策技术。在流域信息管理技术中，我国流域的信息采集技术明显落后。国外为了实现对工程、洪水、重点防护地区的实施监测，几乎动用卫星、遥感、雷达、摄像等各种手段，实行远程传送和控制。开发了轻型背包式摄像及远程传送设备、光缆堤防渗漏及变形监测系统等。对流域内各种动态可实现实时监视。除信息采集技术以外的信息管理系统、专家系统、决策支持系统、会商系统等计算机管理技术，以及与此相关的RS、GIS、GPS技术我国都在不断开发和广泛应用，与国外相比并不落后[2]。这些技术一直在流域管理中得到较好的应用，关键是要更加注重信息的采集、处理、交流，必要时向社会公开。

五　加强国有水利工程管理体制改革

2002年，我国出台《水利工程管理体制改革实施意见》后，部分流域机构、有关省（自治区、直辖市）根据"试点先行、以点带面、全面推进"的原则，选取试点单位进行分类定性，推行管养分离，加强内部运行机制建设，在水利工程维修养护中引入市场机制，取得了重要成果。

（一）水利工程管理体制改革思路和框架

改革水利工程管理体制，首先需要对水利工程管理单位进行定性。2002年我国出台的《关于水利工程管理体制改革实施意见》中根据水管单位承担的任务和收益状况，将水管单位划分为纯公益性、准公益性和经营性三类。

① 何俊仕等：《松辽流域与区域相结合水资源管理运行机制研究》，《中国农村水利水电》2006年第5期。
② 《中国水利未来发展道路探讨》，《治黄科技信息》2009年第2期。

第一类是指承担防洪、排涝等水利工程管理、运行、维护任务的水管单位，称为纯公益性水管单位，一般应定性为事业单位。纯公益性水利工程主要是以政府为主要投资人，其水管单位性质是事业单位，主要靠国家财政支出。第二类是指既承担防洪、排涝等公益性任务，又承担供水、水力发电等经营性功能的水利工程管理、运行、维护任务的水管单位，称为准公益性水管单位。第三类是指承担城市供水、水力发电等营利性水利工程管理、运行、维护任务的水管单位，称为经营性水管单位，定性为企业。第三类水利工程管理改革，主要是建立和完善现代水利企业制度，发挥市场机制作用，而前两类主要是国有资产占比重大，改革的难度和复杂程度都比较大，需要继续深化国有水利工程管理体制改革，落实好公益性、准公益性水管单位基本支出和维修养护经费。

（二）四川国有水利工程管理体制改革概况

作为水利大省的四川，历来比较重视水利工程的管理改革。四川和其他省市对水利工程实行"属地管理"的体制不完全一样，水利工程是按照工程规模实行"分级管理"，即大型水利工程由省管理或者委托主要受益的市州管理，中型工程由市州管理或者主要受益的县管理，小型工程由县管理。

1998 年，四川省在全国较早出台了《四川省水利工程管理条例》，对全省水利工程管理形式、建设管理、用水管理、经营管理、安全管理及相关法律责任做出了明确的规定。2003 年，四川省根据《国务院办公厅转发国务院体改办关于水利工程管理体制改革实施意见的通知》（国办发［2002］45 号），结合四川省的实际，制定了《四川省水利工程管理体制改革实施意见》，明确了改革目标、改革原则、主要内容、方法步骤和部门分工，加快建立与社会主义市场经济相适应的水利工程管理体制和运行机制，确保水利工程安全运行，保障经济社会可持续发展。2011 年中央一号文件指出：加快水利工程建设和管理体制改革。区分水利工程性质，分类推进改革，健全良性运行机制。深化国有水利工程管理体制改革，落实好公益性、准公益性水管单位基本支出和维修养护经费。水利工程体制改革进入新的阶段。

（三）四川国有水利工程管理体制改革面临的困难

始自 2002 年的四川省水利工程管理体制改革，从整体上看，成效局限在局部地区、少数单位、基础工作层面。改革的关键环节已经破题，全面改革正在深化，但与推进水利现代化的要求相比，水利工程管理水平仍有很大差距，面临着不少困难和问题。改革工作存在着很多薄弱环节，一是已实施改革的部分工程，公益性人员基本支出和公益性工程维修养护经费还未足额落实到位，各项改革任务进展不平衡，保障工程良性运行的长效机制尚未有效建立[①]。二是管、用水单位对水的商品

---

① 柳长顺、张秋平：《关于深化水利工程管理体制改革的几点思考》，《水利发展研究》2010 年第 8 期。

意识淡薄，难以合理配置、利用、开发水资源。三是水管单位运行机制不完善，特别是国有水利工程管理单位，计划经济条件下形成的管理模式还很牢固。如水利资产收益划分机制，在水利工程的单项或单位工程资产中，同一类固定资产往往同时发挥出两种不同的功能效益，如水库工程中的大坝、放水设施、放空设施等项目，既为防洪保安全发挥作用，又为蓄水、养殖等发挥作用。因此，公益性资产和经营性资产各自所发挥的效益就很难用准确的数据进行价值定量，区分其社会效益和自身经济效益[①]。水利工程管理运行机制中的问题涉及面广、内容多、情况复杂，成为水利工程管理体制改革的难点。

（四）国有水利工程管理体制改革的抓手和重点

结合柳长顺等学者的研究，我们认为，国有水利工程管理体制应以落实经费和加强考核为抓手，改革的重点包括以下 7 个方面。一是针对部分地方"两费"落实不到位、不稳定的问题，着重建立保障经费落实的长效机制，如将"两费"到位率纳入地方政府目标考核体系，足额落实国有水管单位"两费"。二是针对水管体制区域改革进展不平衡的问题，着重建立省级财政对贫困地区水利工程"两费"补助机制。如省级财政设立专项资金，对县属水利工程的"两费"予以专项补助。三是针对改革分流人员的社会保障落实问题，着重争取建立与享受新政策。积极加强与有关部门的协调沟通，争取享受近年出台的相关政策，灵活、妥善解决改革分流人员的社会保险问题，正确处理改革、发展与稳定的关系，维护群众切身利益，确保社会稳定。四是针对维持工程良性运行长效机制缺失的问题，着重强化工程管理考核机制。按照工程管理标准化、规范化、制度化的要求，各级水行政主管部门要根据实际情况制定各类水利工程的管理标准与考核办法，采取定期与不定期相结合的方式，对已落实"两费"的承担公益性任务的水利工程进行严格考核，水管单位主要领导对考核结果负责[②]。五是实施管养分离，推进内部改革，落实配套政策。积极推进"管养分离"，建立职责明确、有奖有罚的绩效考核机制，重实绩、重贡献的内部分配机制，自主灵活、能上能下的用人机制和来源明确、监督有力的经费保障机制。六是推行大中型水利工程带管小型工程的"以大带小"和以流域或片区为单位的"分片包干"的集约化管理维护模式。通过引入市场竞争机制，遵循市场经济规律，推行集约化管理，充分发挥水利工程的各项功能，提高效益，降低运营成本[③]。七是鼓励国有水管单位大力发展水利经济。制定财政、税收、土地等优惠政策，支持水利商品化、市场化、产业化发展，增强国有水管单位自我发展的活力。

---

① 张廷芹：《浅谈水利工程管理体制》，《科技致富向导》2010 年第 15 期。
② 柳长顺、张秋平：《关于深化水利工程管理体制改革的几点思考》，《水利发展研究》2010 年第 8 期。
③ 熊德兰：《基层水利管理体制现状及对策浅析》，《水利发展研究》2011 年第 7 期。

建立符合水利现代化要求的水利工程管理长效机制和激励约束机制，保障国有大中型水利工程的良性运行。

（五）以事业单位改革为契机进行事业单位企业化管理改革

2012年4月16日，《中共中央国务院关于分类推进事业单位改革的指导意见》（以下简称《意见》）发布，意见指出，按照社会功能将现有事业单位划分为承担行政职能、从事生产经营活动和从事公益服务3个类别。对承担行政职能的，逐步将其行政职能划归行政机构或转为行政机构；对从事生产经营活动的，逐步将其转为企业；对从事公益服务的，继续将其保留在事业单位序列，强化其公益属性。

国有水利工程管理单位既从事公益服务，又从事生产经营活动，可借鉴"国有地勘单位实行企业化管理改革"的做法："戴事业帽子、走企业路子"，对国有水利工程管理单位进行事业单位企业化改革，积极主动应对事业单位改革，居安思危，未雨绸缪。

国有水利工程管理单位推行企业化管理，是用管理企业的模式来管理事业单位，采用企业中广泛运用的科学的管理方法，协调好事业单位的各项活动和资源，是在保留事业单位身份条件下的自我调整和机制创新。事业单位企业化管理改革的目的并不是去赢利，而是去谋取更好的社会效益，其实质就是提高事业单位运行效率，降低其管理的成本，取得更大的社会效益与经济效益。

四川省具体负责国有水利工程管理的是四川省都江堰管理局、玉溪河灌区管理局、长葫管理局等四川省水利厅直属单位。其主要负责灌区的用水管理和工程管理，在四川省国民经济中起着举足轻重的作用。其主要任务是：管好工程，保证灌区用水，加快建设囤粮田的步伐，促进农业增产；贯彻团结治水，谁受益谁负担的原则，执行灌区管理委员会的决议；统一规划并组织灌区进行渠系改造，工程改建和干渠、分干渠的工程岁修、防洪、管理和渠堤绿化工作；统一调配水量，指导灌区计划用水，科学用水，开展综合利用，总结推广先进经验，为灌区工农业生产服务。国有水利工程管理事业单位企业化管理的关键是处理好以下几个重大问题。一是政府对国有水利工程管理单位承担公益服务的费用如何进行补偿；二是国有水利工程管理单位如何享受事业单位享受的税收等优惠政策；三是如何把水资源作为一种特殊的商品来经营，并对水费进行科学合理定价；四是事业费分配和使用机制如何改革；五是如何健全对"企业"管理人员的激励等。

六　深化小型水利工程产权制度改革

小型水利工程（小机井、小塘坝、小泵站、小水池、小渠道）数量多、分布广，是我国农业生产用水和农村人畜饮水的重要来源。小型水利工程在抗御水旱灾害、发展粮食生产、改善农民生产生活条件、促进农村经济和社会发展等方面有着不可替代的作用，甚至发挥着国家投资兴建的大中型水利工程不可替代的作用。而且大中型灌区能否充分发挥其灌溉效益，在很大程度上要看末级渠道和田间灌溉工程等小型水利工程的配套情况[①]。我国农业发展进入新阶段，正在推进农业结构的战略性调整，对水利基础设施条件提出了新的更高的要求。在此背景下，必须加快和深化对小型水利工程进行改革的步伐，推进农村小型水利工程的投资、建设和管理体制改革，尤其是加快推进小型水利工程产权制度改革，调动经营者维修、改造和配套建设的积极性，为小型水利工程进一步发挥作用创造良好的体制环境。2011年中央一号文件指出：深化小型水利工程产权制度改革，明确所有权和使用权，落实管护主体和责任，对公益性小型水利工程管护经费给予补助，探索社会化和专业化的多种水利工程管理模式。

（一）产权制度改革是小型水利工程管理体制改革的关键

我国一些地区对小型水利工程管理体制改革进行了积极的探索。水利部在2002年出台的《水利工程管理体制改革实施意见》的基础上，为充分发挥小型农村水利工程的效益，加强农业和农村水利基础设施建设，推进农村经济结构调整，促进全面建设农村小康社会。2003年，出台了《小型农村水利工程管理体制改革实施意见》，由此拉开了小型水利工程管理体制改革，特别是小型水利设施产权制度改革与创新的序幕。我国部分地区在农村小型水利体制改革方面进行了一些探索，并出台了相关文件。如黑龙江省颁发了《"五小"水利工程产权改造试行办法》，河南省印发了《关于推行农村水利股份合作制意见》等文件，河北省颁发了《小型水利工程股份合作制试行办法》，山西省印发了《农村小型水利工程产权制度改革实施意见》，陕西省颁发了《关于发展民办水利的暂行规定》等，积极推动了小微型水利工程的体制改革。

四川省山区丘陵面积占全省国土面积的90%，小型农田水利工程数量占全省水利工程总数的99.6%，控制灌溉面积占全省有效灌溉面积的52.3%，小型灌区生产的粮食占全省粮食总产量的40%，加强小型农田水利工程建设与管理，对于确保四川粮食生产具有十分重要的意义[②]。四川现有的小型水利工程大多建于20世纪60、70年代，有相当一部分是边规划、边设计、边建设的"三边"工程，至今已运行40~50年，先天不足加之后天维修配套没有跟上，致使工程老化、退化、失修严重，效益衰减。而且小型水利工程大多是由国家或地方投入资金、群众投劳建

---

① 国务院研究室农村司、水利部农水司联合课题组：《积极稳妥地推进农村小型水利体制改革》，《中国农村经济》2001年第4期。

② 顾斌杰、邢攸三：《关于四川省部分地区小型农田水利工程建设与管理情况的调研报告》，http://www.china001.com/show_ hdr.php? xname = PPDDMV0&dname = CRTGG41&xpos = 8。

成，建成后由国家或集体管理，属国家或集体所有。由于产权不明晰，因而群众对小型水利工程的维护管理缺乏主动性，认为那是国家或集体的事情①。因此小型水利工程管理体制改革的关键是对产权制度进行改革。

（二）四川小型水利工程管理体制改革的探索

改革开放以来，四川省也对小型农田水利工程管理体制改革进行了积极的探索。1998年四川省相继颁布了《四川省水利工程管理条例》和《四川省山坪塘经营管理体制改革办法》（试行），主要是以公开竞价的形式对山平塘的经营使用权实行有偿、有期限的出让。特别是在2003年水利部出台《小型农村水利工程管理体制改革实施意见》之后，四川省积极开展工作。

2005年以来，四川省结合中央财政小型农田水利工程建设专项资金项目的实施，探索形成了各具特色的有益做法，取得了可喜成绩。出现了"竞争立项，招标建设，以奖代补"的南充模式、"群众点菜，政府买单"的遂宁模式、"四方合作"的资阳模式、"以用水户协会为载体，一事一议"的绵阳模式、"建立流域管理站，归口管理小型农田水利工程"的乐至模式等各具特色的做法。但由产权制度改革不规范带来的问题开始显现，小型水利设施进行产权制度改革后，管理体制和管理对象均发生了变化，由过去的集中管理变成了现在的分散管理，在合同履行情况的监督和检查、回收资金的使用和管理、水价的核定和监督、水资源的统一规划、开发利用及防汛调度等方面出现了一些新的情况。

（三）四川深化小型水利工程产权制度改革的路径

小型水利工程改革的关键是要解决两大问题，一是解决集体所有的实现形式，二是解决工程经营管理的活力问题，促进工程可持续运行，发挥良好效益，这两者相辅相成。针对四川深化小型水利工程产权改革，需要在对小型水利工程产权改革现状进行调查摸底的基础上，对改革中出现的新情况、新问题进行梳理和归纳，对改革过程中好的做法和经验进行总结。以组建用水合作组织，明晰工程所有权为核心，以增强经营管理活力为重点，以充分发挥效益为目标，深化小型水利工程产权制度改革。

1. 明确现有小型水利工程的产权

四川现有小型水利工程的资产来源比较复杂，既有国家补助（如县水利局的投入），又有集体资金和土地投入，还有群众自筹和投劳折款。应根据"谁投资、谁所有"的原则，合理界定现有小型水利工程的产权归属，进一步明晰小型水利工程所有权和使用权，落实管护主体和责任，确保小型水利工程高效运转，发挥最大效应。根据国务院研究室农村司和水利部农水司联合课题组的研究，小型水利工程的

---

① 丁立鸿：《对小型农村水利工程建设与管理问题的探讨》，《珠江现代建设》2008年第3期。

产权大致可以划分为以下三类：一是国家投资为主、群众投劳兴建的小型水利工程，产权应归国家和集体共同所有，按国家投资、群众投劳折款、集体土地折款比例划分产权；二是国家和集体共同投资、群众投劳兴建的小型水利工程，按国家投资、集体投资、群众投劳折款、集体土地折款比例划分产权；三是以乡或村集体投资为主兴建的小型水利工程，产权属乡或村集体所有[①]。

2. 对于新建水利工程进行管理创新和分类产权改革

针对小型水利工程点多、面广、规模小、影响很大和管理难度大等特点，大胆探索引进"集中建设管理"或"集中代建"等新的管理模式，将工程"打捆"或化零为整来组织实施，改变传统的一项工程一个建设单位的模式，有效解决不少工程建设存在的管理和技术力量薄弱等问题[②]。同时，分类深化产权改革，对小型水利工程可以进行如下分类改革。一是农户自用的微型工程，实行"自建、自有、自管、自用"体制。农户自用的微型引水工程设施，政府可在经费上给予补助。这类工程作为农民的家庭私有财产，受法律保护。农户自有工程用不完的水，允许农户之间，按平等协商、互惠互利、有偿服务的原则，调剂余缺，充分发挥工程和水资源的最大效益。二是村组所有的小型水利工程，推行多种形式的农民用水合作经济组织管理体制。村组所有的水利工程，受益农户较多，应当按工程分布范围，组建用水协会等多种形式的农村用水合作组织。这种体制有以下几个特点：它不按村、组行政区划组建，符合水利工程建设与管理的特殊要求；明确用水户是建设主体、投入主体、所有者主体、受益主体，形成了以用水合作组织为纽带的利益共同体；机制灵活，合作办水利，就是要有钱的出钱、有力的出力、有设备的出设备，可以以物换工、以资换工、以工换工、以工换水，每个成员的权利责任和应尽义务都严格按章程办事。三是在乡（镇）或人口集中地方的水利工程推行"股份合作制"的企业管理体制。这类工程相对规模较大，有向单位、农户提供生活饮水任务，又有农田灌溉等任务，可按现代企业制度，组建法人实体，实行企业内劳动者平等持股，合作经营，劳动者与所有者相结合，股本和劳动共同分红的办法[③]。比如，可以在确保农户个体水利产权的基础上，促进农户的合作经营，组成股份合作制企业和水利合作社，尤其是同一流域的农户。建立与社会主义市场经济体制相适应的产权明晰、权责明确、政企分开、管理科学的现代企业制度，实现所有权与经营权相分离，使小型水利工程真正成为自主经营、自负盈亏的市场主体。

---

① 国务院研究室农村司、水利部农水司联合课题组：《积极稳妥地推进农村小型水利体制改革》，《中国农村经济》2001 年第 4 期。

② 闫红阳：《突出"五大抓手"强化四川省水利工程建设与管理》，《陕西水利》2010 年第 2 期。

③ 黄思阳：《关于恩施州农村小型水利工程建设与管理的建议》，《恩施职业技术学院学报》（综合版）2007 年第 7 期。

3. 转换小型水利设施的运行机制

改变传统的小型水利设施绝大部分由政府提供和管理的单一产权制度，对主要为"三农"服务的小型水利设施采取承包、特许经营、租赁、拍卖、股份合作、农民用水合作组织、行业协会、"以地养库"等多种方式，把设施管理权交给直接受益的农户团体，这样可以排除农户搭便车的行为，提高水利设施的运营效率[①]。在具体做法上，可以借鉴云南省大姚县坝塘拍卖经营管理权的做法，采用拍卖经营管理权 10 年的方式，明确管护权益，并确权颁证。产权明晰之后，经营方式得到搞活，管护责任得到落实，安全运行得到保障，有效解决了农村小型水利设施管理权责模糊、主体缺位、老坏失修、效益衰减等问题，充分调动了广大群众自己的事自己办、自己的工程自己管的积极性，改变了过去用水不管水的现象，走上了"平时有人管、坏了有人修、更新有能力、用水有保障"的良性运行轨道。[②]

〉〉〉 资料专栏 16 – 1

村民筹资投劳修渠道打通水利最后一公里

"我们这里是红星水库的尾灌区。这条渠道建成于 1975 年，仅在那年用过一次，以后再也没有用过。"魏开勇介绍，这条被称为研干渠的渠道长 29 km，本应灌溉 17 个村的 5000 余亩土地，由于当时建设质量差，建成后不久就因垮塌堵塞而逐渐被废弃。

2010 年 3 月，井研县争取到了中央新增农资综合补贴水利项目，"沉睡"了 30 多年的研干渠终于被"唤醒"。6 月初，研干渠的改造整治工程全面启动，每天 300 多人的专业施工队伍奋战在工地上。"到 7 月底，将全面完成研干渠的整治任务，这一带 5000 多亩土地以后灌溉就有保障了。"县水务局人士说。

有项目资金支持，天再热也要干；没有项目资金支持，自己筹钱也要干。

位于海拔 600 多 m 的龙泉山最尾端的天云乡，由于地形的原因，水只有流出，没有流进。4 座小水库和 24 口山平塘就是全乡的全部水源。别说生产用水，就是生活用水也相当困难，稍一天干，就要用消防车运水来。

乡党委、政府铁了心，一定要为群众解决水的问题。在县水务局的指导帮助下，从 2006 年起，该乡建起了 37 处小型集中供水站，解决了全乡群众的饮水问题。然而生产用水却没有列入上级的水利建设项目。县水务局和乡上决定把重点放在对水利设施的节水改造上。全乡渠道大大小小长 80 km，全是土渠，渗漏严重，

---

① 傅奇蕾：《聊城市小型水利设施产权制度改革研究》，硕士学位论文，山东农业大学，2007。

② 张从华：《大姚县小型水利管理改革成效显现》，《楚雄日报》2011 年 5 月 16 日。

节水潜力大，但需要数百万元资金。

在群众中调查摸底，群众有着很高的积极性。全乡集资 100 多万元，县水务局支持了 10 万元资金，今年 3 月，该乡开始了第一期节水改造。每天都有 300 多人投入渠道工程建设。春灌前的 4 月 28 日，全乡第一期 23 km 渠道改造完毕。

7 月 6 日下午，记者来到天云乡华阳村，只见路边的盘山渠道全被水泥硬化得规规整整。为修渠道人均集资 400 元，记者问村主任方兴树负担重不重，方兴树回答："再不搞水利，田荒了地荒了，只有搬家。修间房子就要几万十几万。搞水利工程，集资再多，也就是一家人几千元，我们出得起。"

摘自邹渠：《井研：村民筹资投劳修渠道》，《四川日报》2010 年 7 月 14 日，第 9 版。

七　建立水灾害突发事件的应急机制

在当今我国社会经济全面转型的关键时期，影响公共安全的因素增多，各类突发公共事件频繁发生，应急管理已成为各级政府的工作重点之一。其中，尤以水利突发公共事件较为常见，特别是，近年来，极端气候频繁出现，水灾害突发事件呈明显的高发态势。而且，在众多的自然灾害中，水灾害发生的情况最为频繁且其影响也最为深刻和广泛。水利突发公共事件具有特殊性、复杂性、随机性和影响广泛性等诸多特点，也对我国的应急管理提出了诸多挑战。水利突发公共事件主要包括水旱灾害、次生水旱灾害、水污染事件、水事纠纷、水利工程重大安全质量事故等，其中洪涝、台风、干旱等自然灾害每年都有发生，有毒有害物质爆炸、泄漏造成的水污染事件也时有发生，汶川大地震中的次生水灾害和水事危机则引起了社会各界的强烈关注①。水灾害较多的四川省，在水利突发公共事件应急管理方面，开展了卓有成效的工作，最大限度地降低了灾害损失。

（一）四川水灾害的类型及影响

水灾害涉及水多、水少、水脏三种类型。其中，水多主要是指因降水量过多而引发的洪（涝）灾害，水少主要是指因降水量过少而引发的干旱灾害，这两种类型的灾害一般都是由自然因素引起（当然，与洪涝灾害相比，干旱灾害往往属于极端的水文事件，而并不带有突发性的特点）的；水脏主要是指人类生产生活用水或环境用水因受到污染而对生活与生产所造成的不利影响，水污染可以分为自然污染与

---

① 程卫帅、黄薇、刘丹：《中美两国水利突发公共事件应急管理机制的比较分析》，《人民长江》2009 年第 8 期。

人为污染两大类①。水灾害的破坏作用也是非常明显的，水灾害对生产和生活的不利影响主要体现在：导致农业减产、企业的生产与经营受损，影响经济发展，水污染灾害使稀缺的水资源压力更加明显，重大的水灾害影响社会的稳定。

四川水灾害的类型主要有降雨型、江河决溢型、内涝型、山洪暴发型、地震次生灾害型以及污染型。尽管近些年来，特别是经过应对汶川大地震次生水灾害的洗礼，四川在水灾害应急管理方面积累了较丰富的经验，应急管理能力得到较大幅度的提高，但就总体而言，其基础仍相对薄弱，相关部门预防和处置突发公共事件的能力有待提高。需要进一步完善各类应急管理预案，完善部门联动协调机制，强化责任机制和社会动员机制。加强机动抢险队伍和抗旱服务组织建设。

（二）完善水灾害风险应急防控体系

防御水灾害，加强水利工程风险管理，需要全社会进一步加强协作，付诸更加有力的行动，如在山洪灾害频发地区（特别是地震重灾区）建成以监测、通信、预警指挥及群测群防体系等非工程措施为主，非工程措施与工程措施相结合的山洪灾害防治体系。为此，需要推进防灾减灾信息平台建设，利用立体交叉网络，对水灾害的信息和数据进行全面汇总和分析，为防灾减灾信息共享。充分发挥政府部门、科研机构和非政府组织的优势，努力构建多层次、宽领域和全方位的防灾减灾信息交流机制。建立有效的技术合作机制，消除技术合作中存在的障碍，促进应对气候变化、特大自然灾害、水利设施风险管理等方面的技术研发、应用。加强气候变化和水旱灾害监测预警技术，特别是灾害感应感知技术、先进观测设备和制造技术、卫星遥感灾情监测分析和应用技术、气候变化模拟技术等方面的技术合作，提高掌握实时灾情、快速决策和灾后评估的能力②。此外，需要在防灾减灾中突出民生，始终把保障人民群众的生命安全和饮水安全放在防汛抗旱工作的首位，把群众生命安全作为防洪调度的最高原则，把受灾群众的基本生活需要作为群众安置和救灾工作的重中之重。

（三）完善突发性水污染事故应急体系

近年来，四川发生了几起重大突发性水污染事故如 2004 年 3 月和 5 月沱江接连发生两起特大水污染事件，不仅造成了巨大的经济损失，而且造成了社会的不安定和生态环境的严重破坏。由于突发性水污染事故具有不确定性、流域性、处理的艰巨性、影响的长期性和应急主体不明确性的特点，需要在事故发生前建立完整的突发性水污染事故应急体系③。它主要包括应急监测系统的完善、应急救援组织机

---

① 唐玉斌：《水灾害发生的原因及其治理制度创新分析》，《华南农业大学学报》（社会科学版）2006 年第 2 期。
② 刘学应：《水灾害与城市化相关问题的研究》，《科技资讯》2009 年第 34 期。
③ 任玉辉、肖羽堂：《浅谈突发性水污染事故应急体系的建设》，《环境科学与管理》2007 年第 12 期。

构的建立、应急预案的制定、应急培训和演习、应急救援行动的响应、现场污染控制和清洁、应急终止和善后处理内容，尽快处置突发性水污染事故，降低事故造成的损失和影响。

（四）完善防灾减灾社会动员机制

从灾后应急动员到社会动员常态化；让社会组织发挥主导作用，由政治动员转化为真正的社会动员；由自上而下动员走向基层化，以社区为基础，以学校与单位组织为两翼；由政府包办走向多元有序组合，让政府、社会、市场及社区、单位、学校及家庭等均各担其责，各尽其能。充分利用先进信息通信技术，迅速传播灾害预警预报信息（实时水雨情），让老百姓在公共信息（交通）显示屏上可以看到，电视上看得到，广播听得到。电脑、手机上网随时随地可以查得到暴雨内（洪）涝仿真（模拟）图①。在灾害管理预警与通信系统建设方面可以借鉴其他省市的经验，诸如上海市建立的"多灾种早期预警系统"、深圳市的"气象灾害分区预警系统"、天津市的"城市暴雨沥涝仿真系统"等方式方法。

八 建立水资源储备制度

储备是应对物资与资源供应危机的重要措施，也是克服产品与资源供求不平衡的重要措施。水资源作为基础性的自然资源和经济性的战略资源，其储备管理体制要借鉴粮食、石油等储备管理体制，但更要体现水资源储备的特点与管理要求②。随着人口的进一步增长和分布的更加不均衡，粮食和各种农产品、工业品需求量也必然增加，同时，工业化、城市化和现代化的快速推进，水资源供求矛盾、水资源和环境保护的矛盾必将进一步加剧。在此背景下，建立水资源储备制度，进行水资源储备已非常必要、非常紧迫。建立水资源储备制度，既可满足应急所需，又可以调节区域水资源量。具体来说，储备水资源，一方面可以防止由干旱或突发状况引起生产、生活上由于水资源短缺而带来的损失；另一方面，从区域水资源配置的角度来讲，可以调节不同地区的水资源量，促进水资源的科学合理利用，促进经济社会的可持续发展。

（一）四川水资源储备的现状及存在的问题

四川水资源丰富，共有1400余条河流纵横交错，人均水资源量是全国人均水资源量的1.36倍，是水资源大省，但是水资源时空分布不均，区域型、季节型、工程型、资源型缺水和水土资源流失严重。全省水资源紧缺的城市有16

---

① 梁旭辉：《关于城市型水灾害及其综合减灾的学习体会》，《中国防汛抗旱》2010年第6期。

② 柳长顺：《关于建立我国水资源战略储备体系的探讨》，《水利发展研究》2008年第2期。

个，占全省人口的 90.2% 。其中，成都区域内人均占有本地水资源量仅为 553.38m³，成都市已列为全国 400 个缺水城市之一。建立水资源储备制度，积极进行水资源储备，已成为四川水利可持续发展的重要任务。但从目前四川水资源储备状况来看，水资源储备形式以地表储备为主，储备形式较为单一，战略性应急水源不足，雨水资源也未能很好利用，亟须构建科学合理的水资源储备体系。

1. 储备形式较为单一

水资源储备形式多种多样，有地表储备、地下储备、海洋储备、空中储备、土壤储备等，但四川水资源储备形式以地表储备为主。四川水资源储备主要依赖于江河水系和现有水利工程。

2. 战略性应急水源不足

历史上的四川水资源丰富，缺水是几乎不可能发生的事情，战略性地下应急水源也就相对缺乏。四川省地表水系众多，一般情况下，水资源紧缺问题可以通过引调水工程解决，因此一直重视地表水的储备，各地都建有若干水库以应对水危机。省内河流年径流量具有丰枯交替变化的特点，遇到较长枯水期，省内河流、水库的补给受到影响，容易引发水荒。

3. 雨水资源未能很好利用

面对水资源严重短缺和干旱程度愈演愈烈的水资源形势，合理开发利用雨水资源成了水资源利用的一种重要选择。我国一些省（自治区）雨水集蓄利用技术发展很快，如甘肃"121 工程"、宁夏"窖窖工程"、广西"水柜工程"、内蒙古"112 工程"和陕西"甘露工程"。四川也自 1991 年以来在全省范围内由点到面开展了雨水集蓄利用（微型水利）工程建设，取得了较好的经济效益和社会效益。但总的来说，与雨水资源利用较好的省份相比，四川还有很大的提高空间。

（二）建立健全水资源战略储备体系

从宏观方面来讲，我国在"十二五"期间及未来很长时间，将增加水资源战略储备。对海河和辽河等地下水供水比重较高的缺水流域，严格控制地下水开采总量，禁止深层地下水开采，利用南水北调水置换超采地下水，逐步恢复地下水的涵养能力，增加地下水战略储备；对于西北地区，加强产水区的生态保护和水源涵养，加快骨干水利工程建设，增加流域储水能力，增强应对干旱能力；在西南丰水区，增强流域水资源调控能力，为应对极端干旱提供应急水源[1]。在此背景下，根据四川省水资源现状和经济社会发展需求以及可能发生

---

[1] 赵永平：《我国将增加水资源战略储备》，《人民日报》2011 年 4 月 24 日。

的不可抗拒的自然灾害与人为灾害，尽早建立健全水资源战略储备体系，将水资源的地面储备、地下储备、空中储备、固体储备、置换储备和土壤储备有机结合起来，以保证城乡居民生活和经济社会发展的用水需求不会因自然灾害和突发事件而受到影响。

具体地说，应规划建设城市备用水源，制订特殊情况下区域水资源的调配和供水联合调度方案。坚持常规水源和储备水源相结合，提高水源日常供水能力和储备水源应急供水的保障能力。建立相应的调度管理机制，增强抵御突发污染水源事件发生和自然灾害等造成的安全供水风险的能力。各级政府应根据水资源条件，制定城乡居民生活用水安全和保障应急预案，明确水源地保护范围、各类人员职责、水质风险等级、事故应对处理等；成立应急指挥机构，建立人员、技术和物资保障体系；建立值班制度，落实重大事件的报告、处理机制，完善有效的预警、应急调度和应急救援机制①。

（三）建立雨水、洪水回灌制度

雨水、洪水回灌是平衡城市水资源的重要环节，也是削减城市雨洪的重要措施。四川省城市化进程不断推进，一方面城市发展中水资源短缺形势更加严峻，另一方面城市雨洪压力不断增大，同时地下水补给又受到严重影响。而四川又是一个降雨相对充沛、暴雨频繁的地区。应当把雨水拦截并储存起来，留到用水高峰或者缺水季节利用，把雨水资源作为地下水的重要补给源②。我国一些城市已经开展雨水利用工程项目，比如普遍采取的透水铺装、下凹绿地等入渗措施，以及回灌井、渗渠、渗坑等回灌措施。四川可以在总结国内外经验以及自身实践的基础上，因地制宜地选择回灌技术，强化雨水、洪水回灌制度。从目前国内外回灌的实践来看，各种回灌技术的作用日益显著，关键是选择因地制宜的回灌技术，缓解城市快速发展中的水资源短缺和雨洪灾害等问题。

（四）建立水资源储备协调机构和动用机制

水资源储备是一项跨行业、综合性很强的系统工程。按现行水资源管理体制，地下水归国土资源部门管，地表水归水利部门管，多部门的水行政管理不利于地表水和地下水的统一管理和水资源储备。从资源管理和未来发展的角度来看，水资源储备包含水资源分配、使用和储备。因此，在规划水资源储备区域的范围内，无论是水资源储备模式的选择，还是储备规模的确定，都需要有一个高层协调机构③。水资源储备不仅是建水库，还包括水资源使用和分配。需要建立完善的综合管理制

---

① 陶媛慧：《建立健全水资源战略储备体系》，《友报》2010年7月30日。

② 陈克森：《山东省集雨增补地下水与水资源可持续利用探讨》，《水文》2003年第2期。

③ 赵志江、于淑娟：《浙江省建立地下水资源战略储备体系研究》，《人民黄河》2010年第5期。

度体系保障水资源的科学储备、合理开发和利用。动用储备的目的是应对危机，包括突发危机。按照动用储备与危机影响范围一致的原则，借鉴动用重要的储备物资和商品，如粮食、棉花、食糖等的程序，按规定的程序报批。此外，流域规划修编应考虑水资源储备问题。新的流域规划修编，在制订水量方案与水量调度预案，划定水功能区与饮用水源地保护区时要贯彻水资源战略储备理念，预留出储备的水资源①。

---

① 柳长顺：《关于建立我国水资源战略储备体系的探讨》，《水利发展研究》2008 年第 2 期。

第十七章 完善水利法规，
推进依法治水

伴随着我国"依法治国"脚步的加快和水利事业的快速发展，涉水法规初步形成了以《水法》、《防洪法》、《水土保持法》、《水污染防治法》为主体架构，其他水利法规配套的法规体系，并颁布实施了《水利行政审批项目目录》、《水行政许可实施办法》等行政法规，我国水利法规不断健全和完善。依法治水、依法管水、依法节水、依法用水的意识和力度不断增强，传统水利正向现代水利、资源水利、可持续发展水利转变。2011 年中央一号文件中明确提出：推进依法治水，并提出以下 5 个方面具体的推进方向。一是建立健全水法规体系，抓紧完善水资源配置、节约保护、防汛抗旱、农村水利、水土保持、流域管理等领域的法律法规。二是全面推进水利综合执法，严格执行水资源论证、取水许可、水工程建设规划同意书、洪水影响评价、水土保持方案等制度。加强河湖管理，严禁建设项目非法侵占河湖水域。三是加强国家防汛抗旱督察工作制度化建设。健全预防为主、预防与调处相结合的水事纠纷调处机制，完善应急预案。四是深化水行政许可审批制度改革。科学编制水利规划，完善全国、流域、区域水利规划体系，加快重点建设项目前期工作，强化水利规划对涉水活动的管理和约束作用。五是做好水库移民安置工作，落实后期扶持政策。四川作为水利大省，在其"十二五"水利发展规划中也明确提出依法治水的目标：水法规体系不断完善，水行政综合执法能力显著提升，全社会水法治意识进一步增强。如何将这些方向和目标变成落地的措施，具体化到水利管理当中，是摆在我们面前的既现实又紧迫的任务。

一 现行水利法规有待进一步完善

（一）我国水利法规的发展

依法治水是我国正在进行水利管理的原则和努力的目标，也在一以贯之地推进。新中国成立以来，特别是改革开放以来，作为国家法制建设的重要组成部分，水利法治体系持续制定，并逐步完善，水利发展实现了从无法可依到依法治水的历史飞跃。如今，随着新《水法》的配套法规逐步健全和完善，我国依法治水进入新的阶段。

1. 有关水资源管理法律的发展

我国重要的水利法规，大都是改革开放以后颁布的。1979 年颁布了《中华人民共和国环境保护法（试行）》，标志着我国环境立法的开始。1988 年经第六届全国人大常委会第 24 次会议审议通过了《中华人民共和国水法》，并于同年 7 月 1 日起施行。这是我国第一部以水资源为主要调整对象的重要法律，起到了规范水资源开发利用行为、保护水资源、防治水害、促进水利事业发展等积极作用。随着我国经济社会的发展、水情国情的变化，以及水资源形势的发展，1988 年颁布了《中华人民共和国水法》，其中包含的水资源管理制度不完善，不仅在节约用水、计划用水和水资源保护方面，而且"统一管理与分级、各部门管理相结合的管理体制"、流域管理未作规定等内容已经难以适应时代发展的需要。于是，2002 年 8 月 29 日，九届全国人大常委会审议通过了《中华人民共和国水法》（修正案）（以下简称新《水法》），并于同年 10 月 1 日起施行。新《水法》进一步强化水资源统一管理，确立了流域管理机构的法律地位，注重水资源合理配置，而且还把节约用水放在更加突出位置，重视提高水资源利用效率。这些重点强调的内容和新增的内容，是我国发展新阶段的要求，也是适应时代发展的必然要求。综观我国水资源立法，以水资源为独立调整对象的主要有 4 部法律：《中华人民共和国水土保持法》（1991年）、《中华人民共和国水污染防治法》（2008 年修订）、《防洪法》（1997 年）、《中华人民共和国水法》（2002 年修订）。除此之外，我国宪法、环境保护相关法律、行政法规和规章以及其他法律都对水资源保护、管理、节约利用等方面作了许多规定和规范，可以说我国治水、管水、用水、节水基本上都有法可依。

在国家层级的法律法规和规章中，水利建设涉及行政处罚的水利安全生产类违法行为 61 项，水利勘察设计咨询类违法行为 12 项，水利招标投标类违法行为 24 项，水利建设质量管理类违法行为 52 项，水利建设资质管理类违法行为 21 项。同时，还有诸如《水法》、《水土保持法》、《防洪法》、《水污染防治法》、《河道管理条例》等水利专业法律法规，此外还有一些地方层级的法规、规章规定。这些法律法规和规章，在水的社会管理方面可实施行政处罚的违法行为 72 项，在水利行业管理方面涉及的违法行为有 170 项。法律规定的违法行为越多，意味着行政违法的概率也就越大①。

2. 水法配套法规不断完善

2002 年新《水法》颁布之后，为保证《水法》的贯彻实施，相关部门创新立法工作，加强了水法配套法规体系建设。2003 年，水利部提出了《新水法配套法规建设近期工作重点》，并配合国务院法制办完成了《大中型水利水电工程建设征

---

① 曹安营、高占国：《水利行政执法的分析与探讨》，《今日科苑》2008 年第 16 期。

地补偿和移民安置条例》（修订草案）的意见征询，完成了《取水许可制度实施办法》（修订草案）送审，修订了《水利工程水费核订、计收和管理办法》，出台了《水利工程供水价格管理办法》，发布了《长江河道砂石资源费征收使用管理办法》。

此外，水利部也陆续发布了其他与《水法》配套实施的规范性文件。先后发布了《水文水资源调查评价资质和建设项目水资源论证资质管理办法》、《长江河道采砂管理条例实施办法》、《水库降等与报废管理办法》（试行）等4件部规章以及《水功能区管理办法》、《关于加强地下水超采区水资源管理工作的意见》等与《水法》配套实施的规范性文件。2004年，在2003年基础上配合国务院法制办完成了《取水许可制度实施办法》、《水资源费征收使用管理办法》的合并制定及调研、论证和修改，提出了《取水许可和水资源费征收管理条例》，完成了《黄河水量统一调度条例》和《防汛条例》的修订，发布了《黄河河口管理办法》、《入河排污口管理办法》2件部规章。

2005年，水利部还配合国务院法制办完成了《中华人民共和国防汛条例》（修订草案）的审查、修改，完成了《中华人民共和国水文条例》、《中华人民共和国河道采砂管理条例》的起草，出台了《水行政许可实施办法》、《水利部关于修改部分水利行政许可规章的决定》、《水利部关于修改或者废止部分水利行政许可规范性文件的决定》、《水利工程建设安全生产管理规定》等4件部规章。2006年，国务院颁布施行了《取水许可和水资源费征收管理条例》、《大中型水利水电工程建设征地补偿和移民置条例》和《黄河水量调度条例》等3件重要水行政法规。水利部发布了《水行政许可听证规定》、《水利工程建设监理规定》、《水利工程建设监理单位资质管理办法》、《水利工程建设项目验收管理规定》等4件部规章，审议通过了《水量分配暂行办法》。起草完成《水工程建设规划同意书管理办法》和《取水许可管理办法》等规章。修订出台了《水法规体系总体规划》，总体规划按照建设法治政府、推进可持续发展水利的要求，明确了今后较长一个时期水法规体系建设的总体思路、目标、主要任务、总体安排和保障措施，成为规范和指导水利立法的重要文件。2007年，《水文条例》经国务院颁布施行，《抗旱条例》、《河道采砂管理条例》提交国务院法制办审查，《节约用水条例（修改建议稿）》报送国务院法制办。2007年，水利部制定了《水量分配暂行办法》，标志着我国初始水权分配制度基本建立。与此同时，各地围绕新《水法》及其配套法规文件加快了地方水利立法和配套的进程，已有20多个省（自治区、直辖市）颁布了水法实施办法或者水资源管理条例。

3. 流域管理与区域管理相结合的体制初步确立

我国新《水法》规定国家对水资源实行流域管理与行政区域管理相结合的制

度，确立了流域管理机构在流域水资源管理中的法律地位和对水资源规划、管理、调度的职能。随后，长江、太湖等流域开展了流域管理与行政区域管理相结合的管理体制改革试点，标志着我国流域管理与区域管理相结合的体制初步确立。该管理体制的确立，改变了原有割裂水资源自然联系的区域管理模式。

（二）现行水利法规存在的主要问题

虽然我国水利法规体系进一步健全和完善，也取得了可喜成绩，但与我国水利改革发展的紧迫要求还有较大的距离。

1. 水利法规体系需进一步建立健全

近年来，我国有关水管理的法制建设明显加强，相继颁布了《水法》、《防洪法》、《水土保持法》、《河道管理条例》、《关于蓄滞洪区安全与建设指导纲要》、《蓄滞洪区补偿办法》等一系列法规或条例。但是相对于我国水利发展的需要来说，还很不完善，在具体条文中还不够详尽。如在工程投资分担、水毁工程修复、流域管理、水系开发、防洪保险等都还缺少明确的法规，与日本《河川六法》相比，我国水利法规的建设和完善仍需时日[1]。

2. 地方性水务管理法规体系需进一步健全

虽然各地按照水务统一管理的要求，结合当地实际，清理与水务管理体制不相适应的地方性水务管理办法，制定了相关《城市供排水管理办法》、《城市污水处理及回用管理办法》、《城市饮用水水源地保护办法》、《城市计划用水与节约用水管理办法》等地方性水务管理法规。但地方配套法规仍有待进一步建立健全。需要在严格执行《行政许可法》、《水法》、《防洪法》、《水土保持法》、《取水许可制度实施办法》、《水利产业政策》等法律法规的基础上，建立健全供水、用水、排水的监督机制，采用取水许可、计划用水等行政措施，从源头上加强监管。在完善地方性水务管理法规体系的同时，要加强执法监督和工作指导，全面贯彻落实现有法律、法规，及时研究解决工作中出现的新情况、新问题。

3. 宣传力度不够，全社会水忧患意识尚未完全形成

近年来，国家、省、市先后出台了一系列的法律、法规、规章，并逐步加以完善和发展。这些法律、法规的出台为依法治水、依法用水、依法管水提供了强有力的法律武器，改变了过去无法可依的局面。但也存在着许多不足，主要表现为以下几点。一是水法规宣传力度不断加大，但仅仅局限于"世界水日"、"中国水周"等活动期间集中宣传，形式比较单一。二是人民群众水法制意识有待加强，大多数人不了解哪些行为是水法规所禁止的，哪些行为是违反水法规的。少数群众受"法不治众"等观念的影响，群体性水事违法案件近年来逐渐增多，为水行政执法提出

① 《中国水利未来发展道路探讨》，《治黄科技信息》2009年第2期。

了新的挑战。三是水法制观念淡薄，影响和干扰水行政执法的行为还存在。由于一些领导水法制观念淡薄，注重经济建设，注重"政绩工程"，为了本部门的利益，时有涉足违反水法规的行为。这些因素导致了有法"难"依、执法"难"严、违法"难"究的现象出现，影响了法律的权威性、严肃性、公正性，阻碍了社会主义法制建设的步伐[①]。四是节约用水机制滞后，全社会的水忧患意识还没有形成。

4. 执法队伍建设有待加强

尽管水行政执法的网络已基本建成，但一套人马，两块牌子，职能交叉，工作不专，精力不够，办案装备不足，经费保障不力的问题还比较突出，导致一些执法工作难以较好地开展。此外，水行政执法人员素质参差不齐，缺少正规的法律专业人才，绝大部分是半路出家，是通过培养或自学后从事执法工作的，有的人员既无法律知识又无水利专业知识。这些问题主要是全社会对水政执法工作的重要性、必要性、迫切性认识不到位引起的，这也造成一些地方政府对水政执法工作重视程度不够，有时甚至干扰水政执法，这在一定程度上影响了水政执法活动的开展和执法效果。

5. 发展水利经济缺少政策支撑

根据汪文萍等学者的研究，进入市场经济后，很多行业、部门找准进入市场的切入点，在服务社会的同时，充分发挥行业优势，发展壮大自身实力，取得了长足发展。如从水利部门分离出来的电力部门，又如交通、林业、通讯等部门。而水利行业在原本有着良好机遇的情况下，基层单位却日渐陷入困境，原因虽然是多方面的，但最根本的原因还在于水利部门仍停留在片面强调服务社会轻视自身发展的传统观念上。在这种思想的指导之下，重建轻管成为水利全行业从上至下的通病。上级在高度重视社会效益的同时，并没有重视自身的建设和发展，政策上对水利行业自身稳定和发展没有太多的支持，体现在以下几个方面。一是在工程建设规划时基本没有考虑工程建成后的维护运行经费来源。二是水资源优势很难转化为资本优势，因而难以转化为经济优势。三是水法规缺乏可操作性，水利执法难度大。无论与电力还是与林业等部门法规相比，水利法规都有点大而概之，笼而统之，在实际操作中，缺乏可操作性[②]。

（三）四川水利法规配套建设情况

四川省以贯彻执行《水法》、《水土保持法》、《防洪法》为核心，积极开展地方水利立法工作，大力加强水法规体系建设，并积极完善相关配套法规，实现了从起步到初步建立较完善的水法规体系和水行政执法体系的历史性跨越。

---

① 梁百强：《黄陵县水行政执法工作存在问题及对策》，《地下水》2011年第5期。
② 汪文萍、张祖林：《浅析基层水利工程管理单位的现状与出路》，《湖南水利水电》2006年第3期。

　　1988 年，以新中国第一部规范水事活动的法律——《中华人民共和国水法》的颁布实施为标志，水利工作正式进入了依法治水的新时期。为贯彻落实《水法》，推进四川水利法制化进程，四川省通过在水利厅内增设法制工作机构，推进依法治水工作。2005 年《四川省〈中华人民共和国水法〉实施办法》实施，标志着四川省依法治水、依法管水、依法用水进入一个新的阶段。特别是进入"十一五"以后，水利法规建设步伐加快，先后出台了《四川省〈中华人民共和国防洪法〉实施办法》、《四川省水库大坝安全管理办法》、《四川省〈中华人民共和国水文条例〉实施办法》等法规规章，制定涉水《行政审批管理办法》（试行）等审批制度，涉水行政审批效能不断提高。全面实施水资源论证和取水许可审批制度，加强水资源管理与保护；加大入河排污口监管，开展水功能区立碑确界，科学处置广汉市砷污染等水污染事件。节水型社会建设取得新进展，省政府出台了《关于建设节水型社会的意见》（川府发〔2007〕10 号），颁布了《四川省用水定额》（修订），绵阳市节水型社会建设试点通过水利部验收，开展了 10 个省级节水型社会建设试点县试点工作，灌溉用水有效利用系数提高到 0.41，万元地区生产总值用水量降低到 136m^3[①]，依法治水成效明显。目前，正加快地方水利法规配套建设步伐，抓紧制定《四川省河道采砂管理条例》、《四川省节约用水办法》、《四川省小型农田水利建设管理条例》、《四川省饮用水水源保护管理条例》、《〈四川省取水许可和水资源费征收管理条例〉实施办法》等涉水法规，落实好《四川省农村机电提灌管理条例》，完善水法规体系。四川省的市州水利立法进程也明显加快，除报省人大出台了一些地方法规之外，还结合实际，制定和完善了与水利法律配套实施的一大批政府规范性文件，如《成都市水务局水务行政处罚自由裁量标准》、《成都市排水设施管理处井下作业安全管理办法》（暂行）等。

　　四川省以不断完善的水利法规为依据，积极开展依法治水工作。一方面全面推进水利综合执法，严格执行水资源论证、取水许可、水工程建设规划同意书、洪水影响评价、水土保持方案等制度。另一方面全面推行行政执法责任制，建立健全行政执法考核机制和责任追究制度。此外，还加强了河湖管理，严禁建设项目非法侵占河湖水域。对河道设障、非法采砂、非法取水、非法设置入河排污口等突出问题，开展专项重点执法和联合执法，维护良好水事秩序。健全预防为主、预防与调处相结合的水事纠纷调处机制，完善应急预案等。

　　（四）四川水利法规建设面临的挑战

　　新中国成立 60 多年来，特别是进入 21 世纪以来，四川在水利法规建设方面积极探索，水利法规体系进一步完善，取得了明显成效。但与"水利强省"的目标和

---

　　①　《四川省"十二五"水利发展规划》，http://baike.baidu.com/view/8084584.htm。

要求还有差距，突出表现为：地方配套法规还有缺位，水利法规体系需进一步完善；有法不依、执法不严、违法不究的问题和现象依然存在；水行政监督执法机构和人员配备还较薄弱；行政审批制度改革还存在着认识不统一、管理不规范、行政许可受理中心的职责不明确、关系不顺畅、机制不健全等问题。

1. 地方配套法规还有缺位，水利法规体系需进一步完善

尤其是在重建轻管模式下运行了 60 多年的各级水行政主管部门，面对近年来不断加大的改革力度，特别是对由"多龙管理"向"一龙管理"过渡的阶段，部门间相互扯皮时有发生，对公益强、收益小的项目互相推，使管理本来就软弱的手变得更加无从下手；此外，立法人员稀缺，经费困难，途径不畅，措施不足，步伐缓慢①，导致地方配套法规难以满足水利跨越式发展的要求，对由水利大省向水利强省跨越造成了一定的影响。

2. 有法不依、执法不严、违法不究的问题和现象依然存在

一方面是一些水利部门的干部和执法人员不善于学习运用法律、法规知识，对经过认真起草、反复修改、艰难协调才制定出来的法律、法规和规章、政策，不要说用足、用好，而是不会用，甚至想不起来用②。另一方面对水法律法规的宣传不够，全社会依法治水的意识还比较淡薄，履行法律义务的自觉性不高。

3. 水行政监督执法机构和人员配备还比较薄弱

目前，与日益严峻的水形势和水问题相比，水行政监督执法人员少，而且执法能力有待提高。由于专职和兼职水利执法人员共同执法，而且，执法装备、执法经费等保障不足，执法效果有待进一步提高。同时，以权代法、依权执法现象时有发生，对执法机构依法治水的社会形象也造成了负面影响，也对水行政执法机构和执法人员的威信产生了负面影响。

4. 行政审批制度改革尚需进一步加强

目前四川在有关水利的行政审批方面还存在着管理不规范、机制不健全、审批时限较长、网上审批需完善等问题。此外，行政许可事项和非行政许可事项清理规范的长效机制尚未建立。

二 积极推进国家建立和健全水法规体系

"十二五"是水利发展的关键时期，也是推进水利依法行政的关键时期。贯彻落实国务院《全面推进依法行政实施纲要》和《关于加强法治政府建设的意见》

---

① 武平：《云南省依法治水的实践与探索》，《水利发展研究》2012 年第 1 期。
② 阮春仕：《依法治水面临六大挑战》，《水利发展研究》2002 年第 4 期。

精神，结合水利行业实际，扎实推进水利依法行政工作。全面推进依法治水，从提升水利法制化水平的角度，设置水利法制建设目标，主要应当从完善水法规体系、依法加强水行政管理、增强全社会依法办事自觉性、完善水事纠纷预防调处机制这4个方面推进。

（一）适应水利改革发展新形势，进一步建立健全水法规体系

与1988年通过的《中华人民共和国水法》相比，现行《中华人民共和国水法》在立法宗旨、水资源管理体制、水资源宏观管理的强化、水资源的可持续利用以及生态环境保护等许多方面都有明显的进步。但是，由于各种因素的影响，水法体系仍存在着不足。根据牛忠志教授的研究，当前水法体系的不足，突出表现在以下两个方面。一是立法理念上《水法》还没有完全适应市场经济体制的要求，有一些规定带有明显计划经济模式的痕迹，《水法》中体现市场机制和价值规律的内容尚不多，水资源的市场化管理制度基本没有建立起来，对市场主体之间水资源交易制度没有做出规定。另外，由于从现有的行政职权的角度去设计法律制度，就有可能存在部门主义的立法倾向。二是缺乏对水权交易方面的规定。市场经济是高度发达的商品经济，一刻也离不开权利主体之间的商品交换。《水法》的有关明晰水权、建立取水许可制度的内容都只是水资源占有权、使用权、收益权等进行交换的前提，而不是水权交易方面本身的规定[①]。需要继续强化市场经济的理念，切实贯彻可持续发展战略；增加对水权交易、公众知情、参与监督等方面的规定；配套水利行政立法。

当前和今后一个时期，健全水法规体系和水利依法行政面临着宝贵的机遇。一方面建设法治政府为水利法规和依法行政指明了方向。另一方面传统水利向现代水利，特别是水利改革和发展"春天"的到来，为水利立法和依法行政提供了广阔的舞台。在此背景下，更需分清轻重缓急，针对水利发展与改革急需的政策法规及时开展立法和政策制定工作，出台一批行政法规、规章和政策，保障水利事业的健康发展。围绕《水法》配套法律法规体系建设，针对水资源管理、规划管理、建设管理、取水许可管理、蓄滞洪区管理、移民安置、采砂管理、水价管理等工作的迫切需要，开展法律、法规和规章的修订、制定[②]。

（二）借鉴先进做法，完善水利法规

依法治水是许多国家的共同措施。如日本制定了许多水法律，形成完整的水法律体系，使水资源开发利用与保护有法可依；美国水资源在规划建设、权益分配、经营管理等方面都按照水法进行，水权配置等也用法律固定下来；法国1992年颁

① 牛忠志：《健全完善的水法体系 推进我国水事法治》，《水利发展研究》2004年第5期。
② 周英：《坚持依法治水，推进依法行政为可持续发展水利提供法制保障》，《水利发展研究》2006年第4期。

布了新水法，对水管理机构的设置与运作、水资源与水环境的保护、取水、排水、水费（税）的征收等都作了明确的规定；在瑞士、奥地利等国，任何团体、个人兴建水利工程，必须经过水权管理部门和环境管理部门的批准，因为奥地利严格控制淹没问题，多瑙河上的水电站均为低水头径流电站。尽管各国的水管理体制不尽一致，但有一个共同点是水管理应该是有序的，有法可依的。归结到一点就是水的法律法规比较健全，社会各界都能严格遵守，一切水事活动依法办理①。为此，我国应借鉴一些国家的成熟做法，结合我国国土面积大、河流众多、流域面积大、水资源分配不均、开发利用情况复杂等水情，进一步制定和完善水利法律法规。

（三）加强水源地保护立法，保障城乡居民饮用水安全

饮用水安全是民生的基本问题。现实中，由于一些地方水源地生态环境持续恶化，水源地缺乏严格管理与保护，突发性水污染事件时有发生，严重影响城乡居民的饮水安全。各级政府积极对本辖区重点治理成果落实管护责任，同时，根据本地区的实际，制定地方法规，促进国家建立水源地保护立法。一方面组织编制饮用水源地安全保障规划，划定水源地安全保护区范围，提出备用水源建设实施方案；另一方面强化饮用水源地应急管理，制定并发布《饮用水源地突发性水污染事件水利系统应急管理预案》，从组织体系与责任、信息传递、应急响应、应急监测和水利工程应急调度等方面做出明确规定，同时，积极推进和指导各地备用水源建设②。

2011年，《四川省饮用水水源保护条例（修订草案）》提请四川省十一届人大常委会第二十五次会议的审议稿中，增加了加强农村饮用水安全的内容。审议稿对饮用水水源及保护区作出了明确的界定，规定："本条例所称饮用水水源是指提供生活饮用水来源的江河、湖泊、水库、地下水井等地表、地下水体"，"本条例所称饮用水水源保护区是指为防治饮用水水源污染、保证水源地环境质量而依法划定，并要求加以特殊保护的一定面积的水域和陆域"。同时，将饮用水备用水源的保护提高到与饮用水水源保护同样的高度：县级以上地方人民政府应当确定饮用水备用水源，保障应急状态下的饮用水供应；将饮用水备用水源保护区纳入集中式饮用水水源保护区予以保护。此外，为加强对地下饮用水水源的保护，依照国家对地下饮用水水源保护的规定，要求在地下饮用水水源二级保护区内，禁止铺设输送污水、油类、有毒有害物品的管道③。

（四）结合四川实际，健全水法规体系

根据四川省水情、水资源形势、水利改革发展和经济社会发展的需要，健全水

① 周扬：《长江流域水利水电工程管理体制研究》，硕士学位论文，重庆大学，2008。
② 吕振霖：《坚持依法治水，发展资源水利》，《江苏水利》2008年第11期。
③ 杨傲多：《加强农村饮用水水源保护》，《法制日报》2011年10月17日。

法规体系。一是进一步健全完善四川省水法规体系，完善水资源管理、防汛抗旱、农村水利、水土保持、流域管理等方面的地方性法规。在"十二五"期间，制定《四川省〈取水许可和水资源费征收管理条例〉实施办法》、出台《四川省节约用水管理办法》、《四川省地下水管理办法》、《四川省入河排污口监督管理办法》、《四川省最严格水资源管理制度考核办法》、《四川省蓄水工程蓄水计划及调度方案管理办法》、《四川省水利水电建设项目环境影响评价报告书（表）预审管理办法》、《四川省省级水资源费使用管理办法》，为落实最严格的水资源管理制度提供法制支撑。出台《四川省河道工程修建维护管理费收费标准和征收使用办法》，制定《四川省河道采砂管理办法》，修订《四川省河道管理实施办法》等。制定《四川省村镇供水管理办法》、《四川省〈中华人民共和国抗旱条例〉实施办法》和《四川省占用水利工程水域、灌溉水源、灌排工程设施补偿办法》，修订《四川省水利工程管理条例》和《四川省〈中华人民共和国水土保持法〉实施办法》，继续推进《水土保持法》配套制度建设。制定并出台《四川省河道管理范围内建设项目管理暂行办法》、《关于加强水利工程项目勘测设计质量管理工作的意见》、《水利建设项目后评价管理办法》等政策性文件。二是及时公布规章和规范性文件的清理结果。根据省政府审定的规章和规范性文件清理结果，及时向社会公布继续有效、废止和失效的涉水政府规章和规范性文件目录，保证有关法规文件的有效性。

三　大力宣传水法、水规，开展执法检查

随着水法律法规体系的健全和完善，加强和推进水利普法工作的重要性日益彰显。近年来，水利部及各级水利部门以推进新《水法》的贯彻实施为重点，健全了普法机构，加强了对普法工作的组织和指导，并制定印发了普法规划。推进水利普法工作有效地开展。四川省也结合本地区的实际制定了普法规划并付诸实施，取得了一定的成绩。但是随着城镇化、工业化和农业现代化的快速推进，"治水机制长期滞后于治水需求，政策调整缓慢，制度建设滞后，难以适应日益复杂的水环境"[①]。同时，四川依法治水、依法管水、依法用水的要求更加强烈，一方面经济意识和法制意识的不断增强使得人们对水法的认识也在不断发生变化；另一方面人们的水法律意识、水法制观念，以及水利部门依法行政水平还需进一步提高。

（一）采取多种形式，加强水利法规宣传

充分利用电视、电台、网络、报纸杂志等媒体，加大对水利法规的宣传。同时举办《宪法》、《水法》、《行政许可法》、《水土保持法》、《防洪法》等法律法规讲座，大力宣

---

① 胡鞍钢、王亚华：《以体制创新建设节水型社会》，《瞭望新闻周刊》2003年第43期。

传新《水法》、《防洪法》、《河道管理条例》等法律法规，增强全社会的法律意识、水患意识、危机意识和节约意识，为开展水利执法和防汛工作打下坚实的基础。

水利法规宣传宣讲进部门、进企业、进社区、进商区、进学校、进农村、进农户，实现法规与居民"零距离、全覆盖"，引导群众进一步树立水忧患意识、水法制观念、节约用水理念。一是把水情教育作为各级领导干部和公务员教育培训的重要内容。对在加快水利改革发展中取得显著成绩的单位和个人，按照国家有关规定给予表彰奖励，并树立典型，加以宣传，带动居民知法、守法。二是深入企业进行宣传和召开座谈会，提高企业的节水意识、环保意识、依法用水和依法管水意识等。三是把水利纳入公益性宣传范围，在政府办公地点、各镇街管委会的主要路段悬挂横幅，张贴宣传标语，加大宣传力度，提高政府和民众水利法规知识，广泛动员全社会力量参与水利建设。四是开展"水利咨询服务下基层"活动，走近群众，倾听民声，回应民意，解答咨询，使遵守水法规成为群众的共识，使爱水护水成为百姓的自觉行动，同时开展"水法宣传进学校"，节水意识从小培养，进一步增强人们节约用水、保护水资源和水法制观念意识。五是表彰先进典型与开展水政执法行动相结合。在表彰先进典型的同时，严厉打击各种水事违法行为，进一步规范了社会水事活动，维护良好的水事秩序。六是集中宣传与平时宣传相结合，除在每年的"世界水日"及"中国水周"期间，做好《水法》及其配套法规的宣传工作外，还要坚持常年不断地发放以"水法律法规知识问答、水权水价改革、生活节水小常识"等为主要内容的节水宣传资料，运用各种宣传手段进行宣传教育，普及水利法规知识。

（二）塑造一流的执法队伍，保障执法行为的依法行政

法律的生命力在于执行，依法行政，立法是基础，执行是关键。大力推进水政监察队伍建设，提高《水法》、《防洪法》、《水土保持法》、《渔业法》等法律和配套法规的综合执法能力，提高执法保障，在依法治水中尤为重要。根据四川省人民政府办公厅的要求，需重点做好以下4个方面的工作。一是加强基础设施建设，配置执法交通工具、调查取证设备、信息处理设备等，将监察机构履行法定职责经费列入财政预算。二是完善制度建设，建立案卷评查、信息通报制度，规范行政处罚自由裁量权，完善和履行巡查制度。三是创新工作机制，建立包括公安机关在内的相关机构打击水事违法行为的联动机制，健全水事纠纷预防调处机制。执法机构虽然负责执法，但由于水利建设的很多违法行为是隐性的，如果不进行日常管理，没有深入进去，很难发现违法行为。为此，需要创新日常工作机制。此外，由于水利建设与水政监察在管理领域、管理对象等方面都有较大的不同，其执法机制、执法手段也应有所区别，需要不断创新水利建设行政执法的执行机制①。

---

① 《四川省人民政府办公厅关于印发四川省"十二五"水利发展规划的通知》（川办发〔2011〕77号）。

加大执法力度，首先要树立水利建设法治化管理的理念，其次开展经常性联合执法和专项执法活动，坚决查处破坏水资源、水域、水工程和水土保持、防汛抗旱、水文监测设施等违法行为。此外，还需进一步提高水利执法人员整体素质，健全水政执法专职队伍，同时加强水行政执法人员的责任意识。选拔兼有水利和法律知识的人员扩充水行政执法队伍，提高执法人员的整体素质。加强水行政执法人员的岗前培训、考核，制订长期培训规划和培训计划，不断提高水行政执法人员的执法水平。要把提高政治素质、文化水平、专业水平、语言表达能力、组织协调能力、行政执法能力作为提高队伍素质的基本要求①。把加强责任意识，提高部门间和执法人员间的沟通能力、信息共享能力作为水利执法的重要保障。

（三）建立交流培训和激励机制，提高执法队伍行政能力

水政监察是我国行政执法体系的组成部分，水政监察队伍是水政机构的外延和补充，它履行着水法律、法规所赋予的各项职能。水政监察队伍的自身建设是规范水行政执法，强化执法办事的组织保障，其行政能力的高低直接关系着水行政执法的力度和实施效力，因而加强和提高队伍的行政能力势在必行②。根据刘仲涛等学者的研究和总结，可以通过以下几条途径提高执法队伍行政能力：其一是加强执法队伍和人员的学习、培训，拓宽其执法知识，提高执法水平；其二是组织专题研讨会，交流各地好的经验和做法；其三是建立激励机制，表彰先进执法机构和人员；其四是办好水政监察刊物和借助网络媒体等平台，宣传水法规、各地典型经验、典型案件、好的做法。此外，还应理顺经费渠道，强化执法保障。水行政执法是水行政管理工作的重要组成部分，应该有一个稳定的财政渠道，增加经费投入，保证水行政执法工作必要的工作经费和执法装备。提高执法人员的政治和生活待遇，明确规定执法人员的执法津贴和人身意外伤害保险。

（四）深化水利行政审批制度改革，提高行政审批效率

继续巩固行政审批"两集中、两到位"（指为深化行政审批制度改革，建立规范高效的审批运行机制，提高行政服务效能，推进一个行政机关的审批事项向一个处室集中、行政审批处室向行政审批服务中心集中，保障进驻行政审批服务中心的审批事项到位、审批权限到位）工作机制，提升行政审批现场办结率、按时办结率、群众满意率。开展行政审批合规性审查工作，加强行政审批后续监督管理，严格行政审批程序，规范行政许可行为，建立行政许可事项和非行政许可事项清理规范长效机制③。

---

① 石效久：《关于水利行政执法的几点探讨》，《水利科技与经济》2009年第10期。
② 刘仲涛、安成秀：《完善水法体系建设加快依法治水进程》，《内蒙古水利》2008年第3期。
③ 《四川省人民政府办公厅关于印发四川省"十二五"水利发展规划的通知》（川办发〔2011〕77号）。

四　做好水库移民安置工作，落实后期扶持政策

四川是水资源大省，也是水库大省，更是水库移民大省。四川水库移民既包括外省市（主要是三峡库区），又包括四川本省在水利工程的修建过程中，由政府组织并采取多种方式（分散或集中安置、就地后靠、投亲靠友等）进行搬迁和安置的大规模、非自愿性迁移的居民。近年来，四川省省内水库移民已达 10 万余人，而四川省又是接受安置三峡水库外迁移民最多的省市，共接受来自重庆开县农村移民一万余人[①]。这些水库移民的安置工作，成为四川水利事业发展的重要工作，其妥善安置关系着四川水利发展改革乃至经济社会发展的稳定大局。

（一）水库移民后期扶持的主要政策及存在的问题

水库移民为水库工程建设、发挥水资源综合效益作出了巨大的奉献。近年来，国家对水库移民的生产、生活和能力建设越来越重视，出台了一系列的扶持政策，其中，后期扶持政策的出台为推进移民工程、稳定移民心理、促进移民致富起到了重要作用。后期扶持起源于 20 世纪 80 年代，经历了库区维护基金、库区建设基金、库区后期扶持基金、水库移民后期扶持等几个阶段，是立足我国国情，针对水库移民范围广、人数多、损失大、贫困化程度严重的实际采取的一项特殊政策。2006 年国务院颁布了《关于完善大中型水库移民后期扶持政策的意见》（以下简称《意见》），明确指出移民后期扶持政策的近期目标是解决水库移民的温饱问题以及库区和移民安置区基础设施薄弱的突出问题。中长期目标是加强库区和移民安置区基础设施和生态环境建设，改善移民生产生活条件，促进经济发展，增加移民收入，使移民生活水平不断提高，逐步达到当地农村平均水平。此《意见》对扶持范围、扶持标准、扶持方式、扶持期限、扶持资金筹措做了具体部署。但也需要结合地方的实际情况，落实后期扶持政策，做好水库移民安置工作。此《意见》实施以来，大中型水库移民后期扶持政策实施工作取得显著成效，每人每年 600 元的后期扶持资金已全部兑现。2010 年，国家为进一步巩固水库移民后期扶持政策的实施成果，促进库区和移民安置区经济社会发展，国家发展改革委、财政部、水利部等 14 部委发布的《关于促进库区和移民安置区经济社会发展的通知》，对移民安置区经济社会发展建立长效机制等做了具体部署。

四川省根据《国务院关于完善大中型水库移民后期扶持政策的意见》（国发〔2006〕17 号）和《大中型水利水电工程建设征地补偿和移民安置条例》（国务院

---

① 庚光蓉、徐燕刚：《论四川水库移民在安置地的心理特征与文化融合》，《四川师范大学学报》（社会科学版）2008 年第 5 期。

令第 471 号）精神，结合自身实际，颁布了《四川省人民政府关于贯彻国务院水库移民政策的意见》，对水库移民后期扶持政策具体规定。此外，四川也结合区情和民愿，进行了积极探索，如探索"以土为本，以农为主，帮扶移民二次创业"（见专栏 17-1）。

虽然国家及地方各项后期扶持和优惠政策的制定和实施，对恢复和提高移民生产生活水平，维护社会稳定，促进水利水电事业可持续发展发挥了重要作用，但也还存在不少问题，主要表现在后期扶持政策不完善，后期扶持资金与移民实际需要差距大，监督管理机制不健全等方面。

>>> 资料专栏 17-1

四川水库移民后期扶持做出亮点："以土为本，以农为主，帮扶移民二次创业"

近一年来，紫秋葡萄、茵红李、柑橘等新种植项目，让宜宾县的水库移民尝到了甜头。眼下，该县正准备投资 35 万元，改善移民的生产便道。明年，还有一个苗木基地准备开工，规划总投资 150 万元，争取辐射该县全部的移民安置区。

随着向家坝水电站等工程的推进，宜宾县坚持"情系移民，用心服务"，不断深化落实各项扶持措施，让移民群众不仅能安置好，而且能发展好，实现了移民区与移民安置区的持续发展，受到普遍好评，移民后期扶持工作做出了亮点。

在宜宾县，移民后扶工作涉及的范畴，不仅仅是向家坝水电站移民一项。张窝电站、杨柳滩电站以及县外的以礼河电站、三峡工程和瀑布沟电站等，都有迁入该县的移民。

针对移民安置区情况复杂，移民安置分布点多、涉及面广，矛盾突出等特点，宜宾县扶贫移民局联动各相关部门、乡镇，开展广泛深入的基层宣传，组织人员深入移民区和移民安置区，进村入户，面对面解释，共发放宣传资料 1000 多册，使移民后扶政策深入人心。

在移民后扶人口核定登记工作中，该县严格按程序把关，按时保质完成了移民后期扶持人口核定登记工作，没有发生错登、漏登和误登现象。

在移民后扶直补资金发放过程中，该县坚持"服务至上、直补到人"，保证了按月直接足额兑现。自 2007 年以来，宜宾县按照每人每月 50 元的后扶政策，累计发放移民直补资金 580 余万元，没有出现挤占、挪用、重发和漏发的现象。

在移民后扶项目实施过程中，该县健全完善项目管理实施制度，严格规范操作，确保项目发挥效益，并结合当地实际，在交通、医疗、种植、养殖等方面规划项目，实现后扶项目多元化。

据宜宾县扶贫移民局局长侯良军介绍，除了直发直补，后扶工作的另一个主要内容是项目扶持，"3年来，我们实施基建、养殖、种植等后扶项目7个，其中5个已基本完成，2个正在完善，完成投入183万元。"

在横江镇张窝村，投资20万元的村卫生站、投资25万元的村公路整治，解决了张窝电站移民区就医难、通行难的问题。像这样的扶持项目，使该县移民生活水平不断得到提高。

该县的种植项目，包括紫秋葡萄、茵红李、柑橘等，其中又以葡萄为特色。为了落实好葡萄种植，该县曾两次带移民到湖南怀化考察，并参加当地葡萄种植户培训。把紫秋葡萄确定为后扶发展项目后，该县2009年成功引进200亩紫秋葡萄，受益移民达500多人，2010年又确定两处紫秋葡萄示范基地，新增葡萄100亩，进行规范化种植，采取以点带面的方式进行重点扶持。

经过近几年的扶持与引导，该县移民农业产业结构得到优化调整，移民从原来的以种植农作物自给为主，向引进优新品种等增加收入型产业转变，并结合向家坝库区旅游规划，通过实施后扶项目，引导移民发展观光型农业，开办生态旅游型农家乐，逐步提高移民的经济收入。

在向家坝施工区所在的安边镇4个移民村区域内，该县实施了良种肉兔、优质生猪、优质柑橘、茵红李和紫秋葡萄等5个种植、养殖业项目，扶持养兔大户11户，兔笼规模1245个；养猪大户12户，圈舍面积3549km^2；柑橘种植户75户，发展面积350亩；茵红李种植户98户，发展面积313亩；葡萄种植户65户，发展面积300亩；新建移民农家乐一个，解决移民就业20余人；拟建移民生产便道5000m，惠及农户80余户。今年后扶项目的全面推进将惠及安边镇移民安置区的2/3区域，受益移民和村民达2000余人。

"以土为本，以农为主，必须让移民获得一种谋生的技能，这是实施后扶移民项目的出发点，也是移民二次创业的落脚点。"宜宾县移民办党组书记张兴道出了后扶工作的关键。

摘自王扬、田富友：《宜宾县：移民后期扶持扎实做出亮点》，《华西都市报》2011年12月10日，第30版。

(二) 四川实施水库移民后期扶持政策面临的挑战

由于四川水库移民数量大，搬迁安置情况复杂，在移民后期扶持政策实施过程中遇到了一些挑战和困难，特别是政策边缘性问题相对突出，主要表现在以下几个方面。一是移民人口动态管理难度大。二是"边缘区"群众要求扶持的呼声越来越高。根据国发〔2006〕17号文的规定，后期扶持的受惠群体只是大中型水库的农村移民，小型水库移民、淹地不淹房的影响人口、为安置移民而让出房屋和土地的

"让迁移民"、已转为非农户口的移民都没有纳入扶持范围。在后期扶持政策实施过程中，受影响的"边缘区"群众没有享受政策。一方面移民与安置区原住村民在享受政策上不对等；另一方面移民与农转非移民在享受扶持政策上不对等。部分农转非移民仍居住在农村，生活在农村，甚至处于"种田无土地、就业无岗位、经商无能力、生活无出路"的状态，他们要求恢复移民身份，要求享受同等待遇[①]。三是采取直补到人扶持方式，即将600元钱直接发给移民个人。这种方式虽然简单易行，但实际效果并不理想。一方面没有发挥资金的造血功能，使移民产生了一种政策依赖症，滋生了"等、靠、要"的思想，不利于移民生产生活的可持续发展和提高；另一方面割裂了移民与当地居民的联系[②]。四是为了更好地执行后期扶持政策，将国家对移民的扶持落到实处，建立了由发改委、财政、水利、移民、民政、扶贫等14个部门组成的联席会议制度。但从运行实际看，各部门之间的协作、配合并不十分理想，未能形成合力[③]。四川水库移民后期扶持工作还有很长的路要走。2011年，国家发展改革委农经司与水利部移民局组成调研组，赴四川省调研大中型水库移民后期扶持和国家发展和改革委员会、财政部、水利部等14部委《关于促进库区和移民安置区经济社会发展的通知》贯彻落实情况时，也指出：一是要充分认识水库移民后期扶持工作的重要性、特殊性、长期性和艰巨性，增强对移民工作的责任感和工作激情，要按照2020年全面建设小康社会的目标要求积极开展扶持工作；二是要将稳定和发展结合起来，通过加快库区和安置区经济社会发展，切实增加移民收入，促进当地社会和谐稳定；三是要将政府、移民、企业的多个积极性结合起来，加强对移民工作的领导，加强多部门的工作配合，加强规划和计划的统筹与协调，政府和社会加大投入力度，合力推动库区发展；四是要将增加移民收入和提高移民素质结合起来，在提高移民就业技能的同时，努力增强移民的责任心和遵纪守法、诚信意识，提高移民综合素质；五是要将依法和创新结合起来，加强制度和政策创新，加强民主管理，努力保障水库移民到2020年与全国同步达到小康；六是要将会议文件部署与具体落实结合起来，明确工作的责任主体和具体要求，确保各项政策取得实效。

（三）推进和完善四川水库移民后期扶持的措施建议

后期扶持是中国水库移民政策的重要组成部分，对水库移民实行后期扶持政策，并把扶持政策落地，不但是十分必要的，而且是必需的。针对四川的实际，水库移民安置区的可持续发展，既需要从完善扶持机制，健全扶持机构着手，也需要强化水库移民后期扶持监测评估，齐抓共管，建立后期扶持监管体系。

---

① 余国平：《江西省德兴市水库移民后期扶持政策实施中的问题与对策》，《老区建设》2011年第21期。
② 李振华、王珍义：《大中型水库移民后期扶持政策的演变与完善》，《经济研究导刊》2011年第16期。
③ 王庆、李振华：《水库移民变迁与后期扶持政策演进》，《湖北经济学院学报》2012年第1期。

1. 完善水库移民后期扶持机制

一是建立移民后期扶持资金的稳定来源渠道。水库移民后期扶持资金最可靠的来源就是，在作水库前期工作时就把水库移民前期补偿费及后期扶持费纳入到整个工程总概算。二是多渠道筹措扶持资金。目前，水库移民后期扶持政策主要是从工程直接经济效益即发电效益中提取后期扶持资金，而许多以防洪、供水、灌溉等社会效益为主的水利工程，发电量很少，后期扶持资金难以筹措到位。应尽快研究、制定以社会效益为主的工程后期扶持资金筹措办法，使水库移民搬迁后不会因工程性质的不同而享受不同的扶持政策[①]。三是建立健全后期扶持资金使用的监督管理机制。为保证后期扶持管理资金、扶持经费足额到位，专款专用，需完善建立水库移民后期扶持监督管理机制，对扶持资金进行统一有效的监督管理。此外，要鼓励和支持移民参与扶持项目的决策、建设、管理和监督，通过建立移民参与机制，让移民参与后期扶持项目的决策，监督后期扶持资金的使用，进一步确保资金的专款专用，并提高资金的使用效率。

2. 建立健全各级移民管理机构

现有的移民管理机构存在着体制不顺的问题，大部分的移民管理机构是事业单位，但有的单位到现在还没有编制，在工作中，这些机构的管理权威性不够、不具备政府职能、缺乏协调能力，不能完全行使行政管理职责[②]。为了保证水库移民后期扶持新政策在四川的顺利实施，以及探索更多符合四川实际、满足移民愿望、促进移民安置区长期稳定发展的扶持路径，进一步建立健全全省的移民管理机构也是非常必要和紧迫的。

3. 强化水库移民后期扶持监测评估

国务院 17 号文件实施以来，中央和省级各项配套文件陆续制定并逐步得到落实，各地的水库移民后期扶持规划、库区和移民安置区基础设施建设和经济发展规划编制并经省级人民政府批准实施，水库移民安置区经济发展状况如何？后期扶持政策效果如何？水库移民心理状态发生了哪些变化？亟须对这些情况进行监测、评估，完善后期扶持政策体系。水库移民后期扶持评估既包括对后期扶持政策实施保障机制的建立与运行情况，后期扶持规划的实施情况的评估，建设和发展规划的制定与实施情况的评估，又包括对扶持资金的征收、使用和管理情况，还包括对扶持政策实施效果（移民群众收入水平变化情况、移民群众生产生活条件变化情况、库区和移民安置区社会稳定情况）等的评估，以及时、科学的监测评估，完善水库移民后期扶持政策，确保水库移民安置区经济社会长期稳定地发展。

---

① 宁亚伟、张舫、王楠：《沁河河口村水库工程移民安置及后期扶持机制的探讨》，《内蒙古水利》2011 年第 4 期。

② 刘永进：《浅析山西省大中型水库移民后期扶持政策》，《山西水利》2007 年第 10 期。

第十八章 建设节水型社会，缓解水资源供需矛盾

一 建设节水型社会的重要性

节水是在不降低人民生活质量和经济社会发展能力的前提下，采取综合措施，减少取用水过程中的损失、消耗和污染，杜绝浪费，提高水的利用效率，科学合理和高效地利用水资源。建设节水型社会是实现人水和谐，落实科学发展观，构建社会主义和谐社会，促进人与自然和谐发展的战略选择，是建设资源节约型、环境友好型社会的重要组成部分，是适应和提高水资源承载能力、解决四川省水资源问题和保障区域经济持续健康发展的根本出路，也是转变用水方式、降低生产成本、保护环境、提高经济效益和竞争力的必然要求。节约用水的核心是提高用水效率和效益。全面建设节水型社会，首先是由我国的水资源承载能力决定的。

节水是缓解水资源供需矛盾的根本途径，是解决我国水资源问题的一项战略性和根本性举措，是缓解我国环境压力的重要措施。因为水资源有限，"开源"不可能在高成本的条件下无限制地扩大，所以必须在技术上可行、经济上合理的条件下，合理开发利用水资源，应通过节水抑制需水的过快增长，以减轻供需矛盾和供水压力。四川省水资源总量丰富，但由于时空、地域分布的极不均衡，造成了与人口分布、社会经济发展的极不匹配，特别是经济社会发展的盆地腹部区的成都、自贡、遂宁、资阳、内江、德阳、南充等市水量承载指数极低，而水资源压力指数又是全省最高的。要满足经济社会持续发展对水资源的需要，实现供需平衡，就必须开发利用水资源，但"开源"必须要建立在"节流"的基础上。

节水是加快转变经济发展方式的必然要求。目前，四川省用水方式偏于粗放，用水浪费严重，全省单方水 GDP 产出仅为世界平均的 1/3，万元工业增加值用水量是发达国家的 4~6 倍，农业灌溉水有效利用系数仅为 0.48 左右，而发达国家为 0.7 以上。因此，加快转变经济发展方式，首先要加快转变用水方式，优化用水结构，提高用水效率和效益，促进和转变生产力布局的调整。

节水是对四川省治水经验的继承与发扬，一方面继承了四川省长期以来从事的节水与水污染防污工作的精髓，节水目标在于提高水资源利用的效率和效益；另一

方面，它相对于传统节水而言，在解决水问题的广度和深度方面，具有明显的发展和创新。通过节水，还可减少废污水的排放，同时减轻了废污水处理的难度，对水生态环境起到保护作用。这也是一些资源型缺水地区可持续发展的唯一出路。

《中华人民共和国水法》第八条明确提出："国家厉行节约用水，大力推行节约用水措施，推广节约用水新技术、新工艺，发展节水型工业、农业和服务业，建立节水型社会。"确立了节水型社会的法律地位。

2001 年经九届全国人民代表大会第四次会议批准通过的《中华人民共和国国民经济和社会发展第十个五年计划纲要》进一步指出："重视水资源的可持续利用，坚持开源节流并重，把节水放在突出位置。以提高用水效率为核心，全面推行各种节水技术和措施，发展节水型产业，建立节水型社会。"

节水型社会建设是通过法律、经济、行政、科技、宣传等综合措施，在全社会建立起节水的管理体制和运行机制，使得人们在水资源开发和利用的各个环节，实现对水资源的节约和保护，杜绝用水的结构型、生产型、消费型浪费，保障人民的饮水安全，充分发挥水资源的经济、社会和生态功能，塑造一种"人水和谐"的社会形态。

全面推进节水型社会建设，必须集中资金投入，集中人力、物力，以县（市、区）为单位整体推进，逐步实现"四个转变"，即将节水型社会建设由一般号召向全面建设转变，由分散投入向集中投入转变，由单项突破向整体推进转变，由重建轻管向管建并重转变。全省各级人民政府和有关部门必须站在推动科学发展和推进"两个加快"的高度，充分认识建设节水型社会的重要性和紧迫性，把严格水资源管理作为加快转变经济发展方式的战略举措，把建设节水型社会作为建设资源节约型、环境友好型社会的重要内容，全面强化水资源节约保护工作，形成有利于水资源节约保护的经济结构、生产方式、消费模式，推动全社会走上生产发展、生活富裕、生态良好的文明发展道路。

二 节水现状与节水潜力

（一）用水水平

改革开放以来，四川省经济社会突飞猛进地发展，取得了长足的进步，国民生产总值从 1978 年的 184.6 亿元（当年价），到 2010 年达到 17185.5 亿元（当年价），按可比价计算 33 年间年递增率 9.98%，全省国民经济各行业总用水量从 1980 年的 170.14 亿 m^3 增加到 2010 年的 249.81 亿 m^3，30 年间平均递增率为 1.94%。全省增长最快的是工业用水，从 1980 年的 13.9 亿 m^3，增加到 2010 年的 68.2 亿 m^3，年平均递增率为 5.44%。占总用水比例从 8.2%，上升到 27.3%。其

第三篇 水利发展与改革举措

次是城镇生活用水，用水量从 1980 年的 4.88 亿 m³，增加到 2010 年的 30.2 亿 m³，30 年平均递增率为 6.26%；农村生活用水量从 1980 年的 15.1 亿 m³，增加到 2010 年的 19.2 亿 m³，30 年平均递增率为 0.8%。

而农田灌溉用水量从 1980 年的 131 亿 m³，减少到 2010 年的 122.1 亿 m³，年平均递减率为 0.24%，占总用水比例从 77.1%，下降到 48.1%，但仍然是用水第一大户。1980~2010 年四川省生活、生产用水量调查统计表见表 18-1。

表 18-1 四川省生活、生产用水量调查统计

单位：亿 m³

年 份	城镇生活	农村生活	工业用水	农田灌溉	林牧渔用水	总用水量
1980	4.88	15.1	13.9	131	5.12	170
1985	6.17	16.2	17.8	128	8.23	177
1990	7.60	17.9	23.7	129	9.94	189
1995	11.6	18.4	44.6	128	13.3	216
2000	14.9	20.6	57.2	127	16.0	236
2005	24.3	21.8	64.1	137	11.6	259
2010	30.2	19.2	68.2	122.1	10.1	249.81

1980~2010 年，四川省人均用水量基本维持在 230~310m³ 的水平，经济发达、农灌用水较大、气温较高的地区一般人均用水指标较大。如成都、攀枝花、德阳、绵阳、眉山、凉山等市（州），人均综合用水指标高。人均用水指标随时间的推移基本上呈递增趋势。1980~2010 年四川省用水指标见表 18-2。

表 18-2 1980~2010 年四川省用水指标统计

年份	人均用水量（m³/人）	GDP 用水量（m³/万元）	城镇生活（L/人·d）	农村居民（L/人·d）	一般工业用水（m³/万元）按总产值	一般工业用水（m³/万元）按增加值	林牧渔用水（m³/亩）林果灌溉	林牧渔用水（m³/亩）草场灌溉	林牧渔用水（m³/亩）鱼塘补水	农田灌溉（m³/亩）
1980	238	2394	163	51	365	990	41	36	960	427
1985	238	1544	168	52	279	815	39	40	1288	459
1990	239	1218	174	52	204	710	39	47	1288	424
1995	265	821	177	54	157	502	44	55	1219	401
2000	263	587	180	57	131	407	39	38	1177	384
2005	300	349	233	68	81	247	58	56	638	447
2010	311	145	206	75	79	236	70	60	630	345

资料来源：根据四川省水利统计年鉴与历年政府工作报告整理。

2010 年四川省人均用水量 311m³，低于全国人均用水量 450m³；四川省万元 GDP 用水量为 145m³，低于全国 GDP 用水量 150m³。人均用水量在全省地级行政区中以攀枝花市最大；万元 GDP 用水量在全省地级行政区中以成都市最小。

四川省为农业大省，农田灌溉用水量在国民经济各部门中所占比重也较大。2010 年四川省农田灌溉亩均用水量为 345m³，低于全国农田灌溉亩均用水量 421 m³，但省境内各地区气候条件、土地利用类型和耕作制度差异较大。全省地级行政区以资阳市亩均灌溉用水量 254m³ 为最低，以攀枝花市亩均灌溉用水量 954m³ 为最高。1980 年以来，四川省农田灌溉亩均综合用水量在 384 ~ 459m³ 之间，总体变化不大。

四川省城镇居民生活用水指标为 206L/人·d（不含公共设施为 128 L/人·d），低于全国城镇居民生活用水指标 193L/人·d，攀枝花市及盆地腹部区普遍高于其他地区。农村居民生活用水指标为 75L/人·d，低于全国农村居民生活用水指标 83L/人·d。

（二）用水效率

1980 ~ 2010 年，四川省万元 GDP 用水量从 2394 m³ 减少到 145 m³，减少了 94%，单方水 GDP 产出由 4.18 元提高到 68.8 元，用水效率提高较快。同期，万元工业增加值用水量从 990 m³ 减少到 236m³，减少了 76.2%，单方水工业增加值产出由 10.1 元提高到 127.2 元。农田灌溉亩均用水量变化不大，单方水粮食产量约为 0.84 kg。城市供水管网漏失率（跑、冒、滴、漏）在 12% ~ 59% 之间，普遍在 14% 左右。虽然近 20 多年来水资源利用水平和效率有所提高，但总体来看，水资源利用效率不高。

（三）国内外比较及差距

改革开放以来，四川省水资源开发利用的水平和效率在不断提高，但总体而言，水资源利用还很粗放，用水效率较低，浪费仍较严重。与国际先进水平相比，节水管理与节水技术还比较落后，主要是用水效率指标与发达国家尚有较大差距。

2010 年四川省万元 GDP 用水量 145m³，比北京、上海万元 GDP 用水量高，比全国的平均 150m³ 的水平略低；现状农业灌溉水利用系数为 0.39，低于全国的平均水平，远低于一些发达国家 0.70 以上的水平；平均粮食水分生产率仅 0.84kg/m³ 左右，略低于全国平均水平，远小于发达国家 2kg/m³ 以上的水平；单方水工业增加值产出 40.4 元，远低于先进国家 140 ~ 200 元水平；现状工业用水重复利用率约为 73%，高于全国平均水平，比发达地区、国家低 15 个百分点以上；此外，高效节水器具普及率也较低。四川省用水水平和用水效率与国内外水平比较见表 18 - 3。

表 18 - 3　四川省用水水平和用水效率与国内外比较

国家或地区	人均用水量（m³）	万元 GDP 用水量（m³）	单位工业增加值用水量（m³/万元）	城镇居民生活用水量（L/人·d）	灌溉水利用系数	工业用水重复利用率（%）
四川省	311	145	236	206	0.39	73
中国	450	150	90	212	0.48	55
北京	189	25	18	205	—	95
上海	560	74	130	295	0.7	85
发达国家	500～800	—	25～40	160～260	0.6～0.8	85～90

2010 年全省万元 GDP 用水量为 145m³，较 2005 年减少了 60%，但与国内发达地区及发达国家相比，四川省仍存在较大差距。国内东部地区万元 GDP 用水量大部分低于 200 m³，如上海市为 74 m³，北京仅为 25 m³。目前发达国家如日本、以色列、瑞士、法国等一般万元 GDP 用水量都在 50 m³ 以下，即使人均水资源量丰富的美国和加拿大，万元 GDP 用水量也只有 79 m³ 和 93 m³。

（四）节水潜力分析

1. 农业

农业仍为用水第一大户，长期以来由于灌水方式落后，采用大水漫灌、放"跑马水"等传统灌溉方式，用水效率低，浪费现象严重，渠系配套差、老化失修，水量损失严重，灌溉水利用系数低。近几年来，在中央的大力支持下，对大型灌区及部分中型灌区进行了以节水灌溉为中心的续建配套和节水改造，到 2010 年底，全省节水灌溉面积已达到 1876.3 万亩，占有效灌面的 49%，其中大部分是渠道防渗，节水灌溉面积为 1651.4 万亩，低压管灌面积 75 万亩，喷滴灌和微灌面积 71 万亩。2010 年四川省实灌面积 3144.6 万亩，农田灌溉用水量 132.1 亿 m³，灌溉水利用系数为 0.39，与发达国家的 0.6～0.8 相比，还存在较大差距。单方水产出明显低于全国和国际的先进水平，四川省现状水分生产率为 0.35～1.3kg/m³，全省平均水平还不足 1kg/m³，与一些节水先进灌区的 1.83～2.02 kg/m³ 差距较大，与发达国家 2.0～2.3kg/m³ 的水平差距更大，以色列已达到 2.32kg/m³。当前，随着全球性人口增长对粮食及其他农产品的需求迅速增加，世界各国都积极采取措施，力求大幅度提高农作物产量。据有关研究表明，世界上粮食增产中 25% 归功于扩大耕地面积，75% 归功于提高单产。在单产的提高中，充分而即时的灌溉是非常重要的措施之一。农田灌溉用水量占总用水量的 52.9%，灌溉水利用系数只有 0.39，也就是说每年经过水利工程蓄、引、提的 170～180 亿 m³ 水量，有 60% 的灌溉用水是在输水、配水和田间灌水过程中损耗掉的。而发达国家的灌溉水利用率可达 80%～90%，因此，如果采用先进的节水灌溉工程技术及措施，如：渠道衬砌可使渠系水利用率提高 20% ~40%，减少渠道渗漏损失 50% ~90%；低压管道输水灌溉是节水最有效、投资最省的一种灌溉技术，节水、节能、增产效益十分显著。如将全省已建成灌区灌溉水利用率从现状的 0.39 提高到 0.55，则每年可节约农灌用水量约 27.5 亿 m^3，占现状灌溉用水量的 28%，这对缓解四川省水资源供需矛盾将起到很大作用。都江堰灌区近十多年来续建配套与节水改造的实践已证明，灌区的灌溉水利用系数从 0.438 提高到 0.463，配合旱育秧等其他节水措施，已实现年节水量 6 亿 m^3 以上，灌溉水利用系数只要提高一个百分点，就可节水 1 亿 m^3，可见农业节水的潜力很大。

四川省提高农作物产量和用水效率有较大潜力，包括坡薄地改造、秸秆和地膜覆盖等。现有 5° 以上坡薄土面积 1400 多万亩，若将其坡改梯后，可增厚土层 20cm，地面坡度降至 5° 以下。每亩每年可减少径流量约 80m^3，减少土壤流失量 1t，土壤有效蓄水量增加 30m^3，按此计算，相当于建设了 4.2 亿 m^3 的土壤水库，并且每年可增加粮食达 21 亿 kg。近几年来，每年推广秸秆覆盖面积约 600 万亩，地膜覆盖约 800 万亩，如果推广面积分别达到 1200 万亩和 1500 万亩，秸秆覆盖每亩节水 40m^3，地膜覆盖每亩节水 60m^3，其节水潜力达 6.6 亿 m^3，且增加粮食产量能力达 2.7 亿 kg。若 5° 以上坡改梯、秸秆覆盖两项农业节水措施实现后，一年即可节水 8.2 亿 m^3，年增加粮食产出能力达 22.68 亿 kg。提高农作物产量需要有农业综合技术措施和科学灌溉作为技术依托，因此，研究适合四川省实际情况的综合节水技术（主要包括调整农业结构，科学管理灌溉用水，选用抗旱节水高产品种，实施作物节水、高产、低耗栽培技术），将这些技术推广及应用，对提高农作物产量达到节水增产、优质高效的目的，有着极为重要的意义。若将四川省现状灌溉水分生产率提高到 1.1kg/m^3，则亩均实灌用水量可由现状的 415 m^3/亩降到 376m^3/亩，一年可减少农田灌溉用水 12.1 亿 m^3。

2. 工业

几十年来，全省工业合理用水的水平有了较大提高，但工业用水效率仍然偏低。1980 ~2010 年，工业万元增加值用水量由 1168 m^3（含火电）下降到 236m^3。但大多数高用水行业均通过自备水源设施供水，企业节水意识不强，造成用水指标偏高，低于全国 116 m^3、北京 23 m^3 等地区的水平。

2010 年四川省工业用水重复利用率为 73%，比全国平均水平 60% 高约 13 个百分点，而上海市工业用水重复利用率为 85%，北京市已达到 95%，许多发达国家早已达到 90% 左右。且全省各行业各地区由于生产设备、生产工艺及生产技术的差异很大，加上企业自身的经济、技术实力不同，生产用水重复利用率差异较大，高的达 80% 以上（如攀枝花的炼铁水平居全国领先，重复利用率达 98.6%），而低的则不足 10%。无论与发达国家相比，还是与国内发达地区相比，四川省工业用水效率较低，各地间工业节水发展极不平衡，工业节水的总体水平也很低。

再生水（亦称中水回用）还没有得到有效利用。全省供水基本依靠地表水源解决，再生水（污水经净化处理后恢复其使用功能的水）还没有在工业生产中得到有效、合理的利用。

2010年，四川省工业节水水平与世界先进水平的差距，主要体现在生产单位产品的取用水量上，工业节水的重点行业是火力发电、石油及化工、造纸、冶金、纺织、建材、食品等，工业用水重复利用率由2005年的45.1%提高到73%左右，工业万元增加值用水量将下降到200 m^3 以下，则一年可节约工业用水约9亿 m^3。若加大中水利用力度（如自贡市近期将规划建设中水回用工程，将污水处理厂达标排放水再进一步深度处理，用于企业生产、市容环境卫生等），将具有更大的工业节水潜力。

3. 城镇

2010年，全省城镇居民人均生活用水量206L/人·d，虽然低于全国的212L/人·d，总体上属于中等偏下。但四川省城镇生活用水效率较低，供水跑、冒、滴、漏现象仍然严重，全省平均管网漏失率为14%，特别是在三州高寒高海拔地区，供水管道裂、爆事件时有发生，供水管网漏失率最高时可达40%以上，远远高于全国城市供水漏失率9.1%的水平。节水器具、设施少是造成生活用水效率低的又一原因。全省节水器具普及率与全国经济发达地区存在较大差距，以色列和美国在20世纪80年代末就广泛采用了家庭节水设备，如厕所采用了节水效果显著的小水量2档冲洗水箱，每次冲洗量不到6L，而在四川省大多数地区目前还没有使用抽水马桶，使用的抽水马桶大部分还是13L的老式抽水马桶，无法实现节约用水。再者就是水价低廉，全省城镇居民生活用水价格在1~3元/ m^3，公众的节水意识不强，浪费水的现象还较为严重。

无论是从发达国家的发展历史看，还是从发展中国家的近年实际情况看，生活用水指标都将随着生活水平和城镇化率的提高而呈上升趋势。2010年，四川省城镇生活用水指标与长江流域各地区和世界丰水国家相比，并不算高，但生活用水还是普遍存在浪费现象。若减少输配水、用水环节的跑、冒、滴、漏现象，将全省管网漏失率降低到12%，至少可节约0.57亿 m^3 的生活水量，占城镇生活用水量的4.5%；普遍推广节水器具的使用，各地区新建民用建筑全部使用节水器具，更新原有建筑的旧的不符合节水要求的用水器具，以及提高水价、加大节水宣传力度，激发人们的节水意识，到2020年全省城镇居民每人每天用水控制在140L以内，可节约用水1.65亿 m^3。

4. 第三产业

第三产业用水与城镇居民生活用水量发展变化趋势类似，随着城镇化率的提高和社会经济的发展，第三产业将得到进一步发展壮大，其增加值和从业人员不断增加，第三产业用水将有所增加，但随着各项节水措施的推行，增长幅度不会很大。第三产业万元增加值取水量由现状的 14.9m³/万元降低到 9.4m³/万元，综合漏失率由现状的 15.5%降低到 12.4%，建筑业和第三产业年节水潜力 1.38 亿 m³。

5. 建筑

建筑业用水包括混凝土搅拌用水、混凝土施工养护用水和职工生活用水，以及清洁、除尘用水等。其中清洁、除尘用水所占比例很小，其主要用水为混凝土搅拌用水、施工养护用水和职工生活用水。随着建筑技术和新型建筑材料的发展，未来混凝土搅拌用水会逐步下降；施工养护用水量随季节不同、气候不同而不同，采取一定的节水措施可减少养护用水的流失。随着建筑施工技术管理水平的提高和取用水成本的上升，建筑单位提高其用水重复利用率并减少施工过程中水资源的无效消耗量，可大大提高建筑业的用水效率，到 2020 年，建筑业单位用水量由现状的 1.5m³/m² 降到 1.0m³/m²；职工生活用水一方面随着生活水平的提高要增加，另一方面，随着节水技术的发展和节水要求的提高又会下降，总体变化不会很大。

初步分析，四川省各行业的节水潜力约为 34.8 亿 m³，占现在年总用水量的 15.6%，具有较大的节水潜力。其中以农田灌溉、工业节水潜力最大，分别为 16.4 亿 m³、15.5 亿 m³，分别占总节水潜力的 47.3%和 44.5%，其他城镇生活、建筑业及三产节水潜力相对较小，为 1.72 亿 m³，占总节水潜力的 4.9%。成都仍是全省节水的重点区域，节水潜力约占全省的 1/4；德阳、绵阳、乐山、眉山组成节水潜力第二梯队，4 市占全省总节水潜力的 28.8%；自贡、宜宾成为川南节水的重点，川东重点节水区域为南充，攀西经济高地也具有相当大的节水潜力。总之，在人类社会的一切生活、生产活动中，节水无处不在，无处不有，只要我们认真对待，采取工程、技术、管理、宣传教育等各项措施，节水的潜力巨大。

三　节水型社会建设的基本目标和要求

要把节水作为一项长期坚持的战略方针和基本国策，把节水工作贯穿于国民经济发展和生产生活的全过程。城市建设和工农业生产布局要充分考虑水资源的承受能力。大力推行节水措施，以提高水的利用效率为核心，以水资源紧缺地区和高用水行业为重点，以建立节水型农业、工业、服务业为目标，建立节水型社会。以企业为主体，加大结构调整和技术改造力度，积极改革水价，建立合理的水价形成机制，调动全社会节水和防治水污染的积极性。强化节水管理，改革管理制度，全社会参与，促进国民经济与水资源的协调发展，实现水资源可持续利用。通过节水型社会建设，形成政府调控、市场引导、公众参与的节水型社会管理体制，有效提高水资源的利用效率和效益。建立和健全以水资源总量控制与定额管理为核心的与水质相统一的水资源管理体系、与水资源承载能力相适应的经济结构体系、与水资源优化配置和高效利用相协调的节水工程技术体系、完善公众自觉节水的行为规范体系；切实转变用水观念，创新发展模式，提高水资源的利用效率和效益；发展循环经济，逐步建立健全全社会的水资源循环利用体系，改善生态环境，实现水资源的持续利用，促进经济、资源、环境协调发展。

到 2020 年，将四川省建设成为与小康社会相适应的节水型社会，产业结构、布局与水资源承载能力相协调，建成比较完善的水资源配置工程体系和生态补偿机制，节约用水成为社会风尚。建成包括地表水、地下水、水量、水质等全方位、现代化的水资源网络监测系统，为合理管水、科学用水提供基础信息保障，实现人水和谐。

至 2020 年，将四川省万元工业增加值用水量降低到 100m³，农田灌溉用水有效利用系数提高到 0.55 左右，农业节水水平普遍提高，农田灌溉用水总量保持平稳下降。工业用水重复利用率达到 75% 以上，城市管网漏损率控制在 12% 以下。

节水型社会建设更加深入。农村饮水安全问题基本得到解决，城镇供水安全得到保障，城市和农村供水条件进一步改善，与城镇化发展相适应的供水体系基本形成。城镇自来水普及率达到 95%，农村自来水普及率达到 40% 以上；建制市、主要城市的城镇生活污水应达标排放；主要河流水功能区及其支流重要的水功能区达标；一般河流江段水质有明显改善，湖库富营养化得到明显控制。逐步实现生态环境的健康发展。按照四川省水资源配置格局，继续实施跨水系调水，解决其他地区的缺水问题，基本形成四川省水资源合理配置总体格局。

至 2030 年，四川省万元工业增加值用水量降低到 53m³，比 2020 年降低46.9%，农田灌溉用水有效利用系数提高到 0.58 左右；主要江河水功能区达到规划功能目标，污染物入河量全部控制在功能区纳污能力范围内，基本解决湖库富营养化的问题，水环境呈良性发展。保持生态环境健康发展状态。建成流域和区域水资源合理配置和高效利用保障体系，在 2020 年的基础上，增加农田有效灌溉面积895 万亩，新增供水量 57 亿 m³，满足人民生活水平提高、经济社会发展、粮食安全保障和生态环境保护的用水需求。

四川省节水的重点区域仍是丘陵腹部区（含成都平原区）的成都、德阳、绵阳、自贡、乐山、眉山、内江、南充、遂宁、泸州、宜宾、广安等市，也就是水资源承载指数低、水压力指数高的市、县；节水的重点领域仍为农业，其次是工业（二、三产业）和生活，它们是现在和未来的用水大户。

"十二五"期间四川省将实施主体功能区战略。依据资源环境承载能力，按照优化开发、重点开发、限制开发、禁止开发的方式，分类推进城市化地区、农产主产区、重点生态功能区发展，逐步形成人口、经济和环境资源相协调的空间开发格局。对城市化地区要重点开发，对农产品主产区、重点生态功能区要限制大规模、高强度开发。

城市化地区主要包括成都平原、川南、川东北和攀西地区工业化城镇化基础较好、经济和人口集聚条件较好、环境容量和发展潜力较大的地区。将加大交通、能源等基础设施建设力度，联动推进新型工业化和城镇化，促进经济集聚与人口集聚同步。积极承接先进产业转移，增强产业集聚能力，形成分工协作的现代产业体系。

城市化发展又以加快推进成渝经济区四川部分"一极一轴一区块"建设为核心区域。"一极"，做强成都都市圈增长极，规划建设天府新区，加快建设新川创新科技园，形成以现代制造业为主、高端服务业集聚、宜业宜商宜居的国际化现代新城区。"一轴"，加快成渝通道轴经济发展，促进成渝两极要素流动。"一区块"，加快发展环渝腹部区块，建设川渝合作示范区。

农产品主产区主要包括盆地中部平原浅丘区、川南低中山区和盆地东部丘陵低山区、盆地西缘山区和安宁河流域耕地面积较多、农业条件较好的地区。主要任务是加强耕地保护，加强农业综合生产能力建设，推动农业的规模化、产业化和现代化，确保全省粮食安全。

重点生态功能区主要包括川西高原、秦巴山区、大小凉山等生态系统重要、资源环境承载能力较低的地区。应加强生态建设和环境保护，增强水源涵养、水土保持、防风固沙和生物多样性等功能，实施重点生态功能区保护修复工程。按照面上保护、点状开发的原则，鼓励发展资源环境可承载的适宜产业。四川省主要用水控制性指标见表18-4。

表18-4　四川省主要用水控制性指标

项　　目	2010 年现状	2020 年现状	2030 年现状
人均综合用水量（m^3）	311	410	503
万元 GDP 用水量（m^3）	134	100	70
城市居民生活用水（L/d. 人）	134	150	158
农村居民生活用水（L/d. 人）	67	85	95
工业万元增加值用水（m^3）	236	150	50
工业用水重复利用率（%）	56	80	85
农田灌溉综合定额（m^3/亩）	345	340	330
灌溉水利用系数	0.39	0.50	0.55
城市化率（%）	40.2	48	56

续表

项　目	2010 年现状	2020 年现状	2030 年现状
城市管网漏损率（％）	14	12	10
城市自来水普及率（％）	90	95	100
节水器具普及率（％）	50	67	95
节水灌面占有效灌面（％）	49.0	60	70
工业污水处理率（％）	67.5	80	90
工业污水回用率（％）	—	35	45
城市生活污水处理率（％）	74.8	80	90
城市生活污水回用率（％）	30	35	45
农田灌溉节水量（亿 m^3）	10.5	33.7	51.4
工业节水量（亿 m^3）	—	18.7	23.4
城镇生活节水量（亿 m^3）	—	1.12	2.0
水资源开发利用率（％）	9.5	16	18

四　对策与措施

（一）农业节水

四川是一个农业大省，农业是国民经济各行业中第一大用水户，用水在整个社会总用水中占 50％以上，农业节水要围绕农业产业结构的调整搞好节水规划。农业节水发展的总方向是：以提高灌溉水利用率和发展高效节水农业为核心，结合区域社会主义新农村建设和当地实际，提出调整农业种植结构、灌区续建配套和节水改造、建设高效输配水工程、加强田间高效节水、推广和普及农业节水技术等农业节水的主要对策与措施，全面提高农业节水水平。

现代节水灌溉的发展方向是在充分利用降水和可利用水资源的条件下，将先进的水利工程措施、农业措施和管理措施因地制宜地进行有机结合、集成，形成高效的综合技术体系，以提高水的利用率和利用效率，使农作物生产达到高产、高效的目的。

农业节水包括三个层次：一是农业结构的调整，二是农业技术的提高，三是节水灌溉。这是一项由水源、输水、田间供水、生物和管理等子系统构成的复杂的系统工程。积极推广节水灌溉技术，通过工程措施与非工程措施，实现节约用水和提高农业用水效率的基本要求。建立与水资源条件相适应的节水高效农作物种植制度。合理安排作物的种植结构以及灌溉规模，限制和压缩高耗水、低产出作物的种植面积，大力发展节水型生态农业。因地制宜应用渠道防渗技术，推广采用经济适用的防渗材料，提高渠系水利用系数，减少输水损失。大力推广生物节水与节水的农耕农艺技术，发展抗（耐）旱、高产、优质农作物品种。推广田间节水灌溉技术，因地制宜发展和应用喷灌、微灌技术。

1. 因地制宜建立与水资源条件相适应的节水高效种植结构

结合当地水、土、光、热资源等条件，在全省稳定水稻种植面积、保障粮食生产的基础上，建立与水资源条件相适应的节水高效农作物种植制度，合理调整农作物种植结构，安排农作物种植，发展节水型生态农业。以"水定作物"，合理安排作物的种植结构以及灌溉规模，限制和压缩高耗水、低产出作物的种植面积。如在水源紧张的地区，可以适当减少耗水的水稻作物种植比例，可适当增加冬、囤水田比例，根据区域特点发展相适应的旱作物种植比例。一方面减少农用水量，另一方面可优化产业结构增加产量。

水稻要大力推广以旱育秧、薄膜覆盖种植技术，稻田干湿交替灌溉技术为主的水管理技术，从而减少水稻生育期耗水；在缺水干旱地区可推广水稻旱育秧或"工厂化"秧苗生产，集中秧苗生产供应。一方面解决春、夏旱泡田栽秧期的缺水问题；一方面减少水量损失，还可提高产量。建议适当保留一定比例的冬、囤水田，既可减少泡田水和作为冬春干旱时的应急水源，又可改善农村生态环境。

2. 搞好渠系配套防渗，减少输水损失

因地制宜地应用渠道防渗技术，搞好干、支、斗、农、毛各级渠系的整治配套。平原灌区应用渠道防渗技术，主要对各级渠道进行防渗以及渠系建筑物的维护和完善，小型渠道可采用"U"形砼渠断面，推广先进的节水灌溉技术，提高灌溉水利用系数；丘陵灌区要积极推广采用经济适用的防渗技术和材料，对输水损失大、输水效率低的支渠及其以上渠道优先进行砼块、浆砌块卵石等多种形式防渗，对田间渠系宜因地制宜发展低压管道输水技术和"U"型砼渠技术，提高渠系水利用率；山区、高原区可因地制宜建设管道输水、喷灌、微灌节水工程以及小、微型雨水集蓄工程，大力发展雨水集蓄利用技术。从而达到减少灌溉输水损失，提高灌溉水利用系数的目的。

3. 发展和应用先进的微、喷灌等节水灌溉方式

积极鼓励对经济作物种植区、具有高附加值的农作物、蔬菜、水果、花卉等种植区，推广喷、微、滴灌技术和大棚生产。改进传统的地面灌溉形式，推行高效灌溉方法，如密植作物采用坡式畦灌溉、水平小畦灌溉、等高畦灌溉和等高沟灌等有控制淹灌技术；对行播作物采用坡式沟灌、水平沟灌、浅沟灌溉技术提高灌溉效率。提倡适时适量灌溉，深耕、深松等蓄水保墒技术，推广抗（耐）旱、高产、优质农作物品种和生物节水及农耕农艺节水技术。加快发展和推广抗（耐）旱高产的优质农作物、优良人工牧草、先进的灌溉技术，缺水地区大力发展各种非充分灌溉技术，提倡在作物需水临界期及重要生长发育期，灌"关键水"技术。把有限的水资源用于农作物生长关键期，发挥综合优势，达到节水、高产、优质、高效的目的。

4. 发展抗（耐）旱节水优良作物，培养和改良作物品种

培养和改良作物品种，发展抗（耐）旱、高产、优质农作物品种，研究节水的农耕农艺新技术，发展和推广适合天然草地和旱作人工草地的节水抗旱型优良牧草栽培技术，不仅可提高产量，还可减少用水。

5. 加强灌区工程管理

完善、加强灌区管理机构，成立农民用水者协会，实行按方征收水费政策，制定灌区管理办法，搞好灌区工程与用水管理，加快发展灌区量测水技术，逐步推行农业用水总量控制与定额管理，从而减少不必要的水量损失。

（二）工业节水

工业节水兼有节水和防污减排双重任务。工业节水应以高用水、高污染行业为重点，坚持节流优先、治污为本、高效用水的原则。节水减排、达标排放、分质供水，加大产业结构调整和技术改造力度，强化工业节水管理，促进工业增长与水资源的协调发展。

1. 加大工业布局调整力度，优化区域产业布局

根据水资源的承载能力条件和行业特点，通过区域用水总量控制、取水许可审批、节水计划考核等措施，按照"以供定需"的原则，引导工业布局和产业结构调整，以水定产，以水定发展。

加强用水定额管理，建立行业用水定额参照体系，推行用水定额管理，促进产业结构调整和节水技术的推广应用。积极发展节水型产业和企业，通过技术改造，加大企业节水工作力度，促进各类企业向节水型的方向转变。新建企业必须采用节水技术。缺水地区要严格限制发展高用水、高污染工业企业，运用行政、经济等措施引导高用水行业逐步向水资源丰富地区转移。

2. 推行清洁生产，发展循环经济低碳产业，转变经济增长方式

加大工业污染源治理力度，实现企业工业废水达标排放，把转变经济增长方式、推行清洁生产同结构调整、技术革新和企业管理等结合，实现从治污到防污的转变，实现以末端治理为主向全过程管理为主的转变。

大力发展循环经济，建设循环经济示范试点工程，发展环保、低碳产业，节能节水，提高工业用水重复利用率，加强对矿产资源的管理，严格实行限额、有序、科学、合理的开采，加强对生态环境的保护。

3. 加大工业节水技术改造力度

对新建、改建和扩建项目，要广泛采用高效环保节水型新工艺、新技术，严格执行节水设施必须与主体工程同时设计、同时施工、同时投入运行。用水单位要做到用水计划到位、节水目标到位、节水措施到位、管水制度到位。高耗水、高污染企业首先要加大工业节水技术改造力度。

对原有老企业要积极推行关停并转，改造落后、陈旧、耗能、耗水的旧设备、旧工艺，发展高效冷却节水技术，推广蒸汽冷凝水回收再利用技术，提高水的重复利用率，降低生产单耗指标。

4. 加强工业废水综合治理

工业企业要建立废水处理和中水回用系统，实现废污水处理达标排放。积极推行清洁生产，实现废水减量；促进废水循环利用和综合利用，发展外排废水回用和"零排放"技术，实现废水资源化；加大投入，加快废水资源化和处理设施建设；积极推行污染治理设施社会化运营管理，加强运行监管，充分发挥已建设施的作用；科学制定区域工业废水治理规划，采取工业废水分散治理和集中治理相结合的方式，确保工业废水达标排放，逐步改善水环境，防止出现水质型缺水。

5. 依靠科技进步，提高节水科技水平

加快工业废污水处理回用技术的研究、开发，不断提高工业用水重复利用率，杜绝工业废污水未经处理直接排放、污染环境和浪费水资源的做法。科学技术研究部门要针对不同行业污水水质的特点和性质，研究不同的污水处理回用技术，以适应工业发展节约水资源的客观需要。

要求企业和科研机构应用高新技术不断对需水生产工艺进行技术创新改造，在生产过程中减少单位用水量，从"源头"节水是工业节水的关键。

加强工业企业中循环冷却水工程技术开发研究，增加生产工艺过程中水的循环利用，减少新增用水量。积极开发新型节能冷却设备及附属设施，满足工业企业的客观需要。加快相关技术规则的制定。

在工业企业中，按照生产工艺对水质的不同要求，推广串联供水技术，提高工艺水回用率。

研究开发水质稳定剂和防腐技术，保障工业企业水供应和水循环系统设备和设施的安全运行，延长使用寿命，减少维护及运行成本。

6. 强化企业计划用水和内部用水管理

强化企业计划用水，制定行业用水定额，建立和完善工业节水标准和指标体系。积极开展创建节水型工业企业活动，落实各项节水措施。建设企业节水监测和技术服务体系，对企业的用水进行目标管理和考核，规范企业用水统计报表，定期开展水平衡测试，完善三级计量体系，强化用水计量管理，完善和修订有关的各类设计规范，并逐步完善计算机和自动监控系统，推广供水、排水和水处理的在线监控技术，提高企业用水、节水水平。

7. 建立和完善工业节水机制

适时适度地提高水价、水资源费和污水处理费，促进工业节水；建立工业水价预警机制，定期发布工业水价预测信息，引导企业增加节水投入；完善工业节水投融资机制，拓宽工业节水投融资渠道，鼓励工业企业引进外资和吸收利用社会资金，加速工业节水技术改造。

（三）城镇生活节水

城镇生活用水占总用水量的比例虽然较小，但生活污水却是主要的污染源之一。加强城镇生活的节水，是保护水环境、减轻污水处理压力的重要途径。生活节水主要靠制定和推行节水型用水器具的强制性标准，鼓励、推行和普及城镇居民家庭使用节水型器具，强制淘汰不符合节水标准的用水器具，执行合理水价；建设节水型社区，加快供水管网设施改造，减少跑冒滴漏。

1. 加快城市供水管网技术改造

目前四川省城市供水管网漏水现象比较严重，已成为当前城市供水中的突出问题，积极采取措施降低管网漏损率，是节约城市水资源的重要措施。应更换老化、失修、损坏管网，完善管网设施，杜绝跑、冒、滴、漏现象，降低输配水管网漏水率。

逐步建立分质供水网络，生活用好水、生产用"差水"（符合标准），扩大水资源利用量；积极研究开发和推广中水利用技术，在新建居民小区应逐步建设中水工程，回用部分经过初步处理的生活污水用于冲厕、园林绿化等，提高生活用水的重复利用率。

2. 全面推行节水型器具的使用

节水型用水器具的推广应用，是生活节水的重要技术保障。推广应用先进的节水器具，如水龙头、冲洗阀、便器及高低位水箱配件和淋浴制品等，使水量、水压、供水时间能得到有效的控制，开关灵活，使用方便，维修少，寿命长，并使用能杜绝滴漏现象的新一代卫生洁具，将生活节水提高到一个新的水平。

3. 加快城市污水处理工程建设

每个城市和有条件的集镇都要建立与城市规模相适应的污水处理厂，发展污水集中处理再利用技术，建立和完善城市再生水利用技术体系。使再生水用于农业、工业、城市绿化、河湖景观、城市杂用、洗车等。努力实现城市雨污分流、分质供水。

4. 建立和完善城市再生水利用技术体系

城市污水再生利用，宜根据城市污水来源和规模，尽可能按照就地回用的原则合理采用相应的再生水处理技术和输配技术，逐步优化城市供水系统与配水管网，建立与城市水系统相协调的城市再生水利用的管网系统，逐步扩大再生水的利用。

5. 强化用水设备、器具的监督管理

实行节水设备、器具的认证和推荐制度，由城市节水管理部门分批推荐按国家标准生产的、质量可靠的各种型号、不同用途的节水设备和器具，对继续生产、采用淘汰产品者要采取经济、行政措施加以取缔。

6. 加大宣传力度，提高全社会的节水意识

加强节水宣传是生活节水的重要措施，通过报刊、广播、电视、网络等宣传工具，开辟节水宣传专栏、板报进行经常性的水资源危机教育、节水政策方针教育、节水法制教育和节水知识教育，树立全民节水意识。

7. 实行计划用水

实行用水计划管理是节水的核心。理顺城市供水价格，全面实行定额用水，居民生活用水阶梯累进加价制度，尽快制定水价调整方案，使用价格杠杆来调控用水，促进合理用水，杜绝水资源浪费。

8. 进一步健全和完善城市节水法规和管理体系

进一步健全和完善城市节水法规和管理体系，全面开展节水型企业（单位）、社区和节水型城市工作。

（四）农村居民生活节水

根据农村生活用水具有分散、量小等特点，应以加强农村供水设施建设、改善农村饮水条件、提高农村饮用水质量为重点。在解决农村饮水困难的同时，也要注意节水。积极发展乡镇以集中小型供水站为主，分散式供水工程为辅的供水形式，逐步实现乡镇供水自来水普及化。

丘陵、山区以分散式微小型饮水工程为主、集中式供水工程为辅的思路，多利用基岩风化裂隙水，在人畜饮水困难的地方，发展雨水集蓄工程，确保供水安全可靠。同时应加强节水的意识教育，防止水质遭受污染。

（五）建筑业及第三产业节水

建筑业和第三产业与城镇生活是紧密相连的，城镇生活的节水措施也同样适用于建筑业和第三产业。除此之外，对于建筑业要推行"一水多用"、定额用水。

严格限制城市公共供水范围内建设自备水源。逐步扩大计划用水和定额管理的实施范围。全面实行计量收费和超计划或超定额累进加价收费。缺水地区严禁盲目扩大用于景观、娱乐的水域面积，对于市政用水要发展绿化节水技术，提倡绿化用水优先使用再生水，应用喷灌、微灌、滴灌节水技术，发展景观用水循环利用技术；合理限制洗浴、洗车等高用水服务业用水，发展机动车洗车节水技术，大力发展免冲洗环保公厕设施和其他节水型公厕技术，对非人体接触用水强制实行循环利用。

加快缺水地区雨水、污水等非常规水源的开发利用，建设城市污水处理设施时，同时安排污水回用设施的建设。合理安排城市绿化、市政环卫、生态景观和洗车等行业使用再生水等非传统水资源。

各级政府部门要从自身做起，带头厉行节约，在推动建设节水型社会中发挥表率作用。要推广节水型技术和工艺，采购节水型产品和设备，在机关采购工作中，优先推荐和采用节水型产品和设备。定期公布机关耗水费用支出情况，制定和实施政府机构带头节约用水的方案，注重实效。落实政府机构节约用水的责任制和有效监督制度。

政府机关、商场宾馆等公共建筑都必须全面使用节水型器具。新建、改建、扩建的公共和民用建筑，禁止使用国家明令淘汰的用水器具。

对供水管网进行全面普查，建立完备的供水管网技术档案，制定供水管道维修和更新改造计划，加大新型防漏、防爆、防污染管材的更新力度。对运行使用年限超过 50 年，以及旧城区严重老化的供水管网。完善管网检漏制度，推广先进的检漏技术，提高检测手段，降低供水管网漏失率。

（六）非传统水源利用

1. 再生水回用

随着经济社会发展，城市化进程加快，四川省城市生活污水生成量越来越大。目前，四川省已建污水处理厂 45 座，日处理能力 254.6 万 m^3，再生水年利用量 1609 万 m^3，占处理量的 2.3%，再生水利用还有巨大的潜力，2010 年生活污水处理率 74.8%。城市及城镇污水处理及成套工艺设备产业化的近期发展目标与重点是：一方面支持发展适合国情、低投资、低运行费用的污水处理工艺、成套技术设备，形成从综合设计、设备制造与成套、工程建设到运行管理的总体能力。另一方面促进新型处理设备、曝气设备、排泥设备、污泥机械浓缩脱水设备、污泥消化与沼气利用设备、自动化控制系统等装备与微生物处理技术的开发与产业化，以提高生活污水处理率和再生水利用率。

2. 雨、洪水利用

1991 年以来，四川省通过开展集雨节灌工程（微型水利工程）建设的实践证明，集雨节灌工程"积微取胜，聚少成多，就近引蓄，储水于户"，在解决或改善农村零星分散的干旱缺水区生产、生活用水方面发挥了一定的作用，解决了这些地方多年想解决而未能解决的缺水问题。1991～1999 年，共建成微型水利工程 175 万处，旱地浇灌面积 190 万亩，并为 102 万人提供了饮用水源。到 2000 年，全省还有 80% 的旱地无水源灌溉，其中有 1287 万亩坡耕地由于经济、地理、地形等因素的影响，单靠兴建大中型骨干水利工程来解决用水问题不现实，只能采取就地拦蓄、就地利用、丰水时收集、贫水时补充的方法，继续坚持走集雨节灌工程之路，进一步提高雨、洪水的拦蓄能力。通过兴建集雨节灌工程，积极发展和推行先进的节水灌溉技术，发展"两高一优"农业，在为增强干旱地区抗旱能力确保粮食稳产高产的基础上，因地制宜地依托集雨节灌工程发展田园经济和庭园经济，使其真正成为旱区农村的增产水和生财水，为农村脱贫致富奔小康服务。

3. 微咸水利用

苦咸水利用技术的产业化将提供安全、可靠的淡水供给，是解决淡水资源短缺问题、保障四川省苦咸水地区经济可持续发展的重要举措。近期产业化的重点是：苦咸水利用（热法和膜法）技术与装备，苦咸水直接利用及综合利用技术与装备。

很多国家在微咸水灌溉方面也取得了较成功的经验。通过滴灌利用微咸水，同时还有效地控制了土壤盐分。科学家们还培育了使用咸水灌溉的作物品种，如他们用咸水灌溉小麦、西红柿、西瓜等，用咸水灌溉的西红柿不仅甜度高，而且储存期长，可储存半个月。因而，加大四川省微咸水资源利用，积极推广咸淡混浇和苦咸水淡化工程，进一步探明地下微咸水的水文地质条件，搞好预测评价，积极利用，合理开发，是解决盆周山区及丘陵区中的苦咸水地区水资源短缺的重要途径。

4. 空中水资源开发利用

四川省未来经济的发展对水的需求量是十分迫切的。人工增雨可有效开发利用空中水资源，缓解水资源供需的矛盾，特别是在不宜于发展灌溉的丘陵山地和雨养农业区，具有重要的作用。人工增雨可以充分利用空中的水资源，使较大面积的地表得到水分，缓解地表草木植被的受损程度。人工增雨还可以有效扑救森林、草场火灾，保护森林资源和生态环境。2001年2~3月雅江县发生森林火灾，省人降办及时调拨2门高炮用于增雨灭火，发挥了重要作用。

根据省气象部门的研究，人工影响天气是高新科学技术的结晶。半个多世纪以来，经过长期大量的理论研究和科学试验，人工影响天气作为一项减轻干旱、雹灾等气象灾害的有效措施得到广泛认可和采纳。目前，已建立了以国家指导和协调、地方各级政府组织领导、气象部门承担管理和实施的人工影响天气结构体系，形成了一支专业技术队伍，技术装备得到改善，科研与试验取得了一批重要成果，与国内外的技术交流不断加强。经过国内外大量的科学研究和作业实践证明，在科学的设计指导和严密的组织管理下，对有利作业的云层进行催化影响后，增加降水幅度为10%~100%，防雹减少灾害为50%~80%。

四川省已有20个市州所辖的115个县（区、市）成立了人工降雨机构，拥有高炮327多门，火箭（JFJ-1型）274多架。"九五"末期，在省政府的经费支持下，省人降办初步建成了省级人工影响天气指挥中心并引进了部分云物理监测设备，近期，开始实施对全省用于人影指挥的711雷达的数字化改造。通过多年的努力，四川省人降机构逐步壮大，现代化建设有了明显进展，人降服务取得了显著的社会经济效益。1990~2000年，先后组织实施了9期飞机人工增雨作业，共飞行

73 架次，增雨折水 47.66 亿 m³，折合经济效益达 19 亿元；全省开展高炮增雨防雹作业约 2 万余炮次，发射碘化银炮弹 33 万余发，其中防雹保护面积累计达 32 万多平方公里，减少损失约 25 亿元，增雨抗旱效益达 21.6 亿元。

根据省气象部门的研究，四川省 30 年的气象资料表明，四川省全年平均阴天日数（日均总云量大于 8 成）为 120~258 天，各地阴天降水概率普遍在 60% 以上，其中盆地降水概率为 63%~74%，盆周山地降水概率为 85% 以上。其中年小雨日数（日降水量在 0.1~10.0mm 之间，一般认为增雨潜力相对较大）为 84~153 天，高原少于盆地，盆东少于盆西。对全省干旱发生频率最高的春夏伏期（3~8 月）的统计表明，春期（3~4 月）阴天日数为 8~44 天，其中盆地阴天日数为 34~35 天，小雨日数为 19~25 天；阴天降水概率盆地为 53%~69%，高原山地为 85% 以上。夏期（5~6 月）阴天日数为 31~49 天，小雨日数为 21~34 天，阴天降水概率为 71% 以上。伏期（7~8 月）阴天日数为 27~42 天，小雨日数为 15~33 天，阴天降水概率为 89% 以上。

研究认为，最大的水库在天上，通过对上空各季节水汽含量和中、低空水汽通量的计算表明，四川年输入的水汽总量大约为 4890 亿 m³，若这些水汽全部降落到地面，可产生 7200mm 的年降雨量。实际上全省地区年平均降雨量只有 1000mm 左右，仅占总输入量的 14%，也就是说，输入全省上空的水汽只有约 1/7 降到地面。如果通过催化，使输入水汽量多转化 1%~2%，就可增加年降水量 70~150mm，年总降雨量增加 50 亿~100 亿 m³。

对全省干旱发生频率最高的春夏伏期（3~8 月）的计算表明，该时段水汽输入总量为 3020 亿 m³，占年输入的 61% 左右，说明大气中的水汽输送量大，但自然降水率低，具有较大的开发潜力。此外，观测研究表明，四川地区云水资源丰富，降水性层状云平均厚度大约是宁夏地区的三倍多，云中平均液态水含量达 0.346g/ m³，有利于人工引晶催化。基于上述有利的天气气候条件，抓住西部大开发的重大历史机遇，开展"四川省空中水资源开发利用工程"建设项目，将大大提高人工影响天气科技水平和作业能力，更有效地开发和利用四川省充足的"空中水库"资源，为四川省的经济建设服务，为子孙后代造福。

（七）严格水资源管理措施

节水型社会建设的核心是制度建设，必须从制度建设入手，以需水管理为核心，以水权、水市场理论为指导，合理制定全面推进节水型社会建设的体制、机制、法制、政策等方面的重大制度建设。要把落实最严格的水资源管理制度作为促进经济发展方式转变的重要手段，全面落实最严格的水资源管理制度，实施用水总量控制，遏制不合理的用水需求，推动经济社会发展与水资源承载能力相协调。

一是实行用水总量控制。建议省水行政主管部门会同省级有关委、厅，加快划定和建立"三条红线和三种制度",即建立用水总量控制制度,确立水资源利用红线;建立用水效率控制制度,确立用水效率控制红线;建立水功能限制纳污制度,确立水功能区限制纳污红线。使每个地区都有明确的用水上限,作为各地需水管理的重要依据,同时要加强监管。

二是加快制订水量分配方案。水量分配方案是建立国家水权制度的重要基础,是流域和区域实行用水总量控制的主要依据。要根据全省水资源综合规划的要求,省水利厅会同省级有关委、厅,抓紧出台主要江河流域及市、州水量分配方案,逐步确立国家水权制度,在国家确定的用水指标范围内,切实做好本区域内的水量分配工作。在明晰区域用水总量控制目标的基础上,逐级制定用水总量控制指标,将总量指标逐级向下分配,明确各用水单元的权利和义务。

三是实行严格的取用水管理。全面推行计划用水制度,逐步扩大计划用水的实施范围,按照统筹协调、综合平衡、留有余地的原则,取水许可部门向取水户下达用水计划,保障合理用水,抑制不合理需求。规范建设项目取用水合理性和配套的节水技术与措施论证,国民经济和社会发展规划以及城市总体规划的编制、重大建设项目的布局,应当与当地水资源条件相适应,并进行科学论证,使区域发展战略和经济布局与水资源条件相适应。各行政区要按照总量控制指标制定年度用水计划,实行行政区域年度取用水总量控制,严格取水许可审批和水资源论证,严控高耗水、高排放行业过快增长,今后新上项目,必须把水资源论证作为刚性前置条件;必须遵循"先节水、后调水;先治污、后通水;先环保、后用水"的"三先三后"原则。强化取水计量监管,从源头上把好水资源开发利用关,对超过取水总量控制指标的,省水利厅和省发改委一律不再审定、审批新增取水。同时,要充分发挥市场作用,在搞好初始水权分配、健全相关监管制度的基础上,积极探索水权流转的实现形式,鼓励水权合理有序有效流转,优化配置水资源。

严格执行取水许可制度应按照行业用水定额核定的用水量,结合考虑取水可对水资源的节约、保护和经济社会的影响决定是否批准取水申请,对于涉及社会公共利益需要听证的,要公告、听证,对在地下水禁采区取用地下水的、取水许可总量已达到控制总量的地区取水,可能对水功能区域使用功能造成重大损害的等情形不予通过取水许可申请,要规范实施取水许可的主体、秩序和内容,加强取用水的监督管理和行政执法。

四是加强定额管理。合理制定用水定额,进一步扩大用水定额覆盖范围,完善用水定额标准体系,在取水许可、水资源论证、计划用水管理等工作环节中,加强用水定额管理。目前大部分地区工农业用水定额偏高,各地要从当地的实际出发,本着全面强化节水的原则,在本地区分配的用水上限范围内,进一步制定、修订和完善居民生活、工业、农业等用水定额,强化节水考核管理,加快建立水资源管理责任与考核制度，把关键控制性指标作为经济社会发展的"硬约束"，纳入地方政绩考核体系，建立行政首长负责制。

五是加强水功能区管理。对一个流域或区域要根据水资源、水环境的承载能力，控制取水量和排污量，加强水功能区管理。

颁布水功能区管理相关法规。四川省目前还没有出台有关水功能区管理的法规，应根据水资源综合规划和四川省水功能区划明确各水功能区的水质目标，全面规范水功能区的管理工作。

推进入河排污口的监督管理。根据《入河排污口监督管理办法》及取水许可申请情况，进一步完善办理入河排污口设置申请或登记的相关手续，采集主要排污口的地理坐标、现场照片等相关信息，为入河排污口监督管理提供重要基础信息。

加强水功能区水质监测。对盆地腹部区的岷江、沱江、涪江等主要江河以及各重要水源地进行日常的水质监测工作，按时编制水环境质量公报，并在枯水期开展咸潮动态监测和预报工作。另外，结合实际工作需要，不定期组织开展对部分重要河流现状水文、水质情况的调查工作，及时掌握水功能区状况。

推开水功能区管理相关项目，'严格控制入河排污总量是最严格的水资源管理制度的"三条红线"之一，围绕这个核心，开展了水资源保护现状调查评价与水功能区纳污总量核定等重点项目，为纳污总量核定提供数据基础以及为控制入河排污总量提供依据。

六是完善水价形成机制。合理提高水资源价格水平，理顺水资源价格关系，建议省人民政府根据盆地腹部丘陵区、成都平原区、边缘山区、三州地区的水资源分布特点和社会经济发展水平，制定各区域供水综合指导价格，指导价格要体现水资源费、工程供水成本和污水处理成本，并使不同区域、不同行业的用水价格拉开档次。要按照"补偿成本，合理收益"的目标，分步骤、分阶段实施调整水价。从完善整个水价体系出发，统筹考虑提高水利工程供水水价和城市供水价格，对未开征污水处理费的地区要限期开征，已开征的地区要尽快将污水处理费调整到保本微利的水平。在水资源费、工程供水水价、污水处理费与终端水价之间，形成合理的比价关系。但调整水价必须考虑用水户承受能力，实行区别对待，保障低收入家庭用水。

参考文献

四川省发改委、水利厅等五厅局：《四川省"十一五"节水型社会建设规划》，2007 年 1 月。

四川省水利厅：《四川省节水型社会建设"十二五"规划》，2011 年 4 月。

《中国节水技术政策大纲》，2005 年 4 月 21 日。

赵广忠等：《全球气候变化——我们共同面对的严峻挑战》，四川省气象局，2007。

四川省水利水电勘测设计研究院、四川省水文水资源勘测局：《渠江流域防洪规划报告》，2011 年 10 月。

四川省水利电力厅：《四川水旱灾害》，1996 年 10 月。

四川省水利厅：《2010 年四川省水资源公报》。

四川省水资源及水土保持委员会水土保持办公室：《四川省水土保持生态建设总体规划（2006~2030 年）》，2006 年 4 月。

四川省水利水电勘测设计研究院：《再造一个都江堰灌区规划》，2009 年 12 月。

四川大学工程设计研究院、四川省农田水利局：《四川省农村饮水安全工程"十一五"规划报告》，2006 年 2 月。

四川省水利厅：《新农村水利建设规划报告》，2006 年 8 月。

四川省水文水资源勘测局：《四川省主要江河近期水资源情势分析》，2007 年 12 月。

国家电力公司成都勘测设计研究院：《中华人民共和国水力资源复查成果第十九卷四川省》。

四川省地方电力局：《四川省农村水资源调评价成果》。

《四川省"十二五"工业发展规划（稿）》，四川省经济和信息化委员会。

《四川省"十二五"城镇化发展规划（稿）》，四川省城乡规划设计研究院、四川省规划编制研究中心。

《2009~2020 年四川省城镇体系规划修编说明书（稿）》，四川省城乡规划设计研究院、四川省规划编制研究中心。

四川省住房和城乡建设厅、中国城市规划设计研究院、四川省城乡规划设计研究院、成都市规划设计研究院：《四川省成都天府新区总体规划 专题（送审稿）》，2011 年 8 月。

住房和城乡建设部：《城镇供水设施改造技术指南（试行）》，2009年9月10日。

住房和城乡建设部办公厅、国家发展和改革委员会办公厅：《关于征求城镇供水设施改造与建设"十二五"规划意见的通知》，2011年11月。

四川省水利科学研究院：《四川省富顺县城乡供水一体化集中供水工程规划报告》，2008年12月。

绵阳市水务集团公司：《绵阳市水务资源现状及存在的主要问题》，2011年11月16日。

四川省住房和城乡建设厅：《关于加强城镇污水处理厂运行设备监管工作的通知（稿）》，2011年12月16日。

《深圳市节约用水条例》，2005年1月19日。

四川省住房和城乡建设厅、四川省环境保护厅：《关于加强城镇污水处理厂污泥处理处置工作的意见（稿）》，2010年11月。

四川省发展和改革委员会、四川省住房和城乡建设厅、四川省环境保护厅、中国市政西南设计研究院：《四川省城镇污水处理及再生利用设施建设"十二五"规划（草案）》，2010年11月。

四川省住房和城乡建设厅、中国城市规划设计研究院、四川省城乡规划设计研究院、成都市规划设计研究院：《四川省成都天府新区总体规划（送审稿）》，2011年8月。

四川省环境保护厅、四川省环境监测中心站：《四川省2010年上半年环境质量状况》，2010年7月。

国家水体污染控制与治理科技重大专项领导小组：《国家科技重大专项：水体污染控制与治理实施方案（公开版）》，2008年12月。

《中共中央国务院关于加快水利改革发展的决定》，2011年1月30日。

《全国水资源综合规划（送审稿）》，2010年9月。

《四川省人民政府关于加快水利发展的决定》（川府办〔2008〕1号）。

四川省水利厅：《2005～2010年四川省水资源公报》。

四川省农业厅：《2005～2010年四川省农业统计年鉴》。

四川川统计局：《2006～2011年四川省统计年鉴》。

四川省水利厅：历年《四川省水利统计年鉴》。

四川省水利厅：《四川省水资源开发总体规划报告》，2000年8月。

水利部长江水利委员会。《长江片水资源综合规划报告（送审稿）》，2008年8月。

四川省水文水资源勘测局、四川省水利水电勘测设计研究院：《四川省水资源综合规划报告》，2009年12月。

四川省水文水资源勘测局、四川省水利水电勘测设计研究院:《四川省水资源及开发利用现状调查评价报告 (送审稿)》,2004 年 6 月。

四川省水利厅:《四川省水利发展"十一五"规划》,2006。

四川省发改委、工程咨询研究院:《四川省中型水库灌区配套工程建设与管理现状及对策研究》,2008 年 3 月。

四川省水利厅:《四川省水利与国民经济发展定量关系研究》,2000 年 9 月。

四川省水文水资源勘测局:《四川省主要江河近期水资源情势分析》,2007 年 12 月。

四川省水利水电勘测设计研究院:《岷江上游及供水区水资源综合规划》,2007 年 10 月。

四川省水利水电勘测设计研究院:《再造一个都江堰灌区规划》,2009 年 12 月。

四川省水利水电勘测设计研究院:《四川省城市水资源专题规划报告》,2010 年 5 月。

四川省水利水电勘测设计研究院:《四川省水库建设规划报告》,2004 年 7 月。

四川省水文水资源勘测局、四川省水利水电勘测设计研究院:《四川省岷江、青衣江、沱江、涪江、渠江、安宁河流域综合规划报告》,2009 年 10 月。

四川省水利水电勘测设计研究院:《四川省都江堰灌区毗河供水工程一期项目建议书》,2009 年 11 月。

四川省水利水电勘测设计研究院:《四川省亭子口水利枢纽灌区工程规划报告》,2009 年 10 月。

四川省水利水电勘测设计研究院:《四川省向家坝电站灌区工程规划报告》,2009 年 2 月。

四川省山地所:《四川省山洪灾害防治规划报告》,2009 年 10 月。

四川省水利水电勘测设计研究院:《四川省都江堰灌区续建配套与节水改造规划报告》,2000 年 12 月。

四川大学工程设计研究院、省农水局:《四川省农村饮水安全工程"十一五"规划报告》,2006 年 11 月。

四川省水利厅:《四川省"十二五"水利发展规划》,2011 年 11 月。

中国科学院可持续发展战略研究组:《中国可持续发展战略报告——水:治理与创新》,科学出版社,2007。

四川省人民政府救灾办、四川省气象局:《四川气候图集》,2005。

詹兆渝等:《中国气象灾害大典四川卷》,气象出版社,2006。

陈淑全等:《四川气候》,四川科学技术出版社,1997。

张家诚、林之光：《中国气候》，上海科学技术出版社，1985。

秦大河等：《中国西部环境演变评估综合卷》，科学出版社，2002。

李圭白、蒋展鹏、范瑾初、龙腾锐编《给排水科学与工程概论》，中国建筑工业出版社，2011。

中国科学技术学会主编《中国城市承载力及其危机管理研究报告》，中国科学技术出版社，2008。

李善同、刘云中等：《2030年的中国经济》，经济科学出版社，2011。

清华大学国情研究中心编，胡鞍钢、鄢一龙、魏星执笔《2030中国共同富裕》，中国人民大学出版社，2011。

褚俊英、陈吉宁：《中国城市节水与污水再生利用的潜力评估与政策框架》，科学出版社，2009。

董洁、田伟君：《农村用水管理与安全》，中国建筑工业出版社，2010。

熊家晴主编《给水排水工程规划》，中国建筑工业出版社，2010。

胡晓东、周鸿编：《小城镇给水排水工程规划》，中国建筑工业出版社，2009。

祁鲁梁、李永存编著《工业用水与节水管理知识问答》（第二版），中国石化出版社，2010。

刘红、何建平等编著《城市节水》，中国建筑工业出版社，2009。

钱正英、张光斗：《中国可持续发展水资源战略研究综合报告及各专题报告》，中国水利水电出版社，2001。

刘昌明、陈志恺：《中国水资源现状评价和供需发根趋势分析》，中国水利水电出版社，2001。

水利部规划计划司：《水利可持续发展战略研究》，中国水利水电出版社，2004。

中国科学院可持续发展战略研究组：《中国可持续发展战略报告——水：治理与创新》，科学出版社，2007。

中国科学院可持续发展战略研究组：《中国可持续发展战略报告——政策回顾与展望》，科学出版社，2008。

杜守建、崔振才编著《区域水资源优化配置与利用》，黄河水利出版社，2009。

廖永松：《中国的灌溉用水与粮食安全》，中国水利水电出版社，2006。

中华人民共和国水利部：《2005、2010中国水资源公报》，中国水利水电出版社。

中华人民共和国水利部：《2011中国水利统计年鉴》，中国水利水电出版社。

国家统计局：《中国统计摘要2006》、《中国统计摘要2011》，中国统计出版社。

四川省气象局、四川省气象学会：《四川省"治水兴蜀"气象因素分析及对策研究》, 1999。

熊易华:《四川省城市污水处理厂建设与发展》,《2011 中国西部首届城市污水处理暨污泥处理技术高峰论坛论文集》, 第 1~5 页。

曾熙竹、冯达权:《从农业气象角度探讨盆中干旱的解决途径》,《四川农业科技》, 1981 年第 2 期。

四川经济信息中心编, 杨廷页执笔《四川工业化进程分析与预测》,《经济热点分析》2010 年第 22 期。

张志果、邵益生、徐宗学:《基于恩格尔系数与霍夫曼系数的城市需水量预测》,《水利学报》2010 年第 11 期。

鲁欣、秦大庸、胡晓寒:《国内外工业用水状况比较分析》,《水利水电技术》2009 年第 1 期。

贾绍凤:《工业用水零增长的条件分析——发达国家的经验》,《地理科学进展》2001 年第 1 期。

宋序彤:《我国城市用水发展和用水效率分析》,《中国水利》2005 年第 1 期。

马静、陈涛、申碧峰、汪党献:《水资源利用国内外比较与发展趋势》,《水利水电科技进展》2007 年第 1 期。

何希吾、顾定法、唐青蔚:《我国需水总量零增长问题研究》,《自然资源学报》2011 年第 6 期。

田一梅、王煊、汪泳:《区域水资源与水污染控制系统综合规划》,《水利学报》2007 年第 1 期。

高湘、王国栋、张明:《浅谈规划中的城市雨洪利用》,《山西建筑》2008 年第 26 期。

龚小平:《生态修复城市水系研究进展》,《安徽农学通报》2010 年第 11 期。

魏彦昌、苗鸿、欧阳志云、史俊通、王效科:《城市生态用水核算方法及应用》,《城市环境与城市生态》2003 年增刊。

吴海瑾、翟国方:《我国城市雨洪管理及资源化利用研究》,《现代城市研究》2012 年第 1 期。

潘安君、张书函、孟庆义、陈建刚:《北京城市雨洪管理初步构想》,《中国给水排水》2009 年第 22 期。

刘保莉、曹文志:《可持续雨洪管理新策略——低影响开发雨洪管理》,《太原师范学院学报》(自然科学版) 2009 年第 2 期。

郑连生:《"十二五"规划应科学安排环境用水》,《科学时报》2010 年第 4 期。

董哲仁:《试论河流生态修复规划的原则》,《中国水利》2006 年第 13 期。

邵益生:《系统规划助解城市水"难"》, 中国水工业网, 2011 年 2 月 24 日。

金善功：《城镇排水体制的现状与规划》，中国城镇水网，2005 年 5 月。

四川省人大城乡建设环境资源保护委员会、四川省人大常委会研究室：《报告显示：四川饮用水安全形势是城镇好于农村，集中好于分散》，人民网，2011 年 10 月 15 日。

熊易华：《保障供水水质安全的几个问题（稿)》，四川省城镇供水排水协会。

黄琼：《浅议中小供水企业贯标措施及供水水质安全保障》，城镇水务网，2011 年 6 月 9 日。

《湖南省首批农村饮水安全水质检测车交付使用》，中国政府网，2012 年 1 月 7 日。

《社会问题催生二次供水"新机制"》，网易，2009 年 7 月 16 日。

张书成、安楚雄：《"联网分营"在城乡供水一体化过渡时期的实践与体会》，城镇水务网，2011 年 2 月 22 日。

黄时达：《郫县安德镇安龙村林盘家园人工湿地案例》，2011 年 12 月。

周芸：《水污染治理的巨大进步 我国数城市规划再生水厂》，中国水网，2009 年 6 月 3 日。

张杰：《城市排水系统新思维》，水世界网，2007 年 1 月 11 日。

eNet 硅谷动力：《西雅图利用欧特克解决方案设计城市排水系统》，水世界网，2011 年 4 月 26 日。

俞绍武、任心欣、王国栋：《南方沿海城市雨洪利用规划的探讨——以深圳市雨洪利用规划为例》，《城市规划和科学发展——2009 年中国城市规划论文集》，2009 年 9 月 12 日。

《什么是城市雨洪管理模式?》，天涯问答，2009 年 10 月 11 日。

后 记

新中国成立 60 多年来,四川省对水利建设十分重视,开展了大规模的兴修水利热潮,并使水利从单一的农田灌溉拓展到城乡供水、防汛抗旱、水土流失治理、水力发电、水产养殖等综合服务功能。截至 2010 年,全省共兴建各类水利工程 65 万余处,年供水能力 272.85 亿 m^3、灌溉面积 3829.67 万亩、工业和城镇供水 98.40 亿 m^3、治理水土流失面积 9.49 万 km^2、水力发电装机容量 3282 万 kW。水利建设取得了巨大成绩。

四川水资源相对较丰,但由于水资源时空分布不均,水资源与土地资源、人口分布和生产力布局不相匹配,生态环境十分脆弱。虽然四川省水利建设取得了巨大成绩,但存在着主要江河上缺乏骨干调蓄工程,灌溉面积发展缓慢,防洪减灾体系不完善,废污水治理不力,水环境恶化尚未得到有效遏制等诸多问题尚待解决。随着工业化、城镇化的快速推进和全球气候变化,特别是气候突发事件增多,水利已成为四川省未来发展的重要制约因素。水利建设能否支持未来近 1 亿人口的食物供给,能否支撑经济社会的可持续发展,能否解决城乡居民供水、抗御频发的洪旱等自然灾害和防治水体污染等问题,需要深入研究。

为此,四川省老科学技术工作者协会于 2008 年启动四川水利改革发展课题研究工作。由会长张宗源(四川省人大原副主任)、林凌(四川省政府顾问、四川省社会科学院原副院长)、副会长王道延(四川省水利厅原总工程师)牵头,组织省老科学技术工作者协会有关分会、专委会,省社科院等单位的水利、水电、气象、地质、环境、城建、经济、社会等领域的专家共同研究,主研人员有(以姓氏笔画为序):马怀新、马东涛、王成华、王道延、冉开诚、刘世庆、刘世炘、刘立彬、许英明、李华杰、李荣伟、李振家、吴颖华、何斌、陆强、陈庆恒、陈淑全、林伟、林凌、周和生、郭时君、曾熙竹、裴新等。

本课题是一项跨学科、跨部门的研究,由于统计数据来源不同、对一些具体问题的研究角度不同、研究问题深度不同、对某些问题的描述和观点的差异,用水预测亦不完全一致。经过交流沟通、实地考察、反复研究讨论,最终达成共识,形成本研究成果,以启迪人们对水问题更深入的认识与思考。

本书酝酿、研究和写作始于 2007 年,后因汶川特大地震发生而延时,2011 年继续启动,2012 年获得四川省软科学研究项目《四川水利改革发展研究》(编号:2012ZR0136),最终成果《四川水利改革与发展》由绪论及三篇共十八章组成。各章主要执笔人如下。绪论：林凌；第一章至第五章以及第七章、第十章、第十八章：刘立彬执笔，王道延、刘世炘、冉开诚、李振家、何斌、裴新参加；第六章：陈淑全；第八章：王成华、马东涛；第九章：刘世炘执笔，王道延、刘立彬、冉开诚、李振家、何斌、裴新参加；第十一章：陆强；第十二章：陈庆恒；第十三章：马怀新；第十四章：刘世庆、郭时君；第十五章：林凌、刘世庆、郭时君、吴颖华；第十六章：刘世庆、许英明；第十七章：许英明。全书由林凌、王道延任主编，刘立彬、刘世庆任副主编。

四川省老科学技术工作者协会会长张宗源，副会长刘建纪、徐文镔对本课题的立项、组织、研究、出版作出了重要贡献。张宗源、卢铁城、赵文欣、刘建纪、徐文镔、廖杰、李华杰、张霆、林伟等领导和专家，参加本课题的研究讨论，并提出了许多宝贵意见。何斌、覃绍一、陈光洪、吕行、王正勇、王丽娜、王冉冉、姚陆逸、张伯坚等同志参加资料收集整理工作。

本课题在立项、研究、编写过程中，得到四川省水利厅，四川省科技厅，四川省发改委，四川省经信委，四川省财政厅，四川省水文水资源局，四川省水土保持局，都江堰管理局，四川省水利设计院，四川省水利厅规计处、水政水资源处等单位的大力支持，特别是得到了四川省水利厅原厅长彭述明、四川省科技厅长彭玉行、省水利厅副万长张强言的大力支持和帮助。在此，我们向所有为本课题研究作出贡献和提供帮助的领导和同志们表示衷心的感谢。

水利改革发展是一个需要长期研究和关注的课题。诚望各界朋友对本书不足之处批评指正，也希望受益于水文明的炎黄子孙更加关心未来的治水前景。

编　者

二〇一二年六月三日

图书在版编目（CIP）数据

四川水利改革与发展 / 林凌，王道延主编 . —北京：
社会科学文献出版社，2013.10
ISBN 978 - 7 - 5097 - 3995 - 2

Ⅰ.①四… Ⅱ.①林… ②王… Ⅲ.①水利经济 -
经济改革 - 四川省②水利经济 - 经济发展 - 四川省
Ⅳ.①F426.9

中国版本图书馆 CIP 数据核字（2012）第 277315 号

四川水利改革与发展

主　　编／林　凌　王道延
副 主 编／刘立彬　刘世庆

出 版 人／谢寿光
出 版 者／社会科学文献出版社
地　　址／北京市西城区北三环中路甲 29 号院 3 号楼华龙大厦
邮政编码／100029

责任部门／皮书出版中心（010）59367127　　责任编辑／高振华
电子信箱／pishubu@ssap.cn　　　　　　　　责任校对／史晶晶　张　羡
项目统筹／邓泳红　　　　　　　　　　　　　责任印制／岳　阳
经　　销／社会科学文献出版社市场营销中心（010）59367081　59367089
读者服务／读者服务中心（010）59367028

印　　装／北京鹏润伟业印刷有限公司
开　　本／787mm×1092mm　1/16　　　　　印　　张／36.5
版　　次／2013 年 10 月第 1 版　　　　　　彩插印张／1
印　　次／2013 年 10 月第 1 次印刷　　　　字　　数／735 千字
书　　号／ISBN 978 - 7 - 5097 - 3995 - 2
定　　价／198.00 元